경허의 법맥과 그 제자들 (상)

태고보우- 환암혼수- 구곡각운- 벽계정심- 벽송지엄- 부용영관- 청허휴정- 편양언기- 풍담의심- 월담설제-
환성지안- 호암체정- 청봉거안- 율봉청고- 금허법첨- 용암혜언- 영월봉률- 만화보선- 경허성우

태고보우

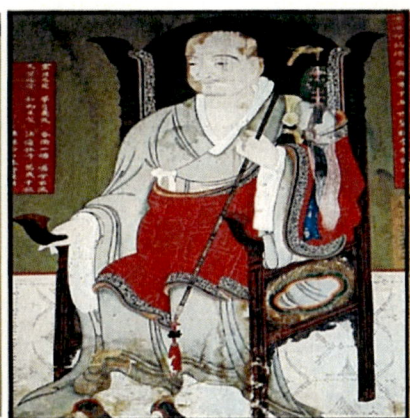
벽송지엄

부용영관

청허휴정

환성지안

청봉거안

호암체정

용암혜언

경허성우

사단법인 경허연구소

경허 대선사 진영 사진

Great Seon Monk Gyeongheo Seong-woo(鏡虛惺牛:경허성우)
1898년 범어사 하안거 마치고(50세)

경허 대선사 진영 사진

1900년 일본에 의한 강제로 사진관에서(52세) : 일본인 사진사가 찍은 원본사진과 필름이 일본인이 소장하고 있다.

경허 대선사 진영 사진

1903년 윤필암에서 하안거 삼층석탑 앞에서 마지막 기념사진(55세)

경허 대선사 진영 그림

1935년 수덕사 정혜사 금선대에서 만공스님이 화공 최광익으로 하여금 진영을 그리게 하였다.

경허대선사 북녘의 이동경로 추적도

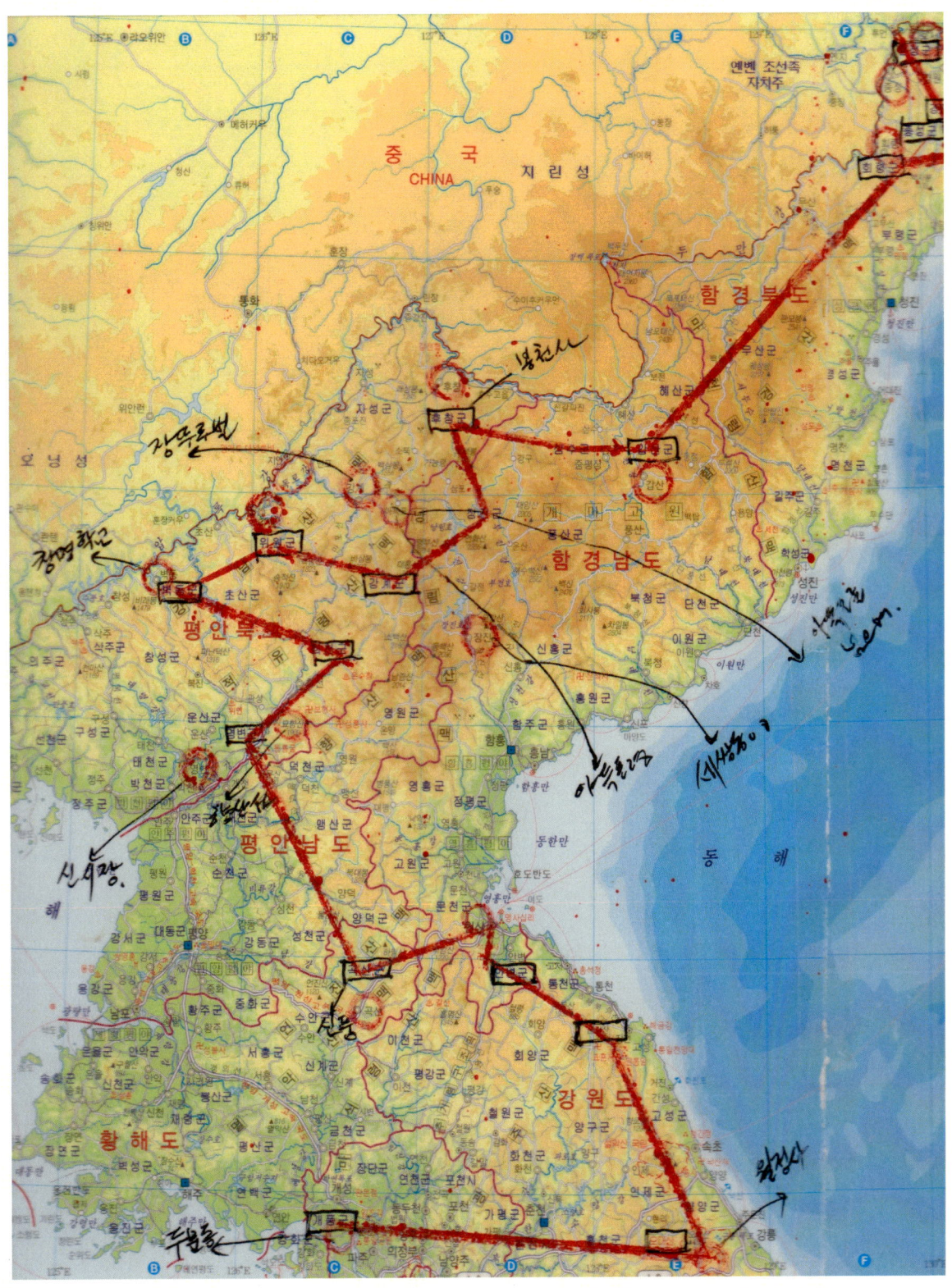

목 차

경허의 법맥과 그 제자들(상)

1. '鏡虛禪'의 원류 ·· 1

1) 看話禪의 歷史와 成立 ·· 1
2) 看話禪의 修行方法 ··· 5
3) 韓國 看話禪의 歷史와 成立 ·· 7
4) 鏡虛의 看話禪 ··· 9
5) 佛祖慧命의 碧眼宗師 ··· 37
6) 禪의 불꽃이 傳受되는 法脈 ·· 42
7) 鏡虛禪 의 업적과 영향 ··· 45

2. 경허 불조법맥의 현주소 ·· 52

1) 佛祖 法脈의 傳燈 淵源 ·· 52
2) 경허 '悟道歌' 탄생의 긴 울림 ·· 55
3) 鏡虛 法脈의 傳燈 淵源 ·· 75
4) 鏡虛의 法脈觀에 대한 諸 견해 ··· 107
5) 경허의 직계 법제자 법맥 ·· 130

3. 경허의 세 제자 삼월(三月) ·· 135

1) 鏡虛의 佛祖 法脈 ··· 135
2) 경허의 직계 법제자 삼월(三月)의 법맥 ······························ 169
3) 경허의 수제자 수월음관(水月音觀) ····································· 172
4) 경허의 수제자 혜월혜명(慧月慧明) ····································· 285
5) 경허의 애제자 (만공월면)滿空月面 ····································· 384

부록

* 경허 대선사 관련 사진자료 …………………………………………………… 534

* 鏡虛 惺牛 禪師 年譜 ……………………………………………………………… 567

* 사단법인 경허연구소 활동보고 ……………………………………………… 576

* 「도서출판경허」 출판물 ………………………………………………………… 585

경허의 법맥과 그 제자들

1. '鏡虛禪'의 원류

붓다가 제시한 불교의 근본 가르침의 궁극적인 목표는 正覺을 이루는 것이라고 할 수 있다. 붓다는 이러한 깨달음에 이르는 길을 중생을 제도하는 나침반으로서 禪과 敎의 두 방편을 제시하여 修行의 길을 引導하였다.

西山은 그의 자술 『禪家龜』에서 일러 말하길 "敎는 부처님의 말씀이요, 禪은 부처님의 마음이다."고 言及하고 있다. 그중 後者의 부처님의 마음을 드러내는 根本宗旨로 禪은 '敎外別傳', '直指人心', '見性成佛'의 그 기치를 내걸고 있다.

특히, 깨달음으로 가는 禪의 修行法으로 달마를 初祖로 하는 祖師禪은 '公案'이라는 武器를 이용하여 완벽한 疑問構造를 가지고 出發하고 있다. 이보다 더 발전된 형태의 看話禪 修行法은 '無心'과 '見性'을 목표로 삼는다고 말할 수 있을 것이다.

여기서 看話禪은 祖師의 公案을 發展된 형태로 進化시킨 話頭參究 방식으로 唐에서 출발한 祖師禪을 宋代에 이르러 大慧宗杲가 독특한 修行體系로 발전시켜 看話禪의 話頭法이 등장하여 宋代 전체에 걸쳐 禪의 전성기를 謳歌하게 된다고 볼 수 있다.

1) 看話禪의 歷史와 成立

'看話禪' 즉 '話頭禪'을 체계화시킨 창시자는 당연히 송나라의 大慧宗杲라고 할 수 있다. 대혜종고(1089-1163)는 간화선을 대성시킨 선승으로 看話禪의 지대한 공로자임에 자타가 公認하는 바라고 말할 수 있을 것이다.

大慧가 주창한 看話禪은 그 수행방법이 화두를 참구하여 항상 그것을 의심해 나감으로써 궁극에 가서는 疑團을 타파하여 깨달음에 이르게 하는 독특한 방법으로 많은 사람을 大悟로 이끈 대과업을 수행한 積極的 修行法이라고 말할 수 있을 것이다.

이러한 看話禪은 우리나라에서는 고려중기 지눌에 의해서 크게 발달하게 되는데 경허 역시 捨敎入禪의 看華禪者로서 화두를 들고 참선에 집중하여 생사를 타파하는 대오를 이루니 한국불교의 傳統禪은 역시 看話禪이라고 말할 수 있을 것이라고 본다.

(1) 公案의 意味와 歷史

祖師禪의 公案은 참선 수행의 大命題로 한국불교의 參禪修行도 모두 公案의 참구를 통해서 이루어질 정도로 公案은 禪의 핵심을 이루고 있다고 말할 수 있을 것이다.

이처럼, 禪의 수행과 깨달음을 동시에 이끄는 견인차의 역할로 公案은 원래 관청의 공문서인 '公府案牘' 라는 용어에서 유래된 말이다.

'공부안독' 이란 정부가 확정한 법률안으로 백성이 준수해야 한다는 의미인데 이것이 禪宗에 차용돼 절대적인 規範 판단의 準則이 되어 參禪修行의 의심의 명제로서 그 기능을 충실히 수행했다고 할 수 있을 것이다. 公案이 가리키는 보다 더 구체적인 의미로는 祖師의 '言語' 이나 '語句' 또는 '問答' 등을 모두 포함하여 가리킨다고 볼 수 있다.

이처럼, 公案은 옛 선사들의 言行과 깨달음의 해결을 필요로 하는 완벽한 疑問構造를 이루고 있다.

이러한 선사들의 修行精進한 발자취는 참다운 인생과 깨달음의 울림으로 후학 및 그 제자들에 의해 公案이라는 명제의 점검을 요구하고 있다고 말할 수 있을 것이다.

그리고, 그 전통은 곧 '活口禪' 의 수행방식으로 전해져서 '公案禪' 은 선수행의 대명사처럼 여겨져 왔다고 말할 수 있을 것이다. 특히 이러한 수행과정 속에서 각 개인의 통찰이 투영되고 의문이 더해지면서 公案은 禪修行 과정에서 必修로 요구되는 하나의 치밀한 疑問構造로 정착하게 되었다.

따라서, 선종의 역사상 깨달음을 이룬 수 많은 禪師들은 그 자신의 독자적인 言語와 對話法으로 제자를 지도하는 독특한 행동을 남기고 그들의 발자취는 수행자들에게 깨달음으로 가는 지름길의 커다란 足跡이 되어 禪의 역사를 기록하였다고 말할 수 있을 것이다.

이러한 禪宗의 역사는 祖師禪의 파도를 넘어 그 이름의 足跡을 좇는 求道者의 행렬로 선사들만의 독특한 禪의 家風을 남기고 宋代의 大慧宗杲에 이르러 無秩序한 禪의 家風들을 바로잡는 일단의 작업을 거쳐 看話禪의 역사를 남겼다.

따라서, 경허가 깨달음을 증득한 看話禪은 話頭의 절대성이 요구되는 구조로 여기서 公案과 話頭의 差別性을 점검하는 작업이 요구된다고 본다. 우선, 公案에 대해 화두의 지침서인 『碧嚴錄』의 序文은 이렇게 적고 있다.

"조사 스님들이 가르쳐 보이신 바를 공안이라고 한다.(祖敎之書 爲之公案)"[1] 즉 주지한 바와 같이 禪家에서는 조사들이 보인 言行一體를 公案의 테두리 안으로 포함시키고 있다는 것이다. 따라서 公案은 그 범위가 광범위하여 수많은 공안이 생겨나게 되었다.

이러한 공안의 종류는 무려 1700 가지로 흔히 1,700 공안이라고 말하는데 이는 『傳燈錄』에 등장하는 1,701인의 선사들이 그들이 보여준 機緣과 언행에서 유래한 공안들이다.

다시 말하면, 祖師의 말이나 語句 또는 對話로 주고받은 問答 등 심지어는 그들이 주고받은 행동들까지도 모두 이 모든 것들이 '公案'이라는 이름으로 참선 수행자들에게 직접 口頭로 전달되어 이러한 공안들은 하나같이 修行衲子들로 하여금 모든 수행자들에게 '생각하는 대상' 또는 '수행의 단서'로 삼도록 의문의 실마리를 제시했기 때문에 공안은 修行체계에 있어서 그 나름의 질서를 유지하였다고 볼 수 있을 것

---

[1] 佛果圜悟, 『碧嚴錄』上, 백련성서간행회 역, 장경각, 1993, p.11.

이다.

공안의 생성에 있어서 특히, 일본의 曹洞宗의 경우는 山川草木을 비롯하여 천둥 번개가 치고 바람에 낙엽이 지는 등 日常에서 일어나는 여러 가지의 自然現象까지도 수행자에게 불교의 진리를 가르쳐 보이는 公案으로 받아들이는 등 그 대상이 頭頭物物 삼라만상을 향해 開放性을 보이고 있다는 점에서 공안의 영역은 그 범위가 한계를 넘어서고 있음을 여실하게 보여주고 있었다고 말 할 수 있다.

(2) 話頭의 意味와 歷史

그러나, 이렇게 많은 공안 중에서 오직 '하나'의 '公案'만을 참구하여 참선수행을 위한 좌선에 임할 때 우리는 이 공안을 일반적으로 '話頭'를 든다고 한다. 그래서, 흔히 사전적 의미에 의해서도 公案은 話頭 또는 古則과 같은 뜻으로 풀이 되고 있다고 말 할 수 있다.

그러나 公案과 話頭는 비슷한 의미를 지닌 듯 보이지만 엄밀하게는 다른 용법으로 쓰인다. 즉 화두의 의미는 순수한 우리말로 풀어쓰면 '말머리'로 그 의심을 第一着으로 '말'에 두는 것이다.

좀 더 구체적으로 접근해보면 公案이 禪師와 修行者간의 禪問答이라면 話頭는 禪師의 답변에 '왜?'라는 강한 疑心을 둔다는 점에서 크게 다르다는 것을 말할 수 있다는 것이다. 이것이 公案과 話頭의 근본적인 확연한 차이라고 볼 수 있을 것이다.

이처럼 看話禪은 그 出發을 祖師禪에 두고 禪의 본질을 바탕으로 話頭의 참구를 중시하는 禪을 특히 '看話禪'이라고 할 수 있다고 본다.

이러한 간화선의 역사는 話頭의 참구를 제시한 宋代의 大慧宗杲는 唐代 禪宗 祖師禪 家風이 지나치게 思辨的이며 禪語錄 위주의 文句를 註釋하는 학문으로 심하게 왜곡되고 변질되어 가는 것을 막고 禪의 본질을 회복하는 代案으로 看話禪을 주창하게 되었던 것이다.

그러나, 한편으로 대혜 종고는 그 당시 성행했던 굉지 정각[2)]의 주장으로 묵묵히 坐禪하여 靈妙한 마음의 작용을 관조하여 모든 생각과 분별을 뛰어넘은 절대의 심성인 '黙'에 일체 진리가 본래 완성돼 있다는 '本證自覺'의 禪風인 '黙照禪'을 '看話禪'과 대비되는 '死禪'으로 극력 비판하면서 ' 活線 '으로서 화두의 참구를 중시하는 간화선을 성립시켰다고 말 할 수 있을 것이다.

2) 看話禪의 修行方法

看話禪은 스승에게 話頭를 받고 수행하면서 그때그때 수행을 제대로 하고 있는지 점검받는 독특한 수행법으로 善知識을 간택하여 혹독한 지도를 받고 대오를 위한 수행을 이어 가는데, 여기서 善知識의 역할은 아직 깨달음에 도달하지 못한 修行衲子에게 대단한 영향력을 발휘하게 된다.

따라서 ,간화선 수행은 善知識의 因緣이 무엇보다도 시급하고 중요한 수행 요건이다.

그래서 간화선 수행자들은 善知識이 주석하고 있는 山門은 선지식을 중심으로 수백 수천대중이 운집하여 화두를 타파하기 위한 용맹정진의 거대한 雲集體를 이루어 그 산 전체가 善知識의 지도아래 話頭點檢을 받으며 한 덩어리를 이루는 집단 '修行群團' 이 되는 것이다.

당시 看話禪과 더불어 黙照禪의 선사들은 禪修行法으로 간화선은 '화두를 참구하여 항상 그것을 의심해 나감으로써 궁극에 가서는 疑團(의심 덩어리)을 타파하여 깨달음에 이르게 하는 수행법' 이다.

간화선은 "인연을 따라 마음에 지니어 잊지 말 것" 또 "생각을 잊어버리고 묵묵히 비추라."고 가르치는 黙照禪이 공존하고 있었는데, 이에 대해 대혜 종고는 존재의 실상을 깨닫게 하는 방법으로서 이에 묵묵히 返照만을 강조하는 묵조선은 크게 잘못

---

2) 宋의 승려. 山西省 隰州 출신. 11세에 출가하여 14세에 具足戒를 받고, 23세부터 丹霞子淳 (1064-1117)에게 師事하여 그의 법을 이어받았다.

된 것이라고 강하게 비판하고 그 위험성을 지적하였다.3)

왜냐하면 묵조선의 공부 방법은 생각을 그치고 묵묵히 관조하는 방법으로서 간화선처럼 크게 깨닫는 계기가 있어야 한다고 강조하지 않는다는 점에서 死禪,

즉 죽은 선이라고 한다. 이에 반하여 간화선에서는 화두 일념의 관문을 지나 크게 깨닫는 계기가 반드시 있어야 한다고 주장하는데, 이 점이 黙照禪과 가장 큰 다른 점으로 活禪, 즉 살아있는 禪이라고 할 수 있는 것이다.

만약 수행자가 고요한 데서만 공부가 되고 시끄러운 데서는 공부가 안 된다면 그것은 진정한 공부가 아니다. 그것은 아무런 쓸모없는 공부라고 할 수 있을 것이다.

이 뜻은 시끄러운 것과 고요한 것은 둘이 아닌 하나로 '中道不二'가 성립되고 있으므로 이것을 하나로 여겨 活句4)를 깊이 참구하라는 것이다5)

그런데 사실 이런 看話禪에도 화두를 참구하는 총명한 자들의 병통이 있는 데 그 것은 수행자들의 개인 개인이 들고 있는 화두에 따라 다소 차이는 있지만 누구나 피해 갈 수 없는 커다란 병통으로 '話頭病'이란 이름의 上氣熱病을 앓게 되는 데 수행납자들이 결코 간과해서는 아니 될 障碍物이라고 본다.

이 병통의 원인은 자신을 향해 참구하지 않고 자신 밖을 향해서 깨달음을 구하는 점에서 비롯된 것이다. 이것을 해결하기 위한 방법으로 고려 知訥의 제자로 '儒佛一致說'을 주장하기도 했던 慧諶은 無字 話頭의 열 가지 병통의 「無字十種病」을 들어 話頭參究의 잘못된 수행법의 病痛을 크게 警策하기도 하였다.

---

3) 대혜종고 원저. 여천무비 역해, 『이것이 간화선이다』, pp.80-81.
4) 活句: 모든 분별과 생각이 끊어져 파격적이고 역설적인 글귀로 수행납자들은 活句를 참구할 뿐이지 절대로 死句로 헤아리지 않는다.
5) 대혜종고 원저. 여천무비 역해, 『이것이 간화선이다』, p.93.

3) 韓國 看話禪의 歷史와 成立

불조의 맥을 이은 중국의 禪은 開山祖 道義에 의해 우리나라에 전해져서 신라 말 九山禪門을 형성하였다. 이후, 간화선의 전통은 고려의 보조지눌, 태고보우, 나옹혜근에 이어졌으며 조선시대 억불숭유의 어려운 상황의 시련을 견디고 서산휴정 등에 그 맥이 전해지고 그 禪脈은 간신히 구한말 근세에 鏡虛惺牛가 脈을 이어 오늘에 이르고 있다.

사실 조선말기 경허의 생존 당시에는 전통 看話禪風이 그 명맥이 거의 끊어져서 간화선은 口頭로만 전할 뿐 實參實究하는 모습은 거의 찾아볼 수 없었는데, 그러한 絶大絶命의 위기의 상황에서 혜성처럼 나타난 경허는 스러져 가는 한국 간화선을 과감히 부흥시켜 오늘의 한국 전통불교 간화선에 새로운 生命力을 전도한 先覺者라고 말할 수 있을 것이다.

오늘날 韓國佛敎의 대표적 종단인 대한불교조계종이 禪宗을 宗指로 표방하고 있다. 이런 바탕으로 우리나라는 현재 세계화에 발맞춰 전 세계적으로 간화선 수행 전통이 가장 잘 이어져 온 세계 유일의 國家로 佛子의 자부심과 긍지를 가질 수 있다고 말할 수 있을 것이다.

이처럼, 看話禪은 이 지구상에 살아있는 모든 중생들이 자신의 본래 모습을 참구하여 중생과 부처가 둘이 아님을 바로 깨닫고 생사의 굴레에서 벗어날 수 있는 지름길을 제시하여 즉시 깨달음의 세계로 들어갈 수 있도록 이끌어주는 最上乘의 修行法이라고 본다.

따라서, 韓國 看話禪은 비단 우리나라뿐만 아니라 전 세계인들에게 커다란 정신적 지주가 되어 인류 최고의 수행법을 제시하고 있으며 이는 모두 다 부처를 이루려는 희망의 메시지를 제공하고 있다고 말할 수 있다.

간화선의 骨髓라 할 수 있는 지눌의 『看話決疑論』은 간화선의 眞髓를 일목요연하게 정리하여 진리에 도달하는 궁극적인 지름길을 제시하고 있다고 할 수 있다.

다음은 화두의 요체를 드러내어 선문에 이르는 길을 問答 형식을 빌어서 설하고 있는 『看話決疑論』의 일부를 살펴보자.

그렇다면 선종에서 증득해 들어가는 자가 비록 돈교의 기틀에는 속하지 않는다 하더라도 현상과 현상이 걸리지 않는 事事無碍[6]의 원리를 증득하는 것이므로 마땅히 圓敎[7]의 도리에 해당하는 것인데 어찌하여 '圓敎 밖에 따로 비밀히 전하는 密傳門의 기틀이 있다'고 말하나이까?[8]

앞에서 말하지 않았던가? 圓敎에서는 十玄[9]의 걸림 없는 법문을 말씀한 것은 비록 그것이 不思議乘의 경지에 오른 보살의 두루 보는 진리의 경계라고는 하지만 오늘날 범부들이 觀行하는 문에 있어서는 듣고 아는 '聞解' 언어의 길인 '語路'와 이치의 길인 뜻 길인 '義路'의 길이 있기 때문에, 그러므로 분별없는 無分別智[10]를 얻지 못하고 모름지기 보고 見聞과 이해하고 행하는 解行이 경과한 연후에야 證入해 들어 가나니라.(중략)

지눌은 그의 주요한 선수행법으로 三門 즉 惺寂等持門 · 圓頓信解門 · 看話徑截門의 3가지 방법을 제시하고 있는데, 이 중 마지막의 看話徑截門이 곧 화두를 참구하는 수행이 지름길이라고 강조하고 있다.

즉 오직 화두에 대한 의심만으로 자신의 의식을 꽉 채워 망념이 스며들 틈이 없게 하면, 그 의심 덩어리가 커지다 한 순간에 망념이 사라지고 진리에 도달하는 간화선의 정통한 지름길을 낱낱이 드러내 보이고 있는 것이다.

---

6) 화엄경에서는 네 종류의 法界로 해석한다. 理無碍의 법계는 형이상학적인 이치에 걸림이 없는 단계이다. 事無碍의 법계는 현실의 일처리에 걸림이 없는 단계이다. 理事無碍의 법계는 형이상학적인 이치뿐만 아니라 현실의 일처리에도 아울러 통달한 경지를 말한다. 事事無碍의 법계는 일과 일에 걸림이 없는 단계로 최고의 경지를 말한다.
7) 불교의 사상용어 중 하나로 완전한 가르침을 말한다. 즉, 대승불교의 최종 진리를 가리킨다. 원은 원만, 원융의 뜻이며, 方便에 대한 진실로, 방편과 다른 진실인지, 방편을 포함한 진실인지로 그 발상의 입장을 구분한다.
8) 지눌, 『看話決疑論』, "問하되 然則 禪宗得入者가 雖不攝頓敎之機나 以證事事無碍니 故로 當於圓敎箇者어늘 何得言 圓敎外에 別有密傳之門之機耶잇가" 答曰 前不云乎아 圓敎에 談十玄無碍法門이 雖是不思議乘菩薩의普眼境界나 而於今時凡夫觀行門엔 以有聞解語路義路라. 故로 未得無分別智하고 須經見聞解行生然後에 證入矣니(중략). 禪門에도 亦有密付難堪中下之流가 或以離言絶盧로 冥心入理나 而於目前緣起事法에 未能透得 故로 徑山大慧禪師訶日 硬休去歇去者는 此是付忘懷空寂而生解者也."
9) 十玄門 또는 十玄緣起無礙法門이라고도 한다. 십은 滿數를 뜻하고, 현은 深玄하다는 뜻이며, 연기는 事事無礙緣起의 법문이라는 뜻이다. 즉, 모든 현상은 각 현상마다 서로 원인이 되어 밀접한 융합을 유지하고 있다는 사사무애연기의 특징적인 모습을 열 가지로 나누어 설명한 것이 십현연기문이다.
10) 無分別智:산스크리트어(nirvikalpa-jñāna) 모든 분별이 끊어진 지혜. 분별하지 않는 깨달음의 지혜. 번뇌와 망상을 일으키지 않는 지혜. 모든 분별이 끊어져 집착하지 않는 지혜. 주관과 객관의 대립을 떠나, 있는 그대로 직관하는 지혜. 판단이나 추리에 의하지 않고 대상을 있는 그대로 파악하는 지혜를 말한다.

지눌 제시한 『普照語錄』으로는 『看話決疑論』외에도 『修心訣』그리고, 간화선의 결정체인 『眞心直說』등으로 지눌은 간화선의 眞髓를 일목요연하게 정리한 지침서를 저술하여 간화선의 길잡이로 제공하고 있다고 본다.

위에서 살펴본 바와 같이 한국 看話禪의 역사는 보조지눌에서 정점을 이루고 경허성우는 그 종결자로 경허는 당연히 지눌의 맥을 이은 전통선의 흐름이라고 할 수 있을 것이다.

4) 鏡虛의 看話禪

慧能은 보통 특별한 어떤 행위나 수행으로서의 선정을 요구하는 대신 자신의 본성을 통찰하는 일 즉 '本來 性品을 보아 어지럽지 않게 함'을 '禪'이라 하고 또한 '밖으로 모양을 떠나고 안으로 어지럽지 않게 함'을 '禪定'이라고 말하고 있다.[11]

이런 점에서 경허가 말하는 禪은 혜능의 그것과 일치하고 있다고 말할 수 있을 것이고 이런 점에서 鏡虛禪의 본질은 '本來成佛'이라고 말할 수 있을 것이다.

(1) 鏡虛의 看話禪法

경허는 '無師自悟'하여 自己成佛을 이룬 뒤 법을 묻는 弟子들에게 조차도 "이 사람아! 법문은 술김에나 하는 것이라네."라고 말했을 정도로 제자들을 지도할 때도 활통한 모습을 보이고 있다.

다만 경허는 제자들에게 話頭를 내리고 點檢하는 일 만은 철저히 하여 화두의 簡擇을 지도하고 인가를 하는 일은 徹頭徹尾하였음을 慧月과 滿空의 認可 과정을 통하여 충분히 이해할 수 있다고 본다.

따라서 경허는 그 자신 역시 靈雲 志勤의(771-853) '驢事未去 馬事到來' 화두에

---
11) 慧能, 『六祖壇經』, 불국선원, 1976, pp.352-353.

전념했으며, '소가 되어도 콧구멍 뚫을 데가 없다.'의 '牛無鼻孔處'라는 말을 듣고 바로 깨쳤다는 점에서 경허는 철저한 간화선 수행자였다는 사실을 충분히 증명하고도 남음이 있음을 알 수 있을 것이다.

심지어, 경허는 해인사 修禪結社의 「結同修定慧同生兜率同成佛果稧社文」에서 行住坐臥 속에서 언제나 간단없는 정진으로 오롯이 깨어 있으면서 고요함(惺惺寂寂)을 절실히 요구하고 있는데,

경허의 이러한 철저한 수행정신의 요구는 大慧宗杲(1089-1279)와 高峰原妙(1324-1396)가 요구한 看話의 요소와 철저히 그 脈絡을 같이 하고 있었다. 그래서 鏡虛禪을 看話禪이라 정리할 수 있다고 본다.

변희욱은 경허의 화두를 일러 '背觸關'이라고 하였다. '背'는 부정하는 것이고 '觸'은 긍정하는 것으로 그것은 있을 수 있는 모든 긍정과 부정의 길을 차단하는 방식이라고 말하고 있다. 이것이 바로 경허의 '中道不二'다.

경허는 임제종의 조사와 같이 배촉관을 활용했고 외마디 소리로 제자의 각성을 요구했으며 간화를 권면했다. 그 자신 역시 영운지근(靈雲志勤, 771~853)의 '여사미거 마사도래(驢事未去 馬事到來)' 화두에 전념했으며, '소가 되어도 콧구멍 뚫을 데가 없다.'라는 말을 듣고 바로 깨쳤다.

그는 의심, 믿음, 의지가 공부의 필수요소라 했으며 행주좌와 언제나 간단없음, 오롯이 깨어 있으면서 고요함(惺惺寂寂)을 요구했다. 이는 대혜(大慧, 1089~1279)와 고봉(高峰, 1324~1396)이 요구한 간화의 요소와 다르지 않다. 그래서 경허의 선을 간화선이라 정리할 수 있다.[12]

위의 내용과 같이 또한 그도 『鏡虛集』을 통해서 알 수 있듯이 결국 경허의 修行法은 간화선법이라고 논자와 의견을 같이 하고 있음을 알 수 있을 것이다.

---

12) 변희욱, 『불교평론』 36호, 2008년, p.491.

태진도 자신의 저술인 『鏡虛와 滿空의 禪思想』에서 이렇게 말하고 있다.

"경허의 禪修行은 看話禪의 수행이며, 그 사상의 핵심은 자기의 참된 본래심을 되찾는 見性大悟에 있다. 경허의 사상은 悟와 修로 요약되는데, '오'가 자기 자신에게 본래 구족돼 있는 본래 면목을 깨닫는 것이라면, '수'는 치열한 公案參究 看話禪이라고 볼 수 있다.

경허는 자신의 깨달음을 개인적인 차원에 머무르지 않고 대승적인 중생교화로 연결시켰다. 삶의 후반부에 그가 보여준 일련의 無碍行은 그 구체적인 증거다." [13]

이처럼, 태진은 경허의 禪思想을 悟와 修로 찾고 있는데, 여기서 '悟'가 자기 자신에게 본래 구족돼 있는 본래 면목을 깨닫는 것이라면, '修'는 치열한 '公案參究'의 看話禪修行이라고 말하고 이러한 측면에서 당연히 경허는 이러한 과정을 수행한 철저한 看話禪者임을 밝히고 있다.

(2) 鏡虛의 捨敎入禪

경허는 출가 초기부터 禪修行에 전념한 선사가 아니다. 그는 23세(1871) 이후 31세(1879)까지 10여 년 간 동학사에서 불교경학, 특히 『華嚴經』을 강의하던 大講伯이었다.

이처럼 敎學을 강의하던 그가 禪師로서 삶의 방향을 돌리게 된 것은 특별한 계기가 있었다.

1879년 어느 여름날 경허는 곧 어린 시절의 은사였지만, 속세로 환속한 桂虛를 만나러 서울로 가는 길에 천안의 한 마을에서 콜레라를 맞닥뜨리는 하나의 사건으로부터이다.

---
13) 태진, 『경허와 만공의 선사상』, 민족사, 2007, p.85.

전염병 때문에 한 마을이 통째로 폐허가 되어 버린 마을에서 순식간에 죽어나가는 모습을 눈앞에서 目睹하게 된 경허는 엄청난 충격에 휩싸이게 되었다.

죽음과 굶주림의 마을에서 傳染病에 걸리지 않을까 두려워하는 자신을 보고 목숨이 경각에 달린 상황에 동학사에서 강백으로 자기가 가르치던 經典上의 교리들이 목전에 드리워진 죽음 앞에서는 아무런 힘도 발휘하지 못한다는 것을 뼈저리게 느꼈다.

주검과 마주한 경허는 죽음에 대한 極度의 공포감으로 떨고 있는 자신의 不完全한 모습을 보았다.
 '나귀의 일이 가기도 전에 말의 일이 한꺼번에 닥쳐왔다'는 '驢事未去 馬事到來' 것은 죽음이라는 궁극적인 인생문제의 해결이 捨敎入禪에 있음을 의미한다. 또한 경허는 『鏡虛集』에서 이렇게 전하고 있다.

한 생각으로 마음을 밝힘'이 수많은 보배 탑을 조성하는 것보다 낫고, 참선하는 사람이 비록 졸음과 망상에 빠져 뜻을 얻지 못하여도, 오히려 삼승 학인이 그 도업을 훌륭히 성취한 자보다 수승하다14)

이처럼, 경허에게 禪이 敎學이나 造塔佛事에 대하여 優位에 두고 있음이 분명했다. 비록 三乘의 敎學공부는 그런대로 했지만, 禪門에서 밝히는 '마음이 곧 부처'라는 말은 아직 이해하지 못했으므로 事와 理가 圓融無礙한 中道實相을 설한禪法을 우위에 두고 있음은 禪師로서 本分을 다하고 있다고 본다.

경허는 동학사에서 대 강백을 지냈지만 선 수업을 받을 만한 禪修行 道場도 없었을 뿐 더러 선을 제대로 지도할 만한 스승을 만나는 奇緣도 갖지 못했다.

주검과 마주한 막다른 길에서 경허가 생사를 타파할 방법으로 택한 것은 오로지 捨敎入禪 으로 보았다.

그가 우선해야 할 일은 스스로 깨치는 일을 성취하기 위해 傳統的인 話頭 參究의 길

---

14) 鏡虛, 「여등암화상」, 『韓國佛敎全書』 권11, 동국대출판부, 1992 p.594b.

을 선택하였던 것이다.

그러나 여기서 경허의 행동에 注目해야할 것은 경허는 비록 자신이 대 講伯이라 할지라도 이미 선에 正統할 정도로 禪語錄을 섭렵했던 것으로 보인다.

그동안 여러 禪語錄을 공부하다가 평소에 늘 마음에 두고 있었던 영운지근의 화두인 '驢事未去 馬事到來'를 생각해 내게 되었을 것으로 짐작이 가는 대목이기도 하다.

大悟를 성취한 경허는 萬行을 나섰다. 경허 자신이 萬行의 필요성과 그 조건을 『鏡虛集』에서 이렇게 전하고 있다.

'만행이 비록 석자의 일상생활 속에 행할 바이지만 知慧로 自性을 비추어 要達함이 없어서는 안 될 것"이라는 구절이 바로 그것이다.15)

또한 경허는 "萬行을 갖추어 닦더라도 오로지 無念으로 宗을 삼는다"는 규봉종밀의 『禪源諸詮集都序』의 한 구절도 만행의 조건으로 제시하고 있다.16)

여기서 경허는 규봉을 제시하고 있는데 경허가 행한 '捨敎入禪'의 진정한 의미는 교를 충분히 이해하는 가운데 사교하여 선으로 들어가는 입선을 통해 도를 이루고 난 뒤 다시 교를 취하여 선을 다시금 확실히 다지는 수행을 행한 것으로 보인다.

도를 이루기 전에는 교학은 모래로 밥을 짓는 격이지만 선을 이룬 뒤의 교학은 팔만장경을 한 쾌에 꿰뚫을 수 있는 위력이 있기 때문에 경허는 종밀의 『禪源諸詮集都序』도 다시금 살펴보았을 것이다.

그리고 여기서 분명히 할 것은 입선 전의 敎學은 굳이 교학이라 구분하지만 여기서의 敎學은 좀 더 특별한 의미의 禪語錄들을 지칭한다고 볼 수도 있을 것이다.

왜냐하면, 一般的인 敎學이란 禪과는 다른 각도의 佛敎的 接近이기 때문에 입선에는

---

15) 鏡虛, 「여등암화상」, 『韓國佛敎全書』 권11, 동국대출판부, 1992 p.594b.
16) 鏡虛, 「여등암화상」, 『韓國佛敎全書』 권11, 동국대출판부, 1992 p.594b.

많은 방해가 될 수 있는 많은 부분을 포함하고 있다고 볼 수 있다고 본다.

그러나 禪語錄은 비록 글자라는 媒介體를 이용하여 禪을 수용하고 있지만 入禪하고자 하는 修行衲僧에게는 등불과 羅針盤의 역할을 훌륭히 감당할 수 있다는 전제하에 그 可能性을 충분히 내포하고 있다고 보기 때문이다.

따라서 入禪者의 사전 禪語錄의 열람은 敎學이라는 또 다른 관점을 벗어나서 사교입선의 의미를 다시 접근할 수 있다고 본다. 특히, 大講伯 경허의 捨敎入禪이 그것을 증명해준다고 말할 수 있을 것이다.

또한 鏡虛禪은 確撤大悟 없이는 生死를 면할 수 없다고 말하고, 生死 없는 도리는 以心傳心, 敎外別傳의 것이라고 강조하고 있다.

그러므로 公案을 참구하는 活口參禪만이 眞如佛性을 깨달아 佛祖의 스승이 될 수 있는 것이라고 경허는 준엄하게 경고하고 있다고 말 할 수 있다.

鏡虛禪은 주지하다시피 生死문제에 부딪히자 그는 교학의 한계를 切感하여 간화선 수행으로 돌아가 화두를 참구하는 看話禪의 수행을 통하여 깨달음을 얻었다.

이처럼 경허는 간화선으로 一大事를 마치고 단절된 佛祖慧命을 회복하고 한국불교를 반석 위에 바로 세웠다.

경허는 豁然大悟 이후 그것을 전하기 위하여 禪風을 진작하고 禪院과 禪室을 개설하는 등 한국 선불교 僧團形成의 기틀을 마련하였다고 말 할 수 있을 것이다.

이처럼 경허는 간화선의 回復과 中興을 위한 행보를 한 時도 멈추지 않고 진행하였는데 각종 佛事나 禪院開設에 法主가 되어 說法과 法力으로 중생교화와 불교중흥에 크게 이바지했다고 본다.

이러한 경허의 노력으로 朝鮮의 山中佛敎를 조직화된 생활 속의 禪佛敎로 전환하는 일에 크게 기여한 선지식으로 評價되어 우리는 흔히 경허를 '近代禪의 中興祖'로 불린다. 따라서, 捨敎入禪의 禪 修道者 경허의 大悟는 우리 後學이 부처를 향하는 등불이요 나침반이라고 말할 수 있을 것이다.

(3) 鏡虛의 話頭: '驢事未去 馬事到來'

'驢事未去馬事到來' 화두참구는 경허가 간화선자임을 알리는 표지석이다. 이번에 언급된 내용도 경허는 자신이 간화선자임을 알리는 捨敎入禪의 순간이다.

大講伯으로 명성을 날리던 경허는 죽음 앞에서 生死를 해결해주지 못한 敎學을 과감히 敎를 버린다. 이제 그는 더 이상 講師가 아니다.

곧바로 화두를 챙긴 衲子는 首座로서 坐服을 찾아 結跏趺坐에 목숨을 걸고 生死打破를 위해 祖室 방문을 굳게 걸어 잠그고 목에는 송곳을 꽂았다.

"금생에 차라리 바보가 될지언정 문자에 구속되지 않고 祖道를 찾아 三界를 벗어나리라" 17)

이렇게, 결심을 굳힌 경허는 곧바로 살아있는 活口를 찾아 스승이 없는 修行僧은 스스로 公案을 간택하였다.

이때. 경허는 당연히 『禪家龜鑑』의 '活口徑截門'을 따르고 있었다. 서산은 다음과 같이 경고한다.

"대저 배우는 이는 모름지기 活口를 참구할 것이요, 死口를 참구하지 말라." 이리하여 경허는 평소 의심덩어리로 남아 풀리지 않던 영운지근의 '驢事未去 馬事到來 18)의 화두를 決擇하였다.

이후 鏡虛禪은 坐服에 안주하는 死禪이 아니라 육체와 마음의 쇠사슬을 벗어던지고

---
17) 鏡虛, 「여등암화상」, 『韓國佛敎全書』 권11.동국대출판부.1992 p. 409.
18) 혜심, 『禪門拈頌』 제594칙 「'驢事未去 馬事到來'」

사바세계를 무대삼아 걸림 없는 淸靜本源으로 회귀하는 活禪을 자신의 온 몸을 던져 생동적인 行履를 통해 거울처럼 절실하게 보여주었다고 말할 수 있을 것이다.

그가 바로 간화선 수행자 鏡虛惺牛였다. 『禪門拈頌』의 제594칙인 '驢事未去 馬事到來' 화두를 全力全心으로 참구하던 중 소가 되어도 고삐 뚫을 구멍이 없다는 '牛無鼻孔處'라는 원규 사미승의 질문에 경허는,

문득 "사물과 내가 함께 공한 경지"를 깨달아 홀연히 깨달음을 증득하였다.

生死의 打破는 순식간에 봄 눈 녹듯 풀렸던 것이다.

1879년 경허 나이 31세 되던 여름 어느 날 경허는 옛 스승인 桂虛를 찾아 한양으로 향하던 중 천안 근처에서 심한 폭풍우를 만나 가까운 인가에서 비를 피하려고 하였지만, 마을에 돌림병이 유행하여 집집마다 문을 굳게 닫고 있었다.

門前薄待를 당한 경허는 하여 비를 피하지 못하고 마을 밖 큰 나무 밑에 낮아 밤새도록 죽음의 공포에 시달리다가 이제까지 '生死不二'의 이치를 문자 속에서만 터득하였음을 깨닫는다.

여기저기 널려있는 주검을 마주하고 大講伯 경허는 새로운 發心을 한다. 순간 지난날 미진했던 '驢事未去 馬事到來'를 머릿속에 떠올리며 밤새 걸음을 재촉하여 동학사로 돌아온다.

드디어, 大講伯 경허는 강원을 폐쇄하고 학인들을 모두 돌려보낸 뒤 祖室房에 들어가 빗장을 걸어 잠그고 勇猛精進을 감행하였다. 창문 밑 주먹밥 구멍을 뚫어놓고, 한 손에는 칼을 쥐고, 목 밑에는 송곳을 꽂은 널판자를 놓아 睡魔와 씨름하면서 잠을 자지 않고 정진하였다.

'活口'에서 깨달으면 부처와 조사로 더불어 人天의 스승이 되고, '死口'에서 깨달음은 제 자신도 구하지 못할 것이라는 [19] 화두참구의 禪修行法을 철저히 이행하고

勇猛精進한 경허는 看話禪의 정통을 꿰뚫고 결국은 豁然大悟의 境地를 꿰뚫었다.

이때, 경허가 간택한 화두는 靈雲志勤20)의 '驢事未去 馬事到來'로 주지하다시피 식견을 갖추고 화두에 대한 안목을 갖춘 눈 밝은 납자라면 결코 화두를 思量分別로 이해하고 헤아리려는 愚癡는 범하지 않을 것이다.

화두는 결코 풀어서도 이리저리 헤아려서도 아니 되며 오로지 똘똘 뭉친 의심덩어리를 大疑團의 상태로 끝까지 밀어붙이는 大憤心를 이뤄 내야 한다는 것을 경허는 알았던 것일까?

경허는 목숨을 내걸고 우직하게 일어 붙이는 무모한 용맹전진을 석 달 동안이나 순일하게 지어 나갔다.

이처럼, 경허는 '나귀의 일이 가지 아니 하였는데 말의 일이 당도하였도다(驢事未去 馬事到來)'는 화두를 들고 스스로 다리를 찌르고 머리를 부딪쳐서 睡魔를 쫓는 勇猛精進에 돌입하게 된다.

이러한 수행을 통과하여 진여자성에 도달한 鏡虛는 그래서 鏡虛는 오직 話頭를 드는 데서 佛祖의 길은 열리고 慧命을 이을 수 있음을 일관되게 주장하고 있다고 말 할 수 있을 것이다.

이 화두는 8세기 중국 潙仰宗의 대선사 靈雲志勤에서 비롯됐다. 靈雲志勤은 30년간 般若의 劍을 찾아 방황하다 대오를 이룬 禪의 검객으로 그의 원력은 오늘날까지 '尋劍堂'이라는 이름으로 사찰 곳곳에 남아있다.

특히, 경허가 머물던 서산 부석사에도 '尋劍堂'의 흔적이 고스란히 남아 있다.

---

19) 심재열 강설, 『禪家龜鑑』 보성문화사, 1998, p. 62.
20) 靈雲志勤은 생졸연대가 밝혀지지 않은 唐代 선승으로 本州 長溪 사람이다. 悟道頌: "三十年來尋劍客 幾回落葉又抽枝 自從一見桃花後 直至如今更不疑 삼십 년이나 칼을 찾은 나그네여 몇 번이나 잎이 지고 가지가 돋아 났었던가 그러나 복사꽃을 한 번 본 뒤론 지금에 이르도록 다시 의혹 안 하나니.." '驢事未去馬事到來'. 이 화두는 8세기 중국 위앙종의 靈雲志勤에서 비롯됐다. 영운지근은 30년간 반야의 검을 찾아 방황하다 대오를 이룬 선의 검객으로 그의 원력은 오늘날까지 尋劍堂이라는 이름으로 우리 사찰에 살아 숨 쉬고 있다.

漢岩은 「先師鏡虛和尙行狀」에서 이 화두를 驢年(당나귀 해)이라는 선어를 통해 이렇게 풀이하고 있다.

'당나귀 해란 돌아오는 기한이 없음을 이른다.

12간지 가운데 여년이라는 이름이 없는 까닭에 만날 기한이 없음에 비유한 것이다. 즉, 당나귀 해는 영원히 돌아오지 않는 시간이며 그 연장선상에서 당나귀의 일은 비실재를 뜻한다.

이에 반해 말의 일은 실재하는 현재이며 존재 그 자체이다. 그러므로 당나귀의 일과 말의 일은 삶과 죽음, 유와 공의 대립을 상징한다. 21)

경허의 용맹정진은 銀山鐵壁을 향해 허벅지를 송곳으로 찌르고 나아가면서 마지막 경계에 도달했다고 말할 수 있었을 것이다.

그러나, 경허가 깨달음을 맞이하는 계기는 우연한 질문으로 促發된다. 그것은 '牛無鼻孔處'의 소식이다. 그때를 당하여 경허의 화두는 '驢事未去 馬事到來'이었다.

그렇다면, '牛無鼻孔處'의 소식과 '驢事未去 馬事到來' 이 소식은 같은가? 다른가? 의 문제가 나온다.

도대체 경허는 무엇을 알았기에 맨발로 뛰쳐나와 덩실덩실 춤을 추었을까? 눈 밝은 납자라면 반드시 살펴보아야할 일이라고 본다.

이 순간은 조선왕조의 억불 속에서 枯死 직전의 명맥을 유지하던 한국 불교가 正當性을 가지고 새롭게 탄생하는 역사적인 순간이기도 하다.

漢岩은 경허에게 깨달음을 促發시킨 이 순간을 다음과 같이 기록하고 있다.

---

21) 漢岩, 『경허집』, 「先師鏡虛和尙行狀」, 월정사출판부, 2009. pp.1-16.

한 사미승이 옆에서 시중을 드는데 속성은 이씨라 그의 부친이 좌선을 여러 해 동안 하여 스스로 깨달은 것이 있어서 사람들이 다 이처사라고 부르는데, 사미의 사부가 마침 그 집에 가서 처사와 이야기를 하는데, 처사가 말하기를 "중이 필경에는 소가 된다" 하니 그 스님이 말하기를 "중이 되어 마음을 밝히지 못하고 다만 신도의 시주만 받으면 반드시 소가 되어서 그 시주의 은혜를 갚게 된다."고 했다. 처사가 꾸짖어 이르기를 "소위 사문의 대답이 이렇게 도리에 맞지 않습니까?" 그 스님이 이르기를 "나는 禪旨를 잘 알지 못하여서 그러하오니 어떻게 대답해야 옳습니까?" 하니 처사가 이르기를 "어찌 소가되기는 되어도 콧구멍 뚫을 곳이 없다고 이르지 않는고?" 그 스님이 묵묵히 돌아가서 사미에게 이르기를 "너의 아버지가 이러이러한 이야기를 하던데 나는 무슨 뜻인지 모르겠다." 사미가 이르기를 "지금 籌室화상이 선공부를 심히 간절히 하여 잠자는 것도 밥 먹는 것도 잊을 지경으로 하고 있으니 마땅히 이와 같은 이치를 알지라, 사부께서는 가서 물으소서."[22]

경허는 "어찌 소가되기는 되어도 뚫을 곳이 없다"는 말에 豁然大悟 했다. 콧구멍이 없는 소가 어찌 있을 수 있겠는가. 콧구멍이 없는 소는 소가 아니다.

여기서 순간 '콧구멍 없는 소'가 경허를 大悟로 이끈 그것이 아님은 '달을 가리키면 달을 봐야지 손가락 끝은 왜 보는가'의 구절의 다시 한 번 想起시키면서 눈 밝는 眼目은 이 悟道의 순간이 '달'에 있음을 撤見해야 할 것이라고 귀뜸 하는 바다.

여기에 한암은 경허의 悟道歌의 외침을 이렇게 기록하고 있다.

어떤 사람이 희롱하여 말하기를 '소가 되어도 콧구멍이 없다'라는 말을 듣고 그 말 아래 나의 본래의 마음을 깨달으니 이름도 공하고 형상도 공하였는데 공하여 텅 비고 고요한 가운데 항상 빛나더라. 이로부터 하나를 들으면 천번 깨달으니 눈앞은 외로이 밝은 寂光土요 정수리의 뒷모습은 금강의 세계로다. 四大와 五陰이 청정 법신이요 극락세계란 화탕지옥과 한빙지옥을 겸한 곳이며 華藏刹海란 劍樹와 刀山의 法性土이며 썩은 거름 무더기와 똥무더기가 대천세계이며 개미구멍과 모기눈썹이 三身과 四智이며 허공과 삼라만상이 눈에 부딪치는 대로 본래 현신이니 크게 기이하고 기이하도다.[23]

---

22) 鏡虛, 『鏡虛集』, 석명정 역, 1990, pp.409-410.
23) 鏡虛, 『鏡虛集』, 석명정 역, 1990, p.341.

'소가 되어도 콧구멍이 없다' 라는 말을 듣고 言下에 覺醒大悟하니 경허의 화두는 무르익을 대로 무르익은 모양이다.

'나의 본래의 마음을 깨달으니 이름도 공하고 형상도 공하였는데 공하여 텅 비고 고요한 가운데 항상 빛나더라' 를 노래하는 경허는 覺者의 경지를 證得하여 깨친 者의 音聲에서 울리는 共鳴의 소리로 살아있는 목소리라고 말 할 수 있을 것이다.

이로부터 경허는 하나를 들으면 천 번 깨달으니 눈앞은 외로이 밝은 法身佛이 사는 淨土 寂光土요, 정수리의 뒷모습은 大日如來의 智德이 堅固하여 一切 煩惱 깨뜨리는 金剛의 세계를 비로소 터득하였다.

그러나 역시 鏡虛禪의 외로움은 여기서 비롯되었다고 본다. 결국 鏡虛禪의 고독은 여기가 시발점이라고 볼 수 있을 것이다.

깨침의 본래 자리에 도달 하고 보니 번뇌덩어리인 우리의 육신 四大와 五陰이 알고 보니 바로 道를 이루는 보물 창고 淸淨 法身이요, 누구나 꿈꾸는 이상세계인 극락세계란 火湯地獄과 寒氷地獄을 겸한 곳이라고 말하고 있다.

여기서, 우리는 中道實相의 不二法을 드러내 보이고 있는 경허의 의중을 바로 알아차리는 絶對眼目이 요구되고 있다고 본다.

重重無盡한 華藏刹海란 劍樹와 刀山의 法性土이며 썩은 거름 무더기와 똥 무더기가 삼천 대천세계라고 말한다.

개미구멍과 모기눈썹이 청정법신 비로자나불의 법신이고, 원만보신 노사나불의 보신이고 천백억 화신의 석가모니불의 화신을 말하는 三身이고 大圓鏡智 · 平等性智 · 妙觀察智 · 成所作智의 四智가 된다고 말하는 경허다.

이처럼, 경허의 지혜는 허공과 삼라만상이 눈에 부딪치는 대로 본래 現身이라고하는 크게 기이하고 기이한 見地를 바로 보게 하는 淸淨法界의 안목을 터득한 자의 堂堂

한 眞面目이라고 할 수 있을 것이다.

경허는 동학사 祖室房에서 송곳으로 허벅지를 찌르고 칼을 갈아 턱에 들이대며 睡魔와 싸우는 피나는 수행을 통해 깨달음의 문에 도달하였다.

衲子 경허의 지혜의 눈이 번쩍 뜨이게 된 계기는 훗날의 東隱 元圭사미가 전해준 '牛無鼻孔處'라는 鏡虛의 수행과 깨침으로서 그 決擇으로 東鶴寺에 있을 때의 깨달음의 奇緣은 '소가 되어도 콧구멍 뚫을 데가 없다' 는 것에 있었던 것이다.

화두에도 깨침의 울림이 크고 작음이 있는바, 이 화두의 偉力은 아직도 可恐할 만한 또 다른 힘이 있다고 본다.

'驢事未去 馬事到來'의 또 다른 눈 푸른 수행납자를 기다리며 第二의 鏡虛를 개개하는 한국 선불교의 미래는 어둡지 않다고 본다.

(4) 鏡虛의 參禪 修行法

看話禪 修行法이란 이 話頭 속에 오직 '一念'으로 집중함으로써 '一心不亂'이 깊어져서 홀연히 한 생각에 의해 "打成一片"이 지속된다고 경허는 『鏡虛集』에서 말하고 있다.

이렇게 되어 '廻光返照'가 지속되어야만 불조의 혜명을 이어주는 큰 깨달음이 열린다고 제시한다. [24]

이러한 점으로 미루어 '鏡虛禪'의 바탕은 話頭를 기본으로 하는 '一心'을 이루고 '一念'을 주된 思想으로 경허가 주장하고 있는 철저한 '看話禪'이요 '話頭禪'이라는 것은 재삼 확인할 필요가 없다고 본다.

---

24) 鏡虛, 「結同修定慧同生兜率同成佛果稧社文」, 『韓國佛敎全書』 권11, 동국대출판부, 1992 p.593c.

① '言語道斷'의 參禪修行

言語道斷이요, 心行處滅의 자리에 도달하는 그 곳 깨달음의 자리는 言語의 길이 끊기고 마음의 행로 역시 사라진 當處자리다. 그렇기 때문에 그것은 마치 모기가 소등어리를 뚫는 것과 같이 부리가 들어갈 데가 없는 그것에 도달하는 간절함을 요구하고 있다.

 구하고자하는 간절함이 사무쳐 그 사무침마저 무너진 그 자리에 진실로 空한 空性이 오롯하게 佛性의 모습으로 드러나 있다.

깨달음의 자리는 언어의 길이 끊기고 마음의 행로 역시 사라진다. 言語道斷이요, 心行處滅의 자리이다.

그렇기 때문에 그것은 마치 모기가 소등어리를 뚫는 것과 같이 부리가 들어갈 데가 없는 곳에 온 몸으로 사무쳐 들어가야 하는 것과 같다.[25]

② '廻光返照'의 參禪修行

이러한 과정을 통하여 경허가 正統 看話禪의 수행방식을 통하여 깨침의 경지를 체득한 것은 서산 이후 그 법맥이 끊어지다시피 한 한국불교의 특징인 看話禪脈을 수백 년 만에 다시 계승할 수 있는 충분한 바탕을 제공하고 있었다고 본다.

또한, 경허는 화두를 참구하는 수행을 통해 本地風光에 이르는 길을 『鏡虛集』에서 이렇게 강조하고 있었다.

대저 이 현묘한 법문을 참구하는 이는 항상 반조에 힘써 그것을 참구 하고 마음이 생생하고 세밀하여 쉼 없이 그것을 참구해야 한다.

이처럼 지극히 간절하게 하여 마음으로 참구할 수 없는 곳에 이르게 되면 갑자기 참

---

25) 鏡虛, 「與藤菴和尙」, 『韓國佛敎全書』 권11, 동국대출판부, 1992, p.592a.

구 한다는 마음이 없어져 근본 생명에 이르게 되고 본지풍광이 저절로 갖추어져 모자람도 남음도 없게 된다.[26]

또한 경허는 修行者의 마음자세로는 出家者가 수행함에 있어서는 혹 參禪을 하든지 念佛을 하든지 呪力을 하든지 간에 마땅히 '廻光返照' 하는 데에 힘써 마음의 근본을 撤見해야 한다고 언급하고 있다.[27]

③ '一心不亂'의 參禪修行

다음은 특히, 화두를 참구하는 방식에 대하여 鏡虛는 무엇보다 '一心不亂'의 상태를 유지하라고 말한다. 이러한 상태 속에서 항상 '惺惺寂寂' 한 균등하게 유지하는 마음으로 조상의 공안을 참구한다면 견성을 하지 못할 사람이 없다고 경책하면서 '一心不亂'이 곧 '惺惺寂寂'임을 강조하고 있다.

「화두를 참구함에 있어 생생하게 깨어 있으면서 고요한 마음을 균등하게 유지하면 반드시 견성을 이루게 된다고 말하고, 염불을 하는데 있어서도 일심을 흐트러뜨리지 않으면 결정코 왕생을 한다고 말한다.

그러니 일심을 흐트러뜨리지 않는 것이 어찌 생생하게 깨어 있으면서 고요한 마음을 균등하게 유지하는 것이 아니겠는가」[28]

즉 一心의 不亂과 惺과 寂의 等持가 곧 往生으로까지 연결될 수 있음을 시사하고 禪師의 입장에서 念佛禪까지 수용하는 大乘의 견지를 드러내고 있는 부분이라고 말할 수 있을 것이다.

또한 경허는 『鏡虛集』에서 화두를 드는 구체적인 參禪의 자세까지도 자세히 언급하고 있다.

---

26) 鏡虛, 「泥牛吼」, 『韓國佛敎全書』 권11, 동국대출판부, 1992. pp.590c-591a. "夫參此玄門者 常務返照究之 用心惺密無間斷究之 至切至於無用心可究之地 驀然心路忽絶 踏着本命元辰祇 這本地風光 本自具足 圓陀陀地 無缺無剩"
27) 鏡虛, 「結同修定慧同生兜率同成佛果契社文」, 『韓國佛敎全書』 권11, 동국대출판부, 1992 p.601b.
28) 『鏡虛集』 「與藤菴和尙」, (『韓佛全』 11, p.593上), 동국대 출판부, 1992. "看話門中 說惺寂等持 必能見性 念佛門中 說一心不亂 決定往生 一心不亂 豈非惺寂等持耶"

화두를 들 때에는 물을 거슬러 닻을 내달듯이 하는데 혹은 냉담하여 재미가 없고 혹은 가슴이 미어지고 머리에 열도 나는데 이것 또한 남의 일이 아니다.

다만 화두를 드는데 가장 좋은 묘술은 정신을 집중함에 너무 급하지도 느슨하지도 말고 항상 성성적적하고 면밀하게 하며 호흡을 편안히 하고 배고프게도 배부르게도 하지 말며 눈에다 정기를 채우고 척량골을 곧추 세우는 것이다29)

그 구체적인 참구의 마음가짐은 다만 話頭를 드는데 집중함에 너무 급하지도 느슨하지도 말고 항상 성성적적하고 면밀하게 하며, 호흡을 편안히 하고, 배고프게도 배부르게도 하지 말며,

눈에다 정기를 채우고 脊梁骨을 곧추 세우는 등의 기본적인 전통수행법을 다시 한 번 구체적으로 상기시키고 있다.

화두를 참구하는 방식에 대하여 鏡虛는 무엇보다 '一心不亂'의 상태를 유지하라고 말한다.

이러한 상태 속에서 항상 惺惺寂寂한 균등하게 유지하는 마음으로 조상의 공안을 참구한다면 견성을 하지 못할 사람이 없다고 한다.

그리하여 「화두를 참구함에 있어 생생하게 깨어 있으면서 고요한 마음을 균등하게 유지하면 반드시 견성을 이루게 된다고 말하고, 염불을 하는데 있어서도 일심을 흐트러뜨리지 않으면 결정코 왕생을 한다고 말한다.

그러니 일심을 흐트러뜨리지 않는 것이 어찌 생생하게 깨어 있으면서 고요한 마음을 균등하게 유지하는 것이 아니겠는가」30)

---

29) 『鏡虛集』「與藤菴和尙」, (『韓佛全』11, p.594中) "擧話頭時 如逆水張帆 或冷淡無滋味 或心頭熱悶 亦不是他家事 但提撕爲妙最 是蘊素精神 不驪急不惰緩 惺惺寂寂 密密綿綿 氣息如常 飢飽準平眼目自好精彩 脊梁不妨竪起"
30) 『鏡虛集』「與藤菴和尙」, (『韓佛全』11, p.593上) "看話門中 說惺寂等持 必能見性 念佛門中 說一心不亂 決定往生 一心不亂 豈非惺寂等持耶"

라고 말하여 '一心'의 '不亂'과 '惺'과 '寂'의 等持가 강조되고 있다. 특히, 참구에는 간절한 마음이 필요함을 여러 선지식들의 예를 들어 강조하고 있다.

이것은 鏡虛 자신이 「驢事未去 馬事到來」라는 화두를 참구함에 있어서 스스로가 콜레라의 전염이라는 상황을 경험하면서 「驢事未去 馬事到來」의 참구를 올곳하게 결택하지 못하였던 것을 인정하고 있었던 것으로 보이기 때문이다.

이것은 염불 수행에 있어서도 마찬가지로 강조되는 점이기도 하다.

④ '狗子無佛性' 參禪修行

다음에서 소개되는 경허의 法語는 역시 경허선의 진수를 설명하고 있는데 경허는 범어사의 등암화상에게 禪의 要諦를 강의하였는데 『鏡虛集』의 「등암화상에게 주다」는 내용의 「與藤菴和尙」의 일부로 無字 화두를 드는 참구 수행법을 강조하고 있는 내용이다.

옛사람이 이르되 "이 一乘法을 듣고 믿지 않더라도 오히려 부처가 될 인연을 맺고 배워서 이루지 못하더라도 인간과 천상의 복보다 낫다." 하였으니 하물며 듣고 믿고 배워서 성공한 사람이랴. 어찌 수행에 뜻을 둔 자가 이것을 버리고 구하리오. 만일 참구하는 수행문을 논하자면 어떤 스님이 조주에게 묻되 "개에게도 도리어 불성이 있습니까?" 조주가 이르기를 "무"라고 하였으니 꼬물거리는 미물에게도 모두 불성이 있다고 하였거늘 조주는 무엇 때문에 없다고 하였는가. 옷 입고 밥 먹고 대소변을 보거나 시봉하고 남을 가르치거나 경을 읽고 손님을 맞이하고 보내거나 내지 머물고 앉고 누울 때나 어느 때 어느 곳에서나 빛을 돌이켜 비추어 보고 이 화두를 들어오고 들고 가며 의심해 오고 의심해 가며 살펴서 다시 관하고 갈고 다시 닦아서 세간의 온갖 번뇌와 사량 분별의 마음을 다만 무(無)자 위에 돌이켜 놓는다.[31]

'狗子無佛性'은 간화선의 대표적인 '無'字 화두로 혜심의 '無字十宗病에 대해서는 앞에서 언급한 바 있다.

---

31) 鏡虛, 『韓國佛敎全書』 권11, 동국대출판부, 1992, p.594a-b.

이렇듯 물론 경허의 선은 당연히 看話禪이라고 성격 지울 수 있다. 경허의 간화선에 대한 부분은 『鏡虛集』에서 쉽게 찾을 수 있다.

경허선이 간화선이고 특징지을 수 있는 부분으로 경허가 일관되게 주장하고 있는 禪은 종래의 '達磨禪'도 '祖師禪'도 아니며 '黙照禪'은 더 더욱 아닌 '看話禪'이다. 오직 화두를 들고 진리에 들어가서 화두를 타파하여 화두에 의해서만 진리의 깨달음에 도달할 수 있는 正統 看話禪 수행을 통하여 깨달음의 진리에 도달하였다.

이어서 경허는 修行者가 화두에 임하는 마음가짐의 간절함에 대해 고양이가 쥐 잡듯이 암탉이 알을 품듯이 해야 한다고 간곡하게 강조하고 있다.

이와 같이 공부하기를 날이 오래고 달이 깊으면 자연히 깨닫게 되나니 마치 굶주린 이가 한 술밥으로 능히 단번에 배부르지 못하며 글씨를 배우는 이가 한권의 종이로 능히 글씨를 이루지 못함과 같으니라. 굳건한 마음을 판단하여 시종 다른 변통이 없으면 그 도를 이루기 쉬우리라. 옛사람이 이르기를 "고양이가 쥐 잡듯이 하라." 함은 心眼을 움직이지 않음을 이름이요, "암탉이 알을 품듯이 한다." 함은 더운 煖氣를 相續시킴을 말함이다. 화두를 들 때에 물을 거슬러 돛을 달듯이 하되 혹은 냉정하고 담담히 하여서 아무런 자미가 없기도 하며 혹은 마음이 갑갑하고 열도 나나니 이것이 남의 집일이 아니니라. 다만 화두를 드는데 가장 묘한 것은 정신을 집중시키는데 너무 조급히도 하지 말며 너무 늦추지도 말고 깨어 살피고 고요히 하고 면밀히 하고 면밀히 하여 호흡을 평범히 하며 주리고 배부름을 평균하게 하며 눈에다 정기를 두고 척추는 꼿꼿이 세운다.32)

이러한 경허의 간절함은 이 화두 속에 중생의 모든 잘못된 습관을 놓아버리고 오직 일념으로 집중함으로써 一念集中이 깊어져서 홀연히 一起한 한 생각에 의해 "打成一片"이 된다고 한다.

이렇게 되어야만 불조의 慧命을 이어주는 큰 깨달음이 열린다고 하는 것이다.

   경허는 『등암화상에게 주다(與藤庵和尙)』라는 글에서 다음과 같이 말한다.

---

32) 鏡虛, 『韓國佛敎全書』 권11, 동국대출판부, 1992, p.594b.

인생의 한 세상이 마치 문틈으로 천리마가 달리는 것을 내다보는 것처럼 덧없어서 풀 끝에 맺힌 이슬 같으며 위태롭기가 바람 앞에 등불이라 백 가지 온갖 계교를 다 부려봤자 마지막 이르는 곳은 마른 뼈 한 줌 뿐이로다. 생각해 보니 이와 같이 덧없음이 빠르고 생사의 일이 크고 급한 것이다. 급하기는 머리에 붙은 불을 끄듯 해야 한다. 태어났어도 온 곳을 모르며 죽어도 가는 곳을 모르며 업식이 아득하며 몸풍어리가 무너지며 불길이 치솟아 四生과 六趣가 가슴속으로부터 잉태되니 어찌 두렵지 아니하랴. 만약 참되고 바른 참선 수련이 아니면 어떻게 생사의 업력을 대적하겠는가.33)

경허는 대중을 향해 이렇게 외치고 있었다. 세월은 無常하고 生死解脫은 參禪修行을 통해서 궁극의 목표에 도달할 수 있음을 경허는 勞心焦思하여 시급히 일대사를 해결할 것을 善知識의 苦口丁寧으로 경고하고 있다.

'인간세상의 덧없음이 빠르고 생사의 일이 크고 급한 것이라 급하기는 머리에 붙은 불을 끄듯 해야 한다'고 말하고 있는 것이다. 경허는 중생을 향해 이렇게 외치고 있었다.

태어났어도 온 곳을 모르며 죽어도 가는 곳을 모르며 業識이 아득하며 몸풍어리가 무너지며 불길이 치솟아 四生과 六趣가 가슴속으로부터 잉태되니 어찌 두렵지 아니하겠는가?

오직 참되고 바른 참선 수련만이 생사의 업력을 대적할 수 있음을 누누이 적고 있었다.

그는 자신이 해결한 그 길을 중생들에게 지금 당장 直視하여 實行에 옮길 것을 섶이 불을 보듯 뻔한 것을 믿지 않는 범부들을 경책하고 있는 것이다.

온 동네가 콜레라로 죽음의 공포 속에서 阿鼻叫喚의 疫病을 목도한 경허에게 生死의 打破는 무엇보다도 당장 시급한 일이었을 것이다.

그러나 生死解脫의 문제는 活口로 徑截門에 바로 도달하여 本來面目을 터득하여 바

---

33) 석명정 역, 앞의 책, 44쪽

로 부처의 경지에 오르게 하는 지위에 도달하는 깨침의 순간은 쉽게 오지 않았다.

⑤ '絶對絶命'의 參禪修行

이러한 당시를 당하여 경허의 絶對絶命의 절박한 순간을 漢岩의 『禪師鏡虛和尙行狀』은 이렇게 적고 있다.

화두는 해석되지 않고 銀山鐵壁에 부딪친 듯하며 〈이것이 무슨 도리인가?〉하고 참구하다. (중략)문을 폐쇄하고 단정히 앉아 專心으로 參究하는데 밤으로 졸리면 송곳으로 허벅지를 찌르고 혹은 칼을 갈아 턱에 괴며 이와 같이 삼 개월을 화두를 순일 무잡하게 들었다.34)

' 눈은 소경 같고 귀는 귀머거리 같으며, 생각이 일어났다면 마치 銀山鐵壁에 부딪치는 것 같으리니,

이와 같이 공부하면 비로소 서로 응하게 되리라.' 는 간절한 심정의 이와 같은 '銀山鐵壁'의 博山無異의 말은 다른 여러 곳에서도 찾을 수 있다. 이 순간의 心的 정황을 無二는 다음과 같이 표현해 놓고 있다.

만일 의문이 활짝 일어난 이라면 마치 철벽은산 속에 앉은 이가 오직 살길[活路]을 찾으려 하는 것과 같이 할지나, 만일 살길을 찾지 못했다면 어찌 편안할 수가 있으리오?35)

주지하다시피 은산철벽이란 무엇인가? 銀山과 鐵壁은 銀과 鐵은 단단하여 뚫기가 어렵고, 山과 壁은 높아 오르기 어려움이 四面楚歌를 이르는 말이 아닌가.

銀山鐵壁에서 살길을 찾지 못한 이는 결국 깨달음도 얻지 못하고 죽음의 나락에 떨어지고 마는 絶對絶命의 위기라고 할 수 있지 않을까.

그러나, 이 마지막 공부는 간절하지 않으면 이룰 수 없다. 간절하지 않으면 게으름

---
34) 석명정, 앞의 책, 409쪽.
35) 경허, 혜암 역, 『선문촬요』, pp.273-276.

이 오고 졸음이 오고 放縱이 생긴다. 게으른 자는 생사의 벽을 떨쳐버리려는 마지막의 관문을 결코 깨부수지 못한다. 無二는 게으른 자를 다음과 같이 경책한다.

공부를 하되 아침저녁으로 게으르지 말지니, 慈明대사는 밤에 잠이 오면 송곳을 들어 찌르고, 또 말씀하시기를 "옛 사람도 도를 위하여 먹지도 않고 자지도 않으셨거늘 나는 어떤 사람인고," 하셨느니라.[36]

경허의 이와 같은 심정은 차라리 절박하다 못해 처절한 몸부림 이었을 것으로 보인다. 鏡虛가 훗날 당시의 상황을 되살려 지은 參禪曲의 첫 소절이다.

지금도 선방수좌들은 새벽 예불 때 천수경보다 경허의 參禪曲을 즐겨 염송한다. 깨달음은 인격의 완성이다.

"홀연히 생각하니 도시몽중이로다.....

⑥ '淨靜不二' 의 參禪修行

한편 鏡虛는 화두의 참구에 대하여 대부분 이전 여러 선사들의 말을 인용하면서 가장 보편적인 내용을 말하고 있다.

그러나 鏡虛의 주장의 특색은 일체의 가르침은 다 방편이니 모두 定慧를 갖추어 見性 修行法을 닦으라는 것이다.

곧 이것은 鏡虛 자신을 비롯하여 禊社에 참여하는 중생들에게 권장하는 내용이기도 하려니와 定慧 뿐만이 아니라 往生極樂을 기원하는 사람 모두에게도 마찬가지라[37]

하여 궁극적으로는 통한다고 말하고 있다. 경허는 『鏡虛集』에서 그 구체적인 參究의 방식을 이렇게 언급하고 있다.

「화두를 들 때에는 물을 거슬러 닻을 내달듯이 하는데 혹은 냉담하여 재미가 없고 혹은 가

---

36) 위의 책, p.280.
37) 『鏡虛集』「結同修定慧同生兜率同成佛果禊社文」, 『韓佛全』11, 동국대 출판부, 1992, pp.601b-607b.

슴이 미어지고 머리에 열도 나는데 이것 또한 남의 일이 아니다. 다만 화두를 드는데 가장 좋은 묘술은 정신을 집중함에 너무 급하지도 느슨하지도 말고 항상 성성적적하고 면밀하게 하며 호흡을 편안히 하고 배고프게도 배부르게도 하지 말며 눈에다 정기를 채우고 척량골을 곧추 세우는 것이다」38)

이에 그 마음 자세로는 출가자가 수행함에 있어서는 혹 參禪을 하든지 念佛을 하든지 呪力을 하든지 간에 마음을 놓지 말아야 할 것으로 靜淨을 지적하고 菩提와 涅槃이라는 견성의 가르침을 설하고 있다.

다음은 菩提와 涅槃이 둘이 아니라는 '中道不二'의 경지를 제시하고 있는 『鏡虛集』의 내용이다.

결코 여러 가지 도리를 나누지 말고 마땅히 회광 반조하는 데에 힘써 마음의 근본을 철견해야 한다.

그러나 잊지 말아야 할 가장 중요한 것은 靜淨이라는 두 글자이다. 淨이란 보리이고 靜이란 열반이다 39)

이처럼, 경허는 菩提와 涅槃을 하나로 보고 있다는 것이다. 그가 강조하는 가장 중요한 것은 '淨靜'로 淨이란 보리이고 靜이란 열반이라 하여 菩提와 涅槃이라하여 菩提와 涅槃이 둘이 아니라는 '中道不二'의 見性成佛法의 가르침을 說하고 있는 것이다.

⑦ '本來成佛'의 參禪修行

또한 아래의 글은 경허의 生活禪으로 參禪이란 별로 특별한 것이 있는 것이 아니라. 다만 우리네 日常生活을 잘 返照하여 자신의 主人公을 확연하게 파악하는 것이라는 관점에서 臨濟義玄 의 '隨處作主 立處皆眞'과 馬祖道一의 '平常心是道'를 강

---

38) 『鏡虛集』「與藤菴和尙」, (『韓佛全』11,동국대 출판부, 1997, p.594b) "擧話頭時 如逆水張帆 或冷淡無滋味 或心頭熱悶 亦不是他家事 但提撕爲妙最 是蘊素精神 不矗急不憛緩 惺惺寂寂 密密綿綿 氣息如常 飢飽準平眼目自好精彩 脊梁不妨竪起"
39) 『鏡虛集』「示法界堂」, (『韓佛全』11, p.595a-b),동국대 출판부,1992. "切不得分作多般道理 當務以廻光返照 照了心源 大要不忘靜淨二字 淨是菩提 靜是涅槃也"

조하고 있다.

이것은 臨濟宗의 사상적 특질인 온갖 속박을 벗어난 자유로운 '無爲의 眞人' 또는 '無依의 道人'을 추구하는 人間觀으로 이러한 사상은 경허가 가지고 있는 진정한 인간의 진실한 모습이다.

경허는 눈앞의 구체적인 현실에서 지금 살고있는 인간의 진정한 자유란 眞正見解를 갖춘 無爲眞人을 경허가 꿈꾸고 있었던 세계다.

경허가 말년에 보여준 入廛垂手의 北行은 바로 이러한 삶을 가리킴이다로 볼 수 있다.

바로 이것이 경허가 대 자유인으로 그토록 원하던 理想的인 삶으로 경허는 스스로가 그렇게 행하다 그렇게 떠나갔다.

이때 경허의 본 성품은 無位, 無依, 無事로서 人惑과 境惑에 물들지 않은 出格丈夫의 모습이다. 『鏡虛集』의 法音이다.

대저 참선이라 해서 무슨 특별한 것이 있는 것이 아니다. 다만 우리네 일상생활을 잘 반조하여 자신의 주인공을 확연하게 파악하는 것이다. 이렇게 되면 외물의 잡된 것에 끄달리지 않고 생사에 끌려다니지 않으며 홀로 훤칠하게 뛰어나 분명하고 평안하게 된다. 그리하여 얽매일 것도 없고 해탈할 것도 없으며 번뇌도 없고 열반도 없어..(중략).[40]

따라서, 이미 갖추어진 '本來成佛'의 자리는 어떤 인위적인 노력도 무의미하며, 노력하면 할수록 완전한 상태의 本來面目은 드러나지 않는다는 주장으로 이러한 사상은 경허의 老莊을 근거로 한 無爲自然을 바탕으로 하여 더욱 더 '本來成佛'에 힘을 실어주고 있는 것이다.

이리하여 경허의 參禪은 곧 아무것도 걸림이 없는 任運無作의 大自由人으로서 가히

---

[40] 『鏡虛集』「示衆」,(『韓佛全』11, p.596下).동극대 출판부, 1992. "夫參禪者 不是特地之事 秪是返照自家屋裏 覰得自家主人公明白 不被外物參雜 不爲生死互換 孤迥迥地 明白白地 平安安地 非繫縛非解脫 非煩惱非涅槃"

깨칠 것이 달리 없어 본래 갖추고 있는 本來面目의 삶을 누리는 것이라 말한다.

즉 本來成佛의 우리 자신 개개인 이 주인공으로 本來佛의 모습을 여법하게 갖추고 있는 부처라는 것이다.

또한, 참선에 대하여 무슨 특별한 것이 있는 것이 아니다.

다만 우리네 日常生活을 잘 返照하여 자신의 主人公을 확연하게 파악하는 것이라 하여 그렇게 되면 外物의 잡된 것에 얽매이지 않고 生死에 끌려 다니지 않으며 홀로 훤칠하게 뛰어나 분명하고 평안하게 되어 얽매일 것도 없고 해탈할 것도 없으며 煩惱도 없고 涅槃도 없다고 말한다.

즉 경허의 意志는 煩惱와 涅槃은 둘이 아님을 드러내는 中道不二의 法問을 다시 반복하고 있다.

이리하여 參禪의 세계라는 것은 곧 아무 것도 걸림이 없는 任運等等의 대자유인으로서 가히 깨칠 것이 달리 없어 본래 갖추고 있는 本有의 事를 누리는 것이라 말한다.

그 任運無作의 경계가 경허에게 있어서는 걸림 없는 無碍行으로 나타났는가 하면 一體衆生을 상대하는 菩薩行으로 승화되었다.

'本來成佛'의 참선수행법은 이미 갖추어진 '本來成佛'의 자리는 어떤 인위적인 노력도 무의미하며, 노력하면 할수록 완전한 상태의 本來面目은 드러나지 않는다는 주장으로 이러한 사상은 경허의 老莊을 근거로 한 無爲自然을 바탕으로 하여 더욱 더 '本來成佛'에 힘을 실어주고 있는 것이다.

재앙이나 복, 삶과 죽음에 이르러도 또한 모두 이와 같아서 되는대로 맡기어서 아무 일이 없으니, 이것을 일을 마친 사람이라 한다.

일을 마친 사람의 분상에는 때로 부처와 중생, 하늘과 땅을 부수어 한 티끌로 만들기도 하며, 때로 저마다 제 자리에 머무르게 하며, 어떤 때는 자리를 바꾸는 등 모든 것을 자유자재로 활용한다. 이것을 이름 하여 不思議大用이라 하며 또한 自在解脫이라 한다.

경허는 참선의 참된 의미를 이렇게 설하고 있다.

"무릇 참선이란 특별한 것이 아니다. 그저 자기 안쪽을 돌이켜 비추고 그 주인공을 명백히 보아서 바깥의 잡다함에 끄달리지 않고 생사에 뒤바뀌지도 않아서, 뚜렷하고 명백하며 평온하여 얽매임도 해탈도 번뇌도 열반도 아닌 것이다. 하루 종일 옷을 입었어도 일찍이 한 올의 실도 걸친 적이 없고 하루 종일 밥을 먹어도 한 알의 곡식도 씹은 적이 없다." [41]

이와 같은 경허의 선 수행의 성격에 대해 혜능은 일맥상통하게 이렇게 설했다.

"바깥의 일체 선악 경계에 마음이 동하지 않는 일을 '坐'라고 한다. 안으로 자성(自性)의 부동을 보는 일, 이것을 '禪'이라고 한다.

이것은 좌선만을 고집하는 형식을 경계하는 것으로 형식주의적 면을 타파하는 것이다. 단좌하는 것만이 능사가 아니라 行·住·坐·臥의 모든 일상이 선 수행으로 消極的·形式主義的인 좌선이 아니라 積極的·自由主義的 좌선을 강조하고 있다고 본다.

즉 경허가 말하는 수행은 좌선과 같은 型式과 儀禮로서의 禪이 아닌 "本來面目"을 찾는 修行에 대해서 言及하고 있다.

"하루 종일 밥을 먹어도 곡식 한 알도 씹은 적이 없음" 즉 수행했어도 수행하지 않는 것이라고 성격을 부여했다.

왜냐하면 "벗어나야 할 생사도 없고 증득해야 할 열반이 있는 것도 아니라서, 마음대로 움직여도 인연에 따라 걸림이 없이, 모든 것이 진실하고 분명한 본래면목이며 수행해서 억지로 분명해지는 것이 아니라 본래 있던 것이기 때문이다.

---

41) 鏡虛, 「泥牛吼」, 『韓國佛敎全書』 권11, 동국대출판부, 1992. pp.590c-591a.

⑧ '無心'의 參禪修行

경허의 無心行履는 화려한 前績이 있다. 경허의 無心行履는 동학사의 萬化講伯의 心氣를 건드리는 '無事人'을 筆頭로 그의 수백 편의 詩의 대부분이 無心境地를 드러내고 있다고 해도 결코 과언이 아닐 만큼 鏡虛詩는 物我一體의 無心道人이 되어 자연과 합일된 수많은 鏡虛가 탄생되고 있다.

一切事에 無心하고 一切心에 無事가 가장 중요한 것은 一切事에 無心하고 一切心에 無事하면 곧 心智가 자연히 맑고 깨끗해진다.[42]

一切事에 無心하라는 것은 자신의 내면에 대한 집착의 철저한 脫落으로서 그의 수많은 詩와 歌에서는 劫外의 宗風으로 나타나고 있다.

곧 威音那畔已前의 消息이나 木人, 石人, 石女 등등 일체의 사려분별을 초월한 언어를 통하여 格外道理의 無事禪 이다.

즉, 이것은 굳이 一切事에 無心할 필요도 없고 一切心에 事를 지을 필요도 없이 天眞佛을 인정하고 수긍할 줄 아는 곳에서 비로소 그 가치가 現成[43]되기 때문이다.

이것은 그의 萬行을 통한 숱한 逸話와 몇 백수가 넘는 詩 등에서 얼마든지 찾아볼 수 있다. 즉, 경허는 자신의 「劫外歌」를 통해 '石女'를 노래하고 있다.

이처럼, 鏡虛는 자신의 確撤大悟의 경험을 통한 修行의 要諦를 말하는데 수많은 自作詩를 통해 수많은 '無心道人'을 排出하고 있다.

---

42) 『鏡虛集』「泥牛吼」, (『韓佛全』11, p.590下), 권11, 동국대출판부, 1992. "最要的 無心於事 無事於心 則心智自然淸瀅"
43) 現成: 불교 선원에서 사실이 현재 이루어져 있거나 또는 지금 있는 그대로임을 이르는 말이다.

⑨ '半提' 의 參禪修行

鏡虛禪의 修行範疇는 더 나아가 '半提'라는 평가로 禪 修行者를 크게 독려하고 있다. 參禪의 本質은 본래 아무것도 걸림이 없는 任運自在의 大自由人의 境地로 가히 깨칠 것이 달리 없어 본래 갖추고 있는 본분의 삶을 누리는 것이라고 경허는 본질적인 當處를 말하고 있다.

그래서 이와 같이 공부한다면 자연히 굳건한 마음이 생겨 다른 便痛이 없으면 결국에는 道를 이루게 된다고 말하고 있다.

그러나 혹 다른 便痛이 있더라도 修行者는 '半提'라는 또 다른 평가로 수행자의 업적을 보상받을 수 있다고 경허는 參禪의 未完을 긍정적으로 평가하고 있다고 할 수 있다.

이 부분에 대한 반론으로 '半提'은 부정적의미를 담고 있다고 보지만, 거기에는 경허의 纖細하고 예리한 禪의 세계로의 접근을 描寫하고 있는 부분으로 禪의 세계를 세분화한 妙味가 살아있는 강한 긍정으로 禪 衲子들이 鏡虛의 禪세계를 이해하는데 요긴한 부분으로 사료 되어 진다.

이러한 근거는 『鏡虛集』의 「梵魚寺鷄鳴庵修禪社芳啣淸規」에서 '半提'를 언급하고 있는 부분이 있다.

만약 능히 실답게 참구하고 실답게 깨달았다면 번뇌의 마음도 해탈이요, 창포꽃 버들가지 등에도 어떤 물건에도 드러남이로다. 나와 남이 이롭고 구원함에 무엇이 안 될 게 있겠는가. 대개 진정한 참선 객 인댄 평상시에 멍청히 지내야 할 뿐 아니라 설사 情累가 다하여 벗어남을 얻어서 얽매임이 없이 맑고 텅 비더라도 정결하려는 수고로움을 면치 못한 것이며, 또한 마음광명이 항상 빛나고 신령스러움의 뿌리를 확실하게 통달하였더라도 이것을 겨우 半提라 한다.[44]

---

44) 『鏡虛集』, 「梵魚寺鷄鳴庵修禪社芳啣淸規」, 『韓佛全』11, 동국대 출판부, 1992, pp.601b-607b.

만약 능히 實답게 참구하고 實답게 깨달았다면 煩惱의 마음도 解脫이라고 말하고 있다.

그러나, 대개 진정한 參禪 客 인댄 平常時에 멍청히 지내야 할 뿐 아니라, 설사 情累가 다하여 벗어남을 얻어서 얽매임이 없이 맑고 텅 비더라도 정결하려는 수고로움 뿐이고,

또한 마음 광명이 항상 빛나고 신령스러움의 뿌리를 확실하게 통달하였더라도 이것을 겨우 半提라 말하고 있다.

여기서 경허는 그렇게 되기 위해 먼저 參禪하는 이는 첫째로 무상함이 덧없이 빠르고 나고 죽는 일이 큰 것임을 두려워하여 정신을 똑바로 하여 게으름이 없는 다음에 온갖 세상일에 조금도 간섭하는 뜻이 없어 고요하고 하염없이 지내야 한다는 것을 말하고 있다.

따라서, 경허는 참선 수행법에서 가장 요긴한 것은 모든 일에 無心하고 마음에 일이 없게 하여 마음 지혜가 자연히 깨끗하고 맑게 해야 함을 강조하고 있다.

그러나, 이와 같이 행하지 않고 參禪을 닦는 修禪資라 하더라도 평상시 멍청히 지낸다거나 情累가 다하지 못했다거나 淨潔히 하려는 수고를 행하지 않으면 일시적으로 마음에 광명이 빛나고 신령스런 근본을 通達하였다고 하더라도 鏡虛는 이것을 '半提'라고 인정하고 평가하고 있는 것이다.

이상에서 살펴본 바와 같이 경허의 參禪 修行法을 다양한 각도로 接近해 보았다. 그리고 이 모든 것은 鏡虛禪의 모든 부분을 거의 다 섭렵하여 접근해 보았다.

 그러나, 論者는 鏡虛의 이 모든 것을 한 쾌에 아우르는 '半提' 라는 反轉이 鏡虛 參禪 修行法의 白眉라고 본다.

釋尊이 臘月 八日 殘月曉星 아래 깨달은 眞理法은 오직 '一法'이고 '一味'이며 '一心'이고 '一乘'의 最上乘法이다.

즉 '無上正等菩提'의 가장 수승하고 그 위가 없고 진실하고 평등한 바른 이치를 깨달아 증득했으므로 '阿耨多羅三藐三菩提'의 경지인 '無上正等正覺'을 붓다는 오직 이 한 법을 衆生의 根機에 따라 八萬四千 長廣舌을 說하였던 것이다.

여기에 靑原行思 門下의 石頭希遷은 眞面目만을 추구하고 수용하는 '眞劍鋪'로 勝負하고 馬祖道一은 '雜貨鋪'로 즉 관대한 포용으로 江西省과 맞서고 있지만 그 眞劍勝負는 만만치 않음을 알 수 있다.

이처럼 중생은 각자 根機에 따라서 달리 받아들인다. 무엇을 '眞劍鋪'라 하고 무엇을 '雜貨鋪'라 말할 수 있는가?

佛法에는 六祖 盧行者의 울림처럼 南北이 따로 없지만 사람에게는 영리하고 우둔함이 있으므로 경허역시 八萬四千 법문과 '眞劍鋪'와 '雜貨鋪'로 중생을 諸接하고 있는 것이라고 말할 수 있을 것이다.

5) 佛祖慧命의 碧眼宗師

주지하다시피 경허는 '無師自悟'하여 스승의 認可도 받지 못했을 뿐더러 또한 스승으로부터 法을 傳受 받지도 못했다.

뿐만 아니라 '無師自悟'의 어려움은 여기서 그치지 않았다. 붓다로부터 이어온 佛祖의 慧命을 이으려 했던 경허는 嗣法處를 찾지 못하고 이리저리 방황하다 虛舟를 찾았지만 虛舟의 안목은 경허를 알아보지 못했다.

고심 끝에 경허는 자신의 嗣法處를 멀리 용암혜언으로 잇고 있지만, 이때 경허의 어려움은 善知識의 重要性을 이렇게 강조하여 말하고 있다.

"대저 無常을 경계삼아 이로 대사를 밝히고자 하는 자는 급히 善知識을 찾지 않고 무엇으로 그 正路를 깨칠 수 있겠는가" 45)

이처럼, 生死一大事를 해결하려는 사람에게 있어 가장 시급한 일은 碧眼宗師를 찾는 일이 무엇보다 중요한 일이라고 경허는 강조하고 있다.

그것은 스승은 제자를 제자는 스승을 찾고 구하는 일이 佛法의 깨침을 傳受하는 일이고 불법의 영원한 홍포를 위하는 일이므로 눈 푸른 수행납자의 急先務는 善知識의 揀擇이 무엇보다도 최우선이라고 경허는 언급하고 있다.

또한 불법에서 아직 의문이 사라지지 않아서 어떤 것이 가슴 속에 막혀 있는 듯 할 때가 있을 것이다.

그럴 경우에는 마땅히 진정한 선지식을 참문하여 묘도를 깨쳐 곧 십지에 오을 수 있을 것이다. 그러나 아직 선지식을 참문하지 못하고 깨치지 못한 자는 끝내 도에서 멀어질 뿐이다. 46)

한편 鏡虛는 자신의 스승에 대한 重要性과 그 가르침의 수용에 있어서 무엇보다도 인연의 소중함을 깊이 느끼고 있었다.

鏡虛에 있어서는 청계사에서 戒虛老師에게 출가한 인연, 桂虛의 추천으로 東鶴寺의 萬化和尙으로부터의 가르침, 스스로 삼 개월 동안 純一 無雜하게 참구하다가 소가 되어도 콧구멍 뚫을 곳이 없다는 말에 깨친 인연 등47)이 모두 진정한 善知識들이었다.

이러한 善知識의 중요성을 『壇經』에서는 다음과 같이 말하고 있다.

---

45) 『鏡虛集』「泥牛吼」, (『韓佛全』11, p.591中), 동국대출판부, "夫欲誡無常悟明大事者 不急尋師 將何以得其正路哉"
46) 『鏡虛集』「與藤菴和尙」, (『韓佛全』11, p.592上), 동국대출판부, 1992. "且於佛法中 疑根未斷 如有一物 碍滯於胸膈 當伊麽時 若能參眞善知識 悟得妙道 則直登十地位 未參未悟者 終成退墮"
47) 韓龍雲 撰, 「鏡虛略譜」(『韓佛全』11, pp.587下-588下), 동국대출판부, 1992.

그러므로 삼세의 제불께서는 일체의 경전 속에서 '사람마다 각각 성품 가운데 본래 보리의 성품을 구비하고 있다' 고 말씀하셨다. 그런데도 능히 스스로 깨치지 못하면 모름지기 선지식을 찾아 그 가르침을 받아야 비로소 보리의 성품을 드러낼 수 있다[48]

이처럼, 깨달음은 菩提의 성품을 바로 보는 것임에 이러한 見性을 위해서는 반드시 善知識을 찾아야 한다는 絶對性을 강조하고 있다.

善知識의 중요성이란 화두를 처음 揀擇하고 수행의 중간 중간에 필요한 警策과 點檢을 통해 話頭를 打破하여 確撤大悟에 이르기까지 제자를 깨침의 문으로 인도하는 慈悲心이라고 할 수 있다.

이러한 善知識의 役割이야말로 제자의 수행을 段階를 뛰어넘는 垂直上昇으로 빠르게 이끄는 案內者로서 수행자에게는 大悟에 이르기 훌륭한 안내자로서의 指 道者의 表象이기 때문이라고 볼 수 있다.

이것은 불조의 백 천 가지 방편들이 모두 말세의 중생을 바른 길로 안내하기 위함이라 하지만 그것을 잘못 아는 것은 지혜의 눈이 없는데다가 눈 밝은 善知識을 참견하지 못한 까닭[49]이기 때문이라고 경허는 『鏡虛集』에서 말하고 있다.

이처럼, 화두를 참구하는 간화선 수행법에 있어서 스승 간택의 중요성은 아무리 강조해도 지나치지 않음을 조선중기 대지와 허공을 다 찢고 간 西山休靜의 '진흙소'는 조선 말기 경허에 이르러 『鏡虛集』에서 玄妙한 道로 나아가려는 '泥牛吼'로 다시 표현되고 있다.

대개 삼 칸 초가집을 지으려 하더라도 먹줄을 치고 자귀로 깎아 내고 자로 재는 공력이 없으면 성취하지 못하니 하물며 圓覺大伽藍을 조성하는데 그 조성하는 이치대로 하지 않고 어찌 성공하겠는가. 작은 일을 하는데도 잘못되어 이루지 못할까 두려워하며 그 이치를 모르면 누구에게 물어라. 그 사람도 분명하지 못하면 다시 지혜 있는 이에게 물어서 기어이 차질 없이 성공하는 것이 조예가 아니겠는가. 깊고 오묘한 도에 나아가고자 하는 이들이 거의

---

48) 『德異本壇經』, (『六祖壇經諸本集成』, p.328上) "故三世諸佛 十二部經 在人性中 本自具有 不能自悟 須求善知識 指示方見"
49) 『鏡虛集』, (『韓佛全』11, pp.601c-602a), 동국대출판부, 1992.

가 경솔하거나 함부로 소홀히 하니 자세히 결택하여 공부하는 이는 보지 못하였다. 이와 같이 공부하여 실패하지 않는 이는 거의 드무니 슬프다 어찌 경계하지 않을까 보냐. 대개 무상함을 경계해서 큰일을 깨달아 밝히고자 하는 이는 급히 스승을 찾지 않고 장차 어찌 그 바른 길을 찾겠는가. 50)

경허는 보통 세간에서 초가 삼 간 집 하나를 지으려 하더라도 목수가 먹줄을 치고 자귀로 깎아 내고 자로 재는 섬세한 공력을 들이는 가운데 집 하나를 완성하는 바 공력이 없으면 결코 작은 일이라도 성취하지 못하는데 하물며 '圓覺大伽藍 51)즉 大道를 성취 하는 데 그 이치대로 하지 않고 어찌 도를 이루겠는가? 하고 준엄하게 경책하고 있다.

그래서 급히 이치를 물어 도를 구할 것을 두려워하며 깊고 오묘한 도에 나아가고자 하는 이는 급히 스승을 찾지 않아 그 바른 길을 찾아 공부할 것을 간절히 권하고 있다.

깊고 오묘한 도에 나아가고자 하는 수도승들이 제대로 결택하여 공부하지 않고 있다. 제대로 공부하는 길을 가르쳐 주는 스승을 급히 찾으라. 경허는 이 글에서 태고화상의 '겨우 활을 들어 쏘자 화살이 돌에 박힌다(才擧箭沒石)'나 청허화상의 '모기가 쇠소 등어리를 뚫는 것 같아서 부리를 댈 데가 없는 곳에 온 몸이 들어간다(蚊子上鐵牛向下嘴嘴不得處和身殺入)' 등의 경구나 규봉선사의 '결택을 분명히 한 뒤에 깨달은 이치를 닦아 나아간다(決擇分明悟理應修)' 등을 인용하면서 수도자들에게 제대로의 길을 찾으라고 간곡하게 충고하고 있다. 수도자라면 너도 나도 큰일을 깨달아 밝히겠다고 아무렇게나 용심하고 뛰어들지만 그렇다고 쉽게 성공하는 일은 결코 아니다. 제대로 길을 인도하는 스승을 급히 찾으라.52)

西山으로부터 '진흙소의 울음'을 이어받은 경허가 後學들에게 전하는 眞心어린 충고로 급히 스승을 찾아 간택 받을 것을 경고하고 있다.

그러나 사실 경허는 無師自悟한 獨覺禪으로 스승의 가르침을 받지 못한 채 홀로 大

---

50) 석명정 역, 앞의 책, p.25.
51) 西山大師(1520년 - 1604년)이 재상 소세양의 운을 따라 진기대사에게 준 선시
    "圓覺大伽藍 攝盡無遺餘主人長不夢 明月入窓虛阿阿一笑無言良久處 落花千片巧相如: 圓覺의 큰伽藍이 모든 것 거두어 남김이 없는데 主人은 긴 밤을 자지 않고 밝은 달은 窓에 가득하네."

52) 『鏡虛集』 「泥牛吼」, (『韓佛全』11, p.591中), 동국대 출판부, 1992.

道를 성취하였다.

이러한 힘든 수행과정을 거친 경허인 만큼 자신의 힘들었던 과정을 경험하고 경허는 시급히 스승을 찾아 스승의 가르침을 따르는 時急하고 긴요한 指導點檢을 眞心으로 권하고 있다.

하지만, 경허는 경허야말로 나 홀로 진정한 看話禪者의 갈 길을 분명히 결택하고 정도의 길에 들어섰기 때문에 스승 없이 그 스스로 대 願力을 성취했다는 점에서 경허의 偉大함이 다시금 立證되는 순간이다.

스승의 揀擇을 중요하게 생각하는 일은 간화선 수행에 있어서 아주 중요하고 필수 불가결한 시급한 일이라는 것은 고승들의 禪語錄 여기저기서 언급하고 있음을 알 수 있다. 「與藤菴和尙 - 등암화상에게 주다」에서도 찾을 수 있다.

부처를 구하려는 지견은 마음에서 항상 끊어지지 않으나 번뇌와 습기의 뿌리와 꼭지가 없어지지 않으므로 부처님의 계와 가르침에 의하여 항상 눌러 항복 받나니, 비유하자면 幻呪를 잘하는 사람이 주술의 힘으로써 맹수와 독사를 제지하여 그 독으로 하여금 사람을 다치게 하거나 물지 못하게 하되 사람을 해치는 독을 제거하지 못하듯이 또한 저 불법 가운데 의심의 뿌리가 끊어지지 않아서 마치 어떤 물건이 가슴 속에 걸려 있는 듯 하나니 이럴 때에 眞善知識을 찾아서 묘한 도를 깨달아 얻으면 곧바로 십지(十地)자리에 오르게 되며 선지식을 찾지 않고 깨닫지 못하면 마침내 타락할 뿐이다. 보조국사가 이르되 "무릇 參學者는 처음에 먼저 바른 인연을 심어야 하나니 五戒와 十善과 十二因緣과 六度等法은 모두가 바른 인연이 아니니, 자기의 마음이 곧 부처인 줄 믿어서 一念無生에 삼三阿僧祇劫이 공하나니 이렇게 믿는 것이 바른 인연이니라." 함이 이것이니라.[53]

이처럼, 불법 가운데 의심의 뿌리가 끊어지지 않아서 마치 어떤 물건이 가슴 속에 걸려 있는 듯 할 때에는 반드시 眞善知識을 찾아서 묘한 도를 깨달아 얻으면 곧바로 十地자리에 오르게 되며 善知識을 찾지 않고 깨닫지 못하면 마침내 타락할 뿐이라고 준엄하게 경계하고 선지식의 중요성을 강조하고 있는 경허의 說이다.

---

53) 『鏡虛集』「與藤菴和尙」, (『韓佛全』11, p.592上), 동국대출판부, 1992.

6) 禪의 불꽃이 傳受되는 法脈

達磨에서 혜가, 승찬, 도신, 홍인, 六祖 혜능에 이르는 禪의 宗旨가 선의 불꽃으로 전수되는 法脈은 以心傳心, 敎外別傳으로 전해져서 제자의 法器를 알아보는 선지식의 빛나는 예지가 발현된다.

여기서 선사들은 높은 법력과 날카로운 안목으로 제자들의 法器를 가늠하고 그에 준하는 禪的 修行의 과업을 부여하며 뛰어난 불제자들을 길러낸다.

스승과 弟子 간에 이루어지는 깨달음의 認可와 전법의 節次는 붓다로부터 전해져 경허에 이르러 75 祖를 이룬다. 이러한 法脈이 전수되는 철저한 절차는 오랜 看話禪의 傳統이라고 말할 수 있다.

오랜 전통의 禪의 역사는 釋尊으로부터 佛祖正傳法脈은 初祖摩訶迦葉 제2조 阿難尊者商那和修 3조 優婆掬多多로 이어지고 그리고 27조 般若多羅, 28조 達磨를 거쳐 육조 慧能에 이르는 중국불교의 禪은 신라 말 가지산파 道義에서 비롯되어 九山禪門을 형성하면서 고려 초기 까지 융성한 발전을 보게 되었다.

그러나, 한국불교는 고려 중기에 접어들면서 급속도로 쇠퇴하기 시작하는 가운데 불조의 법맥은 고려의 태고보우를 거쳐 조선의 휴정으로 이어지다가 거의 법맥이 단절될 즈음 혜성처럼 나타난 경허의 출현으로 불조의 법맥은 다시 수혈을 받아 회생하게 되었다.

이후, 경허의 宗旨를 받들어 그의 수제자들인 북녘의 水月, 중부의 滿空, 남녘의 慧月, 漢岩에 이르는 綺羅星 같은 한국 불교의 선지식들이 경허의 禪을 크게 빛내고 있다.

玄妙法門을 참구하는 이는 항상 返照하기를 힘쓰고 참구하는 마음을 성성하고 세밀히 해서 끊어지지 않도록 하라. 참구하는 것이 지극히 간절하여 參究한다는 마음조차 없는 경지에 이르면 홀연히 마음길이 끊어져 근본 자리에 이르게 될 것이다. 그러면 저 本地風光이 본래

스스로 갖추어진 원만한 경지에는 모자람도 없고 넘침도 없으리라.[54]

경허는 말년에 마지막 마무리로 천장암에 들러 만공에게 傳法偈를 내린 후 이른 새벽 오직 제자 滿空만의 전송을 받으며 다시는 돌아오지 않는 삼수갑산으로 영원히 佛家를 떠난다. 경허는 떠나기 전 法脈을 정리하였다.

이때 만공 역시 경허에게 話頭打破를 인가받고 傳法偈를 받은 간화선자다.

경허는 그 이전에 慧月에게 傳法偈와 '等等相續'을 내렸다. 1899년 범어사를 필두로 1900년 해인사에 입성하면서 본격적인 영호남 선풍 조성에 착수한다.

먼저 海印寺에서 定慧結社를 펼쳤고 禪院을 개설하기 시작했다.

이후로 5년간 영호남 지역을 중심으로 범어사, 화엄사, 송광사 등 전국의 주요 사찰에 禪院을 창설하고 청규를 제정하면서 선풍을 진작시켰다.

경허가 간화선을 수행했으며 선 수행 권면에 열정적으로 활동하였다.

현재 남아 있는 禪院 대부분은 그의 노력에 힘입어 禪院이 창설되었다. 경허가 열반에든지 100년이 지난 오늘날 까지도 경허가 이룬 많은 업적은 경허가 결사를 펼쳐 한국 선불교를 중흥시켰다는 점에 특히 주목하고 있다.

경허는 話頭參究의 과정을 거치는 看話禪을 실천하여 도를 이루고 保任을 마친다. 경허가 「悟道歌」를 읊은 이후 그의 행적은 경허가 표방하는 本來面目의 실현을 위해 無碍行의 행각에 나서서 호서를 유람하며 自由行步를 이어간다.

이후, 수순처럼 定慧結社를 위시한 禪院開設을 통해 선 수행 조성의 기틀을 마련하고 선원을 열어 제자들을 諸接하여 지도하는 일련의 과정을 밟는다.

경허는 善知識의 모든 면모를 갖추고 정통 간화선 수행법에 따라 납자들을 지도하여

---

54) 『鏡虛集』「與藤菴和尙」, (『韓佛全』11, p.592上), 동국대출판부, 1992.

수많은 제자들이 깨우침을 얻도록 돕는다.

그만큼 그는 간화선의 正統性을 유지하는 慧命으로 자신의 法脈을 찾는 힘겨운 수고로움을 통해 용암혜언으로 법을 잇는 절차도 깔끔히 마무리하는 佛脈 傳受의 사명감도 투철하였다.

경허의 이러한 노력으로 인하여 여하튼 韓國佛敎는 반석위에 올라앉아 오늘날은 불교 역사상 그 어느 때보다도 世界化의 시대를 맞아 한국불교의 앞날은 매우 희망적이라고 말할 수 있다.

그러나 .이러한 그의 功勞는 경허 자신의 계획대로 모든 佛事를 다 진행시키고 마무리한 덕분이다.

그렇다면 경허가 우리에게 온 몸을 다해 전해준 그의 진정한 禪思想은 무엇일까? 과연 鏡虛禪의 要諦는 무엇이었을까?

그가 보여준 수많은 法化와 行履 속에는 때론 우리에게 깊은 감화를 주었지만 때론 이해할 수 없는 행동으로 우리를 깊은 고뇌 속에 빠뜨리기도 하였다.

경허의 禪思想이 무엇인가? 看話禪의 수행정신인 話頭參究, 이것이 바로 鏡虛禪이다. 이것이 살아있는 경허의 진정한 活線의 要諦다.

대중의 전부가 화상을 추대하여 종주로 모셨다. 자리에 올라 擧揚하여 본분을 보이사 佛祖의 以心傳心法을 명백히 잡아 떨쳐 수용하시니 殺活과 기틀이 가위 금강보검이요, 사자의 위엄이 온전하여, 듣는 자로 하여금 다 견처가 있게 하시며, 집착을 끊어 없애고, 속된 때를 말쑥이 씻어 뼈를 바꾸고 창자를 씻는 듯 분명하게 지도하였다.55)

한국 불교사에 한 획을 그은 근대선 중흥조 경허가 遷化한지 100년의 세월이 지났다. 깨친 소 惺牛는 鏡虛라는 텅 빈 거울로 100년이라는 시간의 가름자를 뛰어 넘어 시간이 흐를수록 그의 법음은 오늘도 살아 있는 活句로 한국불교 看話禪의 禪林을

---

55) 鏡虛, 「泥牛吼」, 『韓國佛敎全書』 권11, 동국대출판부, 1992. p.590c.

일깨우고 있다.

7) '鏡虛禪'의 업적과 영향

경허는 全 生涯를 통하여 禪의 生活化·日常化를 모색한 선의 혁명가라고 말할수 있다.

특히 경허 말년의 三水甲山行은 경허가 남긴 최대의 傑作으로 鏡虛禪은 산중에서 은거하는 獨覺禪이 아니라 대중 속에서 선의 이념을 과감히 실현하였다는 점에서 경허를 禪의 혁명가로 평가하고 있다.

경허는 法床에서 행한 법문뿐만 아니라, 法談이나 問答을 통해서도 언제나 禪을 宣揚하였고, 문자로 쏟아내는 禪旨詩의 표현이나 제자를 지도하는 방법으로 거침없이 행하는 돌발적인 행동까지도 모두 禪으로 겨냥된 方便이고 禪旨를 드러내고 있는 法理로 昇華되어 법음을 전하고 있다고 말할 수 있을 것이다.

경허가 몸을 불사른 그의 수행 방편 演技는 제자들로 하여금 많은 교화와 감동을 주고 경허의 불같은 노력으로 우리나라의 선풍은 새롭게 다시 일어나 오늘의 한국불교를 바로 세웠다.

그의 문하에는 기라성같은 많은 傑出한 禪師들이 배출되어 꺼져 가는 조선 불교는 새로운 禪院들이 많이 생겨나게 되어 오늘날 한국 禪佛敎로 거듭났다는 것도 경허의 빼놓을 수 없는 지대한 업적이고 공로라고 아니할 수 없다.

말년에 老 禪師 경허는 不撤晝夜로 勞心焦思하여 東奔西走 영호남을 넘나들며 수많은 일들을 오백 년 역사의 잠을 깨우듯 폭풍처럼 해냈다.

경허의 이와 같은 노력으로 영호남에는 새로운 禪院들이 많이 생겨났다. 이처럼 경허를 도화선으로 우리나라의 禪風은 새로이 일어났고,

그의 문하에는 수월, 혜월, 한암, 만공 등 많은 선사들이 배출되어 오늘날 불교계의 禪僧들 중 대부분은 그의 門孫들이다.

또한 鏡虛禪은 또 다른 시각에서 그의 偉大性을 드러낸다. 다름 아닌 그는 대중을 향해 禪의 生活化와 日常化를 몸소 實踐하고 指導하였다는 점이다.

이것이 바로 경허선의 生活禪으로 그는 생애를 통하여 禪의 생활화와 일상화를 통해 '平常心是道'와 '卽心是佛'의 禪生活을 모색하였다.

경허가 대중에게 보여준 상여법문 이야기나 사십구재 이야기 그리고 마천면 마을 중생들에게 보시를 베푼 이야기 등 수없이 많은 일화들이 경허의 일상적인 삶 동안 전설처럼 전해져 내려오고 있는데, 鏡虛禪은 '眞俗不二'로 승속을 구분하지 않고 선을 생활 속에서 그대로 실천하는 모범을 보여주었던 것이다

주지하다시피 간화선 기본요건으로 흔히 大信心, 大疑團, 大憤心을 요구한다. 경허는 동학사에서 이 三要素를 다 갖추고 용맹정진에 돌입하였다.

특히, 동학사 강백으로 명성을 떨치던 그가 시체들이 널려있는 주검 앞에서 죽음의 공포를 극복하지 못하고 벌벌 떨고 있는 초라한 자신을 발견하고는 大憤心을 일으킨다.

鏡虛의 수행과 깨침으로서 화두의 決擇은 평소 의심을 두고 있었던 '驢事未去 馬事到來'로 간택하였다.

東鶴寺에 있을 때의 깨달음의 기연이 된 '소가 되어도 콧구멍 뚫을 데가 없다'는 것에 있었다.

꺼져 가는 전등의 불빛을 되살리기 위해 善知識을 찾아 바른 법을 배우고 道業을 함께 닦을 수 있도록 하자는 취지에서 결사를 추진하고 전국을 두루 편력하면서 禪을 실천하고 道伴을 규합했다.

이를 위해 경허는 海印寺의 定慧結社 이후에도 통도사·범어사·화엄사·송광사 등을 순력하며 禪院을 복원하고 선실을 개설하는 등 영남과 호남 지방을 중심으로 結社運動을 확장하면서 근대 한국불교의 中興祖로 평가받고 있다.56)

경허에 의해 진행된 이 같은 禪風振作 운동에 대해 漢岩은 "사방에서 선원을 다투어 차리고 발심한 납자들이 구름 일 듯하니 마치 부처님의 광명이 다시 빛나 사람의 안목을 열게 하는 것 같았다." 57)29)고 술회하고 있다.

최근 들어 우리 한국불교는 달라이라마의 영향으로 티베트 불교의 금강승 수행과 젊은 修行僧들의 南方佛敎 현지방문의 위빠사나, 사마타수행 등 갖가지 명상 수행의 붐에 밀려 근세말의 大 禪僧 경허가 간신히 命脈을 유지시켰던 간화선의 危機說까지 나오고 있는 어려운 상황이다.

이러한 심각한 상황에 최근 조계 종단은 최근 진제종정을 위시하여 혜국, 월탄, 대원, 무여, 설정, 현기, 도문, 고우 스님 등 한국의 대표적인 선승들이 대거 참여하는 간화선 大法會를 개최하는 등 간화선 부흥을 위해 多方面으로 고군분투 애쓰고 있다.

그러나 이러한 형식적인 외향적인 프로그램보다는 간화선의 正統性을 固守하는 한국 전통 간화선 修行法을 지키는 禪修行이 우선이다.

오늘날 韓國禪院에서는 선원의 方丈이 방장을 지키고 衲子에게 화두를 내리는 傳統 修行이 잘 이루어지지 않고 있는 실정이다.

사실 불과 30여 년 전인 멀지 않은 1970년대만 해도 우리나라 전국 주요 佛敎 寺刹에서는 修行衲子는 물론 일반 제가 불자들도 善知識으로부터 앞다투어 화두를 타고 坐服에 앉아 화두를 참구 하는 수행자들로 물결을 이루어 간화선 수행의 풍토가 주류를 이루고 있었다.

---

56) 권상로, 백성욱 박사 송수기념 《불교학논문집》(서울: 동국대학교, 1959), p.293.
57) 대한불교조계종 교육원, 위의 책, p.33.

물론 그 당시에는 德崇 叢林 修德寺에는 2대 방장 혜암이 '須彌山 話頭'를 들이대며 群生을 호령하였고, 해인사에는 伽倻山 호랑이 성철이 해인사 대적광전에서 가야산이 울리도록 쩌렁쩌렁한 음성으로 눈 푸른 납자들을 제접하고 3000배의 원칙을 武器로 제가들을 지도하고 '이뭣고?' 화두를 내리는 규칙이 철칙이 되어 가야산을 흔드는 선풍이 살아있었다.

그리고 통도사 極樂庵에는 영축산 독수리 경봉이 "極樂에는 길이 없는 데 어떻게 왔는가? 話頭로 내걸고 수많은 사부대중을 諸接하여 선의 氣風이 살아 있었다. 그의 열반 후에도 통도사는 선풍의 열기를 근근히 이어가고 있다.

또한 우리나라의 선불교는 현재 '南眞際 北松潭'을 유행어로 남길 만큼 松潭은 북쪽 인천 용화선원에서 眞際는 남쪽에서 선의 생활화를 유행시키고 있다.

이처럼, 한국불교 看話禪 전통은 경허 이래 다시 일어난 禪佛敎의 수행가풍으로 善知識으로부터 화두를 타고 참구해서 스승의 지도 아래 점검을 받고 하는 傳統性을 유지해 오고 있는 것이다.

그런데 언제부턴가 百歲道人 혜암(1885~1985)이 열반에 들고, 경봉(1892~1982)이 적멸하고 이어서 성철(1912~1993)이 천화하고 그 밖의 많은 高僧들이 하나둘 우리 곁을 떠나면서 오늘날 우리불교계는 선지식의 고갈로 현재 看話禪 傳統은 커다란 위기를 맞고 있는 것이다.

깨친 者의 음성으로 몸짓으로 대중에게 화두를 던지고 벽력같은 할로 화두를 점검해 주고 철통같은 죽비로 어리석은 수행자를 내리쳐주는 스승이 장기간 不在中이다. 이러한 상황에서 우리에게는 경허가 절실히 필요하다.

경허가 떠난 빈자리는 간화선의 危機狀況을 연출하면서 善知識 부족의 飢饉을 겪게 되는 가운데 禪修行傳統의 한국불교계를 위협하고 있다.

이러한 때를 당하여 경허가 남긴 法化와 行履는 많은 수행자와 佛敎徒에게 간화선의 수행방식을 안내하고 간화선의 指針을 바로세우는 등불이 되는 것이다.

특히, 우리 후학들은 경허가 남긴 『鏡虛集』을 통하여 새삼 善知識 경허의 가르침을 바로 깨닫고 부처의 경지에 오를 수 있는 간화선의 修行法을 올바르게 수행해야 한다고 본다.

다행히도 한국불교는 오늘도 대한불교조계종 산하의 전국의 출가와 재가들은 禪院에서 하안거 結制에 돌입하여 전국 선원의 首座들이 석 달 동안 하안거 정진에 돌입하면서 한국 불교의 간화선 修行 熱氣를 고조시키고 있다.

경허의 수제자 혜월의 대를 잇고 있는 대한불교 조계종 종정 진제는 전국의 수행납자들에게 자신이 간택한 화두를 들고 寤寐不忘 간절히 의심하여 일대사를 해결할 지름길은 안거를 통해 수행자들에게 부단한 정진을 당부했다.

지금도 전국의 승려들은 매년 여름과 겨울에 일체의 외부 출입을 끊고 선방에서 芳啣錄에 房付를 들고 오직 깨달음만을 구하는 눈 푸른 수행 납자들이 눈을 부릅뜨고 있다.

이것이 바로 붓다의 慧命을 이은 경허의 후학들이 선종의 宗旨를 받들어 이어가는 自矜心을 느끼는 한국불교의 정통 수행 문화다.

이처럼 안거의 엄격한 수행 가풍은 오로지 話頭修行에만 몰두하는 대중 수행 문화로 경허가 지핀 선불교의 불씨를 고스란히 지키며 옛 전통 그대로 고수하고 있다.

이러한 간화선의 修行家風은 북방불교에서는 이제 유일하게 우리나라에만 전통의 자취가 남아 있다.

합천 해인사와 문경 봉암사 등 전국 백여 개 조계종 禪院의 2천 2백여 수좌들은 서로의 修行意志를 끌어올리며 또 다시 용맹정진에 돌입했다. 조계종 종정 진제는

"하나를 얻으면 길이 얻어서 여여하여 변하지 않고, 티끌만큼의 생각도 일어남이 없다" 고 강조하면서 수행자들에게 화두를 잡고 부단히 정진할 것을 당부하는 法語를 내렸다.

또 "이미 화두가 있는 이는 각자 話頭를 챙기되, 화두가 없다면 '부모에게 이 몸 받기 전에 어떤 것이 참 나인가'라는 화두를 들고 오매불망 간절히 의심해야 한다" 고 說했다.

그나마 다행스럽게도 특히, 불교계의 鼓舞的인 현상은 오늘날은 선의 열기가 조금씩 살아나 四部大衆과 함께하고 있다는 점이다.

서울 조계사와 봉선사 市民禪房을 비롯한 전국의 재가선방에서도 여름철 석 달 간 安居 수행의 열기가 뜨겁다고 한다.

재가불자들 역시 일찍이 일상의 삶과 수행이 둘이 아니라는 생활선을 강조한 경허 禪思想의 정신으로 안거 수행에 돌입했다.

경허의 후학들은 고행의 길도 마다하지 않고 깨달음을 향해 부단한 정진에 나선 출가와 재가 수행자들로 순간순간 부처의 경지에 접근하고 있다.

태산 같은 신심으로 대의단의 話頭를 들고 대분심의 근기로 무장한 이들의 비장한 수행 열기와 원력은 韓國 佛敎의 새로운 희망을 밝히는 버팀목으로 등불이 되고 있다는 것이 100년 전 경허가 바로 세운 看話禪의 현주소가 되고 있다.

조선왕조 오백년 동안의 억불정책으로 겨우 명맥을 이어온 불조법맥은 부용 영관, 벽계 정심, 서산휴정, 사명유정, 소요, 청매 등에서 선양되었던 看話禪의 그 禪的 전통이 사라져 버리고 通佛敎的인 성격으로 다만 禪이라는 명분은 오직 口頭禪으로만 지탱되어 오던 한국불교에 새롭게 간화선의 가풍을 정립하고 開悟見成을 표방하는 實參實究의 선풍이 경허에게서 재현되었다.

이처럼 경허에서 다시 일어난 화두선의 전통을 오늘날에도 전 세계의 주목을 받으며 당당히 그 맥을 이어가는 데에는 전적으로 경허의 영향을 전혀 무시할 수 없다고 본다.

이런 점에서 경허의 彗星 같은 출현으로 경허가 韓國 佛敎界에 특히 간화선의 발전에 '鏡虛禪'의 업적과 영향은 지대하다는 것을 다시 한 번 확인 할 수 있다.

2. 경허 불조 법맥의 현주소

禪家에서 法脈의 의미는 불조 이래 중국의 禪佛敎의 탄생과 더불어 중요한 역할을 해오고 있다. 선불교는 일찍부터 佛祖法脈의 뚜렷한 계보를 가지고 내려왔는데 이러한 선종에서 법계에 대한 열성은 일찍이 중국 초기 선종의 禪宗史에서부터 볼 수 있다.

특히 선불교의 전통에서는 그 계보를 따질 때 釋尊 下, 菩提達磨 下, 慧能 下 몇세孫, 臨濟 下 몇 세 孫으로 표기해 온 傳統이 불교의 오랜 역사 동안 面面히 이어져 내려왔다.

이처럼 鏡虛의 佛敎史的 법맥을 알아보기 위해서 우선 우리나라 불교에 있어서 불조 법맥의 전통을 살펴볼 필요가 있다고 본다.

위로는 중국으로부터 전해진 우리의 선불교가 우리나라에 본격적으로 禪風이 일기 시작한 것은 新羅末期 九山禪門의 開山으로부터 시작된다고 볼 수 있다.

한국불교 장자종단인 조계종은 종헌에 '본종은 신라헌덕왕 5년에 조계 혜능조사의 증법손 서당 지장에게서 心印을 받은 도의를 종조로 하고, 고려의 태고보우를 중흥조로 하여 이하 청허와 부휴 兩 法脈을 繼繼承承한다'고 정하고 있다.

1) 佛祖 法脈의 傳燈 淵源

조계종의 현주소를 점검하기 위한 노력으로 우선 태고보우 이전의 법맥으로 거슬러 올라가 보기로 한다. 현재 조계종의 법맥은 도의국사의 가지산문의 법맥을 승계하고 있다.

가지산문의 초조인 도의국사부터 보면 元寂道義- 億聖廉居- 普照體澄- 先覺迴微- 無爲道修- 慧空定悅- 月山景月- 麟角自屹- 寶林爾益- 智山慧安- 香水惠含- 圓應

學一- 弘圓道泰- 龜山海安- 陳田大雄- 普覺見明- 寶鑑混丘- 眞靜淸珍- 檜儼廣智 - 太古普愚로 이어진다는 것을 알 수 있다.

이렇게 시작된 한국 전통 선불교의 禪風은 高麗朝에 들어서면서 약간 쇠퇴하였는데 高麗中葉에 들어서면서 太古普愚, 懶翁惠勤, 普照知訥같은 선승들이 나타나 한국불교의 禪風은 다시 그 禪脈을 이어가게 되었다.

朝鮮時代에 들어서자 佛敎는 抑佛崇儒政策에 따라 승려들의 都城 출입이 금지되고 이에 따라 禪佛敎는 오랜 기간 세속과는 거리가 먼 침체기를 겪게 된다.

오백년 조선왕조 내내 조선의 불교는 급격히 쇠락하여 왕실의 보호 속에서 융성하였던 新羅의 禪風이나 불교를 국교로 내 세우며 비교적 안정적이고 균형 잡힌 高麗의 禪風과는 전혀 다른 형태의 은둔적이며 소극적인 祈福 佛敎로 변질되었다.

西山休靜에 의해 조선불교의 禪의 물결은 다시 한 번 재기를 시도하였지만, 그것도 잠시 그의 一代 뿐이었다.

西山의 제자 鞭羊彦基는 壬辰亂中에서도 禪의 正脈을 고스란히 지켜 禪脈을 이었다.

그러나 西山의 禪風도 얼마를 가지 못하여 禪은 다시 이날 조선 땅에서 자취를 감춰 버렸다.

이리하여, 신라 말부터 오랜 세월 유지해오던 한국 전통 선불교는 그 命脈만을 간신히 유지하는 有名無實한 지경이 되어버려 그동안 천 년 세월 지켜오던 한국불교는 조선 말기에 와서는 일제의 압제 속에 바람 앞에 등불처럼 스러져 가는 운명이 되고 있었다.

마침내, 구한말에 와서는 한국불교는 전통 선불교의 禪僧은 사라지고 看經과 念佛로 業을 삼는 敎學僧 僧侶들만이 主體 세력이 되어 西山 이후의 朝鮮佛敎를 이끌어 가게 된다.

이때 朝鮮末期에 돌연 혜성처럼 鏡虛라는 大禪僧이 홀연히 우리 앞에 등장하였다.

그는 원래가 敎學者인 大講師였다.

그러나 전염병이 창궐한 어느 마을을 지나다 목숨이 경각에 달린 위급지중에서 捨敎入禪으로 發心한 지 석 달 만에 公案을 타파하고 出世間의 大丈夫가 된다. 彗星처럼 등장한 鏡虛의 출현으로 禪風은 회오리바람처럼 조선팔도를 휩쓸기 시작했다.

이처럼, 경허는 꺼져가는 한국선 불교에 불씨를 붙이는 도화선이 되어 한국 전통 선 불교인 간화선을 중흥시키는 선봉장의 역할을 확실히 수행해냈다고 말할 수 있다.

이는 그 당시 경허가 이룩한 수많은 업적이 그것을 증명할 수 있다고 말할 수 있을 것이다.

鏡虛는 그 당시 韓國佛敎의 맥이 흐르는 民族의 얼을 통해 民族精神을 다시 한 번 일깨워주고 신음 속에서 허덕이는 민초들에게 희망의 등불을 밝히고 불조의 법음을 전하는 민족의 지도자 역할까지도 충분히 해냈다고 볼 수 있다.

이후 鏡虛는 수많은 逸話를 남기고 그의 수제자 滿空에게 法을 傳한 후 방랑길에 올랐다.

이후 鏡虛의 一代記는 거목답게 파란만장한 삶을 연출하면서 남녘에서 북녘까지 한반도를 종횡무진 횡단하면서 경허는 커다란 족적을 남기고 三水甲山에서 열반한다.

뒷날 滿空은 스승 鏡虛의 종지를 받들어 禪의 불씨를 심는 일에 一生을 바치고 경허의 행적을 선양하는데 많은 노력을 기울인다.

만공 역시 경허의 제자답게 한국불교의 거목으로 우뚝 선 大禪師였다.

경허 입멸 후, 만공은 그의 필생사업으로 『鏡虛集』 편찬에 심혈을 기울이게 된다.

우리는 오늘날 이러한 만공을 비롯한 수많은 선승들의 염원과 합심으로 이룩한 『鏡虛集』을 만나게 되었다.

그러나 우리는 오늘날 경허가 남긴 법맥의 궤적을 두고 또 다른 논쟁의 중심에 서서 경허의 진의를 보다 더 바른 안목으로 접근해 보려는 노력을 다하고 있다.

여기에 이 『鏡虛集』은 중요한 자료로 해결의 실마리를 제공하는 역할을 하게 될 것으로 보인다.

따라서 論考에서는 경허의 여러 가지 행적을 통하여 그의 진실을 바로 세우는 연구에 일점을 더하고자 한다.

그리하여 먼저, 이 문제의 시발점이자 종착점이라고 할 수 있는 『鏡虛集』 속의 경허의 '悟道歌'를 면밀히 분석하는 방향으로 가닥을 잡기로 하여 지금부터 悟道歌를 세세히 살펴보기로 하였다.

2) 경허 '悟道歌' 탄생의 긴 울림

경허 오도가의 탄생에는 긴 이야기가 전하고 있다.

1862년(壬戌) 14세 어린 나이에 萬化講伯을 따라 동학사에 입문한 경허는 계속하여 9년 수학의 동학사 강원을 졸업하고 1871년(辛未) 약관 23세의 어린 나이에 동학사 강사가 되었다.

이후 경허는 大 講伯으로서 그 이름을 전국에 드날렸다.

경허는 1857년 그의 나이 9세 때 청계사에 桂虛를 은사로 제 1출가를 하게 되어 5년 여의 청계사 사미 시절을 보내지만, 스승 桂虛의 환속으로 인하여 동학사로 인연처를 옮기게 되니,

경허는 동학사에서 강원 공부를 마치고 1871년 23세 때 최연소 나이의 강백이 되어 동학사에서 강사를 하게 되었던 것이다.

이후, 경허는 8년의 강사 생활로 그의 이름은 이미 전국에 알려져서 유명한 대강백이 되어 동학사 강원은 항상 수 명의 학인들이 구름처럼 몰려들었다.

그러던 어느 날, 때는 바야흐로 1879년 여름 날 이었다.

경허는 1857년 9살 어린 나이에 동진 출가하여 청계사에서 삭발염의하고 사미계를 주었던 은사인 계허를 찾아 상경한다.

경허가 계허를 찾아가게 되는 그 이유에 대해서는 은사에 대한 옛정이 그리워서라는 기록이 보인다 .

그러나 일설에서는 계허가 속퇴하여 목수일로 생계를 유지하는데 공사를 하다 지붕에서 낙마하여 병석이라는 전갈을 받고 상경하게 되었다는 언급도 보인다.

이 역시 전혀 사실무근은 아닌 즉, 원래 계허는 俗家에서 목수였고 충분히 개연성 있는 내용이라고 본다.

경허의 悟後補任은 경허가 천장암으로 건너간 1880년부터 1881년 6월까지 1년 6개월 동안 계속되었는데 이는 동학사 조실 방에서 3개월여 만에 깨친 기간보다 경허의 보임은 훨씬 길었다.

여기에 대한 이유에 대한 이유로 『鏡虛集』을 비롯한 제반의 연구에서도 아직 언급된 부분은 없었다.

그러나 경허의 오도를 위한 수행기간보다 보임의 기간이 길어질 수 밖 에 없었던 데에는 나름의 이유가 있었던 것으로 보여 진다.

그중의 가장 큰 이유로는 지금 다루고자 하는 이 법맥과 관계가 있는 것으로 경허는 舞師自悟의 선사로 익히 아는 바와 같이 경허가 깨달음을 얻고 주위를 돌아보았을 때 경허에게는 자신의 법을 점검해주고 인가해 줄 스승이 곁에 없었던 것이다.

그래서 경허는 悟道歌도 쓰지 않았다. 따라서 傳法偈도 없었다.

경허는 자신의 깨침을 주변에 쉽게 알리지 못했고 그 깨달음의 경지를 현실로 받아들이는 데는 경허 자신마저도 그 깨침의 경지에 대해 다시 되새기는 시간이 필요했던 것이다.

이것은 마치 붓다가 도를 이루고 일주일을 삼매에서 머물었던 것처럼 경허 역시 우선 당장 깨침의 자리를 박차고 나서서 해야 할 일이 없어진 경허는 그해 겨울 내내 동학사에서 방바닥에 드러누워 빈둥빈둥 지낸다.

그런 無事人의 생활로 방구들을 지키다가 스승 만화의 핀잔에 '일없는 사람은 본래로 이러 합니다.' 라는 의미심장한 말을 내뱉으며 깨친 者 경허는 시간을 無心하게 흘려보내는 '無事人'의 삶을 그해 겨우 내내 보냈다.

이듬해, 1880년 이른 봄에 경허는 누더기 솜옷 하나 챙겨가지고 천장암으로 향한다.

경허는 여기서 무려 1년 반 동안 인간의 한계를 뛰어넘는 고행을 감수하는데 구척장신의 경허가 발을 뻗으면 닿는 한 평도 채 안 되는 쪽방에서 長坐不臥로 일 년 반을 보내는 동안의 신이한 일화들은 경허의 수행을 더욱더 돋보이게 하고 있다.

스승이 없는 경허는 이곳 天藏庵 골방에서 자신의 깊은 수행의 침잠을 통하여 깨달음의 경지를 다시 한 번 점검하고 확인하는 과정을 통하여 스스로가 스스로를 인가하는 확연하고 철저한 경계를 체득하면서 자신의 족쇄를 스스로 풀고 스스로가 우뚝 선 대선사의 모습으로 거듭 났다.

참으로 길고 긴 오랜 기다림 끝에 사자후의 음성은 연암산을 흔들고 잠에서 깨어나

오도가의 사자후를 읊는다.

드디어, 1881년 늦봄 어느 날 경허는 이가 들끓던 누더기를 벗고 대중 앞에서 장문의 슬프고도 긴 '悟道歌'를 읊었다.

이리하여 경허는 한국불조 선불교의 법맥을 스스로 확정하고 만천하에 공포하기에 이르렀다.

(1) 東鶴寺 悟道

대 강백이던 경허는 어떠한 이유인지 깨침의 순간을 향해 한 발짝 다가가는 사건이 발생하게 되는데 우연인지 필연인지 경허는 1871년 그해 여름 桂虛를 찾아 나선다.

경허는 스승을 찾아가다가 폭풍우가 거세게 치는 천안 어디쯤으로 보이는 어느 마을에서 전국을 강타하고 있는 호열자(장티프스) 유행병으로 마을 사람들이 거의 죽어 나가는 참혹한 상황에서 시체가 즐비한 가운데 빗방울 떨어지는 처마 밑에서 경허는 자신도 병에 걸려 죽을지도 모른다는 극단의 공포 속에서 떨고 있는 초라한 자신을 발견한다.

그동안 자신이 천하의 대 강백으로 佛經을 가르치고 강원을 호령하던 팔만장경의 敎學들은 시체를 마주한 죽음의 문턱에서 그를 지켜주지 못했던 것이다.

주검과 마주한 경허는 捨敎入禪을 결심하고 밤을 새워 단숨에 동학사로 달려가 강원을 폐쇄하고 학인들을 해산시킨다.

祖室房 방문을 걸어 잠그고 송곳을 턱에 들이대고 용맹정진에 몰입한 鏡虛는 靈雲志勤의 '驢事未去 馬事到來'를 坐服에 붙들고 話頭와 사투하며 침식을 잊고 석 달 동안 세상과 단절하며 깊숙이 침잠한다.

그러던 어느 날 , 원규사미가 전하는 우무비공처의 소식을 전해 듣는 순간 그만 경허의 답답하던 마음이 홀연히 열리며 大悟를 하고 맨발로 덩실덩실 춤춘다.

경허가 동학사 강백이 되어 8년여의 세월이 흐르고 1879년(己卯) 31세 되던 해 어느 여름 날,

경허는 옛 은사 桂虛를 찾아 상경하다가 天安 근처서 창궐한 콜레라로 마을에 屍身이 널려있는 참혹한 현장을 보고 크게 발심하여 동학사로 되돌아오는 사건은 한국 선불교의 지축을 흔드는 대사건은 경허로 하여금 靈雲志勤의 화두 '驢事未去 馬事到來'를 들고 석 달 동안 정진하게 한다.

그 해가 다가기 전 1879년 추운 겨울 날 11월 15일 사미승 元圭가 전하는 '소가 되어도 고삐 뚫을 구멍이 없는 소'의 '牛無鼻孔處'의 소식을 전해 듣고 豁然大悟 하였던 것이다.

그런데, 이때 경허는 스승의 지도가 없이 그냥 홀로 은산철벽으로 걸어 들어갔으니 大講伯 鏡虛는 폭풍우 속에서 보낸 아승기겁의 칠흑 같은 어두운 밤을 보내고 드디어 新 새벽이 열리고 밝아왔던 것이다.

鏡虛는 이제 '驢事'와 '馬事'가 필요 없고 당나귀의 일과 말의 일 사이에서 방황하는 일이 없는 '콧구멍 없는 소'가 된 것이다.

경허가 悟道를 이루는 이 부분에 대한 漢庵의 『鏡虛集』의 내용이다.

이처사의 "콧구멍 없는 소(牛無鼻孔處)"라는 말을 전해 들은 화상의 안목은 정히 움직여(眼目定動), 옛 부처 나기 전의 소식이 몰록 드러나 활연히 현전하였다.

평평한 대지가 꺼지고 物과 我를 함께 잊으며 바로 옛사람의 크게 쉰 곳에 이르니 백천법문과 무량한 妙義가 당장 얼음 녹듯이 풀렸다58).

---

58) 漢岩, 『先師鏡虛和尙行狀』, 대한전통불교연구원, 1982, p52., "傳李處士之言到牛無鼻孔處 和尙眼目定動 撞發古佛未生前消息. 豁爾現前 大地平沈 物我俱忘. 直到古人大休歇之地 百千法門無量妙義 當下氷消瓦解"

이렇게 하여 '丈夫一大事'를 해결한 鏡虛는 그해 겨울을 東鶴寺에서 萬化의 꾸지람과 눈총을 받으며 일 없는 사람이 되어 '無事人'의 경계 속에서 방바닥을 뒹굴다가 겨울을 난다.

이 부분에 대한 한암의 『鏡虛集』의 내용이다.

드디어 方丈室에 누워 사람들의 출입을 상관하지 않았다. 만화 강사가 들어와서 보아도 또한 누워서 일어나지 않으니 강사가 이르기를 '무엇 때문에 누워서 일어나지 않는고?' 하니 '일 없는 사람은 본래 이러합니다'고 대답하자 강사는 말없이 나가고 말았다.59)

경허는 廓徹大悟한 후 이곳 祖室에 누워 누구도 돌아보지 않았다.

오직 침잠 속에서 붓다가 납월 팔일 보리수 나무 아래 성도 후 일주일 동안 깨침의 순간을 지키듯이 鏡虛는 처절한 수행 끝에 얻은 깨침도 드러내지 않고 方丈室에 누운 채 깨친 者는 언제나 졸고 있었다.

萬化는 자신이 들어와도 일어나지 않는 鏡虛에게

"무엇 때문에 누워서 일어나지 않느냐"

고 물었다. 그러나 이것을 이해할 수 없는 萬化는 覺者 경허의 대답에 말문이 막혔다.

"일이 없는 사람은 본래 이러합니다."

廓徹大悟하여 一大事因緣을 마친 세상의 이치를 깨우친 丈夫의 모습은 無事人이 되어 無位眞人의 경계를 노닐고 있다.

---

59) 漢岩, 「先師鏡虛和尙行狀」, 위의 책, p.53. "傳李處士之言到牛無鼻孔處 和尙眼目定動 撞發古佛未生前消息 豁爾現前 大地平沈 物我俱忘 直到古人大休歇之地 百千法門無量妙義 當下氷消瓦解"

이후도 경허는 쭈욱 그저 존다. 이때 경허의 경지는 스스로 읊은 禪詩에 잘 나타나 있다.

偶吟 八　　　　　우연히 읊음

低頭常睡眠　　　머리 숙이고 항상 조는 일
睡外更無事　　　조는 일 말고는 무슨 일이 또 있단 말가
睡外更無事　　　조는 일 말고는 다시 일이 없어
低頭常睡眠60)　　머리를 숙인 채 항시 졸고만 있네

萬化講師와 경허의 문답에서 우리는 일견 경허가 스승에 대하여 무례하게 행동한 것이 아니라는 것은 눈 밝은 납자는 누구나 안다고 말할 수 있을 것이다.

경허의 대답처럼 깨달음에 이른 사람은 '일 없는 사람'이다. '

일 없는 사람'이 되어 누구의 출입에도 상관하지 않고 드러누워 있는 제자 경허를 스승 만화는 眼目이 여리지 않아 깨친 者 鏡虛를 알아보지 못한다.

여기서, 스승과 제자의 問答은 더 이상 계속되지 않았다. 鏡虛는 스승 萬化가 자신의 깨달음을 결택하여 줄 바른 眼目이 없음을 認知하였기 때문이다.

그리하여 만화는 경허의 受業師로만 인정을 받을 뿐 善知識으로는 인정받지 못했다.

여기서, 萬化는 見成을 목표로 한 參禪 修道者가 아닌 敎學僧이었기에 修行의 境地를 터득해보지 못한 萬化로서는 당연한 일이었기 때문이다.

萬化가 비록 敎學을 통해 朝鮮八道에 그 명성을 떨쳤다 하더라도 參禪을 통해 見性의 경지에 이르지 못했다면 일 없는 사람이 되어 누워있는 경허의 행위를 스승으로서 용납할 수가 없었던 것이다.

---
60) 鏡虛, 앞의 책 p.615a.

경허는 자신의 참 스승이었던 西山의 『禪家龜鑑』을 빌어 깨친 이후의 補任修行을 강조하고, 깨친 뒤에 잘못하면 독약이 될 수도 있다고 하여 크게 경계하고 있다.

그것은 한 생각을 깨친 후에는 반드시 밝은 스승을 찾아가서 바른 안목인가를 결택 받아야 한다는 것을 강조하고 있었다.

그러나, 경허에게는 바른 眼目을 간택해 줄 心眼을 갖춘 善知識이 없었던 것이다. 그래서 世尊의 心法을 이은 鏡虛는 1879년 겨울을 하릴없이 東鶴寺에서 보내게 되었던 것이라고 말할 수 있을 것이다.

이처럼, 鏡虛에게는 처음부터 자신을 지도해줄 스승도 없었고, 자신의 法을 認可해 줄 눈 밝은 善知識도 없었던 것이라 스스로 어찌할 수 없는 상황에 그냥 깨친 그 자리를 쉽게 떠나지 못하고 여러 가지 고심을 하면서 동학사에 그냥 침묵하며 시간을 보내게 되었던 것이라고 볼 수 있을 것이다.

그리하여 경허는 이듬해 봄 결심을 하고 오후 보임을 위해 서산 연암산 천장암으로 '무소의 뿔'처럼 혼자서 갔다.

(2) 第 1 '悟道歌'

사방을 돌아보아도 사람이 없어 의발을 누구에게 전해 받으랴, 의발을 누구에게 전해 받으랴. 사방을 돌아보아도 사람은 없어, 봄 산에 꽃이 활짝 피고 새가 노래하며, 가을 밤에 달이 밝고 바람은 맑기만 하다.

정녕 이러한 때에 無生의 一曲歌를 얼마나 불렀던가? 일곡가를 아는 사람 없음이여, 때가 말세더냐. 나의 운명이던가. 또한 어찌하랴, 산 빛은 문수의 눈이요, 물소리는 관음의 귀로다.[61]

경허는 깨닫고 보니 오도의 기쁨을 같이 나누고 인가를 내려줄 스승이 없었다.

---
61) 鏡虛, 『韓國佛教全書』 卷11, 동국대출판부, 1992. p.629a.

그리하여 사방을 돌아보아도 사람이 없어 붓다로부터 심인의 징표로 내려온 의발을 누구에게 전해 받을 수가 없었다.

'의발을 누구에게 전해 받으랴' 사방을 돌아보아도 사람은 없어도 봄 산에 꽃이 활짝 피고 새가 노래하며 가을밤에 달은 밝고 바람은 맑기만 하다.

頭頭物物이 '山是山' 水是水'로 세상은 그대로요 변한 것은 하나도 없다.

내가 깨치기 전이나 깨친 후나 세상은 잘도 돌아가고 변한 것은 아무 것도 없다.

이 세상 모든 것은 산은 산이요 물은 물인 정녕 이러한 때에 無生法認을 증득한 경허는 자신의 깨달음의 노래를 '一曲歌' 라 하였다.

경허는 자신의 '一曲歌' 를 아는 사람이 없어 여기서부터 知音者를 찾고 있는 것이다. 그러나, 때가 말세인지 나의 운명인지 아무도 나를 알아보지 못하니 이 또한 어찌 하겠는가?

無生法認을 증득한 깨친 境地에서는 산 빛은 문수의 눈이요, 물소리는 관음의 귀로 이 세상 頭頭物物 부처요 보살이 아닌 것이 없다고 노래하고 있는 외로운 경허라고 이해 할 수 있을 것이다.

『이랴 쯔쯧!』 소 부르고 말 부름이 곧 보현이요, 張서방, 李첨지가 본래 毘盧蔗那로다. 佛祖가 禪과 敎를 설한 것이 특별한 게 무엇이었던가. 분별만 냄이로다. 石人이 피리불고, 木馬가 졸고 있음이여. 범부들이 자기 성품을 알지 못하고, 말하기를 『성인의 경계지 나의 분수가 아니다.』 라 한다. 가련하구나! 이런 사람은 지옥의 찌꺼기밖에 못됨이로다. 나의 전생 일을 돌이켜 생각해 보니, 四생(四生 : 생물이 태어나는 네 가지 형태인 胎,卵, 濕, 化)·六취(六趣 : 衆生이 業因에 따라 지옥, 아귀, 축생, 아수라, 인간, 천상 등 여섯 곳으로 나는 六道) 그 험난한 길에 오랜 세월 돌고 돌아 辛苦를 겪음이 금생에 와서 눈앞에 대한 듯 분명함이라, 사람으로 하여금 차마 어찌하랴. 다행히 宿緣이 있어 사람 되고 장부 되어, 출가하고 得道하니, 네 가지 얻기 어려운 가운데 하나도 모자람이 없도다.[62]

이랴 쯔쯧! 소를 부르고 말을 부르는 사람이 곧 보현보살이고, 張서방, 李첨지가 본래 毘盧蔗那라고 말하는 여기는 경허가 중도불이의 경계를 확연히 드러낸 자리라 하겠다.

어찌 보현보살이 말을 부리는 농부이며 張三李四가 비로자나 부처이겠는가? 佛祖가 禪과 敎를 설한 것은 무슨 특별한 것이 있는 게 아니고 禪敎는 一致라 공연히 분별심만 일으킬 뿐이라고 말하고 있는 경허는 깨닫고 보니 禪과 敎가 결코 다르지 않음을 언급하고 있다.

여기서도 경허의 '中道不二'는 여실히 드러나고 있다. 禪이니 敎니 하는 것은 공연히 분별심이라 하였다.

鏡虛는 원래 敎學僧이었으나 捨敎入禪하여 大道를 성취하고 보니 결국 敎와 扇은 다르지 않음을 말하고 있는 것이라고 볼 수 있다.

石人이 피리불고, 木馬가 졸고 있음이란 무엇을 의미 하고 있는 것일까?

여기서도 경허는 中道佛二를 설하고 있다.

어찌 무생물인 石人이 피리를 불고, 무생물인 木馬가 졸고 있을 수 있겠는가?

다만 범부들이 자기 성품을 '本來佛'임을 바로 알지 못하고, 공연히 말하기를 이것은 '성인의 경계지 나의 분수가 아니다'라고 말하며 이렇게 바로 알지 못한 이런 사람은 지옥의 찌꺼기밖에 될 수 없음을 경책하고, 가련하다고 한탄하고 있는 것이다.

경허의 전생 일을 돌이켜 생각해 보니, 四생·六취의 그 험난한 길에 오랜 세월 돌고 돌아 辛苦를 겪음이 금생에 와서 비로소 눈앞에 대한 듯 분명함이 있는지라 이것은

---

62) 鏡虛, 『韓國佛教全書』 卷11, 동국대출판부, 1992. p.629a.

스스로가 닦지 않으면 사람으로 하여금 차마 어찌해 줄 수가 없는 것임을 분명히 하고 있는 경허다.

다행히 宿緣이 있어 사람 되고 장부 되어 출가하고 得道하니 네 가지 얻기 어려운 가운데[63] 하나도 모자람이 없는 出擊丈夫가 되었음을 말하고 있는 것은 깨친 者 鏡虛의 音聲이라고 말할 수 있을 것이다.

어떤 사람이 희롱해 말하기를, 『소가 되어도 고삐 뚫을 구멍이 없다.』
함을 인해서 그 말 아래 나의 본래 면목을 깨닫고 보니, 이름도 공하고, 형상도 공하여, 공허한 허적처에 항상 밝은 빛이여. 이로부터 한 번 들으면 천 가지를 깨달아 눈앞에 외로운 광명이 적광토(寂光土 : 부처님의 大覺 境地)요, 정수리 뒤에 신비한 모습은 금강계(金剛界 : 만적이 대적 못할 무적의 제왕 金剛神)로다.[64]

'어떤 사람이 희롱해 말하기를' 여기서 어떤 사람은 원규사미가 되겠으니 원규는 훗날에 東隱이라는 禪師가 되어 끝까지 경허의 곁에서 조력자가 되어 경허를 시봉하게 된다.

여기 東隱의 이야기는 경허 일화 38가지에도 남아 있을 정도로 경허와 깊은 인연이 있다고 할 것이다.

그리고 '牛無鼻孔處'의 제공자 원규의 스승 學明道一 역시 오랫동안 끝까지 경허와 함께하는 지중한 인연으로 남으니 가히 그들의 인연은 필연이라고 보아진다.

'소가 되어도 고삐 뚫을 구멍이 없다'는 사미의 한마디가 계합하여 드디어 경허는 그로 인해서 그 말 아래 자신의 本來 面目을 확연히 깨닫고 보니,

이름도 空하고 形相도 공하여 공허한 虛寂處에 항상 밝은 빛이 있으니 그것이 바로 絶對面目의 眞如自性의 空寂靈地의 자리라 하겠다.

---

63) [示四種難得令使發心登彼覺岸] "사람의 몸을 받기 어렵다. 장부의 몸 받기 어렵다. 출가하기 어렵다. 불법을 듣기 어렵다" 〈석가여래행적송〉
64) 鏡虛, 『韓國佛敎全書』 卷11, 동국대출판부, 1992. p.629a.

이로부터 한 번 들으면 천 가지를 깨달아 눈앞에 외로운 광명이 부처님의 大覺 境地인 寂光土이고, 정수리 뒤에 신비한 後光은 萬敵이 對敵못할 無敵의 제왕인 金剛神이라고 말하고 있는 것이다. 이것이 鏡虛가 증득한 자리다.

四大(四大 : 물질계를 구성하는 地·水·火·風 등 4대 元素) · 五陰(五陰 : 五蘊·五衆·五聚라고도 하며 생멸하고 변화하는 色·受·想·行·識)이 청정한 법신이요, 극락 국토가 鑊湯지옥·寒氷지옥이고, 겸하여 華藏刹海가 禽獸지옥과 刀山지옥이며, 法性土가 썩은 거름 무더기며, 똥 무더기요, 대천세계가 개미구멍, 모기 눈썹이요, 三身(三身 : 법신法身·보신報身·응신應身 등 세 佛身·四智(四智 : 모든 부처가 佛果에 이르러 갖추는 네 가지 지혜로 大圓鏡智·平等性智·妙觀察智·成所作智를 일컬음.)가 허공 및 만상이니, 눈에 띄는 대로 본래 천진 면목이로다. 또한 크게 기특하고, 크게 기특하도다.65)

경허는 四大·五陰이 청정한 法身이요 극락 국토가 화탕 지옥·한빙 지옥이라고 말하고 있다.

여기서도 경허는 中道實相의 本來面目을 그대로 드러내 보이고 있으니 四大·五陰이 어찌 청정한 法身이 될 수 있으며, 극락 국토가 어찌 화탕지옥 · 한빙지옥이 되겠는가?

斷相二見의 양극단을 모두 여읜 中道不二의 見地를 눈 밝은 衲子라면 반드시 살펴보는 眼目이 필요한 부분이라 말할 수 있다.

또한 鏡虛는 '겸하여 華藏刹會가 禽獸지옥과 刀山지옥이며, 法性土가 썩은 거름 무더기며 똥 무더기요 대천세계가 개미구멍 모기 눈썹이요, 三身·四智가 허공 및 만상' 이라는 것도 역시 중도실상을 그대로 드러내고 있는 것이다.

華藏刹海가 어찌 禽獸지옥과 刀山지옥이 될 수 있으며 法性土가 어찌 썩은 거름 무더기며 똥 무더기란 말인가?

그리고, 三千大天世界 넓은 우주가 어찌 개미구멍 모기 눈썹이며 三身 · 四智가 허공

---

65) 鏡虛, 『韓國佛敎全書』 卷11, 동국대출판부, 1992. p.629b.

및 만상이 될 수 있겠는가 말이다.

그리하여, 경허는 이 모두가 中道實相의 絶對境界에서 바른 眼目으로 본다면 또한 눈에 띄는 대로 모두가 본래 天眞 面目이니 만약 이러한 경지에 도달한다면 이 또한 크게 기특하고 크게 기특하다고 찬탄하고 있는 것이다.

시원한 솔바람이여, 四면이 청산이로다. 가을 달 밝은 빛이, 한결같은 하늘과 물이여. 노란 꽃, 푸른 대, 꾀꼬리 소리, 제비 재잘거림이 항상 그대로 大用이어서 어느 곳에 드러나지 않음이 없도다. 市門天子가 무엇이 특별히 귀할까 보냐? 모름지기 평지 위의 파도요, 구천의 옥인(九天의 玉印 : 아득한 하늘에 도장 찍듯 한 물건의 형적도 없음.)이로다.66)

경허는 시원한 솔바람과 四면이 청산인 이곳에서는 가을 달 밝은 빛이 한결같은 하늘과 물이고 노란 꽃, 푸른 대, 꾀꼬리 소리, 제비 재잘거림이 항상 그대로 大用이어서 어느 곳에 드러나지 않음이 없다고 말하고 있는데, 大機大用이란 무엇인가?

깨달음의 원숙한 경지에서 나오는 自由自在한 경지로 相對가 끊어진 絶對의 경지에서 나오므로 이미 깨달음에 도달한 경허는 걸림이 없고 자유롭다.

그리하여 그것은 어느 곳에 드러나지 않음이 없다.

이렇게 깨달음의 경지에서 大機大用의 걸림 없는 경계에서 보니 세간에서 최상의 지위인 天子가 무엇이 특별히 귀할까 보냐? 그것은 모름지기 평지 위의 파도요,

九天의 玉印으로 아득한 하늘에 도장 찍듯 한 물건의 형적도 없이 한 순간에 사라지니 어찌 천자가 깨달음의 경지만 하겠는가를 경책하고 있다고 말할 수 있다.

참으로 괴이하도다. 해골 속 눈동자여, 한량없는 불조가 항상 앞에 나타남이여, 초목 기왓장과 자갈이 곧 華嚴·法華로다. 내가 늘 설하노니, 가고 머물고, 앉고 누움이 곧 이것이며, 부처도 없고, 중생도 없는 것이 곧 이것이로다. 내가 거짓을 말하지 않노라. 지옥이 변하여 천당을 지으니, 다 나의 작용에 있으며, 백천법문과 無量妙義가 마치 꿈에 연꽃이 핀 것을

---
66) 鏡虛, 『韓國佛敎全書』 卷11, 동국대출판부, 1992. p.629b.

깨달음과 같도다. 二변(二邊 : 유有와 無)과 三제(三際 : 과거·현재·미래)를 어느 곳에서 찾으리. 시방세계가 안팎 없이 큰 광명 덩어리 하나뿐이로다. 一言이 폐지하고, 내가 큰 법왕(大法王)이 되었음이로다.67)

鏡虛는 깨닫고 보니 바로 자신이 本來 부처임을 알았다.

그래서 鏡虛는 자신의 눈앞에 있는 本來佛을 괴이하다고 말하고 있다. 鏡虛는 臨濟의 '赤肉團'을 해골 속 눈동자로 표현하여 한량없는 불조가 항상 앞에 나타나고 있다고 말하고 있다.

초목 기왓장과 자갈이 곧 華嚴·法華이라고 하여 頭頭物物 이 부처 아님이 없는 『華嚴經』 이야기를 언급하고 가고 머물고, 앉고 누움이 이렇게 행하는 이놈이 바로 곧 이것이 부처이며

또한, 부처도 없고, 중생도 없는 그것이 곧 이놈이라는 것을 바로 깨우치길 苦口丁寧, 勞心焦思 되풀이하고 있는 경허다.

그리고 자신이 하는 말이 결코 虛言이 아니니 내가 거짓을 말하지 않노라.

지옥이 변하여 천당을 지으니, 다 나의 마음 작용에 있으며, 백 천 법문과 無量 妙義가 마치 꿈에 연꽃이 핀 것을 깨달음과 같이 幻想이라고 말하고 있다.

二邊의 兩極端을 모두 버린 中道의 경지를 正等覺의 境地라 이른 경허는 三際 (과거·현재·미래)또한 어느 곳에서 찾을 수 있겠는가? 를 묻고 있는 것이다.

德山이 龍潭을 찾아 떡 파는 노파에게 『金剛經』의 過去心 不可得 現在心 不可得 未來心 不可得이라고 했는데 어느 心에 點心하겠는가 하고 묻는 말에 대답이 꽉 막혀 버렸으니 이제 德山은 그날 點心은 먹을 수 없게 되었던 것이다.

---

67) 鏡虛, 위의 책, 1992. p.629b.

시방세계가 안팎 없이 큰 광명 덩어리 하나로 두루 통하니 막힘이 없고 걸림 없이 되었다.

이제 鏡虛는 大道를 성취한 無上正等正覺에 도달하였으니, 鏡虛는 去頭截尾하고 내가 大法王이 되었다고 외치고 있는 것이다.

저 모든 법에 다 자재함이니, 옳고 그르고, 좋고 나쁘고 어찌 걸림이 있을까 보냐. 어리석은 사람이 이 말을 들으면 내가 헛소리를 한다 하여 믿지 않고, 또 따르지도 않을 것이다. 만일 귀 뚫린 사람이 있어 자세히 믿어 의심이 없으면, 문득 安身立命處를 얻으리라. 문득 塵世人에게 말을 붙이노니, 한 번 사람의 몸을 잃으면 萬劫에 만나기 어려움이니, 하물며 또한 뜬 목숨이 아침에 저녁을 꾀하지 못함이로다. 눈 먼 당나귀가 믿고 가다가, 안전하고 위태로움을 다 알지 못하는구나. 저것도 이러하고 이것도 이러함이니, 어찌하여 내게서 無生法을 배워 人天의 대장부가 되려 하지 않는가?[68]

경허는 中道實相을 노래하고 있는데 저 모든 法에 다 自由自在함이니, 옳고 그르고, 좋고 나쁘고 常見과 斷見 의 二邊을 모두 버린 中道實相의 경계에서 보면 일체 경계가 걸림이 없다는 것이다.

鏡虛는 세상 사람들이 자신의 말을 믿지 않을까 저어하여 어리석은 사람이 이 말을 들으면 내가 헛소리를 한다하여 믿지 않고, 또 따르지도 않을 것임을 크게 염려하고 있다.

만일 밝은 안목의 귀 뚫린 사람이 있어 자세히 믿어 의심이 없으면, 문득 安身立命處를 얻으리라고 자신의 見處를 말하고 있는 것이다.

경허의 勞心焦思는 문득 塵世人에게 향하고 잇는데 한 번 사람의 몸을 잃으면 萬劫에 인간 몸을 다시 만나기 어렵고, 하물며 인간의 목숨 또한 하루살이 인생이 눈 먼 당나귀가 믿고 가다가, 안전하고 위태로움을 다 알지 못 하듯이 경허는 자신이 깨달은 경지를 보이며

---

68) 鏡虛, 『韓國佛敎全書』 卷11, 동국대출판부, 1992. p.629b.

'어찌하여 내게서 無生法忍을 배워 人天의 대장부가 되려 하지 않는가?' 하고 탄식을 하고 있는 것이다.

내가 이와 같은 까닭에 입을 재삼 수고로이 하여 부촉하노니, 일찌기 방랑자가 되었기에 치우쳐 나그네를 불쌍히 여기노라. 슬프다. 어이하리! 대저 의발을 누구에게서 전해 받으리? 四방을 돌아보아도 사람이 없구나. 四방을 돌아보아도 사람이 없으니, 의발을 누구에게서 전해 받으리. 69)

경허의 苦口丁寧은 "내가 이와 같은 까닭에 입을 재삼 수고로이 하여 부촉하노니,' 말하고 자신이 법을 전해 받을 스승이 없기에 자신을 일찌기 방랑자가 되었다고 말하고 있다.

그래서 이 나그네를 불쌍히 여긴다고 자기 자신을 위로하고 스스로 '나그네를 불쌍히 여기노라.' 위안을 하고 있는 것이다.

"슬프다. 어이 하리! 대저 衣鉢을 누구에게서 전해 받으리?" 경허는 자신이 의발을 전해 받을 수 없는 현실을 크게 슬퍼하고 있다.

"四방을 돌아보아도 사람이 없구나. 四방을 돌아보아도 사람이 없으니, 衣鉢을 누구에게서 전해 받으리"

하고 재차 반복하여 외치며 '悟道歌'를 끝내며 마지막에 '太平歌'로 자신의 境地를 한껏 드러내 보이고 있다고 말할 수 있다.

이리하여 긴 장문의 슬픈 '悟道歌'는 끝이 나고 아래의 '太平歌'는 '悟道歌' 맨 마지막에 짧은 시 한 수를 남기니 제2 오도가라 하겠다.

그 이유는 대부분의 선사들의 '悟道歌'가 짧은 형식으로 되어 있기 때문에 세간에서는 경허의 장문의 이 '悟道歌'는 잘 모르고 悟道를 한 후,

---

69) 鏡虛, 『韓國佛敎全書』 卷11, 동국대출판부, 1992. p.629b.

맨 마지막에 읊은 이 '太平歌'를 '悟道歌'로 인식하기 때문에 따로 '제2 悟道歌'로 분류하여 접근하는 방식으로 구분하였다.

(3) 天藏庵 제 2 '太平歌'

다음해, 봄 1880년 연암산 天藏庵으로 가서 1년 반여 동안 保任하고 난 후에야 비로소 開悟詩를 읊고 20여 년에 걸쳐 湖西 일대의 40여 道場에서 法座에 올라 중생을 교화한다.

일반적으로, '悟道歌'는 개오한 즉시 '開悟詩'를 남기는 다른 善知識들과는 달리 鏡虛는 절집의 관례를 깨고 스스로 法名을 '깨달은 소', 즉 '惺牛'라고 지은 까닭은 바로 여기에 있다.

즉 경허는 스승이 없이 스스로 '無師自悟'하여 따로 인가를 받아야 할 스승이 없었기 때문에 스스로 '惺牛'가 되었던 것이다.

따라서 경허는 깨친 者로서 자신의 法脈을 이을 嗣法處를 두고 고심을 하면서 여러 가지 우여곡절 끝에 1881년 6월에야 天藏庵에서 자신의 傳燈淵源을 밝히는 長文의 悟道歌를 공포하고 悟道歌 끝에 짧은 詩 한 首를 지어 그 기쁨을 노래했다.

太平歌　　　　　　　　　태평가

忽聞人語無鼻孔　　　　홀연히 사람에게 고삐 뚫을 구멍이 없다는 말을 듣고
頓覺三千是我家　　　　몰록 깨닫고 보니 삼천 대천 세계가 내 집일세.
六月鷰巖山下路　　　　유월 연암산 아랫길에서
野人無事太平歌[70]　　　일이 없는 경허가 태평가를 부르네

이처럼, 그가 읊은 悟道歌는 悟道後의 첫 '一聲'이라는데도 의미가 있지만, 비록 긴 長文의 悟道歌가 아니더라도 이 詩의 내용도 매우 훌륭하다 하겠다.

---

70) 鏡虛, 『韓國佛敎全書』卷11, 동국대출판부, 1992. p.618a.

여기에는 경허자신이 깨친 극적인 장면인 1899년 11월 15일 勇猛精進 중이던 자신이 홀연히 '고삐 뚫을 구멍이 없다 (牛無鼻孔處)' 는 말을 원규사미로 부터 전해 듣고 廓撤大悟하여 몰록 삼천 대천 세계가 한꺼번에 열리는 소식이다.

때는 바야흐로 유월이라 天藏庵이 있는 이곳 연암산 길 아래로 걸어가는 일이 없는 野人은 태평가를 부르는데 여기서 일 없는 사람은 바로 鏡虛 자신이니 이후로 鏡虛는 평생을 '無事人'으로 살면서 大 自由人이 되어 세상을 주유한다.

鏡虛는 이와같이 노래를 부르고 나서 1885년까지 4년을 더 天藏庵에 머무르며 중생 敎化와 보임의 끈을 늦추지 않다가 어느 날, 그동안 자신이 입었던 헌 누더기 옷과 탈바가지 그리고 주장자 등을 몽땅 태우고 만행 길의 큰 발걸음으로 下山한다.

이로써, 경허 일생의 一代 轉機를 맞음으로써, 거기 따라서 韓國 佛敎의 역사는 鏡虛禪의 禪風 아래 들게 되는 禪佛敎의 대변혁의 中興을 맞게 된다고 말할 수 있다.

이처럼, 韓國佛敎의 생명의 불꽃을 다시 살려서 이어놓은 그가 바로 鏡虛라는 대선지식이었으니 이때, 鏡虛의 行步는 바로 한국 禪佛敎의 역사를 바꿔 놓게 되는 커다란 足跡으로 남게 되었다.

佛家에서 釋尊으로부터 法脈은 제1조 摩訶迦葉, 제2조 阿難, 제3조 商那和修, 제4조 優婆鞠多, 제5조 提多迦 등으로 이어졌고, 마침내 제28조 菩提達磨에 이르러 천축을 떠나 중국으로 이어졌다.

붓다의 心法은 선불교의 初祖 菩提達磨를 시작으로 중국 역사를 관통하며 흘렀다. 중국 선불교의 제2조 혜가를 거쳐, 제3조 승찬, 제4조 도신, 제5조 홍인, 제6조 혜능으로 이어졌다.

다시 마조 도일의 법을 이은 서당 지장에게 법을 인가받은 '海東의 達磨'인 도의로 이어져 해동국 신라에까지 흘러 들어왔다.

서당 지장과 형제요, 마조도일의 으뜸 제자인 백장회해는 도의와 법거량 한 후 "강서의 禪脈이 이제 모두 東國의 중을 따라 가는구나"라고 탄식했다고 전한다.

新羅 末 우리나라의 선불교는 九山禪門을 연다. 서당의 법을 이은 것은 도의만이 아니었다. 신라 헌덕왕 6년(814) 당나라 유학길에 오른 혜철도 지장 서당의 심인을 이었다.

신라로 돌아와 양양 진전사에 은거한 도의와 곡성 태안사에 자리 잡은 혜철을 비롯한 신라에 아홉 개의 禪門을 開山하니 해동 신라는 붓다의 心印이 닿지 않는 곳이 없었다.

이제 近世 末 釋尊이 가섭에게 마음에서 마음으로 전한 心法의 강물이 海東 계룡산 동학사에서 칼을 턱에 괴고 勇猛精進한 경허에게 바로 닿았다.

당시 조선의 불교는 나라의 핍박과 중생들의 외면으로 내리막길을 걷고 있었다.

선종도 교종도 구별되지 않았고, 승려는 산속에 묻혀 기복을 구하는 중생들에게 염불이나 하는 명분으로 살았다.

승려들은 도성에도 들어갈 수 없는 천민으로 대접받았고, 도적에 비유돼 賊僧이라 불리는 치욕도 겪고 있었다.

이처럼, 九山禪門의 禪脈은 淸虛休靜 이후로 근근히 명맥을 이어 오고 있었다. 靜觀 一禪, 中觀 海眼, 霽月 敬軒, 四溟 惟政, 鞭羊 彦機 스님 등이 이은 釋迦世尊의 心法은 바람 앞의 등불이었다.

이 같은 현실에서 鏡虛의 悟道는 눈 밝은 善知識의 출현을 갈구하는 중생들의 염원으로 釋尊의 心印은 燈燈相續 되었고, 그리하여 한반도를 가로지르는 法脈은 朝鮮 末期 禪僧鏡虛로 하여금 75조를 잇게 하였다고 말할 수 있을 것이다.

二祖 혜가는 달마의 '너의 불안한 마음을 가져오라' 는 '安心法問'으로 言下에 깨쳤다. 육조 혜능은 무지랭이 나뭇꾼으로서 《金剛經》의 '머무는 바 없이 그 마음을 낸다 ' 는 동냥승의 구절에서 문득 깨쳤다.

그리고 영운 지근은 봄을 찾아 헤매다가 뜰 앞의 '복숭아 꽃'을 보고 크게 깨쳐 더 이상 의심하지 않았다.

그리고, 대혜 종고는 '훈풍이 남쪽에서 불어오니 전각이 서늘해진다.' 는 구절에 廓徹大悟 하였다.

또한 해동의 보조 지눌은 《六祖壇經》과 《大慧語錄》을 읽다가 깨쳤고, 청허 휴정은 '닭 우는 소리'에 깨쳤다. 그리고 경허는 '驢事未去 馬事到來'인 靈雲의 화두를 參究해 大道를 성취하였다.

경허는 天藏庵에서의 6년의 보임을 마치고 《劫外歌》를 부르며 세속으로 내려오니 경허는 이때부터 20여 년간을 湖西 일대 諸方에 선풍을 진작시키고,

1899년 범어사 계명암 수선사를 시작으로 하여 1900년 해인사 수선 결사를 시작으로 영남과 호남 각처에 무려 180여 개의 크고 작은 禪院을 개설하였다.

선방이 개설되고 걸출한 禪客과 修行衲子들이 處處에서 선방으로 많이 모여들어 적막하기만 하던 조선의 선불교는 다시 활기를 되찾아 그 명맥을 유지하게 되었던 것이다.

이러한 鏡虛의 깨침의 소리는 長文의 '悟道伽' 末尾에 '太平歌'를 부름으로써 슬픈 '悟道歌'는 太平聖代를 꿈꾸는 희망찬 '悟道歌'로 그 大尾를 莊嚴하였다고 말 할 수 있다.

3) 鏡虛 法脈의 傳燈 淵源

근래 조계종의 종헌·종법에서 법맥을 이어받는 방식에 대하여서도 제2장 본존, 기원 및 사법 제 7조를 보면, '본종의 법맥 상승은 사자 간의 等等相續 또는 傳法偈의 傳受로써 행한다.'[71] 라고 하고 있다.

이는 직접 스승에게 인가를 받거나 전법게를 받았을 경우에만 법등 관계가 성립한다는 것을 표명한 것이다. 이러한 근거는 직접적인 1:1전법을 주장하는 맥락이라는 것을 뒷받침하고 있다.

즉, 법의 계승은 불조의 혜명을 잇는 일로써 燈燈이 꺼지지 않고 상속하여 끊임없이 이어져야 한다는 본질적인 견해이다.

그러나 아이러니하게도 지금 논의의 쟁점이 되고 있는 것으로 경허의 청허 下 11세손, 환성 下 7세손 법맥의 주장은 직접적인 認可나 1:1 面前授受를 말하고 있지만은 않다. 그리고 경허의 법맥관은 굳이 시대의 연속을 주장하지도 않고 있다.

이러한 점은 청허의 법맥관과도 크게 상통되는 부분이 된다. 왜냐하면, 경허는 자신의 법맥을 몇 시기를 뛰어 넘어서 용암혜언에게 대고 있는 것이기 때문이다.

이처럼, 경허의 법맥은 청허 下 법맥의 계승이 鏡虛 代에 와서 청허 下 11세손, 환성 下 7세손 법맥의 주장 외에 청허 下 12, 13세손, 환성 下 8, 9세손설이 혼재를 이루어 교계에서는 한국 선불교의 법맥의 질서를 바로 잡지 못하고 있다.

이러한 점에서 우리는 경허의 법맥에 관한 논의를 다시 한 번 살펴보고 경허가 세운 禪脈의 올바른 질서를 찾아 바로 세우는 일이 시급하다고 본다.

최근에 한국불교에서 법맥이 관심거리가 된 것은 '淸虛休靜'을 시작으로 '나옹 법통설', '태고 법통설', 그리고 '보조 법통설'로 확대됐다. 이러한 근현대불교에

---
71) 「종헌」, 『대한불교조계종법령집』, 대한불교조계종, 1994, pp.17-19.

서 법맥 논란의 중심은 바로 鏡虛 惺牛의 법맥이다.

이러한 경허 법맥은 경허가 먼 역사 속의 인물이 아닌 그의 법제자들이 현존하는 인물이라는 점을 감안해보면,

현재 대한불교 조계종의 각 교구본사 문중·형성 운영에 영향을 주고 있다는 점에서 경허 법맥의 접근은 신중하고 보다 냉철한 시각으로 연구되어야 한다는 것이다.

경허가 법맥을 전하고 열반에든지 一世紀가 지난 오늘날도 한국불교는 여전히 鏡虛의 존재감 속에서 간화선을 종지로 한국불교의 전통을 수호하고 있다고 본다. 鏡虛 惺牛는 근현대 선불교의 중흥조로 추앙되고 있다.

그는 쇠미해진 한국 선불교를 재건하였을 뿐 아니라 많은 제자들을 길러냈다. 현재 조계종의 법손들은 가까이로는 경허를 정점으로 한다 해도 과언이 아니다.

그 밑에는 枕雲, 慧月, 水月, 滿空, 漢巖 등을 포함하여 수행한 이들이 많다.

특히 禪宗에서 법계를 정할 때 깨달음을 최상의 기준으로 삼으며 法系의 相續이 인정된다. 그런데 경허의 법맥은 청허 하 11세손 환성 하 7세손을 비롯하여, 12세·8세손, 13세·9세손 등 여러 說이 분분하다는 것은 불교계의 숙제로 오늘 내일의 일이 아니다.

경허의 법맥은 청허 하 11세손 환성 하 7세손을 비롯하여, 12세·8세손, 13세·9세손 등 여러 설이 분분한 諸說은 용암혜언과 경허사이에 영월봉률과 만화보선을 넣느냐 빼느냐 하는 견해의 차이에서 비롯되고 있다고 본다.

먼저, 漢岩 自術의 「先師鏡虛和尙行狀」에서는 용암혜언-경허성우의 법계만을 이야기 하고 있으나,

한편에서는 용암혜언과 경허성우 사이에 영월봉율과 만화보선을 넣고 있어 주로 이

두 가지 경우를 두고 여기에서 논쟁이 되고 있다.

그런데 이러한 논쟁 가운데 가장 우세한 쪽은 영월과 만화를 포함한 환성 13세손의 타당성을 입증하였다.

왜냐하면, 경허는 이미 生存詩에 「燈燈相續」에서 환성 13세손을 언급하였고, 경허 입적 직후인 1913년에 간행된 『율봉문보』에서도 환성 13세손을 밝히고 있어 확실하게 우세한 정당성을 확보하고 있다고 볼 수 있다.

사실, 기존의 우세를 점했던 說은 漢岩의 「先師鏡虛和尙行狀」에 치우치고 있었다. 그러나, 여기에 대한 근거가 불충분함이 드러남에 따라 여기에 무게를 실렸던 청허 下 11세손 환성 下 7세손은 점점 正當性을 잃어가고 있는 추세다.

그렇다고 하여 ,여기서 우리는 시류에 편승하여 바로 수긍하는 자세를 止揚하고 한암의 경허 '오도가'에 관한 좀 더 면밀한 연구의 검토가 필요하다고 본다.

왜냐하면 경허의 법맥에 관한 부분은 한국 선불교 역사에 중요한 영향력을 차지하고 있기 때문에 보다 더 신중하고 면밀한 주의가 요망되기 때문이다.

그동안 불가의 전통은 1인이 수법제자가 되어야 법이 전승되는 것으로 인식하였다.

'韓國 傳統禪의 中興祖'로 인정받는 경허의 法脈은 경허 스스로가 자신의 法系 相承을 淸虛 下 11세손, 喚惺 下 7세손을 밝힌 이해, 후학들은 淸虛 下 12세손, 喚惺 下 8세손,

그리고 淸虛 下 13세, 喚惺 下 9세손 등 많은 논란이 있어 왔다는 것은 주지의 사실로 이것은 하루빨리 의견의 중지를 모아야 할 것이다.

논고에서는 그간에 논의되어왔던 경허법계와 그 이후 왜 13세손이 유력하게 거론되어 오늘날의 법통을 유지하고 있는지에 대한 논의를 냉철하고 객관적인 방법으로 접

근하였다.

따라서 경허의 法統說은 부득이 위에서 언급한 세 갈래로 나누어 접근해 들어가는 방향으로 진행하고자 하였다.

(1) 漢岩 「鏡虛集」의 佛祖法脈

우선 먼저 이 논쟁이 되고있는 부분의 발원지인 漢岩의 자술 『鏡虛集』의 佛祖法脈 언급 부분부터 살펴보기로 한다.

『鏡虛集』의 개당설법에 실려 있는 길고긴 오도가 속에는

'내 일찍이 방랑자가 되었기에 나 또한 나그네를 불쌍히 여기노라' 하는 구구절절 애절함이 배어 있고 또한 '슬프다 어이 하리 무릇 의발을 누구에게 전해 받을까'

하는 진한 슬픔이 배어있다. 어쩐지 경허의 운명을 예감하는 듯이 들리기도 한다.

경허는 깨치는 순간부터 이처럼 고독과 슬픔으로부터 출발하는 "鏡虛禪" 그 자체를 이루고 있다.

왜냐하면 고독을 동반하는 독특한 鏡虛禪의 핵심이 경허 그 자신의 고독과 슬픔의 심연 속에 본래 숨겨져 있었기 때문이다.72)

먼저 한암 찬술 「先師鏡虛和尙行狀」에서는 청허 下 11세손, 환성 下 7세손을 주장하고 있으니, 법맥에 관해서 경허 스스로 밝힌 바라고 말하면서 다음과 같이 말하고 있다.

일찍이 대중에게 보여 말하길, "대저 조종의 문하에 마음의 법을 전해 주어 근본과 근거가 있으니 어지럽혀서는 안 된다. 옛날에 황벽은 백장이 마조의 할에 도를 깨달았다는 말을 듣고 백장을 이었고 ···우리나라에 벽계는 중국에 들어가 총통에게 법을 얻어 옴에 멀리

---

72) 졸고, 「경허의삼수갑산과 償債」, 『大覺思想』 18집 , 대각사상연구원, 2012, pp. 283-328.

구곡에게 잇고, 진묵이 응화의 성인으로써 서산멸후에 법을 이었으니···나는 비록 도도 채워지지 않았고 성품도 검증되지 않았으나, 일생에 향하는 바는 이 일대사를 명백히 하는 데 기약했거늘, 지금 벌써 늙어버렸는지라, 나중에 나의 제자는 마땅히 나로 하여금 용암장로에게 법을 잇게 하여 그 도통의 연원을 바로 하고, 만화강사로 하여금 나의 수업 스승으로 삼아야 옳도다." 라 하다.73)

위의 인용문은 법맥과 관련하여 가장 많이 거론되는 자료이다. 위자료에서는 경허 스스로 말한 바라고 하며 '청허 하 11세손이며 환성 하 7세손'임을 밝히고 있다.

박해당은 경허의 멀리 '용암혜언을 전법사로 한다' 함은 직접적은 1:1면전 수수가 아닌 세월을 격한 것으로 '이념적 규정'에 해당한다고 보았다.

그리고 최동화는 만화보선을 수업사로 굳이 밝힌 것은 경허가 선교를 화통한 것이라고 판단하였다.

한편, 1943년 중앙선원 선학원 활자본은 한암의 「先師鏡虛和尙行狀」을 싣지 않고 만해 한용운의 「略報」만 실고 있다.74)

그러나 「略報」에서도 청허 11세손, 환성 7세손을 기록하고 있다. 이것은 한암 自述 「先師鏡虛和尙行狀」을 그대로 따른 것이다.

만해의 『鏡虛集』의 약보의 내용 또한 이러하다.

' 32세 때 홍주 천장암에 계시면서 하루는 대중에게 설법하시다가 특별히 법을 이은 연원을 밝히셨다. 곧 용암화상에게서 법을 이으시니 스님은 청허 11세손이요, 환성에게는 7세손이다.' 75)

이렇듯 漢岩 自述의 「先師鏡虛和尙行狀」을 보면 경허의 법맥은 직접적인 인가'를 법맥의 필수적인 요건으로 보고 있지 않다.

---

73) 한암, 『先師鏡虛和尙行狀』, 대한 전통불교연구원, 1982, pp56-57.
74). 鏡虛, 『韓國佛敎全書』卷 11, 동국대출판부, 1992, p.587b.
75). 鏡虛, 위의 책,, 1997, p.589b.

'벽계가 구곡을 멀리 잇고, 진묵이 서산을 이었다' 고 말하는 것에서도 볼 수 있듯이 「先師鏡虛和尙行狀」에서 말하는 법의 계승이란 직접적인 인가를 받지 않고도 법맥이 이어질 수 있다는 견해임을 알 수 있다.

그런데 한암의 정리와는 관계없이 2차, 3차 『鏡虛集』은 이에 대한 수정과 증보가 계속 이루어져 왔다고 본다.

다음은 『鏡虛集』의 내용으로 "나는 청허의 11세손이 되고 환성에게 7세손이 되느니라" 「悟道歌」를 읊고 경허는 천장암에서 傳燈淵源을 밝혔다. 『鏡虛集』에는 이같이 전한다.

"…일찍이 대중에 이르기를 `무릇 祖宗 문하의 마음법을 전수함에 표본이 있고 증거가 있으니 가히 이를 잘못되게 해서는 안된다. 오호라 성현이 오신지 오래되어 그 도가 이미 퇴폐된지라(중략).. 이제 遺敎를 좇아 법의 원류를 거슬러 올라간즉, 화상은 龍巖慧彦(1783~1841)을 잇고, 혜언은 錦虛法添(?)을 잇고, 법첨은 栗峰靑杲(1783~1823)를 잇고, 청고는 靑峰巨岸을 잇고, 거안은 虎巖體淨(1687~1748)을잇고, 청허는 편양(鞭羊彦機, 1581~1644)에게 전하고, 편양은 풍담(楓潭義諶, 1592~1655)에게 전하고, 풍담은 월담(月潭雪齊,1632~1704)에게 전하고, 월담은 환성(喚惺志安, 1644~1729)에게 전하니, 경허 화상은 청허의 11세손이 되고 환성에게 7세손이 되느니라.…"76)

1881년 6월 어느 날 경허는 천장암 인법당에서 대중을 모아놓고 설법하는 자리에서 長文의 '悟道歌'를 공포하게 되는 데 여기서 傳燈淵源을 특별히 밝히면서 그는 스스로 '龍巖和尙의 법계를 이은 淸虛의 11세손이요, 喚惺의 7세손'이라고 언급했다.

하지만 이후 수덕사본 『鏡虛法語』는 11세손 說과 12세손 說, 13세손 說의 근거가 되는 내용을 모두 담고 있어 德崇門中은 아직도 공식 법맥을 확정하지 못한 것으로 보인다.

---

76) 鏡虛, 『韓國佛敎全書』 卷11, 동국대출판부, 1992, p.615a.

그러나 정작 경허자신은 자신의 '悟道頌'의 첫 구절을 통해 "사방을 둘러봐도 사람이 없으니, 의발을 누구에게 전해 받을고? 의발을 누구에게 전해받을고?

사방을 둘러봐도 사람이 없는데"라고 읊고 있다. 이처럼 경허는 전법의 연원이 끊어져 깨달음을 인가할 사람이 없고, 이를 주고받을 상대가 없는 것을 탄식하고 있다.

한편 이흥우는 이렇게 전한다.

" 33세(1881년) 때 어느 날, 경허는 천장암에서 대중을 앞에 놓고 설법을 시작하며 자신이 법통을 이어 받은 傳燈淵源을 특별히 밝혔다. 鏡虛는 스스로 용암 화상(龍巖和尙·鏡虛集 약보에는 '嚴'으로 오식)의 법통을 이었다(自嗣于 龍巖 ……鏡虛集 약보)고 하며, '나는 淸虛의 11세손이고 환성의 7세손'이라고 했다.77)

그렇다면 경허의 법맥은 어떻게 정해져야 할까? 여기에 이봉춘은 '조선 후기 선문의 법통고'를 통해 "선불교의 법통은 한국불교의 가장 중요한 과제고 오늘날에도 비중과 의미는 변함없다"고 언급하고 "경허의 법맥은 불교사 전체의 맥락에서 파악하고 평가해야 한다"고 주장한다.

조산중기 淸虛 休正이 한국불교의 단절된 법통을 대혜종고와 고봉원묘에게서 密嗣한 임제 의현의 法統說을 확립했고, 청허휴정 문파의 하나인 편양 언기파가 태고 법통설을 채택해 사자상승의 체계를 갖췄다고 밝혔다.

그리고 경허가 편양계 문손인 환성 지안의 7세손(또는 9세손)임을 밝히고, 경허 법맥의 특징은 임제-태고의 법통 속에서 선·교·정이 병행되는 선문의 가풍을 가장 잘 지켜 내린 데 있다고 나름의 의견을 피력하고자 했다.

또한 그는 경허의 법통관의 특징은 "종래 선문의 사자상승이 장자 상속의 혈통계승처럼 여겨져 온데 비해, 법맥 계승자 외에도 오도 득법자가 많음을 역설한 데 있다"고 지적하고,

---

77) 이흥우,『空性의 피안길』, 민족사, 1996, p.153.

이런 法統觀을 지닌 경허가 자신의 법맥을 굳이 龍巖에게 의지한 것은 조선 선문의 전통에 대한 존중에서 비롯된 것이라고 자신의 의견을 심도 있게 주장하기도 했다.

논자 또한 이 의견에 동조함을 표명하고 여기에 대한 충분한 근거로는 한암의 〈先師鏡虛和尙行狀〉과 만해 한용운의 《略譜》로. 이 法統說은 경허가 말하는 법맥의 계승이 '직접적 인가'를 법맥의 필수요건으로 보지 않는다는 것이 특징이라고 할 수 있다.

하지만 한상길은 '조선후기 선문의 법통고'를 통해 한암의 기록인 '청허 11세손 환성 7세손설'이 경허의 육성이 아니라고 해석한다.

한암의 '선사경허화상행장'과 만해의 '略報' 모두 경허가 자신의 법맥을 스스로 말한 게 아니고 부연 설명한 것 뿐 이라는 주장이다.

즉, 한암과 만해의 기록 모두 주어가 '화상은'인 것은 경허의 말이 아니기 때문이라는 것이 근거다. 그러나 논자는 이 견해에는 동조하진 않는다.

사실 육성은 경허 살아생전 직접들은 것이나 그 기록으로만이 해당된다고 본다.

그러나 그것은 불가능한 일로 경허가 이것을 세상에 공포한 것은 1881년 6월경으로 장소 또한 천장암 인법당이기 때문이라는 것은 그것을 증명할 수 있다.

이러한 정황으로 미루어 한암이 천장암 그 자리에 있었다는 기록은 불가능하고 만공마저도 그가 동학사에서 경허를 만나고 천장암으로 건너온 시기는 1884년 10월이다.

이때 만공은 경허가 대도를 성취하고 우연히 동학사를 방문하였을 때 스승 만화의 대중법문 뒤에 이어진 경허의 법문에 크게 감동하여 자신의 스승 眞巖의 권유로 鏡虛문도가 되어 서산 천장암 泰虛를 은사로 득도한다.

그리고 경허와 한암의 첫 만남은 1899년 가을 청암사 수도암이기 때문이다.

그렇다면 또 가능성 있는 인물로 유력한 만공을 보자 만공 또한 1884년(갑신년) 그의 나이 14세 되던 해에 천장암으로 건너와 태허를 恩師로, 경허를 戒師로 출가하였기 때문에 만공이나 한암은 경허가 '悟道歌'를 세상에 공포할 당시에는 둘 다 그 역사적 현장에는 同席하지 못했다고 보는 것이 확실하다.

훗날 그들이 성장한 후에 경허 본인이나 또는 주변 제자들인 제 3자로부터 이 이야기를 듣게 되었다고 가정해 본다면 滿空이 전하고 漢岩이 기록한 이 내용은 비록 경허의 直法이 肉聲이건 아니건 간에 매우 信憑性이 있다고 본다.

왜냐하면, 이 『鏡虛集』 편찬을 부탁한 만공과 한암은 적어도 그 의견을 같이하고 있고 어쩌면 한암은 이 『鏡虛集』의 부탁을 한 만공으로부터 직접 이러한 내용을 전해 받아 구술하였을 가능성도 있기 때문이다.

따라서, 꼭 '경허의 육성이다 아니다' 문맥상의 허망한 문구에만 의존하여 해석을 내리고 단정하는 것은 무리가 있다고 보기 때문이다.

문제의 열쇠를 좀 더 다른 곳에서 찾자면 만공으로 경허의 상수제자로 手足처럼 경허를 옆에서 가장 오래 지키고 수발한 시봉자로서 스승 경허의 心中을 헤아리고 意中을 파악하는 일이 결코 어렵지 않았을 것으로 보인다.

따라서 그 간의 전후 사정을 미루어 본다면 충분히 이해가 가고도 남는 부분이라는 점에서 만공이 경허의 뜻을 굳이 저버리고 한국 불교사의 중요한 법맥을 자기 임의로 경허의 법맥을 굳이 '청허 11세손 환성 7세손설'로 한암이 기록하는 것을 허용했을까? 하는 추측은 많은 문제가 있다고 본다.

만약 만공이 '청허 11세손 환성 7세손설'을 굳이 주장했다면, 그렇다면 여기에서 만공은 무슨 의도이고 자신에게 어떤 이득이 있었을까? 하는 강한 의구심이 든다.

하지만, 불조의 혜명을 잇고자 하는 大禪僧 이자 스승인 경허의 뜻을 거스릴 제자 만공은 이 세상에 결코 존재하지 않는다는 사실은 이 '청허 11세손 환성 7세손 설'에 많은 가능성을 실어주고 있다.

그리고 執筆者 한암 역시 자신이 임의로 이렇게 '청허 11세손 환성 7세손 설' 이라고 기록하는 여기에서 무슨 의도이고 자신에게 어떤 이득이 있었을까? 하는 강한 의구심이 들지만, 이것은 만공의 경우보다 훨씬 더 그 가능성은 희박하다고 볼 수밖에 없다.

어떤 이유든 처음 경허가 '오도가'를 공포할 시점에서의 경허의 의지는 '청허 11세손 환성 7세손 說'이 분명하다는 것은 確定的이라고 본다.

따라서 우리는 여기에 대한 해답을 '경허의 육성이다 아니다'를 떠나서 이것은 경허의 육성임이 분명하다는 전제하에 다른 쪽에서 찾아야하는 숙제가 있다.

그리고 그것이 경허의 육성이 아니라는 추측은 경허의 법질서를 무너뜨리는 위험한 발상으로 너무 멀리 간 가능성 없는 虛言으로 보인다.

그런데 여기서 '청허 11세孫 환성 7세손說'이 경허의 진본 육성이라는 또 하나의 희망적인 단서가 있다.

이것은 만공 쪽에서 그 실마리를 찾을 수 있는 여지가 있다고 보는데, 그것은 만공이 한암에게 『鏡虛集』을 부탁할 당시까지 경허가 친필로 慧月에게 써준 「燈燈相續」의 존재여부를 만공이나 한암은 둘 다 알지 못했을 거라는 추측이다.

이것은 상당히 설득력이 있는 假定으로 慧月은 스승 경허로 부터 화두를 받고 일념으로 정진하다 경허가 먼 길을 떠나려 할 때 자신의 짚신을 몇 켤레 삼아 줄 것을 부탁하였다.

이때 혜월은 짚신을 마지막 마무리하는 과정으로 '공이'를 내려치는 순간, 그 쇳소리에 눈이 열려 경허로부터 인가를 받고 慧月이라는 법명을 함께 받았다. 그 때가 혜월의 나이 29세이던 1890년 봄이다.

그러나 전법게는 그 후, 1092년에 따로 혜월에게 전해지는데 이때가 바로 문제의 이 단서를 제공하고 있다는 것을 심도 있게 살펴볼 필요가 있는데 만약 경허가 혜월이 법을 깨달은 1890년에 전법게를 내렸다면 그때도 역시 만화보선을 계보에 넣지 않았을 것이므로 당연히 영월봉률 역시 빠졌을 것이면 당연한 귀결이라고 본다.

그런데 왜 경허는 12년이 지난 후에 만화보선을 자신의 직속 법맥의 대열에 넣게 되는 巨事를 감행하게 되었을까? 하는 중요한 문제가 바로 해결의 실마리를 제공하고 있는 것이다.

이것의 단서는 바로 만화보선으로 만화는 이때 비록 경허로부터 禪의 法嗣로 인정받지 못하고 教學僧을 면치 못했다는 근거로 자신의 수업사로서만 인정받는 처지가 되었던 것이다.

그러나 이후 만화는 비록 경허가 자신의 제자이지만 경허를 대도를 성취한 선지식으로 인정하여 자랑스러워하고 그 대접을 깍듯이 하여 결코 경허를 소홀히 하지 않았음은 물론 경허를 물질적으로 돌보고 훗날 天藏庵 중수에도 기부금으로 보시하였다는 것을 天藏庵 重修記 명단에서 찾을 수 있다.

이홍우가 전하는 만화와 경허의 인연을 다시 살펴보기로 하자.

. "갑자년(1924) 10월 11일 날짜로 되어 있는 천장사 중수기(天藏寺重修記)에는 '이 암자가 창건된 것은 옹정(雍正) 7년(朝鮮王朝 英祖 5년 · 1729)인데 원래 신라 진평왕(眞平王) 31년 담화(曇和) 선사가 창조……' 라는 대목이 있다. 그러나 갑자년보다 39년 전인 '광서(光緖) 12년 병술(丙戌 · 1886) 3월'에 쓴 '연암산 천장암 중수기(燕巖山 天藏庵 重修記)'에는 '홍양(洪陽 · 洪城)에서 서북쪽으로 30리쯤 되는 곳에 암자가 있는데, 옛 기록이 없으며 언제 창건되어 얼마나 되었는지를 알 수 없다.' 고 했다." [78)]

---

78) 이홍우 ,「空性의 피안길」, 동화문화사, 1980, p.139.

갑자년(1924) 10월 11일 날짜로 되어 있는 天藏寺 重修記에는 '이 암자가 창건된 것은 雍正 7년(朝鮮王朝 英祖 5년·1729)이라는 기록이 보이는 데 사실 천장암은 신라시대 창건되었다고 전한다.

'원래 신라 眞平王 31년 疊和 선사가 창조……' 라는 대목에서 그 근거를 찾을 수 있다. 그러나 갑자년보다 39년 전인 '光緖 12년 丙戌·(1886) 3월' 에 쓴 '燕巖山 天藏庵 重修記'에는 洪陽 즉 洪城에서 서북쪽으로 30리쯤 되는 곳에 암자가 있는데 ' 라는 것으로 보아 옛 기록이 없으며 언제 창건되어 얼마나 되었는지를 알 수 없다고 한다.

하지만, 천장암에는 인법당 앞마당에 조그마한 석탑이 자리하고 있는데 비록 이 석탑이 초라하고 볼품없어 보이지만 기품을 갖추고 있는 모양새로 이 7층 석탑이 백제시대 것으로 추정된다고 하니 그 역사는 가히 오래된 것으로 보인다.

"5백자 가량되는 병술년의 '연암산 천장암 중수기'는 옆으로 긴 송판에 빽빽하게 씌어져, 80여년의 풍상 속에 풍화된 옛 격조를 풍기고 있었다. 약간의 행서를 깃들인 해서가 상당한 달필이었다. '이희서(李羲書)로 되어 있는 중수기의 횡액을 정 동산 주지는 경허 스님이 대리로 글도 짓고 글씨도 쓰셨으며, 이름만 그렇게 빌은 것" 이라고 설명했다. 정 주지의 설명이 아니더라도 중수기의 글씨는 능숙한 선비의 필치를 연상시키는 경허의 글씨에 틀림이 없을 것 같았다. 이 희는 전직 판서의 낙향선비라고 정 주지는 증언했다." [79]

그리고 천장암에 걸려있는 5백자 가량 되는 병술년의 '연암산 천장암 중수기'는 옆으로 긴 송판에 빽빽하게 씌어져서 80여 년의 풍상 속에 풍화된 옛 격조를 풍기고 있었다고 적고 있는데 약간의 행서를 깃들인 해서가 상당한 달필이었다는 내용으로 보아 이흥우가 직접 목격한 것으로 사실로 여겨진다고 할 수 있을 것이다.

비록 '李羲書' 로 되어 있는 중수기의 횡액이지만, 정 동산 주지는 '사실은 경허 스님이 대리로 글도 짓고 글씨도 쓰셨으며, 이름만 그렇게 빌은 것' 이라고 설명했다는 것으로 보아 경허의 자술이고 친필이라는 것으로 이해할 수 있다.

---

79) 이흥우 , 위의 책,p.139.

비록 '정 주지의 설명이 아니더라도 중수기의 글씨는 능숙한 선비의 필치를 연상시키는 경허의 글씨에 틀림이 없을 것 같았다' 는 내용으로 보아 이 '연암산 천장암 중수기' 는 틀림없는 경허의 손수 작품으로 경허의 의지가 담긴 것으로 보인다.

이때 '이희' 는 전직 판서의 낙향 선비라고 정 주지가 증언했다는 내용은 그 당시에도 유교를 신봉하는 풍조가 아직 남아 있어 행세를 했던 것으로 보인다.

"연암산 천장암 중수기' 에는 '태허가 이 암자에 주지로 와서 경진(庚辰 · 1880)에서 병술에 이르기까지 시주를 모아 대문을 세우고 부엌간을 지었으며, 18정보의 산(林苑)을 마련하고 종도 장만했으며, 퇴락한 집을 고쳤다' 는 내용이 있다. 그러니까 태허가 천장암 주지로 간 시기와 경허가 그 곳에 간 시기는 거의 맞먹는다. 그리고 천장암 중수에는 만화(萬化)의 영향력도 있었던 것을 비구 만화당(比丘萬化堂 · 경허의 동학사 스승) 보선(普善)이라는 중수기의 내용이 말해 준다. '불량대단월(佛糧大檀越;양식 시주)' 의 목사 김 도근(牧使 金度根) 다음에 비구 만화당 보선(比丘萬化堂普善)의 이름이 화주 태허당 성원(化主泰虛堂性圓)의 이름에 앞서 태허와 가지런히 적혀 있다." [80]

그리고 이 "연암산 천장암 중수기' 에는 '태허가 이 암자에 주지로 와서 경진(庚辰 · 1880)에서 병술에 이르기까지 시주를 모아 대문을 세우고 부엌간을 지었으며 18정보의 林苑을 마련하고 종도 장만했으며, 퇴락한 집을 고쳤다' 는 내용이 있다.

이것으로 보아 이때 태허가 이곳 천장암에서 주지를 하고 있었기에 경허가 동학사에서 이곳 천장암으로 거처를 옮기는데 용이했을 것으로 간주된다.

그래서 태허가 천장암 주지로 간 시기와 경허가 그 곳에서 주석하게 된 시기는 거의 맞먹는다고 할 수 있다.

왜냐하면 태허는 1880년에 이곳에서 주지를 하면서 천장암을 중수하게 되고 경허 역시 1880년 이른 봄 3월에 이곳에 오게 되기 때문이다.

---

80) 이흥우 ,「空性의 피안길」,동화문화사, 1980, p.14.

그리고 천장암 중수에는 萬化의 영향력도 있었던 것을 比丘 萬化堂 普善이라는 重修記의 내용이 말해 준다는 것으로 이때부터 만화의 경허에 대한 배려는 시작되었던 것으로 보인다.

'佛糧大檀越81)'의 牧使 金度根 다음에 比丘 萬化堂 普善)의 이름이 적혀 있고, 그리고 化主 泰虛堂 性圓의 이름에 앞서 태허와 가지런히 적혀 있다는 내용으로 보아 경허가 직접 쓴 이 '연암산 천장암 중수기'의 의미는 경허에게 있어 남다르다고 할 수 있다.

그러나 사실은 이 사건의 과정을 잘 살펴보면 경허의 이 중수기는 1880년에 완성되지만, 경허의 悟道歌는 1881년 6월에 공포되어 이때 경허가 萬化를 수업사로만 인정하고 자신의 법맥에는 넣지 않았다는 것으로 보아 그 당시에 경허의 법맥에 대한 신조가 대단히 철저하였던 것으로 보인다.

그렇지만 이후 경허가 1884년 동학사를 방문하였을 때도 자신의 제자 임에도 불구하고 선지식으로 자랑스럽게 생각하여 경허에 대한 깍듯한 예우를 하며 대중에 소개하였던 만큼 경허와의 관계는 아주 각별하였을 것으로 보인다.

그리고 또한 萬化는 그자신도 각종 불사에 열정적으로 참여하여 동학사를 크게 중창시키는 등 활발한 불사를 주도하면서 비록 선의 진수를 통탈하지는 못했지만, 그 당시 화엄보살로 칭송받을 만큼 그의 인품은 아주 고매하고 신심이 훌륭한 교학승 이었다는 점이 경허의 마음을 크게 움직였을 것으로 보인다.

이후 경허는 慧月에게 1902년에 「燈燈相續」을 써 주게 되는데, 이후 혜월은 평소 그의 성품으로 보아 오랫동안 그러한 사실을 스스로 외부에 발설하지 않은 채 「燈燈相續」을 간직만 해 오지 않았을까? 하는 부분이 가장 유력한 가능성을 내포하고 있다는 것에서 그 단서를 찾을 수 있다고 본다.

---

81) 佛糧大檀越 : 供養 즉 穀物의 양식시주를 말한다.

이때 만공은 경허로부터 인가를 받지 못하고 마지막 수행의 점검을 위해 치열하게 스승이 준 '無'字 話頭를 들고 다시 精進하던 中 31歲 때인 1901年 慶南 梁山 靈鷲山의 외딴 庵子 白雲庵에 이르렀다가 그곳에서 장마를 만나 보름 동안 꼼짝 못한다.

參禪만 하던 어느 날 새벽 鐘소리를 듣는 瞬間 相對世界가 무너지고 마침내 宇宙의 本心이 드러나는 깨달음을 얻게 되어 『悟道頌』을 읊고 스승을 찾아 나선다. 이때 만공은 1901년에 바로 천장암으로 들어간다.

그리하여 만공의 1902년 정확한 위치는 天藏庵에서 도량을 지키며 스승의 기다리고 있었다. 그래서 이러한 점으로 미루어 만공은 혜월이 자신 스스로 이 사실을 발설하지 않는 이상 滿空은 몰랐을 가능성이 충분하다고 본다.

왜냐하면, 만약에 만공이나 漢岩이 이 역사적인 사실을 알고 있었다면 책임 있는 대선사로서 훗날 韓國佛敎 法脈史에서 분명히 혼란이 올 것이라는 것을 충분히 예측 가능한 일인데 굳이 이러한 사실을 무시하고 경허의 법맥을 '청허 11세손 환성 7세손설'로 만공이 밀어 붙였다는 추측은 불가능하다.

때문에, 경허의 육성으로 '청허 11세손 환성 7세손 설'은 만공과 한암이 알고 있는 전부라고 보는 것은 의심의 여지가 없다고 보는 것이다.

다시 말하면, 경허의 법맥은 우선 경허의 역사가 살아있는 『鏡虛集』을 근거로 하는 맥락에서 이해되어야 한다는 것을 간과해서는 안 된다는 것이다.

여기에 이봉춘도 이렇게 말한다. 그는 경허의 행장에 법계를 통해 청허 11세손 환성 7세손 설을 지지한다. 그리고 경허의 법맥은 불교사 전체의 맥락에서 파악하고 평가해야 한다고 덧붙이고 있다.

조선후기 선문의 법통고'를 통해 "선불교의 법통은 한국불교의 가장 중요한 과제고 오늘날에도 비중과 의미는 변함없다… 경허의 법맥은 불교사 전체의 맥락에서 파악하고 평가해야 한다.

그런데 이봉춘은 "경허의 법통은 그 자신이 연명한 그대로 환성 7세손으로 할 것인지 현행 9세손으로 지킬 것인지의 문제는 '제 3자가 간여할 문제가 아니다'"고 자신의 주장을 피력하고 있는데 만약 이것이 문중 자체에서 해결할 사안이라는 것을 의미한다고 본다면 論者는 이 또한 또 다른 문제를 야기할 수 있다고 본다.

왜냐하면, 이미 경허는 德崇 門中이나 수덕사의 소속을 벗어난 한국 전통 선불교의 大禪僧으로서 근대불교 중흥조의 위상을 차지하고 있는 마당에 경허의 法脈에 관심을 기울이는 우리 후학들은 결코 제 3자가 아님은 물론이기 때문이다.

그리고 경허의 법맥은 이미 사찰이나 문중을 초월한 한국 불교 전체의 맥락에서 해결할 문제지 일개 문중의 문제가 아니라는 인식을 새롭게 가져야 한다는 것을 상기해야 할 것이라고 본다.

경허를 근대 선불교의 중흥조라고 하는 바탕에는 그의 법맥이 오늘날 면면히 계승되고 있기 때문이다.

경허의 법제자로는 水月觀音, 慧月慧明, 滿空月面, 漢岩重遠 등을 꼽는다. 그러나 枕雲玄住는 그에 대한 자세한 기록이 없다. 그 밖의 많은 승가의 수행자들이 그의 법제자에 포함된다.

지금 문제가 되고 있는 경허의 법맥이 혼란을 가져오는 첫째 원인으로는 경허는 스승 없이 스스로 깨달았다는 점이다.

주지하다시피, 경허는 9세에 입산하였지만, 14세가 돼서야 글을 배웠다. 청계사에서 입산 수계한 경허는 스승 桂虛의 환속으로 동학사의 萬化講伯을 만나서야 비로소 경을 배웠다.

훗날 도를 이루고 경허는 자신의 법맥을 언급하여 "龍巖 장로는 내 道統의 淵源이고 만화 강사는 나의 受業師"라고 한암은 기록하였다. 이것이 경허의 의지를 드러낸 자신의 도통 연원의 법맥을 알 수 있는 유일한 기록이다.

"청허 아래 11세손, 환성 아래 7세손"이라는 말은 선사의 말이 아니라 후대의 기록이라는 점이 문제의 근원이다.

그 근거가 되는 원문은 한암이 쓴 「先師鏡虛和尙行狀」(1931)과 만해가 『鏡虛集』(1943)을 간행하면서 쓴 〈畧譜〉이다. 물론 두 기록을 보면 만에 하나 경허가 직접 이러한 법맥을 언급하지 않았음을 알 수 있다.

그렇다 할지라도 이러한 기록이 경허의 의지나 유고에 근거하지 않고 한암이 자기 임의로 기록을 하였다는 증거 또한 증명할 수 없을 뿐 아니라 굳이 한암이 경허의 의지를 기록하지 않을 정당한 이유도 없다.

때문에 한암이 기록한 「先師鏡虛和尙行狀」의 내용은 중요한 가치가 있다는 것을 상기해야 할 필요성이 있는 것이다.

흔히 세간에서 연구자들이 세심한 주의 없이 만약 한암의 이러한 내용들은 문맥에 이끌려 경허가 열반한 가운데 후학이 기록하고 있다는 점을 들추어 굳이 경허 자술이 아니고,

서술자 시점이 한암의 임의 기록이라고 한다면 후대에 전하는 『鏡虛集』의 내용들은 경허의 자술이 아닌 구술과 구전이 모두 신뢰감을 주지 못하는 최악의 상황도 발생할 수 있다.

이러한 상황은 결코 바람직한 전개가 될 수 없으며, 따라서 '청허 아래 11세손, 환성 아래 7세손'이 경허의 자술이 아닌 내용이라 할지라도 경허의 법맥에 대해 가장 먼저 기록된 한암의 「先師鏡虛和尙行狀」은 그 자체만으로도 가장 신뢰 할 수 있다는 점을 결코 간과해서는 안 된다.

"대저 조정의 문하에 마음의 법을 전해 주어 근본과 근거가 있으니 어지럽혀서는 안 된다. 옛날에 황벽은 백장이 마조의 할에 도를 깨달았다는 말을 듣고 백장을 이었고…우리나라에 벽계는 중국에 들어가 총통에게 법을 얻어 옴에 멀리 구곡에게 잇고, 진묵이 응화의 성인으로써 서산멸후에 법을 이었으니…나는 비록 도도 채워지지 않았고 성품도 검증되지 않았으나, 일생에 향하는 바는 이 일대사를 명백히 하는데 기약했거늘, 지금 벌써 늙어버렸는지라, 훗날 나의 제자는 마땅히 나의 법맥이 용암장로에게서 이어진 그 도통의 연원을 바로 정립하고, 만화강사는 나의 수업 스승으로 삼아야 옳도다. 이제 가르침을 따라 법맥의 원류를 거슬러 올라가 보면, 곧 화상은 龍巖慧彦을 이었고, 혜언은 錦虛法沾을 이었으며, 법첨은 栗峰靑杲에게, 청고는 靑峰巨岸에게, 거안은 虎巖體淨에게 법을 이었다. 청허는 鞭羊에게 전했고, 편양은 楓潭에게 전했으며, 풍담은 月潭에게, 월담은 喚惺에게 전했으니, 화상은 청허의 11세손이 되고, 환성의 7세손이 된다.82)

이처럼 한암의 「先師鏡虛和尙行狀」은 경허가 자신의 법맥을 말한 최초의 자료이다. 경허는 "훗날 나의 제자는 만화 강사는 나의 수업사로 삼아야 옳도다."로 명시한다.

그래서 "이제 가르침을 따라 법맥의 원류를 거슬러 올라가 보면 화상은 청허 아래 11세손이며 환성 아래 7세손이다."라는 말은 정확히 맞아떨어진다.

이후 『鏡虛集』은 제자 만공과 만해의 노력으로 1943년에 출간되었다.

이때, 만해는 『鏡虛集』에서 한암의 「先師鏡虛和尙行狀」을 토대로 「鏡虛略報」를 서술하였다.

여기에서도 '청허 아래 11세손, 환성 아래 7세손'이다. 만해는 『鏡虛集』에서 이렇게 적고 있다. 일찍이 대중에게 보여 말하길

32세 때 홍주 천장암에 머무르며 하루는 대중에게 설법하다가 특별히 전등의 연원을 밝혔다. 곧 용암 화상에게서부터 법을 이으니 스님은 청허의 11세손이요, 환성의 7세손이 된다. (중략) 나중에 나의 제자는 마땅히 나로 하여금 용암장로에게 법을 잇게 하여 그 도통의 연원을 바로 하고, 만화 강사로 하여금 나의 수업 스승으로 삼아야 옳도다."라 하다. 83)

---
82) 한암,「先師鏡虛和尙行狀」, 대한 전통문화 연구원, 1982, 위의 책,p.58.

그렇다면 경허의 법맥은 어떻게 정해져야 할까? 이 부분은 쉽게 해결할 수 없는 듯한 난제로 지금도 의견이 분분하지만 분명히 해답은 있다.

門中을 초월한 범 종단적인 차원에서 모두의 이기심을 버리고 경허의 뜻을 따라 부처님 正法대로 法脈은 소중히 지켜져야 한다는 것이 정확한 答이 되고 있다고 본다.

다시 말해 그 답의 의미는 경허가 밝힌 심중을 헤아리는 것으로 여기에는 보다 신중한 검토가 필요한 부분이라는 점에서 경허의 의지가 가장 중요하다고 본다.

한암은 『先師鏡虛和尙行狀』에서는 이 부분을 이렇게 전한다.

"이제 和尙의 遺敎를 받들어 法統의 系譜를 따져 보건대(중략)… 鏡虛和尙은 淸虛에게 十二世孫이 되시며 喚惺에게는 七世孫이 되신다." 84)

만해 역시 경허의 법통연원을 『鏡虛集』에서 그렇게 기록하고 있다.85) 만해가 약보를 정리하면서 "스님은 청허의 11세손, 환성의 7세손이 된다."라고 쓰고 있다.

이것은 만해가 또한 한암의 행장을 그대로 따른 것이라고 볼 수 있는데 『鏡虛集』에서 이 두 인용문 이외에 경허의 법맥 전승에 관한 이야기는 찾아볼 수 없다.

따라서 경허가 스스로를 청허의 11세손, 환성의 7세손이라 말했다는 확실한 근거는 그 진실 여부에 신빙성을 부여할 만한 단서가 없어 굳이 이 말이 '경허의 정설이다, 아니다' 라고 단정 짓기가 사실 어려운 부분이라고 본다.

그런데 여기에 이 부분의 내용이 굳이 ' 한암과 만해의 부연 설명일 뿐이다.' 라고 쉽게 단정하기에는 『鏡虛集』을 최초로 기록한 한암의 인지도를 감안해 볼 때 그렇다면 한암은 이러한 내용을 어떤 근거로 기록할 수 있었을까 하는 의구심이 든다.

---

83) 한암, 위의 책, p.58.
84) 漢岩重遠, 『先師鏡虛和尙行狀』, 대한전통불교연구원, 1982, p.58.
85) 鏡虛, 『鏡虛法語』, 人物研究所, 1981, pp.670-671.

즉 한암이 굳이 이 부분에 대해서 '청허의 11세손, 환성의 7세손'이라는 단정을 했다면 여기에 한암의 개인적인 이해관계나 아니면 다른 연유가 숨어 있을 수 있느냐는 배경도 떠올려 볼 수 있지만 뚜렷한 어떤 단서도 발견되지 않고 있다.

그렇다면 한암 자신이 굳이 이렇게 기록하는 이유는 자신에게 『鏡虛集』 간행을 부탁했던 만공이 그 키를 쥐고 있다고 볼 수 있다.

그러나 경허의 정설이 아닌데 만공이 굳이 이러한 시나리오를 써야 할 어떠한 이해관계는 전혀 없기때문에 더구나 한암은 더욱더 가당치 않기에 공연한 불씨를 일으켜 경허와 만공 그리고 한암의 신뢰감마저 떨어뜨리는 이러한 극단적인 비약적 추측성 주장은 반드시 지양되어야 할 것이라는 의견은 이미 주지한 바와 같다.

따라서 이것은 경허의 정설로 이해되어야 한다는 것이 논자의 주장이다.

그리고 이러한 부분을 더욱 뒷받침하는 또 하나의 근거로는 한암의 『鏡虛集』 간행이 실패하고 만해로 넘어왔을 때에도 이 부분의 수정이나 보충은 이루어지지 않고

한암의 『鏡虛集』을 그대로 답습하고 있는 것으로 보아 이 부분에 대하여 만공이 정보를 제공하고 한암과 만해는 그대로 기록하였을 것으로 보인다.

단언컨대,

한암의 「先師 鏡虛和尙 행장」에서 전하는 경허의 법맥을 청허휴정→편양언기→풍담의심→월담설제→환성지안→호암체정→청봉거안→율봉청고→금허법첨→용암혜언→경허성우로 기록하고 있다는 사실이다.

그 당시 결코 만공이나 한암의 임의로 개인의 의견이 반영된 것이 아닌 경허의 의지를 바탕이 담긴 것으로 보는 것이 가장 타당한 것이라고 주장한다.

(2) '청허 12세손 환성 8세 손' 說

경허는 청허와 환성의 몇 대손인가? 이러한 이설이 분분한 가운데 '청허 12세손 환성 8세 손 說'도 이 법맥 논쟁에서 한 갈래를 보이고 있다.

이러한 경허의 '청허 12세손 환성 8세 손 說'의 법맥 산정의 근거는 다름 아닌 4차례에 걸쳐 편집·간행·증보된 『鏡虛法語』에서 그 빌미를 제공하고 있는 것이다.

경허 '청허 12세손 환성 8세손 說'은 경허성우선사법어집간행회의 『鏡虛法語』 「先呼鏡虛和尙行狀」이다.

"오늘에 교훈 법의 원류를 거슬러 올라가면 화상은 영월 奉律 선사에게 계대를 잇고(중략)...월담 선사가 喚惺 선사에게 전하여 청허의 十二세손이 되었으며, 환성의 八세손이 됨이라."

『鏡虛法語』는 수덕사 德崇門中이 간행한 것이어서 '청허 12세손 환성 8세손 說'이 德崇門中의 공식 법맥인 것으로 오인하기도 하지만 이것은 정확한 정보가 아니고 나름의 이유가 있다.

여기에서 주장되고 있는 경허가 청허의 12세손이라는 주장은 만화 보선이 명백한 講學僧이어서 法脈에 들어갈 수 없다는 입장이 반영된 것으로 보인다.

주지하다시피 만화 보선은 동학사의 강사로 경허에서 경학을 수학한 인물로 '조선 제일의 강백'으로 이름 떨쳤다.

그러나 경허는 만화를 '受業師'로만 인정하고 정식 법통으로는 만화를 인정하지 않았다. 그래서 수덕사는 경허의 遺志를 받들어 영월봉률은 인정하고 만화를 인정하지 않은 '청허 12세손 환성 8세손' 說을 주장하고 있다.

그래서 청허 하 12세손, 환성 하 8세손 說은 『鏡虛法語』에서만 먼저 보인다.

여기서 『鏡虛法語』는 한암 自述의 「先師鏡虛和尙行狀」의 제목을 「先呼鏡虛和尙行狀」이라는 제목으로 고치고 다음과 같이 언급하고 있다.

또한 『鏡虛法語』에 수록된 만해의 《略報》에는 원문과 번역본이 불일치 하는 등 소소한 문제점들을 갖고 있다.

'32세 때의 일이다. 홍주 천장암에 머물면서 하루는 대중에 설법할 적에 특히 전등의 연원을 밝히되, 인하여 법을 용암화상에게 이어와, 청허의 12세손이며, 환성의 8세손이 되었다.' 86)

윗글은 한암 自述 「先師鏡虛和尙行狀」을 그대로 옮겨 쓰면서 봉률을 넣어 12세손으로 보고 있으며 또한, 原文과 飜譯本이 다르게 12세손 7세손으로 되어 있다.

그리고 같은 『鏡虛法語』에 같이 수록되어 12대손, 8세손을 기록하고 있으나, 만해의 '略報'는 원문표기에서 12세손, 7세손이라 표기하고 있어 어느 쪽이든 誤植이며 誤譯으로 자세한 矯正과 矯監이 이루어지지 않은 실수의 탓이라고 본다.87)

鏡虛惺牛刊行會 刊(1981년) 『鏡虛法語』에 수록된 「先呼鏡虛和尙行狀」과 만해의 「略報」는 둘 다 한암이 지은 「先師鏡虛和尙行狀」을 근거로 하고 있다.

그런데, 『鏡虛法語』의 「先呼鏡虛和尙行狀」은 중간에 영월봉률을 용암혜언과 경허성우사이에 끼여 넣어 12세손으로 하고 있다는 점은 매우 이례적인 일로써 『鏡虛法語』는 수덕사 덕숭 문중이 주축이 되어 간행된 것이라는 것을 감안한다면 일면 수긍이 가는 면도 없지 않아 있을 수 있다고 본다.

---

86) 鏡虛, 「약보」, 『경허법어』, 인물연구소, 1981, p.696.
87) 『鏡虛法語』에는 이외에도 오역과 거칠은 번역이 다수 발견되고 있다.

이 『鏡虛法語』가 간행될 당시의 주축은 혜암 현문이 수덕사 초대 방장으로 생존해 있었고 2대 방장 벽초경선을 비롯하여 3대 방장 진성 원담이 시봉을 하고 있었으며 지금의 4대 방장인 설정이 수덕사를 지키고 있었다.

그래서, 이 열쇠는 지금 생존해 있는 설정의 의견을 반영한다면 여기에 대한 수덕사 측의 의지와 앞으로의 합의도 도출이 가능해질 수 있다고 본다.

그렇다면 이들 德崇門中은 이『鏡虛法語』를 간행하기 이전에 서로 문중 간 합의를 거쳐 12세손을 받아들이고 있는 것인가. 그러나 같은 책에 수록된 불조 법맥에서는 영월봉율-만화보선-경허성우를 연계하여 덕숭 문중에서 13세손 설도 보이고 있다.[88]

12세손의 주장은 만화보선은 명확한 講學僧이므로 법맥에 들어갈 수 없다는 입장을 반영한 것이다. 그러나 13세 손 설도 어찌되었든 영월봉률은 인정하고 만화보선도 인정하는 격이다.

그래서, 이 또한 誤植이며 誤譯으로 자세한 矯正과 矯監이 이루어지지 않은 실수의 탓이라고 본다면, 수덕사는 '청허12대손, 환성 8세손'을 기록하고 있다고 보는 편이 타당하다고 본다.

그렇다면 교학승인 만화보선은 제끼고 영월 봉율만 인정하는 수덕사 입장에서 본다면 경허의 禪志를 이은 영월봉률은 누구인가?

가 밝혀져야 하나 현재로서는 그가 선을 수행한 선승이라는 단서도 확실하지 않고 그에 대한 자료가 거의 보강되지 않는 이상 이 주장도 거의 설득력이 없어 이 문제를 해결할 수 없다는 결론이 나온다.

따라서, 수덕사가 영월봉률을 인정하는 마당이라면 만화보선 또한 따라서 인정해야 하는 것이 마땅한 수순이라고 본다.

---

[88] 鏡虛,「불조법맥」,『鏡虛法語』pp.732-733.

그리고 德崇門中이 '청허 12대손, 환성 8세손'을 거론한 것은 정말 순수하게 스승 경허의 의지를 반영한 수덕사 문중의 아름다운 뜻이지 그것이 곧 경허의 진정한 의지는 아니라고 보여 진다.

왜냐하면 경허는 오도 후 이미 자기 스스로 '청허11대손, 환성 7세손'을 표명한 바 있는데, 후에 이를 다시 번복하고 천명하는 과정을 私席이 아닌 '燈燈相續' 이라는 커다란 연결 장치를 통해 자필로 기록하였다.

이러한 사실을 볼 때 그 당시 경허의 의중이 진정이든 아니든 경허는 불가의 전통법맥을 바로세우고 정확히 하고자하는 의도를 담아 공식적으로 '燈燈相續' 이라는 커다란 연결 고리를 통해 훗날의 법맥 질서를 바로잡고자 하였다고 본다.

그러나 『鏡虛法語』에서 誤植이며 誤譯으로 자세한 矯正과 矯監이 이루어지지 않은 실수의 탓이라고 본다 할지라도 거론되고 있는 11세손, 12세손, 13세손을 함께 수록하고 있다는 것을 발견할 수 있다.

이런 점에서 수덕사는 어떤 입장이든 수용할 수 있는 여지가 충분히 있다는 것을 보이고 있어 이 문제는 문중을 초월하여 경허의 의지를 충분히 반영한 합당하고 정리된 법맥을 제시해야 할 것이다.

(3) 청허 下 13세손, 환성 下 9세 손 說

'청허 下 13세손 환성 下 9세 손' 說은 이미 주지한 바와 같이 경허가 1902년(임인년) 2월 하순에 경허가 혜월을 위하여. ' 水虎中春下澣日 萬化門人 鏡虛說 ' 혜월 혜명에게 부치노니,,, 법제자 慧月에게 내린 「傳法偈」와 「燈燈相續」에서 그 연원을 찾을 수 있다.

여기서, 특히 「燈燈相續」은 영월봉률과 만화보선의 입지를 더욱 확고히 해주는 동시에 경허법맥을 한 순간에 정리하는 橋頭堡의 역할을 하고 있다고 본다.

만약 수덕사의 '청허12대손, 환성 8세손'을 경허의 意志라 보지 않고 덕숭 문중만의 순수의 아름다운 意志라고 본다면, 경허의 法脈에 대한 논의는 11세손과 13세손으로 좀 더 집약해서 논 할 수 있다고 본다.

경허 친필인 鏡虛-慧月 간의 전법 사실을 쓴 「燈燈相續」은 명확히 13세손을 보이고 있다. 먼저 혜월에게 傳法偈를 내리고 이어서 경허가 친필로 태고 하 13세손의 법계를 쓰고 있다. 그 법계를 보면 다음과 같다.

태고보우- 환암혼수- 구곡각운- 벽계정심- 벽송지엄- 부용영관- 청허휴정- 편양언기- 풍담의심- 월담설제- 환성지안- 호암체정- 청봉거안- 율봉청고- 금허법첨- 용암혜언- 영월봉율- 만화보선- 경허성우

이 '燈燈相續'은 용암혜언- 영월봉률- 만화보선- 경허성우의 13세설을 말하고 있는 것으로 크게 주목된다. 왜냐하면 「傳法偈」와 「燈燈相續」은 1902년 경허가 혜월에게 내린 것으로 1931년 한암 술의 「先師鏡虛和尙行狀」보다 훨씬 앞서 작성된 것이기 때문이다.[89]

앞에서도 언급하였거니와 한암은 경허에게 언제 법등상속에 관한 의견을 들은 것인지 아니면 그런 아예 기회가 없었을 것인지 단언컨대 분명한 것은 한암과 만공은 「燈燈相續」의 존재를 알지 못했다는 것이다.

일설에서는 한암 『鏡虛集』은 1931년 출간된 것이므로 경허 스스로가 悟道 초창기에 말한 11세손, 7세손 설이 한암 자신의 의견을 경허의 말을 빌려 11세손을 주장하는 것인가라는 극단적인 추측까지 나오고 있다.

심지어는 「燈燈相續」이 경허의 친필이 아닐 수 있다는 극단적인 발언도 있는 마당에서 경허법맥의 심각성이 느껴지고 있다고 이봉춘은 자신의 견해를 피력하였다.

---

89) 한암이 경허에게 언제 법등상속에 관한 의견을 들은 것인지 정확히 알 수 없다. 그러나 『鏡虛集』은 1931년 출간된 것이다.

이러한 논점은 결코 바람직하지 않은 방향으로 경허의 의지를 다시 한 번 연구해보는 바람직한 방향을 선택함이 옳다고 본다.

즉, 한암의 계보를 뒤집는 이 사건은 법맥의 계보는 반드시 끊어짐이 있으면 안 된다는 경허의 의지가 반영된 것으로 경허가 끊김 없는 전등의 필요성 때문에 '11세손, 7세손 설'을 언급한 1881년 이후 정확히 21년이 지난 1902년 시점에서 일어난 일이다.

과연 경허는 21년 동안 무엇을 겪고 무엇을 느껴 혜월 전법게에 영월봉율과 만화보선을 추가하여 13세손을 만들기까지 하는 경허의 법사로 다시 만화보선의 확인과정이 「燈燈相續」이라는 점을 생각해보면, 경허는 왜 2인을 추가하게 된 것인가?

여기에는 반드시 경허의 必有曲折이 있다는 가정을 가질 수 있다.

한편, 「燈燈相續」뿐만이 아니라 『雲峰禪師法語』, 『金烏集』[90)]에 동일하게 청허휴정 하 13세손, 환성 하 9대손설로 경허의 법맥을 용암혜언→영월봉율→만화보선→경허성우로 대고 있으며, 또한 경운의 『海東佛祖原流』에서도 이러한 주장을 뒷받침하는 근거로 그렇게 밝히고 있다.

그 이외에 大正 2년(1913)에 각황사에서 발간된 『栗峰門譜』에 실린 법맥은 13세손, 9세손 설 주장을 좀 더 확실하게 알게 해준다. 즉 『栗峰門譜』를 살펴보면 13세손 설이 매우 일찍부터 주장되어 왔고 이 설에 대한 근거를 더욱 더 뒷받침하고 있음을 알 수 있다.

『栗峰門譜』는 각황사에서 1913년에 편찬되었는데 이것은 경허 1912년 입적 후 다음 해이며 대외적으로는 경술국치, 한일합방이 있은 지 3년 되는 해로서 민족적 좌절과 수치의 암울한 시기로 민족의 자존심이 심히 훼손되어 백성들의 사기는 땅에 떨어진 시기였다고 할 때 그 편찬의 의미는 각별하다고 말할 수 있을 것이다.

---

90) 法譜, 『金烏集』, 선학원, 1977, pp.195-196.

바로 일제 강압 점령기인 이러한 시기에, 경허 입적(1912) 바로 직후에 이러한 법맥을 정리한 『栗峰門譜』는 민족의 자존심을 회복하는 계기로 마련한 불사로 추측되어진다.

더구나, 각황사는 일제 강점기 동안 한국 불교를 대표하는 사찰이자 대중 포교의 구심점으로서 중요한 역할을 한 사찰이다 라는 점을 감안해 볼 때 전국적으로 모연하여 도성 내에 최초로 세운 각황사에서 발간된 『栗峰門譜』는 나름의 의미가 남다르다고 볼 수 있다.

이러한 『栗峰門譜』에 경허의 법맥을 영월봉율-만화보선-경허성우의 13세손을 명시하고 있다.

그리고, 『栗峰門譜』가 간행된 것은 1913년이므로 이때는 덕숭 문중이 형성되기 전이므로 이러한 경허의 법맥은 만공 덕숭 문중에서 정한 일이라고도 결코 볼 수 없다.

그렇다면 경허선사행장을 쓴(1931년 찬술) 한암은 「燈燈相續」(1902)과 『栗峰門譜』(1913년)에 대한 인식이 없었던 것일까? 라는 의구심을 일부에서는 또 다시 제기하고 있다고 이봉춘은 이렇게 제기하고 있다.

그러나 단언컨대 만공과 한암은 이 소식을 몰랐을 것으로 그 이유는 여기서 영월봉률과 만화보선의 등장은 그들에게 어떤 아무런 이해관계도 없음은 여러 번 언급하였던바 있다.

다만 여기서 문제가 되는 부분은 왜 굳이 경허가 그동안 사라진 전통인 「燈燈相續」을 혜월에게 써서 주었느냐는 문제점이 우선 등장하고,

다음은 그 계보 속에 경허는 왜 굳이 영월봉률과 만화보선까지 다시 계보를 작성하게 되었느냐는 다른 문제가 등장하고 있는 것이다.

『栗峰門譜』는 이러한 논쟁에 더욱 '청허 下 13세손 환성 下 9세 손' 說을 부추기고 있다. 우선 율봉 청고를 알아보자.

① 율봉청고, 그는 누구인가?

『栗峰門譜』의 栗峰門派에는 한국법계로 제 1조 태고보우를 필두로 하여 환성지안까지 수록하고 그 후 栗峰靑皐를 시작으로 그 법계를 자세히 적고 있다.

즉 이 門譜는 율봉 이하를 자세히 수록하고 있으며, 특히 栗峰靑皐와 龍岩慧彦에 대하여 자세히 그 행장을 기록하고 있다. 이 행장을 보면 왜 栗峰靑皐와 龍岩慧彦이 경허의 법맥에 들어갈 수 있었는지 이해의 폭을 좁힐 수 있다고 본다.

먼저, 한국근대불교사에 있어서 거대한 대승적 존재로 평가되어지고 있는 栗峰靑皐(1793-823)와 龍岩慧彦에 대하여 『栗峰門譜』에서 전하는 바를 살펴보면 다음과 같다.

栗峰의 이름은 靑皐 자는 염화, 호는 栗峰이며이다. 俗性은 白씨이고 湖南 順天人이다. 출생은 건륭 3년 무오 1월 8일 생이다. 19세에 출가하여(건융 21년, 1811) 청봉화상에게 법을 청하여 삼장의 깊은 뜻을 통달하고 그 법을 전수하였다.(태고이후로는 11대조요, 가섭초조로부터는 70대 조사가 된다.) 청봉화상이 율봉을 크게 찬탄하여, "나는 지금까지 死句밖에 강하지 못하였는데 자네는 이제 능히 活句를 포착하니 이것이 이른바 靑出於藍이라는 것일세"라하고 心印을 그에게 전하였다.(중략)그는 道光 3년 계미(순조23년, 1823) 정월 그믐날 그 문도를 모아놓고, "내가 이제 세상 인연이 다하여 장차 먼 길을 떠나겠다. 그러니 너희들은 나의 법신을 더럽히는 일이 없도록 하라"고 당부한 뒤, "서쪽 나라에 가기도 전에 연못에는 이미 연꽃이 솟았네. 구름과 연기가 다 끝이니 해와 달이 천지를 밝히도다"라고 하고 고요히 입적하였다. 세수 86세 법납67세이다.

위 글을 볼 때 율봉은 活口를 참구한 禪 수행자로 파악된다. 그는 청봉에게서 心印을 전해 받았다는 것이 언급되어 있다. 이외에『栗峰門譜』에는 그에 관한 신이한 여러 逸話를 전하고 있는데 한다.

소승의 나한이 쫓겨나지 않기 위해서 제자들의 꿈속에 나타나 사정한 이야기나 흉년이 들었을 때 산삼이 있는 곳을 가르쳐 주어 흉년을 넘긴 것이나 채소밭을 멧돼지를 불러 갈게 한 것 등이 전한다.

이러한 그의 뛰어난 능력이나 귀신병이 들린 사람이 율봉을 만나고 그 귀신이 떨어져 나간 이야기 등등의 신이한 일화들을 전해주고 있다. 그리고 율봉이 추사 김정희의 귀의를 받고 오랫동안 교유한 일 등이 그것이다.

② 용암혜언, 그는 누구인가?

한편, 경허가 직접 사법사로 언급한 용암혜언에 대하여서는 이렇게 기록하고 있다.

용암혜언은 건륭48년 계묘(1783) 8월 5일 태어났다. 대사의 휘는 혜언이다. 나이 17세에 용천사 무인장로에게 득도하였다. 율봉을 모시고 금강산 유점사에서 부처님께 백일기도를 하였는데 꿈에 일만 이천봉이 변하여 황금연꽃이 되고 율봉이 꽃 가운데 사자좌에 앉아 안경을 주는 꿈을 꾸었다. 이때부터 신심을 더욱 견고히 하였다. 병인년 여름 금허선사에게 心印을 받았다. 어느 때 율봉이 통도사에서 정진을 하였는데 꿈에 스님 셋이 나타나 「비로자나품」 1책을 주었다. 이로 말미암아 지혜는 더욱 깊어지고 행은 더욱 조촐해졌다.(중략) 경오년(동15년, 1810) 여름 오대산에 올라가니 이 산에 화엄경 상자가 있었는데 사람들이 말하기를 '어느 대부터 봉해져 있었는지 모른다' 하며 전해오는 말이 "봉한 자가 다시 이것을 열 것이라" 하였다. 대사가 능히 이 상자를 열었다. 임신년(동 17년, 1812) 봄 모악산에 들어가 『華嚴經』을 강하였다. 가을 가야산에 들어가 를 열었다. 또 새해 을해년(동 20년, 1815)혹은 태백산에 들어가 보탑에 참례하기도 하고, 혹은 벽송정사를 지나며 범망계회를 열기도 하고, (중략)은적사에 머물 때 보안법문을 하기도 하였다. 정축(동22년, 1817), 또 은적사에 와서 화엄법회를 설하였다 다음 해 (도광11년, 1831)앞서 익묘조 잠저에 있을 때 관에 명하여 『화엄합론』 120권, 『법원주림』 100권, 『능엄경』 정관소 10권을 사경케 하였는데 일을 마치기 전에.이에 왕대비가 보석으로 장식한 것을 대사에게 내려주니 대사가 이를 받았다

위의 글은 용암혜언 (1783-1841)이 무차법회를 열고, 닫혀있는 『華嚴經』 상자를 열고, 화엄법회를 열고, 보안법문을 행하고, 『범망경』을 설하기도 한 사실을 담고 있

다. 이와 같은 사실은 조선후기 승려들이 선과 경학을 함께 한 사실이 다시 확인된다.

또한 용암은 『華嚴經』, 『능엄경』, 『법원주림』 등의 사경에 동참하기도 하였다. 위의 글로만 볼 때, 용암혜언이 간화선만을 주장하였다거나, 화두 참구를 통해서 깨달음을 성취하였다는 결정적인 이야기는 없다.

따라서 후대 11세손이거나 13세손설이건 간에 용암-경허의 법맥이 단지 간화 참구한 선사였기 때문에 멀리 사법사로 정한 것은 아니라고 여겨진다.

따라서, 경허가 용암혜언을 선승으로서 만의 이유로 사법의 연원을 댄 것이라고 보기 어렵다.

그렇다면 용암은 선과 교를 회통한 인물이 아니었을까? 그리고 이러한 이유가 뒷날 후손들이 용암과 경허 사이에 영월봉률[91]과 만화보선[92]도 넣게 된 가장 큰 이유가 되지 않았을까?

동학사에서 만화에게 수학하며 크게 은혜를 입었으며 그 사실을 외면할 수 없었던 것이 경허가 「燈燈相續」에서 용암혜언과 자신사이에 시간적 간극에 영월봉율과 만화보선을 추가하게 된 것이 더 설득력이 있는 것이 아닌가 한다.[93]

13세손 說은 12세손에서 더 나아가 영월봉율과 경허성우 사이에 만화보선을 넣고 있다. 경허의 법맥을 용암혜언→영월봉율→만화보선→경허성우로 대고 있으니 이를 정리하면 다음과 같다.

---

[91] 13세손 법계설을 뒷받침하기 위해서는 율봉청고(1738~1823)에 대하여 자료가 있어야 하나 생몰연대와 금강산 유점사에 주석하였다는 것, 그리고 만화보선의 스승이었다는 것 이외에 알려진 것이 별로 없다. 이 부분은 반드시 보완되어져야 할 부분이다.
[92] 만화보선은 1864(고종 원년)동학사를 크게 중건, 개창하고 동학사 가우언을 처음으로 개설한 인물이다. 만화가 경허 스님에게 강석을 전하는 당시는 '조선제일의 강백'으로 이름을 떨쳤다. 「동학사중수기문」에는 "승만화보선는 불경에 미묘하게 통달하고 걸림 없는 방편을 구사하는 이다"라고 평하고 있다. 1846년생(병오년)인 경허가 동학사 강원에 들어간 것이 14세 곧 1860년 즈음으로 만화보선 강백에게 불교의 일대시교와 내·외전을 섭렵하고, 1871년(고종 8년, 26세) 동학사 3대 강주로 법석을 물려받았다.
[93] 효탄, 「경허성우의 법맥과 계승자」, 경허선사 열반 100주년 기념세미나. 2012.11.

청허휴정→편양언기→풍담의심→월담설제→환성지안→호암체정→청봉거안→율봉청고
→금허법첨→용암혜언→영월보율→만화보선→경허성우

위와 같이 청허 13세, 환성 9세손 說은 종래의 11세손에 용암혜언 밑으로 영월봉율과 만화보선의 두 대를 거쳐 경허에 이르고 있는 것이다. 즉 종래의 11세손을 오식으로 보고 있다.

그러나 행장에서의 11세, 7세손설의 특징은 사법사의 선맥 중심 법통이며, 이후 13세 9세손 설은 강맥까지 포함한 법계라고 파악된다.[94] 언제부터 이러한 수정과 증가가 이루어졌을까?

한편, 「燈燈相續」(1902), 『栗峰門譜』(1913), 『雲峰禪師法語』, 『金烏集』 뿐만이 아니라[95]에 동일하게 청허휴정 하 13세손, 환성 하 9대손 설로 경허의 법맥을 용암혜언→영월봉율→만화보선→경허성우로 대고 있으며, 또한 경운의 『海東佛祖原流』에서도 이러한 주장을 뒷받침 하는 근거로 그렇게 밝히고 있다.

'청허 13세손 환성 9세 손' 설은 경허가 이미 생존 시에 「燈燈相續」에서 청허 13세 손 설을 언급하였고, 경허 입적 직후인 1913년에 간행된 『栗峰門譜』에서도 13세손을 밝히고 있어 정당성을 확보하고 있다.

따라서 기존의 '청허 11세손' 설은 한암의 「先師鏡虛和尙行狀」에 치우치고 다른 문헌을 살피지 않은 결과로 볼 수밖에 없다.

경허에 관한 연구는 좀 더 면밀한 검토가 필요하지만 '청허 13세손 환성 9세 손 설'은 만화 보선을 인정하는 설이다. 이 설은 용암혜언-영월봉율-만화보선-경허성우로 이어진다.

---

94) 일지, 『경허』, 민족사, 2012, .술에 취해 꽃밭에 누운 선승에서는 경허문파도(:법계도)를 부록으로 수록하고 있다. 여기서도 영월봉률과 만화보선을 넣은 13세 손을 취하고 있다. 「조계종 문중을 해부한다」 『경향』, 1986, 11, p.198.
95) 法譜, 『金烏集』, 선학원, 1977, pp.195-196.

이러한 주장은 한국불교 근현대 법맥을 정리한 경운의 『해동불조원류』도 이 설을 따르고 있다. 하지만 현재 덕숭문중은 청허 13세 환성 9세손 설이 행해지고 있다.

그런데 경허의 법맥은 청허 하 11세손 환성 하 7세손을 비롯하여, 12세·8세손, 13세·9세손 등 여러 설이 분분하다. 이러한 제 설은 龍巖慧諺과 경허사이에 永月峰栗과 萬化普善을 넣느냐 빼느냐 하는 견해의 차이이다.

한암 술의 「경허화상행장」에서는 용암혜언-경허성우의 법계만을 이야기하고 있으나, 한편에서는 용암혜언과 경허성우 사이에 영월봉율과 만화보선을 넣고 있다.

그러나 2인의 자세한 행장이 전해지지 않기 때문에 왜 이 2인이 들어가게 되었는지에 대한 답을 구할 수 없다. 본고에서는 「燈燈相」과 『栗峰門譜』의 검토를 통해서 영월과 만화를 포함한 13세손의 타당성을 입증하였다.

경허는 이미 생존 시에 「등등상속」에서 13세손 설을 언급하였고, 경허 입적 직후인 1913년에 간행된 『율봉문보』에서도 13세손을 밝히고 있어 정당성을 확보하고 있다는 것을 토대로 접근해 본다면 이러한 결과는 당연한 귀결이라고 보는 것이다.

따라서 그동안 기존의 說인 한암의 「先師鏡虛和尙行狀」에 대한 경허의 의지를 존중하는 한편 경허의 법맥에 관해서는 경허의 친필이 엄연히 존재한다는 점을 인정하여 경허의 의지가 충분히 드러난 만큼 한쪽의 치우친 견해를 주장하는 태도는 지양되어야 한다고 본다.

따라서, 논자 역시 경허가 이미 생존 시에 「등등상속」에서 13세손 설을 언급하였다는 점과 경허 입적 직후인 1913년에 간행된 『율봉문보』에서도 13세손을 밝히고 있다는 결론에 수긍해야 할 것으로 경허의 의지가 어디에 있는지에 관한 입장을 밝히는 것이 가장 중요하다고 본다면 경허에 관한 연구는 좀 더 면밀한 검토가 필요하다고 본다. 96)

---

96) 효탄, 「경허성우 법맥의 재검토」,한국불교학회, 『한국불교학』 65卷 ,2013, pp.229-255.

그러나 무엇보다도 「등등상속」은 경허 자신의 의지로 직접 자필로 쓴 불조 법맥 전법도 계통인 만큼 그 누구의 견해도 필요하지도 중요하지도 않다.

후학들은 모두가 자신의 의견을 내세우기에 급급하기보다는 경허선사의 진정한 의지를 헤아려 사부대중이 중지를 모아 받들어 그 뜻을 받들어 나가는 자세가 필요할 일이다.

4) 鏡虛의 法脈觀에 대한 諸 견해

韓國 근현대 佛敎의 法脈과 그 후손은 모두 경허를 근원으로 한다 해도 과언이 아니다. 경허로부터 발원하여 큰 기폭제가 된 선불교는 한국불교를 선종의 큰 흐름으로 세운 것이다.

그러한 禪師는 한국 근현대 한국불교를 대표하는 걸승을 배출하였으니, 침운, 만공, 한암, 수월 혜월 등이다. 뿐만 아니라, 그의 밑에서 법을 배운 자로 용성, 남전, 제산, 진응, 진허 등과 수많은 재가자들이 있다.

경허가 일대교주가 되고 그 밑에 훌륭한 제자가 배출되고 그 제자들의 활약으로 다시 근현대 선불교가 크게 꽃 피울 수 있었던 점을 생각할 때, 우리는 법맥에 대한 좀 더 명확한 지평을 제시할 때가 되었다고 생각된다.

한편, 경허가 법맥에 대해 언급한 부분은 『鏡虛集』에서의 또 다른 측면의 법맥관을 보면 다음과 같다. 다음은 이어지는 「結同修定慧同生兜率同成佛果契社文」의 原文 내용이다.

〈함께 정혜를 닦으며 함께 도솔천에 나며 함께 佛果를 성취하기 위해 結社를 맺는 글〉

혹자가 이르기를 "靈山의 모임에서 부처님이 꽃을 들어 보이자, 백만의 大衆은 모두 몸 둘 바를 몰랐는데, 오직 迦葉尊者 한 사람만이 그 뜻을 알아차리고 빙그레 웃었다. 그런데 이 말세의 중생들은 그 근기가 작음을 헤아리지 못하고 모두 말하기를 '祖師의 뜻을 찾아

參見했다.'고 하니, 이것이 어찌 成功의 이치가 있음이겠는가?"라고 하니, 이와 같은 邪 說은 모두 이루 다 들 수가 없다. 이것은 살아서는 지혜의 안목이 없고 또 눈이 밝은 宗匠 을 참견하지 못하여 이와 같은 鹵莽[97]함을 얻게 되었으니, 족히 怪異 할 만한 일이 되지 못 한다.[98]

경허는 붓다의 "拈華示衆"을 논하고 '조사의 뜰을 찾았노라' 하고 있는 삿된 말은 대개 지혜의 눈이 없는데다가 눈 밝은 宗匠을 참견하지 못함으로 만약 이와 같이 생 각해 버리고 그 잘못됨을 반성하지 않는다면 어리석은 행동임을 꾸짖고 있다.

대개 부처님이 法을 전하실 때에 가섭 한 사람에게 전한 것은 부처님이 열반하신 뒤 에 한 사람을 내세워 一代敎主를 삼으려 함이니 마치 하늘에 해가 둘이 없고 나라에 두 임금이 없는 것과 같은 것이지 한 사람밖에 득도한 이가 없다는 이야기는 아니라 는 道의 淵源에 대해서 '一代敎主' 하는 것을 언급하고 있는 것이다.

그렇지만, 만약 이와 같이 생각만으로 지나쳐버리고 그것에 대한 잘못을 살피지 않 는다면, 다만 자신의 앞의 旅程을 그르치게 할 뿐만 아니라 또한 곧 다른 사람의 안 목을 어둡게 하게 될 것이다.

그래서 質正하건대, 대개 마땅히 부처님이 법을 전할 때, 모든 제자가 應化身[99]으로 거듭 온 것으로 가섭과 阿難과 같은 자들이 그 수를 헤아릴 수 없었으니, 어찌 능히 이 도의 機微에 참여하지 못하였다고 하는가?

한 사람(부처)이 한 사람(가섭)에게 傳한 까닭은 부처님이 열반하시 뒤에 한 사람을 들어 一代의 敎主로 삼음이 마치 하늘에는 두 해가 없고 나라에는 두 왕이 없는 것 과 같이 하기 위함이요, 그 나머지 외에 도를 체득한 자가 없음을 말한 것은 아니 다[100].

---

97) 鹵莽 : 일하는 것이 대단히 소홀하고 경솔함. 어떤 일에 마음을 쓰지 아니하여 일이 아주 거칠게 되어 찢기고 흩어짐.
98) 鏡虛, 위의 책, pp.601c-602a. " 或者曰, "靈山會上, 佛擧拈花, 百萬大衆, 皆罔措, 唯迦葉尊者一人, 領 解微笑. 而末葉衆生, 不能量其機小, 皆曰, '參尋祖庭', 是豈有成功之理哉? 如此邪說, 不可枚擧. 此蓋生無慧 目, 又不參明眼宗匠, 致得如此鹵莽, 未足爲怪也"
99) 應化身 : 응화법신·응화신불·응신불이라고도 한다. 법신불이 중생제도를 위해 무량무변한 불보살의 몸을 나타내는 것. 좁게는 제불제성이 응화신이고, 넓게는 우주의 삼라만상이 곧 응화신이다.
100) 鏡虛, 위의 책, p.602a.. "然若如是念過, 不省其非, 則非特自誤前程, 亦乃瞎却他人眼目. 請質之, 蓋當佛

이렇게 누누이 말하더라도 만약 생각만으로 지나쳐버리고 그것에 대한 잘못을 살피지 않는다면, 다만 자신의 앞의 旅程을 그르치게 할 뿐만 아니라 또한 곧 다른 사람의 眼目까지도 어둡게 하게 될 것이라는 것을 경고하고 있다.

그래서 質正하건대, 대개 마땅히 부처님이 법을 전할 때, 모든 제자가 應化身[101]으로 거듭 온 것으로 摩訶迦葉과 阿難과 같은 자들이 그 수를 헤아릴 수 없었다는 것을 말하고 있다.

그러나, 이처럼 이 불법의 道에 들은 자자 부지기수로 많지만 석존이 오직 가섭에게만 정법안정을 부촉한 것은 붓다 열반 후 한 사람을 들어 一代의 敎主로 삼음이 마치 하늘에는 두 해가 없고 나라에는 두 왕이 없는 것과 같이 하기 위함일 뿐 그 나머지가 迦葉 외에는 도를 체득한 자가 없음을 말한 것은 아니라는 것을 거듭거듭 언급하고 있다.

그러므로 西天의 모든 조사로부터 당나라의 모든 성현에 이르기까지 또한 모두 이와 같았다. 그러므로 예컨대 優婆毱多[102] 尊者같은 분은 사람을 제도한 籌[103]를 헤아림이 삼십 尺의 石室을 가득 채웠다고 하며, 馬祖[104] 문하에서도 88명의 宗師가 나왔다.

그 다음 후에 1,500명의 선지식이 동시에 도량에 앉아서 마침내 宗을 나눈 五派를 이루었으니, 한 분 선지식 아래에 도를 이룬 자가 많게는 천백을 헤아리고 적더라도 또한 10여 명의 수 아래로 내려가지 않았다.[105]

傳法之時, 諸弟子, 應化重來, 如迦葉阿難者, 其數不億, 豈可無能參此道之機者哉? 所以人傳一人者, 以佛滅度之後, 擧一人, 爲一代敎主, 如天無二日, 國無二王也, 非謂其無餘外得道者也".

101) 應化身 : 응화법신·응화신불·응신불이라고도 한다. 법신불이 중생제도를 위해 무량무변한 불보살의 몸을 나타내는 것. 좁게는 제불제성이 응화신이고, 넓게는 우주의 삼라만상이 곧 응화신이다.
102) 優婆毱多 : 佛法을 전해 받은 第四祖이며, 阿育王의 스승. 釋迦牟尼가 涅槃에 든 뒤, 優婆毱多尊者가 그 敎理를 받들어 說法할 때 魔王이 석가모니의 몸으로 化하여 이를 방해하려는 것을 미리 알고 물리쳐 佛敎를 다시 일으켰다 한다.
103) 籌 : 산스크리트어 śalākā 팔리어 salākā 대·나무·뿔 등으로 만든 작고 평평한 조각으로, 의식을 행하는 장소에 모인 승려의 수를 계산하거나 다수결로 결정할 때의 투표 등에 사용한다.
104) 馬祖 : 본명은 馬道一, 709~788, 중국, 당대의 僧. 성은 馬, 이름은 道一. 사천사람. 조계 혜능의 3세에 해당하는데, 홍주(洪州, 강서성) 개원사를 도장으로서 새로운 南宗禪의 선조가 되었다.
105) 鏡虛, 위의 책, p.602a " 故自西天諸祖師, 至唐土諸聖賢, 亦皆如是故, 如優婆毱多尊者, 度人之數籌, 滿三十尺石室, 馬祖下, 出八十八人宗師, 次後一千五百善知識, 同時坐道場, 逐成分宗五派, 一位善知識下, 成道者, 多

경허는 이르기를 이와 같은 이치는 西天의 모든 조사로부터 당나라의 모든 성현에 이르기까지 또한 모두 이와 같았음을 밝히고 있다.

예컨대 優婆毱多 尊者같은 분은 사람을 제도한 籌를 헤아림이 삼십 尺의 石室을 가득 채웠다.

馬祖 문하에서도 88명의 宗師가 나왔다는 근거는 이것을 뒷받침하고 있다고 설하고 있다. 그 후에 1,500명의 善知識이 동시에 道場에 앉아서 마침내 宗을 나눈 五派를 이루었다고 경허는 언급하고 있다.

이처럼 한 善知識 아래에 도를 이룬 자가 많게는 千百을 헤아리고 적더라도 또한 10여 명의 수 아래로 내려가지 않았다는 것을 경허는 五家를 들어 說하고 있다.

그래서 (혹자의 말)을 잡아 확인컨대, '백만의 대중이 모두 몸 둘 바를 몰랐는데, 오직 가섭존자 한 사람만이 마음으로 알고 빙그레 웃었다.'는 것에 대해서는 잘못 보고 훼방한 것이 된다.

그리고 '말세 사람들이 조사의 뜰을 찾아 참견했다고 하는 것이 분수의 밖의 일이다.'고 하는데, 그렇다면 위에서의 모든 導師가 교화한 많은 사람들과 같은 것도 모두 그 전하여 준 것이 잘못이란 말인가?

아니면 모두 거짓으로 근거 없는 설을 날조하여 전했다는 말인가? 그 모든 사실은 환히 방책에 갖추어져 있으니, 속일 수가 없다[106].

이것에 대해 혹자는 '백만의 대중이 모두 몸 둘 바를 몰랐는데, 오직 가섭존자 한 사람만이 마음으로 알고 빙그레 웃었다.'는 拈華微笑를 들어 이것에 대해서는 잘못 오해하고 있으나 이때 오직 摩訶迦葉만이 석가의 뜻을 알아차리고 깨친 것은 아

者千百, 少者亦不下十數也."
106) 鏡虛, 위의 책, p602a. "若也執認, 百萬大衆, 皆罔措, 唯迦葉尊者, 領解微笑之錯見沮毁. 末葉人之參尋祖庭者, 以爲分外者, 如上諸導師之所敎化許多人也, 皆是誤着其傳授者耶 抑皆是捏造誕妄無根之說而傳之耶 章章然具在方冊, 不可以誣也."

니라는 것을 바로 언급하고 있다.

또한 경허는 '말세 사람들이 조사의 뜰을 찾아 참견했다고 하는 것이 분수의 밖의 일이다.' 고 하는 자들이 있으니 그 어리석음을 경책하고 있다.

경허의 이 말은 혹자가 오직 摩訶迦葉만이 붓다의 心法을 받았으니 공연히 祖師를 찾아 법을 구하는 것은 어리석음 일이라고 하는데,

그렇다면 위에서의 모든 導師가 교화한 많은 사람들과 같은 것도 모두 그 전하여 준 것이 모두 거짓으로 근거 없는 說을 날조하여 전했다는 말인데,

그 모든 사실은 환히 이 방책에 갖추어져 있으니 결코 속일 수가 없는 진실한 法임을 說하고 있다.

경허가 말하기를 우바국다 존자107)는 사람을 제도한 숫자가 줏대가 돌집 30척을 그득 채웠을 정도라 하며 馬祖의 문하에서도 88명의 宗師가 나왔으며108) 다음에 1500 선지식들이 동시에 도량에 앉아서 드디어 宗을 나누어 다섯 갈래를 이루었다고 언급하고 있다.

달마 한 분의 선지식 밑에 道를 이룬 이가 많으면 천명 백 명이며 적어도 십 명은 넘었다고 하니 道를 이룬 者가 셀 수없이 많은데 109)

만약 백만 대중이 모두 어쩔 줄을 몰랐는데 오직 迦葉尊者만이 알아차리고 빙그레 웃었다는 사실로 이것을 집착하여 어리석은 중생들은 알아서 법은 오로지 한 사람만 깨닫는 것으로 착각하다는 것을 경허는 경책하고 있다.

---

107) 제 4조 우바국다 존자 : 타리국 사람이요. 성은 수타이며, 부처님께서 예언하시기를, '성문의 넷째 조사로서 많은 중생을 제도하되 오늘의 나와 같을 것이요, 현겁동안에 성불하면 무상호여래라 부르게 될 것이다' 하신 분이다. 11세에 출가하여 20세에 도를 이루고는 곳곳으로 다니면서 교화하다가 마돌라국에 이르니, 대중이 구름같이 모이므로 보름동안 설법을 하였는데 하늘에서 꽃이 내리고, 땅에서 신이 솟아 법을 듣다가 모두가 해탈을 얻었다.
108) 馬祖의 출생과 입적 연대에 대해서는 기록들이 일치하지 않는데, 연구에 의하면 塔銘의 기록(706-786)이 가장 믿을 만하다. 南嶽懷讓(:677-744)의 법을 이었으며, 가장 많은 제자를 길러냈는데, 법제자들은 139명, 혹은 84명이라고도 한다
109) 一花五葉: 경덕전등록·제28조 보리달마 중 달마가 읊은 게송에 나온다. 선종에서는 달마를 중화시조中華始祖로 삼아 '一花' 라 하고, 조동종, 임제종, 운문종, 위앙종, 법안종 5파를 '五葉' 이라 하였다.

이러한 틀린 견해로 말세 사람들의 조사의 관문을 통과한 것을 막고 방해한다면 위에 많은 導師들의 師資相承을 이을 수 있었는가를 경허는 의심하고 반문하고 있는 것이다.

따라서 경허의 意志處는 조사선의 導師들의 師資相承의 충분한 정당성을 가지고 있는 것을 언급하고 있는 것이라고 볼 수 있다

만약 그렇지 않다면 말세의 도를 체득한 자는 많은데 영산의 모임에서 법을 전해 준 것은 사람들 중 한 사람뿐이라면, 어찌 말세 사람들의 근기가 영산의 대중보다 나아서 그렇게 된 것이겠는가? 절대 이런 이치는 없다.

그런데도 오직 하나 가섭존자에게만 전해 준 것은 무슨 이유이겠는가? 아니면 장차 그대의 소견과 같이 반드시 오직 가섭 존자 한 사람뿐이고 나머지 전할 만한 사람이 없어서 그러했겠는가?

무릇 이와 같아서 설혹 불행하여 그 때에 가섭존자 한 사람이 없었다면 이 正法眼藏110)은 진실로 전해지지 못해 그쳤을 뿐이었겠는가?111)

만약 그렇지 않다면 말세의 도를 체득한 자는 이렇게나 많은데 석존이 전한 영산의 모임에서 법을 전해 준 것은 1250인 중에 오직 迦葉 한 사람뿐이라고 한다면 그것은 말세 사람들의 根機가 영축산의 대중보다 나아서 그렇게 된 것이라는 논리로 절대 이런 이치는 없다는 것을 반문하고 있다.

그런데도 佛陀가 오직 하나 迦葉尊者에게만 전해 준 것은 반드시 오직 가섭 존자 한 사람뿐이고 나머지 전할 만한 사람이 없어서 그러했다면, 무릇 이와 같아서 설혹 불

---

110) 正法眼藏 : 청정법안이라고도 한다. 부처님의 바른 교법이라는 뜻. 모든 것을 꿰뚫어 보고 모든 것을 간직하는, 스스로 체득한 깨달음을 뜻함. 석가모니불이 깨친 진리의 비밀. 직지인심·견성성불·교외별전의 심인.
111) 鏡虛, 위의 책, pp.602a-602b. "若不然者, 末葉之得度者多, 而靈山會之傳付, 則人人一之, 豈以末葉之人之機, 勝於靈山之衆而然耶? 萬萬無是理也, 而唯一傳付於迦葉尊者者, 是何耶? 抑將如君所見, 必唯迦葉尊者一人, 餘無可傳之人而然耶? 夫如是也, 設或不幸, 向使無迦葉尊者一人, 是正法眼藏, 固不得以傳之而已之耶"

행하여 그 때에 迦葉尊者 한 사람마저도 그 자리에 없었다면 붓다의 이 正法眼藏[112]은 진실로 전해지 못해 釋尊에서 그쳤을 뿐이었다는 논리는 전혀 맞지 않다는 것을 이렇게 句句節節이 설하고 있다.

이처럼, 경허는 이렇게 외치고 있다. 이 모두 허망한 말을 날조하여 전하였다고 하겠느냐? 분명하게 조사의 어록 책에 갖추어져 있으니 이는 결코 속일 수가 없는 사실이다.

만약 그렇지 않다면 말세에 제도를 받은 이는 많고 靈山會上에서는 법을 전한 이가 한 사람뿐이니 어찌 말세 사람의 根機가 靈山會上의 대중보다 우수해서 그렇겠느냐? 고 반문하고 있다.

즉, 경허는 말하기를 오직 迦葉에게만 전하였다는 것은 오직 가섭존자 한 사람 외에는 전하여 줄 만한 사람이 없었기 때문에 그러한 것이 아니라는 것이다.

정말 그렇다면 불행하게도 가령 迦葉尊者라는 분이 안계셨다면 어떻게 되었을까? 라는 구구한 설명으로 그렇다면 정법안장을 전하지 못하였을 것이 아닌가를 반문하고 있으니 경허의 이 구구절절한 意志를 눈 밝은 납자는 반드시 유념해야 할 문구라고 할 수 있을 것이다.

또 만약 말세의 깨달음이 영산회상에서 전해 준 것에 미치지 못한다는 이유로 그들을 헐뜯는다면, 이는 더욱 옳지 못한 것이다. 세상에 어찌 하늘이 낳은 彌勒[113]과 저절로 의 석가가 있는 것이겠는가?

다만 모든 導師가 사람들에게 마음을 밝히고 본성을 보아야 한다는 설을 가르쳤다는 것은 들었지만, 말세 사람들이 정혜를 익혀 배우는 것을 금지하여 못하게 한 것은 아직 보지 못하였으니, 억지로 갖다 붙여 쪼개고 나누어도 모두가 이치가 될 수 없

---

112) 正法眼藏 : 청정법안이라고도 한다. 부처님의 바른 교법이라는 뜻. 모든 것을 꿰뚫어 보고 모든 것을 간직하는, 스스로 체득한 깨달음을 뜻함. 석가모니불이 깨친 진리의 비밀. 직지인심·견성성불·교외별전의 심인.
113) 彌勒 : Maitreya, 석가모니불의 뒤를 이어 57억 년 후에 세상에 출현하여 석가모니불이 구제하지 못한 중생을 구제할 미래의 부처. 현재는 윤회의 마지막 일생을 도솔천에서 설법하고 있다고 믿어지고 있다. 미륵의 어원적인 뜻은 자비·우정을 나타내며 제일 먼저 언급되는 경전은 《Suttanipada》인데 여기서는 브라만 출신의 16수행인의 한 사람으로 석가모니의 설법을 듣고 불교에 귀의하는 비구로 묘사된다.

다.

그러므로 이르기를 '사람들 가운데 한 사람에게 전한 까닭은 부처님께서 열반하신 후에 한 사람을 들어 일대의 교주로 삼는 것이 마치 하늘에는 두 개의 태양이 없고 나라에는 두 임금이 없는 것과 같은 것에 있음이고,114) 나머지 그 외 도를 체득한 사람이 없음을 말한 것은 아니다.'고 한 것이다.115)

경허는 또한 어리석은 자가 말하기를 만일 末世에 깨달은 바가 저 靈山會上에서 부촉 받은 바에 미치지 못한다고 비방한다면 이것은 더욱 옳지 못하다고 꾸짖고 있는데 이것은 세상에는 저절로 태어나는 彌勒이 있을 수 없으며 자연으로 된 석가가 있을 수 없는 이치를 말하고 있다.

또한, 경허는 다만 모든 導師들이 마음을 밝혀 見成하라는 말은 들었지만 말세에 定慧를 익혀 배우지 말라는 것은 보지 못했으니 부지런히 定慧를 닦아 道를 이루어야 한다는 것을 경책하고 있는 것이다.

그러므로 迦葉尊者 한 사람에게 법을 전하였다는 것은 부처님이 열반하신 뒤에 한 사람을 내세워 '一代敎主'를 삼으려 함이니 이러한 이치는 마치 하늘에 두 해가 없고 나라에 두 임금이 없다는 말이지 그 외 중생들은 결코 制度 받을 수 없다는 말이 아니라는 것을 경허는 누차 말하고 있는 것이다.

여기서 경허의 意志는 또한 법맥의 질서를 함께 논의 하고 있는 것으로 佛祖의 法脈은 마하가섭으로 시작하여 오직 '一燈'으로 이어져 오는 釋尊의 의지를 함께 밝히고 있다.

그러나, 이러한 붓다의 2500여 년 전의 노력에도 불구하고 후세의 祖師들은 소위

---

114) 出典: 『續傳燈錄』〈續傳燈錄卷第八〉, 大鑑下第十二世, 天衣懷禪師法嗣, T2077_.51.0516a11~51.0516a16, "師曰, 不要犯人苗稼, 江府明因慧贇禪師上堂, 橫按拄杖曰, 若恁麼去直得天無二日國無二王, 釋迦老子飮氣呑聲, 一大藏敎如蟲蝕木, 設使鑽仰不及, 正是無孔鐵鎚, 假饒信手拈來, 也是殘羹餿飯, 一時吐却方有少分相應, 更乃墮在空亡."
115) 鏡虛, 위의 책, p.602b." 又若以末葉之所悟, 不及於靈山所付, 以沮毀之也, 此尤不可也, 世豈有天生彌勒, 自然釋迦者哉 只聞諸導師之敎人明心見性之說, 未見禁止末葉人之習學定慧者也, 則傳會分析, 皆不能成理也, 故曰, 所以人傳一人者, 以佛滅度之後, 擧一人爲一代敎主, 如天無二日, 國無二王也, 非謂其無餘外得度者也."

자신들의 입장을 내세워 끝까지 지켜내지 못하고 자신들 법맥의 정당성과 교세의 확장 등 門中間의 實利를 내세워 불조 법맥의 질서의 본질을 흐리게 하는 오류를 수행자들 스스로가 범하고 있다는 점을 지적해야 한다고 본다.

이러한, 鏡虛의 一燈으로 點燈하고자하는 苦口丁寧을 우리 후학들은 반드시 간과해서는 아니 될 것으로 경허의 참된 意志를 되새겨 볼 일이라고 사료된다.

이처럼 경허의 의지는 깨달음을 얻은 제자가 많지만은 一人一脈을 주장하는 것은 '하늘에 태양은 하나 뿐' 이라는 것과 같다는 것이다.

그리고 '부처님 멸도한 후 일대교주를 삼고자 하는 것이지 나머지 득도한 자가 없다고 말하는 것은 아니라고 말하고 있다.

그리고 경허는 경책하기를 만일 이러한 견해를 가진 자가 있다면 지금 당장 고쳐라' 고 하면서 '한 분의 선지식 아래에 도를 이룬 자가 많다.' 고 언급하고 있다.

법의 깨침은 개인의 문제일 수 있으나 그 깨침은 만인에게 열려 있는 것이라는 것은 그 밑에 도를 깨친 이가 많으니, 그 깨침이 1인 1전으로 내려오기도 하고 또한 분파를 이루기도 하는 것이다.

그러나 이 대목은 현재 한국불교는 분파를 대표하는 문중형식으로 법맥이 형성되고 있는 까닭에 각 문중에서 상수 제자로 내세우고자 하는 의도가 가세할 경우도 배제할 수가 없다는 것이다.

여기서 경허가 1인 상전을 말한다 하여 경허의 본래의 뜻과는 관계없이 왜곡되어 後來人들이 전법제자 가운데 그 누구를 1인으로 삼을 것인가? 라는 문제를 제기할 수 있다는 것을 유념해야할 필요가 있다고 본다.

이러한 경허 법맥에 대한 부정적인 논의는 각자 자신의 유리한 입장에서만 보려는 편협적 시각이 존재하는 한 이 문제는 해결점을 쉽게 보지 못하는 지극히 어려운 난제로 등장하여 한국불교의 단합과 통일을 저해하는 요소로 작용할 수 있다.

혜월계는 1902년 경허의 친필인 '燈燈相續'의 경허-혜월 간의 전법을 적통으로 인정한다. 혜월의 제자로는 운봉 성수-향곡 혜림으로 이어져 현재 조계종 종정인 진제 법원으로 이어진다.

혜월계는 영월봉율-만화보선-경허성우-혜월혜명-운봉성수-향곡혜림-진제법원으로 이어지는 법맥으로,

여기서는 당연히 '청허 13세손 환성 9세 손설'을 따른다. 경허가 혜월에게 준 등등상속 전법게에는 영월봉율-만화보선까지 넣은 13세손설의 '燈燈相續'이 전해지기 때문이다.

사실 이렇게 전해지는 '燈燈相續'은 경허 이전에는 남아 있지 않다. 그런데 경허가 굳이 이것을 자신으로부터 후세에 남기려는 의도는 무엇이었을까? 경허는 미리 후대에 벌어질 이러한 논란을 예측하였을지도 모른다.

그럼에도 불구하고 경허가 이러한 증거를 굳이 글로써 격식을 갖추어 남긴 분명한 이유를 우리는 연구해야할 필요성이 있다고 본다. 경허는 자신이 깨달음을 이룩한 후에 이미 한국 선불교에 법맥이 끊겨 자신이 법통을 인가받고 이을 수 없음을 탄식하게 되었다.

그래서 경허는 자신의 깨침의 울림을 바로 토해내지 못하고 무려 1년 반을 망설이고 있었다는 것으로 경허의 법맥에 대한 고심으로 선지식 경허는 고뇌하였을 것으로 보인다.

경허는 여러 가지 고민 끝에 이미 열반한 멀리 있는 용암혜언이 아닌 그 당시 살아 있는 선지식으로 이름을 떨치고 있는 허주 덕진으로 자신의 불조 법맥을 잇고자 하였다.[116]

---

116) 졸고, 「경허의 오도가와 '기허주장자' 詩의 상관성」, 한국불교학, 한국불교학회, 2014, pp.257-287.

그리하여, 경허는 천장암에서 오도가를 세상에 공포하기 이전에 자신의 자작시 한 수와 신표로 주장자와 짚벙거지를 앞세워 혜월을 마곡사로 보내지만 단칼에 거절당하고 만다.

이러한 경허의 노력애도 불구하고 경허의 大悟를 알아보지 못한 虛舟德眞의 일방적인 거절로 경허는 슬프고도 긴 장문의 悟道歌를 토해내며 한국불조법맥을 서둘러 정리하게 되는 것이다.

이렇게 탄생된 경허 법맥의 질서는 만화보선을 거르고 영월봉률을 걸러서 멀리 용암혜언에 다다르니 오늘의 법맥은 이렇게 아직까지도 표류하고 있는 것이다.

이때 만약 虛舟德眞이 경허의 수법사가 되어 법통을 정리했다면 오늘날 한국불교의 법맥은 또 다른 법의 줄기를 타고 승승장구 힘차게 뻗어 나가는 새로운 청사진이 펼쳐졌을지도 모르지만 적어도 오늘의 이러한 법맥의 갈래로 인한 어려움은 일어나지 않았을 것으로 보인다.

이렇게 하여 경허는 자신의 법통을 어렵게 이은 만큼 후대에는 이러한 어려움을 당하지 않도록 자신으로부터 다시 새롭게 이어지는 '燈燈相續'을 징표로 남기고 법맥의 새로운 질서를 바로잡고자 하는 의지를 가지고 이러한 의식을 거행하였을 것으로 사료된다.

경허의 이러한 의지는 경허로부터 다시 처음으로 시작한 수많은 禪房開設을 비롯하여 불교 역사상 처음으로 기록되는 芳啣錄 또한 경허의 의지라고 보여진다.

그리고 해인사 彌勒定慧結社 또한 선사의 입장에서 역사상 처음으로 시도된 彌勒信仰과 禪의 결합으로 일궈낸 結社라는 점에서 그 意義 또한 크다고 본다.

이렇게 禪風을 일으키고 禪의 家風을 세우려는 경허의 의지는 그동안 단절되었던 불가의 오랜 전통을 復活시키고 繼承하려는 경허의 의지와 맞물려 이러한 불교 중흥운동의 일환으로 경허는 '燈燈相續'의 전통을 다시 부활시켰다고 본다.

이러한 과정에서 경허의 의지는 중간의 번복을 거치며 미리 후대에 벌어질 이러한 논란을 예측하였을지도 모른다. 그래서 경허는 '燈燈相續'을 남겼다.

이처럼, 그동안 살펴본 이러한 諸說은 龍巖慧諺과 경허사이에 永月峰栗과 萬化普善을 넣느냐 빼느냐 하는 견해의 차이가 존재한다고 본다.

경허는 1881년 한암 찬술의 「선사경허화상행장」에서는 용암혜언-경허성우의 법계만을 이야기 하고 있으나, 경허는 훗날 1902년, 한편에서는 용암혜언과 경허성우 사이에 영월 봉율과 만화보선을 넣고 있다.

그러나 여기에서의 문제는 경허가 왜 영월봉율과 만화보선의 2인을 법맥으로 '燈燈相續' 하게 되었는지에 대한 어떠한 근거나 언질도 남기지 않았다는 점에서 우리는 이 법맥을 납득할 수없는 난관에 봉착하게 된 것이다.

물론 경허의 친필이 모든 것을 대신할 수 있는 강한 위력을 발휘한다고 하지만 한국은 전통 선불교 守護國으로 불조법맥이 순수 禪僧이 아닌 授業師 강백으로 하여금 그 맥이 전승된다는 사실에 禪 修行 衲子로서 容納할 수 없는 부분이라고 충분히 사료가 되는 부분이다.

이러한 맥락으로 덕숭 문중에서 영월봉률은 인정하고 만화보선은 경허의 遺誥대로 삭제하는 '청허12대손, 환성 8세손'의 기형적인 형태가 나오기도 하였다.

그러나 이러한 덕숭 문중의 주장은 나름대로 경허의 문중답게 확실한 입장표명을 하면서 나름의 충분한 일리가 있는 부분으로 문중의 의지를 드러낸 부분이라 비록 문제의 해답은 아니더라도 크게 칭찬하고 의미 있게 받아들여져야 할 부분이라고 생각되는 것이다.

경허의 이러한 태도는 일면 수용하는 관점에 따라서는 불투명하고 매끄럽지 못한 부분이 있다할지라도 경허가 우리에게 남겨준 확실한 징표는 '燈燈相續' 이다.

그렇다면 우리는 순수하게 경허의 입장에 서서 '경허는 왜 이러한 복잡한 법맥의 절차를 택하게 되었을까?' 라는 문제에 접근하게 된다면 이러한 한국 법맥에 대한 표류는 '진제 종정의 혜월계는 엉터리 법맥인가?' 라는 엉뚱한 논란도 일각에서는 일고 있다.

이것은 상당히 심각한 문제로 대두될 가능성이 있는 불씨로 이처럼 경허는 선불교의 전통을 회복하면서 전등의 연원을 밝히고자 부단히 노력하였다는 것으로 볼 때 이러한 법맥 논쟁은 하루 빨리 해결되어야 할 시급한 문제라고 본다.

그러나, 경허의 이러한 노력에도 불구하고 오늘날 경허의 법맥을 확정하는 한국 선불교의 법통을 정리하는 것은 사실상 불가능해 보인다.

솔직히 1:1 사자상승의 법계만을 인정하기도 어렵다는 부정적인 시각도 있기 때문이다.

그리고, 이러한 난해한 상황은 심각한 갈등으로 보아 보이지 않는 문중간의 갈등은 이어질 수밖에 없다는 예상도 할 수 있을 것이다.

그래서 현재 한국불교를 주도하고 있는 문중들의 절대적인 '합의' 가 필요한 부분이기도 하다.

또 경허가 세워놓은 불조 법맥의 의지와는 다른 法 중심이 아닌 人脈 중심의 이러한 建幢[117] 문화가 만연된 현실에서 법맥의 전승을 어떻게 규정 할지는 종단적 합의가 반드시 필요한 시점이라고 본다.

그러나 아무리 宗團的 중지가 요구된다 해도 경허의 의지가 반연되지 않은 결정은 결코 바람직하지 않다고 할 것이다.

---

117) 建幢 : 修行求道가 다른 이의 師表가 될 만큼 원만하여 법을 전하는 스승에게서 法脈을 이어받는 일.

이러한 상황에서 지난 2012년 경허 열반 100주년을 맞아 경허선사 열반 100주년 기념세미나에서 효탄은 '경허성우의 법맥과 계승자' 발표를 통해 경허의 법맥을 둘러싼 3 가지 설을 소개하고 한국불교 문중 간 갈등 해소와 다변화하는 불교계에서 선불교 중심의 법맥을 변모해야 한다고 주장했다.

"경허선사가 혜월 스님에게 준 등등상속 전법게는 영월봉율-만화보선까지 넣은 13세손 설의 내용"이지만 "오늘날 인터넷 사이트 등에서 등등 상속의 전법게 자료를 들면서 현 종정스님 법계까지 연결시키고 있어 혹여 '1인 1전'의 모양처럼 비치고 있어 우려된다."[118].

이러한 혼란을 가중시키는 한국불교 법통연원의 현실을 효탄은 우려의 눈으로 바라보고 이렇게 덧붙였다.

"경허가 일대 교주가 되고, 그 밑에서 훌륭한 제자가 배출되고 그 제자들의 활약으로 다시 근현대 선불교가 크게 꽃 피울 수 있었던 점을 생각할 때 우리는 법맥에 좀 더 명확한 지평을 제시할 때가 되었다"[119]

〈燈燈相續〉에는 한암이 「先師 鏡虛和尙 行狀」에서 밝힌 법맥과 달리 용암혜언과 경허성우 사이에 영월봉률과 만화보선이 더 들어 있고, 청허휴정의 13세손이며 환성지안의 9세손으로 되어 있다는 것은 수차 밝힌 바다.

그렇다면 "…도통의 연원을 정리하고 만화 강사로써 나의 수업사를 삼음이 옳도다." 라고 한 경허의 육성은 어떻게 이해해야 할까? 의 고민이 문제가 되고 있는 것이다.

지금까지 우리는 경허 법맥의 세 가지 입장을 여러 각도로 분석하여 보았다. 이봉춘은 "경허의 법통은 그 자신이 연명한 그대로 환성 7세손으로 할 것인지 현행 9세손으로 지킬 것인지의 문제는 '제 3자가 간여할 문제가 아니다'"고 말하고 있다.

---

[118] 효탄, 「경허성우 법맥의 재검토」, 한국불교학회, 『한국불교학』 65권, 2013, pp.229-255.
[119] 효탄, 「경허성우 법맥의 재검토」, 위의 책, 2013, pp.229-255.

즉 이러한 입장은 이 법맥 문제가 문중 자체에서 해결할 사안이라는 것을 내포하고 있다고 본다는 것이다.

그러나 이 문제는 과연 덕숭 문중이 경허의 법맥을 결론내릴 수 있냐는 당위적인 문제에 봉착하게 된다는 것은 앞에서 언급한 바와 같다.

그렇다고 한국 근대 선불교의 중흥자라는 경허의 위치로 볼 때 이미 경허는 한 문중의 인물이 아닌 한국 선불교 전체의 맥락에 서 있는 중심인물이라는 점에서

경허의 법맥을 문중의 법맥 차원에서 확정토록 하는 것은 말처럼 간단한 문제가 아니라고 본다. 왜냐하면, 경허의 법맥은 곧 한국불교의 법맥과 직결되기 때문이다.

경허는 오도송에서 '衣鉢誰傳'을 거듭 외치지만 전법의 연원이 이미 끊어져 悟道의 인증을 서로 주고받을 상대가 없음을 깊이 탄식한 것이다.120)

오도송의 이와 같은 언급은 전등연원의 파란만장한 미래를 이미 예고하고 있었음을 볼 수 있다. 경허에 관한 연구는 1990년부터 시작된 이래 꾸준한 성과를 보고 있다.121)

효탄은 "경허선사가 혜월 스님에게 준 등등상속 전법게는 영월봉율-만화보선까지 넣은 13세손 설의 내용"이지만 "오늘날 인터넷 사이트 등에서 '燈燈相續'의 전법게 자료를 들면서 현 종정스님 법계까지 연결시키고 있어 혹여 '1인 1전'의 모양처럼 비치고 있어 우려된다"122) 고 자신의 논문에서 의견을 밝혔다.

論者도 효탄의 현시대를 반영한 이 의견에 깊이 공감하고 있으며 앞에서 이미 누차

---

120) 한암중원, 「경허선사행장」, 『鏡虛集』 영인본. 오대산 월정사, 2009. p.16.
121) 1997년『한국불교학회』22집 특집으로 "백제 고찰 덕숭산문의 법통연구"라는 제목아래 경허선사를 다룬 것이다. 물론 경허 단독의 주제는 아니었으나 정식으로 학회에서 다루었다는데 의의가 있다. 그리고 본격적인 연구 분위기를 일으킨 것은 한국불교선학연구원·무불선원 주최로 1999년 5월 '제1회 경허선사상 학술회의'를 개최한 것으로부터이다. 이 때 근·현대한국불교의 중흥조라 불리우는 경허선사의 생애와 선사상을 깊이 천착하였다. 발표문을 2000년 1월『덕숭선학』제1호로 발간되었다. 1차 학술회의, 김지견;「경허선사 재고.:최병헌;「근대 선종의 부흥과 경허의 수선결사」, 2000 최동호, 「경허의 선적 계보와 화두의 시적 해석」,『덕숭선학』1.김영태; 「경허의 한국불교사적 위치」, 2차 덕숭선학 학술회의, 3차 덕숭학회의: '만공과 한국선' 2001 3월 30일 개최 2004년까지 5회 발간되었다.
122) 효탄, 「경허성우 법맥의 재검토」,위의 책, pp.229-255.

언급한 바와 같이 이것은 경허의 진의가 결코 아니며 또한 사부대중의 화합과 종단의 발전을 저해하는 요인으로 작용할 수 있는 충분한 소지가 있는 만큼 조속한 시일 내에 종단의 합의를 거쳐 매듭짓는 방법이 가장 선결과제로 남아 있다.

여기서 경허 법맥에 대한 논의로 효탄 역시

"경허가 일대교주가 되고, 그 밑에서 훌륭한 제자가 배출되고 그 제자들의 활약으로 다시 근현대 선불교가 크게 꽃 피울 수 있었던 점을 생각할 때 우리는 법맥에 좀 더 명확한 지평을 제시할 때가 되었다"

고 덧붙이며 이 부분에서 논자와 의견을 같이하고 있다.

법맥을 선불교의 1:1 사자상승으로만 접근할 것이 아니라 폭넓게 불교사 속에서 이해해야 한다는 것은 비단 논자뿐 아니라 일부를 제외한 전 종도들의 보편적인 생각으로 보여지기 때문이라는 점을 감안해 볼 때 더욱 더 시급한 문제라고 말할 수 있다.

물론, 이 法脈論爭의 중심에 서있는 경허 자신도 법맥전승이 선불교의 1:1 사자상승으로만 되는 것의 불합리성을 이미 밝힌바 있다. 그러나 이러한 상황에서 문제의 진원지는 역시 '燈燈相續' 인 만큼 이 난 문제를 일으킨 張本人도 역시 경허라고 말할 수 있다.

하지만, 정작 경허는 적어도 이것을 작성할 당시 자신의 '燈燈相續' 이 이런 문제에 봉착할 것이라는 상상은 결코 해 보지 않았을 것이라는 추측이 든다.

왜냐하면, 경허자신이 이 땅의 불조법맥을 전수하는 준엄한 마당에 종단에 어떤 문제를 야기할 소지가 있는 일을 그렇게 소홀하고 경솔하게 처리하지는 않았을 거라는 일반적인 상식선을 동원해 볼 수 있기 때문이다.

그렇다면 이 문제는 경허가 혜월에게 내린 傳法偈로만 끝이 났더라면 이러한 문제는 결코 발생하지 않았을 것이라는 결론에 도달한다. 그러나 경허는 傳法偈에 이어 '燈

燈相續'을 함께 내렸다는데 문제가 있는데, 여기에는 두 가지 문제가 동시에 발생하고 있다는 것이다.

우선, 불조법맥을 선불교의 1:1 사자상승으로만 접근할 필요가 없음을 언급한 경허 자신이 정작 불조법맥을 선불교의 1:1 사자상승으로 인정하는 '燈燈相續'을 혜월에게 전법게와 함께 내렸다는데 문제의 실마리가 있다.

이것은 경허의 의지와 상당히 위반되는 부분으로 볼 수 있는데 이러한 사실은 외형적으로 사건의 전말을 들여다보면 경허 자신의 의지가 드러난 부분으로 이해가 가능하다.

그러한 경허의 의지란 경허의 입장에서 접근해 본다면 끊어졌던 불조 법맥을 자신으로부터 다시 이으려는 시점에서 마침 혜월에게로 법계전수는 그 격식을 완전히 갖추어 법맥전수의 완벽한 형식을 다시 한 번 단단히 정착시켜보려는 제대로 된 기회다.

이로부터 이러한 법맥 전수 절차는 경허의 강한 의지가 들어있는, 있다고 백번 양보하여 이해할 수 있는 부분이다. 그러나 문제는 여기서 끝나지 않는다.

경허는 자신의 계보를 자신이 천명한 용암 혜언에서 찾지 않고 영월봉률과 만화보선을 함께 넣고 있다는 것을 어떻게 이해해야 하는가의 커다란 난제에 부딪치게 된다.

만약 백번 양보하여 경허가 수덕사가 제시한 '청허 하 12세손, 환성 하 8세손 說'의 근거를 제시할 수 있는 영월봉률만 인정하고 원래대로 자신이 수업사로 천명했던 만화보선은 제외했다면 문제는 좀 더 수월해졌을지도 모른다.

그러나 영월봉률과 만화보선 역시 선승으로서 확철대오의 경지를 도달했다는 기틀은 전혀 보이지 않으니 법맥을 잇는 禪의 계보로는 봉률만 넣고 보선을 빼든, 둘 다 빼든, 둘 다 넣든, 여기에는 禪의 계보를 잇는다는 큰 의미는 사실상 무의미하다.

사실, 이 문제를 좀 더 확장 시켜 놓고 본다면 경허가 처음에 계보를 이은 용암 혜언 역시 선수행자라기 보다는 교학적인 면모가 훨씬 더 드러나는 면이 보인다는 것을 상기시켜 본다면,

 경허의 이러한 각본은 그 당시에 禪의 종지가 오랫동안 끊어져서 善知識의 기근으로 인한 피할 수 없는 선택이었을지도 모른다.

이러한 상황을 맞고 보니 경허의 고뇌도 반드시 수반되었을 것으로 보인다. 경허가 悟道歌를 탄생시키고 십 수 년이 흐르는 동안 만화도 경허와 많은 일들을 함께 하며 여러 가지 인연을 쌓게 되는데 여기서 경허와 만화는 대립 관계가 아닌 좋은 동반관계를 유지하고 지냈던 것으로 보인다.

만약에 만화가 자신이 스승이라는 이유로 경허를 반목하는 대상으로 여긴다거나 대립하는 모습을 보였다면 결코 오늘날의 '燈燈相續'은 탄생되지 않았을 것으로 보인다.

왜냐하면, 만화는 결국 생전에 대도를 성취하여 선지식의 반열에 오른 흔적은 전혀 보이지 않기 때문에 禪脈의 법통을 잇는 선승은 아니었기 때문이라는 결론이 나온다.

그러나 만화와 경허가 좋은 관계를 유지하였다고 보여지는 대목이 여러 곳에서 발견되어진다는 점에서 이것은 충분히 납득할 수 있는 부분이다.

 동학사 법문에서도 경허를 대중에게 자랑스럽게 소개하는 만화는 경허에게 선지식의 예우를 해주고 있으며 天藏庵 重修에도 음으로 양으로 물질적인 도움을 주었던 것으로 확인된다는 것은 앞에서 이흥우로 부터 살펴보았다.

 이러한 상황에서 경허는 만화를 달리 생각하지 않을 수 없었을 것이며, 용암을 이은 마당에 바로 만화를 용암에 이을 수 없으니 당연히 영월봉률은 징검다리로서 등장할 수 밖 에는 지경에 이르렀다는 추측이 나온다.

그러한 정황은 慧月에게 준 傳法偈에서도 포착되는데 마지막 이서 부분에 이미 자신을 '萬化文人' 鏡虛라고 적고 있다.

사실 경허는 영월 봉률이 아니라 만화보선을 놓고 고심했을 것이므로 경허의 만화가 존재하지 않는 영월은 그 의미가 없다고 보기 때문에 경허는 인간적인 여러 도리상 만화가 禪의 宗旨를 증득하지 않았음에도 불구하고 형식적인 선의 고리를 연결시켰음이 분명한 것으로 이해된다.

이러한 관점에 본다면 이 '燈燈相續' 은 그다지 큰 의미를 가지고 있지 않다고 본다.

경허는 비단 이 '燈燈相續' 의 전통 뿐이니라, 사라져가는 한국 선불교의 오랜 전통을 복원시키고자 하는 열정을 가지고 다각도로 심혈을 기울여 그가 이룩한 업적이 있다.

그것은 전국적인 선원개설을 비롯하여 선의 가풍을 바로잡고자 노력한 자취를 더듬어 볼 때 이 '燈燈相續' 도 禪의 기강을 바로 세우고자 하는 요식행위로 이 '燈燈相續' 도 법맥을 꼭 선불교의 1:1 사자상승으로만 고집하려는 경허의 의지는 전혀 없었다고 보아진다.

당연히 이러한 선의 관점에서 법맥으로 접근해 볼 때 물론 禪旨宗刹이라고 자부하고 鏡虛禪의 發祥地로서 자타가 공인하는 덕숭문중 수덕사의 입장은 단호했을 것이라고 본다.

그러나 이러한 여러 정황으로 미루어 만약 수덕사에서 좀 더 경허의 의중을 바르게 이해했더라면 차라리 영월 봉률만을 넣은 '청허 하 12세손, 환성 하 8세손 說' 을 주장할게 아니라,

강력하게 처음부터 시종일관 '청허 아래 11세손, 환성 아래 7세손' 을 주장하는 것

이 훨씬 더 강력하고 의미가 있었을 것으로 보인다.

그렇게 되면 당연히 경허의 '燈燈相續'은 처음부터 인정할 수 없다는 것으로 입장 표면이 가능하지만, 영월봉률만을 넣은 '청허 하 12세손, 환성 하 8세손 說'을 주장한다하여

경허의 '燈燈相續'을 인정하지 않겠다는 입장은 마찬가지로 보이기 때문에 그 명분에 있어서 '청허 아래 11세손, 환성 아래 7세손'을 주장하는 것이 훨씬 더 논리적이고 합당한 것으로 보인다고 할 수 있다.

그런 의미에서 수덕사 문중의 주장은 약간 설득력이 미약한 것으로 보인다. 따라서 수덕사 문중은 다시 문중의 합의를 통하여 만공과 한암의 『경허집』의 기술대로 '청허 아래 11세손, 환성 아래 7세손'을 강력히 주장할 수 있는 의지를 도출해 내야 한다고 본다.

그리고 당사자인 혜월계는 법맥을 선불교의 1:1 사자상승으로만 접근할 것이 아니라 폭넓게 불교사 속에서 이해해야 한다는 것은 물론 경허의 뜻이기도 하지만, 비

단 논자뿐 아니라 일부를 제외한 전 종도들의 보편적인 생각으로 보여진다는 점을 고려하여 하여야 한다는 것이다.

이 法脈論爭의 중심에 '청허 13세손 환성 9세 손' 설은 경허가 이미 생존 시에 「燈燈相續」에서 증명하였다는 외형적인 단순한 사실만을 고려해서 '燈燈相續'만을 유일한 단서로 고집하며 마치 혜월계만 경허의 正統 法統인 것 마냥 주장해서는 안 된다는 것이다.

이것은 경허의 의지를 정면으로 거슬리는 逆行적인 행위이며 사부대중을 비롯한 종도들의 화합을 깨뜨리는 불손한 행위로 간주되어진다고 본다.

특히나 위에서 언급한 효탄의 주장대로 요즘의 인터넷 세대답게 모든 정보는 순식간

에 공유하고 유포되는 마당에 이러한 불교계 내부의 갈등이 서서히 표면 위로 떠올라 이리저리 표류하고 있는 가운데 진제가 종정으로 취임한 여세를 몰아 혜월계의 '청허 13세손 환성 9세 손' 說은 강력한 힘을 과시하고 있는 추세다.

게다가 최근에는 조계종 진제 종정이 향곡으로 부터 받아 보관해오던 전법게 4점과 전법 내력을 쓴 상속문 4점 등 전법게 8점이 부산시 문화재로 등재된다는 후문이 있다.

문화재로 등재될 전법게는 경허가 혜월에게 준 전법게와 혜월이 운봉에게, 운봉이 향곡에게, 향곡이 진제에게 준 '전법게'와 전법게를 내릴 때 함께 주는 '燈燈相續' 4점이라고 한다.

이 傳法偈를 접한 문화재청이 문화유산으로 가치를 인정하여 문화재 등재를 권유해 이뤄졌다고 전한다.

이 傳法偈와 燈燈相續은 서류 절차가 끝나고 오는 가을 부산시 유형 문화재로 지정될 예정이라고 하는데 禪家에서 행해지는 전법게가 문화재 등재를 하는 것이 옳은 일인지 아닌지는 좁은 식견으로는 잘 알 수 없지만 석연치 않은 점은 분명히 있다.

그렇지만 스승이 제자의 깨달음을 인정해주는 일종의 인증문서가 바로 '傳法偈'와 '燈燈相續'이라는 점을 감안 해 볼 때,

우리나라 禪脈의 正統性을 밝히는 실증적 자료라는 점에서 더욱 그 의미가 큰 이 '傳法偈'와 '燈燈相續'이 자칫 불가의 전통적인 정신적 가치보다 세속적인 물질적 가치를 앞세우는 主客顚倒의 우치를 범하진 않을까? 하는 우려가 있다고 본다.

이처럼 혜월계의 '傳法偈'와 '燈燈相續'이 세상의 주목을 받고 있는 마당에 위에서 살펴본 법맥문제는 불가는 물론 세간은 오직 혜월계의 '청허 13세손 환성 9세 손' 만이 정통 법맥이고,

나머지는 인정하지 않는 최악의 상황도 예측할 수 있는 마당에서 지금은 그 어느 때 보다도 이문제가 민감한 부분으로 첨예화 될 소지가 있다고 본다.

그러면 이제까지 경허의 선법과 전통을 고수하고 고스란히 지켜온 덕숭 문중의 웅장한 내공의 힘과 지대한 공로는 어떻게 인정받을 수 있을까? 하는 현실적인 문제의 의문에 봉착하게 된다.

따라서, 이번 기회에 대중에 모든 것이 모든 것이 낱낱이 공개된 만큼, 경허로부터 이어온 '燈燈相續' 은 많은 문제가 되고 있는 만큼 그 진원지인 '燈燈相續' 은 이제 더 이상 스승과 제자로 전하는 것을 여기서 지양해야 한다고 본다.

그러나, '傳法偈' 는 예전대로 그 명맥을 이어간다면 각 문중이 서로서로 자신들의 문중을 고수하면서 법맥을 선불교의 1:1 사자상승으로만 접근할 것이 아니라,

폭넓게 불교사 속에서 이해해야 한다는 맥락의 법맥 전수가 가능하다고 본다.

이제 한국불교는 경허가 살았던 암울한 일제 강점기도 아니고 더구나 법맥을 잇지 못하는 어려운 시대도 지났다고 본다.

법의 정통성이 사라질세라 노심초사했던 경허가 자신의 진정한 본의를 담지 않고 요식으로 행했던 것으로 보여지는 '燈燈相續' 의 효과는 이제 그 임무를 초과하여 충분한 업적을 남기고도 남았다.

따라서 이것이 바로 경허가 혜월에게 '燈燈相續' 를 써준 진정으로 원하는 바른 의도임을 바로 알았다면 이제 우리는 그러한 일시적 방편의 전통을 여기서 그만 멈춰야 할 때라고 주장한다.

경허에 관한 많은 연구가 다양한 분야에서 진행되고 경허에 대한 대중의 관심이 현대인의 禪에 대한 관심과 열기와 맞물려 앞으로 많은 연구가 필요하다고 보는 관점이 대두되고 있는 추세라고 본다.

그리하여 경허의 불조 법맥이 11세손과 12세손, 그리고 13세손 說 간에 일정한 확정을 내리지 못하고 지금까지 내려오고 있다.

아마도 그 확정은 대중의 합의 하에 원만하게 이루어질 수 있는 충분한 가능성이 있다고 본다.

그러나 경허의 불조법맥은 이미 경허 선사 자신이 「등등상속」에서 언급한 바와 같이 경허선사 그 스스로가 친필로 혜월에게 직접 전법게를 내리고 「등등상속」이라는 특별한 전법게를 내린 데에는 그만의 의지가 있다는 것을 알 수 있는데 이것을 우리 후학들은 반드시 간과해서는 아니 될 것이다.

그것은 바로 후세에 법맥에 있어 혼란이 가중될 것을 고려해서 직접 법맥을 정리하게 되는데 그것이 경허선사의 의지가 틀림없다고 본다.

따라서, 우리 후학들은 경허선사의 의지를 받들어, 혜월계의 영월봉율-만화보선-경허성우-혜월혜명-운봉성수-향곡혜림-진제법원으로 이어지는 법맥으로,

여기서는 당연히 '청허 13세손, 환성 9세 손설'을 따르는 것이 가장 정확하게 경허선사의 진실을 따라야 한다는 것이 논자의 주장이다.

그것은 경허가 혜월에게 준 「등등상속」 전법게에는 영월봉율-만화보선까지 넣은 13세손설의 燈燈相續이 전해지기 때문에 이보다 더 정확한 한국 불조 법맥은 존재하지 않기 때문이다.

그것이 가장 확실한 증거로 더 이상의 법맥에 대한 논쟁은 없기를 바라는 바,

왜냐하면, 경허의 佛祖法脈은 오늘날 한국불교의 버팀목으로 크게 성장하여 세계화에 발맞춰 당당하게 나아가고 있는 면모를 보이고 있기 때문이다.

이제, 우리 후학들은 더 이상의 법맥에 관한 논쟁을 멈추고 경허 대선사가 이룩한 한국 선불교의 선풍이 전 세계로 퍼져나가 한국 간화선이 많은 중생을 제도하고 도를 이루는 디딤돌이 되어 불국토를 이루는 대역사에 동참하여 '鏡虛禪'을 지켜나가는 것이 가장 바람직하다고 주장한다.

따라서, 경허의 법맥을 확정하는 것은 사실상 불가능해 보인다는 관점이 있지만 이러한 논의는 한국불교 세계화에 결코 바람직한 태도가 아니라고 본다.

그것은 경허가 스스로 밝히는 '청허 11세손 환성 7세 손설'을 따르면 等等相續'의 법계를 주장하는 현 조계종 종정 진제 스님의 혜월계가 주장하는 법맥은 주류가 아닌 셈이 된다.

비록, 합의가 쉽지 않은 대목이라고 하지만 그렇다고 꼭 합의가 절대적으로 필요한 것도 결코 아니다. 경허 대선사의 의지가 확고하게 정립된 경허가 혜월에게 준「등등상속」의 그 증거가 남아 있는 만큼 더 이상의 논의는 멈춰야 한다는 것이 논자의 주자임을 다시 한 번 밝힌다.

5) 경허의 직계 법제자 법맥

경허의 직계 법맥은 그의 법제자들을 통한 또 다른 측면에서 괄목할 만한 성장을 보이고 있는데 오늘날 경허의 제자들은 그의 법맥이 크게 水月系(묵언→도천→명선), 滿空界(德崇山 修德寺門中)와 漢岩界(五臺山 月精寺門中), 그리고 慧月界(嶺南界)셋으로 나누어 큰 성장을 보이고 있다.

그러나, 경허의 세 달 중 한 명으로 불리는 水月은 그의 삶이 주로 기행을 남기며 자주 모습을 드러내지 않았고, 또한 그의 행적 역시 경허의 자취를 좇는 관계로 북행을 감행한 결과 그의 無碍行으로 인한 그 행장과 법제자가 잘 알려져 있지 않다는 어려움이 있지만, 이번 기회에 수월의 법맥과 제자들을 정리해보는 기회를 접근해 보기로 하였다.

경허의 제자들의 이와 같은 결과는 결국은 모두 경허의 禪旨를 받든 제자들의 修行의 精進力으로 볼 수 있는데 이것은 현재 대한 불교 조계종의 선종을 표방하는 한국불교의 법맥을 크게 아우르고 있기 때문에 경허의 立地는 그 어느 때보다도 그 位相이 당당하다고 말할 수 있다고 말할 수 있을 것이다.123)

위에서 경허 법제자 법맥은 크게 '수월계 · 혜월계 · 만공계 · 한암계'로 나눌 수 있지만 특히 덕숭 문중의 '만공계'는 경허의 법맥이 물론 한국불교 최대문중인 '덕숭문중'과 직접적인 연관이 있다고 본다.

그 만큼 경허의 법맥 문제는 한국불교의 전체 문중과도 떼려야 뗄 수 없는 현안이기도 하지만, 때문에 경허의 根本을 底本으로 하고 있는 수덕사의 위상 또한 다른 의미의 한국선불교의 표상이라고 당당히 말할 수 있는 충분한 조건을 갖추고 있다.

그런 의미에서 경허의 맏 상좌인 水月을 먼저 살펴보고 慧月, 滿空, 漢岩순으로 경허 제자 법맥을 살펴보기로 한다.

(1) 水月系: 수월→묵언→도천→명선

수월은 만공, 혜월과 묶어 '경허의 세 명의 달'로 경허의 맏 상좌로 이해하는 것은 제고의 여지가 없는 당연한 일이다. 그러나 일부에서 수월이 경허의 법제자가 아니라는 황당한 주장을 하고 있다.

이러한 엉터리 주장의 근원지로 한암은 '선사경허화상행장'에서 침운, 혜월, 만공, 한암 4명만을 경허의 제자로 들고 있는데 뻐꾸기 둥지도 아니고, 여기에서의 주장은 처음부터 문제를 안고 있다고 본다.

이 문제는 다른 수월부분에서 자세히 다루고 있다. 수월은 太虛를 은사로 경허를 戒

---

123) 한국불교 역사상 흩어져 있던 불조 법맥은 경허에 의해 비로소 체계가 서고 이후로 문중의식이 뚜렷이 자리 잡아가게 되었다. 현재 한국불교계의 문중은 세존73세 태고16세 경허문중(수월계, 혜월계, 만공계, 한암계)과 세존75세 태고18세 용성문중(범어사)이 가장 큰 문중이다. 그 외 백파 연담문중(백양사), 송광사문중, 통도사문중, 직지사문중 등으로 나눌 수 있다.

師로 득도하였으니 그것이 바로 수월이 경허의 법통을 잇게 되는 인연의 고리로 작용한 것이다.

수월→묵언→도천으로 이어지는 법맥에서 수월 하 손증손상좌가 되는 명선에 따르면 "수월스님은 머리를 기른 채 함경도 삼수갑산에 은거해 살던 스승 경허스님을 찾아와서 먼 발치서 지켜보다가 스승이 열반하자 장례를 치른 뒤 그 사실을 당시 수덕사 정혜선원에서 정진하던 만공에게 알려준 뒤 두만강을 넘어 間島로 들어갔다."

고 수월과 경허의 관계를 자세히 전한다.

삼수갑산에서 수월이 은사 주위를 맴돈 기간은 대략 2년간이며, 이때 갑산에서 멀지 않은 회령군 팔을면 백천사, 경원군 만월산 월명사, 명천군 칠보산 개심사 등지에서 보낸 것으로 되어 있다.

수월의 유일한 제자인 묵언의 상좌인 도천은 금산 대둔산 태고사 조실로 주석하다가 2011년 입적하였다. 도천의 상좌이자 수월의 손증손 상좌가 되는 명선은 여수 흥국사에 30여 년 가까이 주석하고 있다.

명선은 여러 해 전부터 수월의 자료를 수집하여 『수월평전』을 내겠다는 강한 의지를 내보였다.

수월의 손상좌 명선은(여수 흥국사 회주, 조계종 원로의원)은 "10여 년 전 연변 일대에서 수월스님을 기억하는 노인들은 만난 적이 있다.

떨어진 벼 이삭과 마을 사람들이 버린 배추잎을 주워 말린 뒤 겨우내 산속 동물들이 찾아오면 던져주던 수월 스님을 그들은 기억하고 있었다."고 전했다.

"수차례 그분들께 고증을 받아 수월 스님의 진영을 그렸고, 이곳 수월 정사에 모시게 됐다"고 밝혔다.

명선은 "수월스님은 머리를 기른 채 함경도 삼수갑산에 은거해 살던 스승 경허스님을 쫓아 북쪽으로 와 (1912년부터) 이 곳 먼발치에서 지켜보던 스승이 열반하자 장례를 치른 뒤 옛 고구려 땅인 흑룡강성 나자구 왕청현 송림산에 들어가 3년을 보내다 1928년에 열반했다"고 말하고 있다.

이렇게 수월의 행적들은 경허가 자신의 스승임을 몸으로 보여준 당당한 경허의 맏상좌로 경허의 제자 중 어느 누구도 수월의 이러한 행동을 행하지 않았음은 맏상좌의 당연한 몫이라고 본다.

(2) 慧月界 : 嶺南界

혜월의 제자로는 운봉성수-향곡혜림으로 이어져 현재 조계종 종정인 진제법원으로 이어진다.

혜월계는 1902년 경허의 친필인 '등등상속'의 경허-혜월 간의 전법을 적통으로 인정한다. 영월봉율-만화보선-경허성우-혜월혜명-운봉성수-향곡혜림-진제법원으로 이어지는 법맥으로, 여기서는 '청허 13세손 환성 9세손 설'을 따른다.

최근 제13대 조계종 宗正으로 추대된 眞際 法遠은 평생 간화선 수행을 이어온 禪師이자 曹溪宗門의 大宗匠이다.

석우로 부터 '父母未生前 本來面目' 화두를 받고 감자로 끼니를 때우며 태백 각화사 동암, 선산 도리사 등의 선원에서 용맹 정진하던 중 지견을 얻었다.

오대산 상원사에서 정진하던 중 참 공부의 의미를 깨닫고 1959년 전법스승인 香谷 문하에 입실했다. 향곡은 '香嚴上樹話' 화두를 내렸다.

1967년 향곡으로부터 깨달음에 대한 認可를 받고 태고 보우로부터 경허-혜월-운봉-향곡으로 이어져온 臨濟正脈의 法燈을 부촉했다. 향곡은 '眞際'라는 법호와 함께 '付眞際法遠丈室'라는 전법게를 내렸다.

그리고 2003년 간화선을 종지종풍으로 삼는 조계종의 원로의원에 올랐으며 이듬해 종단의 최고법계인 대종사 법계를 품수했다.

해운 정사를 비롯해 동화사 등지에서 45년간 승속을 막론하고 참선을 지도 점검하고 있는 진제는 선의 대중화와 생활화, 활성화를 위해 진력하는 현재 한국불교 조계종문의 종정이다.

(3) 滿空界: 德崇門中 修德寺

滿空月面의 제자는 보월성인, 용음법천, 고봉경욱, 혜암현문, 전강영신, 원담진성, 설봉학몽, 벽초경선, 효봉원명, 청담순호, 춘성춘성 등이다. 비구니 제자로는 법희, 만성, 일엽, 선복, 지복, 명순도 만공의 제자다.

이 가운데 보월성인의 법을 이은 금오태전이 법주사와 불국사를 중심으로 활동하면서 '月字' 문중을 형성한다. 월산, 범행, 월남, 탄성, 혜정, 월주, 월서, 월탄이 그들이다.

원담진성은 수덕사 3대 방장으로 덕숭산을 지켰고, 현재 덕숭산 수덕사 4대 방장 雪靖을 그 제자로 두고 있다.

설정은 현재 경허의 禪本宗刹인 德崇門中 수덕사의 방장으로 경허선사를 세계 만반에 알리기 위한 노력으로 최선을 다하고 있다.

하지만 법맥은 1:1로 전승된 '선맥'으로만 존재하지는 않는다.

청담 순호는 경허-만공-보월의 맥을 이었지만, 한영 문하에서 수학해 선운사 등을 중심으로 형성된 '백파 문도'와도 관련이 깊다. 때문에 '배타적 인맥중심의 법맥관'으로는 근현대 한국불교의 법맥을 이해할 수 없다는 지적이 나오고 있다.

3. 경허의 세 제자 삼월(三月)

경허는 교학의 최고 직위라고 할 수 있는 大講伯이 되었음에도 불구하고 주검과 마주한 스스로의 의문을 풀지 못하여 마침내 교학을 벗어던지고 捨敎入禪의 선 수행의 길에 들어섰다.

그러던 어느 날 "소가 되어도 콧구멍 뚫을 데가 없다"는 말에 크게 깨달음을 성취하고 한국 전통 禪佛敎의 脈을 잇는 대과업을 수행하게 되는 기틀을 마련하였다.

이렇게 한국 불교 法脈은 경허로 하여금 다시 그 생명력을 연장하여 오늘의 한국불교에 새로운 활력을 불어넣는 대동맥의 역할을 다하고 있다고 본다.

1) 鏡虛의 佛祖 法脈

鏡虛는 그의 나이 31세 되는 1879(고종 16)년 11월 15일 추운 겨울날 "소가 되어도 고삐 뚫을 콧구멍이 없다(牛無鼻孔處)" 라는 말을 듣고 홀연히 깨쳤다. 萬海는 『鏡虛集』의 《略報》에서 이 순간을 이렇게 기록하였다.

"하루는 어떤 스님이 묻기를 '소가 되어도 고삐 뚫을 구멍이 없다는 것이 무슨 말입니까?' 라는 말에 경허는 "대지가 둘러 빠지고 物我를 함께 잊으며 백 천 가지 법문과 무량한 묘한 이치가 당장 얼음 녹듯 하였다"

말로 경허의 오도의 순간을 이렇게 기록하고 있다.

그러나 그의 오도는 아무도 알지 못했다. 한 순간에 장부 일대사를 마친 경허는 이 때 법을 인가해 줄 스승이 없어 경허의 법맥은 한동안 맥을 잇지 못하고 표류한다.

경허가 살다간 시기는 세기말적 구한말의 역사의 소용돌이 속에서 왜곡된 현실을 바로 잡을 수 없는 무력한 힘을 감내해야 했던 암울한 현실이었다. 개항과 함께 시작된 근대불교는 조선의 개국과 함께 불어 닥친 억불숭유의 중세사회의 질곡을 벗어나지 못한 채 서구의 외래종교와 일본불교의 도전에 직면하였다.

억불의 시대의 전유물인 승려의 도성 출입마저 금지되었던 불교계가 이를 감당하기에는 역부족이었다. 이러한 시대적 상황에서 도를 이룬 선구자요 선각자인 경허는 대석학이요 고뇌한 지식인으로서 이러한 경허의 고독을 제자 한암은 이렇게 적고 있다.

이러한 시대적 현실 상황에서 경허는 주변 사람들이 도회지에 나가 교화하기를 권하면 "내게 서원이 있으니, 발이 경성 땅을 밟지 않는 것이다." 라고 하였다.

(1) 鏡虛 法脈의 문제제기

한국불교의 佛祖法脈으로 서산 이후 단절되었던 법통을 경허가 이어받았다는 그 계맥을 정리해 경허의 교단사적 위치를 파악해 보면 1931년 漢巖의 『先師鏡虛和尙行狀』에 경허의 사법관계를 다음과 같이 정리해 놓고 있다.

 이제 남기신 가르침을 따라 법의 원류를 거슬러 올라가면 스님은 용암혜언을 이었고 혜언은 금허법첨을 이었으며, 법첨은 율봉청고를 이었고 청고는 청봉거애를 이었으며 거애는 호암체정을 이었으며, 청허는 편양에게 전법하고 편양은 풍담에게 전하고 풍담은 월담에게 전하고 월담은 환성에게 전하였다. 화상은 청허로부터 11세손이 되며 환성으로는 7세손이 된다.124)

 위의 내용을 다시 정리해 보면 경허의 불조법맥은 청허휴정(1520-1604) → 편양언기(1581-1644)→풍담의심(1592-1655)→월담설제(1632-1704) → 환성지안(1664-1729) → 호암체정(1687-1748) → 청봉거안(?) → 율봉청고(1783-1823) → 금허법첨(?)→ 용암혜언(1783-1841) → 경허성우(1849-1912)로 이어지고 있다는 것을 확인할 수 있다.

---

124) 鏡虛, 『韓國佛敎全書』 券11, 동국대출판부, 1992.p.654c.

그러나 1902년 무렵 경허가 쓴 것으로 『等等相續』에는 용암혜언과 경허성우 사이에 영월봉율과 만화보선이 추가되어 있다.125) 는 것을 확인할 수 있다.

한편 1942년, 선학원에서 『鏡虛集』을 발간할 때 만해가 찬술한 「略譜」에서는 경허는 다시 한암의 『先師鏡虛和尙行狀』의 기록대로 청허의 11세손이 되며, 환성의 7세손이라 기록하고 있다는 것을 볼 수 있다.

이처럼, 경허의 불조 법맥에 있어서 이러한 앞뒤 정황은 다소 이해하기가 어렵다는 것에 후학들은 많은 의문점을 가지고 이러한 법맥의 혼란은 논쟁의 중심으로 경허의 법맥 논란은 쉽게 정리되지 않는 문제점을 안고 있다는 점에서 한국불교의 불조법맥은 하루빨리 정리되어야 한다는 숙제를 가지고 있다.

경허는 자신이 직접 저술한 『取隱和尙行狀』과 『瑞龍和尙行狀』 등 두 편의 행장에서 그들의 사법관계를 정밀하게 언급해 놓을 만큼 후학들은 경허가 인식한 禪脈의 중요성을 인식하여 경허가 정리해놓은 자신의 법맥을 확립해야 할 필요성을 절감하고 이러한 노력을 기울여 불조 법맥을 바로 잡아야 할 것이라고 본다.

따라서 논자 역시 경허의 불조 법맥을 정리하는데 여러 가지 연구를 통하여 경허의 의중을 바르게 읽고 이해하는 노력을 통하여 경허의 이러한 노력이 한국불조 법맥을 정리하는 지침으로 삼고자 하여 불조법맥의 원류로부터 거슬러 올라가 살펴보기로 하였다.

(2) 鏡虛의 悟道 : 無師自悟

경허는 동학사에서 대도를 성취하고 한동안 크게 고민하였다. 왜냐하면 경허는 200여 년 전 휴정의 법맥이 끊어진 이후 無師自悟 하여 경허가 깨달음을 증득한 이후에,

경허의 오도를 인가해줄 스승이 없었기 때문에 경허는 자신의 법맥을 이어줄 스승

---

125) 한중광, 『경허, 길 위의 큰스님』, 한길사, 1999, p.205.

을 찾아 이리저리 고심하다가 우여곡절 끝에 겨우 용암혜언으로 그 법맥을 이었던 것이다.

여기에 경허가 불조 법맥을 잇기 위해 노력한 흔적을 살펴보기로 하였다. 우선 경허가 자신의 법맥을 이어줄 스승을 찾은 흔적은 그의 오도가에서 드러나 있는데 경허는 자신의 스승으로 그 당시의 선지식으로 대중에게 추앙받고 있었던 허주 덕진을 잇고자 하는 의지를 드러내 보였다.

그러나 그러한 그의 노력은 실패로 돌아가고 경허는 스스로 홀로 멀리서 용암혜언으로 자신의 법을 잇고 오도가를 읊게 되는 과정을 논자는 연구해 보았다.

禪佛敎의 法脈은 마음을 깨쳐 법을 이은 제자가 스승의 계통을 이어가는 師資相承의 뚜렷한 계보로 이어진다. 오늘날 韓國禪宗史의 정통법맥도 스승과 제자의 관계로써 부처의 正法이 계승되는 脈을 형성하였다.

경허는 동학사에서 견성 오도 후 천장암에서 철저하게 자신과 마주하여 스스로의 법력을 시험하였다.

그리하여 자신은 이미 스스로의 굴레를 벗어나 있음을 확인하고 경허는 그러한 징표로 虛舟에게 자신의 信物로서 벌통의 짚벙거지 하나,

그리고 拄杖子 하나와 「寄虛舟長者」라는 제목의 '因筆及此心緖亂 遮箇境界共誰伊 鵠白鳥黑心言外 無生佛兮有山水'라는 詩 한 수를 써서 '鏡虛가 法物의 信表로 보낸다'는 당부와 함께 受法第子 慧月을 전령사로 하여 허주가 머무는 麻谷寺에 파견하였다.

그런데, 경허의 심오한 경지를 거침없이 드러낸 이 뜻깊은 禪旨詩를 虛舟는 애석하게도 心眼이 열리지 않아 경허의 참뜻을 헤아리지 못했다.

이때 경허가 직접 마곡사를 두 번이나 방문하여 허주를 만나려 하였으나 만나지 못

하고 결국 발길을 돌려 되돌아오는 도중 읊은 경허의 自作詩가 그때의 안타까운 심정을 고스란히 전하고 있다.

① 偶吟　　　　　　　　우연히 읊음

蕭條一榻滿山秋	소슬한 나무가지 평상 위에 울고 온 산은 가을이 무르익어
大涅槃光不盡流	열반의 대 광명 다함없이 퍼지네
賴有性師126)終未會	성사가 있다지만 마침내 만나지 못하였고
熊津元不異公州127)	곰나루128) 공주 땅은 달라지지 않았구나

곰나루가 있는 公州 땅은 또한 泰華山 麻谷寺가 있는 곳이기도 하다. 그런데 경허는 공주를 자주 방문하는데 마곡사에는 그의 친형 태허가 있기 때문이기도 하다는 추측은 얼마든지 가능하다고 본다. 여기서 禪旨·禪理를 담고 있는 「마곡사에서 一·二」 두 편을 소개하기로 한다.

소슬한 나뭇가지는 평상 위에 앉아서 들으니 울고 있는 듯 흔들거리고 산은 온통 가을이 무르익어 울긋불긋하다. 이 화려한 만산의 가을이 바로 열반의 대 광명의 모습으로 온 산에 끝없이 퍼지고 있다.

깨달은 도인 이 곳 공주 땅에 있다고 하지만 마침내 만나지 못하였다. 여기서 성사가 바로 허주 덕진으로 허전한 마음으로 발걸음을 돌리며 쓴 連作詩로 보인다.

여기서 이 '性師'는 구체적으로 마곡사에 머물고 있다던 虛舟로 경허는 직접 만나서 법을 전수 받는 형식을 취하고자 고심 끝에 직접 마곡사를 방문하게 되지만 안타깝게도 뜻을 이루지 못한다.

---

126) 性師 : 隱居하던 達人.
127) 鏡虛, 앞의 책,. p.618c.
128) 熊津 : 충청남도 공주시 웅진동에 있는 금강의 나루터. 명승 제21호. 고마나루는 공주의 옛 지명으로서 '固麻'는 곰의 옛말이며 한자로는 '熊津'이라 썼다.

이후 경허는 한 번 마곡사를 방문하지만 또 다시 만나지 못하고 마지막으로 자신의 법을 잇기 위한 노력으로 한 번 더 자신이 道를 성취한 내력을 적어 嗣法處를 정하기 위한 의지를 담아 慧月을 허주에게 보낸 바 있다

그것은 慧月에게 「寄虛舟壯子」 제목의 詩 한 首를 인편에 보내기 그 이전에 경허가 먼저 虛舟를 방문하였던 것이다. 그러나 만나지 못하고 돌아가는 중이다.

'곰나루 공주 땅은 달라지지 않았구나' 라는 표현으로 보아 경허는 이전에 公州 麻谷寺를 방문한 이후 오랜만에 다시 공주 땅을 밟고 있다.

곰나루는 公州가 雄鎭인 만큼 곰에 관한 아름다운 전설이 살아있는 아름다운 곳으로 지금 경허가 방문하고 있는 것으로 보인다.

그렇다면 이 시는 1880년(庚辰) 가을이거나 아니면 이미 嗣法處를 용암혜언으로 정하고 난 1881년 (辛巳)가을로 보이지만 1880년(庚辰)으로 보는 편이 더 타당하다고 본다.

왜냐하면 이후, 경허는 허주를 인정하지 하지 않았기 때문에 굳이 다시 만나려고 하지 않았을 것으로 보이기 때문이다.

② 偶吟　　　　　　　　우연히 읊음

稱佛稱祖早謾語	부처라 조사라 함이 부질없는 말이로다
蓍龜129)未兆鬼猶眠	풀거북이 점치기 전 귀신은 오히려 먼저 잠들었고
松雲湛寂蘿月晩	솔 구름 고요한데 숲속에 달빛은 이미 기울어
泰華山130)下古今傳131)	태화산 아래에 고금의 말씀을 전하누나

---

129) 蓍龜 : 국가의 운명을 점칠 때 쓰이는 蓍草와 거북이 등껍질인 龜甲을 말한다. 그 점괘가 국가의 운명을 좌우하기 때문에 매우 중요하여 이러한 구실을 하는 국가의 元老大臣을 비유하기도함.
130) 泰華山: 충청남도 공주시 사곡면·신풍면·유구읍에 걸친 산으로 대한불교조계종 6교구 본사 마곡사가 있다.
131) 鏡虛., 앞의 책, p.618c.

다음 詩는 세간에 널리 알려진 경허의 대표적인 中道不二 禪旨詩로 경허의 當體를 한 쾌에 몽땅 드러내는 이 詩는 가히 경허시의 白眉다.

이 詩 역시 경허가 허주를 만나러 왔다가 못 만나고 돌아가는 도중에 읊은 연작시다.

경허는 보통 같은 장소에서 連作詩를 지은 경우가 상당히 많기 때문에 이 시 역시 같은 시간 같은 장소의 連作詩로 보인다고 할 수 있다.

더구나, 이때는 경허가 大道를 성취하고 난 바로 직후의 작품으로 그의 禪氣가 그대로 詩 속에서 살아 있는 예리한 禪旨詩의 품격이 그대로 느껴진다.

그리고 여기서 태화산은 마곡사에 있는 산이다. 또한 마곡사는 경허의 私家 친 兄 되는 太虛의 출가사찰이기도 하여 경허는 이 곳 태화산 마곡사에 자주 들리곤 하였다.

太虛는 천장암의 주지도 하였지만 이곳 마곡사의 주지도 역임하였던 것으로 전해지는 사찰로 경허와 결코 무관하지 않아서인지 경허는 무려 네 편의 詩를 남기고 있다. 경허는 부처라 조사라 함이 다 부질없는 말이라고 하고 있다.

즉 임제의 '부처를 만나면 부처를 죽이고 조사를 만나면 조사를 죽이라'고 하는 '殺佛殺祖' 마저도 다 부질없다 말하고 있는 경허는 이미 中道實相의 경계를 뛰어넘고 있다.

갈라진 댓가지로 점을 칠 때 풀 거북이 점을 치기도 전에 귀신은 오히려 먼저 잠들어 버렸느니 점은 어떻게 칠 것인가? 남산에 구름 오니 북산에 비 내리는 격이라고 했다.

솔 구름 고요한데 숲속에 달빛은 이미 기울어 태화산 아래에 고금의 말씀을 전하는 새벽이 밝아오고 있음이다.

헛되고 참됨 모두 참되지 못한 데서 왔다는 중도불이의 본래자리를 바람 날리고 낙엽 지는 맑은 가을날 의구히 태화산이 참모습을 드러내고 있는 새벽이다. 3조 승찬의 『信心銘』의 구절이다.

靈光獨耀	신령한 광채 호젓이 밝아
脫迴根塵	六根·六塵을 아득히 벗어났고
體露眞常	영원한 진상 그대로 드러나
不拘文字	문자에 매이지 않도다
心性無染	心性은 물듦이 없어
本自圓成	그 자체 본래 완전하나니
但離妄緣	허망한 인연 여의기만 한다면
卽如如佛	그대로가 如如한 부처라네.

三祖는 허망한 인연을 여의기만 한다면 그대로가 如如한 부처라고 여읜다는 그 생각은 여의지 않았음이니 과연 여여한 부처를 만날 수 있을지는 의문이다.

승찬은 눈 푸른 납자는 반드시 호젓이 밝은 神靈한 광채인 호젓한 동그라미를 낱낱이 드러내야 할 것이로되 法 中에 나타나는 경계 경계마다 中道實相의 不二를 드러낸 청정한 마음자리가 바로 그 當體임을 바로 깨달아야 한다는 것을 오늘도 수행에 매진하는 山門의 눈 푸른 납자에게 說하고 있는 것이다.

③ 題麻谷寺 一   마곡사에서

塞却眼兮塞却耳	눈 가리고 귀 막고 보니
大千沙界沒滲漏	대천세계가 몽땅 둘러 빠졌구나
莫言密室人無覰	깜깜한 방에 사람을 볼 수 없다고 말을 마소
不通風處卽十路[132]	바람 한 점 통하지 않는 곳이 즉시 활짝 트인 길이로다

---

132) 鏡虛, 앞의 책,, p.618a.

이 시도 역시 경허가 마곡사를 두 번째 방문하여 만나지 못하고 돌아가는 도중에서 읊은 두 편의 連作詩로 보이는데 이 詩 속에서도 鏡虛禪의 要諦인 '中道不二'의 경계가 살아서 움직이는 그대로의 모습이 경허가 허주를 만나지는 못했다.

그러나, 경허가 깨달음을 증득한 경계는 가히 蕩蕩無碍의 廓徹大悟를 그대로 보여 주고 있는 禪旨法門이라고 말할 수 있다.

이처럼 경허의 '中道不二'는 눈 가리고 귀 막고 보니 삼천 대천 세계가 몽땅 둘러 빠졌다는 의미는 보고 듣는 모든 것을 여읜 '沒玄琴'의 격외도리를 말하고 있다.

깜깜한 방에 사람을 볼 수 없다고 말을 하지 말라는 것은 볼 수 없다는 것은 볼 수 있음을 전제함이요, 바람 한 점 통하지 않는 곳이란 바람이 이미 통하고 있음을 전제하는 것이기에 즉시 활짝 트인 길이라고 한 것이다.

이처럼 兩極端을 여읜 中道不二의 참 경계에서만 드러나는 本來面目의 경지다.

④ 題麻谷寺 二　　　　　마곡사에서

啞却爾耳聾我口　　　너는 귀먹고 나는 벙어린데
一句普應大千機　　　한 마디 들먹이면 누구에게나 통하는 것
莫言金剛棒不起　　　금강봉 일으키지 않았다고 말하지 마오
蚯蚓吟雨下淸池[133]　지렁이 울음소리 맑은 못에 비 내리네

너는 귀먹고 나는 벙어리라 할지라도 한 마디 들먹이면 누구에게나 통하는 것을 금강봉 일으키지 않았다고 말하지 말라. 지렁이 울음소리 맑은 못에 비 내리는 소식이란 지렁이는 울음소리를 들을 수 없는데 지렁이만 보아도 벌써 맑은 못에 비가 내리는 소식을 전하고 있다.

---

133) 鏡虛, 앞의 책, p.618a.

즉 운문의 須彌산 화두를 떠올려보면 운문이 말씀하시되,

"생각을 일으키면 죄가 일어난다"

하시니 한 학인이 묻되,

"그러면 한생각도 일으키지 않으면 어떠합니까?"

운문이 말씀하시되

"죄가 須彌山 같이 크니라."

한 생각도 일으키지 않았다함은 벌써 須彌山을 부르는 소식을 전하는 도리와 一脈相通하고 있다.

한 생각도 일으키지 않았다는 그 생각 자체가 곧 망상임을 바로 아는 지혜가 필요한 시점에서 지렁이 울음소리 와 맑은 못에 비 내리는 소식을 바로 아는 안목이 필요하다고 본다.

앞에서 살펴본 경허의 禪旨詩는 無位眞人의 無事人의 모습을 여실히 보여 주었다고 본다. 부처의 경계에서는 시간과 공간은 원래 없다. 경허에게 있어서는 날이면 날마다가 나귀 해다.

더욱이 詩心과 佛心이 일치된 경허의 시세계를 통해 언어의 길이 끊어지고 진세의 잡념이 사라진 곳에서 피어오른 경허의 佛詩心은 惺惺寂寂, 昭昭靈靈으로 오롯이 깨어있는 空寂靈地의 조화가 중생 모두에게 있음을 자각해야함을 말하고 있다.

즉 경허의 禪詩는 불성의 자각을 통해 내가 부처임을 깨닫게 하는 소리 없는 음성의 法音의 메아리라고 말할 수 있다.

이리하여 경허의 受法師로서의 虛舟는 물거품이 되어 한국 불교사의 슬픈 역사 속으로 한 순간에 사라지고 말았다. 미흡한대로 격식을 갖추어 虛舟를 수법사로 하여 불조 이래 조각난 한국불교의 법통을 얼기설기 꿰매서 소리소문 없이 이으려고 했다.

그러한 경허의 슬프고도 비장한 첫 번째 결심은 우여곡절을 겪게 되지만 결국 뜻을 이루지 못하고 이렇게 허무하게 不發로 끝난다.

嗣法處를 찾지 못한 경허의 法脈은 경허로 하여금 곧바로 천장암에서 비장한 결심을 굳히고 대중을 모아 비로소 자신이 지은 슬프고도 긴 장문의 '悟道歌'를 세상에 내놓아 공포하게 된다. 그리고 자신의 法脈을 멀리 찾아 용암 혜언에게로 법통을 잇는다.

따라서, 이것은 경허가 간신히 이어놓은 이 법맥의 과정에는 그동안 잘 알려지지 않았던 경허의 '오도가' 속에 또 다른 숨은 고뇌가 있었음을 이 '寄虛舟長子' 詩를 통해 두詩의 相關性을 밝히는 작업을 시도하였다.

경허는 1871년 辛未年(고종8년) 약관 23세 나이에 동학사의 강사로 추대되어 그 이름을 朝鮮八道에 드날린다. 동학사의 대강백이 되어 9년간 그 명성을 전국에 떨치던 경허는 1879년 어느 날,

봄 옛 은사 桂虛를 찾아가다가 天安 근처에서 창궐한 콜레라[134]로 마을에 屍身이 널려 있는 참혹한 현장을 보고 크게 발심하게 된다.

죽음을 직면하고 동학사로 되돌아온 경허는 학인들을 강제 해산시키고 강원을 폐쇄하는 前代未聞 초유의 대사건을 스스로 감행하게 된다.

조실방의 방문을 걸어 잠근 경허는 졸음과 마주하며 송곳을 목에 들이대는 수행으로 오직 靈雲[135]의 화두 '驢事未去 馬事到來'[136]를 들고 목숨을 건 용맹정진을 하던

---

134) 金永洙,「경허성우의 생애와 선사상 연구」, 석사학위 논문(동국대 대학원,1999), p. 14. "『承政院日記』,『日省錄』,『高宗實錄』의 高宗16年 6月,19~20日字에는 '앞서疹疾 : 코레라'가 日本國으로부터 釜山에 전파되었으며, 東萊府使 尹致和가 釜山주재 日本國官吏 前田獻吉의 요청에 의하여 絶影島에 消毒所와 격리병원의 설립을 허가했다.는 사실이 있다."

중 백 여일이 지난 1879년 기묘년(고종16년) 바야흐로 그의 나이 31세 되는 11월 보름 경 이었다.

자신의 봉양을 돕던 사미승 원규가 전하는 "소가 되어도 고삐 뚫을 구멍이 없다"(牛無鼻孔處)137)라는 말에 '生死가 본래 空한 이치'를 徹見하고 '가슴 속이 환하게 밝은 것이 마치 백 천개의 태양이 뜬 것과 같음'의 경지를 몸소 체득함과 동시에 생사에 자유자재한 경계 속에서 자기의 본래 면목을 '廓撤大悟' 했다.

得道 후 경허는 스스로 자신의 법명을 '깨달은 소 ' 惺牛 '라고 이름 짓는다.

大悟한 경허는 이듬해 1880년 봄 서산 연암산 天藏庵으로 거처를 옮겨 원성문 쪽 방에 둥지를 틀고 1년 반을 누더기 한 벌로 한번 앉아서 長坐 不臥의 수행으로 保任하고 난 후 장부의 일대사 인연을 해결했다.

1881년 6월 어느 여름날, 33세의 나이에 長文의 슬픈 悟道歌를 읊고 傳燈淵源을 밝혔다.

경허는 꺼져가던 한국불교 법맥의 불씨를 다시 이은 것이다.

이곳 天藏庵에서의 불교 역사의 새로운 場을 열었다고 볼 수 있다.

天藏庵에서 경허는 悟道頌을 지어 그 기쁨을 노래했는데 그 '悟道歌'는 사실은 슬픈 사연의 곡조를 안고 있는 '오도가'가 되어 버렸다.

그래도 경허는 오도가의 大尾는 희망이 넘치는 '太平歌'로 장식하고 막을 내린다. '太平歌'를 부르는 '悟道歌'의 슬픈 사연은 지금부터 시작되었다고 본다.

---

135) 당나라 승려. 福建 長溪 출신..福州 靈雲山의 志勤禪師를 말한다. 長慶 大安에게서 법을 이었다.
136) 스님: "어떤 것이 불법의 대의입니까?"[如何是佛法大意] 영운: "나귀의 일이 끝나기도 전에 말의 일이 닥쳐왔다." [驢事未去 馬事到來] 스님이 알아듣지 못하여 다시 설명해 주기를 간청하니, 영운: "채색의 기운은 언제나 밤에 움직이고, 요정은 낮에 만나지 않느니라. [彩氣夜常動 精靈日少逢]
137) 중국 법안종의 종주 法眼선사의 어록에 실려 있는 禪語.

忽聞人語無鼻孔	문득 '콧구멍 없는 소'라는 말 듣고
頓覺三千是我家	온 우주가 나임을 몰록 깨달았네.
六月燕岩山下路	유월 연암산 아랫길에서
野人無事太平歌[138]	일없는 경허가 태평가를 부르네.

1881년 6월 開悟詩를 읊고 , 이후 1886년 병술년(고종23년) 그의 나이 38세 되던 해 경허는 6년 동안의 保任을 마치고 옷과 탈바가지,[139] 주장자 등을 모두 불태운 뒤 無碍行에 나섰다.

천장암을 중심으로 20여 년에 걸쳐 주로 호서일대 東鶴寺, 天藏庵, 서산 浮石寺등 四十餘 道場을 주석하면서 法座에 올라 선풍을 드날린다.

이처럼 경허는 1881년 홍주 天藏庵에서 龍岩의 법을 이은 후 천장암과 서산 開心寺, 浮石寺 등에서 선풍진작을 위해 부단히 활동하였다.

대중으로 무대를 옮긴 경허의 깨달음을 근본 종지로 하는 禪佛敎의 要諦는 철처한 참선 수행임을 대중에 지도하였고, 이러한 수많은 사찰은 경허의 중생제도의 무대로 그 역할을 다 하였다고 본다.

황정수는 그의 논문[140]에서 "경허와 만공선사는 한결같이 當時當處에서의 깨달음의 추구와 철두철미한 참구 정신을 선불교의 요체로 들고 있다" 말하고 있다

"명리를 버리고 산속에 은거 수행한 고려의 보조 지눌로부터 조선의 청허 휴정, 그리고 그러한 전통을 이은 경허와 만공으로 이어지는 한국불교의 정신적 지주가 바로 이들의 철벽을 꿰뚫는 참구 정신과 깨달음을 향한 현실적이고 강건한 힘"이라고 강조했다.

---

[138] 「鏡虛集」, 위의 책, pp. 628c~629b.
[139] 이흥우 , 「공성의 피안길」, (동화문화사, 1980), p. 142. "그 때 속가(俗家)의 백씨인 태허(泰虛)스님이 있는 천장암으로 가셔서 조실방 하나를 얻은 연후에 핫옷 한 벌을 얻어 입으시고, 탈바가지 만들어 쓰시고 송곳을 두 주먹으로 턱 앞에 꽉 버티어 쥐시고 앉아서…" 정혜사의 마 벽초 스님은 경허의 천정암에서의 좌선의 모습을 이런 모양으로 어조에 느릿느릿한 리듬을 지어가면서 얘기해 주었다."
[140] 황정수, 「경허·만공의 선사상 연구」, 박사학위 논문(동국대학교 대학원, 1999, p. 180.

이처럼 보조 지눌과 청허 휴정을 거쳐 경허와 만공으로 이어지는 한국 선불교의 깨달음을 향한 투철한 참구 정신은 오늘날 한국불교의 든든한 버팀목으로 한국 선불교의 세계화를 꿈꾸는 자양분이 되고 있다고 생각한다.

(2) 鏡虛의 悟道歌

스승 계허를 만나러 떠난 경허는 애석하게도 서울 땅은 아예 밟아보지도 못하고 되돌아왔기 때문에 청계사를 떠나오면서 헤어진 스승 계허와 제자 경허의 감격적인 해후 장면은 이루어지지 못했다.

그러나 이 안타까운 사건은 훗날 운명처럼 경허가 大道를 성취하고 한국불교의 중흥조로서 그 역할을 다하여 새로운 선불교 역사의 장을 여는 그 序幕을 장식하는 계기를 마련하였다고 본다.

① 영운 지근의 '驢事未去 馬事到來'

주검을 마주하고 비장한 결심과 절박한 심정으로 동학사에 돌아온 경허가 '捨敎入禪'을 위해 강원을 파하는 장면이다. 오직 '驢事未去 馬事到來'만 남았다. 『鏡虛集』의 내용이다.

이에 혼자 마음속으로 다짐하되 『이 生涯를 차라리 바보가 되어 지낼지언정 文字에 매이지 않고 祖道(禪旨)를 닦아 三界를 벗어나리라.』고 생각하였다. 위와 같이 發願한 끝에 平素에 읽었던 公案을 회고하여 보았더니.(중략)..나귀일(驢事)이 가지 아니하였는데, 말의 일(馬事)이 당도하였다.』는 화두에 알음알이를 내지 못함이 마치 은산 철벽에 탁 부딪힘과 같음이라. 곧 『이 무슨 도리인고?』하는 의심이 되어 동학사에 돌아와 드디어 대중을 흩어 말하기를 『그대들은 인연 따라 좋은 데로 가거라. 나는 여기에 있지 않겠으니, 나와 서로 잊어버리기를 원하노라.』라고 경허는 비장한 선언을 하였다.[141]

---
141) 한암중원찬, 『先師鏡虛和尙행장』, 대한전통불교연구원, 1982, p. 48.

출타를 하였다가 돌아온 스승 만화는 자신이 심혈을 기울여 문을 연 동학사 강원이 폐쇄되었음을 알고 경허를 심히 꾸짖는다.

그러나 경허는 조금도 아랑곳하지 않고 祖室房 문을 굳게 걸어 잠근다. 그 당시의 절박한 상황을 김태흡은 이렇게 생생하게 기록하고 있다.

그래서 大師는 東鶴寺에 들어온 뒤에는 여러 學人들을 모아놓고 말하되「大端히 未安한 말이지만은 여러분은 오늘부터 各各 緣을 따라서 다른 講堂으로 가주시기를 바라는 바이외다. 나는 이번에 서울 갔다가 돌아오는 길에 깊이 느낀 바가 있어서 나의 心源을 밝히기 前에는 다시 講할 마음이 없는 사람이 되었으니, 各各 解散하여 주시오. 그간에 내 스스로 깨친 바가 없이 여러분을 가르친다고 주척댄 것이 생각할수록 未安하고 부끄럽기 짝이 없사외다.142)

이로부터 경허는 문을 닫아걸고, 단정히 앉아 오로지 밤을 새워 정진하였는데, 졸음이 방해됨으로 하여 날카로운 송곳으로 살가죽을 찌르고, 칼을 갈아 턱에 바싹 대고 정진을 하였다.

그리하여 훗날 경허의 턱에는 송곳 자국과 칼에 스친 여러 자국의 흉터가 굉장히 남아 있었다고 한다.143) 김태흡의 「人間鏡虛」는 이렇게 적었다.

大師는 이와 같이 말을 한 뒤에 祖室房에 들어가서 木石과 같이 相似하게 專心端坐하고 오직 禪工夫를 하고 있었다. 밤이 되어서 잠이 오게 되면 송곳을 옆에 놓았다가 넓적다리를 찔러서 잠을 쫓기도 하고 또는 칼을 시퍼렇게 갈아서 목을 향하여 겨누고 앉아서 工夫하기를 시작하여 이와 같이 석 달 동안을 한결같이 해서 純一 無雜하게 工夫를 계속하였다.144)

경허는 조실방에 앉아 방문을 걸어 잠그고 만년의 은산철벽처럼 꼼짝도 하지 않고 화두를 지어갔다.

---

142) 김태흡,「人間 鏡虛—鏡虛大師 一代評傳」,『批判』6호, 批判社, 1938, p. 108.
143) 이흥우,『空性의 피안길』,동화문화사,1980,p.93."경허스님의 턱에는 송곳 자국의 흉터가 굉장히 남아 있었다고 마벽초 스님은 말했다."
144) 김태흡, 앞의 책, pp. 108-109.

수마가 덮쳐오면 정신을 가다듬기 위해 송곳으로 가랑이 사이를 찌르고 자신의 머리를 쥐어박으며 오직 「驢事未去 馬事到來」의 화두타파를 목전에 두고 爲法忘軀의 각오로 스스로 육신을 때리고 하여 졸음과 철저히 맞섰다.145)

② '牛無鼻孔處'의 소식

求法僧 경허가 이렇게 순조롭게 용맹정진으로 찰나 찰나 죽음과 대면하며 순일하게 화두가 무르익어갈 무렵 경허의 일대사는 그 정점을 향해 치닫게 되는 결정적인 중대한 사건과 맞닥뜨린다.

이 역시 운명처럼 다가왔다. 김태흡의 「人間鏡虛」의 실감나는 묘사 부분이다.

"그래서 상좌 되는 元圭를 보고「이번에 내가 너의 집을 들렸더니 너의 父親이 나를 보고 '중노릇 잘못하면 소가되는 理體를 아느냐' 하기에 알 수 없다 하고 소가되면 되는 것이라 하였더니 對答이 잘못되었다고 하며 '소는 되어도 콧구멍 뚫을 곳이 없느니'라고 대답을 해야 된다고 하는구나. 이게 무슨 소리냐? 내가 중노릇한지 수 십 년이로되 이런 소리는 처음 들어 보았다. 이런 말이 或 經典같은 데도 있느냐. 있거든 좀 알아 봐 다구」「글쎄올시다 무슨 그런 말이 經典에야 있을라구요. 그것은 禪學의 問答이니까 經典과는 다릅니다. 그러나 지금 우리 祖室스님이 講도 철폐하고 지금 조실 방에서 침식을 전폐하면서 參禪工夫만 至毒히 하고 계시니까 이 말을 가서 물어보시면 알 듯 합니다.」「그럼 얘, 네가 어서 가서 물어 보아다고.」화상은 이렇게 말을 하고 반가이 여기며 元圭에게 물어달라고 請하였다. 元圭는 그길로 곧 일어나서 鏡虛大師를 찾아갔다. 그래서 인사를 한 뒤에 自己恩師가 自己父親인 李處士집을 갔더니 이러이러한 말을 들었는데 그 말에 疑心이 나서 왔다하며 스님이 물어달라고 하니「조실스님, 소는 되어도 콧구멍 뚫을 곳이 없다하니 이게 무슨 소립니까?」" 146)

여기에서 등장하는 세 사람 즉, 사미 元圭의 부친 李 處士 , 사미 원규의 스승 學明 道一, 그리고 傳達者 사미 元圭는 경허의 大悟에 어느 누구 빠뜨릴 수 없는 숨은 功勞者들로서 이들이 없는 경허는 없었다고 보아지는 부분이다.

---

145) 이홍우, 앞의 책, p. 93.
146) 김태흡, 앞의 책, pp. 109-110.

일찍이 동학사에서 元圭사미와 李 處士, 그리고 학명 이렇게 삼인방은 하모니를 이루어 경허의 大悟를 도왔다.

당시 경허의 시봉을 들던 사미 원규의 부친이 이 처사였고 학명은 원규의 스승이었으니 참으로 기연이 아닐 수 없다고 본다. 경허 나이 31세 1879년 11월 15일이었다.

경허의 사형이었던 학명도일은 훗날까지 경허와 인연이 계속된다.147)

원규도 훗날 '東隱'이라는 법명으로 개심사 주지로 있으면서 경허를 시봉하고 경허 일화에도 등장하는 기연이 있다. 1899년, 경허는 범어사에 1년을 머물다가 해인사로 자리를 옮긴다.

해인사에는 그 때, 20여 년 전, 동학사에서 함께 지낸 학명 도일이 있었다. 그때 변설호는 12세의 사미로 학명을 시봉하고 있었다.

학명은 해인사에서 시봉을 드는 어린 변설호에게 이렇게 말했다.

" 너는 어려서 모르지만 저 노시님은 좀해서 만나기 어려운 시님이니, 너 法門을 써 받아 두거라." 하여 그때 받아둔 것이 오늘날까지도 애송되는 그 유명한 「參禪曲」148)이다.149)

이 장면을 한암의 『先師鏡虛和尙行狀』에서는 이렇게 적고 있다.

" 『너의 嚴父께서 이러한 말씀을 하셨는데 나는 도무지 무슨 意味인지 모르겠다.』고 하였다. 그 沙彌가 말하기를, 『지금 鏡虛 스님이 禪工夫하는 데 沒頭하시어 잠도 안자고 먹는 것도 잊어버린 정도입니다(중략)... 李處士의 말을 전하게 되었는데, 이야기가 콧구멍 없다는 대목에 이르자마자 和尙의 眼目이 번쩍 뜨이게 되었다.150)"

---

147) 이흥우, 앞의 책, p. 277, 한중광,『경허 길 위의 큰스님』한길사, 1999, pp. 104-105.
148) 『鏡虛集』, 앞의 책, pp. 630c-633a.
149) 이흥우, 앞의 책, p.310.
150) 한암중원, 앞의 책, p. 51.

'牛無鼻孔處'는 경허를 깨달음의 경지로 내몰게 한 기막힌 기연의 계합이라 아니할 수 없다.

결정적으로 '牛無鼻孔處' 한 순간의 靜寂은 결국 불조로부터 이어온 한국불교 전통 간화선의 법맥의 불씨를 다시 지피는 도화선으로 타오르게 되었다고 본다.

이 '古佛未生前'의 消息을 知音者 한암은 이렇게 묘사하고 있다.

" 이에 古佛이 태어나기 전의 消息이 찡하고 울리면서 환하게 들어나 空間이 무너지고 認識 主觀과 客觀的 事物의 對立關係까지 解消되어 버렸으니, 이로써 더 以上 努力할 必要가 없는 境地에 到達하여, 수많은 가르침과 한없는 깊은 뜻이 당장에 釋然하게 풀리게 되었는데 …"151) 그때가 바로 경허 31세 되는 고종 십 육년인 기묘년 (1879년) 겨울 십일 월 보름 무렵이었다.152)

경허는 드디어 깨친 覺者가 되었다. 기연이 열리는 그 순간 경허는 모든 허물의 껍질을 벗어던지고 맨발로 뛰쳐나와 덩실덩실 춤을 추었다고 전한다.

세존은 새벽별을 보고, 영운은 복사꽃을 보고, 향엄은 기왓장 부딪히는 소리를 듣고, 청허는 낮닭 우는 소리에 대오의 소식을 알리듯 경허는 '牛無鼻孔處'의 한 소식을 들었다.

여기서 중요한 것은 '驢事未去 馬事到來'의 소식과 '牛無鼻孔處'의 소식은 과연 어떤 개연성이 있다는 것 일까 ? 여기서 경허가 깨친 참 소식은 왜 경허를 춤추게 했을까? 그것은 바로 ' 中道實相'의 當體인 '本來面目,이라고 본다.

③ 虛舟 德眞의 生涯

虛舟 德眞의 생애는 『東師列傳』153), 『朝鮮佛敎通史』등에 전하는데 그에 의거해 허주의 약전을 살펴보면 다음과 같다.

---

151) 한암중원, 앞의 책,, p. 52.
152) 한암중원, 앞의 책,, p. 52.
153) 1894년(고종 31)에 승려 覺岸이 우리나라 역대 고승들의 전기를 모아 엮은 책. 6권2책. 필사본.

虛舟(1806 －1888)의 법명은 德眞이다.

허주는 어려서 조계산 松廣寺에 들어가 삭발하고 홀로 禪定을 닦으며 도학을 성취하였다. 주지직을 위임하면 부득이 임무를 수행하였지만, 언제나 조용한 곳을 찾아 수도하기를 좋아하였다한다.

이처럼 허주는 송광사·仙巖寺·七佛庵·白羊寺·物外庵과 圓寂庵, 伽智山 內院庵 등 여러 사찰을 순방하며 평생을 수도한 선승이었다.

허주는 주로 호남 지방에 거주하며 사람들을 교화한 조선 후기의 선승이다.

훗날 허주의 명성이 널리 퍼지자 興宣大院君은 불러 국가를 위하여 철원 寶蓋山 地藏庵과 高山 雲門寺에서 기원하게 하였다.

그의 道聲이 알려지니 수많은 학인들이 그의 문하에 모여들었고 많은 신도들이 그를 따랐다 한다.

허주는 칭찬과 비난에 아랑곳하지 않고 수도 정진하고 법제자를 키워 敬淳影山[154]과 더불어 당대의 가장 뛰어난 선지식으로 이름을 날렸다고 한다.

허주는 다음의 통도사 일화가 전한다. 허주가 거지꼴로 통도사를 찾았다가 방에 들어가지 못하자 다음에는 옷을 잘 차려있고 다시 찾아갔을 때 대중 스님들이 공양을 잘 차려줬다고 한다. 이에 허주는 음식 전부를 옷에 담아 버렸다.

이유를 묻는 대중에게 허주는 '옷이 공양 받을 자격이 있지, 내가 무슨 공양 받을 자격이 있느냐' 고 답했다 한다.

허주는 매양 고요한 곳을 좋아하여 깊은 곳에 숨어 있었으나 가는 곳마다 도를 구

---

[154] 敬淳(미상-1883) 조선 말기의 승려로 호는 影山이다.

하는 사람들이 저자를 이루어서 도리어 번거로운 곳을 만드는 것이 보통이었다 한다.155) 이것을 보면 대중들의 허주의 감화력이 컸다는 것을 알 수가 있다.

허주에 대해서는 여러 가지 일화가 많으나 그 가운데 말없이 설법하는 무언 설법과 한참 뜸을 들여서 설법하던 매미 법문이 유명하다.156)

죽림암157) 또한 1868년(고종 5)에 허주 덕진이 다시 중창했다는 기록이 있다. 이런 기록들을 살펴보면 허주는 불사에도 관심이 있었음을 알 수 있다.

또한 허주는 영암 월출산 도갑사에서도 주석하면서 수행을 했다.

그러나, 경허가 찾은 허주에 관한 기록은 그다지 자세히 남아 있지 않다. 다만 위의 내용을 종합해보면 그가 그 당시의 선지식의 법기였던 것만은 수긍할만 하다고 본다.

어느 날 허주는 송광사를 떠나 詩 한 수를 남기고 어디론가 정처 없이 길을 걷고 있었다. 아래 시는 『韓國高僧傳』에 수록되어 있다.

四顧無與親	사방을 돌아보아도 친한 이 없고
六方無與疎	육방을 살펴보아도 더불어 나눌 이 없네
步步無遺彩	걸음걸이 마다 그림자 남기지 않아
行行眞虛舟	가는 곳마다 진실로 빈 배로다.

이때, 허주가 산 따라 강 따라 도달한 곳이 바로 태화산 마곡사이었으리라 미루어 짐작해 본다. 경허가 嗣法處를 찾아 헤맬 때 마침 허주는 마곡사에 머물고 있었기 때문이다.

마곡사는 경허의 私家 친형인 태허 성원의 출가사찰이고 보니 경허와 인연도 무관하

---

155) 장휘옥, 『동사열전』 제4卷, 「虛舟禪伯鷺」, 동국역경원, 2009, pp. 263-266.
156) 경봉, 『니가 누고』, 휴먼앤북스, 2010, pp. 384-386.
157) 죽림암 : 전라북도 임실군 임실읍 호반로 79-53.

지 않았을 터로, 허주 덕진과 경허 성우는 아슬아슬한 줄다리기를 하며 기연은 이렇게 서서히 다가오고 있었다는 추측이 가능하다고 본다.

④ '寄虛舟長者' 詩

때는 바야흐로 경허 나이 31세 1879년 11월 15일 역사적인 날 확철대오를 이룬 경허는 쉽게 거동을 옮기지 못하고 방에서 빈둥빈둥 이리저리 걷어 채이면서 만화 강백의 꾸지람과 눈총 속에서 일 없는 사람으로 그해 겨울을 난다.

이듬해 봄 어느 날 서서히 느린 행보를 시작한다. 동학사에서 悟後保任을 위해 천장암으로 자리를 옮긴 경허는 상상을 초월하는 용맹정진에 들어간다.

경허의 목숨을 담보로 한 쪽방의 보림은 철저하게 극치에 이르러 보통의 수행자로서는 상상조차 하기 어려웠다.

경허는 지고 온 바랑에서 옷 한 벌을 내어 솜을 놓아 두툼한 누더기 한 벌을 손수 지어 입고, 한번 앉아 꼬박 1년을 지냈다.

공양이나 받아 들고, 대소변을 보는 일 이외에 어떠한 일이 있어도 몸의 자세를 움직이지 않았다.

물론 세수하고 목욕하는 일까지도 전혀 돌보지 않았다.

언제나 오직 앉아 있을 뿐이었다. 잠을 자기 위하여 눕거나 벽에 기대는 일도 전혀 없었다. 때로는 사람들이 절에 와서 아무리 소란을 피워도 그러한 경계에 팔림이 있을 수 없었다.

절대로 귀로 듣지 않고, 눈으로 보지 않으며 몸으로는 일체 감각마저 움직임이 없었다. 실로 상상하기 어려운 等像佛의 모습이었다고 한다.

이 부분을 김태흡은 이렇게 서술해 놓았다.

"大師는 天藏庵서 保任工夫를 하는데 탈바가지를 쓰지 못하게 하여 假面을 쓰지 않는 代身에 棉의 一件을 가지고 春夏秋冬을 通하여 갈아입는 일이 없었다. 옷 한 벌을 가지고 內衣도 바꾸어서 입는 일이 없고, 가죽도 빨아서 입는 일이 없었던 고로 더럽기로도 그 極에 達하였지만은 이가 꾀어서 말씀이 아니었다. 그러나 일을 잡지도 않고 그냥 내버려 둘뿐더러 이가 설설 기어 나오면 다시 잡아서 此亦 나의 眷屬이라 하며 옷깃 가슴 속에 넣어서 뜯어 먹게 하였다." 158)

天藏庵은 하늘이 감춘 절이라는 의미를 담고 있는 작은 암자다.

하늘이 숨겼다는 뜻으로 秘處라고 말하기도 한다. 瑞山 燕巖山 天藏庵은 앞은 바다이고 뒤는 山인 그곳은 保任地로 最適의 조건을 갖추고 있다고 본다.

이렇게 이곳에서 1년 6개월의 철저한 오후보임을 마친 경허는 어느 날 중대한 결심을 하게 된다.

'寄虛舟長子'의 이 역사적 장면은 그동안의 어느 경허 관련 서적이나 자료에서도 찾을 수 없었던 유일한 자료로 김태흡의 「人間鏡虛評傳」의 내용이다.

"그런데 大師는 또 어느 때에 새끼를 쳐 가지고 날아 달아난 벌(蜂)을 받아서 벌통 속에 넣으라고 만든 벌통의 짚벙거지 하나하고 拄杖子 하나와 因筆及此心緖 亂 遮箇境界共誰伊 鵠白鳥黑心言外 無生佛兮有山水 라는 시159) 하나를 써서 문도되는 혜월 대사에게 주면서 말하되 「"只今 虛舟大師가 善知識의 이름을 날리고 麻谷寺에 있으니, 이것을 가져다가 주게. 그리고 이것은 鏡虛가 法物의 信表로 보내는 것이니 그리 알고 받으라고 이르게. 何如間 나도 위에나 아래나 嗣法處가 있어야 할 것이 아닌가?" 그런 즉 "그렇게 하소" 한다.」 그래서 慧月大師도 그렇게 생각을 하고 麻谷寺를 찾아가서 所謂信物을 虛舟大師에게 傳하였다. 그러한즉 虛舟大師는 말하되 「"미친 녀석 같으니라고. 젊은 놈이 見性했다고 날뛰더니 또 이것을 法物이라고 이 늙은 사람에게 傳하더란 말이냐? 이 虛舟는 그러한 것을 받는 사람이 아니라 하더라고 鏡虛에게 가서 이르게. 시큰둥하고 건방진 녀석 같으니라고. 요새 소위 參

---

158) 김태흡,「人間 鏡虛—鏡虛大師 一代評傳」,『비판(批判)』7호 ,비판사, 1938 , pp. 50-51.
159)『鏡虛集』, 위의 책 pp. 617c-618a.

禪을 좀 한다고 날뛰는 禪客들은 이런 짓이 일수란 말이야"」하며 怒氣衝天하여 一蹴하는 고로 어찌할 수가 없었다. 이것을 들은 大師는 「"허— 虛舟가 그래도 무던한 줄 알았더니 맹꽁무니였구나. 그만두어라. 그가 무얼 안다면 내가 그를 受法師로 붙이려고 하였더니 可히 더불어서 말할 사람이 못된다."」 160)

드디어 혜월은 경허의 信物을 앞세우고 虛舟를 찾아 마곡사로 향했다. 이 詩는 경허가 자신의 심정과 경지를 그대로 드러내 虛舟에게 보낸 禪旨詩로 「寄虛舟長者」의 제목으로 『鏡虛集』에 수록되어 있는데 그동안 이 詩의 중요성을 사부대중은 미처 알지 못하고 간과하고 있었다.

이 詩야말로 그 가치를 논할 수 없는 귀중한 法器詩로 의미심장한 詩라고 본다.

허주 역시도 경허의 뜻 깊은 심중을 간파하지 못하고 단호하게 순식간에 내치고 말았다.

경허 역시 호리의 망설임도 없이 虛舟를 가볍게 인정했다. 人便으로 허주에게 전한 경허 마음을 들여다보자.

寄虛舟長者	허주 장자에게 부쳐
因筆及此心緒亂	붓으로 인연하여 여기에 미치니 마음 갈래 어지러워
遮箇境界共誰伊	이 낱 경계 대체 또 누구와 함께 할꼬
鵠白烏黑心言外	따오기 희고 까마귀 검은 것은 마음과 말 밖 의일
無生佛兮有山水161)	부처와 중생은 없어도 산과 물은 있네 그려

이 시는 사실 경허가 남긴 수 백 편의 선시 전체에서 가장 의미 깊고 가치 있는 시로 그 중요성을 평가해 본다면 이 시를 능가하는 시가 없다고 할 만큼 그 비중이 크다.

---

160) 김태흡, 앞의 책,「人間 鏡虛—鏡虛大師 一代評傳」, 『批判』 7호, p.51.
161) 『鏡虛集』,위의 책, pp.617c-618a.

왜냐하면 물론 이 시에 드러난 선지를 통해 경허의 경지와 선사상을 쉽게 가름해 볼 수 있지만 무엇보다도 더 높이 평가해야 할 부분은 이 시가 경허의 265여 작품 중 최초기에 쓰여진 작품이라는 점이다.

鏡虛詩로서 이보다 일찍이 앞선 작품은 없었다. 그러나 그보다도 더 중요한 것은 이 시는 홀로 깨친 경허의 嗣法處를 찾는 悲運의 불교사적인 歷史詩의 의미를 담고 있기 때문이라는 점에서 그 가치가 인정된다.

이 詩는 '여사미거 마사도래'의 화두를 들고 정진하던 중 侍子인 元圭가 전하는 '우무비공처'의 소리를 듣고 홀연히 깨달아 장부 일대사를 마친 경허다.

이후 스승 없이 깨친 자신의 깨달음을 인가 받기위해 수많은 고뇌를 하다가 사명감을 가지고 스스로 택한 생면부지의 虛舟에게 승부수를 띄운 의미심장한 詩이다.

우선 이 詩를 면밀히 감상해 보면 먼저 詩의 제목만으로도 평범하지 않음을 알 수 있다.

깨친 者의 입장에서 경허 스스로 虛舟에게 長者162)의 칭호로서 스승의 예의를 아낌없이 갖추고 있는 경허의 섬세한 마음이 그대로 전달되고 있다.

먼저, 1연의 내용을 살펴보면 大悟를 이루고 자신의 소식을 스승이 아닌 一面識도 없는 虛舟에게 자신의 마음을 조심스레 전하는 경허는 자못 노심초사다. '

붓으로 인연하여 여기에 미치니 마음 갈래 어지러워...." 이 부분은 그 당시 선지식 경허의 마음이 고스란히 전해 옴을 느낄 수 있는 부분이다.

깨친 者 경허는 스스로 어려운 붓을 들어 첫 인연의 所以를 간신히 알리며 마음 갈래 어지러운 복잡한 자신의 심정을 첫줄에서 어렵게 한 발짝 운을 떼었다.

---

162) 長者 : ①윗사람, 어른 ② 德望이 있는 노성한 사람 ③巨富의 俗稱

그리고는 2연에서 "이 깨친 낱낱의 경계를 대체 또 누구와 함께 할꼬" 하고 자신의 得悟를 본격적으로 낱낱이 알리고 이를 인가할 스승이 되어 줄 것을 허주에게 넌지시 드러내고 있다.

이어서 3연에서는 자신의 깨달음의 경지를 '따오기 희고 까마귀 검은 것은 마음과 말 밖의 소식'의 '不二法' 소식임을 과감히 보이고 함께 나누고자 허주의 마음을 은근히 떠 보고자 하였다.

마무리도 '無生佛兮有山水' 라 하여 부처와 중생은 없어도 산과 물은 있는 '中道不二'의 絕對境地를 드러내 보이고 직접대면이 아닌 아쉬움을 깔끔하게 붓으로의 짧은 인연으로 마무리 하였다.

여기에서 三연에 등장하는 鵠白烏黑의 본뜻은 따오기는 씻지 않아도 희고 까마귀는 먹칠하지 않아도 검다는 뜻으로 『莊子』 천운편에 나오는 내용이다.

노자에 의하면 '흑백과 선악은 정해져 있는데 이렇게 살아라 저게 옳다고 遊說를 떨어 봐야 세상만 더 혼란스럽게 하니 無爲가 최고다.' 라는 노자를 향한 의미심장한 내용을 담고 있다.

여기에 담긴 경허의 의중은 허주에게 자신의 깨침을 의심 없이 '곡백오흑'으로 받아드리라는 깊은 뜻을 내포하고 있다고 본다.

중도의 입장에서 세계를 보면 일체 법은 있는 것도 아니면서 있기도 하고 없기도 한 것이다.

"佛性은 非有非無이며 亦有亦無이니 有無合 故로 名爲中道니라"의 열반경의 내용처럼 '鵠白烏黑'의 흑백논리로만 작동하는 우리들의 의식은 常을 부정하면 斷을 떠올리고 斷을 부정하면 常에 집착한다.

이와같이 흑백논리로만 작동되는 분별망념으로는 시비분별만 키울 뿐,

'不常不斷, 不生不滅, 不來不去, 不一不異'의 '二邊' 모두를 타파한 후에 드러나는 말길이 끊어진 無分別의 있는 그대로의 진실한 모습을 경허는 虛舟와 함께 나누고 싶었다.

그러나 虛舟는 경허를 알아보지 못한다.

친절하게도 경허는 자신의 경계를 마지막 확인 작업으로 4연에서 한 자락을 더 깔아 주고 있다.

부처와 중생은 없어도 산과 물은 있는 절대경지로서 쐐기 못을 단단히 박는 절차를 마치고 앞 연에서 드러낸 자신의 복잡한 심정을 뒤 연에서는 禪家의 定理로 마무리 하였다.

사실 일반에 널리 알려진 〈산은 산이요 물은 물이다〉 라는 말은 『續景德傳燈綠』 권 22에 나와 있는데 고려 말기 白雲和尙이 參禪하면서 제자들에게 말한 유명한 話頭다. 禪의 수행과 깨달음의 삼 단계를 체험한 백운화상은 이렇게 말했다.

 내가(노승이) 삼십년 전에 참선하기 전에는(老僧三十年前未參禪時), 산은 산이고 물은 물로 보았다.(見山是山, 見水是水,). 그러다가 나중에 선지식을 친견하여 깨침에 들어서서는(乃至後來親見知識有入處), 산은 산이 아니고 물은 물이 아닌 것으로 보았다.(見山不是山, 見水不是水) 지금 편안한 휴식처를 얻고 나니 마찬가지로(而今得箇休歇處) 산은 다만 산이요, 물은 다만 물로 보인다.(依前見山祇是山, 見水祇是水..) 그대들이여, 이 세 가지 견해가 같은 것이냐 다른 것이냐?(大衆這三般見解是同是別)

이처럼 산은 산이요 물은 물이다 (山是山, 水是水),그리고, 또한 산은 산이 아니요 물은 물이 아니다(山不是山, 水不是水 山只是山, 水只是水)라고 한 것은 이미 宋代 임제종 황룡파 青原惟信禪師의 上堂法語 이었다. 그리고 이 말은 『傳心法要』 제2편 황벽의 『宛陵錄』이 그 효시다 .

〈산은 산이요 물은 물이다(山是山, 水是水)〉의 참뜻은 어리석은 중생의 눈으로 바라본 迷妄을 말함이요, 〈산은 산이 아니고 물은 물이 아니다(山不是山, 水不是水)〉라는 것은 깨침의 경지에서 바라본 寂滅을 말함이다.

여기서 경허의 참 소식은 이처럼 中間, 또는 中庸이 아니다. '中道'다. '中道'는 是非善惡 등과 같은 상대적 대립의 양쪽의 '二邊'을 버리고 이에 따르는 모순과 갈등이 상통하여 융합하는 절대의 경지이다.

경허가 허주에게 보인 '教外別傳'은 禪宗에서 釋尊이 靈山會上에서 言語나 文字를 쓰지 않고 가섭에게 마음으로써 심원한 뜻을 전해 준 일로 '以心傳心, 心心相印, 拈華微笑, 不立文字' 등으로 표현된다.

하지만, 경허는 이 모든 것을 초월하여 '부처와 중생은 없어도 산과 물은 있네'로 이 모두를 선종의 근본 종지를 드러내는 군더더기로 일축하며 깔끔하게 한마디로 그려내어 마무리 하였다.

특히 이 시의 제3구와 제4구에서는 뛰어난 格外의 禪旨家風을 보이고 있다.

中道實相의 경계를 낱낱이 파헤친 경계를 노래하고 있는 부분으로 경허의 심오한 경지를 거침없이 드러내고 있다고 본다.

이러한 선지시를 虛舟는 애석하게도 心眼이 열리지 않아 경허의 참뜻을 헤아리지 못했다.

이리하여 경허에게 법을 전해줄 受法師로서의 허주와의 인연은 더 이상 이어지지 않았다.

미흡한 격식이나마 갖추어 불조 이래 조각난 한국불교의 법통을 소문 없이 이으려고 했던 경허의 슬프고도 비장한 첫 번째 결심은 이렇게 허무하게 不發로 끝났다.

깨친 자만의 고뇌는 숙명으로 다가와서 이후 경허는 천장암에서 비장한 결심을 굳히고 대중을 모아 비로소 자신이 지은 슬프고도 긴 장문의 悟道歌를 드디어 세상에 내놓아 공포하게 된다.

그리고 불조 법맥은 용암 혜언으로 법통을 잇게 되는 한국불교 불조 법맥의 역사가 이렇게 마무리 된다.

⑤ '衣鉢誰傳'의 悟道歌

동학사를 떠나 天藏庵을 찾은 경허는 그 이듬해 1880년 6월 여름날까지 거의 1년 반 동안을 杜門不出 수행의 깊은 늪으로 沈潛한다.

그리하여 세상을 잊고 발 뻗으면 맞 닿는 비좁은 골방인 한 칸도 채 안 되는 쪽방 「圓成門」에서 長坐不臥 佛事를 감행했다.

그와 같이 자신과의 싸움인 철저한 용맹정진 속에서 안으로 일어나는 번뇌의 습성과 밖에서 오는 그 어떠한 유혹의 경계에 毫釐도 동요되지 않는 마음과 몸의 習氣를 調伏받아 생사에 自在할 수 있는 경지를 다시 한 번 이룬다.

철저하게 자신과 마주한 경허는 스스로의 법력을 시험하였다.

그리하여 자신은 이미 스스로의 족쇄가 풀어져있음을 확인하고 허주에게 자신의 신물로서 새끼를 쳐 가지고 날아 달아난 벌(蜂)을 받아서 벌통 속에 넣으라고 만든 벌통의 짚 벙거지 하나하고 拄杖子 하나와 '因筆及此心緖亂 遮箇境界共誰伊 鵠白烏黑 心言外 無生佛兮有山水' 라는 시163) 하나를 보내게 된다.

그리고 이르기를 "鏡虛가 法物의 信表로 보내는 것이니 그리 알고 받으라고 이르게." 하는 당부와 함께 수법제자 혜월을 전령사로 파견하였다.

---

163) 『鏡虛集』,위의 책, pp. 617c-618a.

경허는 자유로운 영혼으로 호방하고 격식 없고 가식 없는 성품을 본래 성품으로 지니고 있다.

전혀 일체 꾸밈없는 경허가 嗣法處를 찾아 불조법맥전수의 격식을 갖추고 절차를 쫓으려고 심사숙고하는 선사의 모습을 보이고 있다.

이 詩는 『鏡虛集』에서 「寄[164]虛舟長者」 허주 장자에게 부쳐…라는 제목으로 수록되어 있는데 여기서의 長者의 의미는 남다르다. 경허가 수 많은 승려들과 재가에서 주고받은 詩 전체에서 장자의 호칭은 유일하게 이 詩 하나뿐이기 때문이다.

그리고 法物의 信表로 보내는 절차는 원래 佛家에서는 佛祖로 이어지는 발우와 가사를 전수로 그 신표를 삼았지만,

혜능 이후 그 맥이 끊어진 지 오래인 것은 주지하는 바다. 그러나 경허는 신물로 짚 벙거지와 주장자 그리고 詩 한 首를 인편에 보냈다.

굳이 짚 벙거지의 의미를 알고자 하면 그것은 토종벌이 사는 집에 보온을 위해서 위에 짚으로 짜 만든 벙거지로 새끼들을 잘 키우기 위해 벌집 씌우기도 하고 봄철 분봉 時에는 분봉하는 벌떼를 유인해서 받아두는 모자처럼 생긴 것인데 그게 바로 '멍덕'이라고 하고 '짚벙거지'라고도 한다.

여기에서 경허가 허주에게 짚벙거지를 보낸 참뜻을 이렇게 헤아려 볼 수 있다.

경허는 비록 깨친 者의 입장이기는 하나 자신을 인가하고 법을 이어줄 수 있는 스승을 구하는 입장이고 보니 자신을 한없이 낮추고 스승을 드러내는 형식을 갖추고 싶은 의지를 보이고 싶었을 것이다.

그래서 새끼 벌들을 끌어안아 보듬는 따스한 품 안의 역할을 虛舟가 하도록 하는 뜻을 담아 짚 벙거지를 보내고 경허 자신은 새끼 벌임을 자처했다고 유추해 볼 수

---

[164] 寄 [부칠 기] 1. 부치다, 보내다 2. 이르다, 도달하다(到達) 3. 맡기다, 위임하다(委任).

있다.

그리고 짚 벙거지가 자손의 번식을 증식시키는 중요한 구실을 하듯 佛敎의 法脈도 끊어지지 않고 영원히 계승되기를 바라는 상징적인 의미를 담아 짚신 잘삼기로 선수인 경허가 직접 짜서 얹어 놓았던 짚 벙거지를 벌통에서 떼어다가 보내지 않았을까 하는 추측도 배재 할 수 없다.

그렇다면 역대조사 선지식들은 과연 傳法偈 외에 法物의 信表가 있었을까? 그렇다면 무엇을 주고받았을까? 하는 의문이 든다.

그러나 그것보다도 깨달은 覺者가 인가받을 스승이 없어 법을 잇기 위해 受法師를 찾아야 하는 처지의 경허를 만든 한국 불교의 선지식 기근의 냉정한 현주소를 인정해야하는 부분이다.

사실 허주와 경허의 첫 대면하는 장면의 이 부분을 수덕사 문중의 옹산은 이렇게 묘사하고 있다.[165]

그러나 김태흡[166]은 앞에서 살펴본 바와 같이 이 중대한 사건을 천장암 보림 후로 자세히 기록하고 있다.[167]

이 문제에 대해 논자는 大隱 김태흡의 주장에 당연히 무게를 실어주고 있다.

그 이유인즉 경허가 슬픈 오도가를 읊은 시기는 정확히 1881년 6월(33세)로 [168]경허가 고민한 전등연원을 해결하기 위해 나름으로 고심을 거듭한 끝에 어렵사리 허주를 선택하여 감행한 대 결단이 실패로 돌아간 직후이기 때문이다.

---

[165] 옹산, 『작은 방에서 도인나다』, 혜민기획, 2012, pp. 38-39. "보림 정진을 시작하기 전에, 동학사에서 見性한 경계의 옳고 그름을 점검 받으려고 여러 군데를 찾았는데 당시 선지식이 될 만 한분으로 虛舟스님이라고 하는 큰 스님이 있었어요. 도인이라고 날리던 스님이었어. 한 학인을 보내 물었지. 그런데 얼토당토않은 대답을 해왔어.'허주가 아니라 메주로구나! 다시 찾아가 볼 것도 없다. 그리고 그 길로 바로 천장사로 들어간 거야."
[166] 金泰洽은 일제 강점기부터 활동한 한국의 불교 인물로, 본명은 金龍業, 호는 素荷이며 본적은 서울특별시 서대문구 영천동이다. 金大隱 혹은 釋大隱.
[167] 김태흡, 앞의 글, 「人間 鏡虛—鏡虛大師 一代評傳」, 『批判』7호, 1938, p. 51.
[168] 옹산, 앞의 책, p. 45.

스승 없이 홀로 깨친 고독한 覺者 경허의 입장에서 嗣法處를 놓고 그렇게 노심초사해서 결정한 일이 허무하게 어긋나고 보니 결국 경허의 통곡에 가까운 슬픈 오도가가 고통의 산고 끝에 탄생하게 된 것이라고 본다.

그래서 경허의 悟道歌는 '슬프다. 어이 하리... 무릇 의발을 누구에게 전해 받을까 하는 탄식부터 터져 나오고 있는 것이다. 처음부터 탄식이다.

그런데 여기에서 김태흡의 자료로 절대 간과할 수 없는 아주 중요한 부분은

"이것을 가져다가 주게. 그리고 이것은 鏡虛가 法物의 信表로 보내는 것이니 그리 알고 받으라고 이르게. 何如間 나도 위에나 아래나 嗣法處가 있어야 할 것이 아닌가?"

하는 바로 이 장면이라고 할 수 있다.

왜냐하면 이 부분으로 그동안 학계에서 분분했던 경허 오도가의 처음과 마지막에 반복하여 등장하는 " 四顧無人하니 衣鉢을 誰傳가? 衣鉢을 誰傳가? 四顧無人이로다."

즉 '의발을 전할까?' 인가? ' 의발을 전해 받을까?' 냐 하는 해석 논쟁이 논자의 주장인 '전해 받을까?'로 보다 더 확실해지는 증거 부분이기 때문이다.

『鏡虛集』을 비롯한 세간의 모든 논문은 이 부분을 모두 한결같이 '슬프다. 어이 하리 무릇 의발을 누구에게 전할까?'로 해석했고 ,여기에 유일하게 고영섭은 이미 그의 논문 두 편에서 논자와 그 의견을 같이 하고 있었다.[169]

논자는 " 四顧無人하니 衣鉢을 誰傳가? 衣鉢을 誰傳가? 四顧無人이로다." 의 의미를 경허는 '무릇 의발을 누구에게 전할까?'로 슬퍼한 것이 아니라, 우선 당장 '무릇 의발을 누구에게로부터 전해 받을까 ?'를 두고 슬퍼했던 것으로 본다.

---

[169] 고영섭,「경허의 미도선: 법화와 행리의 마찰과 윤활 」,『불교학보』40, 동국대불교문화연구원, 2003 .p.30. 『경허 만공의 선풍과 법맥』, 조계종출판사, 2009, p. 67.

처음부터 경허는 결코 '누구에게 전할까?'의 제자를 걱정해 본 적이 없다. 그 충분한 근거는 『先師鏡虛和尙行狀』에서 바로 찾을 수 있다.

"다음 날 나의 弟子된 자는 마땅히 내가 龍巖長老의 法을 이은 것으로 하여 道統의 來歷을 바로 잡되, 萬化講師는 내가 受業한 스승이었다고 하여야 옳을 것이다. 170)

이처럼 경허는 훗날 나의 弟子된 자는 마땅히 내법을 이을 것 이라고 당연시 하며 뒷날이 아닌 지금의 연원을 걱정하고 있는 것이다.

따라서 이 부분에 대해 논자는 경허 오도가의 마지막 부분은 '무릇 의발을 누구에게 전해 받을까?'의 해석이 마땅히 경허의 心中을 보다 더 정확히 헤아리는 각도가 되는 것이라고 하는 추측이 가능하다.

이로써, 경허는 자신의 '오도송'을 통해 "

사방을 둘러봐도 사람이 없으니, 의발을 누구에게 전해 받을꼬 ? 의발을 누구에게 전해 받을꼬? 사방을 둘러봐도 사람이 없는데"

라고 하는 호소로서 전법의 연원이 끊어져 깨달음을 인가해 줄 사람이 없고, 이를 주고받을 상대가 없는 것을 탄식하고 있음을 단박에 알 수 있는 것이다.171)

즉 鏡虛는 붓다의 慧命을 잇는 禪의 법등이 꺼져가고 있음에 대하여 깊이 탄식하고 있었다고 본다.

여기에 경허의 '四顧無人 衣鉢誰傳'에 대하여 그의 법제자 한암 중원은 논자와 의견을 같이하고 있음을 알 수 있다.

그 悟道歌에 처음에도 '四顧無人'이라는 구절로 시작하고, 또 끝에서도 '사고무

---

170) 한암 중원, 앞의 책, p. 57.
171) 한암 중원, 앞의 책, p. 55.

인' 이라는 말로 맺었으니,

이것은 그 스승과 師友 사이의 道의 淵源이 이미 끊어져서 서로 인증하여 법을 받고 전수해 줄 곳이 없기 때문에 깊이 탄식한 것이다 .172) 또한 석명정도 이 부분에 대해 논자의 의견과 함께 하고 있다.

이 네 글귀 머리 구절을 끝에 맺어놓은 뜻은 師友와 淵源이 이미 끊어져서 서로 印證해 줄 곳이 없음을 깊이 탄식한 것이다.173)

박규리는 그의 논문에서 "경허의 '悟道歌' 는 그대로가 법문 ·게송이며 開悟詩" 라고 말했다.

그리고 "경허의 '오도가'에는 오도 과정 ·경지가 상세히 드러나 있다"고 소개했다.174) 김태흡은 경허 오도가의 긴 長文의 전문을 그 중요성을 감안하여 『人間鏡虛評傳』에 통째로 가감 없이 실었다.

사실 경허의 '오도가' 는 불교 역사상 이렇게 긴 '오도가' 도 없었을 뿐만 아니라 이렇게 슬픈 '悟道歌' 도 그 유래를 찾을 수 없다.

또한 보통의 오도가가 그러하듯이 대강 5언 절구나 길어야 7언 절구로 간단히 자신의 오도의 순간을 밝히는 역대 선사들의 여느 悟道歌와는 달리 경허의 '오도가' 는 양적으로나 질적으로나 그 차원을 달리하고 있다.

오도가의 구구절절이 노래하고 있는 경허의 이러한 용맹정진은 과거 祖師들의 정진에서도 좀처럼 그 유례를 찾아보기 드문 일이라고 본다.

여기에 "한국의 달마"라 할 경허의 悟道歌는 이렇게 탄생되었다고 옹산은 말한다.175) 다음은 경허 '悟道歌' 580자의 첫 부분과 마지막 부분이다.

---

172) 漢岩, 「先師鏡虛和尙行狀」, 『정본한암일발록』上.오대산월정사, 2010, p. 474. "其歌, 有四顧無人, 衣鉢誰傳. 衣鉢誰傳. 四顧無人. 四顧無人之四句, 冠於首, 結於尾, 此深嘆其師友淵源, 已絶無印證相受處也."
173) 석명정, 『鏡虛集』, 극락선원, 1990, p. 360.
174) 박규리, 「경허선시연구」, 박사학위 논문(동국대 대학원, 2013), p. 113.

"사방을 둘러봐도 사람 없으니 衣鉢을 누구에게 전해 받을꼬? 의발을 누구에게 전해 받을 꼬? 사방 둘러봐도 사람 없구나(四顧無人 衣鉢誰傳 衣鉢誰傳 四顧無人)… 봄 산에 꽃이 활짝 피고 새가 노래하며, 가을밤에 달이 밝고 바람은 맑기만 하네. 정녕 이런 때에 無生의 一曲歌를 얼마나 불렀던가? 一曲歌를 아는 사람이 없구나. 시절인가(말세)? 나의 운명인가? 또한 어찌하랴? (중략)… 아~아, 그만 둘진저(嗚呼. 已矣夫)! 사방을 둘러봐도 사람이 없구나. 의발을 누구에게 전해 받을꼬? 사방 둘러봐도 사람이 없구나. 사방 둘러봐도 사람 없으니 의발을 누구에게 전해 받을꼬?.176)

경허는 "아무리 無生의 一曲歌를 불러도 자신을 인정해 주는 사람이 없는 것을 탄식하면서 시절이 末世라서 그런 것인지, 아니면 자신의 運命이 그런 것인지 알 수 없다."고 어찌할 수 없음을 運命으로 돌리고 있다. '已矣夫' 를 외친다.

이것 '아, 이젠 다 틀렸다' , '어쩔 도리가 없다' 는 의미로 주로 절망적인 상황을 나타낼 때 쓰이는 恨歎辭이다.

이제 경허의 '오도가' 는 더욱 더 찬란한 슬픔의 빛을 發하고 정착의 닻을 龍岩慧彦에 내렸다. 悟道歌의 연유는 여기서 마치기로 한다.

---

175) 옹산, 앞의 책, pp.39-40. "이와 같은 무서운 정진을 계속하여 제 돌을 채우고 남은 어느 날에야 탈바가지를 벗어던지고 짚었던 주장자를 문 밖에 집어 던지고, 슬프고도 긴 곡조로 한 노래를 불렀다."
176) 『鏡虛集』, 앞의 책, pp. 628c-629b.

2) 경허의 직계 법제자 삼월(三月)의 법맥

구한말 풍운의 조선 땅에 홀연히 나타나 투철한 깨달음으로 꺼져가는 禪의 등불을 밝히고 '韓國 禪門의 達磨'로 불리는 경허 성우(1849~1912)가 존경받는 이유는 수월, 만공, 혜월, 한암, 침운 등 현대 한국불교를 대표하는 선승들이 그의 문하에서 수학했던 제자라는 점에서도 그 의미를 찾을 수 있을 것이다.

경허는 1882년부터 천장암에서 滿空 · 慧月 · 水月 등의 三月 제자를 지도하였다.

또한, 이후 이곳에서 한국불교의 세 달로 불리는 수월, 혜월, 월면이 경허로부터 認可를 받는다. 당시 천장암의 주지는 경허의 친형인 太虛 性圓이었다. 엄밀히 말하면 수월은 태허를 은사로 경허를 계사로 득도한다.

이곳은 경허의 '세 달'로 꼽히는 天眞道人으로 명성을 떨쳤던 수월이 찾아와 부목을 하며 경허의 법통을 잇게 되는 혜월이 修心訣을 공부하던 수행처다.

그리고 월면당 만공은 끝까지 천장암을 지키고 있다가, 경허가 떠나는 마지막 날 이곳 천장암에서 모두 잠든 이른 새벽에 경허와 영원한 작별을 한다.

이곳 천장암에서 경허와 인연을 맺은 경허의 수제자로 흔히 '三月'로 불리는 水月(1855~1928), 慧月(1861~1937), 滿空(1871~1946)이 대표됨은 이들이 모두 한 방에서 한 솥밥을 먹으며 이곳에서 수행했기 때문이다.

경허는 평소 "滿空은 복이 많아 大衆을 많이 거느릴 테고, 精進力은 水月을 능가할 자가 없고, 知慧는 慧月을 당할 자가 없다"고 말했다.

훗날, 경허의 三月의 제자들도 모두 깨달음을 증득하여 대선사가 되었다. 이 제자들 역시 근현대 한국 불교계를 대표하는 선승들이다.

경허선사 맏 상좌 水月은 이곳 천장암에서 出家했고, 滿空과 慧月은 경허에게 가르침을 구하기 위해 이곳을 찾았다.

천장사 인법당 측면에 있는 경허의 방 옆에 나란히 붙어 있는 작은 방이 바로 이 제자들이 함께 거처하며 숙식을 하고 스승을 시봉했던 방은 이미 언급한 바 있다.

이곳에서 구한말 꺼져가던 한국불교 선맥의 불씨를 지폈던 위대한 순간순간이 이곳 천장암에서 싹 텄다고 해도 전혀 과언이 아니다.

세 제자들은 한 방에서 함께 수행을 했는데 당시 수월은 28세로 맏 상좌이고, 혜월은 23세, 만공은 가장 어린 14세였다.

1879년 경허가 깨달음을 얻은 뒤 2년 뒤에 水月이 天藏庵에서 출가하고, 이듬해 東鶴寺에서 공부하던 滿空과 定慧寺에서 정진하던 慧月이 天藏庵으로 경허를 찾아와 이곳 修行處에서 경허의 엄격한 참선 수행 지도를 받으며 정진했다.

이리하여, 세간에서는 경허의 제자들은 '三月'로 불린다.

일찍이 경허의 예언대로 '북녘의 상현달' 수월과 '남녘의 하현달' 혜월, 그리고 '중천의 보름달' 만공이 훗날 이 나라의 불교를 지키는 버팀목으로 스승의 혜명을 잇게 된다.

제자들은 여기 천장암 성지에서 人天의 스승인 경허의 법문과 법거량을 점검받으며 鏡虛로 부터 '敎外別傳'의 가르침을 얻었다. 그래서 천장암에서는 오늘날도 세 제자의 족적을 찾을 수 있는 것이다.

사찰 오른편 앞쪽 낭떠러지 근처에 있는 제비바위는 鏡虛가 어린 滿空을 데리고 자주 좌선했던 곳이다.

또한, 천장암 왼편 산등성이에 위치한 바위굴은 慧月이 7일간의 참선 끝에 깨달음을 얻은 장소로, 지금도 여름이면 수좌들이 굴에 앉아 좌선삼매에 들어 용맹정진의 수행을 계속하고 있다.

이처럼, 천장암에서 鏡虛에게 가르침을 전해 받은 세 제자는 한국 근현대 불교를 대표하는 선지식으로 각자의 자리에서 後學들을 제접하여 선불교를 지도하며 韓國 禪佛敎의 위상을 크게 드높였다.

大禪師 鏡虛의 종지를 받들어 제자들은 法脈을 잇고자 만공은 중부에서, 수월은 북방에서, 혜월은 남쪽에서 주석하며 한국 선불교의 중흥을 진작시켰던 것이다.

그들은 현재 한국불교가 간화선을 대표로 굳건히 자리매김하도록 했다. 이것은 당연히 경허와 '三月'의 명백한 공적이 아닐 수 없다.

따라서, 명산도 아니고 대가람도 아닌 작은 암자 이곳 천장암 聖地는 한국불교의 찬란한 불꽃을 이어가게 된 경허의 뒤를 잇는 수월, 혜월, 만공의 발자취가 뚜렷이 남아있는 한국불교 역사의 생생한 현장으로서 경허의 한국 선불교의 중흥을 진작시킨 '第二 誕生地'라고 말할 수 있는 것이다.

그러나, 경허의 세 달 중 맏제자로 불리는 水月은 그의 삶이 주로 기행을 남기며 자주 모습을 드러내지 않았고, 또한 그의 행적 역시 경허의 자취를 뒤쫓는 관계로 북행을 감행한 결과

그의 만주 일대의 無碍行으로 인한 그 행장과 법제자가 잘 알려져 있지 않다는 어려움이 있지만, 이번 기회에 수월의 법맥과 혜월, 그리고 만공의 세제자들을 정리해 보는 기회를 접근해 보기로 하였다.

경허의 제자들의 이와 같은 결과는 결국은 모두 경허의 禪旨를 받든 세 제자들의 修行의 精進力으로 볼 수 있는데,

이것은 현재 대한 불교 조계종의 선종을 표방하는 한국불교의 법맥을 크게 아우르고 있기 때문에 그의 제자들로 인하여 경허의 立地는 그 어느 때보다도 그 位相이 당당하다고 말할 수 있다고 말할 수 있다.[177]

위에서 경허 직계 법제자 법맥은 크게 "수월계", '혜월계', '만공계'로 나눌 수 있지만, 특히 덕숭문중의 '만공계'는 경허의 법맥이 물론 한국불교 최대 문중인 '덕숭 문중'과 직접적인 연관이 있다는 점에서 크게 주목하지 않을 수 없다.

그만큼 경허의 법맥 문제는 한국불교의 전체 문중과도 떼려야 뗄 수 없는 현안이기도 하지만,

때문에 경허의 根本을 底本으로 하고 있는 덕숭 문중의 수덕사의 위상 또한 다른 의미의 한국 선불교의 표상이라고 당당히 말할 수 있는 충분한 조건을 갖추고 있다.

그런 의미에서 경허의 맏 상좌인 水月을 먼저 살펴보고 慧月, 滿空, 순으로 경허 제자 법맥을 살펴보기로 한다.

3) 경허의 수제자 수월음관(水月音觀)

鏡虛의 法弟子에 대해서는 '鏡虛 惺牛 禪師 法語集 刊行會'가 공식 편찬한 『鏡虛 法語』에서 水月 音觀(1855-1928), 慧月 慧明(1862-1937), 滿空 月面(1871-1946), 龍城 震鐘(1864-1940), 枕雲 玄住, 海峰, 漢岩 重遠(1876-1951)으로 공식 기록하고 있다.

그리고 경허는 〈等等相續〉에서 자신의 上首弟子로 慧月 慧明을 올려놓았다.

---

177) 흩어져 있던 법맥은 경허에 의해 비로소 체계가 서고 이후로 문중의식이 뚜렷이 자리잡아가게 되었다. 현재 한국불교계의 문중은 세존73세 태고16세 경허문중과 세존75세 태고18세 용성문중(범어사)이 가장 큰 문중이다. 그 외 백파 연담문중(백양사), 송광사문중, 통도사문중, 직지사문중 등으로 나눌 수 있다.

그러나, 비록 慧月이 공식적인 경허의 上首弟子라 할지라도 水月이 경허의 長子임은 변할 수 없는 진실이다.

그것은 水月 音觀(1855~1928)은 경허의 맏제자로서 三月 中 水月이 경허와 가장 먼저 인연을 맺었고 가장 먼저 도를 이루고 나이 또한 水月이 가장 많다는 점도 水月이 경허의 맏제자를 뒷받침하는 근거는 이로서 충분한 자격요건이 된다.

물론, 세간에서도 경허의 수법제자로 水月· 慧月 · 滿空 · 漢岩이 잘 알려져 있다고 말하는 것은 커다란 무리가 없다.

그러나 침운과 혜봉에 대해서는 알려진 사실이 거의 없다. 그럼에도 불구하고 한암은 그의 자서 『先師鏡虛和尙行狀』에서 경허의 수법제자로 慧月, 滿空, 枕雲 그리고 漢岩 자신을 꼽고 있다.[178]

여기에서 주목해야할 점은 漢岩은 왜 굳이 천장암과 인연도 그리 깊지 않고 세간에도 잘 알려져 있지않은 沈雲을 네 제자 가운데 넣고 水月을 누락하였는가 하는 점이다.

여기에서 정작 당사자인 漢岩이 이미 열반에든 오늘의 이 시점을 고려해 본다면 이 문제에 대한 결론은 한마디로 정의하기에는 많은 어려움이 있다.

하지만 그렇다 할지라도 반드시 여기서 짚고 넘어가야 할 점은 어떤 이유에서건 후대의 어느 누가 뭐라 해도 水月이 경허의 맏제자임은 절대 변할 수 없는 불변의 사실이라는 것을 우리 후학들은 반드시 인정해야만 함은 위에서 이미 주지한 바와 같다.

여기서 논자의 견해를 더한다면 漢岩은 굳이 자신을 경허의 제자로 넣고 싶었다면 수월도 함께 넣는 신중한 배려를 했어야 했다.

---

[178] 漢岩, 『先師鏡虛和尙行狀』, 대한전통불교연구원, 1982, pp.69-70.

水月이 없는 三月은 있을 수 없고, 水月이 없는 鏡虛는 있을 수 없다는 것은 鏡虛의 三水甲山의 행적을 뒤쫓고 鏡虛의 臨終을 끝까지 지키고 알린 弟子가 바로 맏제자 水月이라는 사실은 이러한 주장을 뒷받침하는 확실한 근거다.

水月의 이야기 《달을 듣는 강물》의 저자 김진태는 이 부분에 대하여 이렇게 적고 있다.

釋王寺에서 모습을 감춘 뒤로 어떠한 소식도 들을 수 없게 된 스승을 찾기 위해 맏 상좌인 수월이 북녘으로 들어간 것은 참으로 자연스러운 일이 아닐까. 낯설고 물선 북녘 땅에서 스승을 찾아내는 일, 그것은 경허의 다른 제자들에게는 너무나 힘겨운 일이었고 수월에게는 너무나 기쁜 일이었다. 더구나 수월은 스승을 만나 본 지가 열 해도 훨씬 더 되었으니 말이다. 묘향산으로 들어가기 전에 수월은 서산에 내려가 그의 아우 만공을 만나 이 일에 관해 이야기를 나눈 것 같다. 효성이 지극했던 만공은 이 일에 관해 이야기를 나눈 것 같다. 효성이 지극했던 만공은 그 무렵 어머니를 모시고 있던 터라 스승을 찾아서 떨치고 나설 형편이 아니었다. 수월은 자랑스러운 아우 만공과 헤어지면서 이런 법담을 나눈다.[179]

이처럼, 일반적으로 경허의 수제자로 흔히 '三月'로 불리는 慧月(1861년 – 1937년), 水月(1855년 – 1928년)·滿空(1871년 – 1946년) 을 꼽는다.

경허는 천장암에서 자신의 愛弟子 세 명을 앞에 놓고 이렇게 말했다고 전한다. "滿空은 복이 많아 대중을 많이 거느릴 테고, 정진력은 水月을 능가할 자가 없고, 지혜는 慧月을 당할 자가 없다."

이 말의 의미를 살펴보면 스승 鏡虛는 이미 깨친 자의 예리한 鐵見을 가지고 스승의 경지에서 세 제자의 眞面目을 간파하고 앞날을 미리 豫見했다.

이후 '三月'의 제자들은 경허의 안목대로 모두 깨달음의 경지를 이룬 다음 한

---
[179] 김진태,『달을 듣는 강물』,해냄,1996, p.126.

국 불교의 세 축으로 각자의 자리에서 각자의 견지에서 그들의 임무를 훌륭히 수행하게 된 사실이 그것을 충분히 입증해 주고도 남는다.

세간에서는 水月·慧月·滿空을 흔히 三月이라 일컫는데, 水月音觀은 주로 만주지방에서 20여년을 머물면서 북녘하늘에 뜬 상현달이 되고, 慧月慧明은 주로 영남지방에서 머물면서 남녘 하늘에 뜬 하현달이 되고,

滿空月面은 중부에서 만월이 되어 世上을 훤히 비추는 三月이 되었다는 世間의 膾炙는 결코 虛言이 아니라는 것은 경허의 입지를 아는 자라면 누구나 인정할 수 있다.

이처럼, 滿空月面은 주로 덕숭 산문 수덕사를 중심으로 湖西지방에서 머물면서 환한 보름달이 되어 각자의 위치에서 모두 일제의 탄압과 수탈로 신음하는 한반도와 만주 산하에 지혜의 달빛을 비추고 자비의 손을 드리웠다고 세간은 한결같이 말한다.

그만큼 이들 세제자들은 일제의 암울한 현실 속에서 근세조선의 조선불교를 이끄는 든든한 버팀목으로 우리 불교계의 거목들이었다고 당당히 말할 수 있을 것이다.

그 중 특히 맏 상좌 水月과 慧月은 '짚세기 선사'로 유명하다. 그중 水月은 평생 자나 깨나 천수경만 외우며 깨달음을 얻었다는 것은 주지의 사실이다.

水月의 이야기 《달을 듣는 강물》의 저자 김진태는 이 부분에 대하여 이렇게 적고 있다.

수월은 쉼 없이 짚신을 삼았다. 그러나 그가 삼은 짚신에는 삼는 수월도 없고 신는 나그네도 없어, 그의 짚신은 마치 허공에서 피어나는 꽃송이처럼 길손들의 발부리에서 끝없이 피어났다. 그래서 수월을 일러 한평생을 한 켤레의 짚신도 삼은 적이 없이 보낸, 그야말로 일없는 도인이라고 말하는 것일까? 설상가상으로 수월은 낯설고 물선 땅으로만 떠돌면서 한 마디의 말도 한 줄의 글도 남기지 않았다. [180]

水月은 언제나 도의 경지를 이렇게 말했다. "도를 닦는다는 것은 별거 아녀. 마음을 모으는 거여. 무얼 혀서든지 마음만 모으면 되는 겨. 하늘 천 따지를 허든, 하나둘 셋을 세든…." 이것이 禪이다.

일부는 水月이 경허의 전법제자가 아니라고 말하는 오류도 있지만 水月은 엄연한 선수행자요, 경허의 법제자임은 이미 위에서 언급한 바와 같다고 할 수 있겠다.

물론 수월이 선을 수행한 선 수행자이고 그의 전법제자도 뒤에서 자세히 살펴보겠지만 水月이 다라니 주력을 주로 하였다는 이유로 그가 선수행자도 아니요,

또한 경허의 법제자도 아니라는 무리한 억측은 鏡虛가 천장암을 떠난 후 水月은 스승 경허를 찾아 北으로 北으로 발걸음을 향한다는 사실 하나만으로도 금방 해소 될 수 있다.

그가 스승 경허의 행적을 찾아 北으로 北으로 이동하면서 끝까지 스승의 주위를 맴돌며 스승의 근황을 살피고 스승의 마지막 涅槃의 소식을 修德寺에 전한다.

스승이 遷化하자, 水月은 涅槃의 순간까지 백두산 근처 고갯마루에 허름한 암자를 짓고, 오가는 배고픈 길손들에게 아무런 보상 없이 밥을 해주고 짚신을 삼아주며 살았다.

사납기로 이름난 만주의 개들도 자비 보살 水月 앞에선 꼬리를 흔들며 온순해졌다는 사실이 세간에 전설처럼 전해 내려온다.

수월에 관한 이야기는 거의 기록으로 남아 있는게 없는 관계로 수월에 관한 연구는 주로 수월의 자취를 수년간 연구한 내용을 책으로 펴낸 水月의 이야기 《달을 듣는 강물》의 저자 김진태의 연구를 토대로 하였음을 밝힌다.

---

180) 김진태, 위의 책, p.22.

水月의 스승 鏡虛는 석존 이래 불교의 역사상 그 유래를 찾아볼 수 없을 정도로 무애자재한 대자유인으로 일체의 머무름도 걸림도 없이 바람마저 비껴간 그야말로 걸출한 大禪僧이다.

경허처럼 무애의 삶을 자유의 극치 속에서 살다간 선승은 불교의 역사 속에서 기록된 흔적은 결코 찾을 수 없다고 단정해도 결코 무리는 없다.

水月의 스승 경허는 그가 三水甲山으로 최상승의 자유를 찾아 떠나기 전 일찍이 경허는 해인사에서 문둥병 여인과 한방에서 지내기도 하고, 일부러 아녀자를 희롱한 뒤, 묵묵히 몽둥이세례를 고행인 양 逆行을 행하고 인욕을 즐기기도 했다.

水月의 스승 경허는 이처럼 그의 전 생애를 통해 예측불허의 대 자유인의 행보는 궁극에는 '빈 거울 鏡虛'나 '깨우친 소 惺牛'라는 구차한 법명조차도 거침없이 벗어던지고 일순간의 망설임도 없이 모든 것을 내던진 채 속진의 경계 속으로 영원히 자신을 묻어 버렸다.

결국 鏡虛는 땅 끝 산골 마을 함경도 삼수갑산에 거추장스런 육신을 내려놓고 서당 훈몽으로 살다가 이름 없는 박난주의 삶을 철저히 수행하고 웅이방 도하동에 서 흔적 없이 자신을 묻었다.

이렇게 자취도 없이 바람 속으로 사라진 스승 鏡虛를 찾기 위한 필사적인 노력의 선봉에는 그의 맏제자인 水月의 끈질긴 추적이 있었다.

水月의 이야기 《달을 듣는 강물》의 저자 김진태는 경허의 마지막 종착지인 갑산을 이렇게 적고 있다.

갑산은 백두산이 쏟아 낸 수많은 산들이 파도처럼 몰려오는, 그야말로 '산들의 바다'요 '산들의 고향'으로 조선 땅에서 으뜸가는 [甲] 산골[山]이란 뜻을 가진 고장이다. 조선 민족의 성산인 백두산은 갑산에서 惠山을 지나 三池淵에 이르면 바로 눈앞에 펼쳐

진다. 이 곳은 의병과 열사들이 조선독립을 위해 일제와 맞서 싸운 항일 투쟁의 성지이기도 한다.[181]

비록 스승 鏡虛가 열반에든지 일 년도 넘은 어느 여름날 늦었지만 덕숭산 정혜사에 주석하고 있던 세 번째 제자 滿空에게 경허의 涅槃을 알리는 부고장이 수월로부터 전해지게 된다.

이 소식은 곧 바로 경허의 두 번째 제자 慧月에게 전해지고 제자들은 서둘러 스승 경허에게 향했다. 여기에는 헤월 ,만공 그리고 경허를 존경하던 등운, 영운, 철우 등이 함께 동행하게 된다.

이처럼 스승의 자취를 좇기 위한 애제자 수월의 헌신적인 노력으로 오늘의 우리 후학들은 바람 앞의 등불처럼 한순간에 사라져 버렸을 경허 성우의 발자취를 찾을 수 있었음은 재삼 말할 것도 없고

스승 경허가 북방에 남긴 수 많은 작품들을 수집하여 훗날 『鏡虛集』의 탄생을 돕는 일등공신이 되었다.

이것은 순전히 水月의 공덕이었음은 두말 할 필요가 없고 이러한 사실은 무엇보다도 水月을 경허의 일등제자로 반드시 인정해야 할 부분이라고 사료된다.

鏡虛가 水月에게 내린 세간이 證明書처럼 말하는 傳法偈는 아직 발견되지 않고 있지만, 설혹 있었다 하더라도 그것을 간직했을 水月이 아니라고 말할 수 있다.

그리고, 스승 경허의 입장에서 제자 수월이 먼저 放光을 하는 異蹟을 수십 차례 보이고 , 이미 不忘念智를 얻고, 잠을 자지 않는 경지를 이루고, 병든 者를 치료하는 이적을 눈앞에서 보이고 있는 제자에게 傳法偈가 가당치 않았을런지도 모를 일이라는 이라는 추측도 얼마든지 가능하다.

---

181) 김진태, 위의 책, p.158.

(1) 水月의 生涯

水月(1855-1928)은 근대 선의 중흥조라 일컫는 경허의 맏 상좌로 천장암에서 출가했다. 경허의 가르침을 따라 천수다라니 7일 정진을 하던 중 방광을 하면서 깨달음을 성취했다.

수차례 방광하는 이적을 보이던 수월은 천은사, 금강산 등으로 몸을 숨기며 수행 정진했다. 은사인 경허의 행적을 쫒아 함경도로 고통받는 유민의 자취를 쫒아 북간도 등으로 몸을 옮기며 보살의 삶을 실천했다.

이에 효봉, 금오, 청담 등은 북간도까지 수월을 찾아 가르침을 구했다. 오늘날 연변 조선족 불자들은 신흥불당을 중심으로 연변 조선족 동포들과 불자들의 종교 활동을 전개하고 있으며 水月의 수행터 흔적이 있는 도문시 일광산 華嚴寺를 복원하는 불사도 추진하고 있다.

(2) 出生과 出家

수월의 법명은 音觀이다. 수월은 1855년 충청남도 홍성군 구항면 신곡리에서 태어났다. 속성은 전 씨인데 '全'을 사용했는지 '田'자 인지는 확실하지 않다.

그는 1855년 충청남도 홍성군 구항면 신곡리에서 태어났다.

사실 수월은 1855년 충남 홍성에서 태어났다고 전해지나 이 또한 확실치가 않다고 한다.

다만 조실부모한 수월은 어려서부터 남의 집에서 머슴살이를 하며 자랐다는 일설이 있다. 그의 성품은 단순하고 맑았으며, 모든 살아있는 것들을 자기 몸처럼 여겨 비록 모기나 빈대 같은 벌레라도 함부로 괴롭히거나 죽이지 않았다고 한다.

비록 경허의 맏 제자 이었음에도 불구하고, 근대의 뛰어난 고승이었던 수월이었지만 워낙 자신을 거의 드러내지 않고 慈悲行을 몸소 실천하며 바람처럼 살았기 때문에 그에 대해 알려져 있는 사실이 그리 많지 않다.

水月의 이야기 《달을 듣는 강물》의 저자 김진태는 그의 저서에서 이 부분을 이렇게 적고 있다.

「불교사전」은 수월이 철종 6년, 1855년에 충남 홍성군 구항면 신곡리 (全, 田이라는 주장도 있다.)씨 집안에서 태어났다고 기록하고 있으나 이 또한 확실하지가 않다. 현재 신곡리에는 전씨 성을 가진 집이 한 집도 없으며, 마을 노인네들도 수월에 대해 전해들은 얘기가 전혀 없다고 한다. 신곡리에서 사 킬로미터쯤 떨어진 마운리에는 그 곳에서 대대로 내려오며 사는 전씨 집안이 몇 집 있지만, 이 집안사람들도 선대 가운데 출가한 스님이 있다는 말은 들어 보지 못하였다고 한다...그래서 수월의 성씨가 金씨니 千씨니 하는 엇갈린 주장까지 나오게 되고, 부모가 없는 고아로 자란 무식꾼이니, 또는 좋은 집안해서 태어난 선비였으나 나라가 어지러워지자 절에 들어온 사람이니 하는 갖가지 이야기가 새겨나게 되었으리라.182)

이처럼, 수월의 출가는 1883년 29세에 연암산 천장암으로 찾아가 땔감을 하거나 허드렛일을 하는 負木으로 있다가 경허의 私家兄인 太虛를 恩師로 경허를 戒師로 受戒得度했다.

水月의 이야기《달을 듣는 강물》의 저자 김진태는 이 부분에 대하여 자세히 이렇게 적고 있다.

홍성의 옛 이름은 洪州다. 불연이 깊은 지방이어서 곳곳에 유서 깊은 옛절들이 많이 있다. 고려말의 큰스님인 태고보우 국사의 고향인 덕분에 홍주목으로 승격된 적도 있다. 수월이 머슴살이를 한 마을은 어떤 곳이었을까. 잘은 알 수 없지만 그가 처음 들어간 절이 홍성군 갈산면과 맞닿은 서산군 고북면에 있는 天藏庵임을 눈여겨볼 때, 수월이 머슴살이 하던 곳은 천장암과 그리 멀지 않은 거리에 있는 한 마을이 아니었을까? 수월에게 출가할 뜻을 불러일으켜 준 탁발승 또한 천장암과 깊은 인연이 있던 수행승일 것이다. 그 때 천장암에는 이 땅에 禪風을 다시 일으켜 세운 鏡虛惺牛선사가 자주 드나들

---
182) 김진태, 위의 책, p.25.

며 사자후를 토해 내고 있었다. 수월을 천장암으로 인도한 탁발승은 그 때 몸과 마음을 바쳐 경허를 따르던 수행자였을지도 모른다는 상상은 지나친 비약일까?[183] 계룡산 동학사에게 불꽃같은 용맹 정진으로 깨달음을 얻은 경허가 보림 수행을 하려고 천장암에 온 것은 수월보다 세 해 빠른 1880년의 일이었다.[184]

어느 탁발승이 전해준 경허의 수행 이야기를 듣고 깊이 감명받은 수월은 1883년 늦가을 나이 서른이 다 되어 출가하기 위해 서산군 연암산 중턱에 있는 天藏庵을 찾아갔던 것이다.

당시 天藏庵에는 한국 근대 선풍의 중흥조 鏡虛의 친형인 太虛 性圓이 홀어머니 박 씨를 모시고 주지로 있었다.

이때 경허는 동학사에서 도를 이루고 천장암에서 보임하는 기간으로 경허는 수월보다 1881년 봄에 먼저 천장암에 와 있었다고 볼 수 있을 것이다.

水月의 이야기 《달을 듣는 강물》의 저자 김진태는 자신의 저서에서 이 부분에 대해 나름 이렇게 적고 있다.

수월이 처음 출가하려다 끝내 가죽신 때문에 다시 주저앉게 된 1881년에 경허는 일년 석 달 동안의 불길 같은 보림 정진을 끝내고 다음과 같이 깨달음을 노래했다. "콧구멍 없는 소 이야기 홀연히 듣던 그 날, 하늘 끝 곳곳마다내 집임을 알았네. 때는 유월 연암산 아랫 길 좋구나, 태평가여일도 없는 들사람아." 경허의 이 悟道頌은 정든 들판을 떠나 연암산 아랫길을 오르던 수월이 견딜 수 없이 끓어오르는 신심으로 수없이 읊조린 환희의 노래였을는지도 모른다. 수월이 연암산으로 들어간 때는, 경허가 호서 땅에 있는 여러 절들을 떠돌며 크게 선풍을 떨치고 있을 무렵이다. 수월은 경허의 세속 형인 太虛性圓을 만났고, 부처도 조사도 찾아올 수 없다는 天藏 속에 몸과 마음을 모두 놓아 버렸다.[185]

---

183) 김진태, 위의 책, p.31.
184) 김진태, 위의 책, p.38.
185) 김진태, 위의 책, p.39.

이곳에서 수월은 행자로서 부목 생활을 했다.

이처럼 그의 천장암 첫 인연은 1883년 29세에 연암산 천장암으로 찾아간 수월이 땔감을 하거나 허드렛일을 하는 負木으로 있다가 경허의 형인 태허를 恩師로 경허를 戒師로 受戒得度했다.

수월이 천장암에 온 지 1년이 되던 어느 날 14살의 어린 동자가 수행자가 되겠다며 천장암을 찾아왔다.

이 동자가 바로 계룡산 동학사에서 경허를 만난 인연으로 훗날 큰 선지식이 된 滿空이었다. 만공은 그해 사미계를 받고 밥 짓는 공양주가 되어 여러 해를 지냈다.

水月의 이야기 《달을 듣는 강물》의 저자 김진태는 수월의 천장암의 수행을 이렇게 적고 있다.

당시 수월은 스님이 아닌 행자로 땔감을 해서 나르고 있었지만, 생각해 보면 당시 이들이 머물던 천장암이야 말로 가이 '환상의 수행처'였음이 분명하다. 천하의 큰 안목인 경허가 문수보살마냥 문득문득 나타났다 사라지는 맑고 조용한 절. 수월은 말없이 나무를 하고, 혜월은 묵묵히 밭을 갈고, 만공은 번뇌 없는 손길로 밥을 짓는다. 이 어찌 만고에 다시 보기 어려운 기막힌 靈山會上의 풍경이 아니겠는가! 뒷날 만공은 수행하는 데에 갖추어야 할 세 가지로 道場, 道伴, 스승을 들었는데, 이것은 끝끝내 잊을 수 없는 천장암 수행 시절을 두고 한 말일 것이다.186)

또한 훗날 ' 天眞道人 '으로 이름난 慧月도 그 무렵 천장암을 찾아와 밭일을 하면서 스승 경허로 부터 修心訣을 공부했다. 당시 수월도 경허의 禪修行 지도를 받았는데, 특히 수월은 행자의 기본서인 '千手經' 외우기를 좋아해서 자나 깨나 앉으나 서나 항상 외웠다.

---

186) 김진태, 위의 책, p.44.

(3) 修行과 悟道

수월은 天藏庵에서 負木으로 일하면서 이 무렵 『千手經』을 좋아해서 자나 깨나 앉으나 서나 게을리하지 않으면서 항상 천수경을 외웠다.

수월이 천장암에 들어온 지 세 해가 꽉 차던 그의 나이 서른세 살이 되던 해 겨울 어느 날이었다.

그날도 수월은 하루 부목 일을 다 끝내 놓고 절 아래 있는 물레방앗간으로 내려가 홀로 방아를 찧고 있었다. 저녁 예불을 마치고 곧바로 내려간 것이다.

수월은 낮일을 끝내도 결코 쉬는 법이 없이 언제나 부지런히 일을 하였다. 때는 겨울밤 인지라 싸늘한 별빛은 터질듯이 초롱거리고 서산 앞바다를 스쳐온 찬바람은 아늑한 솔밭 속으로 끝없이 젖어 드는 깊은 겨울밤이었다.[187]

수월의 다라니 수행이 무르익어 갈 무렵 1887년 겨울 어느 날, 수월은 언제나처럼 절 아래 있는 물레방앗간에 내려가 방아를 찧고 있었다.

그날도 수월은 천수다라니를 지극 정성으로 외우며 일을 했다. 밤늦게 절로 돌아오던 천장암 주지인 태허는 물레방앗간 앞을 지나다 돌확 속에 머리를 박고 아기처럼 잠들어 있는 수월을 발견하게 되었다.

水月의 이야기 《달을 듣는 강물》의 저자 김진태는 이 부분을 이렇게 적고 있다.

수월이 방아를 찧던 그 날 밤, 천장암 주지인 태허는 일이 늦어져서 자정이 다 되어서야 절로 돌아왔다. 절에 들어오던 태허는 절 들목에 있는 물레방앗간을 지나다 참으로 이상한 일을 보았다. 방앗간에서는 불빛이 희미하게 새어 나오고 물이 세차게 물레방아에 떨어지고 있건만, 웬일인지 방앗공이 소리가 전혀 들리지 않는 것이었다. 방앗간으로 뛰어 들어간 태허는 그 자리에서 다시한번 소스라치게 놀랐다. 물레방아 공이는 금

---
187) 김진태, 위의 책, p.52.

방이라도 내려찍을 듯 허공에 매달려 있는데 수월은 돌확 속에 머리를 박고 아기처럼 잠들어 있지 않은가! 태허는 단숨에 달려가서 수월을 끌어냈다. 그 순간 방앗공이는 기다렸다는 듯 산이라도 무너뜨릴 기세로 다시 '쿵, 쿵!' 소리를 내며 방아를 찧기 시작했다. 다음날 태허는 이 믿기지 않는 사실을 대중들에게 알리고 수월을 위해 수계식을 열었다. 드디어 수월은 예비 승려라고 할 사미승이 된 것이다.188)

이 광경을 목격한 태허는 급히 수월을 밀치자 허공에 떠있던 공이는 그 직후 다시 '쿵' 소리를 내며 방아를 찧기 시작했다고 하는 神異한 이야기는 전설처럼 전한다. 水月의 이야기 《달을 듣는 강물》의 저자 김진태는 그의 저서에서 이 부분을 이렇게 적고 있다.

수월은 사미계를 받던 해에 이레 동안 용맹정진을 하였다. 수월의 손이 잠시 쉬면 천장암의 하루가 돌아가지 않던 무렵이었건만 이레 동안이나 꼼짝달싹 하지 않고 공부에만 몰두할 수 있었다니! 생각하건대 이 일은 '방앗간의 기적'을 눈으로 본 태허의 결단이거나 아니면 이 마을 전해 들은 경허가 시켜서 한 일이었을 것이다. 경허는 수월이 이미 깨달을 때가 무르익었음을 알고 있었을 터이니 말이다.189)

이때 수월의 순전한 修行力을 목격한 태허는 수월의 범상치 않음을 감지하고 바로 다음날 법명과 사미계를 내리는 授戒式을 거행한 다음 경허를 法師로 정해 주었다.

이때 경허가 제자인 음관이 자나 깨나 큰 소리로 千手慶을 외더니 마침내 깨우쳐 부처를 이룬 것으로 여겨 매우 기뻐한 다음 千手慶에 나오는 수월관음의 이름을 따 水月이란 법호를 내려준다. 이때, 수월은 太虛를 恩師로 鏡虛를 戒師로 하여 沙彌戒를 받는다.190)

水月의 이야기 《달을 듣는 강물》의 저자 김진필은 이 부분을 이렇게 적고 있다.

---

188) 김진태. 위의 책, p.54.
189) 김진태. 위의 책, p.64.
190) 김진태. 위의 책, p.55.

수월은 태허를 恩師로 삼고 '音觀'이라는 이름을 받았다. 은사란 제자가 공부할 때나 몸이 아플 때 잘 도와주고 보살펴 주는 이를 말하는데, 자신에게 깨달음의 계기를 준 스승은 法師라고 한다. 지금까지 편한 대로 불러 온 '水月'은 뒷날 음관의 법사인 경허가 내려 준 이름이다. 태허는 무슨 생각으로 수월에게 '음관'이라는 이름을 지어 주었을까? 음관은 '소리[音]를 본다[觀]'는 뜻이다. 여기서 태허가 말하는 소리란 관음의 목소리인 '대비심다라니'일 것이다. .. 태허가 수월을 '음관'이라고 이름한 것은 '소리를 지켜보라'는 가르침이 아니라 '소리의 본디 모습을 밝게 본' 수월에게 준 벅찬 찬사였음을![191]

이후, 수월은 스승 경허의 가르침을 받으며 스승 경허의 지도 아래 禪修行을 병행하며 하루 종일 일하면서도 언제나 천수대비주를 외웠다.

수월은 자고 일어나면 언제나 나무를 하러 산에 올랐고 빨래를 하고 온갖 허드렛일을 도맡아 했다.

水月의 이야기 《달을 듣는 강물》의 저자 김진필은 이 부분을 이렇게 적고 있다.

수월은 방석에 앉아 눈을 지그시 감은 뒤 '대비심다라니'를 외기 시작했다. 한번 흘러 나오기 시작한 그의 '대비주'는 끊어짐이 없었다. 수월은 먹을 틈도 뒷간에 갈 틈도 없는 사람처럼 보였다. 음식 그릇은 되돌아가고 다시 되돌아가고...하지만 그의 '대비주'는 점점 더 깊고 큰 울림이 되어 연암산에 퍼져 나갔다.[192]

그리고도 틈이 생기면 짚신을 삼아 남의 발에 신발을 신겨 주는 일도 계속 되었는데 참으로 진실한 水月의 眞面目이 그대로 배어있는 菩薩行이라고 볼 수 있다.

이 짚신 삼는 솜씨와 慈悲行은 모두 스승 경허의 가르침을 따른 것으로 짐작할 수 있는데 生涯 마지막까지 짚신삼기 수행은 계속된다.

---

191) 김진태, 위의 책, p.56.
192) 김진태, 위의 책, p.66.

이처럼 수월은 스승 경허의 지도 아래 스스로 기꺼이 낮게 몸을 낮추는 下心을 수행으로 삼았다. 또한, 수월은 나무를 하던 빨래를 하던 짚신을 삼던 그의 입에서는 천수경 외우기를 멈추지 않았다한다.

이 무렵을 함께 동문수학을 했던 만공은 나중에 師兄 수월을 이렇게 회상했다.

"수월 형님은 절에 손님이 오면 발 감싸게인 감발을 벗겨 손수 빨아서 불에 말렸다가 아침에 신도록 하고, 밤새 몸소 만든 짚신 3-4켤레를 바랑 뒤에 걸어주었다. 그런 형님만 생각하면 난 늘 가슴이 뛴다." 고 말한 적이 있다.

이러한 수월의 일화를 통해 수월의 천진면목을 엿볼 수 있는 대목이라고 말할 수 있다.

이 무렵 수월은 『千手經』을 좋아해서 자나 깨나 앉으나 서나 항상 천수경을 외웠다.

천수경의 원이름은 『千手千眼觀自在菩薩廣大圓滿無碍大悲心陀羅尼』이라는 긴 이름인데, 뜻은 천개의 손과 천개의 눈을 가진 관세음보살님의 자비와 공덕은 광대무변하시고 원만 구족하여 걸림이 없고 자유자재한 큰 힘으로 일체 중생의 고뇌를 건져주시는 다라니라는 뜻을 의미하고 있는 것이다.

이처럼 다라니의 위력은 그 에너지의 응집력이 종종 방광으로 드러나 성체라고도 하는데 수행자의 고도로 집중된 불성의 집합체라고 볼 수 있는 이 방광을 수월은 자주 보여주고 있었다고 전한다.

水月의 이야기 《달을 듣는 강물》의 저자 김진태는 이 방광 부분에 대해 이렇게 적고 있다.

수행자의 몸이나 성물에서 빛이 뿜어져 나오는 것을 '放光'이라고 한다. 이 방광에 대한 기록은 예로부터 수없이 많으며 오늘날에도 가끔 볼 수 있다. 그러나 수월처럼 자신의 생애를 통해 여러 차례나 빛을 뿜어 낸 일은 옛 기록을 보더라도 찾아보기 어렵

다.[193)]

수월이 천수다라니를 一念으로 외고 있을 때 수월의 몸에서는 눈부신 광채가 솟아나와 마을 사람들은 종종 天藏庵에서 불이 난 줄 알고 한밤중에도 허겁지겁 달려왔다고 한다.

이것은 비로 수월의 몸에서 나오는 放光이었던 것이다. 水月의 이야기《달을 듣는 강물》의 저자 김진태는 이 부분을 이렇게 묘사하고 있었다.

이레째 되던 날 밤, 아랫마을 장요리에서는 "불이야!" 하는 외침과 함께 느닷없는 종소리가 요란스럽게 울려 퍼졌다. 잠자리에 들려던 마을 사람들은 빗자루며, 괭이며, 삽 같은 것들을 집어 들고 문 밖으로 뛰어 나와 사방을 둘러보았다. 불길은 자신들의 집이 아니라 연암산 중턱 천장암 근처에서 일어나고 있었다. 불기둥은 엄청났다. 온 산골짝을 환히 밝혔고, 불꽃은 다시 하늘 위까지 솟구쳐 연암산 너머로까지 번지는 듯했다. 그러나 그 불꽃은 바라보는 사람들로 하여금 두려움이 아닌, 말로 할 수 없는 맑고 장엄한 환희와 편안함을 느끼게 했다. 천장암으로 달려온 마을 사람들은 비로소 왜 그 불빛이 그토록 그들을 기쁘게 해 주었는지를 알게 되었다. 마을 사람들의 동요를 진정시키려고 밖에 나와 있던 천장암 스님들의 얘기로는 불기둥은 수월스님이 몸으로 뿜어낸 빛이었다는 것이다.[194)]

千手는 자비의 관대함을, 天眼은 지혜의 원만 자재함을 나타내며 천 개의 눈으로 모든 중생들의 고통을 보고 그 손으로 구제한다는 염원을 상징하고 있는 것이다. 다라니는 산스크리트어로 된 경전을 말하며 이 긴 이름을 줄여『千手經』이라고 부르고 있다.

이처럼 우리나라 불자들이 가장 많이 독송하는 관세음보살의 광대한 자비심을 찬양하는 陀羅尼經은 중생과 가장 친근하다고 말할 수 있다. 이처럼 천수다라니를 주력한 水月은 그래서 언제나 자비롭고 언제나 중생의 아픔을 함께할 수 있었을 것이라고 말할 수 있다.

---

193) 김진태, 위의 책, p.67.
194) 김진태, 위의 책, p.67.

천수다라니 주력을 통해 水月이 放光을 체험한 뒤 그는 '不妄念智'를 얻게 되는 데 이것은 한번 들으면 결코 잊지 않는 신비로운 기억력으로 수행의 경지가 정점에 이르면 나타나는 자연적인 현상으로 水月은 이 '不妄念智'를 얻게 되었다고 전한다.

水月의 이야기 《달을 듣는 강물》의 저자 김진태는 수월의 세 가지 신이한 힘에 대해 이 부분을 이렇게 적고 있다.

수월은 이러한 체험을 한 뒤 세 가지 특별한 힘을 얻었다고 한다. 첫째는 한번 보거나 한번 들은 것은 결코 잊어버리지 않는 슬기, 곧 不妄念智를 얻은 것이요, 둘째는 잠이 없어져 버린 일이요, 셋째는 앓는 이의 병을 대번에 고쳐 줄 수 있는 힘을 얻은 것이다.195)

그래서 수월은 축원장의 신도의 이름을 다 외우고 또한 병에 걸린 신도들의 병도 고쳐주었다는 신이한 이야기는 수월의 경지에 이르지 않고서는 가히 이해 할 수 없는 초월의 경지라고 말할 수 있을 것이다.

이러한 이야기를 水月의 이야기 《달을 듣는 강물》의 저자 김진태는 이렇게 적고 있다.

신도들이 처음 오면 축원장을 만들어야 하는데 이 일이 여간 번거롭지가 않다. 신도들이 수백, 수천이 모이는 큰 행사 날에는 더더욱 그렇다. 그러나 한번 들으면 잊어버리는 일이 없게 된 수월은 수고롭게 축원장을 다시 찾거나 새로 쓸 필요가 없었다고 한다. 가만히 앉아서 신도들이 불러 주는 주소며 가족 사항이며 바라는 바를 듣고만 있다가 부처님 앞에 나아가 그대로 막힘없이 외었다. 그 날 모인 신도들이 천 명이든 백명이든 상관이 없었다. 수월의 이 불가사의한 기억력 앞에 말문이 막힌 스님들이 "스님, 어떻게 그러실 수가 있습니까?" 하고 물으면 수월은 이렇게 대답했다고 한다. "쓰고 찾는 일이 훨씬 어렵지 않남." 196)

---

195) 김진태, 위의 책, p.69.
196) 김진태, 위의 책, p.69.

(4) 敎化와 入寂

스승 경허의 행적을 좇아 북으로 거처를 옮긴 수월은 경허의 천화를 끝까지 지켜보며, 말년에 1915년 회막동을 떠나 만주와 러시아 국경지대에 있는 흑룡강성의 綏芬河로 들어갔다.

그는 觀音寺라는 작은 절에서 신분을 감춘 채 온갖 어려움을 무릅쓰고 6년간 보임을 했다. 그러다가 1921년 봄 수월은 왕청현 羅在溝에 들어가 華嚴寺라는 작은 절에서 머무르게 된다.

그곳에서도 水月은 누더기를 걸치고 날이 밝으면 하루 종일 들판에 나가 일하고 산에 가서 나무하고 언제나 말없이 일했다.

탁발을 자주 다녔으며, 생식을 했고, 잠을 자지 않았으며, 산짐승이나 날짐승과 어울려 놀거나, 때때로 호랑이를 데리고 다녔다고 한다.

그리고 여전히 그는 아픈 사람들을 고쳐주었고, 산이나 들에서 일하는 사람들에게 손수 밥을 지어 날라 주었다.

간도로 건너간 水月은 白頭山 기슭에 있는 도문시 회막동에서 스승 경허의 자취처럼 속인의 모습으로 3년 동안 소먹이 일꾼 노릇을 했다.

水月은 그 일을 해서 받은 품삯으로 밤을 새워 짚신을 삼고, 짬짬이 틈을 내어 큰 솥에 밥을 지어 주먹밥을 만들었다.

水月은 그 주먹밥을 일제의 탄압을 견디다 못해 고향을 떠나 간도로 건너오는 동포들을 위해 길가 바위 위에 쌓아 놓고 나뭇가지에는 짚신을 매달아 놓곤 하였다.

이러한 짚신 보시는 예부터 선사들이 간혹 행했던 보시행으로 《碧巖錄》에서 언급되고 있는 내용이 전한다.

陳尊者는 睦州 사람으로 그곳에 있는 龍興寺라는 절에 살고 있었다. 그러나 뒤에 절에서 나와 각지로 돌아다니며, 짚신을 삼아 가지고는 길가는 나그네들이 주워 신도록 길바닥에 던져 주곤 했다.

이렇게, 水月은 자신의 얼굴과 이름을 알리지 않는 무주상보시를 베풀며 보살행을 묵묵히 실천한 것이다. 水月의 이러한 보살행에 대해 손증손 상좌 명선의 증언이다.

"나라 잃고 고향을 잃은 백성들이 쫓기고 쫓겨서 간 곳이 간도였어요. 고갯마루에서 상처입고 지친 그들을 기다렸다가 밥 한술을 먹이고, 짚신을 주워 보내는 식으로 생의 마지막 수년을 보내신 것입니다."

水月은 생전에 한 번도 선사의 대우를 받으려하기는 커녕 오직 남의 손발을 자처하고 보살행의 머슴으로 살았던 水月은 자신의 손길이 필요한 곳에서 보살의 화현처럼..

조용히 그림자처럼 언제나 헌신적인 자비 수행을 실제로 행했던 것이다. 그렇다고 그의 숨결이 자취도 없이 완전하게 사라진 것은 아니었다.

水月은 수덕 문중 사람이다. 1989년 당시 원담과 그의 상좌인 설정이 수월의 흔적을 찾아 중국으로 들어갔다가 수월이 살던 옛 간도에서 80~90살 든 노인들이 수월을 '자기는 없고 중생만을 위했던 자비의 화현보살'로 기억하고 있는 것을 목격했다.

설정에 따르면 당시만 해도 일광산과 송림산에서 수월을 친견했던 노인들이 있어서 많은 증언을 채록할 수 있었다 한다.

그 가운데 흑룡강성 왕청현 태평촌에 살던 방씨 성을 가진 노인이 있다. 방씨의 증언을 설정이 전한다.

"수월스님은 매일 아침 공양 뒤에 산에서 내려와 탁발을 하거나 들판에서 이삭이나 무시래기 등을 주워서 짊어지고 올라가셨답니다. 송림산은 겨울이면 눈이 많이 쌓여 먹이를 구하지 못한 산짐승들이 굶어 죽는 일이 많은 곳이지요. 수월스님은 겨울이 오기 전 쌓아둔 이삭과 무시래기를 새와 산짐승들에게 나눠주시어 아사를 면할 수 있도록 해주신 것입니다. 수월스님은 블라디보스토크까지 300 리 산길을 단숨에 다녀왔기 때문에 사람들이 축지법을 쓴다고 생각했다는 거에요. 스님이 아픈 사람들에게 손을 대기만 하면 병이 나았기 때문에 그 고을에선 의사가 필요 없었다는 말도 들었어요."

그즈음 조계종 초대 종정을 지낸 曉峰과 초대 총무원장을 역임한 靑潭 등이 水月을 찾아와 한철을 지내면서 그의 말 없는 가르침을 배워갔다.

당시 간도엔 비적이 들끓어 집집마다 송아지 만한 만주 개를 길러 집과 마을을 지켰다.

그 개들은 모르는 사람이 밤에 나타나면 다짜고짜 물어뜯을 만큼 사나왔지만 水月에게만은 꼬리를 흔들며 엎드렸다고 한다.

훗날 이와 같은 전설적인 사실들은 水月의 가르침을 받았던 효봉과 청담의 증언에 의하여 세상에 알려지게 되었다.

이처럼, 자비의 화신으로 삶을 수행으로 실현 시킨 수월은 1928년 夏安居를 마친 다음 날인 음력 7월 16일,

절 뒤편의 송림산에 올라 흐르는 개울물에 깨끗이 몸을 씻은 다음 잘 접어 갠 바지저고리와 새로 삼은 짚신 한 켤레를 가지런히 놓아두고 맨몸으로 단정히 결가부좌를 하고 앉아 세상을 떠났다.

이때 수월은 세수 74세, 법랍 45세였다. 그가 圓寂에 든 후 7일 동안 송림산에서는 밤마다 불기둥이 치솟는 대방광이 일어났고, 산짐승과 날짐승이 떼를 지어 울었다고 전한다.

이러한 이적은 수월의 수행력이 아니고는 凡人으로는 감히 근접할 수 없는 성인의 경지다.

이처럼, 수월은 누구보다도 못 먹고 못 입고, 누구보다도 잠을 적게 자고, 누구보다도 많은 일을 한 천진보살 수월은 뼈와 가죽만 남은 몸으로 열반에 들 정도로 자신의 모든 것을 중생에게 모두 보시한 채,

"나, 개울에 가서 몸 좀 씻을 텨"

라는 한마디를 아무렇지도 않게 남겨두고 개울가에서 편안히 앉아 이생의 인연을 마감하였다. 水月은 그의 자취를 남기지 않은 채 바람 같은 전설만 남기고 갔다.

그동안 세간에 거의 알려지지 않았던 善知識 水月의 감동적 일대기는 한 현직 검사의 노력으로 세상에 밝혀져 『달을 듣는 강물』이라는 제목으로 책을 발간하였다.

간도로 건너가 말년을 보냈던 水月이 남북이 분단되고 오랫동안 중국과 국교마저 단절돼 있었기 때문에 전설이 되어 잊혀져 갔던 이야기가 오늘날 보석 같은 감동으로 전해지고 있다.

(5) 水月音觀의 禪思想

水月이 평생 호미를 든 행위는 平常時에 밭 갈듯이 일과 悟後修行이 둘 아닌 平常心으로 菩薩行을 실천하라는 뜻을 담고 있다고 본다.

同體大悲의 정신으로 중생의 모든 고뇌와 아픔을 받아들여 同事攝을 행하는 즐거움으로 樂을 삼은 水月은 중생 속으로 들어가 '異類中行'으로 자비의 손을 드리우며 세속의 시장거리로 들어가는 '入廛垂手'와 같은 佛修行을 몸소 실천

하였다.

제자를 떠나보내는 수월이 "다시는 깨달음을 의심하지 말라."고 당부한 것은 깨달음에 달리 기특한 것이 없으며, 다만 本來佛로서 慈悲行을 하고 사는 것이 '平常心是道'의 정수임을 강조한 것이리라.

깨달음후의 사회적 환원은 목마른 사람에게 물을 주고 배고픈 사람에게 밥을 주는 평상의 생활 가운데 있다는 것을 수월은 철저히 몸으로 내보이고 있었다.

水月의 生平은 평생 짚신을 삼아 가난한 사람들에게 나누어주고, 慧月이 직접 땅을 개간하며 '禪農一致'의 가풍을 보여준 것이 鏡虛禪의 가풍이요 德崇門衆의 가풍이라고 말할 수 있을 것이다. 수월의 그러한 삶이었다.

수월의 禪思想은 우선 그가 경허의 제자임을 확인하면서 그의 禪思想을 접근하는 방향으로 출발 하고자 한다.

① 鏡虛의 수제자 水月

한상길은 "경허의 세달 중 수월 스님은 경허 스님의 직제자가 아니다."라는 주장을 폈다.

그는 "『鏡虛集』을 비롯해 여타의 기록 어디에도 경허와 수월이 사제관계라는 사실을 보지 못했다"고 언급하며 "수월이 경허와 관련해 등장하는 내용은 한암의 「禪師鏡虛和尙行狀」뿐이며, 여기에는 직제자인지를 밝히지 않았다"는 것이다.

水月을 경허의 직제자로 여기는 것은 鏡虛와 水月이 동시대에 활동해 어떤 모습으로라도 인연을 맺었을 것이라는 개연성에서 출발해 별다른 검증 없이 경허보다 9살 어린 수월을 師弟관계로 설정한 것이라는 게 그의 주장이다.

그는 한암은 「禪師鏡虛和尙行狀」」에서 침운, 혜월, 만공, 한암 4명 만을 들고 있다"면서 "수월이 경허의 제자였다면 반드시 그를 언급했을 것"이라고 밝혔다.

그래서, 그는 수월을 만공, 혜월과 묶어 '경허의 세 명의 달'로 여기고 경허의 맏상좌로 이해하는 것은 제고돼야 한다는 주장을 내고 있는 것이다.

여기에 水月의 이야기 《달을 듣는 강물》의 저자 김진태는 이 부분을 이렇게 적고 있다.

수월의 깨달음에 대해서는 이렇다 하게 전해 오는 말이 별로 없다. 심지어 경허의 법제자인 한암은 그가 쓴 「선사경허화상행장」에서 경허의 법을 이어받은 제자는 침운, 혜월, 만공, 그리고 자기라고 하면서 수월은 넣지도 않았다. 그러나 우리는 수월을 한갓 깨닫지 못한 주력승으로는 도저히 생각할 수 없다. 왜냐하면 수월은 분명 '경허의 세 달' 가운데 하나이며, 정작 수월이라는 이름을 지어 준 이는 경허였기 때문이다. 수월이라는 법호를 경허가 지어 주었다는 말은 무슨 뜻인가? 그것은 수월은 경허의 법을 이은 제자요, 경허는 수월에게 그의 법을 전해 주었다는 말이 아닌가. 심지어 '수월은 온달, 혜월은 반달, 만공은 초승달'이라는 것이 산중의 이심전심이 아니던가! 그렇다. 굳이 수월이 깨달은 성자임을 밝히라고 한다면 우리는 경허가 준 수월이라는 법호에서 그 뿌리를 찾아볼 도리밖에 없다. 그는 한 번도 자신을 깨달은 사람이라고 말한 적이 없었으니 말이다. 그렇다면 경허가 법호로 준 '수월'이란 무슨 뜻일까? 경허는 왜 하필이면 수월이라는 법호를 주었을까?197)

이처럼, 그도 역시 수월이 경허의 제자 됨을 우리는 경허가 준 수월이라는 법호에서 그 뿌리를 찾아야 한다고 강조하고 있는 것이라고 말할 수 있다.

그러나, 김광식도 10월 12일 서산 천장암이 개최한 '제2회 경허선사 바로알기 학술세미나'에서 한상길과 같은 그의 의견을 주장했다.

그는 이날 '수월선사의 정체성과 경허의 전법' 논문을 발표하며 水月을 경허 법

---
197) 김진태, 위의 책, p.70.

제자로 보는 인식에 대해 조목조목 이의를 제기했다. 그는 먼저 滿空과 慧月의 傳法偈文이 있지만 水月은 없다는 점을 근거로 들었다.

김광식은 "아직 발견되지 않은 것일 수도 있지만 수월은 전법게문이 없다"고 언급하며 "한암이 1931년 '경허의 생애와 사상'을 불교지에 쓴 일대기에도 경허의 제자로 혜월, 만공, 한암, 침운 스님을 꼽고 있다는 것을 거론하였다.

이때에 법제자 명단에 수월은 포함되지 않았다고 언급하면서 김광식은 이렇게 말하고 있다.

"운허 스님의 1961년도 불교사전에도 수월 스님은 경허 스님의 법제자가 아니라 경허 스님의 사형인 태허 스님의 법제자로 나온다. 서경수 박사의 1970년대 글에도 태허 스님의 법을 이었다고 나온다" "〈朝鮮佛敎通史〉에 水月에 대해 경허의 법은 들은 것으로는 나와도 법제자라는 말은 없다. 또 수월 스님은 고행·난행하는 스님으로 나오는데 이는 두타행으로 화두참선과는 거리가 있다" 198)

라고 밝혔다. 그는 수월의 수행에 대해서는 최근 발견한 일제시대 학자 김포광이 水月과 대화한 내용을 예를 들어 언급하고 있었다.

"당시 김포광이 수월 스님에게 물어본 내용 중 수월 스님이 다라니 수행을 통해 깨달았다고 답한 부분이 있다. 수월 스님이 대비주를 통한 이후 선수행을 했어도 경허 스님의 간화선 위주 수행과는 다르다" 199)

라고 하여 수월이 간화선 수행자가 아님을 강조했다. 또한, 그는 "오히려 수월 스님의 수행은 선농일치와 치열한 두타행의 표본"이라고 말했다.

또한 김광식은 최인호의 최근작 『할』을 근거로 수월이 경허의 제자로 부당함을 제시하기도 하였다.

"수월 스님이 경허 스님 제자로 포함되게 된 까닭은 최인호도 그렇게 보았듯 만공(월

---
198) 김광식, 「제2회 경허선사바로알기학술세미나」, 천장암, 2013, pp.57-58.
199) 김광식, 「제2회 경허선사바로알기학술세미나」, 천장암, 2013, p.61.

면) 스님과 혜월 스님 등 월자 돌림의 작용이 컸다"며 "최인호 또한 별세 전 〈할〉에서 수월 스님에 대해 경허 스님의 법제자가 아닌 부분을 다뤘다"[200]

그러나 이러한 근거는 일부 지엽적인 부분을 확대 해석하여 본질적인 부분을 호도하는 지극히 위험한 발상이라고 본다.

수월이 경허의 제자임은 하늘을 손바닥으로 가리려는 어리석은 생각으로 근시안적인 편협한 시각을 벗어나 좀 더 넓은 안목을 가지고 경허와 수월의 관계를 조망해 본다면 이는 부자 관계는 천륜을 어길 수 없듯이 스승과 제자의 관계는 물보다도 더 진할 수 있다는 그들의 관계를 금방 찾을 수 있다.

이는 우선 천장암에서부터 수월의 존재를 추적해보면 살펴보면,

인법당을 살펴보면 건물은 "ㄷ"자 형으로써, 축대를 2단으로 높게 조성한 뒤 자연석 덤벙 주초석(둥글넓적한 자연석을 그대로 놓은 주춧돌) 위에다 원주를 세운 정면 6칸 측면 2칸의 목조 와가다.

겹처마 팔짝 지붕으로 된 법당의 기둥에는 여러 개의 文句 중에 "六門常放紫金光"의 주련이 드리워져 있다.

이 글을 글자 그대로 해석하면 '육근의 몸에서 찬란한 금빛이 흘러나온다.' 는 말이다. 즉 항시 放光을 하고있는 상태를 표현한 것으로 이는 水月의 면모를 들여다볼 수 있는 글귀라고 말할 수 있다.

이처럼 天藏庵은 비록 선지식의 최고 거장 경허가 禪을 수행하여 철저한 깨달음을 증득하고 선지를 드날리며 선의 법맥을 이은 한국 간화선의 메카라고 할 수 있는 聖地이지만,

이곳에서는 "六門常放紫金光"의 경지를 인정하고 아우르는 원융회통을 보이고 있다는 점에서 鏡虛禪과 철저히 맞닿아 있으며 이것은 평소 경허가 주장하는 念

---
[200] 김광식, 「제2회 경허선사바로알기학술세미나」, 천장암, 2013, p.65.

佛禪과도 그 맥락을 같이 하고 있다는 것을 확인해 볼 수 있다.

왜냐하면 天藏庵에서 水月의 다라니 공부를 인정한 것도 鏡虛이고 水月의 선수행을 지도하고 함께한 것도 鏡虛이고 수월을 제자로 인정하여 法號를 하사한 것 또한 모두 鏡虛이기 때문에 이것들이 모두 水月이 鏡虛의 법제자임이 확실하다는 충분한 증거가 될 수 있다.

수월이 천장암에서 나무를 해오는 것은 물론 밥까지 지어야 하는 행자 생활은 머슴살이보다 나을 것이 없는 녹녹치 않은 고단한 생활이었지만 그는 일체 불평을 하지 않고 묵묵히 주어진 일을 해나갔다.

당시 천장암의 주지는 경허의 친형인 太虛 性圓이었다. 따라서 수월에게 처음으로 머리를 깎아 준 은사는 태허이다.

따라서, 水月에게 처음으로 머리를 깎아 준 恩師는 太虛이다. 그러나, 나중에 鏡虛가 이곳에서 保任을 하게 되었고, 그것이 水月이 鏡虛의 法統을 잇게 되는 因緣의 고리로 작용한 것이었다.

수월의 뒤를 이어 훗날 天眞道人으로 이름을 날리는 慧月이 찾아와서 밭일을 하며 修心訣을 공부하기 시작했다.

水月, 혜월과 더불어 경허의 세 달로 꼽히는 월면당 만공은 14세 소년의 몸으로 세 달 중 가장 늦깎이로 천장암 식구로 합류한다.

水月의 이야기 《달을 듣는 강물》의 저자 김진태는 이 부분을 이렇게 적고 있다.

수월은 천장암에서도 나무꾼 노릇을 했다. 수월이 천장암을 찾아간 지 한 해쯤 되었을 때 수월의 뒤를 이어 열네 살의 어린 동자가 수행자가 되려고 천장암을 찾아 왔다. 이 동자가 바로 계룡산 동학사에서 경허를 만난 인연으로 뒷날 큰 선지식이 된 滿空스님이다. 어린 만공은 경허가 써 준 소개장을 품에 간직하고 그 먼길을 걸어서 외진 천장암까지 찾아온 것이다. 그 해 부처님 성도일인 섣달 초파일에 만공은 沙彌戒를 받고 이름을 月面이라고 했다. 그 뒤 월면은 이 절에서 밥 짓는 공양주가 되어 여러 해를 지내게 된다. 그 무렵 '天眞道人'으로 이름난 慧月도 천장암을 찾아왔다. 혜월은 열다섯 살에 정혜사에서 계를 받고 공양주 일을 하고 있었는데, 어느 날 정혜사를 찾아온 경허의 한바탕 천지를 뒤흔드는 설법에 휘말려들어 개심사를 거쳐 천장암에 이른 것이다. 혜월은 천장암에서 밭 일을 즐겨 했다. 경허가 천장암에 들를 때면 틈틈이 그가 머무는 방에 들어가 보조 스님이 지은 「修心訣」을 보았다고 한다. 만공은 수월보다 열여섯 살 아래고, 혜월은 아홉 살 밑이다. 201)

수월의 뒤를 이어 훗날 天眞道人으로 이름을 날리는 慧月이 천장암에 찾아와서 밭일을 하며 修心訣을 공부하기 시작하게 된 것은 순전히 우연이 아닌 필연의 인연으로 후에 水月, 慧月과 더불어 鏡虛의 세 달로 꼽히는 月面堂 滿空은 14세 소년의 몸으로 세달 중 가장 늦깎이로 天藏庵 식구로 합류하여 드디어 三月이 된 것이다.

이때 이들 셋은 경허의 지도아래 禪修行을 익히며 경허가 「劫外歌」를 읊고 天藏庵을 내려갈 때까지 天藏庵에서 경허의 三月로서 天藏庵의 한 식구로 그 인연을 쌓고 경허의 법맥을 이어갔다.

이후, 保任을 위해 天藏庵을 떠난 水月은 금강산 유점사 → 마하연사 →지리산 泉隱寺 上禪庵 → 충남 청양군 칠갑산 長谷寺 → 오대산 상원사를 거쳐 → 묘향산 중비로암에 들어가 거기에서 3년 동안 머물면서 禪修行을 이어갔다.

이처럼, 수월은 보임공부를 위해 천장암을 떠나 금강산 유점사에서 신분을 숨긴 채 여전히 땔나무를 해 나르며 한 철을 지냈으며, 수월은 1891년 무렵에는 경허, 제산 등과 호서지방을 돌면서 함께 수행했던 것이다.

이 무렵 스승인 경허가 行脚 중 자취를 감추었다는 소식을 들은 수월은 1910년경 강계군에 있는 子北寺에 머물며 스승의 행방을 애타게 찾아다녔다.

---

201) 김진태, 『달을 듣는 강물』, 해냄, 1996, p.43.

마침내 수월은 갑산군 도하리에서 박난주라는 이름으로 신분을 감춘 채 훈장 노릇을 하던 스승 경허를 찾게 된다. 水月의 이야기 《달을 듣는 강물》의 저자 김진태는 이 부분을 이렇게 적고 있다.

그런데 수월은 왜 그토록 먼 길을 더듬어 가며 스승을 찾으려 했을까.[202] 수월이 스승의 행방에 관해 알고 있던 내용이란 어떤 것이었을까? 그리고 그런 정보는 누구로부터 얻어낸 것이었을까? 수월이 묘향산 그 외진 암자에서 누구에게서 전해 들었을 스승의 소식, 그것은 스승이 안변 석왕사에서 자취를 감추어 버린 뒤 실로 여섯 해 만에 얻어낸 값진 소식이었다.[203]

그러나 경허는 방 안에서 문고리를 걸어 닫은 다음 말했다.

"나는 스님이 찾는 사람이 아니오"

하면서 경허는 끝내 문을 열어 주지 않았으니 여기에는 경허의 마음을 이해하는 수월이 있었던 것이다.

만년에 갑산에서 마을 훈장으로 살던 경허는 열반이 가까워서 병이 들어 누워 있었다.

수월은 여기저기 물어서 마침내 스승 경허가 있는 곳을 찾아왔다. 서당 문 앞에 이르자 수월이 "스님"하고 불렀다.

안에 있던 경허가 문밖에서 자신을 부르는 수월의 목소리를 듣고 문을 열어주지 않은 채 정색을 하고 물었다.

"누구요?" "수월입니다.", "나는 그런 사람 모르오. 가던 길이나 가시오.

" 이에 자신의 허물을 어렴풋이 알아차린 수월은 자신을 물리치고 병들어 누워

---

202) 김진태, 위의 책, p.139.
203) 김진태, 위의 책, p.142.

있는 스승을 위해 스승에게서 배운 짚신 삼기 기술을 발휘하여 정성껏 짚신 몇 켤레를 삼아 댓돌 위에 올리고 고마움을 표하며 서당을 나왔다.

창호지 한 장을 두고 스승과 제자가 나눈 '以心傳心'은 이것이 바로 鏡虛禪이요, 수월이 바로 경허의 제자임을 입증하는 것이다.

매정하게 말하며 끝내 만나주지 않는 스승에게, 수월은 짚신 몇 켤레를 정성껏 삼아 올리고 절을 한 다음 돌아설 수밖에 없었지만,

그렇다고 스승의 곁을 완전히 떠난 것은 아니었다. 水月의 이야기 《달을 듣는 강물》의 저자 김진태는 이 부분을 이렇게 적고 있다.

수월은 스승의 몸 냄새가 묻어 있는 자북사에서 얼마나 머물렀을까. 아니 그것보다는 수월은 그 곳에서 스승인 경허를 만났던 것일까? 수월이 스승을 만난 곳은 분명하지는 않으나 적어도 짐작이 가는 두 곳을 크게 벗어나지는 않는다. 한 곳은 강계이고, 다른 한 곳은 강계에서 걸어서 아래쯤 걸리는 거리에 있는 갑산이다. 강계와 갑산 가운데 어디가 수월이 스승을 만난 곳일까. 많은 사람들은 두 가지 까닭에서 강계보다는 갑산으로 보고 있다. 하나는 수월이 강계에 들어온 뒤 자북사 뿐만 아니라 다른 곳에서도 머문 흔적이 있음이요, 다른 하나는 갑산 웅이동에서 경허가 열반한지 한 해 뒤에 수월이 서산에 머물고 있는 만공에게 편지를 보낸 사실이다. 수월이 어려움을 겪어 가면서 강계 땅을 떠돌아다닌 것은 스승을 만나지 못했기 때문이며, 만공에게 편지를 보낸 것은 갑산에서 머물고 있던 스승을 지켜보고 있었기 때문이라는 것이다.[204] 경허가 이 시를 지은 도하리는 갑산군 웅이면에 있는 작은 마을이다. 마을 앞에는 웅이강 저수지가 있고 강을 따라 오르면 도상리를 지나 장진, 강계로 이르는 깊고 험한 길이 펼쳐진다. 도하리에서 갑산까지는 걸어서 이틀, 장진의 아득포령을 넘어서 강계까지는 여드레나 아흐레 걸리는 먼 길이다.[205]

보임을 위해 천장암을 떠난 수월은 금강산 유점사에서 수행하고 마하연사를 거쳐, 지리산 泉隱寺 上禪庵에서 수행을 하고, 또한 충남 청양군 칠갑산 長谷寺에서 머물며 수행을 하다 오대산 상원사를 거쳐 묘향산 중비로암에 들어가 3년 동

---

[204] 김진태, 위의 책, pp.145~148.
[205] 김진태, 위의 책, p.149.

안 머물렀다는 사실은 철저한 선수행자로서 경허의 법제자로서 본분을 다했으며 그가 이룩한 다라니 주력의 경지 또한 그가 수행한 공덕으로 얻어진 불멸의 경지임을 우리는 알아야 한다.

이렇게 전국을 돌며 수행을 계속하던 수월은 무렵 스승인 경허가 행각 중 자취를 감추었다는 소식을 듣고 북으로 북으로 스승을 찾아 헤매다 1910년경 강계군에 있는 子北寺에 머물며 스승의 소식을 접하게 되는데,

子北寺는 바로 경허가 머무는 갑산군 내에 있는 조그만 사찰로 경허는 자주 子北寺를 오가며 詩도 몇 편 남기고 있는 곳으로 경허의 서당과는 아주 가까운 거리였던 것이다.

그 중 子北寺에 관한 여러 편중 한 수를 소개한다.

與諸益上子北寺 二	여러 벗들과 자북사206)에 올라
衰老旖山轉苦登	노쇠해도 괴롭게 산에 오름은
只緣仙客玉欄憑	다만 신선과 옥난간에서 노는 인연 때문이네
留詩遼塞君疑鶴	머나먼 변방에 시 짓는 것 보고 그대가 학인가 했고
尋社香山我亦僧	향산207)의 결사를 찾음은 내가 중인 때문
下界塵生誰悟夢	사바세계 중생 그 누가 꿈을 깨었나
千江印月208)可傳燈	천강의 달이 도장 찍듯 가히 부처님 등불 전할 만하네
而今鰈域如炎夏	이제 이 나라 염천의 여름이니
有願慈雲處處凝209)	원컨대 자비의 구름이 어디든지 펼쳐지이다.

---

206) 子北寺는 강계군에 있는 사찰이다.
207) 無熱池의 북쪽에 있는 閻浮提洲의 중심인 雪山. 용례:향산에 사는 아사타가 (실달다의 관상을) 보옵고 자기의 늙음을 (한탄하여) 울었습니다. : 香山애 사는 阿私陁ㅣ 보숩고 저의 늘구믈 우스 봊니 [월인천강지곡 기 30] 白樂天이 香山에서 아홉 노인들과 결사한 일을 가리킨다.
208) 달이 세상의 천개의 강에 비추어 강에 천개의 달이 보여도 천개의 달은 그 그림자로 원래의 모습은 하늘의 달이란 뜻이다. 불교에서 진리는 법신불로 표현한다. 법신불은 하늘의 달처럼 하나로 진리가 세상에 비추어지며 우리가 세상에서 보는 부처님은 강에 비추인 달그림자처럼 진리가 세상에 화현한 모습이란 뜻이다.
209) 鏡虛, 『韓國佛敎全書』 권11, 동국대출판부, 1992, p.625a.

늙은 노승는 이제 산행하는 것도 몸에 버겁다. 그러나 노쇠해도 이렇게 괴롭게 산에 오름은 다만 신선과 옥난간에서 노는 인연을 그리워하기 때문이다.

머나먼 변방땅 이곳 갑산에서 그대가 시를 짓는 것을 보고 그대가 신선과 노닐던 학인가 했고 香山의 結社210)를 이렇게 힘들게 찾음은 내가 중인 때문이다.

경허는 북행을 감행한 뒤 한시도 자신의 신분을 벗어나지 않았음은 이미 주지한 바와 같이 이 부분에서도 여실하게 드러내 보이고 있다.

사바세계 중생 그 누가 인생은 허망하다는 꿈을 깰 수 있을까? 천강에 달이 비치니 가히 부처님 등불 전할 만하고 이제 가련한 이 나라 조선은 염천의 여름이니 원컨대 부처님이시여! 자비의 구름이 이 땅 어디든지 펼쳐지이다.

그러나 향산의 결사를 찾음은 내가 중인 때문이라는 표현으로 자신이 승려의 신분임을 결코 잊지않고 있음을 스스로 상기시킨 대목은 경허의 실체다.

경허가 이류중행의 삶을 선택한 진정한 의미가 여기서 확연히 드러나고 있다. 사바세계 중생에게 미몽에서 벗어나도록 그 누구가 꿈을 깨워 주겠는가?

경허의 몸 어디가나 천강의 달이 도장을 찍듯 가히 부처님 등불 전할 만하네. 노승 경허가 간절히 원하는 염원 '이제 이 나라 염천의 여름이니 원컨대 자비의 구름이 어디든지 펼쳐지이다 '를 되새겨보면서,

경허의 음성을 들으면 경허북행의 진정한 뜻인 입전 수수는 더욱 분명해진다. 그것이 경허의 나라사랑이다.

마침내, 수월은 갑산군 도하리에서 박난주라는 이름으로 신분을 감춘 채 훈장

---

210) 社香山: 향산사는 당나라 시인 白居易가 말년을 보낸 곳이다. 그는 58세 때 뤠양에서 太子補導官이라는 명목상의 직책에 자족하면서 시와 술과 거문고를 三友로 삼아 지냈다. 그는 사재를 틀어서 퇴락한 향산사를 증수하고 주지인 如滿禪師와 함께 僧俗 친구 9명이 香山九老詩社를 결사하고 그들과 어울려 이곳에서 시를 읊으면서 세월을 보냈다. 그는 자신의 호를 香山居士로 지었을 만큼 향산사를 좋아했는데, 죽을 때까지 이곳에서 18년간 문필생활을 했다.

노릇을 하던 스승 경허를 찾게 된다.

그러나 경허는 방 안에서 문고리를 걸어 닫은 다음 매정하게 말했다. "나는 스님이 찾는 사람이 아니오"

이에 자신의 허물을 어렴풋이 알아차린 수월은,

그냥 나올 수는 없어 속복을 하고 병들어 누워있는 스승을 위해 스승에게서 배운 짚신 삼기 기술을 발휘하여 정성껏 짚신 몇 켤레를 삼아 댓돌 위에 올리고 고마움을 표하며 서당을 나왔으나....

그 스승에 그 제자의 아름다운 만남은 여기서 끝이 아니었다.

매정하게 말하며 끝내 만나주지 않는 스승에게, 수월은 짚신 몇 켤레를 정성껏 삼아 올리고 절을 한 다음 돌아설 수밖에 없었지만, ...

그렇다고 스승의 곁을 완전히 떠나지 않았다. 수월→묵언→도천으로 이어지는 법맥에서 수월下, 손증손상좌가 되는 명선은 이 상황을 이렇게 전하고 있다.

"수월스님은 머리를 기른 채 함경도 삼수갑산에 은거해 살던 스승 경허스님을 찾아와서 먼발치서 지켜보다가 스승이 열반하자 장례를 치른 뒤 그 사실을 당시 수덕사 정혜선원에서 정진하던 만공에게 알려준 뒤 두만강을 넘어 間島로 들어갔다."

수월이 은사를 찾아 북으로 북으로 해매다가 경허 주위를 집중적으로 맴돈 기간은 대략 2년간이며,

이때 갑산에서 멀지 않은 회령군 팔을면 백천사, 경원군 만월산 월명사, 명천군 칠보산 개심사 등지에서 보낸 것으로 되어 있다.

水月의 이야기 《달을 듣는 강물》의 저자 김진태는 이 부분을 이렇게 적고 있다.

수월은 바로 이런 고장 강계 땅에 들어왔다. 묘향산에서 강계까지는 걸어서 닷새쯤 걸린다. 스승을 찾으려고 묘향산에 들어간 수월이 세 해 뒤인 1910년에 강계 바닥에 나타난 것은 무엇을 뜻하는가. 그것은 수월이 경허가 있는 곳을 손안에 쥐었기 때문이라고 풀이할 수밖에 없으리라. 그 무렵 경허는 선비 朴蘭洲, 또는 유발거사 朴進士로 아이들을 가르치는 훈장 노릇을 하며 관서와 관북은 물론 국경을 넘어 만주 지방까지 非僧非俗 차림을 하고 떠돌고 있었다.211)

이처럼, 수월의 북간도 생활은 결국 스승의 자취를 찾기 위한 일환으로 시작되었다가 수월은 그곳에서 慈悲行을 베풀며 중생들과 더불어 異類中行을 행하면서 스승 경허처럼 세속을 떠나지 않고 入廛垂手 하였다.

이것이야말로, 바로 수월이 경허의 제자임을 보여주는 마지막 모습이라고 말할 수 있다.

② 水月의 禪風과 修行

사실 수월은 따로 看話禪 수행의 필수 덕목인 話頭를 따로 참구하지 않았다고 말한다. 이 부분에서 일부에서는 수월을 경허의 법제자로 인정하지 않으려는 움직임도 보인다.

그러나 수월에게 있어서는 日久月深으로 오매불망 다라니를 주력하는 千手經은 바로 話頭요 公案이었다고 할 수 있을 것이다.

수월에 관한 다음의 逸話가 전한다. 水月의 이야기 《달을 듣는 강물》의 저자 김진태는 이 부분을 이렇게 적고 있다.

고려 말에 중국에 다녀와 太古, 懶翁과 함께 임제종의 선법을 이은 걸출한 선승이면서도 일생을 산골에 묻혀서 흰 구름처럼 살다 간 白雲이라는 스님이 있다. 백운은 그가 지은 「直指心經」으로 이름이 더 높은데, 이 책은 금속 활자로 찍은 책 가운데 세계에

---
211) 김진태, 위의 책, p.138.

서 가장 오래된 것으로서 지금은 프랑스 국립도서관에 있다. 「직지심경」은 참선 수행의 고갱이를 밝힌 책으로 백운은 열반에 들기 두 해 전인 1372년에 이 책을 완성했다. 백운이 이 책을 펴낸 것은 참선 수행을 하는 까닭은 '無心地'를 얻는 데 있으니 꼭 화두선만을 고집할 필요가 없음을 알리기 위해서였다. 그는 그의 가르침을 담은 「백운화상어록」에서 이렇게 말하고 있다.[212]

수월은 1887년 겨울 어느 날 골방으로 들어가 먹는 것, 잠자는 것도 잊은 채 千手經을 외우는 精進을 감행하였다.

이것이 水月에게는 話頭參究를 대신하는 수행이었다고 본다. 그래서 경허는 수월에게 話頭를 주는 대신 千手經 수행을 권했던 것이다.

이레째 되는 밤 寺下村 사람들이 절 마당으로 몰려들었다.

절에서 불기둥이 솟아 밤하늘을 환하게 밝히자 화재가 발생한 것으로 알고 불을 끄러 달려온 것이었다. 절에 도착하여 水月 방에서 불빛이 새어나오는 것을 목격한 마을 사람들은 놀라움을 금치 못하였다하니…

그 신이한 현상을 접한 대중의 경외심이야 이루 말 할 수 없었을 것으로 짐작이 된다.

放光을 한 그는 세 가지 특별한 힘을 얻었다. 한번 보거나 들은 것은 결코 잊지 않는 不忘念智와 잠이 없어진 것, 병을 고칠 수 있는 힘 등을 얻은 것이 그것이다. 千手經을 외움으로써 그는 천수관음으로부터 손 하나와 지혜의 눈 하나를 얻는 불은을 입은 것이었다고 말할 수 있을 것이다.

이것을 수월은 언제나 이렇게 말하고 있었다.

여기에 대해 水月의 이야기 《달을 듣는 강물》의 저자 김진태는 이 부분을 이렇게 적고 있다.

---
212) 김진태, 위의 책, p.59.

"도를 닦는다는 것이 무엇인고 허니, 마음을 모으는 거여. 별거 아녀. 이리 모으나 저리 모으나 무얼 혀서 든지 마음만 모으면 되는겨. 하늘 천 따지를 하든지 하나 둘을 세든지 주문을 외든지 워쩌튼 마음만 모으면 그만인겨. 나는 순전히 '천수대비주'로 탈통한 사람이여. 꼭 천수대비주가 아니더라도 `옴마니반메훔'을 해서라도 마음을 모으기를 워찌깨나 아무리 생각을 안할려고 혀도 생각을 안할 수 없을 맨큼 혀야 되는 겨." 213)

水月觀音이란 과연 누구인가?

밝은 달이 바다 위를 환하게 비추었을 때 한 연꽃이 바다 위에 떠 있고 그 연꽃 위에 화신하여 나타나서 관세음보살의 32가지 모습 중 하나가 水月觀音이다.

수월관음이 되어 방광을 한 것을 표현한 문구가 천장암에 있는 주련의 '六門常放紫金光' 이다. 몸의 육근에서 찬란한 금빛이 흘러나온다는 뜻이다.

천장암이 수월이 득도한 관음도량이라는 것을 알려주는 비밀의 열쇠라고 할 수도 있을 것이다. 수월의 선풍을 살펴보고자 한다.

③ 看話禪 즉 念佛禪

수월은 사람 몸 받았을 때 성불하고 외치는 수월은 도를 닦는다는 것이 마음을 모으는 것인데 화두로 모으나 주력으로 모으나 이리 모으나 저리 모으나 무얼 해서든지 마음만 모으면 되는것 이라고 하늘천 따지를 하든지. 하나둘을 세든지, 주문을 외든지 아무튼 마음만 모으면 그만이라고 말하고 있는 것이다.

옛 세상에는 참선을 해서 깨친 도인들이 많았는데 요즘은 드무니 그 까닭이 무엇인가 그것은 마음을 한 곳에 모으지 않음이라고 말하고 있는 것이라고 말하고 있다.

---

213) 김진태, 위의 책, p.12.

독립군 연설원으로 활동하다 몸을 다쳐 수월스님께 치료를 받은 뒤, 몽고에서 출가한 혜양(대전대흥사)은 당시 수월로부터 전해들은 말을 외우고 있다가 저 『천수경이야기』 저자에게 구술하였던 것이다.

"도를 닦는다는 것이 무엇인고허니, 마음을 모으는 거여. 별거 아녀. 이리 모으나 저리 모으나 무얼 혀서든지 마음만 모으면 되는겨. 하늘천 따지를 하든지 하나 둘을 세든지 주문 외든지 워쩌튼 마음만 모으면 그만인겨. 나는 순전히 `천수대비주'로 달통한 사람이여."214)

여기서 수월의 법문은 천수대비주나 화두가 모두 궁극적으로는 '마음을 모으는 것'으로서 동일함을 말씀하고 있는 것이다.

마음을 모으는 것을 통해 수행의 궁극적 목표인 도를 깨닫게 되는 이치를 보여주고 있는 것이다.

여기에 대해 水月의 이야기 《달을 듣는 강물》의 저자 김진태는 이 부분을 이렇게 적고 있다.

사람 몸 받았을 때 성불하라. 수월스님 도를 닦는다는 것이 무엇인고 허니, 마음을 모으는 거여. 별거 아녀. 이리 모으나 저리 모으나 무얼 혀서든지 마음만 모으면 되는 겨. 하늘천 따지를 하든지. 하나둘을 세든지, 주문을 외든지 워쩌튼 마음만 모으면 그만인겨. 나는 순전히 '천수대비주'로 달통한 사람이여. 꼭 '천수대비주'가 아니더라도 '옴 마니반메훔'을 혀서라도 마음 모으기를, 워찌깨나 아무리 생각을 안 하려고 혀도 생각을 안 할 수 없을 맨큼 되는 겨. 옛 세상에는 참선을 혀서 깨친 도인네가 많았는디, 요즘에는 참 드물어. 까닭이 무엇이여? 내가 그 까닭이 무엇이여?215)

또한 수월은 그 까닭을 이렇게 말하고 있는데 옛날 수행자들은 스스로가 도를 통하지 못했으면 누가 와서 화두참선법을 물어도 끝까지 가르쳐 주지 않았는데 선지식들은 제자들에게 맞는 화두를 내려주니, 화두를 바꾸지 않고

---

214) 김호성, 『천수경이야기』, 민족사, 1996. p.12.
215) 김진태, 『달을 듣는 강물』, 해냄,1996,p.12.

'열심히만 정진하면 꼭 성취할 것이다'는 한 생각으로 마음을 몰아부쳐 오로지 한길로만 애쓰다가 도를 통하기도 했다고 말하고 있다.

그런데, 요즘 사람들은 그게 아니고 이것저것 행하니 도를 쉽게 이루지 못하는 것으로 무엇이든지 한 가지만 가지고 끝까지 공부해야 하는 것을 말하고 자신은 스승 경허가 관음 주력을 하라고 한 내력을 언급하고 있다.

여기에 대해 水月의 이야기 《달을 듣는 강물》의 저자 김진태는 이 부분을 이렇게 적고 있다.

내가 그 까닭을 말한 것인게 잘 들어봐. 옛날 스님들은 스스로 도를 통하지 못했으면 누가 와서 화두참선법을 물어도 "나는 모른다"며 끝까지 가르쳐주들 않았어. 꼭 도를 통한 스님만이 가르쳐주었는디, 이 도통한 스님께서 이렇게 생각하신단 말여. '저 사람이 지난 생에 참선하던 습관이 있어서 이 생에도 저렇게 참선을 하려고 하는구나. 그러면 저 사람이 전생에 공부하던 화두는 무엇이었을까? 도를 통했으니께 환히 다 아실 거 아니여. 혀서 '옳다. 이 화두였구나' 하고 바로 찾아주시거든. 그러니 그 화두를 받은 사람은 지난 생부터 지가 공부하던 화두니께잘 안하고 배길 수가 있남. 옛날 사람들은 화두 공부가 잘 되지 않더라도, 화두를 바꾸지 않고 "나는 열심이 모자라니께 열심히만 정진하면 꼭 성취할 것이다."는 한생각으로 마음을 몰아 붙여 오로지 한길로만 애쓰다가 도를 통하기도 혔어. 그러나 요즘 사람들은 그게 아니여. 무엇이든지 한 가지만 가지고 끝까지 공부혀야 하는디.[216]

그리고 수행이란 이것이 꼭 밥 먹기와 매 한 가지라, 똑같은 반찬이라도 어떤 사람은 배불리 맛있게 먹지만 어떤 사람은 먹기 싫고, 또 어거지로 먹으면 배탈이 나는 법이라 공부도 마찬가지로 염불을 열심히 혀야 할 사람이 딴 공부를 하니 잘 안 되는 것이니,

참으로 사람 되기가 어렵고, 천상천하에 그 광명이 넘치는 불법 만나기가 어려운데 말이지, 사람 몸 받아 가지고도 참 나를 알지 못하고 참 나를 깨치지 못하면 이보다 더 큰 죄가 없음을 바로 깨쳐 사람 몸 받고도 공부를 이루지 못하고

---

216) 김진태, 위의 책, pp.12-13.

그냥 죽으면 다 쓸데없다는 것을 구구절절 말하고 있는 것이다.

이러한 내용을 여기에 대해 水月의 이야기 《달을 듣는 강물》의 저자 김진태는 이렇게 적고 있다.

이것이 꼭 밥 먹기와 매 한 가지여. 똑같은 반찬이라도 어떤 사람은 배불리 맛있게 먹지만 어떤 사람은 먹기 싫고, 또 어거지로 먹으면 배탈이 나는 뱁이거든. 공부도 마찬가지여. 염불을 열심히 혀야 할 사람이 딴 공부를 하니 잘 안 되는 겨. "한 집안에 천자 네 명 나는 것보다 도를 깨친 참 스님 한 명 나는 게 낫다." 예부터 이런 말을 많이 들었지. 만일 중이 되어 도를 통할 것 같으면 그 공덕으로 모든 조상영령들과 시방 삼세의 중생들이 다 離苦得樂할 것이니 이 얼마나 좋으냐 말여. 이 세상이라는 게 중이 되면, 머리가 있고 없고 글이 있고 없고가 아무짝에도 쓸모없는 것이여. 차라리 그런 것들은 없는 게 훨씬 나아. 참으로 사람 되기가 어렵고, 천상천하에 그 광명이 넘치는 불법 만나기가 어려운데 말이지, 사람 몸 받아가지고도 참 나를 알지 못하고 참 나를 깨치지 못하면 이보다 더 큰 죄가 워디 있을 겨. 부처님께서도 "나도 너를 못 건져준다. 니가 니 몸 건져야 한다" 하셨어. 그러니 참 그야말로 마음 닦아가지고 니가 니 몸을 건지지 못하고 그냥 죽어봐라, 이렇게 사람 몸 받고도 공부를 이루지 못하고 그냥 죽어봐라, 다 쓸데없다. 어느 날에 다시 이 몸을 기약할 것인가.[217]

이처럼 수월은 看話禪 즉 念佛禪이라는 것을 자신의 수행을 토대로 平生을 수행으로 一貫 할 것을 말하고 있는 것이다.

④ 平常心으로 菩薩行

수월 스님이 호미를 든 행위는 평상시에 밭 갈듯이 일과 悟後 수행이 둘 아닌 평상심으로 보살행을 실천하라는 뜻을 담고 있다.

또 두 팔을 벌리고 춤을 춘 것은 同體大悲의 정신으로 중생의 모든 고뇌와 아픔을 받아들여 同事攝을 행하는 즐거움을 표현한 것이다. '同事攝'이란 佛・菩

---

217) 김진태, 위의 책, p.13-15.

薩이 중생의 근기에 따라 몸을 나타내되, 그들과 生業과 利益, 苦樂, 禍福을 함께 하면서 진리의 길로 이끌어 들이는 보살행을 말한다.

이는 중생 속으로 들어가 소나 말처럼 헌신하는 '異類中行', 자비의 손을 드리우며 세속의 시장거리로 들어가는 '入廛垂手'와 같은 菩薩道 修行을 의미한다.

수월 밑에서 공부한 철우제자를 남으로 떠나보내는 수월이 "다시는 깨달음을 의심하지 말라"고 당부한 것은 깨달음에 달리 기특한 것이 없으며, 다만 본래 부처로서 사는 것이 '平常心是道'의 정수임을 강조한 것이다.

그저 수행과 삶을 하나로 보는 평범한 진리를 의미하고 있는 수월의 수행은 따로 가르칠 것이 없었을 것이라고 볼 수 있을 것이다.

즉, 깨달음의 실천은 중생구제에 있으며 그것은 곧 경허의 입전수수와 맞닿아 있으니 수월 역시 경허와 마찬가지로 異類속에서 和光同塵의 삶을 자처하고 나선 것이다.

이처럼 깨달음의 종착지는 목마른 사람에게 물을 주고 배고픈 사람에게 밥을 주는 평상의 생활 가운데 있다는 평범한 진리는 경허와 수월은 몸으로 사바에서 중생들과 함께 나누고 그것이 곧 사회의 회향임을 잘 알고 있었을 것이다.

수월이 평생 짚신을 삼아 가난한 사람들에게 나눠주고, 혜월이 직접 땅을 개간하며 農禪竝行의 가풍을 보여준 것이 그러한 삶이었다.

⑤ 인욕바라밀

경허의 천화 이후, 수월은 더욱 보림에 정진하였고, 특히 말년에는 수분하에서 젊은 승려 밑에서 온갖 욕설과 행패를 당해 가며 여섯 해 동안 인욕하면서 말없이 지냈던 행적이 있다.

수월은 우연히 머물게 된 독립군에게 헤어지던 날 6년간의 생활을 이렇게 말했다고 전한다.

"열심히 수행혀라. 이 공부하는 데는 다 쓸데 없다. 오직 이 마음 하나 비우면 그만인겨. 세상에서 마음 비우는 일보담 더 어려운 게 없어. 또 참는 일보담 더 어려운 일도 없어..... 스님들과 동포들이 내게 이런 말을 가끔 햐. '스님은 그 고약하고 독한 나쁜 놈 밑에서 왜째서 그렇게 여섯 해 동안이나 갖은 욕을 얻어 먹음시러 살었냐'고. 내가 수분하에서 지낸 얘기를 워디서 들은 모양이여. 동네 사방에서 그렇게 얘기를 들었내비여. 그 때 나는 내 도를 다 이루기 위해 여섯 해 동안 어떤 젊은 스님 밑에 있었던 겨. 그 젊은 스님이 내게 무신 행패를 부리고 무신 욕지거리를 퍼부어도 나는 한 순간도 성내는 마음이 일지 않았어. 나는 그런 내 보림 생활이 참으로 기쁘고 즐거웠던겨. 그러니 그 젊은 스님은 내게 더없이 소중한 스승이었단 말여. 나는 그 사람 때문에 내 보림을 이룬 셈이여. 자네는 뒷날 꼭 중이 되고 말겨. 중이 되더라도 딴 생각 말고 아는 척 하지 말고 어리석게 열심히 공부만 혀라. 공부는 보림이 중요한 뱁이여." 218)

그 때 수월은 綏芬河219)에서 조선 사람들이 백여 호 모여 사는 어느 마을에 있는 觀音寺라는 작은 절에서 살았다고 한다.

이 절은 본대 朴氏 성을 가진 한약방 주인이 약국 안쪽에 자신의 修行處로 지어 놓고 썼는데, 어느 날 한 젊은 僧이 찾아 와서 사정하는지라 절로 내 준 것이다.

이때, 젊은 僧은 이 집에 觀音寺라는 간판을 내걸었으되 날마다 修行은 하지 않고 멋대로 살았다고 한다.

---

218) 김진태, 위의 책, p.219-220.
219) 흑룡강성에는 4개의 큰 강이 있다. 黑龍江, 松花江, 烏蘇里江, 綏芬河이며, 송화강 유역이 가장 크다. 수분하는 단독으로 유하하여 러시아의 브라디보스톡으로 흐르며, 유역면적이 50㎢이상인 하천이 1,918개에 이른다.

水月은 바로 이 젊은 승려에게 온갖 욕설과 행패를 당해가며 여섯 해 동안 말 없이 지냈다는 것이다.

여섯 해가 되던 해, 남만주의 봉천에 사는 아편 장수 두 사람이 찾아와서 이 젊은 스님을 꾀어 간 지 한 달 뒤에 수월도 이곳을 떠나 나자구 송림산으로 갔다고 한다.

수분하에서 수월이 산 모습은 곧 낮에는 품팔이를 하고, 밤에는 한잠도 자지 않고 짚신 삼고 정진했다고 전한다.

수월은 주먹밥과 밤새워 삼은 짚신 더미를 들고 나가 중국과 러시아의 국경을 드나드는 흰 옷 입은 조선 사람들에게 나누어 주었다고 한다.

날마다 술, 담배나 즐기며 그렁저렁 살아가던 젊은 승려는 수월이 하는 이런 일들이 무척 마음에 거슬려서 수월이 집안의 잡일을 도맡아 하고 먹을거리도 다 장만했음에도 불구하고,

젊은 승려는 수월이 거리에 주먹밥을 보시하고 짚세기 까지 나누어 주는 수월의 행리에 불만을 품고 일부러 행패를 부리고 수월을 천대햇던 것으로 보여 진다.

그래서 젊은 僧은 이해할 수 없는 행동을 하고 있는 老僧 水月에게 욕설을 하고 밤새 만든 짚신을 태워버리거나 땀 흘려 벌어 온 식량으로 정성들여 만든 주먹밥을 창밖에 내던져 버리는 일 등 을 하였다고 전한다.

이러한 상황마저도 인욕으로 견디는 수월의 삶을 인욕바라밀이라고 말할 수 있다.

이러한 인욕수행을 하는 수월은 때론 신이한 행적이 중생들 에게는 큰 힘이 되어 그를 따른 사람들이 많았다 한다.

방씨 라는 이가 12살 소년이었을 때 수월은 소년의 부모에게 찾아와 "이대로 있으면 호랑이 밥이 되니, 내 곁에 두라"고 말해고 그 소년과 수월은 단칸 흙집에서 일주일을 머무르게 되었다고 한다.

그렇게 해서 목숨을 건지고 수월과 특별한 인연을 맺게 된 방 씨 노인은 "그때 보니 수월 도인 스님은 일절 눕지 않았고, 아예 잠도 자지 않았다.

5일째 되는 날 오줌이 마려운데도 나가지 못하게 하던 수월이 밖을 향해 '이 놈아, 이제 그만 가거라!'고 말해 밖을 내다보니 눈에 불을 켠 호랑이가 있었다."고 증언하기도 하였다.

또한 방씨 노인은 "수월스님께서 열반에 들자 마을 사람들이 다비하고는 다음날 현장을 살피기 위해 올라갔는데, 수북이 쌓인 하얀 가을 서리 위로 남쪽을 향해 걸어간 발자국이 선명하게 나 있었다."는 증언도 하였다고 전한다.

이러한 것은 모두 수월이 생전에 다라니 수행으로 도를 이루고 그 도력이 때로는 중생을 요익하게 하는 쪽으로 드러나기도 하고 또한 대중이 이해하기 힘든 신이한 행적을 보였던 것으로 이해할 수 있다고 볼 수 있는 것이다.

이처럼 수월의 숨은 일화는 수덕사 문중에서 4대 방장 설정이 은사인 진성과 現地를 다녀온 이외에도 김진태 검사가 젊은 시절 지리산의 한 절에서 고시공부를 하면서 수월의 얘기를 전해 듣고 발심해, 훗날 간도 현장을 답사한 뒤 수월에 대한 책 《달을 듣는 강물》을 펴낸 바 있다.

그 후, 수월의 손상좌 명선이 『水月評傳』을 출간하려는 의지를 보이고 있어 수월을 다시 만날 수 있다고 본다.

수월에 관한 자료가 거의 없는 오늘날 수월을 기리고 연구하려는 이들의 헌신적인 대발심의 노력은 매우 감동적이고 또한 그 결과 수월의 수행의 행적은 수행자들에게 많은 귀감이 되고 있으며 앞으로도 수월의 연구에 매우 고무적이고 중요한 자료가 될 수 있다.

⑥ 文殊家風

《달을 듣는 강물》의 저자 김진태는 수월의 삶을 한마디로 문수가풍이라 말하고 있다. 거기에 대한 접근은 자신의 저서에서 이렇게 말하고 있다.

"누구나 쉽게 만날볼 수 있었지만 누구도 제대로 알아볼 수 없었던 수월, 그는 어쩌면 자장이 내친 문수의 다른 모습일지도 모를 일이다.

참으로 수월의 삶 속에는 숨김없는 문수가풍이 짙게 녹아 흐리고 있었다고 말한다면 필자의 지나친 억측이라고 나무랄 것인지."220)

이 같은 저자의 평가는 문수가풍에 대한 해답으로 '자장이 내친 문수'이야기에 암시되어 있다고 말할 수 있을 것이다.

그 전거는《삼국유사》에서 찾을 수 있는데 그는 문수와 자장의 이야기에서 그 실마리를 찾고 있었다.

자장은 석남원(현 정암사)를 짓고 문수보살이 오시기를 기다렸다. 그런데 성스러운 문수보살은 오지 아니하고 한 늙은 거사가 다 해진 누더기를 입고 칡으로 만든 삼태기에 죽은 강아지를 담아 매고 자장을 찾았다. 그러나 시자의 전갈을 받은 자장은 "미친 사람일 것이다"면서 만나기를 거절한다. 그렇게 비천하게 보이는 사람이 문수보살일 수는 없을 것으로 생각했던 것 같다. 아직 자장은 성스러움과 비속함이 둘이었던 것이다. 그 때 거사는 말했다고 한다. "돌아가리라, 돌아가리라. 나를 비우지 못한 사람아, 어찌 이 문수를 보겠느냐"221)

---

220) 김진태, 위의 책, p,122.
221) 일연,『삼국유사』,김원중 역 , 민음사, 2008, pp.116-117.

외형만을 추구해 문수를 바로 보지 못한 지장의 허물을 그는 만주에서 수월을 알아보지 못하는 중생에 비유하여 그 속에서 자비를 베푸는 수월을 문수에 대비하여 문수가풍으로 접근하고 있다고 볼 수 있을 것이다.

그리고 저자는 더 나아가 수월이 속세에서 머슴살이로 출발하고 있다는 전제도 문수 가풍으로 보고 있는 것이다.

이처럼, 《달을 듣는 강물》의 저자 김진태는 수월의 삶을 한마디로 문수가풍이라 말하고 있는 것이다.

거기에 대한 근거로 자신의 저서에서 또 이렇게 덧붙여서 말하고 있다.

이 이야기에 나오는 문수보살은 스스로 비속한 존재로 자신을 낮추는 삶을 산다. 간도의 궁핍한 동포들과 함께 한 수월스님의 삶 자체는 문수가풍의 절정을 이루는 것으로 보아서 좋을 것이다. 과연, 수월스님의 경우 그 같은 문수행의 출발점은 어디에 있는 것일까? 출가 이전 머슴살이를 했다는 사실에서도 그 체질적 자율성을 찾아볼 수 있을 것이다. 그에 더하여, 스승경허가 보여준 삶의 모습에서 전해 받은 것은 아닐까 싶다. 만약 그렇다면, 그의 문수행은 깨달음을 얻은 도인이 다시 저자거리에 들어가서 중생과 함께 하는 화광동진의 선불교적 전통에 잇대어 있는 것이다. 문수가풍은 또한 보현가풍이기도 하다[222].

저자는 비속한 존재로 살다간 수월의 삶을 문수에 맞추고 있다.

간도의 궁핍한 동포들에게 보시를 베풀며 스스로를 그 속에 묻어버린 수월의 삶은 스승 경허가 행한 이류중행의 화광동진의 삶과 일치시키고 있는 것이라고 말할 수 있다.

이것이 바로 저자가 말하는 수월의 행을 문수가풍에서 찾을 수 있다고 말하고 있는 것이다.

---

[222] 김진태, 『달을 듣는 강물』, p.130.

여기서 저자는 문수가풍을 보현 행원으로 까지 확장시키고 있는 것을 볼 수 있다.

수월은 아픈 사람들을 만나면 그들의 병을 고쳐주었고, 산이나 들에서 일하는 사람들에게는 밥을 지어주는 慈悲行을 통해 중생들을 널리 이롭게 하니 수월의 삶이야말로 널리 중생들을 공양하기를 원하는 普賢行이라 아니할 수 없다.

여기서 문수가풍과 보현가풍이 둘이 아니라 하나라는 점에서 그것은 수월의 삶을 대변하고 있으며 그것은 화엄의 이치라고 말할 수 있다.

수월은 자신의 생애 마지막 사찰을 화엄사라 짓고 慈悲行을 행하니 이 또한 같은 맥락에서 접근해 볼 r수 있을 것이라고 말할 수 있다.

⑦ 禪密一致의 家風

수월의 이야기 《달을 듣는 강물》의 저자 김진태는 수월의 삶을 한마디로 문수가풍이라 말하고 있는 것이다.

그리고 거기에 禪密一致를 보이고 있는 수월의 흔적을 자신의 저서에서 또 이렇게 덧붙여서 말하고 있다.

수월스님이 간도에 지은 그의 절 이름을 화엄사라고 했던 것도 그 자신의 화엄적 가풍을 함축하고 있는 것은 아닐까.

첫째는 도천(태고사)노스님을 통해서였다. 그분은 바로 수월스님의 손상좌인데, "쉬지 않고 일한다"는 점에서 공통된다는 것이었다. 둘째는 《천수경》의 '신묘장구대다라니'(=천수대비주)를 통해서이다.

"근세의 선지식인 수월스님이나 용성스님이 선사이면서도 모두 천수다라니를 지송하여 견처를 얻었던 것도 바로 그러한 선밀일치의 가풍을 나타내 주고 있는 것이다. 선과 밀교, 화두와 다라니는 둘이 아니다."223)

저자는 화두와 다라니가 그 본질에 있어서 같다는 것을 들어 수월의 선을 禪密一致로 접근하고 있다고 말 할 수 있을 것이다. "쉬지 않고 일한다"는 관점은 선농일치와 그 맥락을 같이 하고 있다고 볼 수 있다.

다라니 주력은 念佛禪에서 禪密一致의 접근을 볼 수 있는 관점으로 둘 다 번뇌를 깨뜨리는 도구로서의 역할을 한다는 선의 접근은 수월의 수행을 뒷받침해주는 새로운 자료를 《달을 듣는 강물》을 통해서 저자가 주장하고 있는 禪密一致를 뒷받침하고 있다고 말할 수 있다.

⑧ 태고사의 수월 가풍

원효가 창건한 태고사[224]는 유래가 깊은 산사로 원효가 절터로 잡아 놓고는 가사장삼을 수 한 뒤 世世生生 도인이 나올 자리라며 춤을 추었다는 말이 전해져 오고 있을 정도로 명당이다.

만해도 "태고사를 가보지 못하고 순례했다고 말하지 말라"고 할 정도로 유서가 깊은 사찰이라고 하니 그만큼 유서 깊은 이곳에서 한 때는 우암 송시열이 수학하였고,

6.25사변으로 소실 되었던 태고사에 3칸 초옥을 지어 불상을 모시다가 74년부터 도천의 중창원력으로 복원 대웅전, 무량수전, 관음전, 선방 등을 신축하였다.

태고사는 수월의 가풍을 이어받아, 일하지 않으면 먹지 않는다는 '一日不作 一日不食'의 禪農一致를 수행하고 있으니,

---

223) 김호성, 『천수경이야기』, 민족사, 1996, p.106.
224) 충청남도 금산군 진산면 행정리 大芚山에 있는 절로 대한불교 조계종 제6교구 본사인 麻谷寺의 말사이다. 신라 신문왕(재위 : 681~692) 때 원효대사가 창건하였고, 고려 말 普愚가 중창하였으며, 조선 중기에는 震默大師가 중창하였다.

이 또한 德崇門衆의 '一日不作 一日不食'의 修行家風으로 실천하고 있다고 말할 수 있다.

도천은 1910년 평안북도 철산에서 태어나 13세 되던 해에 금강산 마하연사에서 출가했다. 은사는 수월의 상좌인 묵언으로 수월과 묵언의 법이 그대로 도천에게로 이어졌다.

'태고사의 살아있는 전설'로 불리는 도천은 산문을 나가지 않고 일 속에서 수행하는 모범을 보여주고 있어서 수월의 가풍을 그대로 유지하고 있는 것이라고 말할 수 있다.

도천은 태고사 주지를 거쳐 1992년 이후 천은사 방장선원, 화엄사 연기암선원, 태안사 원각선원, 화엄사 선등선원 등의 조실을 지냈으며, 2004년 해인사에서 대종사 법계를 받았다.

도천은 2011년 법랍 83세, 세수 101세.로 충남 금산 태고사에서 입적했다. 이처럼, 태고사는 수월의 가풍이 살아있는 사찰이다.

⑨ '入廛垂手'

수월은 만주 송림산 화엄사에서 짚신을 머리 위에 이고 앉아 열반에 들었다.

경허의 마지막 가르침인 입전수수를 수월은 스승 경허처럼 북녘에서 마치고 여기서 천화하였으니 가히 경허의 맏 제자로 손색이 없다 말할 수 있다.

따러서 水月은 비록 다라니를 염하고 몸으로 行하는 수행을 보여주고 있지만 수월의 入廛垂手行은 修行의 根本은 언제나 禪을 행하는 禪修行者의 그것으로 日常을 禪으로 승화시킨 大善知識이라고 말할 수 있다.

나그네들에게 짚신을 삼아주고 주먹밥을 해 주며 무주상보시를 베풀었던 북녘의 상현달 수월은 삶의 터전인 고향을 떠나야 했던 이 땅의 많은 민초들을 위해 손수 주먹밥을 만들어 주고 짚신을 삼아주는 무주상보시를 한량없이 베풀었던 자비의 관세음보살의 화현이며,

이름 그대로 물속의 달처럼 흔적 없이 살다가 바람처럼 사라져간 聖者의 모습이다.

이처럼 水月은 한평생 나무하고 불이나 때는 불목하니 이었으며 글과는 담을 쌓았던 까막눈 禪師였지만 일상의 노동을 철저한 수행의 방편으로 삼아 주생을 몸으로 보시하며 일하는 修行者로 흔적 없이 살았다고 볼 수 있다.

그러나, 수월의 뛰어난 수행력과 함께 때때로 내툰 放光佛事로 세간의 이목을 집중시킨 그는 한국 불교사의 전설적인 善知識이라고 말할 수 있다.

수분하에서 수월이 산 모습도 희막동 생활과 비슷했을 것으로,

낮에는 품팔이를 하고, 밤에는 한잠도 자지 않고 짚신 삼고 정진했을 수월은 주먹밥과 밤새워 삼은 짚신 더미를 들고 나가 중국과 러시아의 국경을 드나드는 흰옷 입은 조선 사람들에게 나누어 주었다.

이러한 모든 행리는 모두 無住相布施로 깨친 者의 마지막 수행으로 대중에로의 환원인 回向이라고 말할 수 있다.

수월은 1915년 회막동을 떠나 만주와 러시아 국경지대에 있는 흑룡강성의 綏芬河로 들어갔다.

그는 觀音寺라는 작은 절에서 신분을 감춘 채 어떤 젊은 스님에게 온갖 욕설과 행패를 당하면서도 6년간 보임 공부에 열중하는 자세로 인욕하고 그러다가 최후에는 1921년 봄 수월은 왕청현 羅在溝에 들어가 華嚴寺라는 작은 절에서 머무르게 된다.

이처럼, 자비의 화신으로 삶을 수행으로 실현시킨 수월은 1928년 夏安居를 마친 다음 날인 음력 7월 16일..

절 뒤편의 송림산에 올라 흐르는 개울물에 깨끗이 몸을 씻은 다음 잘 접어 갠 바지저고리와 새로 삼은 짚신 한 켤레를 가지런히 놓아두고 맨몸으로 단정히 결가부좌를 하고 앉아 세상을 떠나니..

이것이 그가 행한 이류중행이요, 화광동진이요, 입전수수라 아니할 수 없다.

(6) 水月의 禪修行과 法擧揚

세간은 수월이 다라니 주력 외에는 禪修行은 일체 행하지 않은 일자무식으로 치부하는 무리가 있다.

그러나 수월의 선을 공부하기 위하여 만주까지 다녀간 선승들로는 효봉과 청담 그리고 금오와 철우 등 그 밖의 많은 선수행자들이 수월을 찾은 것으로 보인다.

이들은 한 결 같이 수월의 선 수행력과 신이한 행적에 수월의 법력에 감화받고 돌아간 흔적들이 있어서 수월이 철저한 禪修行을 터득하였음을 입증하는 자료라고 말할 수 있다.

① 滿空月面과 水月音觀

경허가 東鶴寺를 방문했는데 우연히 한 동자가 찾아왔다. 이 동자가 바로 계룡산 동학사에서 경허를 만난 인연으로 훗날 큰 선지식이 된 滿空이었다.

만공은 그해 사미계를 받고 밥 짓는 공양주가 되어 여러 해를 지냈다.

물론 이때는 이미 수월이 출가하여 천장암에서 부목을 하며 수행을 하고 있었던 것이다. 또한 훗날 '天眞道人'으로 이름난 慧月도 그 무렵 천장암을 찾아와 밭일을 하면서 修心訣을 공부했다.

당시 수월은 특히 '千手經'을 좋아해서 자나 깨나 앉으나 서나 항상 외웠다.

어느 날 수월이 만공과 같이 앉아 이야기를 나누다가 숭늉 그릇을 보이며 말했다.

"여보게, 만공! 이 숭늉 그릇을 숭늉 그릇이라고도 하지 말고, 숭늉 그릇이 아니라고도 하지 말고 한 마디로 똑바로 일러 보소."

만공이 문득 숭늉 그릇을 들어 문 밖으로 집어 던지고는 말없이 앉아 있자 수월이 말하기를

"잘혔어, 참 잘혔어"

수월은 이 법담을 나눈 뒤에 자취를 감추었는데, 그 뒤 만공과는 다시는 만나지 못하였다.

水月의 이야기 《달을 듣는 강물》의 저자 김진태는 이 부분을 이렇게 적고 있다.

여보게, 만공 어느 날 수월스님께서 만공스님과 같이 앉아 이야기를 나누다가 숭늉 그릇을 들어 보이며 말씀하셨다. "여보게, 만공. 이 숭늉 그릇을 숭늉 그릇이라고도 하지 말고, 숭늉 그릇이 아니라고도 하지 말고 한 마디로 똑바로 일러 보소." 만공스님이 문득 숭늉 그릇을 들어 문 밖으로 집어 던지고는 말없이 앉아 있자 수월스님께서 말씀하셨다. "잘혔어, 참 잘혔어!" 수월스님은 이 법담을 나눈 뒤에 자취를 감추었는데, 그 뒤 만공스님과는 다시는 만나지 못하였다.[225]

---

225) 김진태,『달을 듣는 강물』,해냄,1996, p.11.

② 靑潭淳浩와 水月音觀

청담은 수월 열반 한 해 전인 1927년 여름에 수월을 찾아가 몇 달 동안 머물렀다.

그때의 청담의 나이는 스물여섯 서울에 있는 개운사 강원에서 경전공부를 하던 시절에 자신이 수월을 찾아간 까닭은 북간도에 수월이라는 큰 도인이 계셔서 내가 개운사에서 공부할 때 스님을 찾아가 평생 모시고 도를 배우다 죽으리라는 생각으로 그래서 마침 방학한 틈을 타서 수월을 뵈러 간 것이다.

청담은 이국 멀리 만주까지 수월의 기르침을 찾아 이곳까지 와서 청담이 주먹밥과 짚신을 받아들고 수월에게 마지막 절을 올리자 수월은 갑자기 청담에게 곳간에 가서 괭이를 가져오라고 시켰다.

괭이를 가져오자 수월은 바로 눈앞에 보이는, 마당에 박혀 있는 돌멩이를 가리키면서 이렇게 물었다.

"저게 무엇인가?" "돌멩이입니다." 청담의 말이 떨어지기가 무섭게 수월은 괭이를 **빼앗**아 들더니 돌멩이를 휙 쳐내버리고 그 길로 들판으로 나갔다고 한다. 뒤도 돌아보지 않고 말이다. 청담은 수월에게서 받은 이 가르침을 일생 동안 화두로 삼아 공부했다고 한다. 226)

청담과 수월의 선문답이다.

"저게 무엇인가?" "돌멩이입니다." 청담의 말이 떨어지기가 무섭게 수월은 괭이를 **빼앗**아 들더니 돌멩이를 휙 쳐내 버리고, 뒤도 돌아보지 않은 채 들판으로 나자, 수월 스님이 말했다. "자네에게 아직 살생심이 남아 있어 그러는 것일세." "스님, 어찌하면 살생심을 없앨 수 있습니까?" "자비심을 기르게나." "어찌 하면 자비심을 기를 수 있습니까?" "자네와 (짐승이) 한 몸이라는 생각을 가지게." 227)

---

226) 김진태, 위의 책, p.158.
227) 김진태, 위의 책, p.162.

위의 公案에서 수월은 청담에게 "돌멩이를 돌멩이라 부르지 말고 일러보라"는 話頭를 던지고 있다.

하지만 청담은 그 질문이 公案인 줄 모르고 무심코 돌멩이라고 대답한다. 그러자 수월은 돌멩이를 캐내어 던져버린다. 돌멩이라 하면 이미 돌멩이가 아닌 소식을 청담은 몰랐던 것이다.

이처럼, 청담은 돌멩이를 마음으로 볼 줄 모르고 대상으로만 본 탓에 돌멩이란 말과 개념에 갇혀버린 셈이다.

수월은 언어와 생각의 틀을 송두리 때 타파해 버리는 大機大用으로써, 먼 길 떠나는 젊음 수좌를 위해 마지막 話頭를 던진 것이다.

이런 노스승 수월의 간절한 가르침 덕분에 청담은 道와 德을 갖춘 當代의 高僧으로 이름을 떨치게 된다. 그로부터 한 해가 못 되어 수월은 열반에 들었다.

당시, 만주의 마을에서 기르던 만주 개는 몹시 사나웠다. 낯선 사람이 마을에 들어서면 떼로 달려들어 물어 죽일 정도였다고 한다.

그래서 밤길을 다니는 것은 금기였다. 하지만 수월만은 예외였다.

그가 나타나면 개 수십 마리가 무릎을 끊고 반겼다. 까치, 꿩, 노루, 토끼 같은 산짐승, 날짐승도 모여들어 수월에게 응석을 부리는 듯 했다고 한다.

하루는 이런 광경을 본 청담이 짐승들이 자기를 보고 도망가는 이유를 묻자, 수월이 말했다.

"자네에게 아직 살생심이 남아 있어 그러는 것일세." "스님, 어찌하여 殺生心을 없앨 수 있습니까?" "慈悲心을 기르게나." "어찌하여 자비심을 기를 수 있습니까?" "자네와 짐승이 한 몸이라는 생각을 가지게."

이후, 청담은 누가 욕을 해도 미소를 짓는 慈悲·忍辱공부를 하여 '忍辱菩薩'이란 별명까지 얻었다 한다.

조계종 총무원장과 종정을 역임하면서도 늘 下心할 수 있었던 것은 水月의 감화 때문이었다고 말할 수 있을 것이다.

水月은 스승의 열반 소식을 예산 정혜사의 慧月과 滿空에게 서신으로 알린 뒤 만주로 떠났다.

만주 일대를 유랑하며 반야의 씨앗을 뿌리던 水月은 1921년 나재구 송림산으로 들어가 조선인들이 지은 화엄사에 주석했다.

이곳은, 비록 초라한 절이었지만 그동안 떠돌이 생활로 일관해온 그의 삶에 비해서 수월에겐 더할 나위 없는 도량이었다.

깨달음의 길을 찾아 머나먼 조국 땅에서 온 후학들을 만나는 기쁨도 모두 이곳에서 이루어졌다. 훗날 한국불교의 대선사로 빛을 발하는 金烏·曉峰·靑潭도 찾아와 가르침을 청했던 것이다.

③ 金烏太田과 水月音觀

金烏 太田은 東萊鄭氏로 속명은 太先이고 호는 金烏다. 전라남도 강진 출신으로 父는 用甫이며 母는 趙氏이다. 금오의 생애와 활동을 간단히 살펴보면,

어릴 때부터 書塾에서 儒書를 공부하였으며, 1912년 3월 금강산 摩訶衍寺로 출가하여 道庵의 제자가 되었다.

이후 金烏는 話頭를 잡고 마하연선원에서 선을 닦다가 안변 釋王寺 內院庵으로 옮겨 용맹정진 하였다.

1921년 오대산 月精寺에서 안거하다가 같은 해 8월 범어사 金剛戒壇에서 一峰 律師로부터 具足戒를 받고 통도사 普光禪院과 천성산 彌陀庵 등지에서 정진하였다.

1928년 3월 예산 報德寺의 寶月을 찾아가 悟道頌을 읊고 인가를 받고 寶月을 시봉하며 保任하였다.

다음은 金烏의 '悟道頌' 이다

透出十方界　　시방세계를 투철하고 나니,
無無無亦無　　없고 없다는 것 또한 없구나.
個個只此爾　　낱낱이 모두 그러하기에
覓本亦無無　　아무리 뿌리를 찾아봐도 없고 없을 뿐이다

그러나, 1924년 12월 寶月이 열반하자 寶月의 스승인 滿空이 1925년 2월 德崇山 定慧寺에서 建幢式을 베풀어주고 金烏에게 傳法偈를 내려 주었다.

다음은 滿空이 金烏에게 내린 傳法偈다. 이리하여 金烏는 德崇門衆이 되었다.

德崇山脈下　　덕숭산문 법맥 아래
今付無文印　　무늬 없는 印을 지금 전하노라.
寶月下桂樹　　보월은 계수나무에서 내리고
金烏徹天飛　　금오는 하늘 끝까지 날아가네

그 뒤 金烏는 10여 년 동안 전국을 다니면서 補任하였다.

특히 서산 안면도의 백사장에서 몇 명의 승려들을 데리고 걸식하며 고행한 일과 下心을 기르기 위하여 2년 동안 행한 거지 생활을 자처한 일 그리고, 만주의 水月을 찾아 1년 동안 함께 수행한 逸話 등은 修行者들의 커다란 龜鑑이 되고 있다고 말할 수 있다.

이후 1935년 김천 直指寺 선원의 조실로 있으면서 후학들을 지도하였고,

이어서 안변 석왕사, 도봉산 望月寺, 지리산 七佛禪院, 서울 禪學院의 조실 등 會主로 있으면서 禪風을 크게 선양하였다고 말할 수 있을 것이다.

金烏는 1954년 5월 불교 정화운동이 시작되자 전국 비구승대회 추진위원회 위원장으로 선출되어 불교계의 정화를 위하여 헌신하였다.

1955년에는 대한불교조계종 副宗正, 1956년 奉恩寺 주지, 1957년 구례 화엄사 주지, 1958년 대한불교조계종 총무원장을 역임하였다.

1961년 캄보디아에서 열린 제6차 세계불교도대회 한국 수석 대표로 참석하기도 하였다.

金烏는 만년에 전국의 여러 선원을 다니면서 선풍을 떨치고 중생제도에 힘을 쏟았으며, 1967년 속리산 법주사 주지로 취임하여 宗風을 선양하다가 1968년 10월 8일 "無念爲宗"의 禪旨를 남기고 나이 72세, 법랍 57세로 入寂하였다.

제자로는 月山 · 梵行 · 月南 · 呑星 · 慧淨 · 月誕 등 50여 명이 있으며, 저서로는 ≪金烏集≫이 있다. 金烏는 세납 40이 가까워졌을 무렵 선지식을 참방하고자 북간도로 먼 행각에 나섰다.

여기서 金烏는 저 북간도에 가서 水月을 친견하게 되는데 평소 금오의 발원은 '불법을 배우려면 눈 밝은 善知識을 찾아 배워야 한다' 고 말했다.

그리하여, '群生의 耳目을 열어 주는 善知識의 법문을 듣지 않으면 불법의 종자가 가늘고 약해져 말라 죽고 말 것' 이라고 경책하였다고 전한다.

金烏는 수월을 찾아 만주까지 찾아간 연유는 바로 눈 밝은 善知識을 찾아 배워 보려는 修行者의 굳은 의지가 金烏로 하여금 水月을 친견하려 하였던 것이라고 볼 수 있다.

당시 水月은 만주 봉천에서 산속에 토굴을 지어 놓고 머물렀는데 金烏는 水月을 찾아가는 이 길에서 두 번이나 봉변을 당했다고 한다.

수월이 滿洲에 머물렀던 관계로 한 번은 出國證이 문제가 되었는데 압록강을 건너 만주 땅에 발을 들여놓자 순시하던 경비병이 증명서를 제출하라고 금오에게 요구했던 것이다.

세간사는 염두에도 두지 않는 禪僧 金烏에게 출국증이 있을 리 만무였을 것이다. 金烏는 바랑을 뒤져 보았다. 안거증이 있었다. 순간 금오는 安居證을 내밀었다. 安居證을 처음 보았을 경비병은 무슨 증명이냐며 호통을 쳤다고 한다.

이에 굴하지 않았던 금오는 '이것이야말로 국가가 인정하는 일급 출입증' 이라 당당하게 말했다. 금오의 기세에 눌린 경비병은 말없이 통과시켰다고 하는 후문이 전한다.

수월로부터 가르침을 1년 동안 받은 金烏는 다시 남쪽으로 발길을 돌렸다. 그런데 봉천역에서 또 한 번의 곤욕을 치러야 했다. 한 여자로부터 뜻하지 않은 도둑 누명을 쓰고 말았던 것이다.

유치장에 갇힌 금오는 지장보살을 염 했는데 일주일이 지나던 어느 날 비몽사몽 간에 한 노인이 와서는 '왜 속히 나가지 않느냐?' 호통치는 소리를 듣고 깨어나 창살을 제끼니 두 개의 창살이 힘없이 뽑혔다고 한다.

그래서, 금오는 곧바로 감옥에서 탈출했다고 한다.[228]

---

228) 김진태,『달을 듣는강물』,pp.258-259..

이처럼, 평생을 善知識을 찾아 수행으로 일관한 金烏가 만약 水月이 善知識이 아니었다면 그 머나먼 만주 땅을 善知識 수월을 찾아 목숨을 건 修行길을 자초하지 않았을 것이다.

금오는 만공의 선법을 이은 보월의 제자였다. 그가 수월을 찾아 길을 떠난 해는 1925년으로 수월의 나이 일흔하나, 금오의 나이 서른이던 해였다.

금오는 원산에서 배를 타고 길을 떠났다고 한다. 금오는 가깝게 지내던 참선하던 스님과 함께 길을 나섰다고 한다.

그런데 금오 일행은 간도 땅 어느 마을을 지나다가 사람을 죽인 살인자로 오인받아 옥에 갇히는 신세가 되었다.

그때 같은 방에 아편 밀수범인 조선 동포가 함께 갇혀 있었는데, 그는 하루종일 말없이 앉아서 참선에만 열중하는 금오에게 감동을 받아 살고 싶으면 탈옥을 하는 길밖에 없다고 귀띔해주었다.

그 무렵 그곳은 경찰력이 무척 약해서 살인범을 잡기가 쉽지 않았다고 한다.

그래서 아무나 붙잡고 살인자로 만들면 경찰이 할 일은 다 끝났다는 식이어서 경찰은 자신들의 수사 실적을 위해서는 누구라도 살인자를 잡아들여야 했다.

금오 일행이 살인자가 아님은 알았지만, 주변에 아는 사람이 없는 금오 일행이 그들에게는 안성맞춤의 제물이었고, 금오 일행을 풀어주면 그들을 무고하게 가둔 것에 대한 책임 문제가 발생할 우려가 있었다.

이런 사정을 자세히 일러준 아편 밀수범은 돈을 써서 곧 풀려나갔다. 그는 감옥에서 나갈 때 탈출하면 들르라고 자기 집 약도까지 그려서 알려주었다.

마음이 바빠진 금오 일행은 그날부터 관세음보살을 부르기 시작했다. 먹는 일,

잠자는 일을 다 잊어버리고 용맹 관음 기도를 올리기를 며칠째 하던 날이었다.

깊은 밤, 기도를 올리고 있던 금오 일행은 똑같이 관세음보살을 보았다. 관세음보살은 그들에게 감옥 창살 가운데 어느 어느 것을 뽑으라고 일러주셔서 시키는 대로 하자 거짓말같이 창살이 쉬 뽑혔고 그래서 쉽사리 감옥을 빠져나올 수 있었다.

감옥을 벗어난 금오 일행은 다시 높은 담을 뛰어넘어야 했다. 몸이 건강한 금오는 쉽게 뛰어 넘을 수 있었지만, 금오와 함께 있던 스님은 담을 넘지 못하고 쩔쩔매다가 정문을 지키는 병사가 깊은 잠에 푹 빠져 있는 틈에 어렵사리 밖으로 빠져나왔다.

금오가 뛰어넘은 담은 높이가 안팎이 달랐다. 안쪽은 한 길 밖에 안 되지만, 밖은 서너 길이나 되는 바람에 금오는 발목을 크게 다쳤다.

날이 밝기를 기다려 그들을 찾는 경찰관을 따돌리고 아편 장수 집을 찾아간 금오 일행은 며칠 동안 극진한 치료를 받은 뒤 마침내 수월을 만날 수 있었다.

이 이야기는 한때 금오를 모시고 수행한 서암 스님에게 들은 이야기라고 하여 전하여진다. 〈물 속을 걸어가는 달 - 김진태 지음〉

④ 鐵牛[229]와 水月音觀

철우는 1895년 3월 8일(음력) 경남 밀양읍 가곡리에서 父親 鄭其鐵와 母親 千珠玉의 넷째아들로 태어났다. 속명은 萬甲 본관은 동래다.

---

[229] 鐵牛太柱: 철우태주는 조선시대 전통적인 유학자 집안에서 태어나 출가한다. 鐵牛太柱(1895~1979)는 평생 참선수행에 전념하며 法香을 전했다. 근세한국불교의 중흥조인 鏡虛의 제자인 水月과 慧月에게 法을 인가받은 철우는 불과 27세의 나이에 통영 용화사 조실로 추대될 만큼 수행력이 뛰어났다. 올해 원적 30년을 맞이한 철우의 수행 일화를 상좌 정우(구미 금강사 주지)의 회고와 〈철우선사 법어집〉을 참고해 정리했다.

어려서 마을의 금서서당에서 統監과 四書를 익혔다.

하지만 7살에 부친이 별세하고, 13살에 모친마저 세상을 떠난 뒤 무상을 절감하고 출가했다.

1908년 음력 12월 초하루 밀양 표충사로 입산해 佛門에 들었다.

이듬해 12월 표충사에서 正庵을 은사로, 보경을 계사로 沙彌戒를 수지했다. 1915년 4월 합천 해인사에서 霽山을 계사로 比丘戒와 菩薩戒를 받았다.

또한 표충사 호산에게 사집과를, 고성 옥천사 瑞應에게 사교과를, 순천 선암사 震應 회상에서 大敎科를 마쳤다.

1911년 海印寺 선원에서 안거를 마치고 이후 25 夏安居를 성취하며 납자의 길을 걸었다.

1913년 태백산 각화사 동암에서 깨달음을 성취하고 오도송을 남겼다. 이후 묘향산 보현사 금선대에서 水月의 지도를 받았고, 부산 선암사에서 慧月의 가르침을 받기도 하였다.

또한 鐵牛太柱는 1922년 통영 용화사 도솔암 조실로 추대된 후 대구 동화사 금당·대구 파계사 성전·금강산 마하연·순천 선암사 칠전·구미 도리사 태조선원 등 제방선원 조실을 역임하며 납자들을 깨달음의 길로 안내했다.

水月이 묘향산 보현사에서 조실로 주석하고 있을 때의 禪話이다. 당시 묘향산 금선대에서는 20대의 철우(1895-979) 수좌가 홀로 솔잎으로 연명하며 용맹정진을 거듭한 결과,

마침내 철우는 무명의 어둠을 타파하고 대오를 이룬다.

철우 수좌의 見性을 한눈에 알아본 水月은 "이제 남쪽으로 내려가 衲子를 諸接하라."고 명했다.

드디어 黙言을 끝내고 입을 연 철우 수좌는 "남쪽에서 어떻게 중생을 교화하리이까?" 하고 물었다.

마침, 일주문 옆 감자밭에서 밭을 매고 있던 스승 水月은 호미를 들고 두 팔을 벌린 채 획 돌아 춤을 추며 "如是如是" 라고 말했다.

그러자, 철우 首座가 밭으로 들어가 수월의 호미를 건네받아 춤을 추며 "如是如是 하겠나이다."라고 화답하자,

수월은 이때 "다시는 의심하지 말라." 말하고 철우 首座의 깨달음을 認可했다고 한다.

철우 首座가 南下해 경허의 두 번째 제자인 慧月을 찾아가자 慧月 역시도 단번에 그를 認可하고 法弟子로 삼았는데 이후,

철우는 불과 27세의 나이에 통영 용화사 도솔암과 대구 동화사 금당, 파계사 성전암, 금강산 마하연, 순천 선암사 칠전선원 등에서 '소년 조실'이라는 별칭으로 불리우며 '獅子吼'를 토해냈다.

그러나 그도 스승인 水月과 慧月처럼 직접 호미를 들고 밭을 매고 빨래를 하며 '平常心是道'인 삶을 살았다. 평생 묵묵히 補任공부로 일생을 마쳤으니,

깨달음의 빛을 숨긴 채 천진 道人의 삶이 水月, 慧月 두 스승과 다름없었다고 말할 수 있다.

위 선문답에서 수월은 제자 철우에게 견성 이후의 보림으로 佛行修行을 당부하

고 있다고 말할 수 있을 것이다.

이제 깨달음을 증득한 수행자가 '本來成佛'임을 자각했으니 衆生을 이익 되게 하라는 스승의 가르침을 철우 수좌는 철저히 이행하였다고 볼 수 있으니,

이후 철우는 수월의 제자로 그리고 혜월의 제자로 경허 가문에서 철우는 慧月을 모시는데 소홀함이 없었다.

금강산에서 水月의 지도를 받은 철우는 스승의 뜻대로 남쪽으로 내려와 정진할 때 혜월은 "철우수좌의 정진은 후학들이 배우고 익혀야 한다" 고 말하며 철우의 수행에 대해 칭찬을 아끼지 않았다.

이처럼 이들은 각별한 사이로 혜월은 철우를 특히 아꼈는데 그 가운데 특히 혜월은 철우를 동행하여 스승 鏡虛의 유골을 수습할 때의 일은 유명한 이야기가 전해 오는데 철우의 상좌인 정우의 증언으로 다음과 같이 전한다.

"혜월 스님께서 철우스님을 비롯한 몇 분의 스님과 함께 수덕사에서 만공(滿空)스님을 모시고, 행방을 감춘 지 한참 된 경허스님의 묘소를 찾으셨다고 합니다. 은사스님께서는 혜월·만공스님과 함께 경허스님의 유해를 발견한 뒤 화장을 하게 되었습니다. 당시 경허스님의 유골은 장대한 黃骨이셨다고 합니다. 다비식을 하면서 혜월 스님께서는 말없이 눈물만 흘리셨습니다. 뒷날 은사스님께서는 그날 혜월 스님의 눈물을 처음 보셨다고 말씀하신 적이 있습니다."

이처럼 철우는 혜월의 각별한 배려로 경허의 유골을 수습하는 의미있고 뜻 깊은 일에 동행하는 각별함을 보이고 있다고 말할 수 있을 것이다.

그후, 철우는 1952년에는 구미 금강사를 창건한 후 납자들을 제접하고 불자들에게 〈유마경〉 강의를 하며 불법을 펼치고 1979년 3월 원적에 들었다.

이때, 철우의 나이 세수 84세, 법납 71세로 철우는 노년에 "경허 가풍에는 사리가 안 나온다. 그러니 사리는 기대하지도 말거라"는 말을 상좌에게 자주 했

다고 한다.

원적 소식을 듣고 수좌들이 전국에서 찾아왔다. 법구는 꽃으로 장엄된 상여에 모셔졌다.

신도들이 만장을 들고 앞에 섰고, 수좌들이 상여를 메었다. 도보로 구미 시내를 지난 철우의 장례행렬은 다비장이 있는 김천 직지사로 향했다.

이때 神異일이 생겼다. 직지사 일주문을 통과할 무렵 상서로운 광명이 나투었다고 전한다.

철우의 장례행렬은 1000여 명이 넘는 대중이 운집한 가운데 全國首座葬으로 엄수된 후 김천 직지사에서 다비했다.

隱法弟子로 정우·우산·지우·용담·원담·청공·대우·우견·우공·연우·현우·재우 등이 있고 건당제자로 만우·청강·덕암 등이 있다.

평생 검소하게 살았던 철우의 유품은 지극히 간소했다. 몇 벌의 승복과 계첩, 경전이 전부였다고 전한다.

이처럼 水月의 가르침을 받은 철우는 다시 慧月의 지도아래 평생을 수행하면서 鏡虛家風을 지켜냈으니 그 또한 경허의 門孫임에 틀림없다고 말할 수 있다.

따라서 수월이 전혀 禪을 수행하지 않고 다라니 주력만 한 呪力僧으로 취급하여 선수행자가 아니니,

따라서, 수월은 경허의 제자가 아니라는 지나친 억측은 수월을 잘 모르는 문외한의 행동으로 지양 되어야할 것으로 보인다.

이상에서 살펴본 바와 같이 수월의 禪修行은 생평동안 지속되었으며,

그의 다라니 주력 또한 평생동안 행해졌고 따라서 그의 중생을 향한 菩薩行도 열반에 드는 순간까지 계속되었다는 것을 알 수 있다.

⑤효봉과 수월

수월이 나자구의 화엄사에 머무는 동안 화엄사는 수월을 만나려고 먼길을 걸어 온 조선 스님들의 발길이 끊일 날이 없었다고 한다.

그때 간도 땅은 비록 많은 조선 사람들이 모여 살고는 있었지만, 길목 곳곳에 마적이나 비적들이 숨어 있어가진 것을 몽땅 털리고 목숨마저 잃는 경우가 많았다고 한다.

게다가 호랑이, 질병, 날씨, 먹을거리, 노잣돈 같은 부담까지 겹쳐 조선에서 송림산까지 오는 길이란 웬만한 신심이 아니고는 생각조차 할 수 없었다.

참으로 그때 조선에서 송림산으로 가는 길이란 부처님을 찾아 물 없는 벌판을 지나던 저 두 수행자들처럼 목숨을 내걸어야 하는 멀고도 험한 길이었다.

그럼에도 불구하고 나자구에 살고 있는 노인들의 말에 따르면 그때 수월을 만나려고 금강산이나 서울에서 온 조선 스님들이 거의 날마다 줄을 이었다고 한다

. 그들은 무슨 까닭으로 목숨까지 내걸고서 그 험한 길을 걸어서 수월을 찾아 깨달음을 향한 목마름으로 진리를 찾는 수행자들의 뜨거운 구법 열정이었다.

금오가 다녀간 지 한 해 뒤인 1926년에 효봉은 수월을 찾아갔다.

효봉은 젊은 시절 판사의 몸으로 판결을 잘못하여 한 피고인에게 사형을 선고한 뒤, 그것에 대한 자책감으로 인해 고통과 번민의 나날을 보내고 갈등에 못 이겨 판사를 벗어던지고 엿장수가 되어 엿판을 짊어지고 온 나라를 떠돌아다니다가

1925년 여름 금강산 신계사에 들어가 석두의 제자가 되었다.

효봉은 입산한 뒤 한 해 뒤에 스승 석두는 이산 저산을 찾아다니며 여러 선지식들의 가르침을 받아오라고 제자 효봉을 떠나보내니.

효봉은 그렇게 해서 제방의 선지식들을 찾아 나섰다. 효봉이 수월을 찾은 것은 1926년이니 제일 먼저 찾은 선지식이 바로 수월이었던 것이다.

수월은 그 당시 금강사에 살아있는 전설로 신화 같은 인물이었기 때문이다. 효봉이 수월을 만나 어떤 가르침을 받았는지는 그리고 얼마동안 그곳에 머물렀는지는 전해지지 않는다.

그러나 효봉이 수월을 처음 만났을 때 나뭇짐을 지고 화엄사 마당에 들어서던 수월은 땅에 엎드려 절하는 효봉에게

" 공양이나 드시게. 배고플 테니 공양이나 드시게 "

라는 말만 했다고 전한다.

(7) 水月의 禪修行 行績

지금까지 水月이 함께한 禪修行의 행적은 滿空과의 법擧揚을 비롯하여 청담, 고봉, 그리고 철우와의 수행을 살펴보았다.

이러한 것을 통하여 수월이 呪力僧만이 아닌 禪修行者로서의 면모를 갖추고 제제들에게 禪修行을 지도하였음을 확인해 볼 수 있었다.

다음은 水月의 禪修行 행적을 수월이 머물렀던 사찰을 추적하여 연구하는 방향으로 초첨을 맞추기로 하였다.

이러한 과정을 통하여 수월이 禪修行을 하면서 경허의 수제자로서 그 면모를 갖춘 선사였다는 것을 증명해보기로 한다.

① 금강산 유점사(1891)→ 개심사, 부석사(1891)

1891년, 천장암에서 경허로부터 수월의 개오를 인가하고 법호를 받은 이후 그는 보임공부를 위해 천장암을 떠나 금강산 유점사로 보임처를 옮긴다.

그리고 그곳에서 신분을 숨긴 채 여전히 땔나무를 해 나르며 한 철을 지냈다.

② 개심사, 부석사(1891)→금강산 마하연사(1892)

1891년 무렵에 수월은 부석사, 개심사등을 돌면서 경허, 제산 등과 호서지방을에서 함께 수행했다.

水月의 이야기 《달을 듣는 강물》의 저자 김진태는 이 부분을 이렇게 적고 있다.

수월은 깨달은 뒤에 곧 천장암을 떠났는데, 거기에는 까닭이 있었다고 한다.230) 수월은 마침내 천장암을 떠났고, 그 뒤로 그의 떠돌이 삶은 평생토록 이어졌던 것이다.231)

그 때 수월의 행적은 한암이 쓴, 霱山淨圓 선사 빗돌 글에서 겨우 엿볼 수 있을 뿐이다.

곧 제산의 나이 서른이 되던 1891년 무렵에 제산은 경허가 머무는 회상으로 찾아가 수월과 함께 수행했다는 내용이다.

「鏡虛集」에 따르면 이 때 경허는 천장암, 개심사, 부석사 같은 절이 있는 호서 땅을 떠돌고 있었다.232)

---
230) 김진태, 위의 책, p.79.
231) 김진태, 위의 책, p.80.
232) 김진태, 위의 책, p.80.

③ 금강산 마하연사(1892)→천은사(1896)

1891년 무렵에는 경허, 제산 등과 호서지방을 돌면서 함께 수행했던 수월은 1892년경 금강산 마하연사를 찾는다.

거기서, 그의 얼굴을 알고 있던 대중들에 의해 수월은 선방의 祖室로 모셔졌지만, 그래도 수월은 여전히 낮에는 산에 들어가 나무하고, 밤에는 절구통처럼 앉아서 온밤을 밝히고 스스로의 정진에 몰두하며 말없는 가르침을 내렸을 뿐이었다.

이처럼 수월은 경허의 제자로 천수경을 지송하면서 선수행에도 철저했던 선승이었다고 말할 수 있다.

水月의 이야기 《달을 듣는 강물》의 저자 김진태는 이 부분에 대해 이렇게 적고 있다.

수월은 그로부터 두세 해가 지나 다시 금강산을 찾아가 마하연에 머물렀다. 그 때도 여름철 안거 기간이었다. 수월은 자신이 누구라는 것을 더는 감출 수가 없었다. 마하연에는 유점사에서 얼굴을 익힌 스님들이 많이 살고 있었기 때문이다. 대중은 수월을 祖室로 모셨다. 조실이란 대중들을 지도할 수 있는 높은 수행력을 지닌 스승에게 올리는 자리다. 쉬운 말로 마하연의 가장 큰 어른이 된 것이다.233)

④ 천은사(1896)→칠갑산(1897년~ 1901년)추측

이후, 수월은 지리산 천은사에서 수행을 계속하게 되는데 이 때 수월은 지금은 천은사 선원으로 쓰고 있는 보광전에 머물고 있었다.

그때 수월은 보광전에서 삼매에 들어 있었는데 밤새 삼매에 든 수월의 몸에서 다시 빛줄기가 터져 나온 와 방광을 하고 있었던 것이다.

---
233) 김진태, 위의 책, p.85.

水月의 이야기 《달을 듣는 강물》의 저자 김진태는 이 부분을 이렇게 기록하고 있다.

그 때 수월은 지금은 천은사 선원으로 쓰고 있는 보광전에 머물고 있었다. 어느 날 밤이었다. 대중이 다 잠든 깊은 밤이었는데 밤 경비를 돌던 스님이 난데없이 종을 크게 울리며 "불이야!" 하고 외쳤다. 밤새 삼매에 든 수월의 몸에서 다시 빛줄기가 터져 나온 것이다. 그 때 수월이 나툰 빛줄기가 어찌나 크고 강렬했던지 천은사에 살고 있던 대중들뿐만 아니라 아랫마을 사람들까지도 함께 몰려와 이 불가사의한 광경 앞에 넋을 잃고 말았다고 한다.[234]

1896년 정월 수월은 지리산 감로동천에 있는 泉隱寺 上禪庵과 우번대에서 지냈다. 이곳에서도 밤새 삼매에 든 수월의 몸에서 다시 빛줄기가 터져 나왔는데, 어찌나 크고 강렬했던지 천은사에 살던 대중들뿐만 아니라 아랫마을 사람들까지도 몰려왔다고 한다.

이 일로 인해 수월의 신분이 밝혀졌고 천은사 대중들은 그를 상선암 조실로 모셨다.

얼마 후 다시 방광이 일어나 사람들의 이목을 집중되자, 수월은 이적에만 마음을 빼앗기는 대중들의 세태를 염려하여 지리산을 떠났다.

水月의 이야기 《달을 듣는 강물》의 저자 김진태는 이 부분을 다음과 같이 이렇게 적고 있다.

지리산 우번대에서 자취를 감춘 수월은 그로부터 열한 해가 지난 1907년에야 불쑥 우리 앞에 떠오른다. 도대체 수월은 그 동안 어느 산 어느 절에 머물렀을까? 이 기간 동안에 수월이 무엇을 했는지에 대해 전해 내려오는 이야기는 여지 껏 한 조각도 찾아 볼 수 없다.[235]

---

234) 김진태, 위의 책, p.101.
235) 김진태, 위의 책, p.109.

⑤칠갑산(1897년~ 1901년)추측→행방 묘연

이후 10여 년 동안 수월의 행적은 알려지지 않았다.

이 기간 동안 수월이 충남 청양군에 있는 칠갑산 長谷寺에서 만공과 더불어 1년 정도 보임공부에 열중했다는 소문이 있을 따름이다.

水月의 이야기 《달을 듣는 강물》의 저자 김진필은 이 부분을 이렇게 적고 있다.

칠갑산 長谷寺는 충청남도 청양군에 있는 이름난 절이다. 이 절에서 멀지 않은 앞산에는 수월과 만공의 보림터로 전해 내려오는 토굴 자리가 있다. 만공이 머물던 곳은 햇볕이 잘 드는 남쪽을 바라보고 있고, 수월이 머물던 곳은 산 너머 켠에 있는 응달진 서향으로, 찾는 이들로 하여금 아우를 사랑하는 따뜻한 형의 마음을 느끼게 하는 곳이다. 만공이 스승 경허로부터 선법을 물려받은 것은 1904년의 일이요 통도사 백운암에서 깨달음을 얻은 것은 1897년의 일이며, 천장암으로 돌아가 머문 것은 1901년의 일이었다. 그렇다면 만공이 이곳에서 보림 수행을 한 기간은 1897년부터 1901년 사이가 될 것이니, 수월이 이 곳에 머문 시기도 이 때 쯤이 아닐까 싶다.[236]

⑥ 오대산 상원사(1907) →묘향산 중비로암(1910)

1907년 수월은 오대산 상원사에서 반년을 지내다가 묘향산 중비로암에 들어가 3년 동안 머물렀다. 그리고 수월은 여기서 곧바로 경허를 찾아 북으로 이동하게 되는데 水月의 이야기 《달을 듣는 강물》의 저자 김진태는 이 부분에 대해 이렇게 적고 있다.

수월이 홀연히 오대산에 나타난 것은 그로부터 세 해가 지난 1907년의 일이었다.[237] 수월은 오대산 시절을 끝으로 스무 해에 걸친 보림 수행을 마감하였다.[238] 수월이 오대

---

236) 김진태, 위의 책, p.110.
237) 김진태, 위의 책, p.112.
238) 김진태. 위의 책, p.120.

산에서 머문 기간은 그리 길지 않은 것 같다. 길어야 반 년 남짓 되었을까? 열 해 만에 겨우 강호에 모습을 드러낸 그는 또다시 서둘러서 북녘 땅 묘향산으로 들어가고 만다. 수월이 묘향산으로 들어간 까닭에 대해서는 여러 가지 이야기가 전해 내려오고 있다. 그러나 이들 가운데 우리는 특별히 스승을 찾기 위해서라는 두 번째 이유에 마음이 쏠린다..[239]

⑦ 자북사, 백천사, 월명사, 개심사등(1910)→도문시 회막동(1912)

그 후 그는 1910년경 강계군에 있는 子北寺 등지에 머물면서 스승인 경허의 행방을 애타게 찾아다녔다. 결국 수월은 갑산군 도하리에서 박난주라는 이름으로 신분을 감춘 채 훈장 노릇을 하던 스승 경허를 찾았다.

그 뒤 수월은 스승이 열반에 들 때까지 2년 동안 갑산에서 가까운 회령군 팔을면 백천사, 경원군 만월산 월명사, 명천군 칠보산 개심사 등지에서 정진하면서 지냈다.

이곳에 머물고 있을 때도 수월은 언제나 한결같은 모습으로 나무하고 물 긷는 일만 했으며, 가끔씩 두만강 강가에 앉아 며칠동안 대비주삼매에 들곤 했다.

⑧ 도문시 회막동(1912)→ 흑룡강성의 綏芬河(1915)

1912년 경허가 열반에 든 소식을 당시 수덕사 정혜선원에서 정진하던 만공에게 알려준 수월은 두만강을 넘어 間島로 들어갔다.

그는 백두산 기슭에 있는 도문시 회막동에서 일반인의 모습으로 3년 동안 소먹이 일꾼 노릇을 했다.

이때 수월은 자기가 받는 품삯으로 밤을 새워 짚신을 삼고, 낮에는 소치는 짬짬이 틈을 내어 큰 솥에 밥을 지어 주먹밥을 만들었다.

---

[239] 김진태, 위의 책, p.125.

그는 일제의 탐학을 피해 고향을 떠나 살 곳을 찾아 간도로 건너오는 동포들을 먹이고 입히기 위해 길가 바위 위에 주먹밥을 쌓아 놓고 나뭇가지에 짚신을 매달아 놓았다.

자신의 얼굴과 이름을 알리지 않는 무주상보시를 베풀며 보살행을 묵묵히 실천한 것이다.

수월은 1915년 회막동을 떠나 만주와 러시아 국경지대에 있는 흑룡강성의 綏芬河로 들어갔다. 그는 觀音寺라는 작은 절에서 신분을 감춘 채 젊은 스님에게 온갖 욕설과 행패를 당하면서도 6년간 보임 공부에 열중했다고 한다.[240]

⑨ 흑룡강성의 綏芬河(1915)→ 羅在溝 華嚴寺(1921)

1921년 봄 수월은 왕청현 羅在溝에 들어가 동포들이 지어준 華嚴寺라는 작은 절에서 여생을 보냈다.

이곳에서도 그는 누더기를 걸치고 날이 밝으면 종일 들이나 산에 나가 늘 말없이 일했고, 탁발을 자주 다녔으며, 생식을 했고, 잠을 자지 않았으며, 산짐승과 날짐승과 어울려 놀거나 때때로 호랑이를 데리고 다녔다고 한다.

그리고 여전히 그는 아픈 사람들을 고쳐주었고, 산이나 들에서 일하는 사람들에게 손수 밥을 지어 날라 주었다.

한편 수월이 화엄사에 머무는 동안 그를 만나려고 먼 길을 걸어오는 조선 스님들의 발길이 끊일 날이 없었다.

금오, 효봉, 청담 등이 수월을 찾아와 몇 달 혹은 1년 동안 함께 지내면서 그의 '말없는 가르침' 을 배워갔다.

---
240) 김진태, 위의 책, p.11.

한편 수월이 화엄사에 머무는 동안 그를 만나려고 먼길을 걸어오는 조선 스님들의 발길이 끊일 날이 없었다.

금오, 효봉, 청담 등이 수월을 찾아와 몇 달 혹은 1년 동안 함께 지내면서 그의 '말없는 가르침'을 배워갔다. 1921년 봄 수월은 왕청현 羅在溝에 들어가 동포들이 지어준 華嚴寺라는 작은 절에서 여생을 보냈다.

이곳에서도 그는 누더기를 걸치고 날이 밝으면 종일 들이나 산에 나가 늘 말없이 일했고, 탁발을 자주 다녔으며, 생식을 했고, 잠을 자지 않았으며, 산짐승과 날짐승과 어울려 놀거나 때때로 호랑이를 데리고 다녔다고 한다.

그리고 여전히 그는 아픈 사람들을 고쳐주었고, 산이나 들에서 일하는 사람들에게 손수 밥을 지어 날라 주었다.

⑩ 羅在溝 華嚴寺(1921)→열반(1928)

1928년 하안거를 마친 다음 날인 음력 7월 16일 수월은 절 뒤편 송림산에 흐르는 개울물에 깨끗이 몸을 씻고,

머리 위에는 잘 접어서 갠 바지저고리와 새로 삼은 짚신 한 켤레를 가지런히 올려놓고 맨 몸으로 단정히 결가부좌한 자세로 세상을 떠났다. 세수 74세, 법랍 45세였다.

그가 세상을 떠난 후 7일 동안 밤마다 송림산에 불기둥이 치솟는 대방광이 일어났고, 산짐승과 날짐승이 떼를 지어 울었다고 한다. 그가 세상을 떠난 5일 후 다비식을 거행했다.

나그네들에게 짚신을 삼아 주고 주먹밥을 해 주며 무주상 보시를 베풀었던 '북녘의 상현달' 수월은 한평생 나무하고 불이나 때는 불목하니 같은 스님이었고, 글과는 담을 쌓고 살다간 '까막눈 선사'였다.

그러나 그는 일상의 노동을 철저한 수행의 방편으로 삼아 평생을 '끊임없이 일하는 수행자'로 살면서 뛰어난 수행력과 함께 때때로 나툰 放光佛事로 세간의 이목을 집중시킨 한국불교사의 전설적인 대 선지식이다.

또한 수월은 삶의 터전인 고향을 떠나야 했던 이 땅의 한 많은 백성들을 위해 손수 주먹밥을 만들어 주고 짚신을 삼아주는 무주상보시를 한량없이 베풀었던 '자비의 관세음보살'이며, 이름 그대로 '물 속의 달'처럼 흔적 없는 바람같이 살다간 숨은 성자였다.

머슴 노릇 하다가 나이 서른이 넘어 일자무식으로 출가했던 수월은 자비의 보살로 평생을 이어갔다.

맑고 순수한 천진 보살로 하찮은 날 파리의 생명까지도 소중히 여기고 산짐승과 들짐승까지도 보살피는 마음을 갖고 살던 수월은 관음보살의 화현이라고 세간은 그렇게 불렀다고 전한다.

(7) 水月의 法脈

대중에 수월의 법맥에 대해서는 알려진 바가 거의 없다.

하지만 이것은 수월이 자신을 전혀 드러내려 하지 않는 그의 평생의 수행 가풍의 영향력으로 수월 역시 그의 법제자가 경허의 장자로서 그 위치를 확고히 하고자하는 의지를 가지고 경허의 맏제자로서의 수월의 법맥을 정리하고자 한다.

한암이 저술한 『鏡虛集』의 《先師鏡虛和尙行狀》에서 경허의 제자로서 수월 이름이 누락되어 있어 문제점이 있음은 앞에서 이미 밝힌 바와 같다.

한암이 경허의 제자로 만공, 혜월, 침운, 그리고 자신을 꼽은 것이 세간의 의혹은 수월을 한갓 깨닫지 못한 呪力僧으로 인식했기 때문에 수월을 경허의 제자로 누락 했을 것이라는 추측도 가능하다고 말할 수 있다.

① '수월이 경허의 직제자가 아니다'

최근에 학계에서는 '수월이 경허의 직제자가 아니다' 라고 말하는 시각이 있어 이 부분에 대하여 언급해 보기로 한다.

한상길은 그의 논문에서 "수월 스님은 경허의 직제자 아니다" 라고 언급하면서, 경허의 세달 중 수월은 경허의 직제자가 아니라는 근거를 들어가면서 자신의 의견을 피력했다.

그는 "『鏡虛集』을 비롯해 여타의 기록 어디에도 경허와 수월이 사제관계라는 사실을 보지 못했다"고 주장하면서 "수월이 경허와 관련해 등장하는 기사는 한암이 저술한 『鏡虛集』의 《先師鏡虛和尙行狀》뿐이며, 여기에는 직제자인지를 밝히지 않았다"는 것을 밝히고 있다.

또, 세간에서 수월을 경허의 직제자로 여기는 것은 경허와 수월이 동시대에 활동해 어떤 모습으로라도 인연을 맺었을 것이라는 개연성에서 출발해 별다른 검증 없이 경허보다 9살 어린 수월을 사제관계로 설정한 것이라고 그는 주장했다.

이어서, 그는 "한암은《先師鏡虛和尙行狀》에서 침운, 혜월, 만공, 한암 4명 만을 들고 있다"고 언급하면서, "수월이 경허의 제자였다면 반드시 그를 언급했을 것"이라고 밝혔다.

수월을 滿空, 慧月과 묶어 '경허의 세 명의 달'로 여기고 경허의 맏상좌로 이해하는 것은 제고돼야 한다는 한상길의 주장은 주로 한암의 《先師鏡虛和尙行狀》을 중심으로 그 근거를 피력하고 있다고 말할 수 있을 것이다.

그러나 이러한 그의 주장의 근거는 한암이 자신을 경허의 네 제자 가운데 한 명이라고 스스로 인정하고 자술한 《先師鏡虛和尙行狀》이라는 사실은 그 주장에 대한 그 신뢰도를 크게 떨어뜨리고 있다.

또한 水月이 철저한 禪修行者로 경허의 禪思想을 그대로 이어받고 경허와 마지막 入廛垂手의 삶까지 그대로 재현한 水月이야말로 경허의 맏제자로서 그 확실한 증거를 수월이 가르친 禪修行 지도 제자들과 그의 禪修行 사찰 이동의 경로를 통하여 그의 선사로서의 행적을 앞부분에서 추적하고 증명해 보였음은 이미 주지의 사실이다.

그러나 여기에 수월은 태허의 법을 이었다라고 말하는 것은 語不成說로 태허의 법과 경허의 법이 따로 존재한다는 것인지 분명하지 않다고 본다.

수월이 경허와 함께 수행한 흔적은 호서 일대의 도량에서 찾을 수 있음은 이미 앞에서 주지 한 바와 같고 태허와 수행한 족적은 찾을 수 없다고 말할 수 있다.

또한, '수월이 경허의 직제자가 아니다' 라는 의혹은 여기에 김광식도 "수월 스님은 선농일치와 두타행의 실천자로 경허 선사와는 차별된다.

수월 스님이 대비주를 통한 이후 禪修行을 했어도 경허의 간화선 위주 수행과는 다르고 경허의 간화선을 계승한 것도 아니다"라고 그의 논문에서 강조했다.

그러나 이 또한 수월의 간화선의 수행을 다른 어떤 부류의 선수행으로 보는 관점은 크게 잘못된 것으로 ,

수월의 看話禪은 그 화두가 '이뭐꼬?'로 '是甚麽'를 의미하는 것이니 수월이 말하는 도의 의미를 다시 되새겨보면 삼매에 드는 것으로 수행의 목표로 삼고 있다고 말할 수 있다.

"도를 닦는다는 것이 무엇인고 허니, 마음을 모으는 거여. 별거 아녀. 이리 모으나 저리 모으나 무얼 혀서든지 마음만 모으면 되는겨. 하늘 천 따지를 하든지 하나 둘을 세든지 주문을 외든지 워쩌튼 마음만 모으면 그만인겨. 나는 순전히 `천수대비주'로 탈통한 사람이여. 꼭 천수대비주가 아니더라도 `옴마니반메훔'을 해서라도 마음을 모으기를 워찌깨나 아무리 생각을 안할려고 혀도 생각을 안할 수 없을 맨큼 혀야 되는겨."

또한, 김광식은 '수월선사의 정체성과 경허의 전법'을 통해 '수월 선사'에게 붙은 선사 칭호가 수월 선사에 대해 글을 쓴 사람들의 개인적인 견해일 뿐이라고 일축했다.

그러나 이것 또한 지나친 억측으로 선사의 호칭은 수월 선사에 대해 글을 쓴 사람들의 개인적인 견해일 뿐이라는 것 또한 어불성설로 선사에 대한 호칭은 오래 전부터 칭해진 것으로 볼 수 있는 것이다.

거기에 대한 증거로 만해 한용운은 자신이 펴낸 잡지[241]에서 수월을 "조선의 마지막 대선사"라고 평한 것으로 보아 수월이 세상엔 알려지지 않았지만, 지인들 사이에선 '참보살'로 추앙받은 존재였음을 미루어 알 수 있다고 수덕사는 밝히고 있다.

한편으로, 수월이 다라니 주력을 한 이력에 대하여 선사들이 다라니 강조한 까닭은 화두와 동일한 기능 가져 다라니 주력이 마음집중과 업장 소멸에 탁월한 기능이 있어 방선 때는 마장 없애는데도 효과적 이어서 대비주로 수행할 것을 권장했다.

성철도 선수행과 함께 주력수행을 강조해 지금도 해인사 백련암과 강화 연등국제선원 등에서는 정기적으로 아비라 기도 등이 열리고 있다.

'불립문자'를 강조하며 오로지 참선 수행으로 깨달음을 얻는 것을 강조하는 선종에서는 화두참구를 통해 내 마음이 곧 부처요, 그 마음을 바로 볼 때 깨달음에 이를 수 있다는 것이 선종의 전통임에도 예로부터 수많은 선사들은 화두참구와 더불어 다라니 등 진언을 염송하는 주력 수행을 겸수해 왔다는 것은 주지의 사실이다.

특히 중국 원나라 때 선원 수좌들의 생활규범을 담은 '백장청규'에서도 '능

---
241) 한용운, 『불교』,1929. 1월호

엄주'와 '대비주' 등을 염송해야 한다는 내용이 담길 만큼 주력수행을 강조해 왔다는 사실로도 그 입증이 가능하다.

또한 일본의 경우도 임제종을 비롯해 조동종, 황벽종 등 선종 계통의 종단을 중심으로 현재까지 '대비주'가 널리 독송되고 있는 것으로 전해지고 있다.

또한, 그는 선종을 표방하고 있는 한국불교에서도 이와 무관하지 않다고 볼 수 있는데, 고려 때 보조국사 지눌은 "수행에 있어 화두와 다라니가 서로 유사한 측면이 있다"며 깨달음을 위해 다라니를 늘 독송할 것을 강조했다.

또 조선시대 서산 스님도 '선가귀감'에서 "현세의 업은 쉽게 제어할 수 있어 스스로 행하여 가히 피할 수 있지만,

전생의 업은 제거하기 어려워 반드시 神力을 빌려야 한다"고 언급하면서 다라니와 같은 주력이 전생의 업장을 소멸하는 힘을 가지고 있음을 설명했다.

그런가 하면 근대에 이르러 경허 스님의 제자인 수월 스님은 '대비주'를 수행의 방편으로 삼았고, 용성 스님은 화두참구 이전에 '대비주'를 통해 깨달음을 체험했던 것으로 알려져 있다.

현대에 이르러서도 '돈오돈수'를 주장했던 성철 스님 역시 '능엄주'를 강조했으며, 수행자 스스로 법신임을 깨치는 진언인 아비라'를 염송하는 아비라 기도법을 만들어 후학들에게 늘 수지 독송할 것을 당부하기도 했다고 예를 들어 자신의 의견을 피력하기도 했다.

이런 까닭에 지금도 해인사 백련암을 비롯해 강화 연등국제선원 등 성철 스님의 영향을 받은 많은 사찰에서 아비라와 능엄주 기도가 정기적으로 진행되고 있다는 것은 알려진 사실이다.

그렇다면, 역대로 수많은 선사들이 화두수행 뿐 아니라 다라니, 능엄주 등 주력

수행을 강조했던 까닭은 무엇일까에 대한 대답으로 여기에 김호성은

'선종에서 대비주를 독송하는 이유'라는 논문을 통해 "불립문자를 표방하는 선종에서 다라니를 강조한 것은 다라니가 삼매에 들기 위한 '도구'로서의 기능과 업장 소멸을 위한 '참회의 기능'을 가졌기 때문"이라고 설명했다.

그의 주장에 따르면, 선 수행에서 화두가 번뇌 망상을 깨뜨리는 도구로서의 역할을 하는 것처럼 다라니 역시 그와 같은 기능을 한다는 것이다.

즉 화두가 수행자에게 의심으로 몰아넣어서 하나의 대상에 집중하도록 하는 무의미적 언어이고, 다라니 역시 그 본질은 그 자체 속의 의미 내지, 문자로 해독된 의미에서가 아니라 무의미적 언어로서 마음을 하나로 모으는 역할을 한다는 것을 역설하고 있다.[242]

결국 선사들은 화두가 성성적적하면 번뇌가 깨지는 것처럼 다라니를 일심으로 염송하다보면 모든 번뇌가 소멸 될 수 있기때문에 이를 강조했다고 그는 자신의 의견을 피력하고 있다.

특히 선사들은 入禪의 시간에는 화두를 참구했고, 放禪중에는 대비주를 독송함으로써 화두가 갖는 기능을 대신하게 했다는 것이다.

뿐만 아니라, 선사들은 선 수행과정에서 나타나는 마장을 없애거나 전생에서부터 이어져 온 업장을 소멸하기 위해서도 다라니를 활용했다고 한다.

결국, 선사들이 불립문자를 내세우면서도 다라니를 강조한 까닭은 다라니와 화두가 서로 유사한 기능을 가졌기 때문이라고 말할 수 있다.

이런 주장은 한국불교 전통수행법이 '禪密一致' 혹은 '禪密兼修'에 바탕을 두고 있다는 주장을 뒷받침하고 있다고 말할 수 있을 것이다.[243]

---

242) 김호성, 『천수경이야기』 민족사, 1996, p.
243) 김호성, 『천수경이야기』 민족사, 1996, p.

여기에 김광식은 "수월 스님은 두타행을 실천하고 천수다라니를 통해 불망염지를 터득했던 스님이었다"고 언급하며,

"수월 스님은 태허 스님의 법을 이었지, 경허 스님의 법을 잇지 않았다. 수월 스님이 계문을 받은 근거가 없다"고 나름의 의견을 주장하는 부분이 있다. 그러나 여기에도 문제가 없지 않다.

태허역시 선수행자로서 태허의 법과 경허의 법은 서로 다르지 않으며, 또한 법맥에 있어서도 수월과 태허의 수행이력은 보이지 않지만,

경허와 수월의 수행이력은 호서의 여러 사찰에서 보이고 있으며 ,무엇보다도 수월의 마지막 입전수수는 경허의 그것과 똑같다는 사실은 수월이 경허의 제자임을 입증하고도 남음이 있다.

더 나아가 수월의 다라니 주력은 경허가 인가하고 경허가 허락한 수행이었다는 것을 수월이 방광을 하자 경허는 수월에게 부목 일을 거두고 오로지 수행만 할 것을 권해 수월이 밤낮으로 다라니 수행을 계속한 결과,

깨달음을 증득하고 세 가지 특별한 능력을 터득하게 되었다는 사실만으로도 다라니 주력 수행은 경허가 권한 선수행의 일부라고 말할 수 있다.

여기에 '水月의 이야기 《달을 듣는 강물》의 저자 김진태는 이 부분을 이렇게 적고 있다.

수월은 「千手經」을 좋아했다. 자나 깨나 앉으나 서나 늘 「천수경」을 외웠다. 그런 수월의 일상을 지켜보고 있노라면 그는 마치 공기가 아닌 「천수경」으로 숨쉬고 사는 사람처럼 보였다. 그러면 수월은 왜 하필 「천수경」 수행을 하게 된 것일까. 승려가 되려면 누구나 외워야 하는, 이를테면 '필수 암기 과목'인 「천수경」을 외다 보니 우연히 그렇게 된 것일까. 아니면 이것 또한 경허의 특별한 가르침을 따른 수행법이었을까. 경허라는 스승을 찾아 들판을 팽개치고 연암산으로 들어간 수월이고 보면 그것은

경허의 처방일 확률이 아주 높다. 더구나 북간도 시절, 다리를 자친 어느 독립군에게 들려준 법문을 잘 살펴보면 이런 가정은 한층 믿음을 더해 준다. 수월은 "눈 밝은 선지식은 전생에 하던 수행자의 공부를 알아서 그에게 적절한 수행법을 제시해 주는 스승"임을 힘주어 말하고 있다. 바른 선지식이란 수행자의 기질과 성향을 곧바로 읽어내어 그의 입맛에 딱 들어맞는 수행법을 간택해 주는 사람이라는 말이다. 여기서 수월이 말하는 눈 밝은 선지식이란 바로 그의 스승인 경허를 두고 이른 말이 아닐까. 선재동자가 관세음보살을 맴돌듯 일생을 스승 경허를 쫓아서 스승의 그림자처럼 따라다니던 수월이 아닌가![244]

다만 여기서 문제가 되는 부분으로 김광식의 주장대로 경허가 수월에게 내린 전법게가 보이지 않는다는 미흡한 부분이 있다는 것은 이미 앞에서 언급한 바와 같다.

경허가 수월에게 전법게를 내리지 않았거나 경계가 없는 水月이 그것을 굳이 챙기지 않았을 가능성이 더 높다는 것을 밝히며 눈에 보이는 '전법게'에만 연연하는 세태가 유감으로 생각되는 부분이 없지 않다고 말할 수 있다.

수월이 경허의 제자로 더 이상의 근거가 무의미하다는 것을 전제로 여기서 마치기로 하고 다음은 수월의 법제자에 관한 연구를 살펴보기로 한다.

(8) 수월의 제자들

① 黙言

수월에 관한 이야기는 거의 남아있는 것이 없는 것은 주지한 바와 같다. 따라서, 수월의 법맥에 관한 기록도 잘 보이지 않는다.

생평에 법상좌 취하기를 원치 않았던 수월은 상좌두기를 원치 않았다고 볼 수 있을 것이다.

---

244) 김진태, 앞의 책, p.46.

그런데 수월에게 유일한 법제자로 묵언이 보이고 있음은 매우 고무적인 일이라고 말할 수 있다.

묵언의 법제자인 도천을 통해서 묵언의 일면을 알아보기로 한다. 도천의 제자의 증언이다.

"요즘 큰스님은 13살에 출가해 금강산 마하연에서 은사 묵언 스님을 시봉하던 때를 자주 회상하시곤 합니다."

어린 나이에 당돌하게도 도인이 되겠다는 큰 뜻을 품은 도천이 13살 때 만난 '금강산 도인'이 바로 신묵언 이다.

도천은 15년 동안 수월님의 수제자인 묵언을 시봉하며 그토록 간절히 얻고자 했던 道를 닦았다.

어떤 대꾸라도 하면 벼락을 내릴 정도로 엄했던 스승을 모시고 수행하는 것은 그야말로 고행이었다고 도천은 전하고 있다.
낮에는 땔나무를 하고, 밤에는 짚신을 삼고 숯불에 공양을 지었다.

물이 부족해 손을 씻지 못해서 갈라터질 때면 밤잠을 설칠 정도였다. 쌀이 부족해 끼니를 거르며 정진할 때가 하루 이틀이 아니었다.

겨울에는 눈이 많이 내려, 짚신을 신은 채 마하연에서 연화대까지 600미터 정도의 눈길을 혼자서 다 치워야 했다.

② 도천

1910년 평안북도 철산에서 태어난 도천은 13세에 금강산 마하연에서 수월의 제자인 신묵언을 은사로 출가, 15년간 함께 참선 수행 했다.

그 후 20여 년간 금강산 마하연, 신계사, 묘향산, 유점사, 법왕사 등에서 수행한 도천은 50년 한국전쟁 이후 남한으로 내려왔다.

범어사와 내원암, 칠불암, 해인사 선방을 거쳐 금강산과 산세가 가장 유사한 대둔산 태고사에 방부를 들이고 공양주 소임을 보았다.

1.4후퇴 때 태고사에 빨치산이 들어오자 묵언을 하고 7일 단식을 하다 마지막으로 태고사에서 나왔다.

전쟁 중에 건물 7동이 잿더미가 된 태고사로 돌아온 도천은 62년 움막을 하나 짓고 솔잎가루와 나물죽을 먹으며 46년간 두문불출하며 지금까지 불사를 겸한 雲力을 이어오고 있다.

'하루 일하지 않으면 하루 먹지 않는다'는 百丈淸規에 따라 늘 묵언하며 계행을 지키고 보살행을 실천해 온 도천은 '水月家風'을 그대로 이어오고 있다.

이처럼, 수월의 면모를 손상좌 도천이 이어받아 도천도 평생 일만 하고 일생을 살다 101세로 원적에 들었다.

수월의 유일한 제자인 묵언의 상좌인 도천은 금산 대둔산 태고사 조실로 주석하다가 2011년 입적하였다.

도천의 상좌이자 수월의 손증손상좌 가 되는 명선은 여수 흥국사에 30여 년 가까이 주석하고 있다. 여러 해 전부터 수월의 자료를 수집하여 『수월평전』을 내겠다는 의지를 보였다.

명선은 禪農一如의 삶을 살아온 은사를 위해 2007년 금강산 유점사 말사인 마하연까지 동행하고, 가는 길에 북한 당국을 설득해 수월 진영 2점을 표은사 어실각에 모시기도 하였다.

③ 명선

36년 전남 담양에서 출생했으며, 명선의 출가는 17세 때인 1952년에 이뤄졌다. 하루는 외삼촌 도광이 찾아와 "누님은 아들이 많으니 내가 용식이를 데려가 중으로 만들겠소" 하자,

과거 노선사 태몽을 꾼 모친이 기다렸다는 듯이 "데리고 가서 큰스님 만들어 달라"고 선선히 승낙한 것이다.

외삼촌을 따라 당도한 담양 외추리 보광사는 말이 사찰이지 단칸 초막에 불과했다. 그곳에는 외삼촌의 도반 도천도 있었다. 명선은 공양주와 부목일, 채공일 등 무엇이든 도맡아 했다.

"염불은 24시간 일념으로 해야 한다"는 도광의 지시대로 천수경을 3줄씩 적어 밥 지을 때나, 나무할 때나, 물을 길어 나르며 달달 외웠다.

새벽 3시 도량석으로 아침을 열고, 밤 10시 잠자리에 들었다. 하루가 멀다 하고 코피가 터졌다.

배고픔과 졸음, 천수경 독송과 씨름하던 행자생활이 끝나고, 53년 광주 동광사에서 전강에게 사미계를 받았다. 明煽이란 법명은 이때 받았다.

58년 양산 통도사에서 자운을 계사로 비구계를 받았다. 중앙종회 수석 부의장, 제19교구 본사 화엄사 주지 등을 역임했다.

조계종 재심호계위원과 법규위원 등 주요 직책을 맡아 종단 안정에 이바지했다.

明煽은 55년 고대하던 해인사 강원에 입학해 4년간의 절 공부를 무사히 마쳤다.

이어 퇴설당 선원에서 두 철을 난 뒤, 60년 오대산 상원사에서 다시 한 철을 났다. 明煽은 '시심마' 화두를 붙들고 전국 선원을 돌며 雲水行脚했다.

긴 만행을 끝낸 明煽은 69년부터 75년까지 화엄사에서 총무국장 소임을 살게 되는데, 이때 끼니도 잇기 어려운 화엄사 대중 살림을 사느라 별의별 고생을 다 했다. 그 공으로 75년 화엄사 주지에 오른다.

수월의 유일한 제자인 묵언의 상좌인 도천은 금산 대둔산 태고사 조실로 주석하면서 선농일치를 실천하고 수행하다가 지난 2011년 입적하였다.

도천의 상좌이자 수월의 손증손 상좌가 되는 명선은 여수 흥국사에 30여년 가까이 주석하고 있다.

여러 해 전부터 수월의 자료를 수집하여 『水月評傳』을 내겠다는 의지를 보인 만큼 대중들이 수월의 평전을 통하여 수월의 진면목을 바로 접하고 그의 수행을 본받는 계기가 될 수 있을 것이다.

수월의 손상좌 뻘 인 명선은 10여 년 전 연변 일대에서 수월스님을 기억하는 노인들은 만난 적이 있다고 한다.

"떨어진 벼 이삭과 마을 사람들이 버린 배추 잎을 주워 말린 뒤 겨우내 산속 동물들이 찾아오면 던져주던 수월을 그들은 기억하고 있었다" 고 언급하면서,

"수차례 그분들께 고증을 받아 수월 스님의 진영을 그렸고, 이곳 수월 정사에 모시게 됐다"고 밝혔다.

명선은

"수월스님은 머리를 기른 채 함경도 삼수갑산에 은거해 살던 스승 경허스님을 쫓아 북쪽으로 와(1912년부터) 이 곳 먼발치에서 지켜보던 스승이 열반하자 장례를 치른 뒤 옛 고구려 땅인 흑룡강성 나자구 왕청현 송림산에 들어가 3년을 보내다 1928년에 열반

했다"고 말했다.

(9) 수월의 업적과 평가

김진태 검사가 최근 출간한 《달을 듣는 강물》(해냄 펴냄)은 구한말과 일제 시대에 만주 일대에서 그림자도 남기지 않을 만큼 묵묵히 수행했던 水月의 修行旅程을 다룬 책이다.

이 사건은 이 책의 주인공인 수월의 생애에 큰 감동을 받은 현직 검사가 펴냈다는 점에서 매우 시사적이라고 말할 수 있다.

더구나 수월의 자료가 거의 남아 있지 않은 시점에서 이 책의 의미는 남다르다고 말할 수 있다.

근대 한국선불교의 중흥조로 일컬어지는 경허의 제자로 만공, 혜월과 함께 '경허의 세 달'로 알려지기도 한 고승 수월의 이야기인 《달을 듣는 강물》은 29세에 출가해 33세에 깨달음을 성취한 뒤 일흔넷 열반에 이르기까지 어느 한 순간도 자신을 내세우지 않고 오로지 남을 위해 살아온 수월의 삶의 궤적 자체가 그대로 수행이고 법문임을 저자를 특유의 담백하고 진솔한 필치로 자연스럽게 드러내고 있다.

20년 전 우연히 지리산의 한 산사에서 수월의 전설 같은 이야기를 전해 듣고 수월의 삶을 추적하기 시작했다는 저자는 필연으로 얼마 남아 있지 않은 수월스님의 흔적을 찾고 그 자취를 맡고자 직접 중국 도문시를 방문 답사하는 등 그림자 없는 성자의 옛길을 더듬어 밝히는데 적지 않은 노력을 기울였다고 밝히고 있다.

水月의 이야기 《달을 듣는 강물》의 저자 김진태는 집필 동기를 이렇게 적고 있다.

 스물 해 쯤 전, 시대의 어둠에 밀려 남도 땅 지리산 자락을 가랑잎처럼 떠돌 무렵, 어느 산사에서 수월스님 이야기를 들었습니다. 일흔이라는 고령의 스님이었음에도 이승을 떠나는 그 순간까지 평생 동안 일을 하여 중생을 부양했고, 마흔 해 가까이 조실의 자리에 앉아 한마디의 설법도, 한 줄의 글도 남기지 아니했지만, 언제나 주위에는 선열이 넘치고 법음이 가득 차서 스님이든 속인이든 심지어 동물들까지 환희와 행복에 겨워했다는 그런 얘기였습니다. 스님이 가진 것은 오직 산과 물과 바람밖에 없었고, 심지어 자신의 이름마저 거두어 가버려, 겨우 반세기 전에 떠난 사람인데도 성마저 제대로 모른다고 했습니다. 자신의 삶을 찰나도 포기하지 않고 온전히 살아가면서도 그 삶 그대로를 모두 남에게 주어 버렸다는 이야기는 삼독에 힘겨워했던 저에게는 천둥이었고 벼락이었습니다. 고단한 세월의 소용돌이에 휩싸여 망각의 피안 속에 그 얘기를 묻고 지내던 어느 날, 문득 우리는 이를 기억해 내곤 스님이 거닐던 옛길을 더듬기 시작했습니다. 245)

승려도 불교학자도 아닌 한 불심 깊은 현직 검사에 의해 마치 구름사이에서 달 드러나듯 우리 곁으로 다가온 수월은 조국을 떠난 만주 땅에서 살아가야 하는 우리 백성들을 위해 주먹밥을 나눠주고 짚신을 삼아주던 보현 관음보살 같은, 아니 그대로 보살이었던 수월의 삶을 밝혀내고 있다는 점에서 그 의미가 자못 크다고 말할 수 있다.

水月의 이야기 《달을 듣는 강물》의 저자 김진태는 집필의 어려움을 이렇게 적고 있다.

여기서 저자는 자신이 처음 수월의 야야기를 들었을 때의 충격과 감동을 자신의 생활 속에서 반성하면서 세월의 소용돌이에 잊고 지내다가 수월의 이야기를 문득 생각해 내고 선사의 행적을 추적하는 과정이 결코 쉽지 않았음을 밝히고 성자의 거룩한 모습을 세상에 알리고자 자신이 집필하게 되었음을 진솔하게 적고 있다.

스님의 행적에 관련된 것이라면 밤낮을 가리지 않고 모았습니다. 심지어 물결을 싣고 가는 달에게 그때의 자취를 물었고, 강을 건너는 바람소리에게도 스님의 행적을 들었습니다. 그러나 결코 쉬운 일이 아니었습니다. 어른 노릇과 어른 대접 받기를 무엇보다도 싫어한 스님이어서 산중에 안거하기 보다는 고난 받는 여염 속에 머물다 그들의 삶 속에 자신의 모습을 감추어 버렸습니다. 스님의 행적은 한정되어 있었고, 그 분의

---

245) 김진태, 앞의 책, p.4-5.

삶의 편린이나마 보고 들은 이들도 이제는 거의 옛사람이 되어 버렸습니다. 스님과 인연이 있던 땅은 남김없이 기웃거렸습니다. 남녘의 지리산에서부터 만주 땅 이곳저곳에 이르기까지, 심지어 북녘에 있는 절에도 사람을 통해 스님의 빛깔을 묻혀오게 했지만 성과는 바라던 것보다 훨씬 적었습니다. 그러나 건져 올린 몇 조각 되지 않는 스님의 행적은 우리에게 눈부신 삶의 길을 만나는 벅찬 기쁨을 안겨 줍니다. 스님은 이름 그대로 물속의 달처럼 살다간 어른이었습니다. 자비와 지혜를 삶과 한 덩어리로 이루어낸 성자입니다. 일하는 수행자, 수행하는 일꾼으로 살다 간 스님의 감동어린 삶을 이웃에게 알리고 싶었습니다. 이런 바람에 앞뒤 가리지 않고 이 책을 썼습니다. 물론 스님이 이룬 깨달음의 세계며, 가없는 삼매와 자비의 세계는 세속의 업연이 한량없는 저에겐 여전히 접근할 엄두도 내지 못하는 아득히 먼 길로 남아 있습니다.[246]

수월은 한평생 나무하고 불이나 때는 불목하니 같은 스님이었고, 글과는 담을 쌓고 살다간 '까막눈 선사'였다.

그러나 그는 일상의 노동을 철저한 수행의 방편으로 삼아 평생을 '끊임없이 일하는 수행자'로 살면서 뛰어난 수행력과 함께 때때로 나툰 放光佛事로 세간의 이목을 집중시킨 한국 불교사의 전설적인 대선지식이다.

또한 수월은 삶의 터전인 고향을 떠나야 했던 이 땅의 한 많은 백성들을 위해 손수 주먹밥을 만들어 주고 짚신을 삼아주는 무주상보시를 한량없이 베풀었던 '자비의 화신이었다고 말할 수 있을 것이다.

또한, 불쌍한 동포들을 위해 주먹밥으로 허기를 달래주고, 짚신으로 고단한 발을 감싸주며, 부상 당한 항일투사와 민초들을 치료해준 것은 수월의 자비의 실천이자 독립운동이며 중생 속에서 무애의 삶을 몸으로 실천한 보살도 정신이라고 말할 수 있을 것이다.

총무원장 지관은 "대승불교에서 水月은 모든 사물에 실체가 없음을 비유하는 말로서 수월 스님은 어떠한 흔적도 남기지 않고 보살행을 실천한 수월 관음보살"이라고 언급하면서 "천 강에 모습을 드리운 달이 아무 말이 없듯이, 물위에

---

246) 김진태, 앞의 책, pp.4-5.

비친 달이 아무 자취도 남기지 않듯이, 우리의 삶을 좀 더 고결하고 자비로운 삶으로 살아가도록 노력하는 것이 오늘 수월 스님께서 던져주시는 소리 없는 설법"이라고 강조했다.

수월은 근대 한국 선불교의 중흥조로 일컬어지는 경허의 제자로 만공, 혜월과 함께 '경허의 세 달'로 29세에 출가해 33세에 깨달음을 성취한 뒤 일흔넷 열반에 이르기까지 어느 한 순간도 자신을 내세우지 않고 오로지 남을 위해 살아온 보살의 모습이라고 말할 수 있다.

이와 같은 수월의 행적을 기리기 위한 후학들의 노력으로 연길시 〈신흥불당-수월정사〉는 2006년 6월 〈연변조선족자치주불교협회〉가 중국정부로부터 종교단체로 정식 등록된 이후 법당 건립추진이 진행됐다.

2007년 11월 불교활동 장소로 불당이라는 이름으로 공식 허가를 받아 연변 8개 시현의 도심에 13개의 불당과 더불어 연길시 도심 한가운데에 3층 단독 건물로 신흥 불당인 수월정사가 개원하게 되었다.

이처럼, 水月을 추모하는 행화 유적지 순례가 시작됐다.'

두만강을 건너 연변에 초막을 세운 수월의 발자취를 따라 다시 중국 땅으로 발길을 돌리면 그곳은 바로 일광사로 화엄사 터다.

수월은 100여 년 전인 1912년 조선을 떠나 일광산에 사찰을 건립했다. 사찰이라고 부르기도 못한 허름한 草幕이었다.

수월은 바로 그곳에서 일제의 압박을 피해 정든 고향을 버리고 연변에 온 사람들을 맞이 했던 것이다.

연변지역 불자들이 복원을 추진하고 있다는 화엄사 터는 축대 기단과 작은 우물만이 남아 있었다.

수월이 지었다는 작은 초막의 흔적은 흔적이 남아 있지 않았다.

중국문화혁명 이후 자취를 감추었던 불교 활동이 1994년 연변 도문시 불자들이 '수월정사' 라는 조그만 법당에서 모임을 갖기 시작한 지 15년 만의 성과다.

매우 고무적인 일로 연변조선족 불자들은 〈신흥불당-수월정사〉를 중심으로 연변 조선족 동포들과 불자들의 종교 활동을 전개할 계획이며 수월 수행터가 흔적이 있는 도문시 일광산 화엄사를 복원하는 불사도 추진할 계획이라고 한다.

수월이 두만강을 건너 중국으로 오는 조선 동포들을 위해 주먹밥과 짚신을 무주상보시하며 머무른 화엄사 터에서 지난 2011년 5월 26일 이곳에서 수월을 추모하는 의식이 봉행됐다.

수월의 증손자인 원로의원 명선은 격려사를 통해 "수월 스님 진영을 모시고 조선족 불자들과 함께 법회를 하게 되어 누구보다 기쁘고 감격스럽다" 말했다.

명선은 또 "살 곳을 잃고 타향으로 밀려드는 인민들을 위해 주먹밥으로 허기를 달래주시고, 짚신으로 고단한 발을 감싸주시고, 부상당한 항일투사와 민초들을 치료하신 것은 자비실천으로 독립운동에 동참하신 것이며 중생 속에서 무애의 삶을 실천하신 것"이라고 강조했다.

총무원장 지관은 법어를 통해 "마을 사람의 옷차림을 하고 소 먹이꾼 노릇을 하면서 일제의 억압을 피해 간도로 건너오는 동포들을 위해 주먹밥과 물, 밤새 엮은 짚신을 공양한 수월은 자비 관음보살의 화신이었다 "고 법어를 펼쳤다.

그리고, "100여 년 전 수월이 뿌린 자비의 씨앗이 오늘 연변불교협회 회관건립으로 꽃을 피우고, 연변동포들의 마음의 휴식처로서 한국과 중국불교의 발전과 우호 선린의 터전으로 새로이 나투신 것"이라고 수월의 공적을 기렸다.

이상에서 살펴본 바와 같이 수월은 대선사 경허의 제자로서 그 스스로 대선사로서 평생을 살다간 '水月 道人'이었다고 말할 수 있다.

지난 2008년 5월 27일 연길 조선족불교회관에서는 '수월정사' 개원식 이 거행되었다. 길림성 수월정사 개원 기념을 겸한 연길 조선족자치주 불교협회와 조계종의 공동법회가 사상 처음 지난 5월 27일 봉행됐다.

종단은 중국 동북 3성의 하나이자 조선족이 제일 많이 살고있는 길림성 연변조선족자치주 불교협회와의 첫 공동법회를 지난 5월 27일 연길시(延吉市)에서 봉행했다.

이날, '한국불교대표단 방문 신흥불당(수월정사) 공동법회 및 중국 사천성 희생자 위령재'의 이름으로 연길시 수월정사에서 열린, 이 날 행사에는 조선족 불자 200여명, 한국불교 대표단 100여명 등 사부대중 300명이 참가했다.

연변조선족자치주 불교협회 회관이자 수월 선사 추모기념관 성격을 지닌 '신흥불당(수월정사)' 개원을 기념하여 열린 이 날,

공동법회는 오전 9시 1부 상단불공과 중국 지진희생자 위령제에 이어 2부에서 경과보고(연변불교협회 부회장 지광 스님), 격려사(원로의원 명선스님), 축사(도선사 주지 혜자스님), 법어(총무원장 지관 스님) 등의 순서로 진행됐다.

수월스님의 증손자인 원로의원 명선 스님(여수 흥국사 회주)은 격려사를 통해 "수월 스님 진영을 모시고 조선족 불자들과 함께 법회를 하게 되어 누구보다 기쁘고 감격스럽다" 말했다.

명선 스님은 또 "살곳을 잃고 타향으로 밀려드는 인민들을 위해 주먹밥으로 허기를 달래주시고, 짚신으로 고단한 발을 감싸주시고,

부상 당한 항일투사와 민초들을 치료하신 것은 자비실천으로 독립운동에 동참하

신 것이며 중생 속에서 무애의 삶을 실천하신 것"이라고 강조했다.

총무원장 지관 스님은 법어를 통해

"마을 사람의 옷차림을 하고 소 먹이꾼 노릇을 하면서 일제의 억압을 피해 간도로 건너오는 동포들을 위해 주먹밥과 물, 밤새 엮은 짚신을 공양한 수월 스님은 자비 관음보살의 화신이었다"

고 수월 스님을 회상하였다.

이어서 지관 스님은 오늘의 이 행사는

"100여 년 전 수월 스님이 뿌린 자비의 씨앗이 오늘 연변 불교협회 회관건립으로 꽃을 피우고, 연변 동포들의 마음의 휴식처로서 한국과 중국불교의 발전과 우호 선린의 터전으로 새로이 나투신 것"

이라고 말했다.

연길시 〈신흥불당-수월정사〉는 2006년 6월 〈연변조선족자치주불교협회〉가 중국 정부로부터 종교단체로 정식 등록된 이후 회관(법당) 건립추진이 진행됐다.

2007년 11월 불교활동 장소로 〈불당〉이라는 이름으로 공식 허가를 받아 연변 8개 시현의 도심에 13개의 불당과 더불어 연길시 도심 한가운데에 3층 단독 건물로 〈신흥불당-수월정사〉가 개원하게 되었다.

중국문화혁명 이후 자취를 감추었던 불교활동이 1994년 연변 도문시 불자들이 〈수월정사〉라는 조그만 법당에서 모임을 갖기 시작한 지 15년 만의 성과다.

연변조선족 불자들은 〈신흥불당-수월정사〉를 중심으로 연변조선족 동포들과 불자들의 종교 활동을 전개할 계획이며, 수월스님 수행터가 흔적이 있는 도문시 일광산 화엄사를 복원하는 불사도 추진할 계획이다.

이번에 한국불교 방문단은 5월 26일 도문시 일광산 화엄사 터를 방문하여 수월 스님의 삶의 흔적을 되새기며 추모 기도를 올렸으며, 28일 아침에는 백두산에서 '중국 사천성 지진희생자 등을 위한 위령제'를 올리기도 하였다.

28일 저녁에는 "한중불교우호증진행사"를 개최하여 연변 자치주 민광도 주장의 축사와, 총무원장 스님의 지진재해 성금 전달, 김진태 검사의 〈수월스님과 연변 불교〉주제의 강연 등을 통해 한국과 중국 간의 우호증진을 다짐할 계획이며,

특히 2부 만찬 공연에서는 민족의 정서가 담긴 눈물 젖은 두만강, 귀향길 등 노래를 함께 합창하며 민족애를 확인하기도 하였다.

이 날 공동법회에는 조계종에서 총무원장 지관 스님, 원로의원 명선 스님, 사회부장 세영 스님, 원심원사 세민 스님, 도선사 혜자 스님, 봉은사 총무국장이며 종회의원인 진화 스님, 총무국장 혜경 스님 등이 참석하여 수월 스님의 자비 정신을 기렸다.

또한, 연변조선족자치주 불교협회에서는 회장 광도(廣度) 스님, 부회장 지광(智光) 스님, 명개(明開) 스님, 신도회 부회장 신옥 보살님, 연변조선족자치주 종교국 허몽림 처장, 조선족불자 등 300여 명의 사부대중이 함께 했다.

이처럼 수월스님(1855-1928)은 근대 선불교의 중흥조라 일컫는 경허선사의 맏상좌로서 천장암으로 출가하여 불목하니처럼 일했으며 경허스님의 가르침을 따라 천수다라니 7일 정진을 하던 중 방광을 하면서 깨달음을 성취하셨다.

수차례 방광하는 이적을 보이셨던 수월 스님은 천은사, 금강산 등으로 몸을 숨기며 수행정진 하셨으며, 은사인 경허스님을 찾아 함경도로, 고통받는 유민의 자취를 쫓아 북간도로 몸을 나투어 보살의 삶을 실천했다.

그 후 효봉스님, 금오스님, 청담스님 등 당대의 고승들이 북간도까지 수월스님을

찾아 가르침을 구했다.

수월스님은 출생도 정확히 알 수 없으며, 사진 등 삶의 기록이 전혀 남아 있지 않다. 다만, 스님의 행적은 연변 조선족 동포 등에게 구전되다가,

2004년 김진태 검사(청주지방검찰청)가 증언을 채록하여 책으로 발간한 〈물속을 걸어가는 달〉이 스님에 관한 유일한 자료로 남아 있을 뿐이다.

달을 듣는 강물 내용의 일부다

여보게, 만공

어느 날 수월스님께서 만공스님과 같이 앉아 이야기를 나누다가 숭늉 그릇을 들어 보이며 말씀하셨다. "여보게, 만공. 이 숭늉 그릇을 숭늉 그릇이라고도 하지 말고, 숭늉 그릇이 아니라고도 하지 말고 한 마디로 똑바로 일러 보소." 만공스님이 문득 숭늉 그릇을 들어 문 밖으로 집어 던지고는 말없이 앉아 있자 수월스님께서 말씀하셨다. "잘혔어, 참 잘혔어!" 수월스님은 이 법담을 나눈 뒤에 자취를 감추었는데, 그 뒤 만공스님과는 다시는 만나지 못하였다.
-p11

일심사상
도를 닦는다는 것이 무엇인고 하니, 마음을 모으는 거여, 별거 아녀, 이리 모으나 무얼 혀서든지 마음만 모으면 되는겨. 하늘천 따지를 하든지 하나 둘을 세든지 주문을 외든지 워쩌튼 마음만 모으면 그만인겨. 아는 순전히 '천수대비주(千手大悲呪)'로 달통한 사람이여. 꼭 '천수대비주'가 아니더라도 '옴마니반메훔'을 혀서라도 마음을 모으기를, 워찌깨나 아무리 생각을 안 할려고 혀도 생각을 안 할 수 없을 맨큼 혀야 되는겨.
-p14

수월스님은 일생 동안 한번도 법상에 오른 일이 없는 것 같다. 여기 실은 수월스님 말씀은 스님께서 얼마 동안 머물다 열반에 든, 중국 북간도에 있던 화엄사(華嚴寺)에서, 몸을 다쳐 며칠 머물게 된 어느 독립군 연설 단원에게 들려 준 법문이다. 수월스님에게

서 큰 감화를 받은 이 독립군 연설단원은 그 뒤 몽고에서 스님이 되었다. 그리고 지금껏 아흔이 넘은 나이에도 아주 정정한 모습으로 후학들을 가르치고 있다.
-p15

수월은 쉼없이 짚신을 삼았다. 그러나 그가 삼은 짚신에는 삼는 수월도 없고 신는 나그네도 없어, 그의 짚신은 마치 허공에서 피어나는 꽃송이처럼 길손들의 발부리에서 끝없이 피어났다. 그래서 수월을 일러 한평생을 한 켤레의 짚신도 삼은 적이 없이 보낸, 그야말로 일없는 도인이라고 말하는 것일까? 설상가상으로 수월은 낯설고 물선 땅으로만 떠돌면서 한 마디의 말도 한 줄의 글도 남기지 않았다.
-p22

「불교사전」은 수월이 철종 6년, 1855년에 충남 홍성군 구항면 신곡리 전(全, 田이라는 주장도 있다.)씨 집안에서 태어났다고 기록하고 있으나 이 또한 확실하지가 않다. 현재 신곡리에는 전씨 성을 가진 집이 한 집도 없으며, 마을 노인네들도 수월에 대해 전해 들은 얘기가 전혀 없다고 한다. 신곡리에서 사 킬로미터쯤 떨어진 마운리에는 그 곳에서 대대로 내려오며 사는 전씨 집안이 몇 집 있지만, 이 집안 사람들도 선대 가운데 출가한 스님이 있다는 말은 들어 보지 못하였다고 한다. 그래서 수월의 성씨가 김(金)씨니 천(千)씨니 하는 엇갈린 주장까지 나오게 되고, 부모가 없는 고아로 자란 무식꾼이니, 또는 좋은 집안에서 태어난 선비였으나 나라가 어지러워지자 절에 들어온 사람이니 하는 갖가지 이야기가 새겨나게 되었으리라.
-p25

홍성의 옛 이름은 홍주(洪州)다. 불연이 깊은 지방이어서 곳곳에 유서 깊은 옛절들이 많이 있다. 고려말의 큰스님인 태고보우 국사의 고향인 덕분에 홍주목으로 승격된 적도 있다. 수월이 머슴살이를 한 마을은 어떤 곳이었을까. 잘은 알 수 없지만 그가 처음 들어간 절이 홍성군 갈산면과 맞닿은 서산군 고북면에 있는 천장암(天藏庵)임을 눈여겨볼 때, 수월이 머슴살이 하던 곳은 천장암과 그리 멀지 않은 거리에 있는 한 마을이 아니었을까? 수월에게 출가할 뜻을 불러일으켜 준 탁발승 또한 천장암과 깊은 인연이 있던 수행승일 것이다. 그 때 천장암에는 이 땅에 선풍(禪風)을 다시 일으켜 세운 경허 성우(鏡虛惺牛)선사가 자주 드나들며 사자후를 토해 내고 있었다. 수월을 천장암으로 인도한 탁발승은 그 때 몸과 마음을 바쳐 경허를 따르던 수행자였을지도 모른다는 상상은 지나친 비약일까?
-p31

계룡산 동학사에게 불꽃 같은 용맹 정진으로 깨달음을 얻은 경허가 보림 수행을 하려고 천장암에 온것은 수월보다 세 해 빠른 1880년의 일이었다.
p38

수월이 처음 출가하려다 끝내 가죽신 때문에 다시 주저앉게 된 1881년에 경허는 일년 석 달 동안의 불길 같은 보림 정진을 끝내고 다음과 같이 깨달음을 노래했다. 콧구멍 없는 소 이야기
홀연히 듣던 그 날,
하늘 끝 곳곳마다
내 집임을 알았네.
때는 유월
연암산 아랫길
좋구나, 태평가여
일도 없는
들사람아.

경허의 이 오도송(悟道頌)은 정든 들판을 떠나 연암산 아랫길을 오르던 수월이 견딜 수 없이 끓어오르는 신심으로 수없이 읊조린 환희의 노래였을는지도 모른다. 수월이 연암산으로 들어간 때는, 경허가 호서 땅에 있는 여러 절들을 떠돌며 크게 선풍을 떨치고 있을 무렵이다. 수월은 경허의 세속 형인 태허성원(太虛性圓)을 만났고, 부처도 조사도 찾아올 수 없다는 천장(天藏) 속에 몸과 마음을 모두 놓아 버렸다.
-p39

수월은 천장암에서도 나무꾼 노릇을 했다. 이것은 그 당시 스님이 되려면 누구나 거쳐야 하는 절 집안의 풍습이었다. 흔히 이것을 행자 수업 기간이라고 한다. 이 기간 동안 행자는 일을 통하여 마을에서 찌든 몸과 마음의 습관을 깨끗이 씻어 내고, 절 생활에 필요한 여러 가지 예절이며 의식을 익힌 뒤에 계(戒)를 받아 스님이 된다. 요즘은 이 기간이 짧아져서 거개가 여섯 달로 끝난다지만, 수월이 살던 시대에는 세 해가 보통이었다. 수월이 천장암을 찾아간 지 한 해쯤 되었을 때 수월의 뒤를 이어 열네 살의 어린 동자가 수행자가 되려고 천장암을 찾아 왔다.

 이 동자가 바로 계룡산 동학사에서 경허를 만난 인연으로 뒷날 큰 선지식이 된 만공

(滿空)스님이다. 어린 만공은 경허가 써 준 소개장을 품에 간직하고 그 먼길을 걸어서 외진 천장암까지 찾아온 것이다. 그 해 부처님 성도일인 섣달 초파일에 만공은 사미계(沙彌戒)를 받고 이름을 월면(月面)이라고 했다. 그 뒤 월면은 이 절에서 밥 짓는 공양주가 되어 여러 해를 지내게 된다.

그 무렵 '천진도인(天眞道人)'으로 이름난 혜월(慧月)도 천장암을 찾아왔다. 혜월은 여 다섯 살에 정혜사에서 계를 받고 공양주 일을 하고 있었는데, 어느 날 정혜사를 찾아온 경허의 한바탕 천지를 뒤흔드는 설법에 휘말려들어 개심사를 거쳐 천장암에 이른 것이다. 혜월은 천장암에서 밭 일을 즐겨 했다. 경허가 천장암에 들를 때면 틈틈이 그가 머무는 방에 들어가 보조 스님이 지은 「수심결(修心訣)」을 보았다고 한다.

만공은 수월보다 열여섯 살 아래고, 혜월은 아홉 살 밑이다. 경허는 많은 제자를 두었는데, 특히 그 가운데서도 수월, 혜월, 만공이 가장 뛰어난 제자로 인정받고 있다. 이 세 준족(駿足)을 일컬어 '경허의 세 달'이라고 부른다. 이들의 이름 가운데 우연히 모두 달[月]자가 들어 있기 때문이기도 하지만, 그보다는 '마음의 달을 밝게 본 세 도인'이란 뜻에서 그렇게 불렀을 것이다. 이 시절 세 사람은 함께 모여 이런 다짐을 했다고 한다. "우리, 신명을 다 바쳐 부처님 가르침을 펴자. 한 사람은 북쪽에서, 한 사람은 남쪽에서, 그리고 한 사람은 여기 남아 부처님 가르침을 펴자."
-p43

당시 수월은 스님이 아닌 행자로 땔감을 해서 나르고 있었지만, 생각해 보면 당시 이들이 머물던 천장암이야말로 가이 '환상의 수행처'였음이 분명하다. 천하의 큰 안목인 경허가 문수보살마냥 문득문득 나타났다 사라지는 맑고 조용한 절. 수월은 말없이 나무를 하고, 혜월은 묵묵히 밭을 갈고, 만공은 번뇌 없는 손길로 밥을 짓는다. 이 어찌 만고에 다시 보기 어려운 기막힌 영산회상(靈山會上)의 풍경이 아니겠는가! 뒷날 만공은 수행하는 데에 갖추어야 할 세 가지로 도량(道場), 도반(道伴), 스승을 들었는데, 이것은 끝끝내 잊을 수 없는 천장암 수행 시절을 두고 한 말일 것이다.
-p44

수월은 「천수경(千手經)」을 좋아했다. 자나 깨나 앉으나 서나 늘 「천수경」을 외웠다. 그런 수월의 일상을 지켜보고 있노라면 그는 마치 공기가 아닌 「천수경」으로 숨쉬고 사는 사람처럼 보였다. 그러면 수월은 왜 하필 「천수경」 수행을 하게 된 것일까.

승려가 되려면 누구나 외워야 하는, 이를테면 '필수 암기 과목'인 「천수경」을 외다 보니 우연히 그렇게 된 것일까. 아니면 이것 또한 경허의 특별한 가르침을 따른 수행법이었을까. 경허라는 스승을 찾아 들판을 팽개치고 연암산으로 들어간 수월이고 보면 그것은 경허의 처방일 확률이 아주 높다. 더구나 북간도 시절, 다리를 자친 어느 독립군에게 들려준 법문을 잘 살펴보면 이런 가정은 한층 믿음을 더해 준다.

수월은 "눈 밝은 선지식은 전생에 하던 수행자의 공부를 알아서 그에게 적절한 수행법을 제시해 주는 스승"임을 힘주어 말하고 있다. 바른 선지식이란 수행자의 기질과 성향을 곧바로 읽어 내어 그의 입맛에 딱 들어맞는 수행법을 간택해 주는 사람이라는 말이다. 여기서 수월이 말하는 눈 밝은 선지식이란 바로 그의 스승인 경허를 두고 이른 말이 아닐까. 선재동자가 관세음보살을 맴돌듯 일생을 스승 경허를 쫓아서 스승의 그림자처럼 따라다니던 수월이 아닌가!
-p46

수월이 천장암에 들어온 지 세 해가 꽉 차던, 그러니까 그의 나이 서른세 살이 되던 해 겨울 어느 날이었다. 그 날도 수월은 하루 일을 다 끝내 놓고 절 아래 있는 물레방앗간으로 내려가 방아를 찧고 있었다. 저녁 예불을 마치고 곧바로 내려간 것이다. 겨울 밤인지라 별빛은 터질듯이 초롱거리고 서산 앞바다를 스쳐온 찬 바람은 아늑한 솔밭 속으로 끝없이 젖어 들었다.
-p52

수월이 방아를 찧던 그 날 밤, 천장암 주지인 태허는 일이 늦어져서 자정이 다 되어서야 절로 돌아왔다. 절에 들어오던 태허는 절 들목에 있는 물레방앗간을 지나다 참으로 이상한 일을 보았다. 방앗간에서는 불빛이 희미하게 새어 나오고 물이 세차게 물레방아에 떨어지고 있건만, 웬일인지 방앗공이 소리가 전혀 들리지 않는 것이었다.

방앗간으로 뛰어들어간 태허는 그 자리에서 다시 한번 소스라치게 놀랐다. 물레방아 공이는 금방이라도 내려찍을 듯 허공에 매달려 있는데 수월은 돌확 속에 머리를 박고 아기처럼 잠들어 있지 않은가! 태허는 단숨에 달려가서 수월을 끌어냈다.

그 순간 방앗공이는 기다렸다는 듯 산이라도 무너뜨릴 기세로 다시 '쿵, 쿵!' 소리를 내며 방아를 찧기 시작했다. 다음날 태허는 이 믿기지 않는 사실을 대중들에게 알리고 수월을 위해 수계식을 열었다. 드디어 수월은 예비 승려라고 할 사미승이 된 것이다.

-p54

수월은 태허를 은사(恩師)로 삼고 '음관(音觀)'이라는 이름을 받았다. 은사란 제자가 공부할 때나 몸이 아플 때 잘 도와 주고 보살펴 주는 이를 말하는데, 자신에게 깨달음의 계기를 준 스승은 법사(法師)라고 한다. 지금까지 편한 대로 불러 온 '수월(水月)'은 뒷날 음관의 법사인 경허가 내려 준 이름이다.
-p55

태허는 무슨 생각으로 수월에게 '음관'이라는 이름을 지어 주었을까? 음관은 '소리[音]를 본다[觀]'는 뜻이다. 여기서 태허가 말하는 소리란 관음의 목소리인 '대비심다라니'일 것이다. 그러면 이 '대비심다라니'는 어디서 오는가? 그것은 관음의 세계에만 갇혀 있는 신비한 소리가 아니다. 그 소리는 흰 구름이 넓은 땅 위에서 피어나듯 우리의 몸과 입과 의식의 항아리에서 울려퍼지는 텅 빈 메아리다. 그 소리는 꽃이 피듯이 일어나 꿈처럼 머물다 물거품처럼 사라진다. 그러므로 소리를 소리로부터 해탈한 소리이기도 하다. 소리에는 고향이 없다. 부처도 이 자리에 이르면 빛을 잃고 삼라만상도 이 곳에 이르면 목숨을 잃는다.

수월은 한결같이 소리를 지켜 봄으로써 소리의 성품과 소리의 본디 모습을 만났을 것이다. 그리고 '소리를 지켜 보는 그 것' 또한 소리밖에 있지 않은 소리임을 밝게 보았을 것이다. 소리는 불꽃이었고 그것을 지켜 봄은 연꽃이었다. 아, 알겠다. 태허가 수월을 '음관'이라고 이름한 것은 '소리를 지켜 보라'는 가르침이 아니라 '소리의 본디 모습을 밝게 본' 수월에게 준 벅찬 찬사였음을!
-p56

고려말에 중국에 다녀와 태고(太古), 나옹(懶翁)과 함께 임제종의 선법을 이은 걸출한 선승이면서도 일생을 산골에 묻혀서 흰구름처럼 살다 간 백운(白雲)이라는 스님이 있다. 백운은 그가 지은 「직지심경(直指心經)」으로 이름이 더 높은데, 이 책은 금속 활자로 찍은 책 가운데 세계에서 가장 오래된 것으로서 지금은 프랑스 국립도서관에 있다.
「직지심경」은 참선 수행의 고갱이를 밝힌 책으로 백운은 열반에 들기 두 해 전인 1372년에 이 책을 완성했다. 백운이 이 책을 펴낸 것은 참선 수행을 하는 까닭은 '무심지(無心地)'를 얻는 데 있으니 꼭 화두선만을 고집할 필요가 없음을 알리기 위해서였다. 그는 그의 가르침을 담은 「백운화상어록」에서 이렇게 말하고 있다.
-p59

수월은 사미계를 받던 해에 이레 동안 용맹정진을 하였다. 수월의 손이 잠시 쉬면 천장암의 하루가 돌아가지 않던 무렵이었건만 이레 동안이나 꼼짝달싹 하지 않고 공부에만 몰두할 수 있었다니! 이런 대단한 보너스(?)를 수월이 스스로 청해서 받았을 턱이 없다. 수월로서는 한 끼의 밥이라도 일하지 않고 먹을 수 있음을 상상도 하지 못하였을 것이기 때문이다. 생각하건대 이 일은 '방앗간의 기적'을 눈으로 본 태허의 결단이거나 아니면 이 마을 전해 들은 경허가 시켜서 한 일이었을 것이다. 경허는 수월이 이미 깨달을 때가 무르익었음을 알고 있었을 터이니 말이다.
-p64

수월은 방석에 앉아 눈을 지그시 감은 뒤 '대비심다라니'를 외기 시작했다. 한번 흘러 나오기 시작한 그의 '대비주'는 끊어짐이 없었다. 수월은 먹을 틈도 뒷간에 갈 틈도 없는 사람처럼 보였다. 음식 그릇은 되돌아가고 다시 되돌아가고...하지만 그의 '대비주'는 점점 더 깊고 큰 울림이 되어 연암산에 퍼져 나갔다.
-p66

이레째 되던 날 밤. 아랫마을 장요리에서는 "불이야!" 하는 외침과 함께 느닷없는 종소리가 요란스럽게 울려 퍼졌다. 잠자리에 들려던 마을 사람들은 빗자루며, 괭이며, 삽 같은 것들을 집어 들고 문 밖으로 뛰어 나와 사방을 둘러 보았다. 불길은 자신들의 집이 아니라 연암산 중턱 천장암 근처에서 일어나고 있었다. 불기둥은 엄청났다. 온 산골짝을 환히 밝혔고, 불꽃은 다시 하늘 위까지 솟구쳐 연암산 너머로까지 번지는 듯했다. 그러나 그 불꽃은 바라보는 사람들로 하여금 두려움이 아닌, 말로 할 수 없는 맑고 장엄한 환희와 편안함을 느끼게 했다. 천장암으로 달려온 마을 사람들은 비로소 왜 그 불빛이 그토록 그들을 기쁘게 해 주었는지를 알게 되었다. 마을 사람들의 동요를 진정시키려고 밖에 나와 있던 천장암 스님들의 얘기로는 불기둥은 수월스님이 몸으로 뿜어낸 빛이었다는 것이다.
-p67

수행자의 몸이나 성물에서 빛이 뿜어져 나오는 것을 '방광(放光)'이라고 한다. 이 방광에 대한 기록은 예로부터 수없이 많으며 오늘날에도 가끔 볼 수 있다. 그러나 수월처럼 자신의 생애를 통해 여러 차례나 빛을 뿜어 낸 일은 옛 기록을 보더라도 찾아보기 어렵다.
-p67

수월은 이러한 체험을 한 뒤 세 가지 특별한 힘을 얻었다고 한다. 첫째는 한번 보거나 한번 들은 것은 결코 잊어버리지 않는 슬기, 곧 불망념지(不忘念智)를 얻은 것이요, 둘째는 잠이 없어져 버린 일이요, 셋째는 앓는 이의 병을 대번에 고쳐 줄 수 있는 힘을 얻은 것이다. 본디 부처님 집안에서는 수행을 하여 얻는 특별한 능력을 대수롭게 치지 않는다. 죽은 이를 다시 살리고 병든 이를 고치는 일 따위는 사람의 본바탕을 바꾸어 자비와 지혜로 가득 찬 삶으로 만드는 일에 견주면 자질구레한 일에 지나지 않을 뿐만 아니라 때로는 수행을 옆길로 세게 하기 때문이다. 하지만 수월은 이것에 마음을 두지 않았다. 아니 마음을 버렸다. 그래서 그는 인연이 닿는 대로 병을 고쳐 주고 비상한 기억력을 써야 할 때는 스스럼없이 그것을 썼다.
-P69

신도들이 처음 오면 축원장을 만들어야 하는데 이 일이 여간 번거롭지가 않다. 신도들이 수백, 수천이 모이는 큰 행사 날에는 더더욱 그렇다. 그러나 한번 들으면 잊어버리는 일이 없게 된 수월은 수고롭게 축원장을 다시 찾거나 새로 쓸 필요가 없었다고 한다. 가만히 앉아서 신도들이 불러 주는 주소며 가족 사항이며 바라는 바를 듣고만 있다가 부처님 앞에 나아가 그대로 막힘없이 외었다. 그 날 모인 신도들이 천 명이든 백명이든 상관이 없었다. 수월의 이 불가사의한 기억력 앞에 말문이 막힌 스님들이 "스님, 어떻게 그러실 수가 있습니까?" 하고 물으면 수월은 이렇게 대답했다고 한다. "쓰고 찾는 일이 훨씬 어렵지 않남."
-p69

수월의 깨달음에 대해서는 이렇다 하게 전해 오는 말이 별로 없다. 심지어 경허의 법제자인 한암은 그가 쓴 「선사경허화상행장」에서 경허의 법을 이어받은 제자는 침운, 혜월, 만공, 그리고 자기라고 하면서 수월은 넣지도 않았다. 그러나 우리는 수월을 한갓 깨닫지 못한 주력승으로는 도저히 생각할 수 없다. 왜냐하면 수월은 분명 '경허의 세 달' 가운데 하나이며, 정작 수월이라는 이름을 지어 준 이는 경허였기 때문이다. 수월이라는 법호를 경허가 지어 주었다는 말은 무슨 뜻인가? 그것은 수월은 경허의 법을 이은 제자요, 경허는 수월에게 그의 법을 전해 주었다는 말이 아닌가. 심지어 '수월은 온달, 혜월은 반달, 만공은 초승달' 이라는 것이 산중의 이심전심이 아니던가! 그렇다. 굳이 수월이 깨달은 성자임을 밝히라고 한다면 우리는 경허가 준 수월이라는 법호에서 그 뿌리를 찾아볼 도리밖에 없다. 그는 한번도 자신을 깨달은 사람이라고 말한 적이 없었으니 말이다. 그렇다면 경허가 법호로 준 '수월' 이란 무슨 뜻일까? 경허는 왜 핱필이면 수월이라는 법호를 주었을까?

-p70

수월은 깨달은 뒤에 곧 천장암을 떠났는데, 거기에는 까닭이 있었다고 한다. 수월은 마침내 천장암을 떠났고, 그 뒤로 그의 떠돌이 삶은 평생토록 이어졌던 것이다. 그 때 수월의 행적은 한암이 쓴, 제산 정원(霽山淨圓) 선사빗돌글에서 겨우 엿볼 수 있을 뿐이다. 곧 제산의 나이 서른이 되던 1891년 무렵에 제산은 경허가 머무는 회상으로 찾아가 수월과 함께 수행했다는 내용이다. 「경허집(鏡虛集)」에 따르면 이 때 경허는 천장암, 개심사, 부석사 같은 절이 있는 호서 땅을 떠돌고 있었다.

-p80

수월은 그로부터 두세 해가 지나 다시 금강산을 찾아가 마하연에 머물렀다. 그 때도 여름철 안거 기간이었다. 수월은 자신이 누구라는 것을 더는 감출 수가 없었다. 마하연에는 유점사에서 얼굴을 익힌 스님들이 많이 살고 있었기 때문이다. 대중은 수월을 조실(祖室)로 모셨다. 조실이란 대중들을 지도할 수 있는 높은 수행력을 지닌 스승에게 올리는 자리다. 쉬운 말로 마하연의 가장 큰 어른이 된 것이다.

-p85

수월은 그의 나이 불과 서른여덟 무렵에 이처럼 천하에서 가장 뛰어난 수행장인 마하연의 어른이 되었다. 천하의 영재들을 가르치고 지도하는 스승 노릇도 쉽지 않겠지만, 천하의 뛰어난 수행자들을 가르치는 선지식 노릇의 어려움에는 견줄 수 가 없을 것이다. 선지식은 무서운 독사와 한방에서 살 듯이 하루 스물네 시간을 온통 깨어 있어야 한다.

-p88

수월은 나리 마흔둘이 되던 1896년에 지리산 감로동천(甘露洞天)에 있는 천은사(泉隱寺)와 상선암(上禪庵)그리고 우번대(牛飜臺)에서 지냈다. 수월이 지리산에 들어간 것은 더 깊고 적막한 공간이 필요했기 때문이라고 생각하기 쉽다. 그러나 이런 생각은 옳지 않다. 그 때 지리산은 나라의 운세가 다해 가는 문턱에서 백성들의 울분과 슬픔이 거세게 소용돌이치던 역사의 현장이었으니 말이다. 수월이 지리산으로 떠난 까닭을 알려면 우리는 천상 그 때의 역사적 배경을 더듬어 볼 필요가 있다.

-p95

그 때 수월은 지금은 천은사 선원으로 쓰고 있는 보광전에 머물고 있었다. 어느 날 밤이었다. 대중이 다 잠든 깊은 밤이었는데 밤 경비를 돌던 스님이 난데없이 종을 크게 울리며 "불이야!" 하고 외쳤다. 밤새 삼매에 든 수월의 몸에서 다시 빛줄기가 터져 나온 것이다. 그 때 수월이 나툰 빛줄기가 어찌나 크고 강렬했던지 천은사에 살고 있던 대중들뿐만 아니라 아랫마을 사람들까지도 함께 몰려와 이 불가사의한 광경 앞에 넋을 잃고 말았다고 한다.
-p101

지리산 우번대에서 자취를 감춘 수월은 그로부터 열한 해가 지난 1907년에야 불쑥 우리 앞에 떠오른다. 도데체 수월은 그 동안 어느 산 어느 절에 머물렀을까? 이 기간 동안에 수월이 무엇을 했는지에 대해 전해 내려오는 이야기는 여지껏 한 조각도 찾아 볼 수 없다.
-p109

칠갑산 장곡사(長谷寺)는 충청남도 청양군에 있는 이름난 절이다. 이 절에서 멀지 않은 앞산에는 수월과 만공의 보림터로 전해 내려오는 토굴 자리가 있다. 만공이 머물던 곳은 햇볕이 잘 드는 남쪽을 바라보고 있고, 수월이 머물던 곳은 산 너머편에 있는 응달진 서향으로, 찾는 이들로 하여금 아우를 사랑하는 따뜻한 형의 마음을 느끼게 하는 곳이다. 만공이 스승 경허로부터 선법을 물려받은 것은 1904년의 일이요 통도사 백운암에서 깨달음을 얻은 것은 1897년의 일이며, 천장암으로 돌아가 머문 것은 1901년의 일이었다. 그렇다면 만공이 이 곳에서 보림 수행을 한 기간은 1897년부터 1901년 사이가 될 것이니, 수월이 이 곳에 머문 시기도 이 때쯤이 아닐까 싶다.
-p110

수월이 홀연히 오대산에 나타난 것은 그로부터 세 해가 지난 1907년의 일이었다.
-p112

수월은 오대산 시절을 끝으로 스무 해에 걸친 보림 수행을 마감하였다.
-p120

수월이 오대산에서 머문 기간은 그리 길지 않은 것 같다. 길어야 반 년 남짓 되었을까? 열 해 만에 겨우 강호에 모습을 드러낸 그는 또다시 서둘러서 북녘 땅 묘향산으로 들어가고 만다. 수월이 묘향산으로 들어간 까닭에 대해서는 여러 가지 이야기가 전해 내려오고 있다. 수월이 오대산을 떠난 이유가 전해 오는 말대로 그를 찾아오는 많은 사람들이 주는 번거로움 때문이었을까? 아니면 두 해 전 오대산과 금강산을 거쳐 홀연히 모습을 감추어 버린 스승 경허를 찾기 위해서였을까? 그것도 아니면 보현보살이 머문다는 성스러운 산에 들어가 바야흐로 보현의 삶을 이루어 보고자 함이었을까?

그러나 이들 가운데 우리는 특별히 스승을 찾기 위해서라는 두 번째 이유에 마음이 쏠린다. 그것은 수월이 묘향산을 떠나 바로 스승을 만났고, 또 스승이 열반에 들 때까지 스승의 주위를 줄곧 맴돌았기 때문이다. 만일 수월이 오대산을 떠난 까닭이 번거로움을 피하기 때문이다. 만일 수월이 오대산을 떠난 까닭이 번거로움을 피하기 위해서였거나 또는 보현의 삶을 실현하기 위한 수행을 위해서였다면 굳이 묘향산을 찾아가지 않아도 되었을 터이기에 말이다.

-p125

석왕사(釋王寺)에서 모습을 감춘 뒤로 어떠한 소식도 들을 수 없게 된 스승을 찾기 위해 맏상좌인 수월이 북녘으로 들어간 것은 참으로 자연스러운 일이 아닐까. 낯설고 물 선 북녘 땅에서 스승을 찾아 내는 일, 그것은 경허의 다른 제자들에게는 너무나 힘겨운 일이었고 수월에게는 너무나 기쁜 일이었을 것이다. 더구나 수월은 스승을 만나 본 지가 열 해도 훨씬 더 되었으니 말이다. 수월이 무턱대고 스승을 찾아 나서지는 않았을 것이다. 구름에 가린 달을 보려면 먼저 달빛이 스며 있는 구름을 찾아야 하듯이, 사라진 스승을 찾기 위해서는 스승의 흔적이 묻어 있는 소문을 먼저 찾아내야 했을 것이기 때문이다. 그가 묘향산에 들어가 보기 드물게 한 산에서 세 해를 머문 것은 스승을 숨기고 있는 소문이라는 구름을 어떻게든 찾아내기 위해서였던 것이다. 묘향산으로 들어가기 전에 수월은 서산에 내려가 그의 아우 만공을 만나 이 일에 관해 이야기를 나눈 것 같다. 효성이 지극했던 만공은 이 일에 관해 이야기를 나눈 것 같다. 효성이 지극했던 만공은 그 무렵 어머니를 모시고 있던 터라 스승을 찾아서 떨치고 나설 형편이 아니었다. 수월은 자랑스러운 아우 만공과 헤어지면서 이런 법담을 나눈다.

-p126

수월은 바로 이런 고장 강계 땅에 들어왔다. 묘향산에서 강계까지는 걸어서 닷새쯤 걸린다. 스승을 찾으려고 묘향산에 들어간 수월이 세 해 뒤인 1910년에 강계 바닥에 나타난 것은 무엇을 뜻하는가. 그것은 수월이 경허가 있는 곳을 손안에 쥐었기 때문이라고 풀이할 수밖에 없으리라. 그 무렵 경허는 선비 박난주(朴蘭洲), 또는 유발거사 박진사(朴進士)로 아이들을 가르치는 훈장 노릇을 하며 관서와 관북은 물론 국경을 넘어 만주 지방까지 비승비속(非僧非俗) 차림을 하고 떠돌고 있었다.

-p138

어쩌면 수월은 누군가에게서 스승의 소식을 듣자마자 바삐 묘향산을 빠져 나와 강계로 달려갔는지도 모른다. 수월이 묘향산에서 나오던 해에 남쪽 통도사 내원선원에서 조실 노릇을 하던 한암도 강계에서 가까운 맹산으로 바삐 올라와 홀로 정진에 몰두하는데, 이 또한 스승 경허를 찾기 위한 걸음이 아니었다고 딱히 말할 수 없을 것 같다.
-p138

그런데 수월은 왜 그토록 먼 길을 더듬어 가며 스승을 찾으려 했을까.
-p139

수월이 스승의 행방에 관해 알고 있던 내용이란 어떤 것이었을까? 그리고 그런 정보는 누구로부터 얻어낸 것이었을까? 수월이 묘향산 그 외진 암자에서 누구에게서 전해 들었을 스승의 소식, 그것은 스승이 안변 석왕사에서 자취를 감추어 버린 뒤 실로 여섯 해 만에 얻어 낸 값진 소식이었다.
-p142

수월은 스승의 몸 냄새가 묻어 있는 자북사에서 얼마나 머물렀을까. 아니 그것보다는 수월은 그 곳에서 스승인 경허를 만났던 것일까? 수월이 스승을 만난 곳은 분명하지는 않으나 적어도 짐작이 가는 두 곳을 크게 벗어나지는 않는다. 한 곳은 강계이고, 다른 한 곳은 강계에서 걸어서 아래쯤 걸리는 거리에 있는 갑산이다. 강계와 갑산 가운데 어디가 수월이 스승을 만난 곳일까. 많은 사람들은 두 가지 까닭에서 강계보다는 갑산으로 보고 있다. 하나는 수월이 강계에 들어온 뒤 자북사뿐만 아니라 다른 곳에서도 머문 흔적이 있음이요, 다른 하나는 갑산 웅이동에서 경허가 열반한지 한 해 뒤에 수월이 서산에 머물고 있는 만공에게 편지를 보낸 사실이다. 수월이 어려움을 겪어 가면서 강계 땅을 떠돌아 다닌 것은 스승을 만나지 못했기 때문이며, 만공에게 편지를 보낸 것은 갑산에서 머물고 있던 스승을 지켜 보고 있었기 때문이라는 것이다.
-p145

전해 오는 말로는 경허가 박난주라는 마을 사람으로 처음 강계 땅에 들어와 머문 곳은 강계군 종남면 면사무소가 있는 한전동이라는 마을이었다. 이 마을에는 뒷날 상해로 나가 독립운동에 몸바친 김탁이라는 선비가 살고 있었다. 경허는 바로 이 사람 집에서 얼마 동안 머물다가 갑산으로 옮겨 도하리라는 마을 글방에서 아이들에게 글을 가르치는 접장 노릇을 하며 살았다는 것이다. 그런데 이 도하리는 어디에 있던 마을이었을까.
경허는 어느 해 동짓달 초순쯤 이 도하리 글방에서 강계에 살고 있는 누군가에게 이런 글을 지어 보낸다.
-p148

경허가 이 시를 지은 도하리는 갑산군 웅이면에 있는 작은 마을이다. 마을 앞에는 웅이강 저수지가 있고 강을 따라 오르면 도상리를 지나 장진, 강계로 이르는 깊고 험한 길이 펼쳐진다. 도하리에서 갑산까지는 걸어서 이틀, 장진의 아득포령을 넘어서 강계까지는 여드레나 아흐레 걸리는 먼 길이다.
-p149

이곳에는 화전을 일구며 살아가는 사람이 많았고 다른 곳에 견주어 마을이 많았으니 경허가 가르치던 학동들도 수효가 적지 않았을 것이다. 이 지역 문화도 남도 지방처럼 유배문화가 중심을 이루었다. 조선조의 큰 선비 이언적(李彦迪)은 1547년에 강계로 유배와서 삶을 마쳤으며 그 밖에도 많은 벼슬아치들이 이 지방으로 내쫓겨와 생을 마치거나 다시 돌아갈 때 까지 한을 삭이며 살았다. 유배 온 사람들은 나라에서 지시가 없는 한 스스로 생계를 해결해야 했는데, 그래서 그들 대부분은 유형을 견디면서 먹고 살 계책으로 글방을 열었던 것이다.
-p150

아무 말 없이 대들보에 매달려 있던 수월이 입을 열었다. "내가 이 절 책임자여. 이 절 돈은 내가 모다 관리하니께 그 불침은 나한테나 주지 그랴." 이 덕분에 대중들은 한 차례씩만 불침을 받았으나 수월은 무려 일곱 차례나 불침 맛을 보아야 했다. 아무리 지쳐도 작은 신음소리마저 내지 않는 수월의 얼굴빛을 살폈다. 수월은 태연했다. 마치 잠들어 있는 아이의 얼굴처럼 어떤 고통도, 어떤 원망도 찾아볼 수 없었다. 비적들은 난생 처음 적정(寂靜)의 본디 모습을 눈으로 확인한 셈이다. 망상 한 줄기도 떠오르지 않는 수월의 얼굴은 말로는 표현할 수 없는 밑 없는 침묵이었고, 이 침묵은 맑디맑은 거울이 되어 비적들로 하여금 그들의 어두운 삶을 비추어 보게 하였다. 그런 불가사의한 수월의 모습 앞에 비적들은 끝내 무릎을 꿇고 참회의 눈물을 흘리고 말았다. 그 때 수월의 나이 환갑을 앞둔 쉰일고여덟쯤이었다.
-p152

불침의 독기는 참으로 무서웠다. 대중 모두가 이레가 넘도록 몸져누운 채로 움직일 수가 없었다. 그러나 수월은 평소와 다를 바가 없이 생활했을 뿐만 아니라 나무 하고 탁발도 해서 몸져 누운 대중을 정성껏 보살폈다. 수월의 이런 보살핌이 아니었다면 많은 대중이 몸을 못쓰게 되거나 목숨을 잃었을 것이라고 한다. 이 불가사의한 일을 우리는 어떻게 이해해야 할 것인가.
-p153

수월이 갑산으로 들어간 것은 이 일을 겪은 뒤의 일이었던 것 같다.
-p157

갑산은 백두산이 쏟아 낸 수많은 산들이 파도처럼 몰려오는, 그야말로 '산들의 바다'요 '산들의 고향'으로 조선 땅에서 으뜸가는 [甲] 산골[山]이란 뜻을 가진 고장이다. 조선 민족의 성산인 백두산은 갑산에서 혜산(惠山)을 지나 삼지연(三池淵)에 이르면 바로 눈앞에 펼쳐진다. 이 곳은 의병과 열사들이 조선독립을 위해 일제와 맞서 싸운 항일 투쟁의 성지이기도 한다.
-p158

수월과 경허의 만남은 이 웅이면 도하리에 있는 마을 서당에서 이루어졌을 것이다. 산골마을에 있는 서당이니 크다 한들 얼마나 컸겠으며 경허가 받았을 대우 또한 오죽했겠는가. 밤이면 서당에 딸린 작은 골방에서 잠을 청하고 끼니라야 조밥 한그릇에 옥수수 술 한 잔이 고작이었을 것이다. 이 갑산의 산골마을 도하리 서당에서 이루어진 수월과 경허의 만남에 대해 전해 오는 이야기가 있지만 그리 믿을 만한 근거를 갖고 있지는 않다. 그 이야기란 김탁의 아내가 수월을 도하리 서당으로 안내했고, 끝내 문을 열어 주지 않은 채 "나는 그런 사람이 아니오"라고 말하는 스승에게 수월이 정성껏 짚신 몇 켤레를 삼아 올리고 서당을 나왔다는 내용이다.
-p158

경허는 선풍을 다시 일으키기도 했지만 경허 이전의 선풍을 죽이기도 했다고 말한다. 확실히 경허의 선풍은 독특한 것이었다. 백파(白坡)를 통해 이어진 경허 이전의 선풍은 서릿발 같은 계행을 바탕에 깔고 있었다.
-p160

경허가 정색을 하고 "누구요?" 하고 물었을 때 수월은 단지 "수월입니다"라고 대답하였을 뿐이었다고 한다.
-p163

경허가 수월을 향해 내뱉은 "모르오"라는 말에는 경허가 그의 사납고 험한 수행 회랑(廻廊)을 통해 이루어 낸 모든 수행의 무게가 남김없이 살려 있다고 해야 옳을 것이다. 그 말은 모름의 세계를 알아 모름의 세계 속에서 살아가는 수월에게는 영원한 울림을 안겨 주는 신비의 만다라였던 것이다. "모르오" 참으로 수월은 스승으로부터 이 한 마디 말을 듣기 위해 그 멀고 긴, 그리고 험한 길을 걸어온 것이다. 수월은 더는 할 말이 없었다. 그 한 마디는 경허의 결론이었고 수월의 바다였다. 이제 수월이 할 일은 이 모름의 바다가 되어 끝없이 출렁이고 끝없이 노래하는 일뿐이었다.
-p166

은산철벽(銀山鐵壁)처럼 닫혀 있는 방문을 사이에 두고 벌어진 이 한바탕의 법연(法宴)을 마을 사람들의 평범한 들이야기쯤으로 풀이한다면, 이것은 경허와 수월을 한꺼번에 죽이는 참으로 잔인한 짓이 되고 말 것이다. 수월은 엎드려 스승께 절했다. 수월은 그것이 스승께 올리는 마지막 절임을 알고 있었을 것이다. 수월과 경허의 마지막 만남이 이렇듯 저 소림굴(少林窟)의 옛일을 떠올리게 함은 참으로 가슴저미는 불연이 아닐는지.
-p167

수월을 '짚세기 선사'라고도 불렀다. 그것은 수월이 짚신 삼기의 명수였기 때문이기도 했지만 그것보다는 워낙 다른 사람들에게 짚신 삼아 주기를 좋아했기 때문이었다고 한다. 수월은 비록 먼 발치에 있는 사람일지라도 한번 보기만 하면 발에 딱 맞는 짚신을 여지없이 삼아 냈다고 한다. 오가는 길손들에게 짚신 공양을 하는 일은 수월이 스승을 떠난 뒤부터 날마다 하는 일이 되었다.
-p169

이처럼 신발은 삶과 땅을 이어 주는 다리다. 땅은 신발을 통해 삶으로 돌아오고 삶 또한 신발을 통해 땅 속에 뿌리를 내린다. 그러므로 우리는 땅의 자연성만을 고집하는 맨발의 삶이나, 삶의 기능만을 내세우는 땅이 없는 삶만을 생각할 수 없다. 수월이 하루도 빠짐없이 삼고 또 삼은 짚신은 바로 그런 신발이 아니었을까. 수월은 아마도 사람이 역사를 시작한 뒤로 가장 좋은 신발을 가장 많은 사람들에게 공양한 거룩한 선사였다고 불러도 잘못이 없을 것이다. 전해 오는 말로는 수월이 짚신 삼기의 명수가 된 것은 다 스승인 경허에게 전수받은 비법 덕분이었다고 한다. 경허 또한 어릴 때부터 부모의 눈길을 피해 가며 짚신 삼기를 좋아하더니 산으로 들어간 뒤로는 그 솜씨가 입신의 경지에 이르렀다고 했던가. 몸집이 육척이나 되다 보니 시장 거리에서는 맞는 신발을 구할 수도 없었고 또 짚신 삼는 일이 그냥 좋기도 하여 곧잘 자신의 신발뿐만 아니라 다른 사람들의 신발까지도 즐겨 삼아 주던 경허다. 이제 수월은 그런 스승으로부터 물려받은 경지로 스승께 드릴 마지막 신발을 삼아 올린 것이다.
-p171

홀연히 사라진 님, 가까스로 다시 부딪힌 님, 이제 떠나면 다시는 못 볼 님을 위해 수월은 짚신이나 한 켤레 삼아 드린 것은 아닐까. 그것은 만공이 다시 못 볼 님을 떠나보내면서 님께 드린 담뱃대랑 담배쌈지와는 다른 것일까, 같은 것일까. 담배연기같이 자취 없는 삶의 길에 홀연히 나타난 눈부신 짚신은 우리에게 무엇을 시사하는 것일까? 경허는 수월이 짚신 한 켤레를 공양한 지 두 해에 뒤에 열반에 들었다. 수월이 올린 짚신이야말로 경허의 열반 길을 밝게 빛내 주었을 것이다. 수월은 스승을 떠났다. 그것은 절집으로 돌아올 뜻이 없는, 그래서 자신의 옛 신분이 마을에 알려지기를 바라지 않는 스승의 뜻이기도 했다. 한없이 맑고 착한 심성을 지닌 수월이 그런 스승의 뜻을 모를 리가 없었다. 수월은 스승이 열반에 들기까지 이 같은 사실을 누구에게도 말하지 않고 다만 혼자만 아는 일로 깊이 묻어 두고 지냈다. 그 뒤 수월은 스승이 열반에 들 때까지 갑산에서 그리 멀지 않은 회령, 경원 명천 같은 곳을 떠돌며 지냈다. 스승의 열반을 기다렸다가 그 소식을 아우인 만공에게 알려 주기 위해서였다. 그것은 맏상좌로서 스승에 대한 도리이자 만공의 약속이기도 하였다.
-p172

수월이 전한 스승의 열반 소식이 예산 수덕사 정혜선원에 다다른 것은 경허가 열반한 지 한 해 뒤인 1913년 어느 봄날의 일이었다. 수월은 왜 스승의 열반 소식을 한 해나 늦추서 알려야 했을까.
-p174

두만강을 건넌 수월이 마을 사람 옷차림새를 하고 세 해 동안을 소먹이 일꾼 노릇을 하며 보살행을 베푼 회막동이라는 곳이 바로 도문에 있다. 이는 수월이 온성에서 두만강을 건넜음을 크게 뒷받침해 주는 사실이기도 하다. 수월은 경원 땅 두만강 강가에서 살림 도구와 어린 것들을 지고 업은 채로 무리지어 샛섬을 향해 떠나는 조선 사람들을 수도 없이 만났을 것이다. 그러던 어느 날 수월은 법복을 벗어 던지고 빈손으로 그들의 긴 줄 속에 끼어 두만강을 건넜으리라.
-p189

수월이 세 해 동안 이 산에서 보낸 것은 빈털터리로 들어온 조선 사람들에게 비록 한

끼니나마 주린 배를 채워 주고 먼 길을 떠나는 그들의 외로운 등을 토닥거려 주기 위해서였을 것이다. 마을 사람 모습을 한 수월은 이 곳에서 소먹이 일꾼 노릇을 했다. 그 때가 수월의 나이 쉰여덟에서 환갑 때까지였으니, 소 치는 아이가 아니라 소 치는 할아범이었다. 회막동은 그리 가파르지 않은 언덕이 몇 십리를 내달리는 풀밭이 발달되어 있어 농사짓기는 말할 것도 없고 소 치는 곳으로도 더없이 좋은 곳이다.
-p199

일이라면 이골이 난 수월, 그가 기르던 소는 한두 마리쯤이 아니라 수십 마리에 이르는 꽤나 큰 소떼였던 것 같다. 날이 밝으면 풀밭에 풀어 놓고 어두워지면 불러 모으고, 겨울이면 쇠죽을 끓여 먹이고, 또 틈틈이 목욕시키고 빗질까지 해주어야 했을 수월의 손길은 정신없이 바빴으리라. 그러나 수월은 이런 바쁜 틈새에도 밤이면 밤을 새워 짚신을 삼고 낮에는 소 치는 짬짬이 틈을 내어 큰 솥에 밥을 지었다. 그것은 하루에도 몇 십 명씩 마주치는 조선 사람들을 먹이고 또 그들의 발을 싸 주기 위해서였다. 물론 여기에 쓰인 식량이며 짚 다발은 모두 자기가 받는 품삯으로 채워서 메꾸어 나갔다. 산을 넘어온 조선 사람들은 나뭇가지에 매달려 있는 짚신가운데서 발에 맞는 것을 골라 신고, 길가 넓적 바위 위에 쌓아 놓은 주먹밥으로 주린 배를 채우면서 어떤 생각을 하였을까. 태어나서 처음 고향을 떠나온 그들, 게다가 말로만 듣던 낯선 땅에 첫발을 들여 놓은 그들의 마음은 얼마나 움츠러들고 두려웠을 것인가. 수월이 내 놓은 짚신과 주먹밥은 이런 그들의 마음을 봄눈 녹듯 녹여서 밝고 희망찬 내일을 꿈꾸게 하기에 넉넉했으리라. 수월은 짚신을 삼고 주먹밥을 만들었을 뿐 누구에게도 그의 얼굴을 드러내 보이지 않았다고 한다. 이 점 또한 수월의 됨됨이, 성자다움을 밝게 알아볼 수 있는 실마리이기도 하다.
-p201

회막동 시절, 수월은 육십의 늙은 몸을 이끌고 왜 하필이면 소 치는 일을 했을까. 마땅한 일자리가 없었기 때문이었을까. 일 때문이었다면 달리 뱃사공 노릇이나 농사짓는 집에 들어가 일꾼으로 지낼 수도 있었으리라.
-p202

낮에는 품팔이를 하고, 밤에는 한잠도 자지 않고 짚신삼고 정진했을 것이 뻔한 일이다. 수월은 주먹밥과 밤새워 삼은 짚신 더미를 들고 나가 중국과 러시아의 국경을 드나드는 흰 옷 입은 조선 사람들에게 나누어 주었을 터이다. 날마다 술, 담배나 즐기며 그렁저렁 살아 가던 젊은 승려는 수월이 하는 이런 일들이 무척 마음에 거슬렸음이 분명하다.

-p222

수월은 그의 삶의 모든 순간을 통해 옹달샘처럼 나가 없는 맑은 눈으로 나와 너를 바라보는 삼매에 통달한 이였다. 수월은 천장암에서 이런 삼매의 힘을 얻은 뒤로 한번도 잠자리에 누워 본 적이 없고 한 차례도 잠에 떨어져 본 적이 없었다고 한다.
-p239

"정진이나 햐. 지발 들어가 공부나 햐." 바른 바라봄의 힘을 얻어 삶의 진실을 밝게 비추어 본 이들의 가슴 속에는 다함 없는 자비의 빛바람이 일렁인다고 한다. 가진 것 없는 맑은 삶, 오직 중생들의 기쁨과 행복을 위해서 사는 삶, 이런 삶을 불교에서는 보살의 삶이라고 한다. 부처님께서 계실 때의 수행자들이나 중국 초기 선종의 수행자들은 이런 삶을 두고 두타행(頭陀行)이라 불렀는데 이것이 비구의 본디 모습이기도 하다. 두타행은 보살행의 뿌리요 보살행의 본디 얼굴이다.
-p242

참으로 그 때 조선에서 송림산으로 가는 길이란 부처님을 찾아 물 없는 벌판을 지나던 저 두 수행자들처럼 목숨을 내걸어야 할, 멀고도 험한 길이었다. 나자구에 살고 있는 노인들의 말에 따르면 그 때 수월을 만나려고 금강산이나 서울에서 온 조선 스님들이 거의 날마다 줄을 이었다고 한다. 그들은 무슨 까닭으로 목숨까지 내걸고서 그 험한 길을 걸어 수월을 찾았을까? 이것이야말로 깨달음을 향한 목마름, 진리를 찾는 수행자들의 뜨거운 구법열정이라고 밖에는 달리 할 말이 없다. 이 외로운 가르침의 등불, 이 바람을 거슬러 흐르는 진리의 향기를 찾아 온 그 많은 스님들에 관한 이야기는 어느 때에 어떤 스님들이 왔다 갔는지, 지금은 금오, 효봉, 청담 말고는 거의 전해지지 않는다.
-p258

금오가 뛰어넘은 담의 높이가 안팎이 달랐다. 안쪽은 한 길밖에 안 되었지만 밖은 서너 길이나 되는 바람에 금오는 발목을 크게 다쳤다. 날이 밝기를 기다려 그들을 찾는 경찰관을 따돌리고 아편 장수 짖ㅂ을 찾아간 금오 일행은 며칠 동안 극진한 치료를 받은 뒤에 마침내 수월을 만날 수 있었다. 이 이야기는 한때 금오를 모시고 수행한 서암(西庵) 큰스님에게서 들은 이야기다. 금오의 기도 속에 나타나 어느 창살을 뽑으라고 일러 주었을뿐더러 간수들을 잠들게 한 관음의 신비는 아무래도 이 책에서 밝힐 수 있는 일은 아닐 터이다. 다만 이 이야기와 비슷한 일이 적혀 있는 「통명집(通明集)」의 옛 기록을 곁들여 이해를 돕고자 한다.

-p260

금오가 다녀간 지 한 해 뒤인 1926년, 이번에는 효봉(曉峰)이 수월을 찾아왔다.
판사의 몸으로 어쩔 수 없이 어떤 피고에게 사형을 선고한 그는 그것에 대한 괴로움과 갈등에 못 이겨 엿판을 짊어지고 온 나라를 떠돌아다니다가 1925년 여름에 금강산 신계사에 들어가 석두(石頭)의 제자가 되었다. 효봉이 입산한 지 한 해가 지난 뒤에 석두는 이 산 저 산을 찾아다니며 여러 선지식들의 가르침을 받아 오라고 효봉을 떠나 보냈다. 그렇게 해서 효봉은 선지식들을 찾아 나섰다. 효봉이 수월을 찾은 것이 1926년이니, 금강산에서 나온 지 얼마 되지 않던 때였다. 효봉은 어쩌면 가장 먼저 만나 보고 싶은 선지식으로 수월을 생각했을는지도 모른다. 수월은 그 때까지도 금강산의 살아 있는 신화 같은 인물이었으니 말이다. 효봉이 수월을 만나 어떤 가르침을 받았으며 얼마 동안 머물렀는지는 전해지지 않고 있다. 나뭇짐을 지고 화엄사 마당앞으로 들어서던 수월은 땅에 엎드려 절하는 효봉에게 "공양이나 드시게. 배 고플 테니 공양이나 드시게" 라는 말만 했다고 전한다.

-p261

청담(靑潭)은 수월이 열반에 들기 한 해 전인 1927년 여름에 수월을 찾아가 몇 달 동안 머물렀다. 그 때 청담의 나이는 스물여섯, 서울에 있는 개운사 강원에서 경전 공부를 하던 시절이었다. 청담은 그 때 자신이 수월을 찾아간 까닭을 이렇게 밝혔다.
"저 북간도에서 사시다 열반하신 수월(水月)이라는 큰 도인이 계셨습니다. 내가 서울 개운사 강원에서 공부할 때의 일입니다. 그 때 나는 이런 생각을 했습니다. '스님을 찾아가 평생 모시고 도를 배우다 죽으리라.' 그래서 마침 방학한 틈을 타서 수월 스님을 뵈러 갔습니다." 그 때에 개운사 강원에는 금봉(錦峯), 진응(震應)과 더불어 근세 한국 불교의 세 강백으로 일컬어지던 한영(漢永)이 스님들을 모아 놓고 경전을 가르치고 있었다.

-p262

한영이 개운사 강원을 연 것은 1926년의 일이다. 청담은 이 강원에서 공부하면서 간도 땅의 도인, 수월에 대한 이야기를 많이 들었던 모양이다. 평생을 모시고 살 생각으로 간도를 향해 떠난 청담의 각오로 보아 청담은 수월이야말로 조선에서 으뜸가는 선지식이라 굳게 믿었던 듯하다. 청담은 화엄사에서 석 달밖에 더 살 수가 없었다. 수월이, 다른 스님들에게는 "내게 양식이 있으니 탁발하지 말고 열심히 공부나 해라" 하면서 어찌 된 영문인지 청담에게는 자꾸 조선으로 돌아가라고 말했기 때문이었다.

수월이 화엄사에서 내쫓은 스님은 청담뿐만이 아니지 싶다. 금오나 효봉도 화엄사에 머문 기간이 그리 길지 않은 듯하다. 왜 그랬을까? 사람들 말대로 멀지 않아 전쟁에 휩쓸리게 될 만주 땅에 사랑하는 제자들을 남겨 둘 수가 없었기 때문이었을까? 실제로 수월은 열반에 들기 앞서 화엄사에 살고 있던 스님들에게 그가 열반에 들고 나면 빨리 화엄사를 떠나라고 말했다고 한다. 이 일로 보면 그 이야기가 반드시 틀린 말은 아닌 것 같다. 목숨을 내걸고 찾아왔다가 다시 그를 떠나가는 수행자들에게 손수 지는 밥을 싸서 걸망에 넣어 주고 밤새 삼은 짚신을 들려주며 잘 가라고 합장하던 수월의 속뜻을 그 누가 알 수 있었겠는가.
-p263

청담이 주먹밥과 짚신을 받아들고 수월에게 마지막 절을 올리자 수월은 갑자기 청담에게 곳간에 가서 괭이를 가져오라고 시켰다. 괭이를 가져오자 수월은 바로 눈앞에 보이는, 마당에 박혀 있는 돌멩를 가리키면서 이렇게 물었다. "저게 무엇인가?" "돌멩이입니다" 청담의 말이 떨어지기가 무섭게 수월은 괭이를 빼앗아 들더니 돌멩이를 홱 쳐내버리고 그 길로 들판으로 나갔다고 한다. 뒤도 돌아보지 않고 말이다. 청담은 수월에게서 받은 이 가르침을 일생 동안 화두로 삼아 공부했다고 한다. 그러나 이것은 수월이 청담에게 준 가르침이기에 앞서, 수월이 세상에 보인 그의 마지막 가르침을 성싶다. 그로부터 한 해가 채 못 되어 수월은 열반에 들었다.
-p264

"열심히 혀라. 땅을 팔 때는 다만 땅만 파거라. 어려운 가운데서도 일없이 되는 공부라야 공부라고 할 수 있는겨. 땅파면서 오직 한생각만 챙겨야 혀! 오직 한 생각만 챙기고 그 밖에 천가지 만 가지 생각일랑은 다 쓸어 버려야 하는겨. 이렇게 되어 야사 다만 밭일을 하는 것을 넘어 마음밭을 일구게 되는겨." 큰스님께서는 밤에도 잠을 주무시지 않았어. 내가 누워 있던 방이 바로 큰스님 옆방이어서 몸이 나은 사흘 뒤부터는 자주 큰스님 방에 들어가 좋은 법문을 들었지. (이 때 수월이 혜양스님에게 들려 준 법문 내용이 이 책 맨 앞에 실은 수월스님 말씀이다.)
-p269

혜양스님은 화엄사를 떠난 뒤 동지의 비판한 죽음을 보고 몽고에 있는 '모르웨나' 사원에서 스님이 되었고, 해방되던 해 고국의 품안으로 돌아왔다.
-p270

달이 되신 달

수월선사추도식
전조선을 통하여 현대의 유일한 대선지식이신 전 수월 대선사께서 지난 7월 16일(음력)에 열반하신 보도는 전호 본지에 사고로써 한 바 있거니와 경북 김천군 직지사 선원에서는 12월15일(음력)에 추도식을 거행하였다고 한다.

水月禪師追悼?
全朝鮮을 通하야 現代의 唯一한 大善知識 全水月 大禪師ㅅ게서 ? 七月 十六日에 涅槃하신 報道는 前號本誌에 社告로써 한 바어니와 慶北 金泉郡 直指寺 禪院에서는 陰 十二月 十五日로써 追悼式을 擧行하엿다더라.
1929년 2월 1일 「불교」 56호
-p273

청담이 화엄사를 떠난 다음 해 여름에 수월은 여름 결제 내내 산에 올라가 나무를 했다. 그리고 그 나무를 지게로 져다가 화엄사 들목에 있는 밭에 정성들여 쌓았다. 그 해가 무진년 여름, 서기로는 1928년, 수월의 나이 일흔넷이 되던 해였다. 수월의 모습은 제 나이보다도 훨씬 더 들어보였다고 한다. 누구보다도 못 먹고, 누구보다도 잠을 적게 자고, 누구보다도 많은 일을 한 수월이요, 일생을 쉴 틈이 없이 일만 한 몸이니 마땅히 그랬을 것이다.
-p277

목욕을 마친 수월은 실오라기 하나 걸치지 않은 맨몸으로 개울가 바위 위에 단정히 앉아 있는 것이 아닌가! 그뿐만이 아니었다. 그의 머리 위에는 잘 접어서 갠 바지 저고리와 새로 삼은 짚신 한 켤레가 가지런히 놓여 있었다.
-p279

도대체 덧없는 몸과 마음뿐인 사람이 이런 죽음을 맞을 수 있다는 사실이 어떻게 가능한지 많은 사람들은 의아해 할 것이다. 이것은 나고 죽음이 사라져 버린 경지처럼 무엇이라고 설명할 수 없는 삶의 진실이다.
-p279

수월이 열반에 든 뒤에야 대중들은 수월이 왜 여름 내내 그렇게 땀을 흘려 가며 열심히 나무를 해 모았는지를 깨달았다. 그것은 자신의 덧없는 몸뚱이를 태워 없애 버리기 위한 땔감이었던 것이다. 한평생 남을 위해서 숨을 쉰 수월이다. 그는 마지막까지, 비록 숨이 끊어진 몸일망정 그 몸을 태우기 위한 땔감을 마련해야 하는 다른 사람의 수고를 차마 견딜 수 없었던 것이다. 이렇듯 그의 자비는 그의 마지막 숨 끝까지 이어졌다. 수월의 이런 점은 경허의 큰제자이면서도 경허와는 다른 모습으로 살 수밖에 없었던 그의 배경이기도 하다.
-p281

맑은 불길은 수월의 몸을 씻고 또 씻어 영롱하고 빛나는 사리를 수도 없이 건져 냈다. 수월이 열반에 든 날로부터 다비식을 마친 이틀 뒤까지 송림산에는 밤마다 큰 빛기둥이 하늘 높이 치솟았다. 빛기둥은 하룻밤에도 몇 번씩이나 일어나 그가 사랑했던 간도땅 사람들의 가슴 속을 대낮처럼 밝혀주었다.
-p282

그때 「불교(佛敎)」라는 잡지는 이런 사고(社告)를 실었다.

대선지식 수월 대선사께서 무진(1928)년 7월 16일(음력)미시에 중화민국 다전자 나재구간 화엄사에서 열반하셨습니다. 전수월 대선사께서는 수년전 기유(1911)년 9월 17일(음력)부터 중화민국 청구간 관음사에 주석하시다가 경신(1922)년 7월 16일에 다시 삼백여 리를 돌아와 전기 주소에서 청풍납자를 모아 수선 안거하다가 전기 일자에 하안거를 해제하고 오후 미시에 안연히 열반에 들어 선중은 슬픔을 극하여 오일 뒤에 다비식을 봉행함에 칠 일 동안 대방광하였다는 보도가 함경북도 경원군 월명사 주지 김취담 선사로부터 본사에 도착하였기에 널리 알려 드립니다. _(())_

4) 경허의 수제자 혜월혜명(慧月慧明)

(1) 慧月의 生涯

慧月(1861-1937)은 '근대 한국 禪의 달마'로 불리는 鏡虛(1849-1912)의 제자이다. 세간에서는 경허의 제자 가운데 혜월의 '개간'과 수월의 '보살행' 그리고 더불어 滿空의 '불사'라고 이세 제자를 일컬어 당대의 3대 傑僧이라고 불렀다.

이들의 업적은 스승이 三水甲山으로 떠나고 없는 그의 빈자리를 경허의 수제자답게 수행자의 本分事를 묵묵히 지키며 日帝治下라는 암울한 시대적 상황과 오랜 세월동안 탄압 속에서도 의연히 지켜냈다고 말할 수 있다.

그 당시 禪佛敎가 겨우 명맥을 유지하고 있었던 당시 불교계에서는 그들의 수행을 가히 혁명적 변화로 평가하였다. 왜냐하면 그들의 스승 경허는 禪佛敎를 바로 일으켜 세우고 선의 家風을 진작시키고 삼수갑산을 향해 入廛垂手를 떠났다.

그리고 남은 그의 제자들도 역시 쇠락하고 변질된 한국불교의 위상을 회복하고 그 가치를 재인식하는 계기를 만들어 주었기 때문에 결국 그들의 노력으로 오늘날의 한국불교의 위상이 바로 섰다고 말할 수 있다.

이 가운데 慧月과 水月은 滿空에 비해 단편적인 逸話만이 전해질 뿐 그 행적에 대해서는 자세히 알려진 바가 매우 미미하다.

왜냐하면, 이들은 세속 공부를 거의 하지 않고 수행에만 전념했기 때문에 따로이 記錄으로 전하는 바가 많지 않고 法問集도 따로 남기지 않았기 때문이라고 말할 수 있다.

그리하여, 그들의 행적은 口傳으로 전하는 것을 토대로 접근해 보기로 한다.

① 出生과 出家

慧月은 1861년 6월 19일 충청남도 예산군 덕산면 신평리에서 태어났다. 속성은 평산 申氏로 알려졌으며, 12세의 어린 나이에 德崇山 定慧寺의 慧安을 은사로 童眞出家하였다.

그런데 이 12세의 天眞佛 慧月은 76세로 입적하는 그 순간까지도 천진불 그대로였다. 까막눈의 一字無識으로 출가한 慧月은 훗날 스승 鏡虛로부터 天藏庵에서 文字를 배우게 된다.

1873년 고종 10년에 덕숭산의 定慧寺로 童眞出家하였는데, 집에 있다가는 목숨을 연명하기 힘들 정도로 가난했다는 것이 출가 동기였다고 한다. 은사인 慧安이 친척 간이었다는 것은 친척에게 의탁시켜 자식을 절에 맡긴 것이므로 부모들이 어느 정도 마음을 놓았을 것으로 여겨지는 부분으로 慧月의 出家는 佛家 집안의 인연으로 보아진다.

② 修行과 悟道

慧月은 그의 나이 12세이 되던 1873년부터 3년 동안의 행자 기간을 거쳐 열다섯 살이 되던 1876년 비로소 사미계와 더불어 慧明이라는 법명을 받았다. 그로부터 慧月은 정혜사에서 열아홉 살이 될 때까지 觀音 정진에 몰두하였다.

까막눈이었으므로 염불과 주력 이외의 다른 수행 방법을 찾기도 어려웠을 것이라고 본다. 그 해 은사가 속퇴하면서 제자 혜명을 연암산 天藏庵에서 禪風을 날리기 시작한 경허에게 보내진다.

慧月은 3년 동안 행자 생활을 한 다음, 열다섯 살이 되던 1876년 비로소 사미계를 받고 慧明이라는 法名을 받았다. 그는 觀音 정진에 몰두하면서 19살이 되던 1880년까지 정혜사에서 공부하였다.

그 해 恩師인 慧安이 환속하면서 慧月을 瑞山 天藏庵에서 禪風을 선양하고 있던 당대의 善知識 鏡虛에게 맡겨지게 되었던 것이다. 혜월이 定慧寺에서 공양주를 할 때였다. 慧月은 '歷歷孤明 無形丹子' 화두를 깊이 참구하고 있었다.

하루는 의심이 매우 솟아나 뒷방에 들어가 문을 걸어 잠그고 1주일을 앉아 無心境界에 들었다. 1주일 후, 慧月이 홀연히 문을 열고 나와 恩師에게 화두를 깨달은 경계를 말했다.

하지만, 慧月의 恩師 慧安은 "무슨 소린지 모르겠다. 나로서는 네 공부를 판단해 줄 능력이 없다"고 말하고 "開心寺 경허 스님을 찾아가 네가 공부한 境地를 지도받도록 하여라 "라고 천거했다.

慧月은 그 길로 開心寺에 찾아가 鏡虛가 있는 禪房 앞에 이르렀다. 慧月은 다짜고짜 "스님!"하고 부른 뒤 "관음보살이 북으로 향한 뜻이 무슨 뜻이오리까?"하고 큰 소리로 물었다. 이에 대해 鏡虛는 눈도 뜨지 않고 답했다. "그 것 말고 또" 鏡虛는 큰 소리로 되받아 물으면서 동시에 눈을 딱 뜨고 바라보았다.

慧月은 아무 말 없이 주먹 하나를 높이 들고 서 있었다. 그제야 鏡虛가 말했다. "앉으라" 경허는 佛祖의 密傳 密脈을 지도하기 시작했다.247) 여기 이 내용은 『鏡虛集』에 이렇게 전한다.

慧月스님이 定慧寺에서 恭養主를 하다가 歷歷孤明 無形丹子 話頭를 들다가, 하루는 의심이 頓發하여 뒷방에 들어가 문을 걸어 잠그고 一주야를 앉아서 無我無境에 들어가 있다가 홀연히 문을 열고 나와서 은사 스님인 慧安 스님에게 자기의 느낀 바 경계를 말하였으나, 그 은사 스님이 『무슨 소린지 나로서는 너의 공부를 판단지어 줄 능력이 없으니 開心寺 경허 큰스님께 찾아가 너의 공부를 지도받아라.』하고 천거하였다. 혜월 스님은 그 길로 개심사에 찾아가 경허 스님 방문 앞에 이르러 다짜고짜로 하는 말이 『스님!』하고 부른 후에 『觀音菩薩이 북으로 향한 뜻이 무슨 뜻이오니까?』하고 큰 소리로 물었다. 경허 스님은 눈도 뜨지 않으시고 『그것 말고 또?』하고 큰 소리로 되받아 물으면서 동시에 눈을 딱 뜨고 바라보니 혜월 스님은 아무 말 없이 주먹 하나를 높이 들고 서 있었다. 그제야 『앉으라.』권하고 佛

---

247) 鏡虛, 『鏡虛法語』, 人物硏究所, 1981, p597.

祖의 密傳密脈을 처음으로 지도하시었다.[248]

천장암으로 건너온 그는 21세 때부터 경허에게 글을 배우기 시작했고, 23세 되던 1884년에는 鏡虛로부터 화두참구를 하고 마침내 그가 29세 되던 1890년 봄 경허가 그의 깨달음을 인가하였다.

이로써 혜명 수좌와 당대의 최고 선지식이었던 경허의 운명적인 만남이 이루어진 것이었다. 이것은 경허가 桂虛를 여의고 동학사로 가서 萬化를 만나게 되는 인연과 거의 닮아 있었으니 인연의 소치는 결코 偶然이 아니라는 것을 알 수 있었다.

이로써 天長庵에서 살게 된 혜명을 위해 경허는 우선 글을 깨우칠 수 있도록 천자문을 가르치고 학문을 도왔다.

스물세 살이 되던 1884년부터는 普照國師 知訥(1158~1210)의 『修心訣』을 가르쳤다. 이때 혜명수좌는 『修心決』 서두에 인용되어있는 중국 臨濟宗의 개조인 臨濟義玄의 법어인 "네 눈앞에 항상 뚜렷하여, 홀로 밝고 형상 없는 그것이라야, 비로소 법을 말하고 법을 듣느니라." 하는 대목에서 과연 '그것이 무엇일까?' 라는 큰 의문을 갖게 된 것이다.

이 무렵 어느 날 스승 경허가 말했다.

"알겠느냐? 어느 물건이 설법하고 청법하느냐? 형상이 없되 뚜렷한 그 한 물건을 일러라"
어느 날 경허는 慧月에게 묻기를 "四大가 본래 거짓으로 이루어져서 법을 설하지도 못하고 듣지도 못하며, 허공도 또한 법을 설하지도 못하고 듣지도 못하느니라. 다만 눈앞에 뚜렷이 밝은 한 물건이 있어서 능히 법을 설하고 듣나니, 孤明한 이 한 물건이 무엇인고?"

하더니 재차 다그쳐 물었다.

"알겠느냐? 대체 어느 한 물건이 법을 설하고 법을 듣느냐? 형상은 없되 뚜렷이 밝은 그 한 물건을 일러라!"

---

[248] 鏡虛, 『鏡虛法語』, 人物研究所, 1981, pp.570-571.

의 스승의 靑天霹靂 같은 이 말에 곧 慧月은 앞이 캄캄하여 이 순간부터 오로지 이 話頭一念에 몰두했다. 앉으나 서나 일할 때나 잠잘 때까지 行住坐臥 語黙動靜으로

'대체 이 한 물건이 무엇인가?'

하는 일념을 놓지 않았던 것이다.

이 말을 듣고 의문이 더욱 깊어진 혜월은 앞이 캄캄했고 가슴속에는 체증 같은 의심덩어리가 꽉 뭉쳐있었다. 밥을 먹을 때나 밭에서 일할 때는 물론 잠잘 때까지도 이 한 생각을 가지고 일념으로 정진한 지 그렇게 日久月深하여 一念에 잠겨 참구하는 가운데 3년이라는 세월이 지나가고, 어느 날 경허가 짚을 굴속으로 넣어주며 말했다.

"내일은 길을 떠나야 하니 짚신 하나 지어 놓거라."

6일째 되는 날 스승의 뜻에 따라 짚신 한 켤레를 삼은 다음 모양새를 내기 위해 틀에 넣은 후 '탁' 하고 두드리는 순간 그토록 勞心焦思하던 '한 물건'의 뜻을 깨닫게 된 것이었다.

慧月은 짚신 한 켤레를 다 삼아놓고서 잘 고르기 위해서 신골 칠 준비를 하고 있었다. 慧月은 無心三昧에서 짚신을 다 삼아놓고서 신골을 치는데 '탁' 하는 그 망치소리에 '이 한 물건이 무엇인가?' 하는 의심이 한 순간에 환하게 열렸다.

無心三昧 중 신골을 치는 망치 소리에 '이 한 물건(一物)이 무엇인가' 하는 의심이 환하게 해소된 혜명은 스승에게 달려갔다. 이때 師弟 간에 나눈 法擧揚이다.

鏡虛 : 참선은 무엇 하러 하는고?"

慧明 : 못에는 고기가 뛰고 있습니다.

鏡虛 : 그래, 자넨, 지금 어디 있는가?"

慧明 : 산꼭대기에 바람이 지나갑니다."

鏡虛 : 目前에 孤明한 한 물건이 무엇인고?

慧明 : 저만 알지 못할 뿐만 아니라 一千聖人도 알지 못합니다.

鏡虛 : 어떠한 것이 혜명인가?

이에 慧明은 동쪽에서 걸어 서쪽에 가 섰다가, 다시 서쪽에서 걸어 동쪽으로 가 섰다. 이를 보고 스승이 말했다.

경허는 이에

"옳다. 옳다."

認可한다. 이때 그의 나이 29세가 되던 1890년 봄의 일이었다.

그리고, 慧月이라는 法號와 함께 "일체 法을 要達해 알면 自性 또한 소유가 없다네. 이와 같이 법의 性品을 깨치면 곧 노사나 부처를 보리라. 세상의 生滅法 쉬어 도리어 생사 超越한 도리 부르짖으니 청산 다리 한 關門으로 서로 우물쭈물 하도다"라는 傳法偈를 내렸고, 이로써 그는 경허의 法脈을 이어 받았다.

慧明이 깨친 것을 안 경허는 '慧月'이라는 法號와 더불어 다음과 같은 傳法偈를 내렸다. 이때는 1902년으로 경허는 혜월에게 傳法偈를 내렸다.

付 慧 月 慧 明　　　혜월 혜명에게 부치노라

了 知 一 切 法　　　일체 법 깨달아 알면
自 性 無 所 有　　　자성에는 있는 바가 없는 것

如是解法性	이같이 법성을 깨쳐 알면
卽見盧舍那	곧 노사나 부처님을 보리라
依世諦倒提唱	세상 법에 의지해서 그릇 제창하여
無文印靑山脚	문자 없는 도리에 청산을 새기니
一關以相塗糊	고정된 진리의 상에 풀을 발라 버림이로다
水虎中春下澣日	임인년 늦봄에
萬化門人鏡虛說	만화 문인 경허 설하다

③ 敎化와 入寂

慧月의 스승 경허와의 만남은 23세 때로 普照國師의 『修心訣』을 배운 것이 인연이 되었다. 그 후 慧月은 내면 깊숙이 존재하고 있는 本來面目을 깨달아 경허의 受法弟子가 되었다.

혜월은 스승 경허로부터 깨달음을 인가받고 湖西에서 수행정진을 계속하다가, 48세 되던 1908년 활동무대를 영남지방으로 옮기는 결단을 내린다.

맏형 水月은 스승 경허를 좇아 북으로 간 상현달이었고, 慧月은 남쪽으로 가서 하현달이 된 것이었다.

사제인 滿空堂 月面은 가운데 湖西지방에서 수행 정진하며 대중을 교화하고 만공은 중천에 뜬 만월이 되어 고향을 지켰다고 볼 수 있는 데, 이 모두는 스승 경허의 수제자들로서 각기 스스로의 위치를 지키며 자신의 자리를 묵묵히 지키는 경허의 修行家風 이라고 말할 수 있다.

따라서 이들 세 달이 조선의 하늘에 떠올라 삼천리 방방곡곡을 환히 비추니 마침내는 경허의 법맥이 그들에게 전해져 꺼져가던 조선 불교를 일으켜 세운 것이라고 말할 수 있다.

혜월이 把溪寺 聖殿에 있을 때 혜월은 함께 있는 童僧을 '큰스님'이라 부르면서 존대한 逸話나 절의 일꾼과 동네 주막집 주모가 그들의 通姦 장면을 혜월에게 들켜 배가 아파 벌거벗었다는 거짓말에 손수 죽을 쑤어 바친 逸話 등은 세속의 잣대로는 이해하기 힘든 일로 혜월의 天眞佛을 단적으로 보여주는 逸話라고 말할 수 있다.

이처럼 혜월은 天性的으로 천진하여 法을 위해 스승 달마에게 자신의 왼팔을 바쳤던 혜가의 절박함이나 臨濟가 無位眞人이 되기 위해 '부처를 죽이고 조사를 죽이는 일(殺佛殺祖)'과 같은 극단적인 의지는 보이지 않았고 그의 품성은 언제나 자비로웠다.

대신, 혜월은 이 天眞과 無所有를 통해 그 어느 누구보다도 지혜로웠고, 깨달음을 향한 求道熱이 집요했으며 치열했던 수행자의 모습을 보이고 있다고 말할 수 있다.

여기에 蕙月의 경지를 바로 볼 수 있는 禪問答이 전한다. 어떤 僧이 慧月을 찾아 왔을 때 慧月이 僧에게 물었다.

"자네 어디서 왔는고?"

"전라도에서 왔습니다."

"이곳에 무엇 하러 왔는가?"

"참선 공부하러 왔습니다."

"참선은 해서 뭣 하려고?"

"부처가 되려 합니다."

" 참선은 앉아서 하는가, 서서 하는가? "

" 앉아서 합니다. "

" 그놈의 부처는 다리 병신인 모양이지, 앉아만 있게! "

이것은 馬祖道一에게 스승 南岳懷讓에게 어느 날 마조가 좌선을 하고 있을 때, 마조 앞에서 기왓장을 갈고 있었던 이야기로 "그럼, 좌선만 한다고 부처가 되니?" 그 말에 마조 선사가 딱 알아차렸으니, 눈 밝은 납자를 위한 본래 부처의 소식을 바로 전한 것이라고 말할 수 있다.

慧月은 12세의 어린 나이로 동진 출가를 하여 평생 12세 나이 그대로 천진을 간직한 天眞佛이었다. '귀신도 天眞佛 慧月은 속이지 못한다' 는 말이 있을 정도로 남의 말을 그대로 믿어 버리는 無心道人 慧月은 '慧月이 있는 곳엔 寺田개간이 있다' 라는 소문이 있을 정도로 평생 동안 일을 손에서 놓은 적이 없는 일꾼으로 그 부지런함과 검소함은 당할 자가 없을 정도였다고 전한다.

혜월은 48세 때부터 桃李寺, 把溪寺 聖殿, 通度寺 極樂庵, 千聖山 內院寺 彌陀庵등 여러 사찰에서 한 손에는 호미와 곡괭이를, 한 손에는 제자들의 깨달음을 독려하는 죽비를 들고 있었다.

어느 날 慧月이 공양을 마치고 양치하는데 齒舍利가 나와 放光을 했다고 한다. 이를 본 慧月은 바닥에 떨어진 치사리를 발로 깔아뭉개면서 말했다. "에이, 고약한 놈." 이렇게 중얼거렸다.

慧月은 이후에도 오랫동안 정혜사에서 깨달음 후의 保任 공부에 더욱 정진했다. 48세 되던 1908년부터 慧月은 영남지방으로 옮겨 선산 도리사, 팔공산 파계사, 미타암, 통도사, 양산 천성산 미타암과 원효암, 통도사 극락암, 범어사 등지에 머무르면서 후학을 지도하였다.

이때, 慧月은 가는 곳마다 수행정진에 몰두했고, 여가가 나면 항상 김매고 나무하며 부지런히 일하였으며, 틈나면 부지런히 경내를 청소하고 짚신 삼고, 새끼를 꼬았다. 그는 평생 동안 하루 일하지 않으면 하루 먹지 않는다는 '一日不作 一日不食'의 생활을 준수하였다.

그래서, 慧月은 가는 곳마다 불모지를 개간하여 논밭을 일구는 일에 열심이어서 '開墾 禪師'라는 별명이 붙을 정도로 항상 손에서 괭이를 놓지 않았다. 慧月은 '無住相布施의 慈悲道人'이요, 무소유의 '無心道人'이며, 天眞無垢했던 '天眞佛'로서 한 세상 살다간 禪師였다.

慧月은 涅槃도 신이한 모습으로 남다르게 遷化했다. 1937년 6월 16일 그는 수행하던 안양암 아래 바위에 있는 소나무 가지를 잡고 서서 涅槃에 들었다.

멀리서 보면 그가 항상 살아서 행했던 언제나처럼 살아있는 형상으로 솔방울을 따는 모습이었다. 세수 76세. 법랍 62세였다.

1924년 11월 15일 일제강점기하의 禪學院에서 제3회 禪友共濟會 정기총회를 열었을 때 63세의 혜월이 법주로 추대되었다.

당시 선우공제회는 통상회원 203인과 특별회원 162인의 禪僧들이 회원이었는데, 禪風 진작을 위해 노력하는 것이 禪友共濟會의 주된 목적이었다.

그리고 1935년 3월 7일과 8일 선학원의 바뀐 이름인 朝鮮佛敎禪理參究院에서 조선불교 수좌대회를 개최할 때는 조선불교 선종의 宗正으로 74세의 慧月과 滿空, 漢岩 세 사람이 추대되었다.

모두가 경허의 제자로 이들은 근세 한국불교의 거목들이었다고 말할 수 있다.

종정 진제는 "입적에 들기 전 혜월 선사는 백양산에 올라 떨어진 솔방울을 주워 불 때는 일로 소일 하셨다"고 언급하고, 慧月을 일러 "일생을 無心道人의 경지에서 수행정진하신 善知識"이라고 스승을 회고했다.

일생을 天眞과 無心으로 모든 중생들을 제접한 慧月은 열반 역시 平凡하지 않았다.

1937년 老年에 부산 범일동 安養庵에서 만년을 보내던 慧月은 시간이 날 때마다 항시 뒷산에 올라 솔방울을 주어 자루에 담아 내려오곤 하였다.

열반에 들기 전에도 역시 솔방울을 줍기 위해 慧月은 여느 때처럼 산에 올랐던 것이다. 솔방울을 반 자루쯤 채울 즈음에 慧月은 이승과의 이별을 감지했다.

그리고 자루를 짊어진 자세로 一衣一鉢의 삶을 마감했다.

항상 오르내릴 때 마다 잠시 앉아서 쉬는 장소에서 솔방울을 한 짐이나 지고 쉬다가 자리에서 반쯤 일어나다가 그대로 몸을 벗어버리고 열반에 들었다.

이처럼 , 慧月은 그의 삶처럼 참으로 희유한 涅槃의 모습을 보였다.

그리하여, 慧月의 열반 역시 자연에서 살다가 자연으로 돌아간 善知識의 면모를 그대로 드러내고 있어 스승 경허의 제자로서 손색이 없다고 말할 수 있다.

이렇게, 慧月은 1937년 6월 16일 늘 쉬어가던 곳에서 바람처럼 흔적 없이 백양산과 마을을 바라본 후 자리에서 반쯤 일어나더니 1937년 홀연히 圓寂에 들었다.

이때 慧月은 세수 75세, 법납 63세.로 慧月의 유훈에 따라 법구는 화장 후 사리를 수습하지 않았고, 한줌의 재가 되어 백양산에 뿌려졌다. 부도와 비를 세우지 않은 것도 慧月의 뜻을 따른 것이다. 제자로는 雲峰, 虎峰, 雲庵, 鐵牛 등이 있다.

(2) 慧月의 禪思想

구한말 근세에 위대한 無心道人이 있었는데, 그가 바로 慧月이다. 혜월은 근세 선불교의 中興祖 鏡虛로부터 법을 전수받아, 남방을 두루 遊歷하면서 雲水衲子와 信心

있는 중생들을 교화하고 제도하는데 이들을 모두 禪法으로 제도하였다.

慧月은 천성이 부지런하여 禪房에 고요히 앉아 坐定하기보다는 뙤약볕 아래에서 얼굴이 그을도록 논밭을 개간하고, 세속에 묻혀 장터를 오가고, 미투리를 삼고, 빗자루를 매는 등의 소박한 日常生活을 수행으로 영위하였다.

이처럼, 慧月은 그 가운데서 行住坐臥 語默動靜으로 惺惺寂定한 경지를 유지하고 無心 三昧속에서 禪을 수용하며 진정한 의미의 참수행인 生活禪을 행하였다고 말할 수 있을 것이다.

그래서 慧月의 일생의 行은 無心의 '行' 그 자체였다.

그의 삶은 더구나 '天眞行'으로 一生을 일관하였다고 해도 과언이 아니라고 말 할 수 있을 것이다. 우선, 경허의 수제자 慧月의 모습을 통해 그의 수행정진과 禪思想을 살펴보기로 한다.

① 鏡虛의 수제자 慧月

혜월은 어려서 글공부를 해본 일이 없는 까막눈이었다. 경허를 천장암에서 모시고 있던 혜월은 어느 날 경허에게 글공부를 가르쳐달라고 간청했다. "

뒤늦게 글공부는 무슨 글공부를 하겠다고 그러는가?"

"글공부 하는데 이르고 뒤늦고 가 어디 따로 있겠습니까? 배우면 되는 것이지요."

"그렇다면 어디 한번 배워 보게나."

이리하여, 慧月은 그날부터 경허로부터 《修心決》을 배우며 마음 닦는 법과 漢文공부 두 가지를 한꺼번에 익히게 되었다.

까막눈의 一字無識으로 출가한 慧月은 경허로부터 글을 익히고 본격적인 禪修行을 시작하였던 것이다.

그 후, 慧月은 불교의 진리가 글자 속에 있지 아니함을 깨닫고, 천장암 기슭의 바위 밑에 뚫린 토굴 속에 들어가 오직 화두참구에 매달렸다.

때는 엄동설한, 바위굴 속의 돌바닥위에 정좌하고 며칠 동안 화두만 들고 있던 慧月은 온몸이 얼음처럼 얼어갔지만, 수행에만 몰두한 탓에 몸이 얼어 굳어 가는 것도 잊은 채 참선 삼매에 빠져 있었다.

혜월이 바위 밑 토굴에 들어간 지 7일째 되던 날, 경허와 만공이 토굴 속으로 들어가 보니, 慧月의 몸은 이미 얼어서 굳어있었다.

"이것 보게 만공, 慧月의 몸이 얼어 앉은 채로 굳어버렸어." "스님, 날씨가 너무 추워 얼어 죽었나 봅니다."

"아니야. 눈빛이 아직 살아있으니 죽지는 않았어. 어서 가서 따뜻한 물이나 갖고 오게나."

滿空이 天藏岩으로 급히 내려가 더운물을 가져다가 가까스로 혜월을 凍死로부터 구했던 것이다.

이처럼, 혜월의 수행은 경허의 철저한 지도아래 혜월의 목숨을 건 勇猛精進으로 그 스스로가 노력하여 大悟를 성취하고 경허의 禪脈을 이어받게 된 것이라고 말할 수 있다.

스승 경허가 三水甲山의 도하동에서 입적했다는 사형 수월의 소식이 전해진 것은 혜월의 나이 52세 되던 해의 일이었다.

경허가 입적한 것은 1912년 4월 25일이었으며, 그 소식이 도착한 것은 이듬해인 1913년 7월 15일경의 일이었다.

그 당시는 교통과 통신이 발달되어 있지 않은 때여서 그렇게 늦어진 것이었다. 혜월 스님은 법을 전해준 경허(鏡虛)스님이 북방에서 입적해 마을 뒷산에 법구를 모셨다는 소식을 전해 들었다.

수월(水月)스님이 만공(滿空)스님에게 편지를 보내온 것이다.

경허스님 입적은 1912년 4월이었으며, 소식이 도착한 것은 이듬해 여름으로 추정된다.

혜월은 철우(鐵牛).운봉(雲峰).운암(雲庵)스님 등 선암사 대중 5~6명과 함께 갑산으로 향했다.

만공스님 일행과 합류한 혜월은 경허 법구가 모셔진 산에 도착했다.

찌는 듯한 무더위로 법구 수습에 선뜻 나서기 어려웠다.

이때 혜월은 "내가 하지"라며 법구를 모셨다. 철우 법어집에는 당시 상황을 이렇게 기록해 놓았다.

"혜월 선사는 철우스님을 앞세우고 다른 스님 몇 분과 수덕사의 만공스님을 모시고 가서 경허선사의 무덤을 파 화장을 하게 되었다. 경허선사의 뼈는 장대한 황골이었고 장례 중에 혜월 선사는 그냥 말없이 눈물만 흘리셨는데, 철우스님은 그날 혜월 선사의 눈물을 처음 보았다고 한다."

이 소식을 듣자마자 혜월은 선암사의 鐵牛, 雲峰, 雲庵 등과 함께 甲山으로 향했다. 만공 일행과 합류하여 경허의 법구가 모셔진 산에 도착했는데, 찌는 듯한 무더위 때문에 선뜻 법구 수습을 할 수가 없었다.

이때 혜월이 "내가 하지"라고 말한 다음 소매를 걷어붙였다. 당시 상황을 철우는 『法語集』에다 이렇게 기록해 놓았다.

여기서 철우는 수월에게서 한때 공부한 바 가 있었음을 앞에 밝힌 바 있다.

"경허선사의 무덤을 파 화장을 하는데, 선사의 뼈는 장대한 황골이었고, 장례 중에 혜월 선사는 그냥 말없이 눈물만 흘리셨다. 나는 이날 혜월 선사의 눈물을 처음이자 마지막으로 보았다."

이처럼 혜월은 스승인 경허가 지난해 봄에 갑산 도하동에서 입적했다는 사형 水月의 소식을 접하고 德崇山에 있던 滿空과 한걸음에 달려가 스승의 자취를 찾아 갑산까지 가서 스승의 시신을 다비하고 경허가 남긴 臨終偈 등의 유품을 가지고 돌아왔던 것이다.

② '짚세기' 禪師 慧月

慧月은 짚신 삼는 솜씨가 뛰어나서 남이 한 켤레 삼을 동안에 세 켤레를 너끈히 삼아내는 탁월한 솜씨를 보여주곤 했다.

그리고 틈만 나면 짚신을 삼아서 나뭇가지에 걸어놓고 아무나 필요한 사람이 신도록 하는 것을 즐거움으로 알았다.

이러한 솜씨는 순전히 스승 경허로부터 물려받은 것으로 경허는 어려서부터 짚신 삼기를 좋아하였는데 兩班 家門에 짚신을 삼는 어린 경허가 못마땅했던 그의 부친은 여러 번 혼내고 매도 서슴지 않았다고 한다.

그럴 때마다 경허는 몰래 몰래 헛간에서 짚신을 삼을 정도로 좋아했다하니 경허는 훗날 자신의 발이 너무 커서 스스로 짚신을 삼아서 신지 않으면 맨발로 다닐 정도로 장터에서는 구할 수 없었다고 하니 자신의 앞날에 미리 先見之明이 있었던 것은 아니었을까? 하는 추측이 가능하다.

여기서 이 짚신에 관한 이야기는 水月에게도 그대로 적용되어 水月 역시 짚신 삼는 솜씨를 스승 경허로부터 그대로 전수받아 북간도에서 생활할 때 짚신을 삼아 오가는 사람들이 누구나 신을 수 있도록 백성들이 가는 길목에 밤새도록 삼은 짚신을 매달아 두었다고 하니 이 모두는 鏡虛의 家風이라 아니할 수 없을 것이다.

慧月이 아직 깨달음에 이르지 못한 채 토굴 속에서 參禪三昧에 빠져있던 어느 날, 스승 鏡虛가 짚단을 토굴 안으로 던져 넣으며

"내일은 먼 길을 떠나야겠으니 짚신이나 한 켤레 삼아 주게나."

慧月은 스승의 분부를 받자 곧바로 짚신을 삼기 시작했다.

그리고 짚신을 다 삼은 후 마지막 손질을 하느라고 나무망치로 짚신을 탁탁 두드렸다. 그 순간, 나무망치 소리에 천지가 진동하는 開悟의 문이 활짝 열렸다.

드디어, 깨달음의 한순간이 慧月에게 찾아온 것이었다. 이때, 慧月은 감격과 기쁨의 눈물을 흘리며 스승 경허에게로 달려갔다.

"그대는 대체 참선은 무엇 하러 하는가?"

"못에는 물고기가 뛰고 있습니다."

"허면 자네는 지금 어디에 있는고?"

"산꼭대기에 바람이 지나갑니다."

스승의 짚신을 삼다 태초의 한 소식을 들으니, 경허는 그 자리에서 慧月이 한 소식 얻었음을 認可하였다. 이 모두가 짚세기를 인연한 奇緣이 계합하여 한 순간에 생사 해탈을 자유자재한 경지를 증득하게 되었던 것이다.

③ 無所有

水月堂 音觀에 이어 두 번째로 경허의 禪脈을 이은 慧月堂 慧明은 이후 출가 본사인 定慧寺로 돌아가 保任을 한 후 그곳에서 48세까지 머문 것으로 되어 있다.

이때의 구한말 조선의 나라 형편은 慧月은 출가를 할 당시보다 더 힘들어져 전국에서 餓死者가 속출할 정도였다고 하니 일제의 핍박은 극에 달해 민초들의 생활은 매우 궁핍하였을 것으로 보인다.

목구멍이 포도청이다 보니 굶어죽지 않으려면 도둑질이라도 하지 않을 수 없는 지경이었을 것이었다.

이 무렵 어느 날 정혜사에 도둑이 들었다. 한밤중에 찾아온 불청객은 쌀가마를 훔쳐내서 지게에 얹어 놓는 데까지는 성공을 하였다. 문제는 그때부터였다.

몇 날 며칠을 쫄딱 굶었던 도둑은 쌀가마를 지고 일어날 수가 없었다. 낑낑거리며 용을 쓰고 있는데 누군가가 뒤에서 지게를 살짝 들어 올려 주는 것 같은 느낌이 든 것이다.

이젠 죽었구나 하고 뒤를 돌아다 본 순간 깜짝 놀라 돌아보는 도둑에게 僧은 나직막히 말했다.

"쉿! 다른 스님들 깰라. 넘어지지 않게 조심해서 내려가고, 먹을 것이 떨어지면 애들 굶기지 말고 또 올라오게나."

빙그레 웃고 있던 그 僧이 바로 慧月堂 이었다.

그 때, 누군가 지게를 살짝 밀어주는 것이 아닌가. 도둑이 깜짝 놀라 돌아보자 그는 손을 입가로 가져갔다.

"쉿! 들킬라. 넘어지지 않게 조심조심 내려가게. 그리고 먹을 것이 떨어지면 또 오게나."

이런 慧月을 덕숭총림 원담은 자주자주 慧月을 기리며 수덕사 염화실에서 껄껄 웃었다. 慧月의 사제이자 그가 시봉했던 滿空 으로 부터 어린 시절 늘 듣던 얘기들이기 때문이다.

"절에 먹을 것이 없는데도 도둑이 들면 도둑을 혼내기는 커녕 절 살림을 훔쳐내 도둑에게 지워 보낸 어른이었지. 도둑에게 참 잘했어. 잘했어."

이 또한 스승 경허로부터 배운 솜씨로 경허는 이미 원효암에서 도둑들에게 모범을 보인바 있었다. 김태흡의 「人間鏡虛」 평전에 있는 아래 이야기도 전설처럼 전하는 경허만의 이야기다.

그런데 이와 같은 이야기는 경허의 수제자 天眞道人 慧月에게서 다시 전해들을 수 있다는 것은 우연의 일치는 아닐 것이라고 본다.

"또는 어느 때 大師가 元曉庵249)인가, 金剛庵에 있을 때에 夜間深刻에 六七人의 强盜가 侵入하여 劫人掠物을 하고 야단을 쳤다. 그래서 다른 사람은 東西門口로서 튀어나가며 逃亡을 하는데 大師는 少不動念하고 앉아서 배겼다. 그리고 그들에게 말하되 「이놈들아, 하나도 빠진 것이 없이 다 잘 推尋하여 가지고 가거라」 하고 껄껄껄 하며 웃었다고 한다." 250)

天藏庵 시절 스승인 鏡虛가 재를 지내려고 마련해 놓았던 음식을 헐벗은 사람들에게 나누어주는 것으로 고인을 위한 布施를 했었는데, 그것을 보고 慧月은 죽은 사람보다 산 사람이 우선이고, 산 사람을 살리는 것이 고인을 진정으로 위하는 것이라는 사실을 사무치게 배웠을 것이라고 본다.

慧月은 아주 검소하고 순박하여 소지품이라고는 발우 한 벌에 약간의 옷가지와 작은 이불 하나가 전부였다. 이 또한 鏡虛로부터 배운 것으로 경허 역시 北行 8년 동안 누더기 한 벌로 사시사철을 견디는 고행을 마다하지 않았던 것이다.

이러한 가풍이다 보니 그 慧月은 밤에 잠잘 때 깔 요도 필요 없었고, 고된 노동일을 마다하지 않았어도 맨바닥에 잠깐 눈을 붙였다가 뜨는 식으로 몸을 돌보지 않는 무소유의 삶을 이어갔다.

---

249) 元曉庵: 佛窟寺 境內에서 北東쪽 絕壁을 따라 100m 程度 올라가면 自然 洞窟이 나온다. 이 窟은 元曉 大師가 佛窟寺 建立 以前에 修道한 石窟이라 해서 '元曉庵' 또는 '佛庵'이라 부르기도 한다.
250) 김태흡, 『批判』 11호, 「人間 鏡虛—鏡虛大師 一代評傳」, 批判社, 1938. pp.50-51.

그러나, 불쌍하거나 사정이 딱한 사람을 보면 가지고 있던 재물을 남김없이 보시했던 慧月은 항상 형식에 구애받지 않고 꾸밈없이 행동하며, 근면 탈속의 탐욕이 끊어진 格外의 자유를 누린 경허의 제자였다.

이처럼, 慧月은 스승으로부터 받은 이 無所有의 정신을 입적할 때까지 '無所有'의 삶을 철저히 지켜 나갔던 것이다.

④'天眞佛'

사람의 입에서 나오는 말은 모두 믿어버리는 순진무구한 천진불 慧月은 천진함이 도를 넘을 정도로 입적하기 전 부산 범일동 安養庵에서 혜월을 친견했던 玄則은

"『傳燈錄』에 나오는 역대의 조사들조차도 살림살이를 힘써 간섭한 이도 있고, 인사나 체면 같은 예절에 구애된 이도 있었지만, 혜월 스님에게서는 그런 일은 전혀 찾아 볼 수 없었다"

고 술회했다.

개간 선사인 慧月에게 한 번은 그때 돈으로 이십오 원을 들여가지고 산골짜기를 돌나무로 막아 놓고 그 위에 흙을 져다 부어 놓고는 팥을 갈았는데 가을에 팥을 타작해 보니까 반말 닷 되가 나왔다.

옛날 돈으로 이십오 원이면 팥을 여러 섬 살 때 인지라 수좌들이 모두들 한마디씩 하기를

"아 노스님, 돈 이십오 원을 들여 가지고 고생만 하시고 겨우 이것뿐이니 이거 밑지는 장사가 되었습니다."

여기에 慧月은 이렇게 답했다고 한다.

" 그러면 멍텅구리 아니냐. 돈 이십오 원은 이 세상에 어디에 그대로 있어. 팥만 반말 공

짜로 생겼지."

이것이 慧月의 계산법이고, 철학이었던 것이다.

부산 선암사에 주석하고 있던 慧月은 앞장서서 절 소유의 묵정밭을 개간해 옥답으로 바꿔놓았다. 비록 서 마지기에 불과했지만, 그 논은 절 살림에 아주 요긴했다. 그러나 慧月은 주민들의 거듭된 간청에 못 이겨 마침내 논을 팔았다.

"큰스님, 제발 그 논을 파시지요." "절 식구들이 먹을 양식이 나오는 논인데 내 마음대로 팔 수 있는가."

慧月의 욕심 없는 마음을 눈치 챈 사하촌 주민들은 틈만 나면 졸라댔다.

그들의 곤궁한 삶을 헤아려 거저 주다시피 헐값에 넘겼다. 논 판 돈을 건네 받은 제자는 사기를 당했다고 분해했다. 그러자 慧月은

"무슨 사기를 당했다는 게냐. 논 서 마지기는 그대로 있고 여기 논 판 돈이 있으니 오히려 논이 여섯 마지기로 늘어나지 않았느냐"

고 태연히 말했다. 속세의 개념으로 볼 때 논의 법적 소유권은 바뀌었음에 틀림없다.

하지만 논은 변함없이 그 자리에 있다는 논리는 慧月式의 계산이었으니 논이 그 자리에 있는데다 논 판 돈마저 생겼으니 여섯 마지기가 되었다고 짐짓 제자에게 말하는 스승에게 할 말을 잃은 것은 오히려 제자였다 는 것이었다.

이처럼 慧月은 세간의 분별시비를 모두 놓아버리고 단지 마음의 부처를 보고 스스로 귀의한 것이라고 할 수 있을 것이다. 그런데 세간은 이러한 수월의 상태를 보고 '침을 잘못 맞아 저런 병신이 되었다' 고 비웃는 무리들까지도 있었던 모양이다.

이러한 세인들에게 현칙은 다음과 같이 "

지혜의 달이 언제나 큰 밝은 빛을 내뿜건만 알지 못하는 것은 눈먼 세상 사람들이네 "

라고 읊기도 했다.

⑤ 물고기 放生

慧月이 양산의 내원사에 주석하고 있을 때의 일이었다. 어느 여름날 慧月이 출타하려고 산길을 내려가고 있었는데 계곡 냇물에서 한 무리의 아이들이 물고기를 신나게 잡고 있었다.

慧月이 가까이 다가가서 살펴보니 아이들이 들고 있는 바구니 안에는 이미 잡아놓은 물고기들이 몇 마리 펄떡거리고 있었다.

그것을 본 慧月은 측은지심이 들어

"이 물고기들 모두 너희들이 잡은 것이냐?

"예 스님. 우리들이 잡았심니더."

"그 그럼 말이다. 이 물고기 모두다 나한테 팔아라."

"예? 아니 물고기를 팔라니요?"

"내가 값을 후하게 쳐줄 것이니, 이 물고기들 다 나한테 팔란 말이다."

"값을 후하게 쳐 주신다구요?"

"그래 그래. 그 돈으로 너희들은 사탕이나 사먹으면 그게 더 좋지 않겠느냐?"

慧月은 기어이 아이들을 달래 후한 값을 쳐주고 바구니에 담겨있던 물고기를 모두 다 샀다. 그리고는 물고기 바구니를 건네받은 慧月은 그 자리에서 물고기들을 냇물에 풀어주었다.

바구니에 갇혀있던 물고기들은 그야말로 이제야 살았다는 듯이 흐르는 물결을 따라 뿔뿔이 흩어져 떠내려갔다. 아이들이 다시 소리를 지르며 물고기를 잡으러 쫓아 내려가더니 여기저기서 "잡았다. 잡았다." 하며 소리를 질렀다.

"그 물고기 나에게 팔아라." 결국 慧月이 돈을 주고 사서 냇물에 풀어주었던 물고기들은 대부분 다시 잡히는 신세가 되고 말았다.

慧月은 이번에도 또 후한 값을 쳐주고 그 물고기들을 모두 다 사서 또 다시 냇물에 풀어 주었다. 그러나 물고기는 또 금방 아이들 손에 붙잡히는 신세가 되었다. 慧月은 이번에도 또 돈을 주고 물고기를 사서 냇물에 풀어주었다.

세상에 참 별 이상스러운 스님도 다 있다는 듯, 아이들이 혜월을 이상스런 눈빛으로 쳐다보며 물었다. "스님, 왜 물고기를 돈 주고 사서 자꾸 냇물에 풀어 주시는 겁니까?"

"왜는 인석들아, 물고기들이 불쌍해서 그런다." "불쌍해서요?" "그래. 헌데 이번에는 또 안 잡을거냐?"

아이들은 그때서야 멋쩍은 듯, 고개를 가로 저으며 시무룩하게 말했다. "

인자 그만 잡을랍니더."

그리고는 아이들은 누가 먼저랄 것도 없이 고기 잡던 도구들을 챙겨 산 아래로 내려가는 것이었다. 慧月은 그때서야 흡족한 웃음을 지으며 아이들의 뒷모습을 바라보고 있었다.

⑥ 動物향한 '慈悲至心'

부산 선암사에 주석하고 있을 당시 慧月은 앞장서서 절 소유의 묵정밭을 개간해 비록 서 마지기에 불과했지만 한번은 절에서 산꼭대기 절 근방에 논을 몇 마지기 일구어 놓고 농사를 지었는데 산돼지가 벼를 전부 뜯어 먹어도 놓아두므로

한 수좌가 慧月을 보고

"저 산돼지 좀 지키십시오." "그러지"

이렇게 대답하고는 옆에 가만히 서서 돼지가 오면 돼지 잘 먹으라고 숨도 크게 안 쉬고 있다가 나중에는 慧月 노장이 왔다 갔다 해도 돼지가 도망을 가지 않게 되었다.

수좌들이 와서

"노스님 돈을 얼마나 들여 해놓은 농사인데 돼지가 다 먹으면 어쩌라고 그럽니까"

"우리는 이 벼가 아니라도 먹을 게 있지 않은가.
돼지란 놈은 농사를 짓나 장사를 하나 천상 좀 먹어야 할 게 아니냐"

또 마당에 벼를 널러 놓고 새가 오면 그것 좀 쫓아 달라고 하면 "그리하지" 하고 서 있는데 노장 앞으로 새가 몰려와 주워 먹고, 또 그거 먹으면 안 된다고 손을 내저어 쫓으면 저쪽으로 가서 주워 먹고 새가 慧月을 전혀 겁내지 않았다 한다.

그리고, 慧月이 있던 어느 절 위에 한참 올라가면 암자가 있는데 가는 길에 바위 모퉁이를 지나야만 법당으로 올라가게 되었는데,

혹 바위 모퉁이에 시퍼렇게 생긴 살모사 한 마리가 웅크리고 앉아 있다가 부처님께 올리는 마지를 들고 사미가 올라가면 머리를 딱 쳐들고 짝짝 소리를 내고 씩씩거리며 혀를 내두르고 있어서 지나갈 수가 없게 되자. 이 때

"노스님 저 나쁜 독사 놈 좀 쫓아 주십시오"

"그리하지, 나쁘기는 너희가 나쁘지 독사가 나쁜가"

하고 慧月이 가서 독사를 쓰다듬어 주면서

"너를 나쁘단다. 저희가 나쁜 줄 모르고 그러니 참 뭐가 나쁜지 모르겠다"

이렇게 말하면서 慧月이 독사 머리를 들고 있으면 이놈이 죽은 모양으로 흔들지도 않고 축 늘어져서 가만히 있는 것이다. 그리고 저쪽으로 가만히 놓으면 그 쪽에 가만히 도사리고 앉아 있는 것이다.

그리고 까치와 까마귀 등 산새들이 날아와 慧月의 몸에 앉기도 했다고 한다. 특히 그는 소를 사랑했는데, 묶인 소를 보면 곧 풀어주곤 했을 정도로 짐승들에게도 慈悲心을 표했다는 慧月은 천진불의 모습 그대로라고 말할 수 있다.

이러한 경지 또한 스승 鏡虛가 송광사에서 바위위에 앉아 좌선 삼매에 들었을 때 산중의 호랑이를 비롯한 온갖 동물들이 머리를 조아리며 경허 주위를 에워싸고 있었다 한다.

그러하니 사람이 살생할 마음으로 해물지심이 없어지면 자연히 그렇게 된다는 것은 자명한 이치로 남을 해칠 마음이 없어지면 온갖 것이 다 경계를 허무는 이러한 경지는 鏡虛나 慧月이나 만주에서 사나운 만주 개들이 水月을 호위해주는 이야기나 이 모두가 鏡虛家風의 전설 같은 이야기로 그들은 모두 大悲菩薩들이었다.

⑦ 童子僧 '큰 스님!'

12세에 童眞出家한 慧月慧明은 절집 안팎에서 天眞佛로 불렸듯이 生平동안 늘 어린 아이의 心性을 잃지 않았다. 童眞은 天眞이고 곧 부처이고 佛性이니 慧月은 언제나

天眞 부처였다고 말할 수 있다.

慧月이 파계사에 있을 때의 일이다. 慧月은 열두어 살 되는 童子僧과 함께 살았는데 마치 친구처럼 지냈다. 하루는 慧月이 장에 가려고 절 문을 나서다가 방문 앞으로 다가가서 말했다.

"큰스님, 저는 오늘 장에 다녀오겠습니다. 객스님하고 재미있게 노십시오." "아니, 내 점심은 안 주고 너 혼자 가려고?"

慧月은 동자승에게 깍듯이 인사를 하고 난 후 다시 장을 향해 떠났다. 慧月이 떠나자 동자승은 그 객승을 부르더니 이렇게 말했다.

"어디서 온 客僧인데 건방지게 앉아만 있는가. 우리 스님은 아침저녁 나에게 문안을 올리는데 당신은 인사도 할 줄 모르더냐?"

客僧은 하도 기가 차서 말문을 잃고 있다가 끓어오르는 분노를 참을 수 없어 童子僧을 방안으로 불러들였다.

네 이놈! 어디서 그런 무례한 짓을 배웠느냐! 당장에 옷을 벗겨 절 밖으로 쫓아낼 것이다." 처음 당하는 호통이요, 절 밖으로 쫓아낸다는 말에 겁이 난 童子僧은 싹싹 빌었다. "제가 잘못했습니다. 용서해 주십시오."

동자의 눈에서는 구슬 같은 눈물이 흘러내렸다.

"이리 와서 꿇어앉아라."

이때까지 동자승은 꿇어앉는 법도 제대로 몰랐다.

"오늘부터 내가 가르치는 대로 하여라"

"네"

"스님이 어디 갔다 오시면, '스님 다녀오십니까'

하고 인사를 하고, 앉을 때는 무릎을 꿇고 앉아야 한다"

"알겠습니다."

"그럼 나가 봐라"

저녁 늦게 慧月 이 장에서 돌아왔다. 절 문에 들어서면서

"큰스님, 큰스님!" 하며 童子僧을 불렀다. 풀이 다 죽은 채 童子僧이 밖으로 나가더니 慧月 앞에서 절을 하며 말했다. "스님, 이제 다녀오십니까?"

慧月의 얼굴이 갑자기 어두워졌다. 그 날 저녁을 먹은 후 慧月이 객승에게 물었다.

"스님, 동자승에게 무엇을 가르쳤소?" "예, 하도 무례해서 예법을 가르쳤습니다"

慧月은 실의와 노기를 띠며 큰소리로 말했다.

"내가 예법을 몰라 저 아이에게 가르치지 않았겠소. 천진한 그 모습이 하도 좋아 때 묻지 않게 정성껏 가꾸고 있었는데 스님이 그 天眞性을 깨뜨리고 말았소. 이제 나 하고 인연이 다됐으니 스님이 데리고 가시오"

객승을 따라가는 童子升을 보고 慧月은 손을 흔들며 이렇게 말했다, " 큰 스님! 공부 잘 하십시오"

⑧ 開墾禪師

慧月은 無所有와 天眞菩薩로 생애를 일관하여 가는 곳마다 많은 일화를 남겼다. 1921년 61세의 혜월은 부산 金井山 仙巖寺 주지를 맡았다. 無所有와 天眞으로 생애

를 일관하며 가는 곳마다 개간을 하던 혜월이 金井山 仙巖寺의 주지를 맡은 것은 1921년의 일이었다.

세수 61세로서 환갑을 맞은 나이임에도 다시 또 산을 개간하여 논을 만들기 위해 문전옥답 다섯 마지기를 팔아서 그 돈으로 일꾼들을 고용한 다음 산자락에다 다랑이 논을 만들기 시작했다.

잡목을 베어내고, 천수답을 개간하는 일은 생각보다 힘이 드는 것이었다. 그래서 일꾼들은 일하다기 지치면 꾀를 내어 혜월에게 말했다.

"큰스님 법문 한자리 해주이소?"

慧月은 이 要請을 물리치지 않고 法問을 해주면 이럭저럭 하루해가 저물었다. 이런 식으로 개간을 하다 보니 門前沃畓 다섯 마지기 판돈이 품삯으로 다 들어갔는데도 산골짜기 天水畓은 겨우 세마지기 밖에 만들지 못했다.

그래도 혜월은 이를 매우 흡족히 여기고 아침마다 산에 올라가 새 논을 내려다보며 즐거워하였다. 이를 본 제자가 한마디 했다.

"스님, 門前沃畓 다섯 마지기 팔아서, 겨우 산비탈에 자갈논 서마지기 밖에 못 만들었습니다. 이만저만 손해를 본 것이 아닌데, 뭐가 그리 좋으세요?"

그러자 慧月은 이렇게 말했다.

"다섯 마지기는 그대로 있지, 논 판 돈은 일군들이 품삯으로 가져가서 그 동안 잘 먹고 살았지, 산비탈에 없던 논 세마지기가 새로 생겼으니, 이거야말로 이윤을 보아도 크게 본 것이 아니란 말이냐?" 라는 慧月式 계산은 대중을 황당하게 만들기 일쑤였다.

"스님, 그게 손해가 아니라 이득을 본 것이란 말씀이세요?" "인석아, 너는 어찌 중이 되어가지고 계산법이 그 모양이냐? 나는 이득을 보아도 아주 크게 보았느니라."

천하의 도인인 慧月의 눈에는 나와 남의 구분이 없는 것이다.

또 언젠가 내원사 시절 慧月은 다시 또 대중들과 더불어 몇 해에 걸쳐 荒蕪地 2,000여 평을 개간 훌륭한 논을 만든 적이 있었다. 이것을 욕심낸 마을 사람의 청에 따라 그 가운데 세마지기를 팔게 되었다. 교활했던 매입자는 값을 제대로 처주지 않고 慧月의 천진한 마음을 속여서 두마지기 값만 치렀다.

이러한 상황을 두고 제자들은 慧月을 힐책하였다. 이때도 慧月은 이렇게 말했었다.

"논 세 마지기는 그대로 있고, 여기 두마지기 논 값이 있으니, 논이 다섯 마지기로 불어버렸는데, 무엇이 불만인고? 장사는 마땅히 이렇게 해야 하는 것이니라."

이러한 慧月의 자갈밭 개간과 논값에 얽힌 逸話는 그의 세간적인 所有慾을 넘어선 大乘的 계산법과 天眞面目을 보여주기에 충분한 것들이다. 慧月堂 慧明의 발길은 嶺南 구석구석에 미쳤다.

오늘날 嶺南人들의 佛心이 어느 지방과 견주어도 결코 뒤지지 않을 만큼 융성하게 된 데에는 慧月의 功이 매우 큰 것이라고 말 할 수 있을 것이다.

慧月은 평생 동안 하루 일하지 않으면 하루 먹지 않는다는 '一日不作 一日不食'의 '百丈淸規'를 몸소 실천에 옮긴 禪師라고 말할 수 있을 것이다.

⑨ '活人劍' · '死人劍'

부산 선암사에 주지로 있을 때 慧月은 大衆法會를 열고 다음과 같은 요지의 설법을 하였다.

"나에게는 사람을 살리기도 하고 죽이기도 하는 등, 두 자루의 명검이 있다"

그러나 慧月은 사람을 살린다는 '活人劍'도, 사람을 죽인다는 '死人劍'도 어느 누구에게 실제로 보여주지 않았다. 그래서 慧月이 가지고 있다는 두 자루의 名劍은 신비의 베일 속에 쌓여 있었다.

이 天下 名劍에 대한 소문은 신도들의 입을 통해 널리 퍼져 나갔다. 이 무렵 경상도 전역을 관할하고 있던 일본인 헌병대장이 이 名劍에 대한 소문을 듣게 되었다.

사람을 죽이는 '死人劍'은 당연히 있을 수 있겠지만, 사람을 살리는 名劍이 있다는 것은 今時初聞으로 처음 들어보는 소리였다.

이러한 活人劍에 대한 궁금증을 견딜 수 없었던 헌병대장은 참지 못하고 선암사로 올라갔다. 이때 慧月은 산에 나무를 하러 가고 없었다.

한참을 기다리고 있자니 허름한 차림의 스님이 지게에 나뭇짐을 지고 내려왔다. 시자로부터 그가 '活人劍', '死人劍'을 다 가지고 있는 慧月이라는 말을 들은 헌병대장은 적잖이 실망했다.

名劍을 지닌 禪師라면 풍모부터 그럴 듯 하리라 상상했었는데 나뭇짐을 지고 내려온 慧月의 모습은 너무도 초라하고 오종종한 중늙은이에 불과했던 것이기 때문이었다. 여기에 헌병대장은 실망감을 감추고 물었다.

"스님께서 活人劍, 死人檢을 가지고 계신다기에 그걸 구경하러 왔습니다." "그러신가. 그럼 보여줄 테니 나를 따라 오시게."

慧月은 섬돌 축대 위로 앞장서서 성큼 올라섰다. 헌병대장도 慧月의 뒤를 따라 섬돌 축대 위로 올라갔다.

그 순간, 慧月은 돌아서더니 느닷없이 헌병대장의 뺨을 후려쳤다. 헌병 대장은 순식간에 축대 밑으로 굴러 떨어졌다. 가까이 다가온 慧月은 한 손을 내밀어 헌병 대장을 일으켜 세우며 말했다.

"방금 전 당신의 뺨을 때린 손이 죽이는 칼이요, 지금 당신을 일으켜 세우는 손은 살리는 칼이오."

헌병대장은 곧바로 慧月에게 예를 갖추고 삼배를 올렸다 한다. 또한, 慧月은 조선총독 미나미 지로(南次郎)를 상대로 전설 같은 일화를 남겼다. 미나미 지로가 慧月의 명성을 전해 듣고 일부러 찾아왔다.

"어떤 것이 佛法의 眞理입니까." "귀신의 방귀이니라."

이것은 '麻三斤'이나 '乾屎厥'과 같은 格外道理를 날리고 있는 것이었다.

이것은 朝鮮佛敎를 일본에 예속시키려던 미나미 지로에 대한 일침인 동시에 진정 진리를 알고자 한다면 허튼수작을 버리라는 慧月의 준엄한 경고라고 말할 수 있을 것이다.

慧月의 선지 법문에 당황한 南次郎은 마음속으로 괘씸하게 여기고 돌아갔다. 이후, 이러한 逸話는 조선총독이 慧月의 방망이를 맞고 갔다는 과장된 소문이 일파만파로 퍼져 일본에 까지 퍼졌다.

남 총독이 혜월에게 한 방 맞고는 당황해서 물러갔으니, 그 소문이 우리나라뿐만 아니라 바다 건너 일본까지 전해져서 분분했던 것이다.

여기에 분개한 남차랑의 한 武士 제자가 혜월을 단단히 혼내 주리라는 보복심에 일본에서 당장 건너왔다.

그는 혜월의 방에 들어서자마자 선사의 목에 칼을 들이대었다. 이때, 한 일본 군인이 분을 삭이지 못한 나머지 현해탄을 건너 慧月을 찾아 왔던 것이다.

그는 구둣발로 방문을 차고 들어가 慧月의 목에 日本刀를 들이댔다.

"그대가 혜월인가?"

"그렇다. 내가 혜월이다."

이와 동시에 혜월은 손으로 등 뒤를 가리키셨다. 뒤에서 누군가가 자기를 해치려 하는 줄로 알고 무사가 급히 뒤를 돌아보는 찰나,

혜월은 벌떡 일어나셔서, 내 칼 받아라! 하시며 그 자의 등을 쳤다. 무사는 칼을 거두고 큰 절로 예를 올리며,

"과연 위대 하십니다".

하고는 돌아갔다는 일화가 전한다.

禪師는 지혜의 機鋒으로 이렇게 어려운 상황에 부딪쳐 電光石火의 한 기틀로 활인검을 휘둘러서 생명을 구하였다.

만약 혜월이 그 상황에서 두려움을 일으키고 공포심을 냈다면 상황은 극한으로 전개되었을 수도 있었을 것이다.

慧月의 법을 이은 종정 眞際는 이 逸話를 즐겨 인용하면서 제자들의 修行을 독려하곤 한다.

이처럼, 慧月은 절대절명의 순간에 흐트러짐 없이 손을 뻗어 그의 뒤편을 가리켰다. 당황한 그가 돌아서자,

慧月은 일어서서 일본 놈의 등을 치며 "내 칼을 받아라" 하고 외치니, 그 순간 잘못을 깨달은 그는 칼을 거두며 "과연, 큰스님 이십니다" 는 말과 함께 절을 올린 뒤 돌아간 것이다.

일본은 임진왜란 당시에 조선을 송두리째 삼켜 버릴 야심이었으나, 西山·四溟 의 法力에 못 이겨서 물러갔었다는 전설이 전한다. 休靜은 승병대장으로 활동하여 조선팔

도 승병을 진두지휘하였다.

휴전이 되자 四溟은 1604년 8월 일본으로 가서 8개월 동안 노력하여 성공적인 외교성과를 거두는데, 포로로 잡혀간 3천여 명을 데리고 1605년 4월 귀국하였으며 그해 6월 선조에게 복명하고 10월 묘향산에 들어가 비로소 휴정의 영전에 절하였다.

四溟은 통신사를 이끌고 일본에 들어가 삼천 포로를 이끌고 귀국하니 그래서 일본인들에게는 도인이 가장 두려운 존재였던 것이다.

또한, 그가 일본에서 남긴 수많은 일화는 일본인들의 간담을 서늘케 했다고 하니 일본은 구한말 조선의 대선사 滿空이나 慧月의 도력 또한 두려워했을 것이다.

이처럼, 역대 선사들의 위력 앞에 꼼짝 못하고 당하는 일본놈들이니 그러니 우리나라를 점령하고서, 먼저 道名 높은 禪師를 수소문하여 방문했던 것이다.

⑩ "내 소는 어미 소이지"

慧月은 가는 곳마다 소를 길렀다. 그래서 소와 얽힌 逸話도 많은데, 慧月이 출타 중인 틈을 타서 高峰은 몇몇 승려들을 꼬드겨 절에서 키우던 소를 팔아 그 돈으로 곡차를 실컷 사 마셨다. 남은 돈으로는 맛있는 반찬을 장만해 대중 공양을 했다.

慧月이 출타 後 돌아와 보니 소는 없어졌고 僧侶들은 禮佛도 안 올리고 모두 술에 떨어져 자고 있었다.

혜월은 대중을 다 깨운 다음 이렇게 물었다.

"소를 어떻게 했느냐?"

제자들은 겁이 나서 말도 못하고 고봉만 바라보고 있었다. 혜월은 이내 고봉의 소행인 줄 알았지만 모른 체 다시 고함을 쳤다. "소를 어떻게 했느냐?" 그러자 고봉이 일어나서 옷을 벗고 慧月 앞에서 네 발로 기어 다니며 "음매!" 하고 소 우는 흉내를 냈다. 그러자 慧月은 고봉의 볼기짝을 한 대 후려치고는 말했다.

"내 소는 어미 소이지 이런 송아지가 아니다"

하지만 그 이후로는 慧月이나 고봉이 아무 말썽 없이 지냈다고 한다. 雲峰은 혜월의 전법제자다. 그의 손 법제자 진제는 위 일화를 회고하며 "깨달음을 찾는 납자들의 세계에서는 소를 판 '엄청난 일'도 공부의 방편"으로 삼았다고 술회하였다.

⑪ "얼룩아!" 하고 부르니…

慧月은 말년에 부산시 부산진구 부암동 백양산 선암사에 주석하였다. 625년 원효가 세운 이 조그만 절에 훗날 慧月이 찾아왔다. 그러자 수행을 하려는 납자들이 이곳에 모여들기 시작했다.

그는 이미 깨달음을 얻은 도인이었지만 師兄 水月과 마찬가지로 밤낮으로 머슴처럼 일했다. 그는 德崇山에서처럼 이곳에서도 소를 키웠다. 慧月은 사람에게 대하는 것과 다름없이 소 '얼룩이'를 대했다.

그러던 어느 날, 선암사에도 도둑이 들었다. 새벽에 보니 慧月이 그토록 아끼던 소가 사라진 것이다.

僧侶들은 난리법석 이었지만 혜월은 조용히 뒷짐을 지고 뒷산을 올랐다. 그리고선 "얼룩아!" 하고 불렀다.

그러자 도둑에게 끌려가던 소가 "음메" 하고 응답했다. 소는 慧月의 부름에 울음으로 응답할 뿐 아무리 도둑이 때려도 뒤를 돌아보며 한 발짝도 움직이지 않았다.

소 울음소리를 좇아 간 僧侶들이 도둑을 잡아 와 두들겨 패기 시작했다. 이 모습을 본 慧月은

"소를 찾았으면 됐지 사람은 왜 때리느냐"

며 도둑을 일으켜 세워 쓸어주며 내려가도록 했다는 후문이다. 蕙月은 이미 경계도 차별도 없는 무차별과 무소유의 그것이 天眞道人 慧月의 眼目이었다.

⑫ "스님, 우리 콩나물 좀 사 주십시오."

혜월은 年老하도록 손수 시장을 보러 다녔다. 하루는 시자를 데리고 시장 보러 가는 길에, 路邊에서 콩나물을 파는 아주머니가

"스님, 우리 콩나물 좀 사 주십시오."

하니, 한 동이를 사셨다. 옆에 앉아 있는 이가,

"우리 것도 사 주십시오."

해서 사고, 또 사고, 또 사고하여 慧月은 한꺼번에 너 댓 동이를 사버렸다.

그리하여 절에 콩나물이 일시에 여러 동이가 올라왔던 적이 있었다. 거지들이 혜월에게 옷을 달라고 하면, 서슴없이 그 자리에서 홀랑 벗어 주었다.

혜월은 거지들에게 먼저 벗어주고 서 있다가 거지들이 갈아입고 나면, 그 거지의 옷을 입고 돌아오는 것이다.

바로 이러한 행을 '無心道人'의 行이라고 할 수 있을 것이다. 어떤 부인이 아이를 안고 대성통곡 하루는 큰 齋가 들어서 49재 준비를 하기 위해 장을 보러 가시다가, 길가에서 어떤 부인이 아이를 안고 대성통곡하고 있는 것을 보게 되었다.

그래서 다가가서 까닭을 물어보니, 그 부인의 말인즉, 집에 불이 나서 다 타버리고 오갈 데가 없어서 그런다고 했다.

慧月은 그 자리에서 49재비를 다 내주시면서,

"이 돈으로 집을 다시 이루도록 하시오."

하고는 도로 절로 돌아왔다. 절에서는 큰 재가 들었기 때문에 장짐이 많이 올라와야만 되는데 날이 저물어도 장짐이 올라오지 않자 齋 준비를 하려고 기다리고 있던 젊은 스님 네 들이 하는 수 없어서 慧月에게 여쭈었다.

"스님, 오늘은 무슨 일인지 장짐이 이렇게 늦도록 까지 올라오지 않습니다."

그러자 慧月은

"재는 벌써 다 지내서 영가는 극락세계에 갔다."

라고 말했다.

다음날, 잿집에서는 손님네들이 잔뜩 몰려왔는데 정작 절에는 아무것도 마련되어 있지 않았다. 이상하게 여긴 齋主가 "

스님, 어찌된 緣故입니까?"

하고 여쭈니, 慧月은 전날의 사정을 얘기하며,

"재는 벌써 지내서 영가는 極樂世界에 갔네."

하였다.

재주는 慧月의 사정 얘기를 듣고 아주 기뻐하며 다시 재비를 내어 대중공양을 잘 한 적이 있었다고 한다.

이 일화 역시 경허가 天藏庵에서 49구재 지내기전에 재물을 몽땅 마을 사람들에게 나눠 준 逸話와 같은 맥락이라고 말할 수 있다.

(3) 慧月의 法脈

천장암에서 慧月은 스승 경허가 멀리 출타하려고 하여 짚신 한 켤레를 다 삼아놓고서 잘 고르기 위해서 신골 칠 준비를 하고 있었다.

慧月은 無心三昧에서 짚신을 다 삼아놓고서 신골을 치는데 '탁' 하는 그 망치 소리에 '이 한 물건이 무엇인가?' 하는 의심이 한 순간에 환하게 열렸다.

無心三昧 중 신골을 치는 망치 소리에 '이 한 물건(一物)이 무엇인가' 하는 의심이 환하게 해소된 혜명은 스승에게 달려갔다.

깨달음을 이룬 후 慧月은 27년간 덕숭산에 머물다 51세(1913년 무렵)에 남방으로 주석처를 옮겨 정진했다.

양산 미타암과 내원암 등 선방을 유력하던 慧月은 부산 선암사에 머물며 납자들을 지도했다. 1937년 어느 날 가고 옴이 없는 경지를 보여주며 圓寂에 들었다.

이때, 慧月은 세수 75세. 법납은 63세로 慧月의 가르침을 받은 제자는 雲峰, 虎峰, 雲庵, 鐵牛 등이 있다. 부산 안양암 性空도 10년간 慧月을 시봉했다.

① 雲峰 性粹

雲峰은 1889년 12월 7일(음력) 경북 안동에서 태어났다.

속성은 丁氏였다. 어려서 지혜가 총명하고 사람을 대하는데 마음이 어질어서 어른들의 칭송을 받았다고 한다.

13세에 영천 은해사 一荷에게 출가했고, 15세에 사미계를 받은 후 대강백 晦應 문하에서 교학을 공부했다.

23세 되던 해에 부산 범어사에서 대율사 萬下에게 구족계를 수지했으며, 25세 때는 상주 원적사에 주석하던 율사 石橋 회상에서 계율을 익혔다.

이후 10여 년간 금강산과 오대산 등 명산의 도량을 巡歷하며 정진에 몰두한 雲峰은 1923년 장성 백암산 운문암에서 분발심을 내고 공부에 더욱 집중했다.

처음에 백양사 운문암에서 스스로 깨달음을 얻은 雲峰 性粹는 선암사에 주석 중이던 慧月을 찾아가 점검 받기를 청했다.

이때 부산 선암사의 慧月을 만나게 된다. 鏡虛의 上首弟子인 慧月은 天眞無碍한 道人으로 禪風의 기상을 세상에 널리 펴고 있었다.

선암사에 머물던 어느 날 慧月과 雲峰은 法談을 나누게 되는데, 이때, 雲峰이 慧月에게

"삼세제불과 역대조사가 어느 곳에 安心立命하고 계십니까?"

물었으나 스님은 대답이 없었다. 이에 雲峰이 스님을 한 대 치면서

"살아있는 (活龍)이 어찌하여 썩은 물에 잠겨있습니까?" 하니 慧月이 "그럼 너는 어찌하겠느냐?"

묻자 雲峰이 拂子를 들어 보였지만 慧月은 "아니다."며 고개를 저었다.

그러자 雲峰이 다시

"스님, 기러기가 창밖에 지나간 것을 모르십니까?"

하고 물으니, 慧月은 그제서야 웃으면서 고개를 끄덕였다.

"너를 속일 수는 없구나."

그리고 慧月은 雲峰에게 傳法偈를 내렸다. 1925년 4월의 일이다.

慧月이 "나로서는 너를 속일수가 없구나" 라고 하며 법을 認可 했다는 것은 慧月로 하여금 운봉의 境地를 확인하고 점검하는 과정을 통해 수행의 경지를 철저하게 타파하고자하는 의지를 보이고 있다고 말할 수 있을 것이다.

그 뒤로 雲峰은 行脚에 올라 도봉산 망월사 萬日禪會에 참여해 용성과 법거량을 나누었으며 덕숭산 정혜사를 거쳐, 양산 통도사, 부산 범어사, 선산 도리사 등에서 20여 년간 정법의 깃발을 세우고 후학들을 인도했다.

운봉성수의 법맥은 香谷으로 이어진다. 香谷 등 제자 20여 명을 두고 있는 雲峰은 한국불교 禪脈을 중흥시키는 데 큰 역할을 하였다.

1943년에 부산 기장의 묘관음사로 주석처를 옮긴 雲峰은 법제자 香谷에게 법을 전한 후, 1946년 4월14일 圓寂에 들었다.

歲首 58세, 法臘 45세였다. 상수제자 향곡을 비롯해 20여명의 제자를 두어, 韓國佛敎 禪脈의 새로운 중흥을 이룩했다. 雲峰의 비는 1977년 부산 기장 묘관음사에 모셔졌다. 慧月은 제자 운봉에게 臨終詩를 남기고 遷化한다.

다음은 제자 雲峰에게 남긴 慧月의 臨終偈다.

付雲峰性粹	운봉 성수에게 부치노니,
一切有爲法	일체의 변하는 법은
本無眞實相	본래 진실한 실체가 없네
於相若無相	그 모습을 보고 무상한 뜻을 알면
卽名爲見性	그것을 일러 견성이라 하네

世尊應化　　　二九五一年 四月　　　鏡虛門人 慧月 說

② 香谷 蕙林

香谷 蕙林(1912~1978)은 성은 金氏이고, 속명은 震鐸, 법호는 香谷이다. 경상북도 영일 출신으로 父는 元默, 母는 金寂靜行이다. 香谷은 어릴 때부터 부모를 따라 절에 가기를 좋아하였다.

16세 때 출가한 둘째형을 따라 천성산 內院寺로 찾아 갔다가 當代의 高僧 雲峰 性粹(1889-1946)를 만나는 순간 전율 같은 것을 느끼고 그 길로 出家했을 만큼 佛門에 入門하는 過程부터가 아주 劇的이었다고 말할 수 있다.

1929年 性月을 恩師로 受戒하고, 1931年 梵魚寺 金剛戒壇에서 雲峰을 戒師로 具足戒를 받은 後 雲峰 門下에서 修行하던 어느 날, 山 골짜기의 돌풍이 窓을 칠 때 문득 깨달음을 얻고는 스승의 認可를 받았다.

香谷은 1931년 범어사 金剛戒壇에서 具足戒를 받고 내원사 祖室로 있던 雲峰을 시봉하며 10여 년 동안 밤낮을 가리지 않고 勇猛精進하였다.

이후, 香谷은 1944년 8월, 산골짜기에서 일어난 돌풍이 문짝을 때리는 소리를 듣고 話頭에 대한 의심을 풀었으며, 곧 雲峰을 찾아가자 베고 있던 목침을 가리키며 "한 마디 일러보라."고 하였다.

香谷이 즉시 목침을 발로 차버리자, 雲峰은 "다시 한 번 일러라."고 하였다. "천 마디 말, 만 마디 이야기가 모두 꿈속에 꿈을 설함이니 모든 佛祖가 나를 속인 것입니다." 하자,

雲峰은 香谷의 깨침을 認可하고 鏡虛→慧月→雲峰→香谷으로 이어져 내려온 법맥과 함께 傳法偈를 주었다.

西來無文印	서쪽에서 온 불법 흔적 없는 참 진리는
無傳亦無受	전할 것도 없고 받을 것도 없나니,
若離無傳受	받고 전할 것 없는 이치를 떠나버리면
烏兎不同行	해와 달은 같이 가지를 않는 것이니라

이렇게 香谷은 雲峰으로부터 傳法偈를 받은 뒤 香谷은 雲峰의 곁을 떠나 보림수행을 계속하였고 1947년 문경 鳳巖寺에서 정진을 할 때 한 首座가

" '죽은 사람을 죽여 다하면, 지금 바로 산 사람을 볼 것이요, 또 죽은 사람을 살려 다하면, 지금 바로 죽은 사람을 볼 것이다 ' 라는 말이 있는데, 그 뜻이 무엇인가?"

하고 물었다.

이 말을 듣고 香谷은 바로 無心三昧에 들어가 21일 동안 침식을 잊고 정진하다가 홀연히 자기의 양쪽 손을 발견하자마자 豁然大悟하고 悟道頌을 지었다.

忽見兩手全體活	홀연히 두 손을 보고 전체가 드러났네.
三世佛祖眼中花	삼세의 불조들은 눈병이 헛꽃일세.
千經萬話是何物	천경과 만론들은 이 무슨 물건인가.
從此佛祖總喪身	이로 좇아 부처와 조사가 목숨을 잃었구나

그 뒤 香谷은 월내에 妙觀音寺를 창건하고 禪院을 열어 後學들을 지도하는 한편, 조계산 선암사, 경주 불국사, 팔공산 동화사의 조실 및 禪學院長을 역임하기도 하였다.

香谷은 후학들을 가르칠 때는 스스로에게 하나의 無位眞人이 있어 면전에 출입하고 있음을 강조하였다.

부처를 절대자로 생각하지 말 것과 부처에 대한 관념을 버리지 못하면 부처 또한 스스로를 얽어매는 쇠사슬에 불과하다는 것을 깨우쳐 주었다.

역시, 鏡虛門中의 臨濟禪의 家風은 香谷으로 하여금 無位眞人이 있어 면전에 출입하고 있음을 강조하게 하였으니 '赤肉團上 有一無位眞人'이라는 '臨濟의 적통제자임을 드러내 보이고 있는 것이라고 말 할 수 있을 것이다.

香谷은 6.25한국전쟁이 나기 전 해인 1949년 가을 妙觀音寺로 거처를 옮겼음을 알 수 있다. 妙觀音寺는 흔희들 '月內 妙觀音寺'로 부른다. 妙觀音寺는 입구의 표지석부터 '臨濟宗家'라고 쓰고 있다.

위치가 부산 기장군 월내에 있으니 그렇게 부르는 것이다. 香谷의 제자로는 1967년 夏安居를 마칠 때 禪問答을 통하여 眞際를 法弟子로 삼았다. 그리고 香谷은 月內 妙觀音寺에서 후학을 지도하였다.

香谷은 1978년 12월 15일 海雲精舍에서 涅槃偈를 짓고, 12월 18일 나이 68세, 법랍 52세로 入寂하였다. 香谷이 弟子들을 對하는 모습은 무서울 정도로 진지하고 엄숙했다고 한다.

後學을 對하는 데도 이렇듯 남다른 面을 보임으로써 眞正한 修行者로 評價받고 있는 香谷의 法弟子로는 현 조계종 종정 眞際(1934-)가 그의 법을 잇고 있다.

③ 眞際法遠

眞際는 1934년 음력 1월 12일 경남 남해 삼동면에서 7남매 중 넷째로 태어났다. 열아홉 살이던 1953년, 佛供드리러 절에 자주 다니던 친척을 따라서 동네에서 십 리 쯤 떨어진 곳에 있던 海觀庵이라는 조그마한 사찰에 우연히 가게 되었다.

石友를 존경하는 오촌 당숙을 따라 갔다가 石友로부터

'이 생에는 사바세계에 안 나온 것으로 하고 중 놀이를 해보지 않겠는가?'

라는 권유를 받자 곧바로 부모의 허락을 구하고 海印寺에서 출가했다. 이처럼, 眞際

는 계종 초대 宗正이었던 薛石友를 친견한 것이 출가의 인연이 되었던 것이다. 1967년 당대의 禪僧이었던 香谷 으로부터 깨달음을 印可 받았다.

眞際는 禪僧이지만 선방에만 머물기보다는 傳法홍포에도 활발히 나서 1971년 부산 해운대에 해운 정사를 창건해 현재 부산의 대표적 도심사찰로 키웠다.

해운정사와 대구 동화사의 금당선원 그리고, 조계종 기본선원의 祖室을 맡아 끊임없이 수행자들을 지도했다.

眞際는 영남 지역의 法脈을 잇는 대표적인 선승으로 꼽히며, 불교계에서는 인천 용화선원 선원장 松潭과 함께 중국 당나라의 고승인 '南설봉, 北 조주'에 빗대어 '南진제, 北 송담'이라고 불릴 정도로 쌍벽을 이루며 오늘날 한국불교계를 이끌고 있다고 말할 수 있을 것이다.

특히, 眞際의 교화 활동으로는 간화선의 대중화, 생활화, 세계화를 실현하였다고 말할 수 있을 것이다.

眞際는 1967년 香谷으로부터 깨달음을 인가받은 후, 산중납자들의 전유물이었던 참선법을 일반 대중들에게 전파하여 누구나 부처가 되는 원력으로 1971년 부산 해운대에 해운정사를 창건하고 선원을 개설했다.

이후 45년간 승속을 막론하고 참선법을 지도함으로써 선의 大衆化, 生活化를 위해 진력했다. 1994년 동화사 조실로 추대된 이후 20년 동안 해마다 여름 안거, 겨울 안거 결제에 임하는 전국의 首座들과 재가 수행자들의 참선 수행을 지도하며 공부를 점검해 주고 있다.

또한 1996년 조계종 종립 기본선원의 조실로 추대된 이후 2011년까지 16년간 참선 공부를 시작하는 출가 수행자들에게 바른 參禪法을 지도했다. 眞際는 1998년, 2000년 백양사에서 열린 '1차, 2차 무차선대법회'에 법주로 초청되어 서옹과 함께 법문을 내렸다.

그리고, 2002년에는 부산 해운정사에서 한국불교 사상 최초로 중국, 일본의 선의 大宗匠들을 초청하여 '국제무차선대법회'를 개최함으로써 한국 禪의 역량을 세계에 알린 현대의 대선지식이라고 말할 수 있다.

또한, 2009년에는 부산 BEXCO에서 750년 만에 재현된 '백고좌대법회'의 법주로써 15,000명의 사부대중이 운집한 가운데 법문을 설하기도 했다.

2011년 9월에는 동양정신문화의 정수인 한국의 간화선을 세계에 널리 전파하고 세계평화에 기여하기 위해 노구에도 불구하고 미국 뉴욕의 리버사이드 교회에서 2,000여 대중이 운집한 가운데 "세계평화를 위한 간화선 대법회"를 성황리에 개최하기도 하는 등 왕성한 활동을 수행하였다.

대구 동화사와 부산 해운정사 祖室이었던 眞際는 2011년 12월 14일 불교 조계종 제13대 宗正에 만장일치로 추대됐으며, 2012년 3월 26일부터 5년간 공식 임기를 시작하였다.

이에 앞서 2012년에 2월 초에는 한국 僧侶로는 최초로 미국 60주년 국가조찬기도회에 초청을 받아 참석하기도 했으며, 전날 열린 국제지도자세미나에서 상하원의원을 비롯해 각국 외교관, 각계 지도자 등 1,000여 명이 모인 가운데 '간화선과 세계평화를' 주제로 하는 연설을 하기도 했다.

2012년 10월에는 UN 산하의 세계종교지도자모임의 초청을 받아 UN 플라자에서 법문을 설했으며, 그린페이스 의장인 플레쳐 하퍼, 조안 커비, 안토니 세네라 등의 리스판스와 함께 100여 명의 종교지도자들의 열띤 호응을 받기도 하였다.

이러한 眞際의 세계를 무대로 하는 看話禪의 대중화를 향한 노력은 앞으로 진제의 간화선 세계화를 위한 중단 없는 행보로 이어져 미국을 넘어 유럽까지 이어질 계획이라고 하는 고무적인 展望이 기대되고 있다고 말할 수 있을 것이다.

④ '傳法偈' '等等相續' 문화재 등록

부산시 문화재로 조계종 진제 종정이 향곡으로 부터 받아 보관해오던 傳法偈 4점과 전법 내력을 쓴 상속문 4점 등 傳法偈 8점이 부산시 문화재로 등재된다.

이번에 문화재로 등재될 傳法偈는 경허가 慧月에게 준 전법게, 慧月이 운봉, 운봉이 香谷 이 眞際에게 준 '傳法偈'와 傳法偈를 내릴 때 함께 주는 '等等相續' 4점이다.

한국 傳統佛敎의 法脈을 증명하는 조계종 종정 진제의 傳法偈와 '等等相續' 이 부산시유명문화재로 지정된다는 사실은 이러한 것들이 불교계는 물론 역사작인 의미를 간직하는 중요한 자료라는 점에서 그 의의를 찾을 수 있다고 본다.

이에, 종정 眞際는 7월 26일 부산 해운정사에서 소유하고 있던 傳法偈 4점, 등등상속 4점 등 총 8점을 언론에 공개하며 한국이 전통불교의 법맥이 문서로 내려져 오는 유일한 나라임을 밝혔다.

眞際가 소장하고 있는 傳法偈 4점 중 1967년 香谷이 眞際에게 전한 傳法偈에는 '부처님과 조사의 살아있는 진리는 전할 수도 받을 수도 없는 것이라.

지금 그대에게 活口法을 부촉하나니, 거두거나 놓거나 그대에게 맡기노라.' 는 香谷의 친필 게송이 적혀져 있다.

나머지 3점은 鏡虛가 慧月에게, 慧月이 雲峰에게, 雲峰이 香谷에게 전한 게송으로, 경허가 慧月에게 전달한 1점을 제외하고는 현 마지막 전법제자인 眞際가 보관하고 있다.

이 중 경허가 慧月에게 내린 傳法偈는 慧月의 손상좌인 성공이 보관해오다 통도사에 기증했다.

傳法偈와 함께 전해져 내려오는 '等等相續'은 일종의 법맥도이다.

이 '等等相續'은 석가여래 부촉법 제57조 태고 보우로부터 제79조 진제에 이르는 23명의 법명과 법호가 열거되어 있어 한국 전통불교의 法脈을 한 눈에 알아볼 수 있다.

眞際는 여법히 의복을 갖추고 조실이신 香谷을 찾아가 방문을 두드렸다.
진제가

"부처님의 눈과 지혜의 눈은 묻지 않겠으나, 어떤 것이 見成大悟하여 모든 부처님과 모든 조사스님도 삼십봉 씩 때리는 그러한 무서운 눈을 갖춘 衲僧의 눈입니까?"

하고 여쭈니, 香谷은

"나이 많은 비구니는 원래로 여자가 비구니 노릇을 하는 것이니라."

라고 답했다.

그러자 진제가 말하기를,

"금일에야 선사님의 참 살림살이를 바로 보았습니다." 하였다. 이에, 대번 香谷이 電光石火로 물었다. "네가 어느 곳에서 나를 봤는고?"

이에 眞際는 "빗장 관자(字), 관(關)!"이라는 명답을 냈다. 그러자 香谷이

"네가 바로 보았구나. 아주 멋진 대답이다."

며 진제의 지혜와 안목에 매우 기뻐하며 그 깨달음을 인정하고 佛祖의 心印法을 전하는 傳法偈를 써 주었다.

1967년 香谷은 진제에게 다음과 같은 傳法偈를 내렸다.

佛祖大活句	부처님과 조사의 산 진리는
無傳亦無受	전할 수도 받을 수도 없는 것이라
今付活句時	지금 그대에게 활구법을 부촉하노니
收放任自在	거두거나 놓거나 그대 뜻에 맡기노라

이 傳法偈는 香谷이 1967년 하안거 해제법문 때 法擧揚을 통해 인가를 받은 眞際에게 전법하면서 함께 준 것이다.

이 傳法偈를 접한 문화재청이 문화유산으로 가치를 인정, 문화재 등재를 권유해 이뤄졌다. 서류 절차가 끝나고 오는 가을 부산시 유형문화재로 지정될 예정이라고 한다.

은사인 薛石友와 香谷의 선법을 이어 평생을 불교정법의 당간을 곧추 세우기 위해 일관해온 진제는 해운정사에서 '국제 무차선대회'를 개최한 것을 비롯하여 종정에 추대된 뒤 미국을 방문해 수많은 종교인과 철학자들을 대상으로 한국의 간화선법을 소개하고 최근에는 英文 法語集을 출간하는 등 韓國禪의 國際化를 위해 노력하고 있다.

이번 세계적으로 유래가 없는 4대에 걸친 傳法偈의 문화재 등재 추진도 看話禪의 大衆化와 生活化를 위한 일환이라고 말할 수 있을 것이다.

(4) 慧月의 業績과 評價

慧月은 '근대 한국 禪의 달마'로 불리는 경허의 제자이다. 세간에서는 경허의 제자 가운데 '滿空의 佛事, 水月의 布施, 慧月의 開墾'이라 일컬어 세 제자를 당대의 3대 傑僧이라고 칭송했다 한다.

이들의 업적은 대부분이 수행자의 本分事를 충실히 이행하고 중생을 제도하는 등 日帝治下라는 암울한 시대적 상황과 오랜 세월동안 탄압으로 겨우 명맥을 유지하고 있었던 당시 불교계에서는 획기적으로 평가되기도 했다.

왜냐하면 그들의 행적은 쇠락하고 변질된 한국불교의 위상을 회복하고 그 가치를 재인식하는 계기를 만들었기 때문이라고 말할 수 있을 것이다.

이 가운데 慧月과 水月은 단편적인 일화만이 전해질 뿐 그 행적에 대해서는 알려진 바가 적다. 이렇다 할 법문집도 더욱이 변변한 문집 한 권 남기지 않았다.

그러나 그가 행한 實踐行은 두고두고 세간에 회자되어 四部大衆에게 많은 감동과 수행의 지침이 되고 있다는 것이다.

慧月이 파계사 미타암에 있을 때는 함께 살던 열 살 남짓한 동자승을 '큰 스님'이라 부르고 아침저녁으로 문안까지 올리며 자연 그대로 세상의 때가 묻지 않은 天眞佛로 존대하였다는 일화가 전한다.

또한, 慧月은 무소유를 실천했다. 그의 생활은 금욕적일 만큼 검소했다. 慧月의 소지품이라고는 발우와 옷가지, 작은 이불 하나 뿐 이었다.

밤에 잠잘 때도 요를 깔지 않고 맨바닥에서 잠시 눈을 붙였다.

이 모두가 그가 행한 실천행의 아름다운 흔적들이다. 그는 불쌍하거나 사정이 딱한 사람을 보면 가지고 있던 물건을 남김없이 보시하는 자비의 보살행을 실천하기도 했다.

뱀들이 또아리를 틀고 慧月은 가까이 있어 그들과 대화하고 천진도인답게 까치와 까마귀 등 산새들이 날아와 慧月의 몸에 앉기도 했다.

특히 그는 소를 좋아해 묶인 소를 보면 곧 풀어주곤 했다.

이러한 慧月은 그대로가 살아있는 天眞佛로 우리는 그의 존재감만으로도 생활 속에서 慈悲行을 실천하고 무소유의 삶을 영위할 수 있는 지침이 되고 있다고 말할 수 있다.

無住相 보시의 慈悲道人이요, 무소유의 無心道人이며, 천진무구했던 天眞佛 慧月의 법맥은 운봉을 통해 향곡을 이어 오늘날 종정 眞際에게 계승되었다고 말할 수 있다.

남쪽 하늘을 비춘 하현달, 혜월(慧月, 1861~1937)은 '근대 한국 선(禪)의 달마'로 불리는 경허(鏡虛, 1849~1912) 스님의 제자이다.

세간에서는 경허 스님의 제자 가운데 '만공(滿空)의 불사(佛事), 용성(龍城)의 역경(譯經), 혜월의 개간(開墾)'이라 일컬어 세 스님을 당대의 3대 걸승(傑僧)이라고 칭송하곤 한다.

이 분들의 업적은 대부분이 수행자의 본분사(本分事)뿐이어서 내세울 만한 것은 아니지만, 일제 치하라는 암울한 시대적 상황과 오랜 세월 동안 탄압으로 겨우 명맥을 유지하고 있었던 당시 불교계에서는 가히 혁명적 변화로 평가되기도 한다.

쇠락하고 변질된 한국불교의 위상을 회복하고 그 가치를 재인식하는 계기를 만들었기 때문이다.

이 가운데 혜월 스님은 두 분 스님에 비해 단편적인 일화만이 전해질 뿐 그 행적에 대해서는 알려진 바가 적다.

이렇다 할 법문도 없고, 더욱이 변변한 문집 한 권 남기지 않았기 때문이다.

스님은 1861년 6월 19일 충청남도 예산군 덕산면 신평리에서 태어났다.

속성은 평산 신씨(申氏)로 알려졌으며, 11세의 어린 나이에 덕숭산 정혜사(定慧寺)의 혜안(慧安)스님을 은사로 동진출가(童眞出家)했다. 그런데 이 11세의 천진불(天眞佛)은 76세로 입적하는 그 순간까지도 천진불 그대로였다.

스님이 파계사 성전(把溪寺 聖殿)에 있을 때는 함께 있는 동승(童僧)을 '큰스님'이라 부르면서 존대한 일이며, 절의 일꾼과 동네 주막집 주모가 그들의 통간(通姦) 장면을 스님에게 들켜 배가 아파 벌거벗었다는 거짓말에 손수 죽을 쑤어 바친 일은 세속의 잣대로는 이해하기 힘든 일이다.

스승 경허 스님과의 만남은 24세 때로 보조국사(普照國師)의 『수심결(修心訣)』을 배운 것이 인연이 되었다.

그 후 내면 깊숙이 존재하고 있는 본래 천진을 깨달아 수법제자(受法弟子)가 되었다.

경허 스님의 문집에는 혜월 스님에게 내린 전법게 '법자 혜월에게 주다(與法子慧月)'의 전문이 전해지고 있다.

일체의 법을 알려고 한다면
자신의 마음속에 아무것도 가지려 하지 말라
이와 같은 법성을 알게 되면
곧 노사나를 보게 되리라
온 세상을 쉬고 사무쳐 무생인(無生印)을 제창하노니
청산의 한 빗장으로써 서로 발라 붙이노라.

了知一切法
自性無所有
如是解法性
卽見盧舍那
休世諦倒提唱無生印
靑山脚一關以相塗糊

스님은 스승으로부터 받은 이 게송대로 입적할 때까지 스승 경허를 따라 '무소유'의 삶을 철저히 지켜 나갔다. 정혜사에 있을 무렵 하루는 도둑이 들었다.

양식을 훔쳐내 지게에 지고 가려던 도둑은 가마니가 무거워 쩔쩔매고 있었다. 이때 혜월은 도둑의 지게를 들어 올려 슬며시 밀어주었다는 일화는 유명하다.

또한 혜월은 자신을 보고 놀란 도둑에게 양식이 떨어지면 다시 오라고 했다고 한다. 천진과 무소유 그리고 자비를 담고 있다.

황무지를 개간하여 만든 세 마지기의 논을 두마지기 값만을 받고 팔아버린 일 역시 세속의 탐욕으로는 헤아릴 수 없는 일이다.

그러나, 심지어 동시대를 함께 살다 간 수행자들조차도 스님의 행동을 이해하기는커녕 힐난과 질타를 퍼부었다고 한다.

스님의 이러한 천진과 무소유는 어떤 의미를 지니고 있을까. 제자 운봉(雲峰)에게 남긴 임종게(臨終揭)다.

일체의 변하는 법은
본래 그 실체가 없다
모양이라는 것은 원래 허망한 것
바로 이것이 견성이다.

一切有爲法
本無眞實相
於相義無相
卽名爲見性

혜월에게서는 여느 수행자에게서 느낄 수 있는 번뜩이는 지혜나 서슬 퍼런 수행의 모습은 찾아볼 수 없다.

불법(佛法)을 위해 스승 달마에게 자신의 왼팔을 바쳤던 혜가의 절박함이나 임제(臨濟)가 무위진인(無位眞人)이 되어 '조사를 죽이고 부처를 죽이는 일(殺佛殺祖)'과 같은 극단적 모습은 찾아 볼 수 없다.

그러나 혜월은 이 천진과 무소유를 통해 그 어느 누구보다도 지혜로웠고, 깨달음을 향한 구도열이 집요했으며 치열했던 수행자로 스님은 선가(禪家)에서 부처의 골수를 얻기 위해 몸부림쳤던 지혜로운 '큰 도적'이었다.

혜월은 48세 때부터 도리사(桃李寺), 파계사 성전, 통도사 극락암(通度寺 極樂庵), 천성산 내원사(千聖山 內院寺) 울산 미타암(彌陀庵) 등 여러 사찰에서 한 손에는 호미와 곡괭이를, 한 손에는 제자들의 깨달음을 독려하는 죽비를 들었다.

사람의 입에서 나오는 말은 모두 믿어버리는 순진무구한 천진불, 혜월. 혜월이 입적하기 전 부산 범일동 안양암(安養庵)에서 스님을 친견했던 현칙(玄則)은

"『전등록(傳燈錄)』에 나오는 역대의 조사들조차도 살림살이를 힘써 간섭한 이도 있고, 인사나 체면 같은 예절에 구애된 이도 있었지만, 혜월 스님에게서는 그런 일은 전혀 찾아볼 수 없었다"

고 술회했다. 분별시비를 모두 놓아버리고 단지 마음의 부처를 보고 스스로 귀의한 것이다. 이러한 혜월의 상태를 보고 '침을 잘못 맞아 저런 병신이 되었다'고 비웃는 세인들에게 현칙은 다음과 같이 읊기도 했다.

지혜의 달이 언제나 큰 밝은 빛을 내뿜건만
알지 못하는 것은 눈먼 세상 사람들이네

慧月常放大光明
眼盲世人總不知

혜월(慧月)은 경허선사의 수제자로 혜월은 1861년 충남 예산에서 태어났는데 까막눈의 일자무식으로 출가하야 11살 때 예산 정혜사에서 득도하였다.

 혜월은 어려서 글공부를 해본 일이 없는 까막눈이지만 경허선사를 천장암에서 모시

고 있던 혜월은 어느 날 경허선사께 글공부를 가르쳐달라고 간청했다.

1884년 천장암에서 스승 경허로부터 보조국사 지눌의 수심결을 배우면서부터 글공부를 시작하다기 처절한 수행을 통해 깨달음을 얻고 경허선사로부터 인가를 받아

"그대는 남방에 인연이 있으니 남쪽으로 내려가라"

는 스승의 분부에 따라 선산의 도리사, 팔공산의 파계사, 울산의 마타암, 통도사의 극락암, 천성산 내원사, 부산 선암사에서 선풍을 크게 드날리다가 1937년 부산 금정산 안양암에서 세수 77. 법랍 66세로 입적했다.

혜월이 선암사에 도둑이 자주들어 제자들이 도둑을 잡으려고 기를 쓰고 살피고 있을 적에 새벽에 곳간에서 도둑이 쌀을 담고 지게를 지고 겨우 일어나려니 일어날 수가 없었는데 이유인 즉 혜월선사께서 지게에다 더 담아주셨던거다.

헌데 도둑이 쌀이 무거워 일어나질 못하니 제자들에게 잡혀 화를 당할까 봐 지게를 들어 거들어주시고 절 밖으로 보낸 적이 있었다.

혜월의 행적은 열반시에 솔방울을 따다 그자세 그대로 선체로 입적한것도 유명하지만 위의 일화도 유명하다.

혜월의 일본순사에게 깨우침을 주신 살인검과 활인검 등이 있으며 경허는 살인자의 살인까지도 뒤집어 쓰신 적이 계셨는데 그 소식을 들은 만공은 큰 스님의 큰 뜻은 알겠으나 그때의 살인죄는 형벌이 아주 무거웠기에 큰스님을 포기할 수 없었다.

그리해서 만공선사의 노력으로 김도영 진범이 잡히고 경허 큰스님께서 누명을 벗으셨는데, 그 후 살인범 김도영 또한 큰스님의 행적은 듣고 크게 누우쳤다고 한다.

죽은 영주사미 행자는 이 사람에게 강도 짓을 당하다 목숨을 잃었던 것이었는데 … 이것이 훗날 혜월로 이어지고 있었다.

어느 날 경허선사가 방에서 정진을 하고 계시는데 혜월스님이 문을 열고 당당하게들어왔다. 선사께서 이미 간파하시고 물음을 던지셨다.

"목전(目前)에 고명(孤明)한 한 물건이 무엇인고?"

이에 혜월은 동쪽에서 서쪽으로 가 섰다가, 다시 서쪽에서 걸어와 동쪽으로 가서 섰다.

"어떠한 것이 혜명(慧明)인가?"

"저만 알지 못할 뿐만 아니라 일천성인(一天聖人)도 알지 못합니다."

경허는 여기에서, 제대로 깨친 혜월에게

"옳고 옳다."

하시며, 혜월을 인가(認可)하셨다.

그 후, 1902년 경허는 삼수갑산으로 떠나기 전 혜월에게 등등상속과 함께 전법게(傳法偈)를 내리셨던 것이다.

등등상속은 용암혜언이 이어 영월 봉률과 만화 보선을 이었기 때문에 나중에 자신이 삼수갑산으로 떠난 후 후학들의 혼란을 미리 염려하였기 때문이다.

일체의 법은 있는 것도 아니요, 없는 것도 아니요, 있고 없는 두 가지가 다 공(空)하여 없는 것도 아니다. 일체의 법은 일체의 법이 아니기 때문이다.

그러므로 법이다. 진실로 깨달으면 바로 그 자리이지만, 깨닫지 못하면 아득히 멀고 멀다.

일체의 법을 분명히 요달해 알면

자성에 있는 것이 없다.

이 법 성품이 이런 줄 알면

곧 노사나를 보리라.

了知一切法

自性無所有

如是解法性

卽見盧舍那

이것은 경허가 혜월에게 내려준 전법게(傳法偈)이다.

"자네는 주막에서 주모와 한철을 지냈다더니 어땠나."

"큰스님, 그 맛이란 한 철 내내 해보았지만 첫날밤 그 맛이던데요."

스승 경허의 짓궂은 물음에 혜월은 천연덕스럽게 대답했다. 혜월은 서산천장암에서 수행할 당시 해미의 한 주막에서 주모와 동거하며 한철을 보냈다.

자신에 대한 시험이었다. 혜월은 주모와 헤어지면서 아쉬움을 남기지 않았다. 상처도 주지 않았다.

그 이후 여자로부터 자유로워질 수 있었다. 욕망과 집착의 쇠사슬을 끊은 혜월의 진면목을 말해주는 일화들이다.
사형인 수월처럼 혜월에 대한 기록도 지극히 단편적이다.

동진출가(童眞出家)한 혜월혜명(慧月慧明) 은 절집 안팎에서 천진불(天眞佛)로 불렸듯이 늘 어린아이의 심성을 잃지 않았다.

10세를 전후하여 일찍 불문에 귀의하는 것을 동진출가라고 한다.

동진은 어린아이의 천진한 심성을 일컫는다. 그래서 천진이 곧 부처이고 불성이라는 옛 조사들의 가르침이 나왔다.

혜월은 어쩌다 시주라도 받으면 무엇이던지 생기더라도 귀천과 친소를 가리지 않고 나누어 주었다. 모든 고통은 탐욕과 집착에서 비롯된다.

한순간 욕망을 일으키면 그 욕망에 속박당하게 마련으로 욕망은 끝을 모른다.

욕망의 늪에는 늘 고통의 씨앗이 자리 잡고 있으니 아무 것도 지니지 않고 구하는 것이 없다면 욕망은 감히 고개를 치켜들지 못한다.

이것이 바로 무소유의 자유이며 즐거움이다. 비록 글을 배우지 않았지만 혜월은 무소유와 나눔의 법륜을 굴리며 무애의 자유를 마음껏 누렸다.

혜월도 천장암에서 스승 경허의 품에서 지혜의 꽃을 피웠다.

깨달음의 꽃망울은 수심결(修心訣)을 통해 맺어졌다. 참선과 마음 닦는 법을 가르친 수심결은 고려 보조국사(普照國師 · 1158~1210)의 저술로 제자의 근기를 파악한 스승이 수행의 방편으로 점지해준 것이다.

경허는 제자를 인가하면서 미진함이 있음을 일러주었다.

"혜월아, 도는 알고 모르는 그 사이에 있는 것이 아니니라."

혜월은 갑자기 몽둥이로 뒤통수를 얻어맞은 느낌이 들었다. 이어 혜월은 곧바로 일어나 춤을 추었다. 그리고 절을 올렸다.

"그래 그래 좋다."

경허도 제자의 춤에 맞장구를 치며 신명을 냈다. 1890년 반야의 문고리를 잡은 지 12년 만의 일이었다.

1902년 늦은 봄 혜월이 경허에게 받은 전법게(傳法偈)다. 제자의 성품을 잘 드러내고 있다. 비로자나불을 만날 것이라는 스승의 예언대로 혜월은 무소유와 나눔을 중생제도의 지팡이로 삼았다.

혜월은 조선총독 미나미 지로(南次郞)를 상대로 전설 같은 일화를 남겼다. 미나미 지로가 혜월의 명성을 전해 듣고 일부러 찾아왔다.

"어떤 것이 불법의 진리입니까."

"귀신의 방귀이니라."

똑같은 질문을 한 양 무제에게 달마가 내뱉은 불식(不識・모른다)의 화두를 연상시키는 혜월의 답변이었다.

조선 불교를 일본에 예속시키려던 미나미 지로에 대한 일침인 동시에 진정 진리를 알고자 한다면 허튼수작을 버리라는 경고였다.

당황한 그는 마음 속으로 괘씸하게 여기고 돌아갔다. 조선 총독이 혜월의 방망이를 맞고 갔다는 과장된 소문이 일본에까지 퍼졌다.

한 일본 군인이 분을 삭이지 못한 나머지 현해탄을 건너 왔다. 그는 구둣발로 방문을 차고 들어가 혜월의 목에 일본도를 들이댔다.

혜월은 흐트러짐 없이 손을 뻗어 그의 뒤편을 가리켰다. 당황한 그가 돌아서자 혜월은 일어서서 그의 등을 치며

"내 칼을 받아라" 하고 외쳤다.

그 순간 잘못을 깨달은 그는 칼을 거두며

"과연, 큰스님이십니다"

라는 말과 함께 절을 올린 뒤 돌아갔다고 한다. 혜월의 법을 이은 조계종 원로의원 진제(眞際)스님은 이 일화를 즐겨 인용, 제자들의 수행을 독려하곤 한다.

'용성스님이 있는 곳엔 불경 편찬이 있고, 만공스님이 있는 곳엔 중창 불사가 있고, 혜월 스님이 있는 곳엔 사전(寺田)개간이 있다'는 말처럼 혜월은 나이가 들어서도 일을 손에서 놓칠 않았다.

부산 안양암에서 만년을 보내던 혜월은 솔방울을 줍기 위해 늘 하던 대로 뒷산으로 발걸음을 옮겼다. 솔방울을 반 자루쯤 채울 즈음에 혜월은 이승과의 이별을 감지했다. 그리고 자루를 짊어진 자세로 일의일발(一衣一鉢)의 삶을 마감했다.

다음은 〈청담 스님의 금강경 대강좌 中 에서〉 일부다.

부산 혜월노장(慧月老丈)님은 견성한 스님입니다. 한번은 절에서 산꼭대기 절 근방에 논을 몇 마지기 일구어 놓고 농사를 지었는데 산돼지가 벼를 전부 뜯어 먹어도 놓아두므로 한 수좌가 노장님 보고 『저 산돼지 좀 지키십시오.』

『그러지.』 이렇게 대답하고는 옆에 가만히 서서 돼지가 오면 돼지 잘 먹으라고 숨도 크게 안 쉬고 있습니다. 나중에는 노장님이 왔다갔다 해도 돼지가 도망을 가지 않습니다. 스님들이 와서 『노스님 돈을 얼마나 들여 해놓은 농사인데 돼지가 다 먹으면 어쩌라고 그럽니까.』

『우리는 이 벼가 아니라도 먹을 게 있지 않은가. 돼지란 놈은 농사를 짓나 장사를 하나 천생 좀 먹어야 할 게 아니냐.』 그런 식으로 나옵니다. 또 마당에 벼를 널러 놓고 새가 오면 그것 좀 쫓아 달라고 하면 『그리하지.』하고 서 있는데 노장님 앞으로 새가 몰려와 줏어 먹고 있습니다.

그거 먹으면 안 된다고 손을 내저어 쫓으면 저쪽으로 가서 줏어 먹고 그리 가면 또 이쪽으로 오고 새가 그 노장님을 전혀 겁내지 않습니다. 사람이 살생할 마음으로 해물지심이 없어지면 그렇게 됩니다. 남을 해칠 마음이 없어지면 온갖 것이 나에게 따르는 법입니다.

또 그 노장님이 있던 어느 절 위에 한참 올라가면 암자가 있는데 가는 길에 바위 모퉁이를 지나야만 법당으로 올라갑니다.

그런데 혹 바위 모퉁이에 시퍼렇게 생긴 살모사 한 마리가 웅크리고 앉아 있다가 부처님께 올리는 마지를 들고 아이들이 올라가면 머리를 딱 쳐들고 짝짝 소리를 내고 씩씩거리며 혀를 내두르고 있어서 지나갈 수가 없게 되면 아이들이 『노스님 저 나쁜 독사 놈 좀 쫓아 주십시오.』 그럽니다.

『그리하지, 나쁘기는 너희가 나쁘지 독사가 나빠.』 하고 이 노장님이 가서 독사를 쓰다듬어 주면서 『너를 나쁘단다. 저희가 나쁜 줄 모르고 그러니 참 뭐가 나쁜지 모르겠다.』 이래 가면서 독사 머리를 들고 있으면 이놈이 죽은 모양으로 흔들지도 않고 축 늘어져서 가만히 있습니다. 저쪽으로 가만히 놓으면 그 쪽에 가만히 도사리고 앉아 있습니다.

그렇게 해도 평생을 앓지도 않고 솔방울 같은 거나 따 먹고 빗자루 만들어 가지고 가난한 집에 나누어 주고 그런게 일입니다. 평생을 그렇게 지냈는데 일화가 한 두가지가 아닙니다. 중국에 누구누구 일본에 어떤 선사라 하지만 우리나라에 참 희한한 얘기가 많습니다.

한 번은 그때 돈으로 이십오 원을 들여가지고 산골짜기를 돌나무로 막아 놓고 그 위에 흙을 져다 부어 놓고는 팥을 갈았는데 가을에 팥을 타작해 보니까 반말 닷 되가 나왔습니다. 옛날 돈으로 이십오 원이면 팥을 여러 섬 살 때입니다. 수좌들이 모두들 한 마디씩 합니다.

「아 노스님, 돈 이십오 원을 들여 가지고 고생만 하시고 겨우 이것뿐이니 이거 밑지는 장사가 되었습니다.」 그러면 멍텅구리 아니냐. 돈 이십오 원은 이 세상에 어디에 그대로 있어. 팥만 반말 공짜로 생겼지.」 일평생 사는 게 그런 식으로 삽니다.

저 북간도에 가서 돌아가신 수월스님이라는 도인이 있었는데, 내가 젊어서 평생 모시고 도를 배우다 같이 죽으려고 내가 그때 개운사강원에 있다가 여름방학을 이용해서 한 번 갔는데 그 분은 평생 40년 동안 그곳에서만 계십니다. 그 스님이 누구에게나 「나 한테 농사지은 양식이 있으니까 탁발하지 말고 이거 먹고 공부하라」고 늘 이랬는데,

어찌된 일인지 나한테는 나가라고만 하셔서 아마 일부러 시험해 보는 게 아닌가 하고 별짓을 다 했는데도 나에게는 기어코 나가라고만 하시는 겁니다. 가만히 보니까 진짜로 나가라는 것 같아서 나오기로 작정한 뒤에 동량이나 한 댓새 해서 양식이나 좀 보태드리고 떠나야겠다고 동량을 나섰습니다.

그곳에서 조금만 더 가면 흑룡강이 나오고 한국 독립군들의 근거지인데 일본 토벌대들이 비행기를 가지고 가서 만주 사람 한국 사람 무수히 죽인 바로 그 뒤에서 무서운 개를 많이 기르고 그럽니다. 여러 사람들에게 「수월스님을 어떻게 아느냐.」이러니까 나이 많은 노장님 한 사람이 동량이나 해 먹고 사는 분으로 알지 별사람으로 안 본다는 겁니다.

모두들 수월 노장을 이렇게 모른다고 하기에 내가 우리 고국에서는 굉장한 도인으로 안다고 수월 스님에 대한 얘기를 해 주니까 그때에야 얘기를 듣고 보니 정말 도인인가 보다고 하면서 이 얘기를 합니다. 만주 개는 세퍼드보다 더 무섭습니다.

사람을 잡아먹을 정도이고 키도 세퍼드보다 더 큰데 그 개한테 내가 혼이 난 적이 있습니다. 수백 리 먼 길을 가게 되서 길을 묻고 싶어도 개가 나올까 봐, 일부러 다른 곳으로 피해서 산을 넘어 다니고 그럽니다. 그 곳에 한국 사람이 한 7백 호 살고 중국 사람이 한 3백 호 사는데, 수월 노장님의 모습이 참 기이하다는 겁니다.

옷도 다 떨어져서 빨간 것 흰 것 모두 누덕누덕 기워입고 짚신도 상주들 신 모양으로 불룩해 가지고 머리에 쓴 것도 이상스럽게 걸레인지 모자인지 모를 정도로 이런 걸 쓰고 오는 걸 보면 그야말로 죽은 개도 기겁을 해 짖게 생겼는데도 그렇게 사나운 개들이 그 노장님 보고는 가만히 엎드려 있다는 겁니다.

그래서 수월 스님 보고는 무서운 개가 짖지 않는다 하는 소문이 있다는 겁니다. 이와같이 탐진치)의 삼독이 뿌리채 딱 떨어지면 호랑이와 함께 있을 수가 있고, 토끼나 노루가 그 사람 앉아 있는 곳에 뛰어 들어오고 그러는데 그렇게까지 없어져야 하는 겁니다.

그때 나는 나를 보고 자꾸 짖어대는 개를 보고 속으로 참 부끄럽고 고개를 못 들었습니다. 명색이 장삼 입고 수도하는 중이라면서 개가 짖도록 되어 놨으니 이게 말이 됩니까. 그 해 물지심이 남아 있어서 그럽니다.

지금도 우리가 정화한다고 이러지만 교단 종풍을 바로 잡아서 앞으로 이제 무수한 도인이 나오도록 하느라고 전체를 위해 하는 짓이지마는 한쪽으로는 많은 사람이 싫어하는 짓을 기어코 해 놨으니 남한테는 나쁜 과보도 생기기도 합니다. 그런 시기심이 있고 해물지심이 있으면 개가 짖습니다.

가령 사냥꾼이 아무리 목욕을 깨끗이 하고 몸에 향수를 바르고 새 옷을 입고 다녀도 개가 틀림없이 그 사람만 오면 문둥이 오는 것처럼 짖어 댑니다.(중략)

경허 전법(傳法)의 원류(源流)를 살펴보면 혜월에게 (임인년, 1902년)에 경허가 혜월에게 내린 친필 전법게와 등등상속(燈燈相續) - 경허 선사께서 상수제자인 혜월 선사에게만 내리신 친필 법맥도가 있다. 수호 중춘 하한 일에 만화문인 경허 설함이다.

부(付) 혜월혜명(慧月慧明)

요지일체법(了知一切法)하면

자성무소유(自性無所有)라.

여시해법성(如是解法性)하면

즉견노사나(卽見盧舍那)라.

의세제도제창(依世諦倒提唱)하여

무문인청산각(無文印靑山脚)하며

일관이상도호(一關以相塗糊)로다.
수호(水虎) 중춘(仲春) 하한일(下澣日)

만화문인(萬化門人) 경허(鏡虛) 설(說)

그리고 혜월이 그의 법제자 운봉(을축년, 1925년) 에게 내리신 친필 전법게가 있다

운봉성수에게 부치노니

일체의 유위법은

본래 진실된 모양이 없으니

저 모양 가운데 모양이 없으면

곧 이름하여 견성이라 함이라.

세존응화 2951년 4월
경허문인 혜월 설함

부(付) 운봉성수(雲峰性粹)

일체유위법(一切有爲法)은

본무진실상(本無眞實相)이니

어상약무상(於相若無相)이면

즉명위견성(卽名爲見性)이라.

세존응화(世尊應化) 二九五一年 四月
경허문인(鏡虛門人) 혜월(慧月) 설(說)

그리고 운봉이 그의 법제자 향곡 (신사년, 1941년) 에게 내리신 친필 전법게다.

향곡혜림 장실에게 부치노니

서쪽에서 온 문인(文印)이 없는 진리는

전할 수도 받을 수도 없나니.

만약 전하고 받을 수 없는 것조차 여의면

까마귀는 날고 토끼는 달리느니라.

세존응화 2967년
혜월문인 운봉 설함

부(付) 향곡혜림(香谷蕙林) 장실(丈室)

서래무문인(西來無文印)은

무전역무수(無傳亦無受)라.

약리무전수(若離無傳受)하면

오토부동행(烏兎不同行)이라.

세존응화(世尊應化) 二九六七年
혜월문인(慧月門人) 운봉(雲峰) 설(說)

그리고 끝으로 향곡이 그의 법제자 진제(정미년, 1967년)에게 내린 친필 전법게가 있다.

진제법원 장실에게 부치노니

부처님과 조사의 산 진리는

전할 수도 받을 수도 없는 것이라

지금 그대에게 활구법을 부촉하노니

거두거나 놓거나 그대 뜻에 맡기노라.

세존응화 2993년 8월 10일
운봉문인 향곡 설함

 제13대 종정 진제 대종사 추대식이 거행되었다. 불기 2555년 12월 14일 대한불교 조계종 제13대 종정에 진제 법원 대종사가 추대됐다.

종정추대위원회(원로의원, 총무원장, 중앙종회의장, 호계원장)는 이날 한국불교역사문화기념관 4층 회의실에서 추대위원회를 개최하고 새 종정에 진제법원(眞際法遠) 대종사를 단독 추천, 만장일치로 추대했다.

종정은 조계종의 종통을 승계하는 최고의 권위와 지위를 가진 종단의 정신적 지도자다. 자격은 승납 45년 이상, 세납 65세 이상의 대종사 법계를 받은 수행과 법력이 높은 비구스님으로 하고 있다.

종정예하는 종단의 법을 상징하기 때문에 종단 행정에는 관여하지 않으나 종단의 주요 행사와 안거 등을 맞아 종도들에게 법어를 내리며 종단의 모든 스님들에게 계를 전하는 전계대화상의 위촉권을 가진다.

또한 종헌 종법이 정하는 바에 따라 포상과 징계의 사면, 경감, 복권의 권한도 있다.

1700여년 한국불교의 전통을 계승하고 있는 조계종은 현대에 들어 비로소 종단의 모습을 갖추게 되면서 종정을 모셔왔다. 대한불교조계종은 통합종단이 출범한 1962년 제1대 종정으로 효봉 대종사를 모셨다.

그 후 청담(2대), 고암(3~4대), 서옹(5대), 성철(6~7대), 서암(8~9대), 월하(9대), 혜암(10대), 법전 대종사(11~12대)가 뒤를 이어 종단의 법을 상징하는 최고 어른으로 역할을 해 왔다.

새롭게 종정으로 추대된 진제 대종사는 1953년 석우스님을 은사로 해인사에서 출가, 1958년 혜운스님을 계사로 구족계를 받았으며 2004년 종단 최고 법계인 대종사에 품서됐다.

1967년에는 '일면불 월면불(日面佛 月面佛)' 화두를 타파해 향곡스님으로부터 법을 인가 받아, 근현대 한국 선불교 중흥조인 경허스님, 혜월스님, 운봉스님, 향곡스님으로 전해 내려오는 법맥을 이었다.

1971년 부산 해운대에 해운정사를, 1999년 경주에 금천사를 각각 창건해 지역포교와 더불어 선풍을 널리 전하고 있다.

또한 조계종립특별선원 문경 봉암사 조실과 무차선대법회 초청법주, 국제무차선대법회 법주, 백고좌대법회 법주, 간화선 세계평화 대법회 법주 소임을 역임한데 이어 현재 동화사 금당선원 조실, 조계종 기본선원 조실, 해운정사 금모선원 조실 소임을 맡아 후학들을 제접하고 있다.

이상을 정리해 보건데,

근대 불교의 고승인 혜월(慧月)의 본관은 평산(平山) 신씨(申氏)이고, 1862년(철종 13년) 6월 19일 충청남도 예산군 덕산면 신평리에서 태어났다.

법호는 혜월, 법명이 혜명(慧明)이다. 가난했던 집안 사정으로 인해 12살인 1873년(고종 10년) 덕숭산(德崇山) 정혜사(定慧寺)로 출가하여, 친척이었던 혜안(慧安) 스님을 은사로 삼았다.

혜월은 3년동안 행자생활을 한 다음, 열 다섯살이 되던 1876년 비로소 사미계를 받고 혜명이라는 법명을 받았다. 그는 관음(觀音) 정진에 몰두하면서 19살이 되던 1880년까지 정혜사에서 공부하였다.

그 해 은사인 혜안이 환속하면서 혜월을 서산(瑞山) 천장사(天藏寺)에서 선풍(禪風)을 선양하고 있던 당대의 선지식 경허(鏡虛)선사에게 맡겼다.

그는 21세 때부터 경허에게 글을 배우기 시작했고, 23세 되던 1884년에는 경허(鏡虛)로부터 보조국사(普照國師) 지눌(知訥·1158~1210)의 '수심결'(修心訣)을 배웠다.

이때 '수심결' 서두에 인용한 중국 선종의 하나인 임제종(臨濟宗)의 개조 임제(臨濟) 의현(義玄)(?~867)의 법어인

"네 눈앞에 항상 뚜렷하여, 홀로 밝고 형상 없는 그것이라야, 비로소 법을 말하고 법을 듣느니라"

라는 대목에서 과연 '그것'이 무엇일까 라는 큰 의문이 일어났다.

이 무렵 경허가 한 "알겠느냐? 어느 물건이 설법하고 청법하느냐? 형상이 없되 뚜렷한 그 한 물건을 일러라"라는 법문을 듣고는 더욱 의문이 깊어만 갔다. 이로부터 앞이 캄캄했고 의심 덩어리가 가슴에 뭉쳤다.

밥을 먹을 때나 밭에서 일할 때나 잠잘 때까지도 이 한 생각으로 일념으로 정진한지 1주일이 되던 날, 짚신 한 켤레를 다 삼아놓고 마지막으로 신골 짚신을 틀에 넣어 두드려 모양새를 고르기 위해 '탁'하고 망치로 치는 순간, 그토록 노심초사하던 한 물건의 깊은 뜻을 깨달았다.

이에 혜월은 기뻐하며 경허에게 자기가 깨달은 경지를 낱낱이 이야기 했고, 경허선사는 그에게 화두와 공안에 대한 여러 가지 질문을 했다. 그는 아무런 걸림없이 대답해 경허를 감탄케 했다.

마침내 그가 29세 되던 1890년 봄 경허가 그의 깨달음을 인가하고, 혜월이라는 법호와 함께

"일체 법을 요달해 알면(了知一切法)/자성 또한 소유가 없다네(自性無所有)/이와 같이 법의 성품을 깨치면(如是解法性)/곧 노사나 부처를 보리라(卽見盧舍那)/세상의 생멸법 쉬어 도리어 생사 초월한 도리 부르짖으니(休世諦倒提唱無生印)/청산 다리 한 관문으로 서로 우물쭈물 하도다(靑山脚一關以相塗糊)"

라는 전법게를 내렸고, 이로써 그는 경허의 법맥을 이어 받았다.

혜월은 이후에도 오랫동안 정혜사에서 깨달음 후의 보임(保任) 공부에 더욱 정진했다. 48세 되던 1908년부터 혜월은 영남지방으로 옮겨 선산 도리사(桃李寺), 팔공산 파계사(把溪寺) 미타암(彌陀庵), 통도사, 양산 천성산(千聖山) 미타암과 원효암, 통도사 극락암, 범어사 등지에 머무르면서 후학을 지도하였다.

이때 혜월은 가는 곳마다 수행정진에 몰두했고, 여가가 나면 항상 김매고 나무하며 부지런히 일하였으며, 틈나면 부지런히 경내를 청소하고 짚신 삼고, 새끼를 꼬았다. 그는 평생동안 하루 일하지 않으면 하루 먹지 않는다는 '일일부작(一日不作) 일일불식(一日不食)'의 생활을 준수하였다.

그리하여, 가는 곳마다 불모지를 개간하여 논밭을 일구는 일에 열심이어서 '개간(開墾) 선사'라는 별명이 붙을 정도로 항상 손에서 괭이를 놓지 않았다.

당시 사람들은 만공(滿空)의 사찰중창 불사, 용성(龍城)의 역경(譯經)과 포교, 혜월의 불모지 개간사업을 높이 받들어 이들 세 고승을 당대의 3대 걸승(傑僧)이라고 일컬었다.

혜월이 파계사 미타암에 있을 때는 함께 살던 열 살 남짓한 동자승을 '큰 스님'이라 부르고 아침 저녁으로 문안까지 올리며 자연 그대로 세상의 때가 묻지 않은 천진불(天眞佛)로 존대하였다는 일화가 전한다.

그리고 까치와 까마귀 등 산새들이 날아와 혜월의 몸에 앉기도 했다고 한다. 특히 그는 소를 사랑했는데, 묶인 소를 보면 곧 풀어주곤 했을 정도로 짐승들에게도 지극한 보살의 자비심을 표했다.

52세 되던 1913년 7월 스승인 경허선사가 지난해 봄에 갑산 도하동에서 입적했다는 사형 수월(水月)의 소식을 듣고, 혜월은 덕숭산에 있던 만공(滿空)에 연락해 그와 함께 스승의 자취를 찾아 갑산까지 가서 스승의 시신을 다비하고 경허가 남긴 임종게 등의 유품을 가지고 돌아왔다.

한편 혜월은 무소유(無所有)와 천진(天眞)으로 생애를 일관하여 가는 곳마다 많은 일화를 남겼다. 1921년 61세의 혜월은 부산 금정산(金井山) 선암사(仙巖寺) 주지를 맡았다.

이때에도 그는 산지를 개간해 논을 만들려고, 문전옥답 다섯 마지기를 팔아 그 돈으로 일꾼들을 고용해 밭을 일구었다. 이때 일꾼들이 그의 설법에 정신이 팔려 일이 진척되지 않아 겨우 자갈밭 세 마지기를 개간했을 뿐이었다.

이에 제자들이 혜월에게

"다섯 마지기를 팔아 겨우 세 마지기를 만들면 무엇합니까"

라고 불평하자, 그는

"다섯 마지기는 그대로 있고, 자갈밭 세 마지기가 더 생겼으니 좋지 않으냐"

고 대답했다.

또 혜월이 내원사에 있을 때 대중들과 함께 몇 해에 걸쳐 황무지 2,000여 평을 개간하여 훌륭한 논으로 만들었다. 이를 욕심내는 마을 사람의 요청에 따라 그 가운데 세 마지기의 논을 팔게 되었다.

교활한 마을 사람이 혜월의 천진한 마음을 속였기에 겨우 두마지기 값만 받고 팔고 돌아오자, 역시 제자들이 그를 힐책하였다. 이때도 그는

"논 세마지기는 그대로 있고, 여기 두마지기 논값이 있으니, 논이 다섯마지기로 불어버렸는데, 무슨 말이 그렇게도 많으냐! 욕심 없는 승려의 장사는 마땅히 이렇게 해야 한다"

고 대답했다.

이같은 혜월의 자갈밭 개간과 논값에 얽힌 일화는 그의 세간적인 소유의 계산을 넘어선 대승적 계산법과 지극한 천진성을 보여준다.

1924년 11월 15일 일제강점기하에 조선불교의 선맥을 계승하여 선의 대중화와 선 본연의 수행에 지대한 역할을 했던 선학원(禪學院·서울 안국동 소재)에서 제 3회 선우공제회(禪友共濟會) 정기총회가 열렸을 때 63세의 혜월은 법주로 위촉되었다.

당시 선우공제회는 통상회원 203인과 특별회원 162인의 선승들이 회원이었는데, 선풍(禪風) 진작을 위해 노력하는 것이 목적이었다.

혜월은 스스로의 생활은 아주 검소하고 순박하여 소지품이라고는 발우 한 벌에 약간의 옷가지와 작은 이불 하나 뿐이었으며, 밤에 잠잘 때는 결코 요를 깔지 않고 맨바닥에 잠깐 눈 붙일 정도였다.

그러나 그는 언제나 불쌍하거나 사정이 딱한 사람을 보면 가지고 있던 재물을 남김없이 보시했다. 항상 형식에 구애받지 않고 꾸밈없이 행동하며, 근면 탈속의 탐욕이 끊어진 격외(格外)의 자유를 누린 근래의 희유한 승려로 평가받는다.

그리고 1935년 3월 7일과 8일 선학원의 바뀐 이름인 조선불교선리참구원(朝鮮佛敎禪理參究院)이 조선불교 수좌대회를 개최할 때, 조선불교 선종의 종정(宗正)으로 74세의 혜월과 만공(滿空), 한암(漢岩) 세 사람이 추대되었다.

세수로 보나 경허선사로부터 법을 이은 순서로 보나 혜월이 세 사람 중 첫째로 꼽히는 것은 당연한 일이었다.

혜월은 조선의 선종을 대표하는 종정으로 추대된 뒤에도 자신의 기관지염 치료를 위해 직접 솔방울을 주우러 다니며 정진하다 1937년 6월 16일 부산 선암사 밑 바위 아래의 소나무 가지를 잡은 채 서서 열반하였다.

이때 그의 나이는 세수 76세, 법랍 62세였다. 만년에 부산 선암사 아래에 안양암(安養庵)을 짓고 수행하던 혜월은 입적하기 전 제자 운봉(雲峰)에게

"일체의 변하는 법은(一切有爲法)/본래 진실한 실체가 없네(本無眞實相)/그 모습을 보고 무상한 뜻을 알면(於相義無相)/그것을 일러 견성이라 하네(卽名爲見性)"

라는 임종게를 남겼다.

혜월은 '무주상 보시의 자비도인'이요, 무소유의 '무심도인(無心道人)'이며, 천진무구했던 '천진불(天眞佛)'로서 한 세상 살다간 스님이다.

혜월당(慧月堂) 혜명(慧明)선사의 고향은 충청남도 예산군 덕산면 신평리다. 1862년 6월 19일생으로써 이때가 철종 13년이며, 본관은 평산(平山) 신(申) 씨다.

그의 나이 열두 살이 되던 1873년 고종 10년에 덕숭산의 정혜사(定慧寺)로 동진 출가하였는데, 집에 있다가는 목숨을 연명하기 힘들 정도로 가난했다는 것이 출가 동기였다.

은사인 혜안(慧安)스님이 친척이었다. 친척에게 의탁시켜 자식을 절에 맡긴 것이므로 부모들이 어느 정도 마음을 놓았을 것으로 여겨진다.

3년 동안의 행자기간을 거쳐 열다섯 살이 되던 1876년 비로소 사미계와 더불어 혜명이라는 법명을 받았다.

그로부터 정혜사에서 열아홉 살이 될 때까지 관음(觀音) 정진에 몰두하였다. 까막눈이었으므로 염불과 주력 이외의 수행 방법을 찾기도 어려웠을 것이다.

그 해 은사가 속퇴하면서 제자 혜명을 연암산 천장암에서 선풍(禪風)을 날리기 시작한 경허선사에게 보낸다.

이로써 혜명수좌와 당대의 최고 선지식이었던 경허선사의 극적인 운명적인 만남이 이루어진 것이었다. 천장암에서 살게 된 혜명을 위해 경허선사는 우선 글을 깨우칠 수 있도록 도왔다.

스물세 살이 되던 1884년부터는 보조국사(普照國師) 지눌(知訥·1158~1210)의 『수심결(修心訣)』을 가르쳤다.

이때 혜명수좌는 『수심결』 서두에 인용되어있는 중국 임제종(臨濟宗)의 개조인 임제(臨濟) 의현(義玄)의 법어인

" 네 눈앞에 항상 뚜렷하여, 홀로 밝고 형상없는 그것이라야, 비로소 법을 말하고 법을 듣느니라. "

하는 대목에서 과연 '그것이 무엇일까?' 라는 큰 의문을 갖게 된다.

이 무렵 어느 날 경허선사가 말했다.

"알겠느냐? 어느 물건이 설법하고 청법하느냐? 형상이 없되 뚜렷한 그 한 물건을 일러라."

이 말씀을 듣고 의문이 더욱 깊어져서 앞이 캄캄했고 가슴속에는 체증 같은 의심 덩어리가 꽉 뭉쳐있었다. 밥을 먹을 때나 밭에서 일할 때는 물론 잠잘 때까지도 이 한 생각을 가지고 일념으로 정진한 지 6일째 되는 날 스승 경허가 짚을 굴속으로 넣어주며 말했다.

"내일은 길을 떠나야 하니 짚신 하나 지어 놓거라."

스승의 뜻에 따라 짚신 한 켤레를 삼은 다음 모양새를 내기 위해 틀에 넣은 후

'탁' 하고 두드리는 순간 그토록 노심초사하던 '한 물건'의 뜻을 깨닫게 된 것이었다.

무심삼매(無心三昧) 중 신골을 치는 망치 소리에 '이 한 물건(一物)이 무엇인가' 하는 의심이 환하게 해소된 혜명은 스승에게 달려갔다.

이때 사제 간에 나눈 법거량이다.

'한 물건'은 부모로부터 태어나기 전의 본래면목(本來面目)으로서, '이 뭣고?' 화두의 참구 대상이다. 육조는

"나에게 한 물건이 있는데, 위로는 하늘을 받치고 아래로 땅을 괴었으며, 밝기는 일월 같고 검기는 칠통(漆桶)과 같아서 항상 나의 동정(動靜)하는 가운데 있으니, 이것이 무슨 물건인가?"

이 한 물건은 그 어떤 언어로도 규정할 수 없고, 생각으로도 헤아릴 수 없어서 부처님과 조사도 입을 뗄 수 없는 자리이기도 하다. 그래서 달마대사는 양무제에게 모른다는 뜻으로

'불식(不識)'

이라 말했다.,

육조의 인가를 받은 회양은

"설사 한 물건이라 해도 맞지 않다(設使一物也不中)"

고 했으며, 숭산은

"오직 모를 뿐"

이라고 했다.

마찬가지로 혜명스님은 '혜명의 본래면목'을 묻는 질문에, '역대 성인도 이치로는 알 수 없다'고 답한 것이었다.

황벽은 "찾으려해도 찾을 수 없고, 지혜로써 알 수도 없으며, 말로 표현할 수도 없으며, 경계인 사물을 통해서 이해할 수도 없고, 또 힘써 노력한다고 다다를 수도 없는 이것"을

"모든 불·보살과 일체 꿈틀거리는 미물까지도 똑같이 지닌 대열반의 성품(大涅槃性)", 또는 '신령스런 깨달음의 성품(靈覺性)'이라고 표현했었다.

그렇듯이 이 '각성(覺性)'을 깨닫는 참선은 물고기가 물을 찾는 것처럼 자명한 평상(平常)의 일이다.

또 각성은 주객(主客)과 자타(自他)가 사라진 경지여서 찾으면 찾을 수 없지만, 찾지 않으면 없는 곳이 없어서 산꼭대기의 바람이 지나가는 가운데도 있다.

이 '한 물건'은 무엇이라 말로 설명할 수는 없지만, 동쪽에서 서쪽으로 움직이는 작용을 통해 드러나는 것이기도 하다.

혜명스님은 '한 물건' 자체가 되어 언어와 생각을 떠나 경허의 질문에 척척 대답을 한 것이었다.

이렇게 해서 수월당 음관에 이어 두 번째로 경허의 선맥을 이은 혜월당 혜명은 이후 출가 본사인 정혜사로 돌아가 보임(保任)을 한 후 그곳에서 48세까지 머문 것으로 되어 있다.

이때의 나라 형편은 혜월이 출가를 할 당시보다 더 힘들어져 전국에서 아사자(餓死者)가 속출할 정도였다. 목구녕이 포도청이다 보니 굶어 죽지 않으려면 도둑질

이라도 하지 않을 수 없는 셈이었다.

이 무렵 어느 날 정혜사에 도둑이 들었다. 한밤중에 찾아온 불청객은 쌀가마를 훔쳐내서 지게에 얹어 놓는 데까지는 성공을 하였다. 문제는 그때부터였다.

몇 날 며칠을 쫄딱 굶었던 도둑은 쌀가마를 지고 일어날 수가 없었다.

낑낑거리며 용을 쓰고 있는데 누군가가 뒤에서 지게를 살짝 들어 올려 주는 것이었다. 깜짝 놀라 돌아보는 도둑에게 스님 한분이 나지막히 말했다.

"쉿! 다른 스님들 깰라. 넘어지지 않게 조심해서 내려가고, 먹을 것이 떨어지면 애들 굶기지 말고 또 올라오게나."

빙그레 웃고 있던 그 스님이 바로 혜월당 혜명이었다.

그는 48세 되던 1908년 활동무대를 영남지방으로 옮기는 결단을 내린다. 수월선사는 북으로 간 상현달이었다면, 혜월은 남쪽으로 가서 하현달이 된 것이었다.

그것은 일찍이 스승 경허가 삼월(三月)에게 당부한 것으로 그가 남쪽을 택한 것은 사제인 만공당 월면이 편안한 가운데 고향 땅에서 행화할 수 있도록 자리를 내어준 것으로 사형의 배려로 만공은 중천에 뜬 만월이 된 것이었다.

이들 세달이 조선의 하늘에 떠올라 삼천리 방방곡곡을 비추니 마침내는 경허의 법맥이 꺼져가던 조선 불교를 일으켜 세운 것이었다.

스승 경허선사가 삼수갑산의 도하동에서 입적했다는 사형 수월의 소식이 전해진 것은 혜월의 나이 52세 되던 해의 일이었다.

경허가 입적한 것은 1912년 4월이었으며, 그 소식이 도착한 것은 이듬해인 1913년 7월의 일이었다.

교통과 통신이 발달되어 있지 않은 때여서 그렇게 늦어진 것이었다. 소식을 듣자마자 혜월은 선암사의 철우(鐵牛), 운봉(雲峰), 운암(雲庵)스님 등과 함께 갑산으로 향했다.

만공 일행과 합류하여 경허스님 법구가 모셔진 산에 도착했는데, 찌는 듯한 무더위 때문에 선뜻 법구 수습을 할 수가 없었다. 이때 혜월이

"내가 하지"라고 말한 다음 소매를 걷어붙였다. 당시 상황을 제자 철우는 법어집에다 이렇게 기록해 놓았다.

"경허선사의 무덤을 파 화장을 하는데, 선사의 뼈는 장대한 황골이었고, 장례 중에 혜월선사는 그냥 말없이 눈물만 흘리셨다. 나는 이날 혜월선사의 눈물을 처음이자 마지막으로 보았다."

혜월은 천장암 시절 스승인 경허선사께서 재를 지내려고 마련해 놓았던 음식을 헐벗은 사람들에게 나누어주는 것으로 고인을 위한 보시를 했었는데,

그것을 보고 혜월은 죽은 사람보다 산 사람이 우선이고, 산 사람을 살리는 것이 고인을 진정으로 위하는 것이라는 사실을 사무치게 배워서 실천하기도 했다.

또한, 혜월은 철저하게 스승을 본받아 아주 검소하고 순박하여 소지품이라고는 발우 한 벌에 약간의 옷가지와 작은 이불 하나가 전부였다.

밤에 잠잘 때 깔 요도 없었고, 고된 노동일을 마다하지 않았어도 맨바닥에 잠깐 눈을 붙였다가 뜨는 식으로 몸을 돌보지 않는 등 스승이 옷 한 벌로 8년을 삼수갑산에서 보낸 것처럼 그 모습 그대로 실천하였다.

그리고 불쌍하거나 사정이 딱한 사람을 보면 가지고 있던 재물을 남김없이 보시했던 그는 항상 형식에 구애받지 않고 꾸밈없이 행동하며, 근면 탈속의 탐욕이 끊어진 격외(格外)의 자유를 누린 천진 보살의 희유한 선사였다.

그런 그였으니 달리 재화가 있을 리는 없었다.

신도들이 재를 올리기 위해 내놓은 돈이라도 장흥정에 쓰지 않고 불쌍한 사람들을 만나면 그들을 구하는데 무조건 먼저 사용한 것이었으니, 또한 스승 경허의 경계다.

그 옛날 스승 경허는 그게 진정으로 고인을 위하는 것이지 와서 먹고 가는 것도 아닌데 꼭 과일을 사다가 제상에 올리는 것이 고인을 위하는 것이 아니라고 가르쳤고, 제자 혜월은 배운 대로 실천에 옮긴 것이었다. 제대로 가르치고 제대로 배운 것이라고 여겨진다.

혜월당 혜명의 발길은 영남 구석구석에 미쳤다. 오늘날 영남인들의 불심이 어느 지방과 견주어도 결코 뒤지지 않을 만큼 융성하게 된 데에는 그의 공이 큰 것으로 이 모두가 혜월의 음덕으로 여겨진다.

그는 선산의 도리사(桃李寺), 팔공산 파계사(把溪寺)), 통도사, 양산 천성산(千聖山) 미타암(彌陀庵과 원효암, 통도사 극락암, 범어사 등등을 옮겨 다니며 후학을 지도하였다.

혜월선사는 거처를 옮길 때마다 불모지를 개간하여 논밭을 일구는 일에 열심이어서 사람들은 그를 '개간(開墾)선사'라 부르고는 하였다.

손에서는 괭이를 놓지 않고 논밭을 일구고, 곡식을 심어 가꾸는 한편 땔나무를 하고, 그러고도 틈이 나면 경내를 청소하고, 짚신을 삼고, 새끼를 꼬았다.

그는 평생 동안 하루 일하지 않으면 하루 먹지 않는다는 '일일부작(一日不作) 일일불식(一日不食)'의 백장 청규를 몸소 실천에 옮긴 선사로 역시 경허를 잇고 있다.

당시 그의 사제인 만공당 월면은 사찰중창 불사에 매진하고 있었다. 조선조 5

백 년 동안 계속된 숭유억불의 결과로 유서 깊은 고찰들이 거의가 다 법당에 물이 샐 정도로 쇠락하였으므로 사찰 중건은 꺼져가던 불심을 되살리는 중요한 불사였던 것으로 사료된다.

그리고 백용성(龍城)은 역경(譯經)과 포교를 통해 불교 중흥을 이끌어내려고 진력한 바 있다.

불양답의 대부분을 유림들에게 빼앗겨버려 절 살림이 곤고한데도 굶지 않을 방법을 찾아 출가를 하는 사람들은 줄을 잇고 있던 때이어서, 혜월은 불모지 개간 사업에 매진하는 방법을 택한 것이었다.

그리하여 세상사람들은 이들을 당대의 3대 걸승(傑僧)으로 꼽는다.

무소유(無所有)와 천진(天眞)으로 생애를 일관하며 가는 곳마다 개간을 하던 혜월이 금정산(金井山) 선암사(仙巖寺)의 주지를 맡은 것은 1921년의 일이었다.

세수 61세로서 환갑을 맞은 나이임에도 불구하고 다시 곡괭이를 들었다.

다시 또 산을 개간하여 논을 만들기 위해 문전옥답 다섯 마지기를 팔아서 그 돈으로 일꾼들을 고용한 다음 산자락에다 다랑이 논을 만들기 시작했다.

잡목을 베어내고, 천수답을 개간하는일은 생각보다 힘이 드는 것이었다. 일하다가 지치면 일꾼 대중들은 들은 꾀를 내어 혜월에게 말했다.

"큰스님 법문 한자리 해주이소?"

혜월은 이 청을 물리치지 않고 법문을 해주면 이럭저럭 하루해가 저문다.

이런 식으로 개간을 하다 보니 문전옥답 다섯 마지기 판돈이 품삯으로 다 들어갔는데도 산골짜기 천수답은 겨우 세 마지기 밖에 만들지 못했다.

그래도 스님은 매우 흡족히 여기시고 아침마다 산에 올라가 새 논을 내려다보며 즐거워하였다. 이를 본 제자가 한마디 했다.

"스님, 문전옥답 다섯 마지기 팔아서, 겨우 산비탈에 자갈논 서마지기 밖에 못 만들었습니다. 이만저만 손해를 본 것이 아닌데, 뭐가 그리 좋으세요?"

그러자 천진 보살 혜월이 말했다.

"문전옥답 다섯 마지기는 그대로 있지, 논 판 돈은 일군들이 품삯으로 가져가서 그 동안 잘 먹고 살았지, 산비탈에 없던 논 세 마지기가 새로 생겼으니, 이거야말로 이윤을 보아도 크게 본것이 아니란 말이냐?"

"스님, 그게 손해가 아니라 이득을 본 것이란 말씀이세요?"

"인석아, 너는 어찌 중이 되어 가지고 계산법이 그 모양이냐? 나는 이득을 보아도 아주 크게 보았느니라."

천하의 도인인 혜월의 눈에 나의 것, 남의 것을 가름하는 소유권등기의 개념 따위는 세속의 잣대로 가당치 않은 것이었다.

내원사 시절 혜월은 다시 또 대중들과 더불어 몇 해에 걸쳐 황무지 2,000여 평을 개간 훌륭한 논을 만든 적이 있었다.

이것을 욕심낸 마을 사람의 청에 따라 그 가운데 세 마지기를 팔게 되었다.

교활했던 매입자는 값을 제대로 처주지 않고 혜월의 천진한 마음을 속여서 두 마지기 값만 치렀다. 제자들이 그를 힐책하였다. 이때도 혜월은 이렇게 말했었다.

"논 세 마지기는 그대로 있고, 여기 두마지기 논 값이 있으니, 논이 다섯 마지기로 불어

버렸는데, 무엇이 불만인고? 장사는 마땅히 이렇게 해야 하는 것이니라."

혜월선사의 자갈밭 개간과 논 값에 얽힌 일화는 그의 세간적인 소유욕을 넘어선 대승적 계산법과 천진성을 보여주기에 충분한 것들이다.

농사 이외에 돈벌이를 할 수 있는 산업이 달리 없던 때 땅이 찾아하는 비중은 쌀이 남아돌아 처치 곤란인 지금과는 비교를 할 수 없을 만큼 중요한 것이었기 때문이다.

중생들의 밥줄인 생명줄이 달려 있기 때문이다. 그러니 더욱 혜월의 계산법이 돋보인다.

혜월의 계산은 누가 먹어도 먹고 사는 사람이 있으면 되기에 개간을 한 것이지 자신만을 위해 그렇게 한 것은 결코 아니었던 것이다.

이처럼 혜월은 개간선사라는 것은 그가 농부처럼 살았다는 것을 의미한다. 다른 동력을 구하기 어려운 때 농사를 짓는데 반드시 필요한 것이 소다.

그래서 선사는 가는 곳마다 소를 길렀다.

그래서 소와 얽힌 일화도 많은데, 혜월이 출타 중인 틈을 타서 고봉이 몇몇 스님들을 꼬드겨 절에서 키우던 소를 팔아 그 돈으로 곡차를 실컷 사 마셨다.

남은 돈으로는 맛있는 반찬을 장만해 대중공양을 했다.

출타중이던 혜월이 돌아와 보니 소는 없어졌고 스님들은 예불도 안 올리고 모두 술에 떨어져 자고 있었다. 혜월은 대중을 다 깨운 다음 물었다.

"소를 어떻게 했느냐?"

제자들은 겁이 나서 말도 못하고 고봉만 바라보고 있었다.

혜월은 이내 고봉의 소행인 줄 알았지만 모른 체 다시 고함을 쳤다.

"소를 어떻게 했느냐?"

그러자 고봉이 일어나서 옷을 벗고 혜월 앞에서 네 발로 기어 다니며 "음매!" 하고 소 우는 흉내를 냈다.

그러자 혜월은 고봉스님의 볼기짝을 한 대 후려치고는 말했다.

"내 소는 어미소이지 이런 송아지가 아니다."

운봉(雲峰)은 혜월선사의 전법제자다. 그의 손법제자 중에서 조계종 원로의원을 지낸 바 있는 진제는 위 일화를 회고하며

"깨달음을 찾는 납자들의 세계에서는 소를 판 '엄청난 일'도 공부의 방편"으로 삼았다고 술회하였다.

하루는 어떤 스님이 혜월을 찾아 왔을 때 혜월이 물었다.

"자네 어디서 왔는고?"

"전라도에서 왔습니다."

"이곳에 무엇하러 왔는가?"

"참선 공부하러 왔습니다."

"참선은 해서 뭣하려고?"

"부처가 되려 합니다."

"참선은 앉아서 하는가, 서서 하는가?"

"앉아서 합니다. "

"그놈의 부처는 다리병신인 모양이지, 앉아만 있게!"

1924년 11월 15일 일제강점기하의 선학원(禪學院)에서 제 3회 선우공제회(禪友共濟會) 정기총회를 열었을 때 63세의 혜월이 법주로 추대되었다.

 당시 선우공제회는 통상회원 203인과 특별회원 162인의 선승들이 회원이었는데, 선풍(禪風) 진작을 위해 노력하는 것이 목적이었다.

그리고 1935년 3월 7일과 8일 선학원의 바뀐 이름인 조선불교선리참구원(朝鮮佛敎禪理參究院)에서 조선불교 수좌대회를 개최할 때는 조선불교 선종의 종정(宗正)으로 74세의 혜월과 만공, 한암(漢岩) 세 사람이 추대되었다.

세수로 보나 경허선사로부터 법을 받은 순서로 보나 혜월이 세 사람 중 첫째로 꼽히는 것은 당연한 일이었을 것이다.

부산 선암사에 계실 때 혜월선사께서 대중법회를 열고 다음과 같은 요지의 설법을 하셨다.

 "나에게는 사람을 살리기도 하고 죽이기도 하는 활인검(活人劍)과 사인검(死人劍) 등, 두 자루의 명검이 있다"

그러나 스님은 사람을 살린다는 활인검도, 사람을 죽인다는 사인검도 어느 누구에게 실제로 보여주지 않았다.

그래서 혜월이 가지고 계신다는 두 자루의 명검은 신비의 베일 속에 쌓여 있었다.

천하 명검에 대한 소문은 신도들의 입을 통해 널리 퍼져 나갔다.

이 무렵 경상도 전역을 관할하고 있던 일본인 헌병대장이 이 명검에 대한 소문을 듣게 되었다.

사람을 죽이는 명검은 당연히 있을 수 있겠지만, 사람을 살리는 명검이 있다는 것은 처음 들어보는 소리였다.

궁금증을 견딜 수 없었던 헌병대장은 참지 못하고 선암사로 올라갔다. 이때 혜월스님은 산에 나무를 하러 가고 없었다.

한참을 기다리고 있자니 허름한 차림의 스님이 지게에 나뭇짐을 지고 내려왔다.

시자로부터 그가 활인검, 사인검을 가지고 있는 혜월선사라는 말을 들은 헌병대장은 적잖이 실망했다.

명검을 지닌 선사라면 풍모부터 그럴 듯 하리라고 상상했었는데 나뭇짐을 지고 내려온 혜월의 모습은 너무도 오종종한 중늙은이에 불과했던 것이다.

헌병대장은 실망감을 감추고 물었다.

"스님께서 활인검, 사인검을 가지고 계신다기에 그걸 구경하러 왔습니다."

"그러신가. 그럼 보여줄 테니 나를 따라 오시게."

혜월은 섬돌 축대위로 성큼 올라섰다. 헌병대장도 스님의 뒤를 따라 섬돌 축대 위로 올라갔다.

그 순간, 스님이 돌아서더니 느닷없이 헌병 대장의 뺨을 후려쳤다. 헌병 대장은 순식간에 축대 밑으로 굴러 떨어졌다.

가까이 다가온 스님이 한 손을 내밀어 헌병 대장을 일으켜 세우며 말했다.

"방금 전 당신의 뺨을 때린 손이 죽이는 칼이요. 지금 당신을 일으켜 세우는 손은 살리는 칼이오."

혜월선사는 조선 선종을 대표하는 종정으로 추대된 뒤에도 손수 솔방울을 주우러 다녔다. 솔방울은 사중의 땔감으로 사용하기 위한 것이었다.

1937년 6월 16일 스님은 평소처럼 산에 가서 솔방울을 주운 다음 절로 돌아오고 있었다.

늘 쉬어가던 곳에서 한숨 돌린 스님은 백양산과 마을을 바라본 후 자리에서 반쯤 일어나더니 그대로 원적에 드시었다.

세수 76세, 법랍은 62세였다. 스님의 유훈에 따라 법구는 화장 후, 사리를 수습하지 않았고, 한 줌의 재가 되어 백양산에 뿌려졌다.

부도와 비를 세우지 않은 것도 스님의 뜻을 따른 것이다.

무주상 보시의 자비도인이요, 무소유의 무심도인(無心道人)이며, 천진무구했던 천진불(天眞佛) 혜월의 법맥은 운봉을 통해 향곡과 진제에게 계승되었다.

혜월선사께서는 24세 때 깨달음을 얻으신 후 27년 동안 덕숭산에 주(住)하시다가, 51세 이후로는 남방의 제선방(諸禪房)을 두루 유력(遊歷)하시면서 납자를 제접(提接)하셨다.

당시 선사의 법기를 쓰심은 '신(申) 혜월 미투리 방망이에 80여 남방 선지식이 모두 다 빙소와해(氷消瓦解)되었다.'는 유행어가 생겼을 만큼 독특했다.

수많은 선지식께서 수행 오도한 후 열반을 하셨지만, 일생을 천진함과 무심으로 모든 중생들을 제접한 혜월선사 만큼 특이한 열반의 모습을 보여주신 분은 드물다.

노년에는 시간이 있을 때는 항시 뒷산에 오르셔서 솔방울을 주어 자루에 담아 내려오시곤 하셨다. 열반에 드시기 전에도 솔방울을 줏기 위해 산에 오르셨다.

항상 오르내리실 적마다 잠시 앉아서 쉬는 장소가 있는데 솔방울을 한 짐이나 지고 쉬고 계시던 자리에서 반쯤 일어나시다가, 그대로 몸을 벗어버리고 열반에 드신 것이다. 참으로 희유한 열반의 모습을 보이셨다.

그때가 세수 76세, 법랍은 65세였다.

조계종 총무원 포교원장을 지냈던 내원정사 주지 정련 스님은 혜월의 법제자인 석호 스님의 제자 석암 스님을 은사로 1957년 이곳 선암사에 출가했다.

혜월이 열반한 지 20년이 넘은 뒤였지만 향곡·석암·동춘 스님 등 혜월의 선을 이은 스님들이 주지로 머물며 소림선방을 운영해 지월·서옹·석주 스님 등 당대의 선지식들이 흐트러짐 없이 정진하는 모습을 보며 환희심을 내곤 했다.

중증장애인시설 반야원을 만들어 대중의 보시를 자비로 환원하는 그의 지표가 된 것은 당시부터 귀가 닳도록 듣던 혜월의 삶이었다.

부처님께서 영산회상(靈山會上)에 개고기를 달아놓으니 십대제자(十代弟子)와 문수(文殊)·보현(普賢) 큰보살들이 앞을 다투어 양고기를 팔았고, 달마대사는 인도에서 신비로운 부적(符籍)을 가져와 중국 땅에 파셨음이라.

달마 대사께서 중국에 가져오신 천하에 신비로운 부적은 문자(文字)와 형상(形相)이 없는 부적이다.

"만약 이 부적을 가질 것 같으면, 나고 죽는 고통에서 영구히 벗어나고 많은 생(生)에 지어온 잘못된 인습(因習)이 당하(當下)에 소멸되어 억만 년이 다하도록 복락을 누리리니, 이 고귀한 부적을 살 자가 있느냐?"

하시니, 혜가(慧可) 가 얼른 샀다.

이 혜가 대사로 좇아서 삼조(三祖), 육조(六祖), 마조(馬祖), 임제(臨濟), 덕산(德山)에 이르렀다.

임제, 덕산은 북을 치고 징을 쳐서,

"이 부적을 살 자가 없느냐?"

하고 선전을 해 대니, 만 사람이 사서 그 부적의 신비로움을 알고 금일에 까지 전해왔다.

시회대중(時會大衆) 가운데 이 신비로운 부적을 살 자가 있거든, 금일에 산승(山僧)이 주리니, 분명히 받아 가지소서.

잠시 묵묵히 계시다가 주장자(拄杖子)를 한 번 치셨다.

근세에 우리나라에 위대한 무심도인(無心道人)이 한 분 계셨는데, 그 분이 바로 혜월(慧月) 선사이시다.

선사께서는 근세 선불교의 중흥조(中興祖)이신 경허(鏡虛) 선사로부터 법을 전수받아, 남방을 두루 유력(遊歷)하시면서 납자(衲子)와 신심(信心) 있는 이들을 선법(禪法)으로 제도하시다 가셨다.

선사께서는 선방(禪房)에 고요히 앉아 좌정(坐定)하시기보다는 뙤약볕 아래에서 얼굴이 그을도록 논밭을 일구고, 장터를 오가고, 미투리를 삼고, 빗자루를 매는 등, 소박한 일상생활 가운데서 대적정(大寂定)의 무심(無心)을 수용하며 사셨던 분이다.

그래서 선사의 일생 행(行)은 무심(無心)의 행(行)이었다. 서너 살 먹은 어린 아이들이 부끄러움도 모르고, 남이 눈치하는 것도 모르고, 하고 싶은 대로 다 행하듯이, 그와 같은 천진행(天眞行)으로 일생을 사셨던 것이다.

부산 선암사(仙岩寺)에 계실 때, 일등 호답(一等好畓) 다섯 마지기를 팔아서 산중 논을 개간하셨는데, 여러 달 만에 겨우 세 마지기를 개간하신 적이 있었다.

다섯 마지기를 팔아서 개간을 했으면 적어도 일고여덟 마지기로 불어나야 하는데, 왜 겨우 세 마지기밖에 개간하지 못했느냐?

일꾼들이 일하다가 게으름이 나면,

사람 사람의 마음 가운데는 이 무사의 칼보다도 더 무서운 번뇌(煩惱)의 칼이 있다. 아만심, 교만심, 시기, 질투, 탐심, 애욕, 이러한 것들이 전신(全身)을 휘감아 '나'를 꼼짝 못 하게 한다.

참선(參禪)은 마음 가운데 있는 이러한 중중(重重)의 습기(習氣)를 없애는 것이다.

그러므로 우리가 선수행(禪修行)을 잘 해서, 마음의 번뇌가 다하여 무심(無心)의 경지를 수용하게 되면, 그때는 백천 염라대왕이 백천 검을 휘두르고 오더라도 잡아갈 수가 없는 법이다.

시회대중(時會大衆)은 무심도인 혜월 선사를 알겠는가?

혜월스님 친필 '천중천'은 무심도인의 경지 그대로 근대 선지식 혜월의 친필 휘호다. 세수 73세 때 친필 휘호다.

天·中·天은 부처님의 상징으로 조선시대 억불숭유로 뿌리가 흔들린 한국불교를 다시 일으켜 세우는 '중흥의 씨앗'을 뿌린 경허의 법제자인 혜월혜명(慧月慧明, 1862~1937)스님이 남긴 친필 휘호가 확인됐다.

경허의 법맥을 계승해 수 많은 납자들을 깨달음의 길로 인도한 무심도인(無心道人)으로 유명한 혜월은 오직 참선 수행에 전념해 글씨를 거의 남기지 않았다.

이번에 확인된 휘호는 10년간 혜월스님을 시봉한 바 있는 성공(性空)이 소장해 온 것으로 '天中天(천중천)'이란 한문 글씨이다.

천중천은 '하늘 가운데 하늘'이란 뜻으로 세상에서 가장 존귀한 '부처님'을 상징적으로 나타낸 말이다.

이번에 확인된 혜월의 필체는 무심도인의 경지를 그대로 보여주는 듯 자유롭다. 서툴고 붓을 잡고 쓴 것처럼 보인다. 하지만 천진(天眞)함 그대로의 느낌이 가득 전해오는 필체이다.

'천중천' 글씨의 왼쪽에는 세로로 '七十三歲老翁慧月禪師天眞筆(73세노옹혜월선사천진필)'이라는 메모가 적혀 있다.

즉 '혜월노스님이 73세에 조금도 꾸밈이 없이 쓴 글'이란 뜻이다.

혜월스님이 입적한 해가 1937년임을 고려할 때, 이번에 확인된 '천중천' 글씨는 1935년 작품으로 보인다. '천중천' 글씨와 '메모' 내용의 필체가 다르다.

이는 혜월스님이 쓴 글씨 옆에, 휘호를 작성한 시기와 필자를 다른 사람이 적어 놓은 것으로 추정된다.

어떤 이유로 혜월이 이 글씨를 썼는지 궁금하다.

1960년대 〈대한불교(지금의 불교신문)〉 지면에는 혜월의 사진이 실려 있는데, 사진 위에 '천중천'이란 글씨가 있다. 이 글씨는 이번에 확인된 것과 같은 필체이다.

1862년 6월19일 충남 예산에서 태어난 혜월은 13세에 덕숭산 정혜사로 입산해, 15세에 혜안(慧眼)을 은사로 출가해 정진했다.

이후 24세 되던 해에 당대의 선지식인 경허를 만나 새롭게 발심해 정진하다 인가를 받고 스승의 법맥을 이었다.

27년간 덕숭산에 머물며 보림(保任)하던 혜월은 51세 무렵에 남쪽으로 주석처를 옮겼다. 양산 미타암, 내원암, 부산 선암사에 머물며 납자들을 지도했다.

스님은 1937년 홀연히 원적에 들었다. 이때 세수 75세. 법납 63세. 제자로 운봉(雲峰).호봉(虎峰).운암(雲庵).철우(鐵牛) 등이 있다.

"처음 논 다섯마지기는 그대로 있지 않느냐. 그리고 자갈밭 세 마지기가 더 생

경허의 세 제자는 각기 다른 곳에서 불법을 전파했다.

수월은 북쪽으로 가서 간도에서 살다 열반에 들었다. 혜월은 남쪽으로 내려갔다. 막내인 만공은 가운데 남아 수덕사에서 주로 지냈다.

이렇게 된 데는 연유가 있다. 1912년께 였다고 한다. 경허의 세 달인 수월과 혜월, 만공이 한 곳에 모여 스승의 유언대로 약속을 했다.

수월은 북쪽으로 가 달이 되고, 혜월은 남쪽으로 가 달이 될 것이며, 만공은 가운데 남아 달이 되기로 약속했다는 것이다.

그래서 수월을 상현달(上弦)이라 부르고, 혜월을 하현달(下弦), 만공을 보름달인 만월(滿月)이라고 부른다.

혜월은 당초 약속대로 남쪽으로 길을 떠났다. 드디어 남녘의 하늘에 하현달이 뜨게 된 것이다.

혜월이 52세 되던 1913년 7월 스승인 경허선사가 갑산 도하동에서 입적했다는 소식을 수월(水月)선사로부터 듣고 덕숭산에 있던 만공(滿空)에게 연락해 함께 갑산으로 갔다.

그 곳에서 세 제자는 경허의 시신을 다비하고 그가 남긴 유품을 정리했다.

혜월은 이후 선산 도리사(桃李寺), 팔공산 파계사(把溪寺) 미타암(彌陀庵), 통도사, 양산 천성산(千聖山) 미타암과 원효암, 통도사 극락암, 범어사 등 남쪽에 머무르면서 후학을 지도하였다.

혜월은 가는 곳마다 수행 정진에 몰두했고, 여가가 나면, 김매고 나무하며 사찰 안을 말끔히 청소했다. 밤이면 짚신 삼고, 새끼를 꼬았다.

그는 평생동안 하루 일하지 않으면 하루 먹지 않는다는 '일일부작(一日不作) 일일불식(一日不食)'의 생활을 준수했다.

그 뿐만 아니라, 가는 곳마다 불모지를 개간하여 논밭을 일구었다. 그래서 혜월에게는 '개간(開墾) 선사'라는 별명이 붙을 정도였다.

일제 지배 시절의 남총독이 혜월에게 불법을 묻자 스님은 "귀신방귀에 털이 났지" 하고 답했다. 남총독은 두말없이 물러갔다.

이 이야기가 한국은 물론 일본까지 전해지자, 일본의 한 사무라이가 "스님의 콧대를 꺾어 놓겠다" 며 그를 찾았다는 후문이다.

"스님, 옷 좀 우리에게 보시하십쇼."

혜월이 마을에 나타나면 동네 거지들이 뒤를 따라 다녔다. 마음 좋기로 소문난 스님이 무슨 일이든 다 들어주기 때문이다.

옷을 달라면 옷을 주고, 먹을 것을 달라면 먹을 것을 주니, 거지들에게 스님은 부처님이나 마찬가지였다.

승복을 벗어준 혜월은 더럽고 낡은 거지 옷으로 갈아입고 선암사로 돌아오는 일이 한두 번이 아니었다.

"신도들이 스님 옷 대주기 바빴다"는 이야기가 지금도 전해온다.

일제가 수탈을 일삼던 시기로 먹고 사는 일이 너무 어려워 많은 사람이 유랑하던 시절, 중생의 아픔을 보듬어 준 스님은 '천진보살'이었다.

스님은 차별을 두지 않고 대중을 맞이했다.

출.재가를 분별하지 않았고, 재산.명예.지위도 혜월에게는 중요하지 않았다. 그저 깨달음을 이뤄야 할 수행자이며 중생일 뿐 이상도 이하도 아니었다.

누구든 절에 왔다 돌아가면 문 밖까지 나와 공손하게 합장하며 배웅했다고 한다. 부산 원효정사 회주 법산은 "보살행을 하셨지만 도인이라는 상(相)을 내지 않으셨던 분"이라고 말했다.

혜월은 법을 전해준 경허(鏡虛)스님이 북방에서 입적해 마을 뒷산에 법구를 모셨다는 소식을 전해 들었다.

수월(水月)이 만공(滿空)에게 편지를 보내온 것이다.

경허스님 입적은 1912년 4월이었으며, 소식이 도착한 것은 이듬해 여름으로 추정된다. 혜월은 철우(鐵牛), 운봉(雲峰), 운암(雲庵) 등 선암사 대중 5~6명과 함께 갑산으로 향했다.

만공 일행과 합류한 혜월은 경허스님 법구가 모셔진 산에 도착했다.

찌는 듯한 무더위로 법구 수습에 선뜻 나서기 어려웠다. 이때 혜월은 "내가 하지"라며 법구를 모셨다. 철우 법어집에는 당시 상황을 이렇게 기록해 놓았다.

"혜월선사는 철우스님을 앞세우고 다른 스님 몇 분과 수덕사의 만공스님을 모시고 가서 경허선사의 무덤을 파 화장을 하게 되었다. 경허선사의 뼈는 장대한 황골이었고 장례 중에 혜월선사는 그냥 말없이 눈물만 흘리셨는데, 철우스님은 그날 혜월선사의 눈물을 처음 보았다고 한다."

혜월 열반 상황에 대해선 여러 가지 설이 있다.

백양산에서 솔방울을 주워 자루에 담고 내려오는 길에 산기슭에서 입적했다는 이야기가 전해온다. 또 하나는 마을에 다녀올 때면 백양산 중턱 길에서 한 번씩 쉬었는데, 그곳에서 서서 입적했다는 것이다.

1937년 2월 어느 날. 그날도 혜월은 평소처럼 장을 보고 절로 돌아오고 있었다. 늘 쉬어가던 곳에서 한숨 돌린 혜월은 선암사와 마을을 한번 바라본 후 자리에서 반쯤 일어나는 자세를 취하다 원적에 들었다.

가고 옴이 따로 없는 선지식의 열반을 혜월이 보여준 것이다.

길에서 열반에 든 부처님처럼 혜월은 집착하지 않는 삶의 가르침을 마지막 순간까지 보여주었다.

어느 날 혜월이 공양을 마치고 양치하는데 치사리(齒舍利)가 나와 방광(放光)을 했다고 한다. 이를 본 혜월은 바닥에 떨어진 치사리를 발로 깔아뭉개면서 말했다.

"에이, 고약한 놈."

스님의 유훈에 따라 법구는 화장후 사리를 수습하지 않고 백양산으로 돌아갔다.

부도와 비를 세우지 않은 것도 스님의 뜻을 따른 것이다.

진제는 "입적에 들기 전 혜월선사는 백양산에 올라 떨어진 솔방울을 주워 불 땔 때는 일로 소일 하셨다"면서 "일생을 무심도인의 경지에서 수행 정진하신 진정한 선지식"이라고 설했다.

그리고 혜월 선사 일화를 꺼냈다. 일제가 36년간 우리나라를 통치할 무렵, 남(미나미 지로) 총독이 새로운 총독으로 일본에서 건너올 때 일왕에게서 한국에 가거든 선사를 조심하라는 말을 들었다.

임진왜란 당시 서산·사명 대사 두 선사 때문에 평화조약도 맺고 포로를 데려왔던 전례가 있었기 때문이었다.

남 총독이 혜월 선사를 찾아가 한 가지 물었다.

"어떤 것이 가장 높고 깊은 진리입니까."

여기에 혜월 선사는

"높고 깊은 부처님의 진리? 귀신 방귀에 털이 났다"

라고 하며 하하하 웃었다.

남 총독이 혜월 선사에게 방망이 맞고 도망갔다는 소문이 삽시간에 퍼졌다.

남 총독 사무라이 제자가 자기 스승이 망신을 당했다고 장검을 차고 혜월 선사 있는 방문을 열어젖히고 장검을 목에 댔다.

죄 없는 선사 목을 베려고 하니 그 병사도 불안했다. 뒤를 돌아보는 찰나에 선사는 "내 칼 받아라"며 어깨를 쳤다. 그러자 그 병사는 칼을 거두고 "과연 위대하십니다" 며 큰절을 하고 돌아갔다.

만약 선사가 우물쭈물하고 죽음을 두려워했다면 그 당당한 힘이 나올 리 없었다.

성은 신씨(申氏). 호는 혜월(慧月). 충청남도 예산 출신. 1871년(고종 8) 덕숭산 정혜사(定慧寺)로 출가하여 안수좌(安首座)의 제자가 되었고, 1884년에 경허(鏡虛)로부터 보조국사(普照國師)의 ≪수심결 修心訣≫을 배우다가 깊은 뜻을 깨달았으며, 1902년 오도하여 경허의 법맥을 이어받았다.

1908년부터 도리사(桃李寺), 파계사(把溪寺) 성전(聖殿), 울산 미타암(彌陀庵), 통도사, 천성산 내원사(內院寺) 등에 머무르면서 후학들을 지도하였다.

특히, 무소유(無所有)와 천진(天眞)으로 생애를 일관하여 가는 곳마다 많은 일화를 남겼다.

파계사 성전에 있을 때에는 함께 있는 동승(童僧)에게 '큰 스님'이라 부르면서 존대하였고, 내원사에 있을 때에는 승려들에게 포식을 시키기 위하여 소를 판 뒤, 소를 찾는 주지 앞에서 발가벗고 소걸음을 흉내내며 소울음을 울었다고 한다.

또한, 평생 동안 '하루 일하지 않으면 하루 먹지 않는다는 '一日不作一日不食'의 생활을 준수하였고, 가는 곳마다 불모지를 개간하여 논밭을 일구었다.

당시의 사람들은 만공(滿空)의 사찰건축, 용성(龍城)의 역경(譯經), 그의 개간사업을 높이 받들어, 이들 세 고승을 당대의 3대 걸승이라 하였다.

내원사에 있을 때에는 손수 산 2,000여 평을 개간하여 훌륭한 논으로 만들었는데, 그 가운데 세 마지기의 논을 마을 사람의 요청으로 팔게 되었다.

대금을 받아 돌아왔으나 그 돈이 두 마지기 값밖에 되지 않자 제자들이 힐책하였다. 이 때

"논 세 마지기는 그대로 있고 여기 두 마지기 값이 있으니 다섯 마지기가 아니냐! 욕심이 없는 승려의 장사는 이렇게 해야 한다."

고 하였다는 일화는 두고두고 회자된다.

그는 언제나 보시를 행하고 꾸밈없이 행동하며, 근면 탈속의 탐욕이 끊어진 근래의 희유한 승려로 평가받고 있다.

1937년 부산 범일동 안양암(安養庵)에서 제자 운봉(雲峰)에게,

"일체의 변하는 법은 본래 진실한 모습이 없다. 그 모습의 뜻이 무상임을 알면 그것을 이름하여 견성이라 한다(一切有爲法 本無眞實相 於相義無相 卽名爲見性)."

라는 임종게(臨終偈)를 남기고 입적하였다.

한국 불교계에 대표적인 선지식을 말할 때 흔히 '남진제 북송담'이라고 한다. 남쪽의 진제 스님과 북쪽의 송담 스님을 말한다.

진제 스님은 1934년 경남 남해에서 태어났다. 51년 남해 해관암에서 석우 스님을 은사로 출가했으며 53년 해인사에서 석우 스님을 계사로 사미계를 받았다.

동화사 상원사 각화사 묘관음사 등 제방 선원에서 정진했다. 속세 나이 33세인 67년 향곡 선사로부터 법을 인가받아 경허-혜월-운봉-향곡 선사로 전해 온 법맥을 이었다.

2003년 조계종 원로의원에 추대됐으며, 2004년 5월 조계종 대종사 법계를 품수받았다. 현재 대구 동화사 금당선원과 해운정사 조실로 주석하고 있다.

불조 법맥 (佛祖 法脈)

부처와 조사 스님(부처 이후로 깨달음의 경지에 오른 도인)으로 내려오는 깨달음의 법맥은 석가세존의 상수제자(수제자)인 마하가섭을 초조(初祖)로 27조까지 인도에서 이어지다가 28조 보리달마 때부터 중국으로 넘어갔다.

57조 태고보우 때부터 한국으로 넘어와 서산대사로 유명한 63조 청허휴정을 거치면서 이어져 오고 있다.

근세사에서의 법손은 75조 경허성우, 76조 혜월혜명, 77조 운봉성수, 78조 향곡혜림 등이다.

불조정전법맥(佛祖正傳法脈)은 다음과 같다.

초조(初祖) 마하가섭(摩訶迦葉)
제2조 아난존자(阿難尊者)
제3조 상나화수(商那和修)
제4조 우바국다(優婆掬多)
제5조 제다가(提多迦)
제6조 미차가(彌遮迦)
제7조 바수밀다(婆須密多)
제8조 불타난제(佛陀難提)
제9조 복타밀다(伏馱密多)
제10조 협존자(脇尊者)
제11조 부나야사(富那夜奢)
제12조 마명대사(馬鳴大師)
제13조 가비마라(迦毘滅)
제14조 용수대사(龍樹大師)
제15조 가나제바(迦那提婆)
제16조 라후라다(羅喉羅多)
제17조 승가난제(僧伽難提)
제18조 가야사다(伽倻舍多)

제19조 구마라다(鳩滅多)
제20조 사야다(闍夜多)
제21조 바수반두(婆修盤頭)
제22조 마나라(摩拏羅)
제23조 학륵나(鶴勒那)
제24조 사자존자(師者尊者)
제25조 바사사다(婆舍斯多)
제26조 불여밀다(不如密多)
제27조 반야다라(般若多羅)

중화조사(中華祖師)

제28조 보리달마(菩提達磨)
제29조 이조혜가(二祖慧可)
제30조 삼조승찬(三祖僧璨)
제31조 사조도신(四祖道信)
제32조 오조홍인(五祖弘忍)
제33조 육조혜능(六祖慧能)
제34조 남악회양(南嶽懷讓)
제35조 마조도일(馬祖道一)
제36조 백장회해(百丈懷海)
제37조 황벽희운(黃檗希運)
제38조 임제의현(臨濟義玄)
제39조 흥화존장(興化存奬)
제40조 남원도옹(南院道顒)
제41조 풍혈연소(風穴延沼)
제42조 수산성념(首山省念)
제43조 분양선소(紛陽善昭)
제44조 자명초원(慈明楚圓)
제45조 양기방회(楊岐方會)
제46조 백운수단(白雲守端)
제47조 오조법연(五祖法演)

제48조 원오극근(圓悟克勤)
제49조 호구소융(虎丘紹隆)
제50조 응암담화(應庵曇華)
제51조 밀암함걸(密庵咸傑)
제52조 파암조선(破庵祖先)
제53조 무준원조(無準圓照)
제54조 설암혜랑(雪巖惠朗)
제55조 급암종신(及庵宗信)
제56조 석옥청공(石屋淸珙)

아국조사(我國祖師)

제57조 태고보우(太古普愚)
제58조 환암혼수(幻庵混修)
제59조 구곡각운(龜谷覺雲)
제60조 벽계정심(碧溪淨心)
제61조 벽송지엄(碧松智嚴)
제62조 부용영관(芙蓉靈觀)
제63조 청허휴정(淸虛休靜)
제64조 편양언기(鞭羊彦機)
제65조 풍담의심(楓潭義諶)
제66조 월담설제(月潭雪霽)
제67조 환성지안(喚惺志安)
제68조 호암체정(虎巖體淨)
제69조 청봉거안(靑峰巨岸)
제70조 율봉청고(栗峰靑杲)
제71조 금허법첨(錦虛法沾)
제72조 용암혜언(龍岩慧彦)
제73조 영월봉율(永月奉律)
제74조 만화보선(萬化普善)
제75조 경허성우(鏡虛惺牛)
제76조 혜월혜명(慧月慧明)

제77조 운봉성수(雲峰性粹)
제78조 향곡혜림(香谷蕙林)
제79조 진제법원(眞際法遠)

5) 경허의 애제자 (만공월면)滿空月面

경허선사의 애제자인 만공선사는 조선불교계의 중흥조였으며 민족의식을 고양시킨 실천자였다.

선사의 속명은 道岩, 휘는 月面 법호는 滿空이다. 속성은 여산 송씨, 아버지는 神通, 어머니는 김씨이며, 전라북도 태인군 태인읍 상일리에서 고종 8년 (1871) 3월 7일에 출생하였다.[251]

경허(鏡虛 惺牛 1849~1912)의 인도로 서산군 천장암(天藏庵)[252]에서 태허(泰虛)를 은사로 출가하였고, 경허(鏡虛)를 계사로하여 사미십계(沙彌十戒)를 받고 득도하였다.

그는 이후 모든 법이 하나로 돌아가니 그 하나는 어디로 돌아가는가라는 화두(話頭)를 가지고 홀로 참선에 열중하다가 1895년 아산군 봉곡사(鳳谷寺)에서 새벽 범종을 치는 소리를 듣고 크게 깨달음을 얻었다.

천장암에 돌아와 머무르던 중 1904년(광무 7년) 스승 경허로부터 전법게를 이어받았고, 이후 예산군 덕숭산(德崇山)에 머무르며 금선대(金仙臺)를 짓고 후학을 지도하여 한국 선불교 중흥에 기여했다.

덕숭산 수덕사(修德寺), 정혜사(定慧寺), 견성암(見性庵), 서산 안면도의 간월암(看月庵) 등을 중창하였다.

---

251) 충남 서산군 태안면 상일리
252) 현재는 天藏寺로 바뀜

1920년대 초 선학원(禪學院) 설립운동에 참여하였으며 선승들의 결사(結社)이자 경제적 자립을 위한 계(契) 모임인 선우공제회운동(禪友共濟會運動)에 참여하였다.

1927년 『현양매구(懸羊買拘)』라는 글을 지었는데, 임제 32대 사문 만공이라 하여 임제종풍(臨濟宗風)의 계승자임을 선언하였다.

선사는 조선총독부의 불교정책에 정면으로 반대하여 조선불교를 지키려 하였다.

1937년 마곡사(麻谷寺) 주지를 지낼 때 조선총독부 회의실에서 조선총독부 주최로 열린 조선 31본산(本山) 주지회의가 열렸는데 총독부가 조선불교의 일본불교화를 주장하자 이에 호통을 치며 공박하였다.

선사는 당시 회의석상에서 '전총독 미나미 지로(南次郎)는 말로는 독실한 불자라 하나 조선의 불교를 파괴시켰으므로 교리에 따라 지옥에 떨어질 것이니, 그를 우리가 지옥에서 구하지 않으면 누가 구하겠는가'라며 오히려 그의 명복을 빌어 주자며 조롱하였다.

1940년 5월의 조선총독부의 창씨개명을 거부하고 수행과 참선에만 정진하였다. 1941년 선학원에서 개최한 전국고승법회에서 계율을 올바로 지키고 선(禪)을 진작시켜 한국불교의 바른 맥을 이어갈 것을 강조하였다.

이론과 사변을 배제하고 무심의 태도로 화두를 구할 것을 강조하였으며, 간화선(看話禪) 수행의 보급과 전파에 전력하였다. 그는 또한 제자들에게 무자화두에 전념할 것을 강조하였다.

덕숭산 상봉에 전월사(轉月舍)라는 암자를 짓고 생활하다가 1945년 광복을 맞이하였다.

계속 전월사에서 생활하다가 1946년 10월 20일 향년이 세수 75세, 법랍 62세로 입적하였다.

스님의 문하에는 보월, 전강, 용음, 고봉, 금봉, 혜암, 춘성, 금오, 서경, 혜암, 벽초, 원담, 법희, 만성, 일엽 등 많은 제자들이 선사의 법을 이어 오늘날 한국불교에 남아있다. 그리고 스님의 사후에 만공문도회에서 『만공법어 滿空法語』를 편찬 발행하였다.

(1) 滿空의 生涯

만공은 1871년 3월 7일 전북 정읍 출생으로 세속 이름은 宋道巖이다. 1883년 13세에 김제 금산사, 전주 봉서사, 논산 쌍계사를 거쳐 계룡산 동학사에서 眞巖 문하서 행자로 생활했다.

이듬해인 1884년 10월 스승 眞巖의 권유로 鏡虛문도가 되어 서산 천장암 泰虛를 은사로 득도한다.

1895년 여름 아산 봉곡사에서 새벽 범종을 치며 '應觀法界性 一切唯心造'라는 게송을 읊다가 깨달음을 맛보았다.

그 뒤 鏡虛의 경책을 받고 공주 마곡사, 서산 부석사, 부산 범어사에서 정진했다. 1901년 양산 통도사 백운암에서 또 다시 새벽 범종소리에 크게 깨달음을 이뤘다.

1904년 入廛垂手하기 위해 북녘으로 향하던 경허를 서산 천장암에서 만나 傳法偈와 法號로 滿空을 받았다.

1905년 수덕사에 金仙臺를 짓고 수행하며 수좌들을 맞이했다. 1933년부터 유점사 금강선원과 마하연 선원 조실을 지냈으며, 1935년 5월 마곡사 주지로 추대됐다.

만공은 덕숭 문중으로 수덕사, 정혜사, 견성암, 간월암을 중창 또는 복원했다. 그리고, 1920년대 초에는 선학원 설립운동에 참여하고, 1930년대 중반 '조선불교선학원종무원' 종정을 지내는 등 일본불교에 맞서 조선불교의 정체성 확립에 앞장섰다.

말년에는 덕숭산 상봉 근처 전월사에 머물며 선풍을 일으켰다. 1946년 10월20일 세수 75세, 법납 62세에 圓寂에 들었다.

① 出生과 出家

만공은 1871년 3월 7일 전북 정읍 출생으로 세속 이름은 宋道巖이다. 滿空의 俗名은 道岩이고, 諱는 月面, 法號는 滿空이다. 俗姓은 礪山 宋氏, 父는 新通, 母는 金氏로 全羅北道 泰仁郡 泰仁邑 上一里에서 出生하였다.

滿空이 태어나기 전 母親 金氏의 꿈에 靈龍이 구슬을 토함에, 그 광명이 찬란한 가운데, 그 광명을 받고 잉태한지 十朔만에 출생하였다. 때는 高宗 8年(西紀 1871) 辛未 3월 7일이다.

滿空이 2歲가 되던 해에 그 부친이 母親에게 이야기하기를, "이 아이는 俗世의 世業을 이을 아이가 아니요. 將次 佛門에 들어 高僧이 될 아이"라고 하였다.

속명(俗名)이 '바우'였던 만공(滿空) 스님은 전북(全北) 정읍(井邑)에서 태어나 13세(歲)에 어머니와 금산사(金山寺)에 다녀온 후(後) 미륵불(彌勒佛)이 업어주는 꿈을 꾸고 식구(食口)들 몰래 출가(出家)의 꿈을 키키웠다.

그러다가, 만공이 13세 되던 해 1883년(癸未年) 겨울에 절에 가서 過歲를 하면 長壽하고 身數가 吉하다는 말을 듣고 金山寺로 가서 처음 부처님의 等像과 스님네를 보니 不知中 歡喜心이 샘물처럼 湧出하였다.

그 뒤로부터는 집에 돌아와서도 出家爲僧할 마음이 간절하였으나 부모님은 아들을 놓아줄 마음이 없을 뿐 아니라 오히려 종형이 더욱 엄하게 내려 출타가 자유롭지 않게 감시를 하였다.

그러한 까닭에 만공은 夜半에 몰래 도주하여 全州 鳳棲寺253)에 가서 며칠을 머물렀는데, 그 때 여러 스님들이 머리를 깎고 스님이 되라고 하였으나 이곳에 因緣이 없었던지 마음에 들지 않아 만공은 절을 떠났다.

경허성우(鏡虛 惺牛)와의 만남은 14세(歲)에 공주(公州) 계룡산(鷄龍山) 동학사(東鶴寺)로 출가(出家)해 진암(眞巖) 스님 밑에서 행자 생활(行者 生活)을 하던 중(中), 그곳에 다니러 온 경허 대선사(鏡虛 大禪師)를 운명적(運命的)으로 만나게 되었다.

서산(瑞山) 천장암(天藏庵)으로 경허(鏡虛)를 따라가라는 스승의 말에 처음엔 거절(拒絶)했지만 경허(鏡虛)의 법문(法文)을 듣고 난 후(後) 그 자리에서 마음을 바꿔 제자(弟子)가 되었다.

그리하여 全州 松廣寺254)에 이르렀는데, 스님들이 보고 "네가 어디서 왔으며 무슨 일로 왔느냐"고 묻기에 만공이 사실대로 대답하니 스님들이 말하기를,

이곳은 훌륭한 스님이 없으니 雙溪寺255)에 眞岩老師를 찾아가라고 引導하기에 雙溪寺를 찾아가니 마침 眞岩老師가 鷄龍山 東鶴寺로 移居하였으므로 다시 東鶴寺로 가서 眞岩老師를 친견하고 거기에 安住하게 되었다.

이듬해, 甲申年(西紀1884) 十月 初旬 어느 날 한 客僧이 왔는데, 본즉 구척장신의 體軀에 위풍이 당당하고 眼光이 衆人을 놀라게 하는지라, 바로 이 客僧이 天藏庵에서 건너온 鏡虛和尙이었던 것이다.

---

253) 한국불교태고종 소속이다. 727년(성덕왕 26) 또는 736년에 해철이 창건하고 고려시대에 보조 지눌과 懶翁 慧勤이 각각 중창하였다고 전한다. 16세기 말~17세기 중기에는 진묵 一玉이 오랫동안 머물면서 절을 중창하였다
254) 전북 완주군 소양면 대흥리 569. 順天 松廣寺와는 同名이다.
255) 충청남도 논산시 可也谷面 中山里 佛明山에 있는 曹溪宗의 절. 하동 雙溪寺와 同名이다.

이때, 眞岩老師가 鏡虛에게 이야기하기를 "이 아이가 非凡한 기틀이 엿보이니 스님이 데려다가 잘 지도하여 장차 佛敎界에 棟梁이 되도록 하여 주시오" 하고 부탁하였다.

그러나 만공은 처음에는 鏡虛를 따라가지 않겠다고 하다가 인연의 소치로 眞岩老師의 간곡한 말씀에 따랐다.

鏡虛가 젊은 僧을 시켜 忠南 瑞山郡 天藏庵에 있는 泰虛에게 맡기도록 부탁하여, 만공은 그 해 12월 8일 성도일에 천장암에서 泰虛를 恩師로, 鏡虛를 戒師로 하여 沙彌戒를 받고 得度하여 드디어 鏡虛門徒가 되니 法名을 月面이라 하였다.

②修行과 悟道

鏡虛는 滿空에게 10餘 年이나 동안 부엌 채공 등 허드렛일만 시킬 뿐 話頭 하나 주지 않았다.

이것도 다 수행의 일환이라 생각했던 스승 경허의 제자를 지극히 아끼는 깊은 배려에서 우러나온 善知識의 수행지도의 順次라고 생각되어지는 부분이라고 볼 수 있을 것이다.

그러나 이 무렵 滿空은 비록 화두를 參究하는 禪修行은 하지 않았지만 이른바 '他心通'이 열려 사람의 마음을 환하게 알게 되자 사람들의 걱정거리를 풀어 주기도 했으나 鏡虛로부터 "그것은 術法이지 道가 아니다."고 꾸지람을 듣고 이후로 만공은 타심통을 드러내지 않았다고 한다.[256]

* 1차 悟道

경허(鏡虛)는 만공(滿空)을 10여 년(餘 年)이나 부엌데기로 부려먹기만 할 뿐 화

---
256) 鏡虛, 『鏡虛法語』, 人物硏究所, 1981, p.587-590.

두(話頭) 하나 주지 않았고, 이 무렵 만공(滿空)은 이른바 '타심통(他心通)'이 열려 사람의 마음을 환하게 알게 되자 사람들의 걱정거리를 풀어주기도 했으나 경허(鏡虛)로부터 "그것은 술법(術法)이지 도(道)가 아니다."며 꾸지람만 들었는데,

하루는 어린 승려(僧侶)가 "만법귀일 일귀하처(萬法歸一 一歸何處 : 우주(宇宙)의 모든 것이 하나로 돌아간다고 하는데, 그러면 그 하나는 어디로 돌아가는가)가 무슨 뜻이냐?"고 묻자,

처음 듣는 화두(話頭)에 앞이 캄캄해진 만공(滿空)은 그곳을 무작정(無酌定) 빠져나와 봉황(鳳凰)의 머리 형상(形象) 아래 지어진 온양(溫陽) 봉곡사(鳳谷寺)를 찾았다.

그곳에서 밤낮을 가리지 않고 화두 참선(話頭 參禪)에 들어간 지 2년(年)이 지난 1895년(年) 7월(月) 25일(日), 면벽 좌선(面壁 坐禪) 중(中) 무념 상태(無念 狀態)에서 벽(壁)이 사라지고 허공법계(虛空法界)가 드러나는 체험(體驗)에 이르렀고,

" 萬法歸一하니 一歸何處요 257)라는 것만 깨달으면 生死를 解脫하고 萬事에 無不通知한다" 하니 이것이 무슨 뜻이냐고 하기에 만공은 이 대답을 못하고 쩔쩔매다가 그 뒤로도 계속 이 話頭에 대하여 疑團이 일어 잠도 제대로 이루지 못했던 것이다.

그러다가 만공은 아무도 모르게 천장암을 떠나, 溫陽 鳳谷寺로 가서 爐殿을 보며 공부를 계속하였다.

그 후 乙未年(1895) 7月 25日에 東쪽 벽에 의지하여 西쪽 벽을 바라보던 중 홀연히 벽이 空하고 一圓相이 나타나니 마음에는 오직 一圓相이 있을 뿐인 경계를 맞게 되었다.

---

257) 萬法歸一 一歸何處: 『碧巖錄』 제 45 則 : 한 스님이 조주선사에 묻기를 '萬法歸一 一歸何處' 오 하니 조주선사 말씀하시길 내가 청주에 살때(我在靑州) 베장삼을 하나 지었는데 作一領布衫 무게가 7근이더라고 하였다

그러나, 이제까지의 의심을 흐리지 않고 하룻밤을 지내던 중 새벽 쇠송을 할때 법성게의 "應觀法界性 一切唯心造"258)를 외우다가 문득 法界性을 깨달아 華嚴刹海가 열리니, 이때 만공은 다음과 같은 悟道頌을 읊었다.

이어 새벽종(鐘)을 칠 때 '응관법계성 일체유심조(應觀法界性 一切唯心造 : 우주(宇宙) 법계(法界)의 모든 원리(原理)를 응당(應當)히 관찰(觀察)하면 모든 것이 곧 마음의 조화(造化)이다)' 라는 「게송(偈頌)」을 읊다가 홀연(忽然)히 깨달음을 얻고는

空山理氣古今外	빈 山의 理致와 氣運은 예와 지금의 밖에 있는데
白雲淸風自去來	흰 구름 맑은 바람은 스스로 오고 가누나
何事達摩越西天	무슨 일로 達摩는 西天을 건너 왔는가
鷄鳴丑時寅日出 259)	축시엔 닭이 울고 寅時엔 해가 뜨네.

滿空은 날이 새자 만나는 사람마다 붙들고 어젯밤의 자신의 체험을 이야기했으나 누구나 한 결 같이 이렇게 말하며 가는 것이었다.

'아까운 사람이 밤새 정신이 돌아 버렸군' 滿空은 溫陽 鳳谷寺를 떠나 바랑 하나로 智異山 靑鶴洞을 향해 가다가 長城地方을 지나던 중 한 老人을 만나 智異山 가는 길을 물었다.

'長城에 奇山林이란 선생이 儒學者들을 동원하여 사방에 진을 치고 지나는 중들을 모조리 잡아다가 陣中에 밥 짓는 일을 맡기고 있다오. 젊은 양반, 위험한 곳은 비켜 가는 것이 현명한 일이라오'

---

258) 『華嚴經』 四句偈 : "若人欲了知 三世一切佛 應觀法界性 一切唯心造 만일 삼세의 일체 부처를 알고자 한다면 마땅히 법계의 본성을 관하라 모든 것은 오로지 마음이 지어내는 것이니"
 : ≪80華嚴經≫ <菩薩設偈品>; ≪華嚴經≫卷19 <夜摩宮中偈讚品>; 각림보살(여래림보살)의 <唯心偈>(10게송) 가운데 마지막 게송.
259) 滿空, 『滿空法語』, 선학원, 佛紀 2995. p.275.

이 말을 듣고 만공은 할 수 없이 되돌아오다가 우연히 公州 麻谷寺에 들렀다.

그때 麻谷寺에는 보경이라는 僧이 있었다. 보경은 마침 滿空에게 자기의 토굴을 내주었다. 滿空은 普鏡에게서 얻은 土窟에서 3년을 정진에만 몰두하고 있던 중 만공의 나이 26세 時(1896) 7월 보름날 鏡虛가 문득 이곳을 찾아 왔다.

滿空은 鏡虛를 만나고 지금까지 공부해 온 바를 세밀하게 말하였다. 잠자코 듣고 있던 鏡虛는 이렇게 말하였다.

"음, 불 가운데 피어난 蓮꽃이구나. 그럼 내가 한 가지 묻겠는데 여기 藤토시와 부채 하나가 있다. 토시를 부채라 하는 것이 옳으냐, 부채를 토시라 하는 것이 옳으냐?"

滿空은 이렇게 대답하였다.

"토시를 부채라 해도 옳고 부채를 토시라 해도 옳습니다" 260)

鏡虛는 다시 물었다.

"茶毘文을 보았느냐?" 滿空은 대답했다. "보았습니다" 鏡虛는 미심쩍은 듯 또 이렇게 묻는 것이었다. "눈 뜬 돌사람이 눈물을 흘린다 하니 이 뜻이 무엇인고 (有眼石人 齊下淚)?"

이 말에 滿空의 몸에서는 식은땀이 흐르고 만공은 앞이 캄캄할 뿐이었다. 얼마 동안 정적 속에 무거운 침묵이 끼어 들어와 흐르고 있을 뿐이었다.

滿空은 천장암을 떠나, 公州 麻谷寺 土窟에서 3년간 補任했으나 스승 鏡虛의 대답은 냉혹하였다.

"그것은 完全한 깨달음이 아니다."

---

260) 滿空, 『滿空法語』, 위의 책, p.277.

라고 警責하고 이때, 鏡虛는 조용히 입을 열었다.

"이 말뜻도 모르면서 어찌 토시를 부채라 하고 부채를 토시라 하느냐? '滿法歸一 一歸何處' 公案은 더 진보가 없으니 趙州의 '無字' 公案을 들어 봐라 '滿法歸一 一歸何處'로는 더 이상 나아가기 힘들 터인즉, 이제부터는 조주의 無字 화두를 참구하라 "
는 한마디를 남기고 그리고는

"圓頓門을 짓지 말고 徑截門을 지으라"
당부하고 스승 경허는 올 때처럼 또 홀연히 떠나갔다.

* 2차 悟道

그때부터 만공(滿空)은 공주(公州) 마곡사(麻谷寺) 토굴(土窟)에서 3년간(年間) 보임(補任)했으나 경허(鏡虛)는 새끼 사자(獅子)를 벼랑 끝에서 밀어버리듯 "그것은 완전(完全)한 깨달음이 아니다."며 경책(警責)했고,

그리고 경허가 떠나자 스승이 준 '무(無)'자(字) 화두(話頭)를 들고 다시 정진(精進)하였다.

그 후 만공의 '無字' 公案은 날이 갈수록 그 의심의 깊이가 더해 갔다.

공부가 점차 깊어짐에 따라 이에 따라 스승 鏡虛를 사모하는 마음도 점점 두터워 갔다.

월면 수좌는 그로부터 무자 화두를 참구하는데, 좀처럼 진전을 이루지 못하자 날이 갈수록 경허를 傾慕하는 마음이 간절하게 되었다.

무술년(1898) 봄에 수소문 끝에 경허가 서산의 도비산 부석사에 주석하고 있는 것을 알고 스승을 찾아 부석사로 수행처를 옮긴다.

그리하여, 마침내는 만공으로 하여금 瑞山郡 島飛山 浮石寺에 주석하고 있는 鏡

虛의 도량으로 아예 거처를 옮겨 부석사를 찾아가게 했던 것이다.

이후, 만공은 스승에게 날마다 법을 물어 玄玄한 묘리를 琢磨 하였다.261)

1898년, 이때 경허는 범어사 주지 성월로부터 범어사 禪院 개설을 위한 초대를 받았다.

이것은, 경허가 大道를 성취하고 29여 年間을 호서에서 중생을 교화하고 牧龍家風에서 제자를 기르고 있던 경허에게 天佑神助의 기회로 한국불교의 중흥을 위한 導火線이었다고 말할 수 있을 것이다.

이 大事件은 경허가 이제 막 잠에서 깨어나 기지개를 활짝 펴는 첫새벽이 열린 것이라고 말할 수 있을 만큼 한국 佛敎史에 획기적인 행보였다고 말할 수 있을 것이다.

여기에서 다시 만공은 鏡虛와 동행하여 梵魚寺 鷄鳴庵에 내려가서 夏安居를 지낸 후 通度寺 白雲庵에 이르러 쉬던 중 만공은 기연이 맞닿아 새벽 종소리를 듣고 廓徹大悟의 경지에 들게 되었다.262)

이처럼 만공의 오도는 우연이 아닌 필연으로 1898년 5월 서산 부석사에서 지내던 중 부산의 동래 범어사 계명암 선원으로부터 성월의 초청을 받고 경허와 침운등 원행하는데 따라나섰다가, 그곳 선원에서 하안거를 마치고, 스승과 헤어진 후 통도사 백운암으로 갔다.

거기서, 만공은 마침 장마 때라 보름 동안을 갇혀 있던 중 새벽에 빗소리가 자자든다 싶더니 새벽 종소리를 듣게 되는데, 울려 퍼지는 종소리와 더불어 사방에서 현란한 광명이 쏟아지는 기연이 계합하는 경지를 체험 하게 된다. 두 번째로 깨닫는 순간이었다.

---

261) 滿空, 『滿空法語』, 위의 책, pp.277-278.
262) 滿空, 『滿空法語』, 위의 책, p.278.

마곡사에서 '萬法歸一 一歸何處'의 소식을 타파하지 못하고, 스승이 준 '無'字 話頭를 들고 다시 精進하던 中 31歲 때인 1901年 慶南 梁山 靈鷲山의 흰 구름 떠도는 외딴 庵子 白雲庵에 이르렀다.

던 중(中) 31세(歲) 때인 1901년(年) 경남(慶南) 양산(梁山) 영축산(靈鷲山)의 흰 구름 떠도는 외딴 암자(庵子) 백운암(白雲庵)에 이르렀다가, 그곳에서 장마를 만나 보름 동안 꼼짝 못한 채 백운암에 갇혀 참선(參禪)만 하던 어느 날,

새벽 종(鐘)소리를 듣는 순간(瞬間) 상대세계(相對世界)가 무너지고 마침내 우주(宇宙)의 본심(本心)이 드러나는 깨달음을 얻게 되어 다음의 『오도송(悟道頌)』을 읊었다.

淸淨般若蘭 깨끗한 반야(般若) 난초(蘭草)
(청정반야란)
時時吐般若 때때로 깨달음의 향기(香氣) 토(吐)하네
(시시토반약)
若人如是解 사람도 이와 같으면
(약인여시해)
頭頭毘盧師 비로자나(毘盧遮那) 부처님이구려.
(두두비로사)

그곳에서 장마를 만나 보름 동안 꼼짝못한 채 參禪만 하던 어느 날 새벽 鐘소리를 듣는 瞬間 相對世界가 무너지고 마침내 宇宙의 本心이 드러나는 깨달음을 얻게 되니 만공은 드디어 대 자유인이 되었다.

이로써 만공은 백 천 삼매와 無量妙義를 걸림 없이 통달하여 丈夫一大事인 생사의 큰일을 마친 것이었다. 그때가 만공의 나이 31 歲, 辛丑年(1901) 7月 25日이었다. 일 마친 者로서 이제, 만공의 생활은 배고프면 밥 먹고 피곤하면 잠자는 그것이었다.

이것은 경허가 동학사에서 '牛無鼻孔處'의 소식을 타파하고 조실 방에서 뒹굴며 배고프면 밥 먹고 피곤하면 잠자는 그것이었다.

이제 滿空이 스승의 경지를 밟고 있는 것이라고 볼 수 있을 것이다.

③ 傳法偈

마곡사 토굴암에서 유안석인제하루를 통과하지 못한 만공은 마침내는 스님으로 하여금 瑞山郡 島飛山 浮石寺에 계시는 鏡虛스님을 찾아가게 했다.

여기에서 다시 만공은 鏡虛스님을 모시고 梵魚寺 鷄鳴庵에 가 夏安居를 지낸 후 通度寺 白雲庵에 이르러 쉬던 중 새벽 종소리를 듣고 廓徹大悟의 경지에 들게 되었다.

이후 滿空은 1901년 그동안 자신이 출가해서 鏡虛로부터 戒를 받고, 水月, 慧月 사형들과 수행하던 本鄕인 天藏庵으로 다시 돌아왔다.

滿空은 3년 동안 보임하면서 天藏庵을 굳게 지키며 보임하면서 스승 경허를 기다렸다.

이때, 경허는 영호남을 넘나들며 무려 189여 개의 크고 작은 사찰에 禪院을 개설하여 한국불교의 중흥을 위해 禪風을 크게 진작시키고, 각종 佛事를 진행하는 가운데 1903년 가을 海印寺에 들러 그동안의 미진한 佛事를 마무리 한 후, 1904년 2월에 天藏庵으로 건너왔다.

이때 만공이 天藏을 지키며 스승을 기다리고 있었던 것이다.

만공은 깨달음을 증득하고 신축년(1901년) 7월 말 스승을 찾아뵙기 위해 천장암으로 향했던 것이다.

이때 만공은 天藏庵을 떠난 지 8년 만에 회향하여 본래의 자리로 돌아가는 것이고 열네 살에 머리를 깎아서 서른한 살이 되었으니, 17년 만에 丈夫一大事를 마친 了事丈夫가되어 금의환향하였다고 말할 수 있을 것이다.

그때가 스님의 나이 31歲, 辛丑年(1901) 7월이었다. 이후 스님의 생활은 배고프면 밥 먹고 피곤하면 잠자는 그것이었다. 만공의 나이 34歲가 되던 해 7월 15日이었다.

그러나, 천장암에는 당연히 스승은 어디론가 떠나고 없었다. 월면은 天藏庵을 지키며 그곳에서 배고프면 밥 먹고, 졸리면 잠자면서 소요자재 하였다. 3년이 쏜살같이 지나갔다.

경허가 천장암에 모습을 나타낸 것은 그의 나이 서른네 살 때였다.

1904년 2월 11일로 滿空은 그간의 공부를 낱낱이 鏡虛에게 말하였다. 가만히 듣고만 있던 鏡虛은 고개를 끄덕이며 인법당에서 붓을 들어 '傳法偈'를 전해 주었다.

스승이 묻는다. "그 동안 어떻게 지냈던고?"
제자가 대답한다. "배고프면 먹고 졸리면 자면서 지났습니다.
스승이 재차 묻는다. "월면의 깨달은 경계는 어떠한고?"
제자가 대답한다. "도를 깨달음에 지혜가 명찰하여 일체법을 하나도 모를 것 없이 안다 하였으나, 월면의 아는 바는 그렇지 아니하고, 지혜가 없어 가히 한 가지 법도 아는 것이 없고, 또한 모를 것도 없사옵니다." 경허가 묻는다. "생과 사는 어떠하던고?" 만공은 대답한다. "도를 깨달으면 살고 죽는 것이 없다던데 월면의 아는 바는 그렇지 아니하여 살기도 하고 혹은 죽기도 합니다." "얻은 것은 무엇이고 잃은 것은 무엇인고?" "얻은 것도 없거니와 잃은 것도 없습니다."

드디어 삼수갑산으로 떠나기 직전 鏡虛스님이 天藏寺에 왔다. 만공은 그간 공부를 낱낱이 鏡虛스님에게 말하였다.

가만히 듣고만 있던 鏡虛스님은 고개를 끄덕이며 붓을 들어 다음과 같이 傳法偈를 전해 주었다.

이어 號를 滿空이라 賜號(사호)해 주고 떠나갔다. 더 이상 물을 것이 없는 제자에게 스승이 滿空이라는 法號와 더불어 전법게를 내린다.

雲月溪山處處同	구름 달 시냇물 산 곳곳마다 같은데
叟山禪子大家風	자네 수산선자의 대가풍이여!
慇懃分付無紋印	은근히 무문인을 그대에게 부촉하노니
一段機權活眼中[263]	한 조각 권세기틀이 눈 속에 살아 있구나.

이어 鏡虛는 滿空에게 號를 '滿空'이라 賜號해 주고 그런 다음 스승이 간곡하게 말한다. "불조의 혜명을 이어 가도록 그대에게 부촉하니 부디 不忘信之하라." 1904년 4월 보름의 일이었다.

경허는 그동안 자신이 계획했던 북행을 감행하기위해 만공에게만 자신의 행적을 귀띔하고 이른 새벽에 바람처럼 떠나갔다.

이렇게, 제자 만공당 월면에게 법을 전한 경허는 이튿날 어디 인근에라도 다녀오는 듯 천장암을 떠났다. 그러나 그것이 살아서는 다시 만나지 못하는 만공과의 영원한 이별이 되고 말았다.

경허는 만공에게 모든 것을 부촉하고 미련을 두지 않고 훌쩍 북으로 북으로 三水甲山을 향해 떠나간 것이다.

구름도 쉬어 넘는 첩첩산중 함경도 삼수갑산으로 들어가서 入廛垂手를 행하고 경허는 그곳에서 홀연히 遷化했다.

다음날 밤, 깊은 잠에 들어간 滿空스님을 깨우는 소리가 들렸다.

---

263) 鏡虛, 『韓國佛敎全書』 권11, 동국대출판부, 1992. pp. 596c-597a.

「滿空 자는가. 날세.」

鏡虛이었다. 滿空은 밖으로 나갔다. 鏡虛스님의 등에는 괴나리봇짐 하나만이 업혀 있었다.

「스님, 이 밤중에 웬일이십니까?」

滿空의 의아해하는 물음에 鏡虛의 물기 젖은 음성이 섞였다.

「滿空, 이런저런 꼴 보기 싫어서 난 이 길로 三水甲山으로 가야겠어. 그곳에다 내 일생을 파묻을 생각이네. 非僧非俗으로 草野에 묻혀 一生을 마쳐야겠네. 오직 자네에게만 일러두는 것일세. 잘 있게, 내가 펴지 못한 뜻을 자네가 펴주기 바라네.」

鏡虛는 어둠 속으로 총총히 사라졌다. 滿空은 부리나케 방으로 뛰어 들어와 대강 행장을 챙겼다. 스승의 뒤를 좇자는 一念뿐이었다.

그때 문득 단 한 분뿐인 老母의 얼굴이 滿空의 가슴에 들어왔다. 老母도 아들을 따라 머리를 깎고 尼僧이 되어 아들 주변에서 남은 生을 의지하며 살아가고 있는 몸이었다. 老母의 모습은 滿空을 잡고 놓지를 않았다.

滿空은 하는 수 없이 그대로 주저앉고 말았다. 滿空의 가슴에는 빈 허공만 남았다. 鏡虛가 떠난 滿空은 빈 허공뿐이었다. 이후로부터의 滿空은 스승의 못다함을 펴기 위한 衆生濟度의 길이었다.

얼마 후 鏡虛스님이 돌아가셨다는 소식이 들렸다. 滿空은 慧月, 雲峰,(慧月제자), 운암, 철우와 같이 甲山을 향하여 길을 떠났다.

三水甲山이라면 귀양보내는 곳이다.

길이 험하고 교통이 불편하여 좀처럼 가기 힘든 곳이었다.

혹은 배를 타기도 하고 혹은 차를 타기도 하고 또 어느 때는 말을 타기도 하면서 여러 날이 걸려 甲山에 도착하였다.

鏡虛는 그는 甲山에서 〈훈장님〉으로 통하고 있었다. 甲山 以後의 鏡虛는 長髮에 儒官을 차리고 이름도 경허가 아닌 蘭州로 바뀌었다. 서당에서 아동들을 가르치며 외로이 떠나간 것이다.

마을에서는 양지바른 곳에 묘를 세우고 〈난주선생 지묘〉로 해마다 제사를 지내고 있었다. 滿空이 찾아가자 그제서야 마을 사람들은 박난주가 경허스님이었음을 알았다.

墓는 滿空의 손에 의하여 파헤쳐졌다. 관을 뜯었다.

생시의 그 모습이 아직 그대로 남아있음을 본 滿空의 가슴에서는 장대 같은 눈물이 쏟아졌다. 이것이 그가 말하는 두 번째의 뜨거운 눈물이었다.

제자를 위한 눈물과 스승을 위한 눈물이 그가 뿌린 단 두 번의 뜨거운 가슴이었다. 滿空은 다음과 같은 詩를 읊으며 鏡虛의 남은 몸을 茶毘하고 돌아왔다.

是非不動如如客 難得山止劫外歌　(시비부동여여객 난득산지겁외가)
驢馬燒盡是暮日 不食杜鵑恨小鼎　(여마소진시모일 부식두견한소정)

是非에 물들지 않는 如如한 客이 難得山 아래 劫外歌를 그쳤도다.
나그넷길 다하여 날은 저물고 먹지도 못하는 저 두견이 〈솥적다〉한탄하네.

이처럼, 만공은 경허문도에 들어와 천장암에서 수계 득도하고, 스승을 모시고 서산 부석사와 부산 범어사 계명암에서 수도했으며, 또 해인사 조실로 초청받은 경허를 시봉하기도 하였다.

滿空은 1904年 金剛山을 거쳐 三水甲山으로 和光同塵하러 떠나는 鏡虛에게 마지막으로 천장암 인법당에서 法認可를 받고 '滿空'이란 法號를 받았는데, 스승 경허가 삼수갑산을 떠나려고 헤어지는 그 때 滿空은 鏡虛의 헌 담배쌈지와 담뱃대가 맘에 걸려 미리 사두었던 새것으로 膳物하자 스승은 아이처럼 좋아했다고 전한다.

그리고 이 信物은 징표가 되어, 훗날 臨終을 맞을 때 鏡虛는 김탁에게 이 두 가지를 꼭 무덤에 함께 묻어달라고 부탁하여 훗날 만공은 스승의 무덤을 파헤쳐 이 두 가지 信物을 보고 금방 스승 경허를 알아보고 통곡을 했다.

이 모든 것은 미래를 예견한 偶然이 아닌 必然의 信標가 되고 말았던 것이다.

(2) 敎化와 入寂

스승 鏡虛가 천장암을 떠나고 이후 만공은 자신의 거처를 德崇山 修德寺로 옮긴다. 滿空은 예산 德崇山 정상 부근 定慧寺 밑에 金仙臺라는 초가 庵子를 짓고 修道僧들을 指導하였다.

以後 金剛山 摩訶衍寺와 麻谷寺 住持를 除外하고는 大部分의 生涯를 德崇山에서 보내면서 修德寺·見性庵 등의 佛事를 크게 일으킴으로써 이때, 德崇 門中이 만공으로 하여금 胎動하였다고 말할 수 있을 것이다.

따라서 近代 韓國 佛敎의 禪風은 이곳에서 일어났으며 오늘날 德崇山脈의 始發은 滿空에게서 淵源하게 된 것이라고 말할 수 있다.

만공이 麻谷寺 住持로 있던 1937年 3月, 總督府가 全國 三十一 本山 住持와 道知事를 모아 미나미 지로[南次郎] 日本 總督의 主宰로 '佛敎 振興策 마련'이란 美名下에 韓日 佛敎 合倂을 劃策하는 會議를 開催했다.

그런데, 그 자리에서 미나미(南)가 "前 總督 데라우치(寺內正毅)는 朝鮮佛敎에 끼친 功이 크다"고 하자, 滿空은 벌떡 일어나 "데라우치(寺內正毅)는 朝鮮 僧侶로 하여금 日本 僧侶처럼 破戒하도록 했으니 無間地獄에 떨어져 큰 苦痛을 받을 것"이라고 奮然히 소리치면서, "政治와 宗敎는 分離되어야 하며, 佛敎 振興은 政府가 佛敎에 干涉하지 않을 때 可能하다"고 一喝하자, 미나미는 아무 말도 하지 못하고 말았다는 일화가 전한다.

그날 밤 滿空의 絶親인 卍海 韓龍雲(1879~1944)이 찾아와 "已往이면 拄杖子로 저 쥐새끼 같은 놈들을 한 방씩 갈겨 주지 그랬나"라고 말하자, 滿空은 "미련한 곰은 방망이를 쓰지만, 큰 獅子는 原來 喝!!(깨달음을 주기 爲해 크게 소리침)을 하는 法"이라고 應手했다는 이야기가 함께 전하고 있다.

그 후로 만공은 德崇山門 修德寺와 見性庵264)을 重建하여 많은 四部大衆을 거느리고 禪風을 크게 떨치다가 金剛山 楡岾寺 摩訶衍에 가서 三夏를 지낸 후 다시 德崇山으로 돌아와 서산 看月島에 看月庵265)을 重建 하였다.

1941년 禪學院에서 開催한 全國高僧法會의 說法에서 戒律을 올바로 지키고 禪을 振作시켜 韓國佛敎의 바른 脈을 이어가자고 力說하기도 했던 滿空은 1942년 여름에는 서산 看月島의 간월암을 복원하고 기도했는데, 이때 제자들을 지도하면서 읊은 詩 한수가 전한다.

淸淨般若蘭	깨끗한 반야 난초
時時吐般若	깨달음의 향기 토하네
若人如是解	사람도 이와 같으면
頭頭毘盧師266)	비로자나 부처님이구려

만공은 末年에 一間茅室을 지어 轉月舍267)라 이름하고 홀로 조용히 수도하며

---

264) 大韓佛敎曹溪宗 第7교구 本寺인 修德寺의 附屬 庵子이다. 修德寺에서 산꼭대기의 定慧寺로 가는 도중 산중턱에 있다. 1908년 滿空 月面(1871~1946)이 創建하였는데, 創建 唐詩에는 定慧寺 동쪽에 지어진 草家집이었다. 以後 韓國 最初의 比丘尼 禪房이 들어서면서 比丘尼들의 修行處로 이름이 높다.
265) 忠淸南道 西山市 浮石面 間月島里 16-11에 位置된 작은 庵子로 朝鮮 초 無學大師가 創建하였으며, 滿空이 重建하였다고 전해지는 곳이다. 高麗末 無學大師께서 이곳에서 修道하시다가 어느 날 달을 보고 忽然히 道를 깨치시고 난 후 庵子 이름을 看月庵이라 하고 섬 이름도 看月島라 하였다 한다.
266) 滿空, 『滿空法語』, 위의 책, p.177.

지내다가 마침내 만공은 "내가 오늘 가야겠다. 목욕물 떠 오너라" 沐浴 端坐하고 거울에 비친 자기 모습을 보고 "자네와 내가 이제 인연이 다해 이별하게 되었네 그려"하고는 껄껄 웃고 문득 입적했다.

문득 숨 한번 크게 마시고 다시는 토하지 않음으로서 열반하니, 때는 1946년(병술) 10월 20일이었다. 전날 만공은 侍者 원담의 부축을 받으며 부처님과 역대 조사들에게 마지막 인사를 올렸다.

定慧寺로 돌아온 滿空은 "너희들은 정진을 잘하라"고 대중에 마지막 당부를 전 했다.

만공이 자신의 圓寂處를 定慧寺로 삼은 것은 轉月舍에서 입적하면 대중을 번거롭게 할 수 있기에 만공의 예지와 배려로 만공은 조용히 열반에 들었다.

1941년(年) 서울(Seoul) 선학원(禪學院)에서 개최(開催)한 전국고승법회(全國高僧法會)의 설법(說法)에서 계율(戒律)을 올바로 지키고 선(禪)을 진작(振作)시켜 한국불교(韓國佛教)의 바른 맥(脈)을 이어가자고 역설(力說)하기도 했던 만공(滿空)은 말년(末年)에 덕숭산(德崇山)에 전월사(轉月舍)를 짓고 지내다가 1946년(年) 10월(月) 20일(日) 나이 75세(歲)·법랍(法臘) 62세(歲)로 입적(入寂)했다.

입적(入寂)하던 그해 봄 만공(滿空)은 시봉(侍奉) 스님을 불러 "더 살면 험악(險惡)한 꼴을 볼 것이니 올해 시월(十月) 스무날쯤 가는 게 좋겠다"고 했고, 바로 그날 아침 목욕(沐浴) 후(後) 거울을 들여다보며 "자네, 나와 이별(離別)할 때가 되었네 그려." 하더니 열반(涅槃)에 들었다.

草堂 옆 솔밭에서 다비를 모셨다. 덕숭산 가풍은 경허 · 만공의 사리를 수습하지 않는 것으로 수덕사 초대방장 101세의 惠庵도 열반 時 사리를 수습하지 말 것을 유언으로 하여 사리를 수습하지 않았다.

---

267) 덕숭산 동편 산정에 위치한 이 암자는 1941년 만공스님이 세운 것으로 虛空의 둥근 달을 굴린다(轉月)는 뜻으로 이름을 전월사라 하였다한다. 만공스님은 이곳에서 말년을 보냈다고 하며 암자 우측으로 돌아가면 스님이 앉아서 수도 정진하던 바위가 있다.

만공의 다비 중 흰 연기 위에 홀연히 白鶴이 나타나 공중을 배회하고, 오색 광명이 하늘에 닿았다. 이 광경을 본 대중은 환희심과 기이한 신심으로 다비를 마친 후, 영골을 모아 석탑에 봉안하였다.

세수 75세요 법랍은 62이며 석존 후 76대로 꼽는다. 이때, 世壽는 75세요 法臘은 62세였다.[268] 덕숭산에서 다비하여 유골을 모신 부도인 만공탑을 금선대 근처에 세웠다.

만공이 住錫하던 定慧禪院은 比丘僧房으로서 언제나 4, 50명의 衲者들이 끓고 있었다. 바로 지척 사이에 比丘尼禪房인 見性庵이 있다. 여기에도 언제나 6, 70명의 女僧衲子들이 모여 있었다.

이따금 큰 齋가 들거나 행사가 있으면 그날만은 見性庵의 比丘尼들을 모두 불러 같이 음식을 장만하기도 하며 하루를 즐겁게 보내곤 하는 일이 잦았다.

스님의 會上에는 언제나 원만히 조화된 대가족의 집단을 보는 느낌뿐이어서 서릿발 같은 僧院의 삼엄함보다는 오히려 훈훈한 부모의 슬하 같았다.

鏡虛 스승 제사가 가까워 왔다. 평소에 鏡虛는 몹시 술을 즐기셨다. 滿空은 스승을 사모하는 뜻에서 소주를 靈前에 헌향한 다음 당신이 손수 한잔 따라 잡수시고 대중들에게 돌아가며 골고루 한잔 식 권하였다.

스승의 제삿날을 맞이하여 스승이 즐기시던 술을 한잔 잡수시고 그 제자들에게도 골고루 나누어 주는 여유는 계율로 무장된 僞善보다는 철철 넘치는 인간미였다. 그러나 그것은 진실을 모르는 비극이 숨어 있었다는 사실이다.

세상이 아는 것처럼 그러한 객기로 경허는 술을 마시지 않았던 것이다.

---

[268] 黃貞洙(泰震), 德崇山門의 禪敎觀 硏究, 동국대 박사 논문, 1998, p.75.

문둥이의 나병을 치료해야 했고, 목숨을 담보로 한 현실의 극한 상황을 극복하려는, 그리고 세상에 파락호로 보이려는 경허만의 복합적인 연기가 세상으로 하여금 그렇게 보였을 뿐이다.

그러나 만공 역시도 스승 경허가 왜 그토록 불가에서 금기하는 술을 마셔야 했는가?

그리고 왜 비도의 역행을 거침없이 저지르고 세상의 지탄을 받으면서도 술을 가까이해야 했는가? 에 대해서는 그것이 전봉준 장군과 얽힌 비극적인 역사적 사실이 숨겨져 있었다는 사실은 꿈에서도 알지 못했으니……

스님의 一生에 뜨거운 눈물이 꼭 두 번 찾아 왔다. 그 한 번이 스님의 첫 상좌였던 寶月의 涅槃이었다.

寶月은 定慧寺에서 30里 許에 있는 寶德寺라는 곳에 주석하시고 있었다. 일찍이 滿空으로부터 法을 받고 또 많은 衲者들이 모여들어서 滿空의 會上보다 오히려 더 번성을 이룰 정도였다.

그런데 寶月의 나이 40을 접어들면서 滿空의 귀에 臨終이 가까워 온다는 소식이 자꾸 들려왔다.

 오늘 내일하다가 마침 臨終에 들었다는 최후의 통첩이 오자 滿空의 가슴은 찢어지는 아픔으로 가득 찼다.

 그것은 혈육으로 얽힌 人情보다도 더 짙은 理智로 맺어진 마음과 마음의 빛 때문이었다. 자기의 등불을 전해 준 최초의 제자가 그 등불을 미처 밝히지도 못하고 자기에 앞서가다니 滿空의 볼에는 뜨거운 빗줄기가 흐르고 있었다.

지극히 사랑하는 제자를 잃은 슬픔이 그것이었으리……

(3) 만공의 선사상

만공은 경허로부터 한국 간화선 전통 안에서의 선법과 수행가풍의 독자적 영역을 추구하는 정통 看話禪 修行者로서 禪敎一致의 관점을 취하면서 다른 한편으로는 선을 중시하는 전통을 벗어나서 적극적인 현실참여를 통하여 現實淨土를 실현하기보다는 청정한 참선수행을 통해서 마음의 정토를 찾고자 했다.

이런 점에서 만공은 철저한 간화선 수행자라고 말할 수 있을 것이다. 그는 이론과 사변을 배제하고 無心의 태도로 話頭를 구할 것을 강조하고 看話禪의 수행과 보급에 노력하였다.

제자들에게는 자신이 처음 '萬法歸一 一歸何處'만을 고집하여 大悟를 이루지 못하고 스승경허로부터 마지막으로 받아서 大道를 성취한 '無字話頭'에 전념할 것을 가르쳤다.

이러한 만공의 철저한 간화선 수행정신은 1941년, 서울 선학원에서 개최한 전국고승법회에 초대되어 설법하고 戒律을 올바로 지키고 禪을 진작시켜 한국불교의 바른 脈을 이어가자고 주장하였다.

그는 이론과 사변을 철저히 배제하고 무심無心의 태도로 화두를 參究하는 看話禪法을 분별이 끊어진 상태에서 있는 그대로 파악된 진리로 분별이 끊어진 후에 확연히 드러나는 직관으로 체득한 진리만을 인정하는 가장 뛰어난 진리이며 궁극적인 진리이고 가장 깊고 묘한 진리인 '第一義諦'로 채택하였던 것이다.

그리하여, 만공은 제자들에게는 항상 趙州의 '無字話頭'를 참구하도록 가르쳤다.

말년에는 덕숭산 상봉 가까이에 轉月舍라는 초암을 짓고 생활을 하다가 1946년 10월 20일에 입적하였으니 만공의 선사상은 완전히 간화선을 기반으로 하여 형성되었다고 말할 수 있다.

① 看話禪 전통수행

만공의 선사상은 우주와 만물의 본체를 뜻하는 마음을 깨닫는데 불교의 진수가 있다고 보았으며, 인간의 가치 있는 삶도 이 깨달음을 성취함으로써 찾아진다고 주장하였다.

그래서 수행자가 깨닫기 위한 수행법으로 가장 빠른 경절문은 참선을 으뜸으로 보았던 것이다.

또한, 만공은 참선의 가장 중요한 조건으로는 善知識을 구하는 일이요, 수도에 적절한 道場늘 찾는 일이요, 함께 수도하는 좋은 道伴을 구하는 것이 수행의 가장 중요한 기본조건으로 이 세 가지를 중시하였던 것이다.

그 중에서도 스승을 가장 중요한 여건으로 보았다. 진정한 스승은 수행자들에게 일어나는 모든 문제를 올바른 길로 인도하는 자이며, 수행자가 스승을 얼마나 신뢰하느냐에 따라 참선의 수도가 좌우된다고 가르쳤다.

이것은 자신의 경험으로 비추어 만약 스승 鏡虛의 지도가 없었다면 자신은 話頭를 타파하지도 못했을 것이며 스승의 인도가 없었다면 스승의 권유대로 화두를 다시 無字로 선택하여 수행의 빠른 진전을 기대할 수 없었을 것이라는 것을 누구보다도 스스로 체험한 바 있다.

그러기에 만공은 새삼 스승 경허의 가르침에 선지식의 중요성을 절실히 깨달아 제자들에게 당부하고 있다는 것을 짐작할 수 있을 것이다.

만공이 수도승들에 대한 지도방법은 매우 다양했으며 '良久' 또는 덕산 棒, 임제喝 등 다양한 전통적인 방법으로 제자들을 諸接하여 지도하였다고 볼 수 있을 것이다.

또한, 선문답으로 格外의 대화와 행동들을 구사하여 여러 방법을 자유자재로 사용한 滿空은 자신을 臨濟의 32대손으로 인식한 鏡虛門中의 臨濟門孫이었던 것이다.

격동기였던 대한제국과 일제치하의 한국불교의 전반적인 상황은 念佛이나 誦經·誦呪만이 유행하고 있었다. 鏡虛는 한국불교의 관심에서 벗어나 있던 參禪을 통해 한국 불교를 소생시키고자 했다.

그는 禪이 한국 불교사와 모든 佛學의 근본임을 확신하고, 쇠락한 선원을 창설하고, 수선결사의 조직하였다.

이와 같은 결실은 제자 滿空을 비롯해 김남전이나 오성월과 같은 후학에 이르러서 꽃을 피우게 된다.

이처럼, 만공은 스승 경허와 맥락을 같이하여 한국 看話禪의 전통을 한편으로는 수용하고, 다른 한편으로는 독자적 扇 해석을 통하여 看話禪 이해의 폭을 확장하여 간화선을 유일한 방법으로 하는 '마음 달'인 '自心'을 통하여 일체만유의 法身이며 佛性 그자체인 마음을 체득하고, 그 체득된 自心을 顯示하고, 그 顯示된 自心이 끊임없이 생활 속에서 妙用한다고 주장하였다.

즉 滿空은 존재의 본체를 마음, 自性, 佛性, 如如佛, 虛空, 主人公, 本來面目, 自心, 一圓相 등으로 표현하였다. 그는 개인의 참된 본질이 우주 만물의 본체와 하나라고 보았다.

滿空에 의하면 불교의 진수는 인간이 스스로 마음을 깨닫는데 있으며, 인간의 가치 있는 삶도 이 깨달음을 성취함으로써 찾아진다고 보았다.

특히, 滿空 禪思想의 핵심 주제는 '自心'의 顯示와 '看華禪'의 體·用 수용으로 정리할 수 있다고 말할 수 있다.

이것은 滿空의 禪法이 知訥과 慧心으로 대표되는 한국 看話禪의 두 흐름을 한편으로는 會通하고, 다른 한편으로는 辨證的으로 止揚함을 설명하고 있다고 말할 수 있기 때문이라고 볼 수 있을 것이다.

또한 만공은 지눌의 자기의 사상을 형성하는데 도움이 된다면, 선과 교를 가리지 않고 그것을 가져다 사용하여 그의 사상 속에 용해시켜버리는 용광로 같은 모습과는 다른 모습의 혜심은 지눌에게서는 상근기만을 위해 사용되던 간화선이 혜심에게서는 중·하근기의 대중을 포함한 모든 근기의 사람들에게 단 하나의 유일한 방법으로 사용되기 시작했다.

혜심은 상근기의 사람이건, 중근기의 사람이건, 하근기의 사람이건 관계없이 모두 선 일변으로 모은다.

그리고 그때의 禪門도 黙照禪을 포함한 다른 禪은 용납되지 않고, 오직 看話禪만 용납된다.

여기에서 滿空은 慧心의 그것과 합일점을 만나 오로지 看話禪 一邊倒의 唯一禪을 고집하게 되었다고 볼 수 있다.

이러한 滿空은 수행을 통하여 차별이나 분별의 관념에서 벗어나면 편벽됨이 없이 두루 자유롭게 知慧와 慈悲를 활용할 수 있게 되며 여기에 이러한 自由와 慈悲를 구하는 중요한 수행법으로는 參禪을 으뜸으로 보았다.

그리하여, 滿空은 수도승들에 대한 지도방법으로 침묵, 또는 棒, 喝, 格外對話와 一圓相 등 여러 가지 방법을 자유자재로 사용하여 수행납자들에게 眼目의 눈을 틔워 주는 善知識의 역할을 다하였다고 말할 수 있다.

그의 禪思想과 禪修行 지도방법은 문도 혜암, 벽초, 원명 등이 1983년에 편찬한 『滿空法語』를 통해 알 수 있다. 권두에는 혜암이 쓴 奉香頌과 경봉이 쓴 序辭, 원담의 간행사가 있다.

본문은 上堂法語 42편, 당시의 여러 선사들과 禪旨를 문답한 擧揚 57편, 서문 3편, 발원문 3편, 參禪曲, 話頭 드는 법, 訓戒 등으로 구성되어 있고, 권말에 자세한 行狀이 있다.

이 가운데 上堂法語에는 佛敎와 禪의 주요 문제에 대한 法門을 滿空의 독자적인 경지에서 설파한 것으로 만공의 禪思想을 연구하는 데 많은 자료를 제공하고 있다고 말할 수 있을 것이다.

특히 禪問答으로 수록된 많은 法擧揚 내용들은 禪修行을 눈 푸른 납자들에게 많은 도움을 주는 羅針盤으로 작용할 수 있을 것이다.

② 法擧揚을 통해본 禪思想

만공은 평소 제자들과 法擧揚을 자주하였다.

그래서 그의 저서 『滿空法語』에는 사부대중과 문답한 살아있는 法擧揚 내용이 아주 많이 수록되어 있어 선수행자들에는 선의 길잡이로서 그 역할을 할 수 있을 것이라고 본다.

* "스님 눈길을 깨끗이 쓸었습니다"

어느 해 겨울, 눈이 많이 왔다. 見性庵의 비구니들은 눈길을 쓸고 滿空을 모시러 왔다. "스님 눈길을 깨끗이 쓸었습니다" 이 말에 만공은 대답했다.

"너희들이 쓸은 길로는 안 가겠다" 비구니들은 물었다. '그럼 스님, 어느 길로 가시겠습니까?" 滿空은 拂子를 흔들며 대답했다. "너희 절 부처님이 하얗구나"269)

만공은 너희들이 쓸어 놓은 길이란 이미 자기들이 쓸었다는 相을 내어 세속적인 때가 덕지덕지 묻었으니 하얀 부처님을 밟고 가겠단 禪問答으로 답변하고 있는 것이다.

즉 '動念卽乖요 破器相從'이라 이미 그들이 쓸어 놓은 길은 이미 허물어졌으니 開口卽錯하여 공연히 만공만 길을 잃었으니 이를 경계하여 說하고 있는 것이라고 말 할 수 있을 것이다.

* "그물에 걸린 이 고기를 구해 낼 수 있겠느냐?"

만공은 德崇山門 수덕사의 사내 암자에 머물면서 見成庵에서 자주 법문을 하여 비구니제자들을 지도하고 경책하고 있었다. 다음은 여름 해제 날 滿空은 僧堂에 내려와 大衆을 둘러보며 말했다.

"올 여름 大衆들은 용맹스럽게 精進을 잘하였다. 그러나 나는 홀로 하는 일 없이 그저 그물을 하나 폈더니라. 오늘 이 그물에 한 마리의 고기가 걸려든 것이다. 자, 일러 봐라. 어떻게 하면 그물에 걸린 이 고기를 구해 낼 수 있겠느냐?"270)

그때 大衆 가운데 한 衲子가 일어서서 무슨 말을 하려고 입을 들먹거렸다.

滿空은 탁 무릎을 치며 말했다. "옳지, 한 마리 걸려들었구나." 다시 한 衲子가 벌떡 일어나 무슨 말을 하려고 하자 滿空은 또 무릎을 치며 말했다.

"옳커니, 또 한 마리 걸려들었다."

이렇게 하여 大衆 가운데 누구든지 입을 들먹이기만 하면 이런 式으로 모조리

---
269) 滿空, 『滿空法語』, 위의 책, p.122-123.
270) 滿空, 『滿空法語』 위의 책, ,p.125-126.

잡아 나꿔채는 것이었다.

이 이야기 역시 위의 禪問答처럼 滿空의 禪의 境地의 깊이를 보여 주는 좋은 예로 '開口卽錯'이요 '動念卽乖'라는 진리를 다시 한 번 드러내 보이고 있는 선문답의 도리라고 말 할 수 있을 것이다.

* '見明星悟道'

臘月 8日 成道齋日에 멀리 南方의 金堂禪院으로부터 이런 편지가 왔다.

'부처님이 臘月 八夜에 샛별을 보고 悟道했다는데 깨달으신 바가 무엇입니까?' 滿空은 이렇게 答했다. '부처님이 샛별을 보셨으니 모래가 눈에 떨어졌느니라' [271]

滿空은 成道日에 天藏庵에서 출가하여 戒를 받고 鏡虛門中 佛門에 들었기 때문에 개인적으로도 成道日은 남다를 것으로 보인다.

이 成道日에 관한 '見明星悟道' 법문은 유난히 많은데 아마도 수행자라면 누구나 성불하고 싶은 바람이 成道日을 맞아 더욱더 간절하기 때문이라고 말 할 수 잇을 것이라고 본다.

'부처님이 샛별을 보셨으니 모래가 눈에 떨어 졌느니라'의 소식 역시 위의 선문답과 다를 바 없는 '開口卽錯'이요, '動念卽乖'라는 견지에서 부처님 눈에 모래가 떨어지는 것을 눈 밝은 납자라면 벌 써 알아 차렸을 것이니 여기에 또 다른 화두로 등장하는 '見明星悟道'는 다른 각도에서 접근하는 데 다음의 禪問答이 있다.

오늘 성도일 날 납월 팔일에 부처님께서 새벽에 떠오르는 잔월효성을 보시고 도를 이루셨는데 그 샛별은 어디서 보았는가[272]

---
271) 滿空, 『滿空法語』, 위의 책, p.128-129.
272) 滿空, 『滿空法語』, 위의 책, p.128-129.

여기의 답은 '開口卽錯'이요, '動念卽乖'라는 견지를 벗어나고 있으니, 또 다른 眼目으로 접근할 여지가 있다고 말할 수 있을 것이다. 또한 無門은 이렇게 말한다.

이것 또한 같은 맥락을 유지하고 있음으로 현금의 도리가 옛 조사와 결코 다르지 않음을 눈 밝은 납자는 단박에 알았으리라고 본다.

"바람이 움직이는 것도 아니고, 깃발이 움직이는 것도 아니고, 마음이 움직이는 것도 아니니, 어느 곳에서 조사를 볼 수 있겠는가? 만약 여기에서 분명하게 볼 수 있다면 바야흐로 두 승려는 쇳조각을 산다는 것이 금덩이를 얻었고, 조사는 참을성 없어 한바탕 실수를 했음을 알게 될 것이다." 273)

* 金烏와의 法談과 逸話

어느 날 金烏가 滿空에게 물었다. "노스님, 제가 요즘 아는 것이 많습니다. 제가 모르는 것 하나만 말씀해 주십시오" 滿空은 느닷없이 주먹을 번쩍 들면서 말했다.

"알겠느냐?" 金烏 또한 주먹을 번쩍 들어 마주 대하였다. 滿空은 빙그레 웃을 뿐, 말이 없었다.

여기서 만공과 금오가 주고받은 선문답은 寸鐵殺人의 번득이는 예지로서 적막감이 흐르고 있으니 전광석화처럼 받아치는 금오의 승리를 예감하고 있으니 속내를 다 들켜버린 만공은 흡족하여 빙그레 웃음으로 답하고 있는 것이다.

여기에 또, 滿空은 眞性과의 禪問答이 전하고 있으니 看月庵 가는 길의 이야기가 있다.

---

273) 혜능, 『六祖短經』 無門曰: 不是風動, 不是幡動, 不是心動, 甚處見祖師, 若向者裏見得親切, 方知二 僧買鐵得金, 祖師忍俊不禁一場漏逗.

만공 선사와 혜암 스님, 그리고 진성 사미 세 사람이 어느 날 배를 타고 안면도 간월암으로 가는 중이었다. 바다 위에서 만공 선사가 물었다. "진성아! 배가 가느냐, 물이 가느냐?" 그때 진성이 아무 말이 없자 혜암 스님이 말했다. "배도 가지 않고, 물도 가지 않습니다." 만공 선사가 다시 물었다. "그러면 무엇이 가느냐?" 그러자 혜암 스님은 만공 선사에게 수건을 들어 보일 뿐이었다. 이에 만공 선사가 말했다. "자네 살림살이가 언제 그렇게 되었나?" 혜암스님이 답했다. "이렇게 된 지 이미 오래입니다."274)

여기서 惠庵은 滿空으로부터 傳法偈를 받고 40년간 德崇山을 지키며 修德寺 초대方丈을 지낸 百歲道人이고, 眞性은 원담으로 수덕사 3대 方丈을 지냈던 현 4대 方丈 설정의 恩師다.

여기서 혜암이 손수건을 들어 보인 것은 금오가 주먹을 들어 보인 것 과 조금도 다르지 않고 더 멀리서는 六祖가 '風動幡動'을 '非風非幡'으로 해결하는 돌직구와 다름이 없는 見地라고 말할 수 있을 것이다.275)

* '侍者의 燈'

一日初夜에 侍者가 燈을 켰는데 燈불이 유리창에 그림자를 비쳤다. 스님은 등불 그림자를 보고 시자에게 물었다.

"이 등불이 옳으냐, 유리창에 비친 저 등불이 옳으냐?" 시자가 재빨리 등불을 꺼버리고 반문해 왔다. "스님 이럴 땐 어떻게 하시렵니까?" 滿空은 아무 말 않고 일어나 등불을 켰다.

여기서 우리는 떡장수 노파의 이야기 금강경이야기로 德山을 깨우치려는 龍潭을 떠올리지 않을 수 없다.

어느 날 밤 둘이 함께 있는데 용담이 덕산에게 말했다.
"밤이 깊었는데 그만 물러나 쉬게"

---

274) 慧菴, 『禪關法要』, 대한 불교 달마회, 1978., p.119-120.
275) "六祖因風颺刹幡, 有二僧對論. 一云, 幡動. 一云, 風動. 往復曾未契理. 祖云, 不是風動, 不是幡動. 仁者心動. 二僧悚然."

- 411 -

덕산은 인사를 드리고 나왔다가 되돌아왔다.

"밖이 너무 캄캄합니다."

용담이 촛불을 켜서 건네주었다.

덕산이 막 받는 순간 용담은 갑자기 불을 훅 꺼버렸다.

순간 덕산은 깨달았다.

이처럼, 滿空은 시자를 깨우치려다 도리어 된통 그물에 걸려들고 말았으니 自業自得 이랄 수밖에 없다 하겠다. 백기를 들고 불을 켜고 있는 滿空의 제자사랑의 자비가 느껴지는 禪問答이라고 말할 수 있을 것이다.

③열반으로 보인 '世界一花'의 禪思想

한글로 '만공탑'이란 쓴 글씨는 天地人을 상징하는 조각으로 '滿空月面'을 표현한 石球와 '世界一花'라는 글씨도 새겨 넣었다. 만공탑은 둥근 圓形으로 滿空의 圓融無碍한 禪思想을 드러내 보이고 있다고 말할 수 있을 것이다.

또한, 滿空塔에 새겨져 있는 살아있는 禪語 '世界一花'는 생전에 무궁화를 이용한 '槿花筆'을 즐겨 쓴 滿空의 친필이다. 설정은 "모든 생명은 차별 없이 하나임을 꽃에 비유한 것"이라며 '世界一花'의 의미를 설명했다.

이처럼, '世界一花'의 글씨는 滿空이 1945년 8월 16일 德崇山 修德寺에서 조국의 광복 소식을 듣게 되었다. 이때 滿空은 광복의 기쁨을 제자들 앞에서 무궁화 꽃송이에 먹물을 듬뿍 묻혀 한지에 '世界一花'라고 쓰고 이렇게 말했다고 전한다.

"너와 내가 둘이 아니요, 이 나라 저 나라가 둘이 아니요, 이 세상 모든 것이 한 송이 꽃이다. 머지않아 이 조선이 '世界一花'의 중심이 될 것이다. 지렁이 한 마리도 부처로 보고 저 미웠던 왜놈들까지도 부처로 봐야 이 세상 모두가 편안할 것이다."

이처럼, 만공의 의지가 그대로 담긴 이 글씨는 修德寺 聖寶博物館에는 滿空이 일본의 패망을 전해 듣고 기뻐하며 무궁화 꽃봉오리에 먹을 흠뻑 적셔 붓 삼아 썼다는 '世界一花'의 편액이 지금도 걸려있다.

역시 여기서 만공의 원융무애한 선사상을 느껴볼 수 있다고 말할 수 있을 것이다.

근대 한국 불교 中興祖인 경허와 滿空의 유물을 전시한 이 전시관에는 경허의 친필 서예와 滿空의 생전에 사용한 유품 등이 전시되어 있는데 그들의 유품을 통해 불도에 용맹정진하고 한국 불교를 일으켜 세운 양대 선승의 업적과 사상을 살펴볼 수 있었다.

그리고 이를 통해 佛祖의 禪脈을 면면히 계승하고 많은 高僧을 배출한 禪旨宗刹 德崇叢林의 전통을 이곳 수덕사에서 만나 볼 수 있을 것이다.

(3) 『滿空法語』를 통해 본 禪思想

근대의 고승 滿空의 법어집 『滿空法語』는 1권 1책 활자본으로 1983년 문도 惠菴· 碧超· 圓潭 등이 衆志를 모아 수덕사에서 간행하였다.

卷頭에는 惠菴이 쓴 奉香頌과 鏡峰이 쓴 序辭, 원담의 간행사가 있다.

내용으로는 본문은 上堂法語 42편, 擧場 57편, 偈頌 57수, 序文 3편, 發願文 3편, 기타 3편 등으로 구성되어 있으며, 권말에 자세한 行狀이 수록되어 있다.

상당법어는 世間相常住· 無上菩提· 千眼不看· 一心萬像· 吞盡三世諸佛 등 불교와 禪의 주요 문제에 대한 法門을 만공이 증득한 독자적인 경지에서 설파한 것들이기 때문에 만공의 선사상을 연구하는 데 많은 도움이 될 수 있다고 볼 수 있을 것이다.

특히, 이 상당 법어 안에 일본의 총독 미나미(南次郞)에 대한 一喝이 수록되어 있는 점은 매우 흥미롭고 감동을 준다고 말할 수 있을 것이다.

그 내용인즉, 1937년 3월 만공이 麻谷寺 주지로 있을 때 총독부 제1회의실에서 31본산 주지와 13도 지사가 함께 모여 미나미의 주재 아래 불교진흥책을 의논하였다.

이 때 미나미가 이전 총독 데라우치(寺內正毅)의 공이 크다고 칭찬하자, 만공이 불쑥 단으로 걸어 나아가 "데라우치는 조선 승려로 하여금 일본 승려를 본받아 파계하도록 하였으니 큰 죄인이다.

마땅히 무간지옥에 떨어져서 큰 고통을 받을 것이다." 라고 말한 뒤 政敎分立論을 주창하였다는 내용으로 이것은 당시 불교계에 큰 화제를 불러일으켰던 사건이라고 말할 수 있을 것이다.

法擧揚 부분은 당시의 여러 선사들과 禪旨를 문답한 것으로, 당대의 고승 錦峯 · 水月 · 慧峰 · 漢巖 · 寶月 · 性月 · 曉峰 · 惠庵 · 金烏 · 碧超 등과의 禪問答이 수록되어 있다.

이들 禪門答은 格外의 대담들이지만, 선을 닦는 후학들의 공부를 점검하는 데는 좋은 지침이 된다.

그리고 이들 禪門答을 통하여 근대의 선사 중 格外의 선지를 가장 자유롭게 구사한 滿空의 면모를 살펴볼 수 있다.

게송 57首는 鏡虛先師影讚을 비롯하여 達磨影讚, 때와 곳에 따라서 심경을 읊은 것, 法弟子와 출가 승려 및 재가 신도에게 준 詩들로 구성되어 있다.

기타의 3편은 參禪曲, 話頭 드는 법, 훈계 등으로 구성되어 있다.

참선곡에서는 이 세상의 모든 것이 허망하지만 참선하는 한 가지 일만은 진실하다는 것을 밝히고, 참선하는 법, 정진하는 법, 중이 되는 법, 화두 잡는 법 등을 조리 있게 제시하고 있다.

滿空 法語

心無所寄
마음에 붙일 바가 없음

上堂云 『心無所寄 形無所依 足無所履(覆) 言無所謂 不可見而名貌 不可得而摩揣276)。森羅萬像等其用 太虛其體。至遊也類中之仙 善應也塵中之異。所以祖師道 「眞性心地藏, 無頭亦無尾, 應緣而化物, 方便呼為智」 且作麼生是應緣化物底方便智 還會麼? 莫怪坐來頻勸酒 自從別後見君稀。』

법좌에 올라 이르되, 『마음에는 붙일 것이 없어서 그 형상은 의지할 바가 없으며, 발로 밟을 바가 없으며, 언어로 이를 바가 없으며, 보고서 모양을 이름붙일 수가 없으며, 가히 얻었으되 만져 헤아릴 수가 없으나 삼라만상이 그 용과 같고 태허가 그 체와 같도다. 놀며 이르는 곳마다 무리 가운데 신선이요, 일체 경계에 응하니 티끌 가운데에 뛰어나도다. 그러므로 조사가 이르되, 「참 성품 마음 가운데 감추어진 것이 머리도 없고 꼬리도 없음이로되 인연을 따라 모든 중생을 교화하는 방편을 불러서 지혜라 한다.」하니, 또한 어떠한 것이 인연을 따라 만물을 교화하는 방편 지혜인가? 도리어 이 도리를 알겠느냐? 앉아서 자주 술을 권한다고 괴이하게 여기지 말라. 이별한 뒤로부터는 그대와 보기도 드물 것이니라.』

喝
할

上堂云 『昔日臨濟和尚常喝 德山和尚常棒。今日大衆親於臨濟喝耶 親於德山棒耶?。』時碧超禪和即出禮拜。老師問云 『超親於臨濟喝耶? 親於德山棒耶?』 超云 『不親臨濟之喝

---
276) 摩揣 = 갈다, 문지르다 마. 재다, 높이를 측량하다 췌.

亦不親德山之棒也。』 師云 『然則親於何也？』 超應聲大喝。師一打 超禮拜退座。師云 『前無後無。』

　법좌에 올라 이르되, 『옛날에 임제(臨濟)①277) 스님은 항상 할278)을 쓰시고, 덕산(德山)②279) 스님은 항상 방280)을 쓰시었다 하니 금일 대중은 임제의 할을 친하였느냐, 덕산의 방을 친하였느냐?』 이때에 벽초(碧超)③281) 선화282)가 곧 나와서 예배하니, 노사가 묻되, 『벽초는 임제의 할을 친하였느냐, 덕산의 방을 친하였느냐?』 벽초가 대답하되, 『임제의 할도 친하지 아니하였고, 또한 덕산의 방도 친하지 아니하였습니다.』 스님이 이르되, 『그러면 무엇을 친하였느냐?』 벽초가 스님의 소리가 떨어지자 크게 할을 하니, 스님이 방망이로 한 번 때리시거늘 벽초가 절을 하고 자리로 돌아가매, 스님이 이르되, 『앞에도 없고 뒤에도 없는 이, 벽초로구나.』

---

277) 임제(臨濟) = 중국 당(唐)나라의 고승(高僧)으로 역대 조사의 법맥(法脈)을 이은 종주(宗主). 임제는 마조도일(馬祖道一, 707~786)이 대성한 남종선(南宗禪)의 전통을 보다 철저히 계승하여 무위진인(無位眞人)이라는 절대 주체를 확립하는 도(道)로 성취했다. 즉 '무위의 진인'이라는 이상적 상태를 禪이라고 간명하게 설했다. 아울러 스승인 황벽희운(黃檗希運, ?~850)의 선풍(禪風)을 받아들여 독자적인 선 사상과 준엄한 선풍을 확립함으로써 임제종을 형성하였다. 이후 송(宋) 시대에는 두 파로 갈리면서 크게 번영하여 중국 불교의 주류를 이루었다. 즉 석상초원(石霜楚圓)의 제자로서 황룡혜남(黃龍慧南, 1002~10069)과 양기방회(楊岐方會, 992~1049)가 배출되어 이들로부터 각각 황룡파와 양기파가 성립하였다. 임제종의 사상적 특질은 온갖 속박을 벗어난 자유로운 '무위의 진인' 또는 '무의(無依)의 도인'을 추구하는 인간관에 있다. 자유로운 절대 주체의 생활 방식을 행동을 통해 파악코자 했던 것이다. 인간의 적나라한 삶을 긍정하면서 진정한 견해를 얻어 자유인을 추구한다. 이리하여 마조로부터 비롯되는 홍주종(洪州宗)은 임제에 이르러 활동하는 선, 즉 대기대용(大機大用)의 선으로 총괄되어 임제종의 전통을 형성했다. 송 시대 이후 임제종은 수행자의 견성(見性)을 위한 수단으로 선사의 언행록인 공안(公案)을 사용하는 공안선 혹은 간화선(看話禪)을 고취하였다. 간화선은 공안을 통해 본래 지닌 불성을 자각케 하고 지혜에 의한 깨달음을 얻고자 하는 선이지만, 좌선을 경시하여 선 본래의 방식으로부터 벗어났다는 비난을 받았다. 한국의 선종은 대체로 임제종의 전통을 계승했다고 한다. 중국 임제종의 법맥이 보다 뚜렷하게 계승된 것은 고려 말의 태고(太古)와 나옹(懶翁) 이후부터이다. 그러나 임제종이라는 명칭으로 교단이 설립된 적이 없었다. 다만 한일 합방 이후 해인사 주지였던 이회광(李晦光)이 동경에서 독단으로 일본 조동종과 연합 조약을 체결한 데 반대하여, 1911년 송광사에서 임제종이 설립된 바 있으나 이내 소멸하였다

278) 한자로는 갈이라고 읽지만, 선가에서는 할이라고 통상 읽고 있다. 할로 읽는 또 다른 예는 喝食(할식)이 있는데, '큰소리를 질러, 밥 먹을 때를 알린다.'는 의미이다.

279) 덕산(德山)782~865 = 중국의 방(棒)을 잘 썼다는 명안종사(明眼宗師). 후난성[湖南省]의 펑양[澧陽]에서 30년 살다가 '무종(武宗)의 파불(破佛)' ([841~847]이었는데, 이때를 "회창년간[회창의 파불(破佛)이라 한다. 때는 독부산(獨浮山)의 굴에 숨어서 난을 피하였다. 847~866년 불교부흥기에 랑저우[浪州]의 덕산정사(德山精舍)에 들어가 선풍을 떨쳤다. 엄격한 수행으로 유명하고 제자를 가르칠 때 몽둥이를 잘 썼으므로 '임제(臨濟)의 갈(喝:선종에서 제자를 격려하여 꾸짖을 때 외치는 소리), 덕산의 몽둥이'라는 말이 나왔다. 그의 밑에서 설봉 의존(雪峰義存)을 비롯한 많은 제자들이 배출되었다.

280) 한자로는 봉이라고 읽지만, 선가에서는 방이라고 통상 읽고 있다.

281) 벽초(碧超) = 덕숭산(德崇山)에서 주석(住錫)하는 선사. 경선[鏡禪] (1899~1986) 성은 마씨(馬氏), 호는 벽초(碧超), 경선은 법명. 충청남도 청양 출생. 아버지는 정식(正植)이다. 1908년 탁발 나온 만공(滿空)의 감화를 받아 아버지와 함께 수덕사(修德寺)로 출가하여 승려가 되었으며, 그 뒤 만공을 따라 금강산 유점사와 오대산·지리산 등의 명산을 다니면서 수도하였다.

282) 참선(參禪)하는 사람. 和는 和尙의 줄임말.

於禪學院示衆
선학원에서 대중에게 보이다

師陞座云 『牧牛子曰「夫初心之人 須遠離惡友 親近賢善 受五戒十戒等 善知持犯開遮°」於此數句文中 若有一字令人能殺能活 能縱能奪 大衆著眼283)仔細看!』

 스님이 법좌에 올라 이르되, 『목우자(牧牛子)①284) 스님이 이르시되「대저 초심285)의 사람은 모름지기 악한 벗을 멀리 여의고, 어질고 착한 이른 친히 가까이 하여 오계와 십계 등을 받아서 잘 지키고 범하고, 열고 막을 줄을 알라.」286) 하셨다. 이 두어 글귀 가운데 꼭 한 글자가 사람으로 하여금 능히 죽이고, 능히 살리고, 능히 놓아 주고, 능히 빼앗고 하는 글자가 있으니, 대중은 눈을 바로 뜨고 자세히 보아라.』

叶照
온 세상을 비침

上堂云 『寰中叶照 消息平沈 方外獨存 幽靈絶對° 綿密不漏 寬廓無隅° 清虛一互而理絶名言 圓滿十成也道無積角° 諸善德! 箇是諸佛涅槃 一切幻緣 從此滅盡° 且道 到恁麼時節 又作麼生覆踐?』
良久云 霜天月落夜將半 誰共澄潭照影寒°

 법좌에 올라 이르되, 『온 세상 다 비치며, 소식이 편안하고 가라앉아 있으며, 세상 밖에 홀로 있어 그윽하고 신령하여 상대가 없도다. 면밀하여 새지 아니하고, 넓고 커서 모퉁이가 없음이로다. 맑고 비어서 서로 한결같아 이 도리에는 이름과 언어가 끊어지고, 원만히 두루 완성되어 도에는 모남이 없도다. 여러분! 이것이 모든 부처님의 열반이니, 일체 환몽의 인연이 이로부터 멸하여 없어지도다.

---

283) '착안' 또는 '저안' 이라고 읽을 수 있다. '착안' 은 '어떤 일을 주의하여 봄. 또는 어떤 문제를 해결하기 위한 실마리를 잡음. '눈여겨봄', '실마리를 얻음' 으로 순화' 되어 사용되는 단어이고 '저안' 은 '부릅뜬 눈동자' 의 의미.
284) 목우자(牧牛子) = 고려 때의 보조 국사(普照國師)의 호.
285) 初心 = ① 처음으로 깨달음을 구하려고 한 마음. 처음으로 깨달음의 경지에 이르려고 한 마음. ② 처음으로 수행하는 사람. 수행한 지 얼마 안 되는 사람. ③ 처음의 결심.
286) 보조국사 지눌이 지은 '初發心自警文' 가운데 '誡初心學人文' 의 내용. 대정장 48권. (T2019B.48.1004b06~T2019B.48.1004b07) 夫初心之人° 須遠離惡友親近賢善 受五戒十戒等° 善知時犯開遮°

일러라. 이러한 때에 이르러서는 또 어떻게 밟아갈 것인가.』 한참 침묵한 후에 이르되, 서리 찬 하늘에 달은 지고 한밤중이 되려하는데, 맑은 못에 비추는 찬 그림자를 누구와 함께할꼬.287)

靈明無類
밝고 신령하나 유가 없음

上堂云 『六根返源 徹底靈明無類 四大性復 通身淸淨無塵 直得絶因緣斷相續 混古今泯同異° 諸人還體得委悉麼？288)』
頌云 露鳥不萌枝上夢 覺花無影樹頭春°

　법좌에 올라 이르되, 『육근①289)의 근원을 돌이키면 철저히 신령스럽고 밝음이 짝이 없으며, 사대의 본성으로 돌아가니 온 몸이 본래 청정하여 한 티끌도 없으며, 곧 바로 인연을 돈절하여 상속됨을 끊으며, 옛날과 지금이 섞여서 같고 다름이 없으리라. 모든 사람은 도리어 체득하여 자세히 알겠느냐?』 송(頌)하여 이르되, 백로는 싹트지 않은 가지 위에 꿈꾸고, 각화(覺花)는 그림자 없는 나무 끝에서 봄이로다.

透頂透底
머리끝에서 발끝까지 사무침

上堂云 『透頂透底 徹根徹源底人 爲甚麼跨步時 失却路頭 隨高隨下？合方合圓底人 爲甚合眼時 失却處所？諸禪德作麼生覆踐 得通同一貫去？』
良久云 好手猶如火裏蓮 他家自有沖天意°

　법좌에 올라 이르되, 『머리끝에서 발끝까지 근원을 철저히 꿰뚫은 사람이 무엇 때문에 걸어갈 때에 길머리를 잃고 올라갔다 내려갔다 하며, 모난 데도 합하고 둥근 데도 합한 사람이 무엇 때문에 눈을 감을 때에 처소를 잃는가? 여러분!

---

287) 大正藏 48. 「宏智禪師廣錄」 T2001_.48.0009c02~03: "作麼生° 行履得恁麼相應去° 還會麼 霜天月落夜將半° 誰共澄潭照影寒"
288) 大正藏 47. 「圓悟佛果禪師語錄」 T1997_.47.0714c15~17: "一向目視雲霄壁立千仞° 則11孤負諸聖° 一向拖泥涉水灰頭土面 則埋沒自己° 如今恁麼也得° 不恁麼也得° 且貴正眼流通° 還委悉麼°"
289) 육근(六根) = 육식(六識)을 낳는 여섯 가지 근. 곧 눈·귀·코·혀·몸·뜻.

어떻게 밟아가야 통달함을 얻어 동일하게 관철할 것인가?』 한참 침묵한 후에 이르되, 좋은 수완은 불 가운데 연꽃과 같으며, 그에게는 원래 하늘을 찌르는 뜻이 있음이로다.

一塵
한 티끌

上堂云 『一塵具無量刹土 一念超無限劫數 一身現無邊衆生 一體合無數諸佛˚
所以道 以大圓覺爲我伽藍 身心安居平等性智 恁麼則不可以方所爲限 不可以時分爲拘˚ 自他和合則水乳相同 賓主伴參則鏡像相照˚ 至如禁足護生290) 又且如何話會？』
良久云 心心無別心 步步不迷方˚

　법좌에 올라 이르되, 『한 티끌 가운데에 헤아릴 수 없는 국토를 갖추었고, 한 생각 가운데에 한량없는 겁수(劫數)를 초월하였으며, 한 몸 가운데에 가없는 중생을 나타내었고, 한 몸으로 수 없는 모든 부처를 합하였도다. 그러므로 이르되 대원각(大圓覺)으로써 나의 가람①291)을 삼아서 몸과 마음이 평등한 성품의 지혜에 있게 되나니, 이러한즉 가히 방소(方所)로써 한계를 삼지 못할 것이요, 가히 시간으로써 구애될 바가 없는 것이다. 나와 남이 화합하니 곧 물과 젖이 서로 같고, 손님과 주인이 서로 섞이니 곧 거울에 형상이 서로 비춤 같도다. 그런즉, 저 발을 움직이지 않음(결제기간)과 생명을 보호함(해제기간)에서(출가자의 평상시의 생활에서) 또한 어떻게 화두를 터득하겠는가?』 침묵한 후에 이르되, 마음 마음에 다른 마음이 없고, 걸음걸음에 방향을 잃지 않는다.

燒庵
암자를 태우다

師上堂擧南泉願燒庵話云 『泉和尚少時乍住茅庵 有一衲客共鋤山田 泉仍舊鋤田 客令去作飯 客仍火燒茅庵了 芳草頭上當陽臥 泉亦隨喜臥芳草 「非但汝然, 吾亦然」 且道 汝等作麼生商量去 我若當時在 彼衲子性命幾至稀˚』

---

290) 大正藏 47.「圓悟佛果禪師語録」T1997_.47.0751c26~29: 僧問 九旬禁足三月護生˚ 只如華猫取斷南泉分身兩段˚ 斑蛇適會赤眼就地一鋤˚ 未審是持是犯˚ 師云˚ 破戒也不知˚ 進云˚ 大用不拘今古楷模˚
291) 가람(伽藍) = 여러 승려들이 한데 모여 불도를 닦는 곳.

스님이 법좌에 올라 남전 보원(南泉普願)①292) 선사의 암자 태운 이야기를 들어 이르되, 『남전 스님이 젊었을 때에 잠시 풀로 덮은 암자에 한 선객과 같이 있었다. 그와같이 산전(山田)을 매러 가서 남전은 그대로 밭을 매고, 선객은 밥을 지으러 가게 하였는데, 선객이 초암(草庵)에 불을 질러 다 태워 버리고, 향기로운 풀밭의 따뜻한 햇볕을 행해 누웠거늘 남전도 그를 따라 같이 향기로운 풀밭에 누워서 하는 말이 「너만 그러할 뿐 아니라 나도 그러하다.」』 말하라. 너희들은 어떻게 생각하느냐? 내가 만약 당시에 있었던들 그 납자의 성명(性命)이 거의 위태할 뻔하였느니라.

把溪寺聖殿靈駕薦度法門
팔공산 파계사 성전에서 영가 천도 법문

上堂云 『輕業者夭壽 重業者長壽°』 頌曰 虛無眞實體 人我何所有 妄情不休息 即泛般若船°

법좌에 올라 이르되, 『업이 가벼운 자는 명이 짧고, 업이 무거운 자는 명이 길으니라.』 송하여 이르되, 허무한 것이 진실한 몸이니 인아상(人我相)①293)이 어디에 있을까 보냐. 망념을 쉬지 아니하고 반야선(般若船)②294)을 띄우리라.

禪學院高僧大會時法門──辛巳年三月十日
서울 선학원 고승대회 법어 - 1941년 3월 10일 선학원에서

上堂良久 卓柱杖三下云 『古人云「聽法之次 如履(覆)薄氷」 此是聽法之次 不得攀緣異境 一段孤明 聽法之說° 昏沈聽不得 散亂聽不得 亦不備聽法之態勢 一切妄想寂寂 聽法之心惺惺 至誠至心聽法 方得不為虛事°

 법좌에 올라 침묵한 후에 주장자로 법상을 세 번 찍고 이르되, 『고인이 이르

---

292) 남전 보원(南泉普願) = 당(唐) 때의 스님. 마조(馬祖)의 법제자.
293) 인아상(人我相) = 인 · 아 · 중생 · 수자(人 · 我 · 衆生 · 壽者)의 사상(四相)의 인아상(人我相)을 말한다.
294) 반야선(般若船) = 무지(無智)의 중생 세계에서 즐거운 피안(彼岸)으로 건너는 지혜를 비유한 말.

시기를 「법문을 들을 때에는 엷은 어름 밟는 것과 같이 하라.」295)하였으니, 이 것은 법문을 들을[聽法] 때에 눈으로 다른 경계를 반연하지 말라는 말이니, 한 조각 홀로 밝은 마음으로 법문을 들으시오. 법문은 혼침(昏沈)하여도 듣지 못하는 것이요, 산란하여도 듣지 못하지만, 또한 청법의 자세를 갖추지 못하였으니, 일체 망상을 고요히 하고 청법하려는 마음이 성성하여 지극한 정성과 간절한 신심으로 법문을 들어야만 헛된 일이 되지 않는 것입니다.

若昏沈與散亂之心聽法 雖經百千萬劫而聽法少無利益° 前日 朴漢永和尚說佛之親說梵網經次 前東山和尚亦說梵網經° 此梵網經一聞歷耳 以此功德能脫百千萬劫之罪 卽得成佛° 今日山僧雖說何法 不及於佛之親說° 然而四部衆旣已雲集 强請說法 若不說反爲煩亂 不得已登座°

만약 혼침에 빠진 마음이나 산란에 떠도는 마음으로 법문을 듣는다면 비록 백천만겁을 두고 법문을 들을지라도 조금도 이익이 없을 것입니다. 전일에 박한영(朴漢永) 스님296)이 부처님께서 설하신 「범망경(梵網經)①297)」을 설하고, 아까 동산(東山) 스님298)이 또 「범망경」을 설하였습니다. 이 「범망경」은 한 번 들어서 귀에만 지날지라도 그 공덕으로써 능히 백천만겁의 죄를 벗어나고 곧 성불함을 얻는다고 하시었으나, 금일 산승이 비록 어떤 법문을 설한다 할지라도 부처님께서 친히 설하신 법문에는 미칠 수가 없는 것이니, 무슨 법문을 설하리오. 그러나 사부대중②299)이 이미 운집하여 나에게 굳이 설법하기를 청하니 만약 설하지 않는다면 도리어 분주를 떠는 것 같아서 부득이 이 자리에 오르게 된 것입니다.

雖然如是 聞者聞而行之一言一句 皆賢善之法門 聞者聞而不行雖賢善之法 歸於無用虛地 唯願大衆聞而行之° 世俗門戶至於自身而絶孫 得罪於先祖 罪莫大於此云 我佛法亦爾 以佛子之身不得紹隆於如來之慧命 此爲佛法中大罪人也° 如來慧命 將何謂之? 世尊入雪山六年不

---

295) 大正藏 48. 「誡初心學人文」T2019B, 48, 1004c18~19: 明° 墮坑落塹去矣° 聞法之次如履薄氷° 必須側耳目而聽玄音
296) 박한영(朴漢永) 스님(1870~1948)의 본명은 정호(鼎鎬), 호는 석전(石顚)이며, 후일 당호(堂號)를 영호(映湖)라 하였다. 한영(漢永)은 자(子)이다. 전라북도 완주에서 태어났지만 주로 전주, 김제 등에서 활동하였다.
297) 범망경(梵網經) = 대승계율(大乘戒律)의 제일가는 경전. 상권에는 보살의 심지(心地) 법문을 하였고 하권에는 대승계법을 설하였다.
298) 동산(東山) 스님(1890~1966) 법명은 혜일(慧日), 속명은 하봉규(河鳳奎), 아버지는 성창(性昌), 어머니는 정경운(鄭敬雲)이다. 1890년 충청북도 단양읍 상방리에서 태어났다. 1912년 범어사에서 출가하였다. 불교정화운동을 벌이며 승단을 비구 중심으로 바꾸었다.
299) 사부대중(四部大衆) = 불문(佛門)의 네 부류(部類)의 제자로서 출가 불자인 비구(比丘: 男僧) · 비구니(比丘尼: 女僧), 재가(在家) 불자인 우바새(優婆塞: 男信徒) · 우바이(優婆夷: 女信徒)를 말한다.

動而修行 臘月八夜見明星悟道 其時直證如來慧命°

　그러나 듣는 분들이 듣고 실행하면 일언 일구가 다 좋은 법문이 될 것이요, 듣는 분들이 듣고도 실행하지 아니하면 비록 좋은 법문이라도 헛되게 돌아가고 말 것이니, 오직 원컨댄 대중은 듣고 실행하여 주기를 바라는 바입니다. 세속 사람들도 자신에 이르러서 무후 절손(無後絶孫)하여 선조에 죄를 짓는 것이 가장 크다고 하였으니, 우리 불법도 또한 그러하여 불자의 몸으로써 부처님의 혜명을 이어 전하지 못한다면 이것이 불법 중에 큰 죄인이라 하겠습니다. 부처님의 혜명이란 무엇인가? 세존이 설산(雪山)에 들어가시어 육년 동안을 앉아 동하지 아니하시고 수행하시어 납월 초여드렛날③300) 밝은 별을 보시고 깨달으셨다 하니 그 때에 바로 부처의 혜명을 증득하신 것입니다.

然而現前大衆紹隆佛之慧命麼? 從上慧命 入火不燒 入水不濕 無方無圓 不短不長 無生無滅 無始無終 雖宇宙壞滅 如來慧命終不可滅° 如之何也則可紹佛之此慧命耶? 人人無夢無惺時之境界 覺知麼也未? 世與我 我與世 一切寂滅 頓絶人我之想 正當此時 吾之主人公在甚麼處安身立命? 此之境界 覺悟者卽是佛之嫡子° 若不然者 不得覺悟安身立命處者 不得紹隆佛之慧命者° 若如是者 削髮且置 雖削眉毛 不得爲佛子°

　그러나, 현전 대중은 이 부처님의 혜명을 이었다고 보는가? 부처님으로부터의 혜명은 불에 들어가도 타지 않고, 물에 들어가도 젖지 않고, 모난 것도 아니요 둥근 것도 아니요, 짧은 것도 아니요 긴 것도 아니요, 나는 것도 아니요 죽는 것도 아니요, 시작함도 없고 마치는 것도 없는 것이니, 비록 우주는 괴멸해도 여래의 혜명은 마침내 멸하지 않는 것입니다. 어떻게 하면 혜명을 이을 것인가? 사람들이여! 꿈도 없고 생시도 없는 경계를 아는가 모르는가? 온 세계와 내가 모두 적멸하여야 남과 나라고 하는 상이 끊어지니, 바로 이러한 때를 당하여 나의 주인공이 어떤 곳에 있어 안신입명(安身立命)을 하는가? 이 경계를 깨달은 자라야 곧 이것이 부처님의 적자301)인 것입니다. 만약 그렇지 못하다면 주인공의 안신입명을 깨닫지 못한 자이며, 부처님의 혜명을 잇는 자가 아닙니다. 이와 같다면, 삭발은 그만두고 눈썹까지 깎아도 불자가 될 수 없는 것입니다.

---

300) 납월(臘月) 초여드렛날 = 석가세존께서 설산(雪山) 보리수(菩提樹) 아래에서 성도(成道)하신 음력 섣달 八일.
301) (1) 정실부인에게서 태어난 아들. 적자(嫡者) 또는 적장자(嫡長子)로 쓰임. (2) 스승의 법을 바르게 이어받은 제자. 정통제자. 사법(嗣法)제자.

佛之慧命 不得紹隆者 天上天下 不容之大罪人也 宜是乎佛子 恒作續佛慧命之念˚ 或有與俗無關之事云云 大不然˚ 何也 如來 三界 大導師 四生六趣 皆屬於如來 然則雖在世之人 覺得自己主人公 安身立命處 方可謂人中之人˚ 若不然 則人中非人 是以得慧命者眞人 不得慧命者非人 輪廻於六趣之一分者之人 有時作馬牛 有時作飛禽走獸 六趣中無所不往 無所不復˚ 欲免輪廻 覺得無夢無想時 主人公安身立命處即是眞人 始爲得免輪廻於六趣之眞人˚

부처의 혜명을 계승하지 못한 자라면 천상천하(天上天下)에 용납할 수 없는 큰 죄인이 될 것이니, 마땅히 불자라면 항상 부처님의 혜명을 이을 생각을 가져야 하겠소. 혹은 이러한 생각은 세속 사람에게는 관계가 없는 일이라고 말하는 이가 있으나, 실로 그렇지 않습니다. 왜냐 하면 부처님을 삼계④302) 의 대도사이신지라 사생⑤303) 육취⑥304)가 다 부처님에게 속한 것이니, 그런즉 비록 세속의 사람일지라도 자기 주인공의 안신 입명처를 깨달은 자라야 가히 사람 가운데 사람이라 하겠습니다. 만약 그렇지 않다면 사람 가운데 있어도 사람이라 하지 못하겠으니, 그러므로 혜명을 얻은 자는 참으로 사람이요, 혜명을 얻지 못한 자는 사람이 아니라 육취에 윤회하는 한부분의 사람이라 하겠으니, 어느 때는 말과 소가 되고, 어느 때에는 날짐승 길짐승[飛禽走獸]이 되어 육취 중에 왕복하지 않는 곳이 없습니다. 그러므로 육도의 윤회를 면하고자 하려면 꿈도 없고 생시도 없을 때에 자기의 주인공이 안신 입명하는 곳을 깨달은 자라야 바로 참된 사람이니 비로소 육도 윤회를 면하는 참사람이라 하겠습니다.

我法中面壁觀心亦非他事 安身立命處覺得如佛之所覺 令永欲作眞人之本意˚ 但僧之所事也 非世之所事 何謂正法也˚ 百千萬劫不復作異類而爲眞人 俗即眞 眞即俗也˚ 然而愚人 所見之佛法 衣服與飮食 與世無異 何故 世有佛法 煩悶此世人云 實非其然也˚

우리 불법의 선문(禪門) 가운데 벽을 바라보고 마음을 관하는 것도 또한 다른 일이 아니라 안신 입명처를 깨달아 부처님의 깨달음과 같이 하여 길이 참된 사람이 되려는 본의라 하겠습니다. 다만 출가한 승려만이 하는 일이요 세속 사람

---

302) 삼계(三界) = 생사 유전(生死流轉)이 쉴 새 없는 미계(迷界)를 욕계(欲界) · 색계(色界) · 무색계(無色界)로 분류하여 삼계라 한다.
303) 사생(四生) = 생물이 태어나는 네 가지 방법. 태생(胎生) · 난생(卵生) · 습생(濕生) · 화생(化生).
304) 육취(六趣) = 육도(六途)라고도 하며, 생사윤회를 하는 지옥(地獄) · 아귀(餓鬼) · 축생(畜生) · 아수라(阿修羅) · 인간(人間) · 천상(天上)을 말한다.

에게는 해당되는 일이 아니라면 불법을 어찌 바른 정법이라 하겠습니까. 백천만 겁에 다시 이류(異類)305)인 중생이 되지 않고, 참사람이 된다면, 속(俗)이 곧 진(眞)이요 진이 곧 속입니다. 그러나 어리석은 사람이 불법을 보는 소견으로는 의복을 입는 것이나 음식을 먹는 것으로만 보면 세속과 다름이 없거늘 무슨 까닭으로 세상에 불법이 있어 이 세상 사람을 번거롭게 하느냐고 말하는 이가 있으나, 그것은 실로 그렇지 않습니다.

佛教 非離世間之佛教也 四生六趣中盡是覺而已 無有不覺者° 佛教本來如是 衆生有千萬種種之根性 故佛法亦有千萬種種之方便° 雖然以根論之即是佛 悟則聖也佛也 迷則凡夫也衆生也° 然而覺之者亦難亦易° 言難者 釋尊入山不動六年而苦行 凡夫之業身實無修行之分° 言易者 易兮易兮無間隙 衣服飲食行住坐臥語默動靜 一切處一切時 皆是心之作用 佛法即心也° 覺此道理 合眼開眼 觸處無非佛事° 何必佛供袈裟 造塔改金等也？

불교는 세상을 여의고 있는 것이 아니요, 사생육취가 다 각성(覺性)을 가지고 있으니, 각이 아닌 자가 없는 것입니다. 불교는 본래 이와 같건마는 중생이 천만 가지의 근성(根性)이 있는 까닭으로 불법도 또한 천만 가지의 방편이 있는 것입니다. 그러나 비록 근기로써 논한다면 곧 이것이 부처인지라 깨치면 성인이요 부처이며, 미하면 곧 범부요 중생인 것입니다. 그러나 깨닫는 것이란 어렵기도 하고 또한 쉽기도 하나, 어렵다는 것은 석가세존도 설산에 들어가시어 움직이지 않고 육년이나 고행을 하시었으니 범부의 업신으로 실로 수행의 분이 없는 것입니다. 쉽다고 말하는 것은 쉽고 쉬워서 터럭 한 오리만큼도 간격이 없으니 의복을 입고 음식을 먹으며, 가고 머무르고 앉고 눕고, 어묵동정(語默動靜)의 일체처 일체시가 다 마음의 작용이어서 불법은 곧 마음인 것입니다. 이 도리를 깨달으면 눈을 감고 뜨면서 닥치는 곳마다 불법이 아닌 것이 없는 것입니다. 하필 불공을 드리고 가사를 짓고 탑을 쌓고 개금 개분하는 것이겠습니까?

悟者之所行 事事即是佛事° 世有謗法之言 謂自此已去 必有滅却宗教之期云 此愚人之所解大不然也° 佛教 滅却也不得 繁興也不得 若滅却佛教 如人 滅却自身之心 或有世人 滅却自身之心耶？ 云 自身 佛徒也 豈敢言滅却佛教之事也？ 不合於現時而無理之說也° 由何不得滅卻也° 如是云云 吾亦云古來賢聖 異口同音 即心是佛 此非一人之所說 豈謂虛言哉？

---
305) 異類. 指屬於佛果位以外之因位, 如菩薩衆生之類.

깨달은 자의 행동은 일마다 다 불사입니다. 또 세상에는 불법을 비방하는 사람이 있어 말하되 지금부터 나중에 반드시 종교가 멸망할 때가 있으리라고 말하는 것은 어리석은 자의 이해하는 바로 실로 그렇지 않습니다. 불교는 멸망시킬 수도 없고, 번창시킬 수도 없는 것입니다. 만약 불교를 멸망시킨다면 사람이 자기의 마음을 멸망시키는 것과 같으니, 혹 세상 사람으로서 자기의 마음을 멸망시킬 수가 있겠습니까? 말하자면 자기의 몸이 부처의 무리이거늘 어찌 감히 불교를 멸망시킨다고 하겠습니까? 현재에 부합하지 않으며 이치에 맞지 않는 말이라 하겠습니다. 무엇 때문에 없어질 수 없다고 하는가? 이렇게 말하는 것은 나 뿐 아니라 모든 성현께서 이구동음(異口同音)으로 마음이 곧 이 부처니라 하시었으니, 이것은 한 사람의 말이 아니거늘 어찌 헛된 말이라 하겠는가?

欲滅佛法之汝心 卽是佛 不得滅却自心 知佛矣° 若以儀式形像 而爲佛法 則或有滅却之分° 卽心 是佛 豈有增減之分° 設無名僧 謗佛謗法 此不過形式而已也° 或毁寺撤佛像 卽是滅却佛敎云 此爲自受欺瞞之行也 何者 雖毁撤佛像 汝之佛心猶在° 是以 佛法 歷千劫而不古 亘萬歲而長今 不生不滅 不增不減 盡大地恒沙 衆生 皆遊戱於此中 佛法 本來如是 如是委悉 至心崇奉 則方不受自他之欺瞞°

불법을 없애고자 하는 너의 마음이 곧 부처이니 자기 마음(自心)을 어떻게 멸망시킬 수 있겠는가. 부처를 알아야 하리라. 만약 의식과 형상으로 불법을 삼는다면 혹 멸망시킬 수가 있을지 모르나, 곧 마음이 부처이니 어찌 늘고 줄어듦이 있겠는가? 설사 이름 없는 스님이 불법을 비방할 지라도 형식에 지나지 않는 일이요, 혹 사원을 헐고 불상을 철거하는 것이 불교를 없애는 것이라 할지라도 이것은 자기를 속이는 행위라 하겠습니다. 왜냐 하면 비록 불상은 없앤다 할지라도 사람의 마음은 오히려 있는 것이니, 그러므로 불법은 억만 겁을 지날지라도 옛 것이 아니고, 만세를 지나도 항상 이제와 같은지라 불생불멸하고, 부증불감하여 온 세계[盡大地]의 항하사 중생이 다 이 가운데 유희하는지라 불법은 본래 이와 같으니, 이렇게 자세히 알고 지극한 마음으로 숭봉하면 바야흐로 자타의 속임을 받지 않을 것입니다.

原來佛法 未開口錯 橫也說竪也說 終日說之 對此佛法 盡是魔業° 虛空藏經云 「名相魔業

文字魔業 至於佛語亦是魔業」 何謂魔業也？「我佛四十九年說法之最後 不應親說一字」 然則 「涅槃經四十卷盡是魔說」 向甚麼處 謂之魔業？證此道理 即是 釋迦如來再來° 說偈曰 妄無妄妄是真 真有真真是妄 如是真妄外 達摩渡西來° 擊禪床三下而下座

원래 불법은 입을 열기 전에 그르침이라, 횡설 수설로 종일 설할지라도 이 불교에 있어서는 모두 다 마군의 업[魔業]인 것입니다. 「허공장경」⑥306)에 이르되 「명상도 마업이요, 문자도 마업이요, 내지 부처님의 말씀도 역시 마업이다.」하시었으니, 무엇을 마업이라 하는가? 「부처님은 49년 설법의 마지막에 한 글자도 설한 바가 없느니라.」하시었으니, 그런고로 「열반경307) 40권이 다 마설」이라 하시었습니다. 그러면 어떠한 곳을 향하여 마업이라 이르는가? 이 도리를 증득한다면 석가여래가 다시 재현함이라 하겠습니다.』 게송으로 가로되, 허망함에 허망함이 없으면 허망함이 곧 참이요, 참에 참이 있다면 참이 곧 허망함이로다. 이과 같은 참·허망함 밖에 달마가 서쪽에서 오셨도다. 라고 읊고, 주장자로 법상을 세 번 치고 하좌하다.

對日人總督南次郞一喝―丁丑年三月十一日
일본인 총독 남 차랑(南次郞)①308)에게 일할(一喝)

師 爾時 權住麻谷寺主職適赴三十一本山住持會議 于朝鮮總督府第一會議室 共集十三道知事 與三十一本山住持等 論議佛敎振興策° 時 日人總督南次郞 饒舌之日 『朝鮮佛敎 前總督 寺內正毅之功 莫大 應可從屬日本佛敎°』

스님이 충남 대본산 마곡사 주지로 잠깐 계실 때의 일이다. 마침 삼십일(三十一) 본산 주지 회의가 조선 총독부 제 一 회의실에서 열린다고 초정을 해서 부득이 상경하였더니, 조선 十三도 도지사와 삼십일 본산 주지가 모여서 조선 불교의 진흥책을 논의하려는 참이었다. 그때에 일본 총독 남 차랑이 혀를 놀려 말하기를, 『조선 불교는 전날의 총독이었던 사내정의(寺內正毅)309)씨의 공이 막

---

306) 허공장경(虛空藏經) = 대집대허공장보살소문경(大集大虛空藏菩薩所問經), 허공장보살경(虛空藏菩薩經)의 약칭. 梵名 Ākāśagarbha-sūtra. 全一卷. 姚秦佛陀耶舍譯. 又稱虛空藏經·虛空藏菩薩神呪經. 收於大正藏第十三冊.
307) 열반경(涅槃經) = 부처님께서 최후에 말씀한 경전(經典)
308) 남 차랑(南次郞) = 일본의 군인. 1929년 조선군 사령관, 1936년부터 7대 조선 총독으로 6년 재임. 창씨개명(創氏改名)·일어상용(日語常用) 등 민족문화 말살정책을 무도(無道)한 무단정치(武斷政治)로 강행한 2차 세계대전의 전범(戰犯)으로 종신형을 받은 자이다.
309) 데라우치 마사다케 [寺內正毅] (1852 ~ 1919)일본의 군인·정치가. 야마구치(山口)현 태생. 1898년에 초대 교육 총감에 임명되었고, 이어 참모부 차장·육군대학교 총장을 지냈다. 1901년 가쓰라 다로(桂太郞) 제1차 내각에 육군상이 되었으며, 10년에는 제3대 조선통감을 겸임. 이완용 친일내각으로부터 경찰권을 넘겨받아 헌병·경찰을

대하거니와, 마땅히 일본 불교에 종속되어야 할 것이다.』

師於是 奮然蹴座 起立 登壇 而大號令云 『淸淨本然 云何忽生山河大地?』便振聲一喝 聲徹十方 威壓滿場° 一眾驚騷 罔知所措° 師力說其不可 『寺內正毅 使朝鮮僧侶 效日僧 破戒法 大罪惡人 應 [墮] 隨無間阿鼻地獄受苦 [無] 量矣°』

이에 스님이 분연히 자리를 차고 일어나 등단하여 크게 호령하여 이르되, 『청정(淸淨)이 본연(本然)커늘 어찌하여 돌연히 산하대지(山河大地)가 나왔는가?』하고 스님이 큰 소리를 떨쳐 한 번 할을 하니, 그 소리가 모든 곳에 퍼지고 위엄이 장내(場內)에 넘쳤다. 일당 좌중이 놀라 어찌할 줄을 모르거늘 스님이 다시 그 불가함을 말씀하시기를, 『사내정의는 우리 조선 승려로 하여금 일본 불교를 본받아 계율을 파하게 하여 큰 죄악을 지은 사람이다. 이 사람은 마땅히 지금 무간 아비지옥(無間阿鼻地獄)②310)에 떨어져서 한량없는 고통을 받음이 끝이 없을 것이니라.』

又說政敎分立論 拂袖而下壇° 其夜 師之畏友 韓龍雲和尙 訪來 云 『善哉獅子吼 一喝 落肝膽° 雖好一喝 善爭似揮痛棒°』師 呵呵大笑 云 『喫茶去° 是狐狸子 痴熊用棒 獅子 用喝°』

또 정치와 종교와는 분립해야 한다는 주장을 제기하고, 소매를 떨쳐 하단하였다. 이날 밤, 스님의 존경하는 도반인 한용운(韓龍雲)③311) 스님이 찾아와서 이르되, 『잘했다, 사자후(獅子吼)여! 한 번 할을 하매 그들의 간담이 떨어지게 하였구나. 비록 한 번 할을 한 것도 좋기는 하지만, 통쾌한 방망이를 휘둘러 때려 주는 것이 더 좋았을 것이다.』하였다. 스님이 크게 웃으며 말하되, 『차나 한잔 드세, 이 좀스런 사람아! 어리석은 곰은 방망이를 쓰지마는, 사자는 할을 쓰느니.』

동원한 삼엄한 분위기 속에서 한일합방을 성사시켰다. 이어 초대 조선총독이 되어 언론을 탄압하고 강력한 무단적 식민정책을 펼쳐 한국인을 고통 속으로 몰아넣었으며, 16년 일본수상이 되어 시베리아 출병을 감행하는 등 특히 한국과 중국에서 일본의 권익확대를 꾀하는 제국주의 정책을 수행했다.
310) 무간 아비지옥(無間阿鼻地獄) = 팔열(八熱) 지옥의 하나. 오역죄(五逆罪)의 하나를 범하거나, 절을 파하거나, 성중(聖衆)을 비방하고 시주(施主)한 재물을 함부로 축내는 자들은 이 지옥에 떨어진다.
311) 한용운(韓龍雲) = 호(號)는 만해(萬海). 3·1 운동 때 민족대표 33인 중의 한 분. 항일독립운동(抗日獨立運動)에 앞장 선 선·교(禪敎)에 밝은 큰 스님.

翌日 眾等 請師陞座說法° 師不辭 纔登高座 眾中有無嚴之輩 潛至床後 便乃推倒法床 令師墜落轉地° 師少無變色 寂然不動 泰然自若 仍舊默坐 良久 從容謂言 『汝何但知推倒 不知扶起耶? 有結而無解者 是曰痴狂漢°』從此 師英名道譽 充滿一國°

그 이튿날이었다. 대중들이 스님께 법좌에 올라 설법을 청하매, 스님은 사양하지 않고 법상에 올라 설법을 하게 되었다. 그때 대중 가운데 무엄한 자가 있어 가만히 법상 뒤로 돌아가서 법상을 번쩍 들어 메쳐, 스님을 땅에 떨어져 구르게 하였다. 그러나 스님은 조금도 변색하는 일이 없이 적연부동(寂然不動)하고, 태연자약하여 묵묵히 앉아 침묵한 후에 조용히 일러 말하되, 『너는 어찌 다만 밀어 거꾸러뜨릴 줄만 알고, 붙들어 일으킬 줄을 모르느냐? 매듭만 짓고 풀 줄을 모르니 과연 미친놈이로구나.』하였다. 이런 일이 있은 후로 부터 스님의 뛰어난 이름과 도에 대한 칭찬이 일국에 충만하게 되었다.

舉揚
堪辯蟬子──於報德寺供養水瓜時
매미 소리로 안목을 가리다 - 보덕사에서 수박 공양할 때

師 因庭前樹上 聞蟬鳴 乃遍告大眾 云 『誰有疾捷者 捕捉蟬子來供養無錢食 若不然者瓜價三錢 合出來°』眾中 或者 乃作捕蟬之勞 有或者 而作蟬鳴之音 或者一喝 或者 舉拳 或者 師後打背云 『蟬子捕來!』師云 『總出錢三分°』

스님이 마침 나뭇가지에서 유유히 우는 매미 소리를 들으며 대중을 둘러보고 이르기를 『누구든지 날랜 사람이 있어 매미를 맨 먼저 잡아오는 사람에게는 수박 값을 안 받기로 하고, 만일 못 잡아 온다면 동전 서푼씩 받아야 하겠으니, 모두 한 마디씩 일러 보아라.』[312] 하였다. 이때에 어떤 이는 매미 잡는 시늉을 내고, 어떤 이는 매이 우는 소리를 내었으며, 어떤 이는 할을 하였고, 어떤 이는 주먹을 들어 보이는가 하면, 또 어떤 이는 스님의 등을 탁 때리고 말하기를, 『매미를 잡아 왔습니다.』하니, 스님이 말하기를 『모두 돈 서 푼 내라.』하였다.

---
312) 出來 겉으로 드러내다

時有錦峰 出來 畫圓相而云 『相中無佛 佛中無相˚』然師云 『錦峰 亦出三分˚』適間 寶月禪和 隨後到來 師 顧問曰 『善來寶月˚ 只今大眾 作如是如是事 子亦試道一句看˚』 寶月 即解囊索 出示三錢˚ 師微笑曰 『子 方知余意˚』

　[評] 欲取真珠 透入海底˚

　그때에 금봉(錦峰) 선화(禪和)가 원상(圓相)을 그려 놓고 말하기를, 『상 가운데는 부처가 없고[相中無佛], 부처 가운데는 상이 없습니다[佛中無相].』했다. 그러나 스님은 『금봉 자네도 서 푼 내게.』하였다. 마침 보월(寶月) 선화(禪和)가 들어오자 스님이 돌아보고 묻기를 『잘왔다. 보월. 지금 대중이 이러이러했으니, 자네도 시험 삼아 한 마디 말해보라.』하였다. 보월은 곧 주머니 끈을 풀고 돈 서너 푼을 꺼내 스님에게 올렸다. 스님이 비로소 웃으며 『자네가 비로소 내 뜻을 알았다.』하였다. [評] 바다 밑 진주를 취하고저 하는자 바다 밑까지 뛰어들라.

小魚一尾
작은 고기의 꼬리

錦峰禪和 在大乘寺時 以書 問師曰 『迷衲 欲釣金鱗一尾 和尚 還許也無?』
師 答曰 『許汝小魚一味 還喫也未?』

　[評] 小魚大口 不及大魚˚

금봉 선화가 대승사(大乘寺)에 있을 때에 글로써 스님께 물어 왔다. 『어리석은 소승이 금붕어 한 꼬리를 낚고자 하오니 스님께서는 허락하여 주시겠습니까?』 스님이 답하되 『너에게 작은 고기의 제일가는 맛을 허락하노니, 먹겠느냐 말겠느냐?』하였다.
[評] 작은 고기가 아무리 입이 커도 큰 고기에는 미칠 수 없다.

祗在目前
목전에 있다.

有學問和尚 『佛法在何處？』師曰 『祇在目前。』
學曰 『即在目前 某甲因何不見？』師曰 『汝有汝 故不可得見。』
學曰 『和尚即已見之乎？』師曰 『有汝復有我 則漸不可見。』
學曰 『無我而且無和尚 則乃得可見乎？』師曰 『無我無汝 可求見者是何誰？』
學 省去。

[評] 金屑 雖貴 落眼成病。

어떤 학인이 스님께 『불법이 어디에 있습니까?』하고 물었다. 스님 『네 눈앞에 있느니라.』

학인 『눈앞에 있다면 저에게는 어찌하여 보이지 않습니까?』 스님 『너에게는 너라는 것이 있기 때문에 보이지 않느니라.』

학인 『스님께서는 보셨습니까? 』 스님 『네가 있고 다시 나까지 있으므로 더욱 보지 못하니라.』

학인 『나도 없고, 스님도 없으면 볼 수 있겠습니까?』 스님 『나도 없고, 너도 없는데 보려고 하는 자가 누구냐?』 학인은 덜어내게 되었다.

[評] 금가루가 비록 귀하나, 눈에 들어가면 병이 된다.

湯器投擲—水月和尚
물그릇을 던지다 - 수월스님

師 一日 與水月和尚 共坐對談。水月和尚 便提示湯器而云 『於此湯器 不喚作湯器 亦不喚作非湯器 且道甚麼喚作？』 師即捉湯器 而投擲於房外。水月和尚 嘆曰 『善哉！真是善哉！』

[評] 同坑 無異土。

스님이 어느 날 수월 스님과 같이 앉아 이야기를 하다가 수월 스님이 숭늉 물그릇을 들어 보이며, 『이 숭늉 그릇을 숭늉 그릇이라 하지도 말고, 숭늉 그릇 아니라 하지도 말고, 어떻게 말하겠는가?』하였다. 스님이 문득 숭늉 그릇을 들어 밖으로 집어 던지니, 수월 스님이 찬탄하여 이르길, 『잘하였소, 참 잘하였소!』하고 찬탄하였다.

　[評]　한 구덩이에 다른 흙이 없구나.

門前哭聲—慧峰禪師
문 앞에서 곡성을 짓다- 혜봉 스님

慧峰禪師　一日　到和尙住處　不入門內　門前　便作哭聲三下˚ 師房中偃臥仍不起　乃和三作哭聲˚ 慧峰入室呵呵大笑˚ 師便起立拍掌三下˚

　[評]　風雪太甚˚

　혜봉 스님이 어느 날 스님을 찾아와 문 안에까지 들어오지 않고, 밖에서 세 번 곡성①313)을 하니, 스님은 방에 누워 있는 자세로 이 소리를 듣고, 역시 세 번 곡성을 내어 회답하였다. 그러자, 혜봉 스님이 방에 들어와 『하하……』하고 크게 웃으니, 스님은 벌떡 일어나 손뼉을 세 번 쳤다.
　[評]　풍설(風雪)이 과연 심하구나.

無字十種病問答
무자 10종병에 대한 문답

望月寺大眾問龍城和尙　『現今諸方衲子不分越分過度　問題提示　諸方通報警策˚』 龍城和尙云　『離無字十種病　道將一句來!』 此一句通報於諸方˚ 德崇山　滿空和尙　答　云　『僧　問　趙州　狗子還有佛性　也無?　州云「無˚」』 金井山　慧月和尙　云　『猛聲一喝　云　我此一喝　是也非也?』 泰華山　性月和尙　云　『望月嶺頭雲　金井山下賊˚』 象王山　寶月和尙　云　『那箇無字　幾種病乎?』 三角山　龍城和尙　云　『匏子穿離出　臥在麻田上˚』
後日, 惠菴和尙　云　『閑淨臥病人˚』

　[評]　重病尤甚˚

　망월사 용성(龍城) 조실 스님에게 대중이 고하기를 『지금 제방에 분간하지 못

---

313) 곡성(哭聲) = 아이고 아이고.

하고 분에 넘치고 도를 지나치는(越分過度)하는 납자들이 많습니다. 무슨 문제 하나 내 주시면 제방에 돌려 경책(警策)하려 합니다.』하였다. 용성 스님이 『조주(趙州) 스님 무자 화두에 열 가지 병314)을 여의고 한 마디 일러 보시오.』하는 글귀를 각 선방(禪房)에 돌렸다. 이에 덕숭산(德崇山) 만공(滿空) 스님의 회답은 『중이 조주에게 묻되 「개도 불성(佛性)이 있습니까, 없습니까?」 조주 스님 이르되, 「무(無)」라 하였다.』고 하였고, 금정산(金井山) 혜월(慧月) 스님은 답하기를 맹성(猛聲) 일할(一喝)하고 『나의 이 한 할이 옳으냐, 그르냐?』하였고, 태화산(泰華山)315) 성월(性月) 스님은 답하기를 『망월산 마루턱 그름이요, 금정산 아래 도적이로다.』하였고, 상왕산(象王山)316) 보월(寶月) 스님은 『이 날 무(無)자가 몇 가지 병인가?』하였고, 삼각산(三角山) 용성 스님의 자답은 『박 넝쿨이 울타리를 뚫고 나가 삼밭에 누웠도다.』고 하였는데, 후에 혜암(惠菴) 스님317)은 평하기를 『한가한 경계에 병들어 누운 사람이라.』하였다.

[評] 더욱 깊어지는 중병자(重病者)들이여.

書信問答─漢岩禪師在妙香山時
서신문답 - 한함 스님이 묘향산에 있을 때

師 問書付於漢岩禪師 『自從別後十餘年 隔阻未得面言° 雲月溪山處處同 居常望北敬仰耳° 然而恐北地寒暄 不常° 望且止住北方 負鉢囊向南來而接學人 爲甚如何?』 漢岩和尚答書云 『貧兒思舊債° 』 師云 『愛孫老翁 自然口貧° 』 岩云 『賊過後張弓° 』 師云 『旣已賊頭揷矢在°』

[評] 去去高山 漸入佳境°

스님이 한암 스님에게 편지하기를, 『우리가 이별한 지 10여년이나 되도록 서로 거래가 없었도다. 구름과 명월과 산과 물이 어디나 같건만, 언제나 북쪽을 향

---

314) 1.이치로만 따지고 분별해 무 자 화두를 알았다고 기만 하지 말라. 2.인간만이 불성이 있고 개는 없다고 생각 하면 편견이다. 3.이치로 따져서 알려 하지 말라. 4.경장과 율장 논장과 조사어록 등에서 문자에 집착해 배운 것으로 이해하지 말라. 5.화두를 결택한 수행자가 깨칠 것을 생각하지 않고 눈썹을 찌푸리고 끔적 꺼리는 것. 이것 인줄 알면 자성을 어둡게 한다. 6.말재주만 부려서 아는체 하지 말라. 7.망상과 혼침 그리고 화두 세 가지가 뒤범벅이 되는 어려움을 당해도 포기 하지 말라. 8.도가 별거 아니며 환경 따라 보고 듣고 깨달아 아는 것이라고 생각 하지 말라. 9.문자로 인증 하거나 인용하지 말라. 10.수행을 스스로 가장 하지 말라
315) 태화산 마곡사.
316) 상왕산 개심사.
317) 덕숭총림 수덕사 초대방장을 지낸 혜암(1886~1985) 스님

하여 바라건대 북녘 땅에는 춥고 더움이 고르지 못할까 염려되오. 북방에만 계시지 말고, 걸망을 지고 남쪽으로 와서 납자들이나 지도함이 어떠하겠소?』하였다. 한암 스님으로부터 답서가 오기를, 『가난뱅이가 묵은 빚을 생각합니다.』하였다. 스님이 다시 이르되, 『손자를 사랑하는 늙은 첨지는 자연히 입이 가난하다오.』하였다. 한암 스님이 이르되, 『도둑놈 간 뒤에 활줄을 당김이로다.』하였다. 스님이 다시 이르되 『도둑놈 머리에 벌써 화살이 꽂혔느니라.』하였다.

  [評] 갈수록 높은 산, 들어갈수록 아름다운 경치로다.

書信問答―漢岩禪師在金剛山時
서신문답 - 한암 스님이 금강산에 있을 때

師云 『漢岩 到金剛 雪上加霜° 地藏道場 有業鏡臺 所作罪業 多少麼?』岩云 『故問以前 此問以後 合喫了三十棒也°』

師云 『喫後消息 以為如何?』岩云 『今當栢子燒喫時 勿失時機來相遊亦不樂乎?』

師云 『唯恨岩頭栢失時 不怨德山栢子遲°』岩云 『旣知岩頭德山名 未審其姓 是甚麼?』

師云 『賊過去已千里後來問姓名 門前客問姓作甚麼?』岩云 『金仙臺裡 寶貨冠 金銀玉帛 難可比°』師最後° □ 記畫如是°

  [評] 笑中秘刀°

  스님이 이르길 『한암이 금강산에 이르니, 눈 위에 서리까지 겹쳤도다. 지장도량(地藏道場)에 업경대(業鏡臺)가 있으니, 허물이 얼마나 되오?』한암 스님이 이르길 『묻기 전과 물은 후를 합하여 30방을 맞았습니다.』스님이 이르길 『맞은 후의 소식은 어떠하시오?』한암 스님이 이르길 『지금 곧 잣을 익혀 먹는 때이니, 이때를 놓치지 말고 오셔서 같이 먹으면 어떻겠습니까?』스님이 이르길 『암두[318]의 잣 서리 늦은 것은 원통하지만, 덕산[319]의 잣 서리 늦은 것은 원통

---

318) 암두(岩頭;828~887)선사는 천주(泉州)의 남안현(南安縣) 사람이다. 속성은 가(柯)씨이며 법명은 전활이다. 영천사(靈泉寺)의 의공(義公)에게서 수업하다가 장안(長安) 서명사(西明寺)에서 구족계를 받고, 후일에 덕산(德山)의 문하에 들어가 그의 제자가 되었다.

319) 덕산(德山;782~865)속성 주(周), 자 선감(宣鑑), 시호 견성대사(見性大師). 쓰촨성[四川省] 젠난[劍南] 출생. 처음에 율(律)과 유식(唯識)을 배우고, 특히 《금강경》에 정통하여 그 강설을 잘 하여 '주금강(周金剛)'이라 불리었다. 뒤에 선(禪)을 닦아 용담숭신(龍潭崇信)의 법을 잇고, 육조 혜능(慧能)의 제자인 행사(行思) 밑에서 제5조가 되었다.

하지 않소.』 한암 스님이 이르길 『암두와 덕산이라는 이름은 알았으나, 그들의 성은 무엇이라 합니까?』 스님이 이르길 『도둑놈이 벌써 천리는 도망갔을 터인데 문전 나그네여, 성은 물어 무엇 하겠소?』 한암 『금선대(金仙臺)①320) 안에 보배 화관이여! 금·은·옥·백으로 견주기 어렵도다.』 스님은 최후로 아래와 같은 그림을 그려서 보냈다.

[평] 웃음 속에 비수를 감추었다.

臺山投石―於五臺山路
오대산에서 돌을 던지다-오대산길에서

臺山寶宮參拜歸路, 漢岩禪師爲之餞別於山門° 師前行便拾一個礫石置地於漢岩和尙前° 漢岩禪師拾其礫石, 投擲於川溪° 師獨白云 : 「今般行路, 損害不少」

오대산의 보궁을 참배하고 돌아오는 길에 한암선사가 산문까지 전송하러 나오니 스님이 앞서 가다가 문득 돌멩이 하나를 주워가지고 한암스님 앞에 던지니 한암스님은 그 돌을 주워서 개울에 던져버렸다. 스님이 혼자 말로 "이번 걸음에는 손해가 적지 않다." 하였다.

茹子供養―寶月禪和321)
여자공양-보월선화

寶月禪和一日求得一介美茹子322), 奉獻供於和尙前言 : 「唯願和尙與十方三世諸佛同時供養°」 師卽乃折破而食訖, 擧顔顧視而云 : 「謂之如何? 茲乃同時供養麼?」
　[評] 有口無言°

보월선화가 어느 날 여자(茹子) 한 개를 가지고 와서 스님에게 드리며 말하기를 "스님은 이것을 시방 제불과 같이 공양하십시오." 하니 스님이 곧 여자를 딱

---
320) 금선대(金仙臺) = 만공 스님이 주석(住錫)하시던 처소.
321) 보월선사: 만공의 법제자, 1870-1946, 충남서산 운산면 출생, 예산 보덕사 상주.
322) 茹子여자: 여주의 잘못된 표현, 식물, 박과의 한해살이 풀.

쪼개어 다 잡수시고 나서 상하를 둘러보며 "어떤가? 이만하면 시방제불과 같이 공양이 되었겠는가?" 하였다.
평-유구무언이다.

觀音石佛―寶月禪和
관음석불을 보고-보월선화

師一日於觀音石佛前, 便問寶月云:「這石佛相好怎麼生?」 月云:「甚是奇偉。」 師便休歸方丈。
　[評] 問題不少。

스님이 어느날 관음석불 앞에서 문득 보월에게 묻되 "여보게! 이 석불님 상호가 어떤가?" 하니, 보월선화가 대답하기를, "참, 거룩하십니다." 하자, 스님이 말없이 방장실로 돌아가셨다.
평-문제가 적지 않다.

鐘聲薦取―性月禪和[323]
종소리에 깨달은 도리-성월선화

師一日告衆云:「古人道:『鐘聲裏薦取[324], 鼓聲則顚倒。』且道:汝等大衆作麼生會?」 於時, 性月禪和進拜云:「兎角若是, 羊角不非。」 師復問云:「六祖四句偈中有過一字, 過在何字?」 性月禪和答云:「祖父當年不出門, 今日我孫何也?」 師云:「子正眼我不見, 我正眼子不見, 以此直指, 於佛佛相傳´祖祖相授, 如是如是。」
　[評] 鐘聲鼓音同和亂振。

---

323) 성월선화: 성월대사(1850-1926)는 1850년 출생하였고 1889년 40세에 이르러 환응선사를 의지하여 거사계(居士戒)를 받고 안양암에서 정진하였다. 1890년 3월과 1891년 5월, 1892년 7월에 법계중생(法界衆生)을 위하여 소지공양을 하였다. 1901년 4월에 성월거사(性月居士)가 선주(善住)라는 계명(戒命)을 받고 승려가 되었고 5월에 회광화상(晦光和尙)에 의해 구족계(具足戒)와 보살계(菩薩戒)를 배수(拜受)하였는데 이는 창건 이래 13년간 이어진 재가신도들에 의한 신행결사(信行結社)로 우리나라 불교사에 중요한 사건이다. 1910년에는 계살방생회(戒殺放生會), 현행회(現行會), 천도회(薦度會), 관음회(觀音會) 등을 매월 시설(施設)하였다. 여러 불사를 일으키며 활동을 하다가 1926년 8월 8일에 입적하였다.
324) 薦取 천취: 정안을 밝힌 것.

어느날 스님이 대중에게 이르되, "고인이 이르기를 '종소리에 알아차리면 북소리에 거꾸러진다.'고 하셨다. 이것이 무슨 도리인고? 모두 일러라.", 그때 성월선화가 나와 대답하기를, "토끼 뿔이 만약 옳을 진대 어찌 염소 뿔을 그러다 하오리까?" 하였다. 스님이 다시 묻기를 "육조스님의 사구게에서 허물이 있는 글자가 있으니 어디에 허물이 있는가?" 성월선화가 다시 답하기를 "조상 때부터 문밖에 나오지 못한 것이어늘 오늘의 저희들이 어찌 하오리까?" "그대의 正眼은 내가 보지 못하고 나의 정안은 그대가 보지 못함이로다. 이것을 똑바로 가리켜 佛佛이 相傳하고 조조가 相授함이 이와 같음이니라." 하였다.
평-종소리와 북소리의 얽혀진 화음, 어지럽게 진동하네.

5. 揮毫一書―龍吟禪和325)
한 글귀를 휘호해 주시다-용음선화

龍吟禪和一日持參玉鮮紙一張而入室進拜:「伏乞大和尙手筆一句銘°」 師因作揮毫與之一筆曰:「此是了事漢境界, 後夜猿啼在亂峰°」 龍吟將此終身奉持, 後日錦峰見之云:「先師眼目與骨髓盡在此書一句銘°」
 [評] 老益和童°

용음선화가 어느 날 옥판 선지를 한 장 가지고 조실에 들어와서 "글 한 귀를 써 주시십오." 하고 절을 하며 청했다. 스님이 붓을 들어 다음과 같은 간단한 글귀를 써 주었다. "이것은 일 마친 사람의 경계라, 깊음 밤 원숭이 울음 산봉우리에 어지럽더라." 용음선화는 이것을 종신토록 받들어 지녔는데 후일에 金峰선화가 이 글을 보고 말하기를 "큰 스님의 안목과 골수가 모두 이 글귀에 있다."고 하였다.
평- 늙을수록 어린애 되네.

---

325) 덕숭산에 선원禪院을 연 지가 지금으로부터 70여 년 되는 기간 동안에 경허鏡虛 선사가 열반하셨고, 만공滿空 선사가 열반하셨고, **용음龍吟 선사**가 열반하셨고, 고봉古峰 선사가 열반하셨고, 금봉錦峰 선사가 열반하셨습니다.

好殺人者―曉峰禪和326)於摩訶衍

사람 죽이기를 좋아하는 자-효봉선화에게 마하연에서

曉峰禪和問師云：「天下有好殺人者是箇甚麼人？」　師云：「今日方乃見之°」　峰曰：「欲取和尚頭還許也否？」　師引頭就之°　峰便禮拜°　師還問曰：「『帝釋但揷一莖草, 梵刹建立已畢云』, 世尊微笑, 意旨如何？」　峰云：「和尚多分嗜好建家°」　師便笑去°

[評] 欲取大望, 所得一無°

효봉선화가 스님에게 묻기를 "천하에 살인하기를 좋아하는 자가 있으니, 그게 누구입니까?", 답하기를 "오늘 여기서 보았노라."하였다. 효봉이 다시 이르기를 "화상의 머리를 취하고 싶은데 허락하시겠습니까?" 하자 스님이 목을 길게 빼내어 내 미니 효봉이 문득 예배드렸다. 다음은 스님이 도로 묻되 " '제석 천왕이 풀한 포기를 땅에 꽂고 부처님께 여쭙기를 내가 범찰을 이미 지어 마쳤 습니다하니, 세존께서 미소를 지었다' 고 하니 그 뜻이 무엇이겠는가?" 효봉이 말하되 "스님은 참으로 절 짓기를 좋아하신다하니 과연 그 말씀이 옳습니다." 하자 스님은 한바탕 웃어버렸다.

평-큰 것을 얻으려 희망했지만 얻은 것은 하나도 없다.

拜告行脚―古峰禪和327)

행각을 고하러 인사가다-고봉선화

古峰和尙一日入室, 拜告行脚出發°　師云：「汝已意出山, 應作一句出山偈而去°」　峰便搖兩手云：「今日甚忙, 不可得作°」　師云：「後日相見, 善出發去之°」

고봉화상이 어느 날 행각을 하러 출발한다는 것을 고하러 인사차 입실하였다. 스님이 말씀하기를 "그대는 이미 산을 떠나려하는데, 꼭 출산게송을 하나 지어

---

326) 효봉선사, 법호는 효봉, 1888-1966, 속명은 이찬형, 1888년 평남 양덕군 출생. 평양고보를 거쳐 일본 와세다 대학교 법대 졸업. 이후 서울과 함흥의 법원에서 10년간 법관생활을 함. 1925년(38세) 금강산 신계사 보운암 석두 화상을 은사로 출가. 만공과 한암으로부터 인가받음, 1930년(43세) 법기암 뒤 토굴에서 개오(開悟) 1964년(59세) 해인사 가야총림 방장. 1958년(71세) 조계종 종정 1962년(75세) 통합종단 초대 종정. 1966년(79세) 10월15일 밀양 표충사 서래각에서 입적.
327) 고봉화상: 1890-1961, 대구 목골마을에서 출생, 18세 출가, 만공선사로부터 인가 받음, 숭산선사의 스승.

놓고 가게." 고봉이 문득 두 손을 흔들며 말하기를 "오늘은 매우 바빠서 지을 수 없습니다." 스님이 이르기를 "뒷날 만나보세, 잘 가게."

喫茶獻茶―古峰禪和
차 마시다-고봉선화

古峰禪和有時便入室, 師適喫茶, 顧云:「善來古峰！吾今喫茶°」 峰卽進獻椀茶, 而合掌拜退° 師便修去°

[評] 花笑鳥歌平和春°

고봉선화가 어느 때 조실에 들어오자 스님이 차를 마시다가, 돌아보며 말하기를 "어서 오게 고봉! 나는 지금 차를 마시네." 고봉이 바로 나아가 차를 한잔 올리고 합장예배하고 물러났다. 스님도 곧 따라 갔다.
평-꽃피고 새가 노래하는 평화로운 봄이다.

破頭知識―錦峰禪和
선지식 머리를 깨다-금봉선화

錦峰禪和與慧月和尙對談次, 峰問言:「見性之人還有生死也否？」 月和尙反問云:「汝看虛空, 還有出入也否？」 峰卽無對而歸, 而擧似和尙° 師曰:「何不答而歸之？」 峰云:「以何言說對答之？」 師曰:「對答之而以何言哉！」 峰暫時罔措, 便云:「和尙！如是如是°」 師云:「此是善知識之破頭處°」 休去°

[評] 自起自倒°

금봉선화와 혜월화상이 같이 이야기 하면서 금봉화상이 묻기를 "견성한 사람은 반대로 생사가 있습니까 없습니까?" 혜월화상이 반대로 물으며 말하기를 "여보게 허공을 보게, 출입이 있는가 없는가?" 금봉화상이 대답 없이 돌아와 스님(만공和尙)에게 이 사실을 얘기하였다. 스님이 말하기를 "왜 답을 안 하고 돌아왔는가?" 금봉이 이르기를 "어떤 말로 대답해야 합니까?" 스님이 말씀하기를

"대답을 하라는데 무슨 말인가!" 금봉이 잠시 멍하다가 곧 말하기를 "스님, 그렇습니다." 스님이 이르기를 "이것이 선지식의 머리를 파하는 곳이다." 하고 쉬러 갔다.

평-스스로 일어나고 스스로 넘어졌다.

進拜祖室─田岡禪和328)
조실에게 예배하러 갔다-전강선화

田岡禪和一日進拜于祖室, 師便問言:「九宵329)充滿明星中, 那箇是子所定星?」 岡即曲躬, 俯伏模地一場而了。師云:「善哉!善哉。」 即乃與作偈云:「佛祖未曾傳, 我亦無所得, 此日秋色暮, 猿嘯330)在後峰。」

[評] 雪山乳香觸鼻新。

전강선화가 하루는 조실께 예배하러 가자, 스님이 묻기를 "밤하늘에 가득한 별들 중에서 어느 것이 그대의 별인가?" 전강이 곧 몸을 구부려 땅을 더듬는 시늉을 하였다. 스님이 이르기를 "좋다 좋아" 이에 곧 시를 지어 주면서 이르기를 "불조가 일찍이 전하지 않은 것은 나 또한 얻은 것이 없다, 오늘은 가을빛이 저물었고, 원숭이는 뒷산봉우리에서 휘파람만 분다."

평-설산 우유향의 감촉이 코에 새롭다.

路傍石佛─西畊禪和
길옆 석불-서경선화

師與西畊禪和同行山野路, 路傍叢中見石佛。畊進問云:「如是佛像未審何代造成?」 師云:「於威音王佛以前, 造成已畢。」

[評] 作佛破佛同時了。

---

328) 전강선사, 1898-1974, 법명은 永信, 호는 田岡, 1898년 1월 16일 전남 곡성군 입면 대장리에서 출생, 아버지 정해용, 어머니 황계수, 16세에 인공화상을 득도사로 제산화상을 은사로 응해화상을 계사로 해인사에서 출가, 경허-만공-전강-송담으로 이어지는 법맥, 한국의 임제라 불림.
329) 九宵 구소: 밤.
330) 嘯 소: 휘파람 불다.

스님이 서경선화와 함께 산길을 동행하면서 길가 수풀속의 석불을 보았다. 서경이 묻기를 "이 불상은 어느 때에 만들어진 것인지 미심적습니다." 스님이 말씀하시기를 "위음왕불 이전에 이미 만들어졌다."
평-부처를 만들고 부수는 일이 동시에 이루어졌다.

佛陀乳房―慧菴禪和[331]
불타의 젖가슴-혜암선화

慧菴禪和一日與和尚侍立在彼佛殿｡ 師偶瞻佛像而云：「佛陀乳房如是垂, 豈慮末世衲僧餒？」 慧菴應問曰：「以何福業受用佛乳？」 師顧曰：「是何言歟？」 菴曰：「不作福業而何得其受用哉？」 師言：「儞何謾觸佛身而不識其飮乳哉」

[評] 飯裏餓死｡

혜암선화가 하루는 스님을 시봉하고 불전에 서 있었다. 스님이 불상을 쳐다보며 이르시기를 "불타의 젖가슴이 이렇게 드리웠으니 어찌 말세 승려들이 굶주림을 걱정하겠는가?" 혜암이 응대하며 묻기를 "무슨 복으로 부처님의 젖을 수용합니까?" 스님이 돌아보며 말하기를 "이 무슨 말인가!" 혜암이 말하기를 "복업을 짓지 않고 어떻게 그것을 수용할 수 있겠습니까?" 스님이 말씀하기를 "그대는 불신을 만지기만하고 젖을 마시는 것을 알지 못하는 구나"
평-밥그릇 속에서 굶어 죽는구나.

轉月舍尋訪―金烏禪和[332]
전월사를 찾아서-금오선화

金烏禪和一日於轉月舍中, 尋訪老師云：「此舍中不在老和尚麼？」 師云：「這漢却以老

---

[331] 혜암선사, 1884-1985, 속성 최씨, 속명은 순천, 법호는 혜암, 황해도 출생 1896년 부친상을 당한 이듬해 양주 수락산 흥국사에서 삭발, 1900년 보암을 은사로 금운을 계사로 득도, 성월선사에게서 화두를 받고, 그 뒤 만공, 혜월, 용성을 차례로 모시며 6년 동안 용맹정진하여 도를 깨닫고 만공에게 인가 받음, 1895년 3월 3일 제자들에게 시신을 화장 후 사리수습을 금하고, 부도탑을 세우지 말 것을 당부하며 세납 101세, 법납 89세로 입적.

[332] 법명은 太田, 법호는 金烏, 1898-1968, 속명 정태선, 전남 강진군에서 출생, 1911년 금강산 마하연에서 도암선사를 은사, 계사로 모시고 출가, 55년간 제방선원에서 참선, 속리산 법주사에서 월산스님에게 拂子를 전하고 1968년 10월 8일 저녁 세수 73, 법납 57세로 입적. 경허-만공-보월-금오로 이어지는 법맥.

師, 故遮障眼睛耶？」 烏曰：「果是舍中不在老師也°」 師云：「這漢莫是瞞人行脚者麼？」 烏曰：「唯願老師切莫被欺瞞！」 師便笑休去°

[評] 畫中之餠°

금오선화가 어느 날 전월사에 노화상을 예방하고 말하기를 "이 절에 노화상은 안계십니까?"하였다. 스님이 이르기를 "저 사람이 노사의 눈이 가리웠구나"

入室進拜─於禪學院方丈室
입실하여 예배하다-선학원 방장실에서

一日金烏入室進拜云：「迷孫近來知解甚多, 迷孫不知處願聞一句擧看°」 師驀擧拳頭曰：「會麼！」 金烏亦擧一拳對示° 師笑便休去°

[評] 掉棒打月°

어느날 금오선사가 입실하여 예배하며 말하기를 "미혹한 소승이 근래에 알고 이해하는 것이 매우 많습니다. 미혹한 소승(손상좌)이 모르는 것 하나를 들어 보여 주십시오." 스님이 갑자기 주먹을 들고 말씀하기를 "알겠는가!" 금오화상 또한 한 주먹을 들어 맞대어 보였다. 스님이 웃으시며 멈추었다.
평-방망이를 들어 달을 친다.

祖師西來─大隱禪和
조사가 서쪽에서 오다-대은선화

大隱禪和一日於轉月舍中, 見老師云：「小衲與權相老師僧侶修鍊指導次, 往五臺山月精寺登上院寺親見方漢岩老師° 相老師問漢岩老師云：『山外則旱魃333)太甚草木枯荒, 此山內則草木蔚昌, 其意如何？』 漢岩和尙鼓齒三下° 小衲本以講學出身, 素昧禪裡, 尙今334)未明° 小衲換相老師對老和尙問此意, 老和尙如何指示乎？」 師云：「此席非漢岩´相老之座席, 則以大隱所疑之事問來可也°」 大隱問：「祖師西來意如何？」 師云：「『阿難問

---
333) 旱魃 한발: 가뭄, 가뭄을 맡은 귀신.
334) 尙今: 아직도, 지금까지.

迦葉：金欄袈裟外別傳何去？ 迦葉召阿難！阿難應喏。迦葉道：倒却門前刹竿著。」 此意如何？若知此意，便知祖師西來意。」 大隱起立禮拜。師笑云：「不是不是！更爲參究來。」 大隱默言退座。

[評] 元來太近。

대은 선화가 하루는 전월사에서 노스님을 친견하고 말하기를 "소납이 권상노스님과 승려 수련 지도차 오대산 월정사 상원사에 가서 방한암노스님을 친견하였습니다. 상노스님이 한암 노스님께 묻기를 '산 밖에는 가뭄이 매우 심하여 초목이 마르고 거칠어지고 이 산내에는 초목이 울창하니 이 뜻은 무엇입니까?' 한암화상이 치아를 세 번 부딪혔습니다. 소납이 본래 강학 출신으로 선리에는 본디 어두워 아직도 알지 못합니다. 소납이 상노스님으로 바뀌어 노화상(만공스님)을 상대하여 이 뜻을 물으니 노화상은 어떻게 가리켜보시겠습니까?" 하였다. 스님께서 말씀하시기를 "이 자리는 한암이 아니다 상노스님의 자리이다. 즉 대은이 의심한 바를 물으니 가(옳다/가능하다)하노라." 대은이 묻기를 "조사께서 서쪽에서 오신 뜻은 무엇입니까?" 스님께서 말씀하시기를 "'아난존자가 가섭존자에게 금란가사 외에 별도로 전한 것이 무엇입니까하고 묻자, 가섭이 아난아! 부르니 아난이 예하고 답하였다.' 이 뜻이 무엇인가? 만약 이뜻을 안다면 바로 조사가 서쪽에서 오신 뜻을 알 것이다." 대은이 일어나서 예배하였다. 스님이 웃으며 말씀하기를 "아니야 아니야! 다시 참구하고 오너라." 대은인 묵은 하며 자리에서 물러났다.
평- 원래 매우 가깝다.

龍頭鼻穴—碧超禪和[335]
용의 콧구멍- 벽초선화

時惟癸未秋，師從五臺還歸來。碧超進問云：「老和尙傾在臺山，還見得寶宮前龍頭鼻穴也無？」 師云：「旣已見得。」 超更進問云：「其貌如何？」 師但便云：「식！」

---

[335] 벽초 선사, 덕숭총림 2대 방장 1899~1986, 충남 청양에서 출생, 벽초는 9살 때 탁발 나온 만공선사에게 감화돼 수덕사로 출가, 그의 부친 연등 스님도 함께 출가해 그는 연등을 은사로 삼아 만공의 손상좌가 되지만, 실제로는 만공이 거두고 다듬은 직제자, 그는 만공을 따라 금강산 유점사와 오대산, 지리산 등 명산대찰을 찾아 정진해 생사의 철벽을 타파, 1940년 부터 30년간 수덕사 주지, 경허-만공-벽초-법장으로 이어짐, 87세 입적,

[評] 英龍鼻裏放光｡

때는 계미년 가을이었다. 스님께서 오대산을 다녀오셨다. 벽초화상이 "노화상께서는 오대산에 있는 적멸보궁 앞 용머리의 콧구멍을 보았습니까?"하고 물으니 스님께서 "이미 보았다."하셨다. 벽초화상이 다시 "어떤 모양이었습니까?" 하고 물었다. 스님은 단지 "식"이라고 말씀하셨다.
평-영룡의 콧구멍 안에서 빛이 난다.

悉皆成佛—真惺沙彌[336]
모두 부처가 되다-진성사미

師一日擧西峰妙和尙話云：「『有情無情悉皆成佛』，且道：大衆作麼生會？」 衆中有真惺沙彌出云：「祇爲濁水兩匏子｡」 師：「若然，其濁水汝如何處理耶？」 真惺大聲一喝｡ 師以柱杖打頭｡ 真惺作禮退座｡ 師云：「從此宗門正眼莫爲輕忽｡」

[評] 將錯取錯｡

스님께서 어느 날 서봉묘화상의 설법을 들며 "'유정무정이 모두 다 성불한다.' 또 말씀하길 대중들은 어찌하겠는가하였다." 대중 가운데 진성사미가 나와서 "오직 탁수만 두 바가지입니다."고 하였다. 스님이 "그렇다면 그 탁수는 네가 어떻게 처리 하겠는가?" 진성이 큰소리로 일 할을 하니 스님께서 주장자로 머리를 쳤다. 진성이 예배하고 자리에서 물러났다. 스님이 말씀하시길 "이것을 쫓아 종문의 정안을 가볍게 여기지 말라."
평-잘못으로 잘못을 취한다.

以點燈火—侍者同樂
불로써 점등하다-시자 동락

一日初夜，因真惺侍明燈，燈影反映于琉璃窓｡ 師喚侍者問云：「此燈是耶？彼燈是也？汝

---

[336] 수덕사 3대 방장 원담스님, 원담진성, 법납 76세, 세납 83세로 2003년 3월 22일 입적.

意怎麼生？」 侍者便乃口吹而燈滅光, 反問師云：「敢問老和尚於是作麼生？」 師却起座默然不答, 以點燈火。

[評] 不可點燈永不滅。

어느 날 초저녁에 진성 시자가 등을 밝히자 등의 그림자가 유리창에 비치었다. 스님께서 시자를 불러 말씀하시기를 "이 등이 옳으냐? 저 등이 옳으냐? 너는 어떻게 생각하느냐?" 하였다. 시자가 바로 입으로 등을 불어서 빛을 끄고, 반대로 스님께 물었다 "감히 노화상께 묻습니다. 여기서 어떻게 하겠습니까?" 스님께서 자리에서 일어나 묵묵히 답은 하지 않고 등에 불을 붙였다.
평-불붙이지 못하는 등은 영원히 꺼지지도 않는다.

喫茶一杯―侍者同樂
차 한잔 마시다-시자 동락

一日和尚閑坐, 真惺侍者煎茶而獻供。師云：「我今不勞而閑坐, 如是供茶何所以？」 侍者進云：「願大老師復一杯。」 和尚虛虛大笑。

[評] 不勞而深大。

어느날 화상께서 한가하게 앉아 있자 진성시자가 차를 끓여 올렸다. 스니께서 말씀하시기를 "나는 지금 수고하지 않고 한가하게 앉아 있는데, 어째서 이렇게 차를 올리는가?" 하였다. 시자가 나아가 말하기를 "노스님! 한 잔 더 하시기를 원합니다." 화상이 허허하며 크게 웃으셨다.
평-수고하지 않으나 아주 큰일이다.

佛像白白―赴請飯尼僧
불상이 희고 희다- 공양청 온 비구니

壬午年冬月, 降雪尺餘, 赴請于見性庵次。尼眾豫掃除雪開路而告云：「和尚行路已除掃竟。」 師云：「我當不行汝等掃路。」 尼云：「然則和尚從甚麼路去？」 師云：「汝等寺佛像. 白白！」 默然。

[評] 一步不動, 真快滿腹。

임오년(1942) 겨울, 눈이 몇 자나 내렸고, 견성암에서 공양청을 했다. 비구니 대중이 미리 눈을 쓸어 길을 열고 아뢰며 말하기를 "화상께서 걸을 길은 이미 소제를 마쳤습니다." 스님께서 말씀하길 "나는 너희들이 소제한 길로는 가지 않을 것이다." 비구니가 말하기를 "그렇다면 화상께서는 어느 길로 가시렵니까?" 하였다. 스님께서 "그대들의 절 불상이 희디희다!" 하자 (비구니는 답을 못하고)묵연하였다.(하시고 침묵하셨다?)
평-한걸음도 움직이지 않고도 진정 배를 가득 채웠다.

迦葉刹竿
가섭의 찰간(사찰의 죽간(글)

師告衆云：「『阿難問迦葉：金欄外別傳何法？迦葉召阿難。阿難應喏！迦葉道：倒却門前刹竿著。』今日大衆試道看畢竟別傳意旨怎麼生？」 法喜尼出衆召和尚。師答法喜尼云：「魚行水濁, 鳥飛毛落。」 和尚云：「不是順事。」 碧超出來, 召和尚云：「只如老和尚故, 而不能說之。」 師云：「汝何有與吾說之不能？」 超進云：「老和尚自不能知。」 師云：「間有老來常事兒矣。」

스님께서 대중에게 고하여 말하기를 " '아난이 가섭에게 금란가사 외에 별도로 전한 법이 무엇인지 물었다. 가섭이 아난! 하고 부르자 아난이 예하고 답하였다. 가섭이 말하기를 '문 앞의 찰간저를 거꾸러뜨려라.' 하였다.' 오늘 대중들은 꼭 별개로 전하는 이 뜻이 무엇인지를 시험 삼아 말해 보라" 법희 비구니스님이 대중에서 나와 화상을 불렀다. 스님께서 대답을 하자 법희비구니스님이 말하기를 "물고기가 다니니 물이 흐리고, 새가 날자 깃털이 떨어진다." 하였다. 화상이 말씀하시기를 "순조로운 일이 아니다." 하였다. 벽초화상이 나와 화상을 부르며 말하기를 "다만 저 노화상이기 때문에 그것을 능히 설하지 못합니다." 스님께서 말씀하시길 "그대는 어떻게 내가 그것을 설하지 못한다고 하는가?"

초화상이 나아가 말하기를 "노화상은 스스로 알지 못합니다." 하였다. 스님께서 말씀하시기를 "간혹 늙으면 아이의 일이 있는 것도 예사이다."

網得魚子
그물로 얻은 물고기

師有年解夏自恣之日, 悠然下來僧堂, 遍顧回于大眾云:「今夏一堂淨業眾精進勇猛無遲滯, 所得功德不少矣° 然而我獨室中無爲去漫織張箇魚網來° 今方於此魚網中, 早已滯得一魚來° 大眾且道:這介一魚子如何得救出去?」 爾時, 眾中一禪和起立, 便擬開口° 師云:「諾!一箇癡魚撈得°」 復有一禪和起立開口° 師亦云:「諾!又得一箇撈得°」

스님께서 어느 해 하안거 해제하는 자자일에 유유하게 승당에 내려와 대중을 두루 돌아보면 말씀하시기를 "올 여름에는 한곳(함께)에서 정업대중이 용맹정진하여 지체함이 없었고, 얻은 공덕이 적지 않다. 그러나 나는 혼자 조실에서 일 없이 긴 물고기 망을 펼쳤다. 지금 막 그물 속에 벌써 한 마리 물고기가 걸렸다. 대중들은 말하라 '저 물고기를 어떻게 구해내겠는가?'" 이 때 대중에서 한 선화상이 일어나 입을 열려고 흉내 내자, 스님이 말씀하시기를 "옳구나! 한 마리 어리석은 물고기를 건졌다." 하였다. 다시 한 선화상이 일어나 입을 열었다. 스님께서 또 말씀하시기를 "옳다! 또 한 마리 얻었다." 하였다.
평-어찌 노장님의 그물밥이 되지 못하는고!

鼻孔寂滅
콧구멍 속의 적멸이라

有時遠自海印寺問書付來和尚云:「十方世界無數刹, 寂滅寶宮裡建立住, 未審吾有一句問, 願聞寂滅宮所在?」 師答分明半句偈言:「十方無數億刹土, 悉皆寂滅宮裡住, 宮乃建立吾鼻孔°」 彼事僧眾更問云:「鼻孔吞吐寂滅宮, 願大法王開慈悲, 令我得見住鼻孔°」 和尚慈悲無有際終, 乃諄諄答一句:「曾聞迦倻山中景果[337], 亦其然寂滅宮°」

---

337) 景果: 풍경과 과일. 보궁

[評] 鼻病極甚。

어느 때인가 멀리 해인사에서 서한으로 질문이 왔는데 화상이 말하기를 " 시방세계의 무수한 국토가 적멸보궁 속에 건립 되어 주하고 있으나, 나의 한개 콧구멍 (속)에 있음을 알지 못한다. 적멸보궁이 있는 곳이 (어딘지) 듣고 싶은가?" 스님께서 반쪽짜리 게송으로 분명하게 답하며 말하기를 "시방세계 무수한 국토가 모두 다 적멸보궁 속에 주하지만, 보궁은 오히려 내 콧구멍에 건립되었다." 그 일을 맡은 승려 대중이 다시 묻기를 "콧구멍이 보궁을 삼켰다면, 대법왕께서 자비를 내어 저희들이 (보궁이) 주하는 콧구멍을 볼 수 있게 해주십시오." 화상의 자비가 끝이 없어 이에 곧 순순하게 한 말씀으로 답하기를 "일찍이 가야산 내의 경과를 들었는데 역시 적멸보궁이 그러하구나."
평-콧병이 매우 심하다.

世尊見星
세존이 별을 보다

有年臘月八日成道齋期, 遠自南方金堂禪院, 以書來問法云：「恭問世尊臘月八夜見明星悟道云, 未審悟介甚麼道理？」 師答云：「世尊見明星悟道, 沙落眼睛。」

[評] 以病治病。

어느 해 납월 팔일 성도재일에 멀리 남쪽의 금당선원에서 서한이 와서 법을 물으니 "공손하게 묻습니다. 세존께서 납월 팔일 밤 명성을 보고 깨달았다고 말하는데, 깨달은 것을 알지 못하겠으니 이는 무슨 도리입니까?" 스님께서 답하시기를 "세존께서 명성을 보고 도를 깨달았다는 것은 모래가 눈동자에 떨어진 것이다."
평-병으로써 병을 치료하다

出此不得—林石頭 (梵魚寺僧禪學院初創時大化主也)
여기에서 나가지 못하는가-임석두(범어사 승, 선학원 초기 창립 때 대 화주임)

石頭化土作圓相○, 問曰：「天下衲僧爲什麼入此不得？」　師答云：「天下衲僧爲什麼出此不得？」 頭曰：「禍不單行。」

석두화사가 ○ 일원상을 그리고 묻기를 "천하의 납승이 왜 이곳에 들어오지 못합니까?" 스님께서 답하기를 "천하의 납승은 왜 이곳에서 나오지 못하는가?" 석두화사가 말하기를 "화는 단독으로 행하지 않는다."
평- 들지 못하는 문에는 나가지도 못한다.

新年甲子─奇石虎禪和[338]
갑자년 새해-기석호선화

在京石虎法士, 甲子年正初以書問曰：「世人皆稱送舊迎新, 未審如何是新年？」 師答云：「新年甲子。」

［評］ 水流山立。

서울(경성)에 있는 석호 법사가 갑자년 정초에 편지로 질문하기를 "세상사람 모두가 송구영신을 말하는데 어째서 새해인지 알지 못하겠습니다." 스님께서 답하시길 "신년 갑자이다." 하였다.
평-물은 흐르고 산은 서있다.

天地懸隔
하늘과 땅은 현저하게 떨어져있다

一日慧峰和尙從自麻谷寺來訪金仙臺, 與師對談次, 問云：「古人道：『一毫有差, 天地懸隔』, 師兄作麼生道？」 師答云：「一毫無差, 天地懸隔。」

［評］ 無事大亂。

---
338) 목사 출신 스님으로 포교에 공헌을 하였던 스님.

어느날 혜봉화상이 마곡사에서 금선대로 예방하러 와서 스님과 대담을 하던 차에 묻기를 "고인이 '한 터럭만큼의 차이가 있으면 하늘과 땅만큼 현격하다'고 말하는데, 사형, 이것이 무슨 말입니까?" 스님이 말씀하시길 "한 올의 차이가 없어도 천지는 현격하다."
평- 일이 아닌데 크게 산란하다.

自己職能
자기직능

師一日陞座說法次, 慧峰和尚上堂來入, 師便顧謂言:「這介猛虎來入也。」 慧峰和尚仍[339])作哮吼聲。師云:「自己職能自護持。」

　[評] 龍虎相撲, 造化無窮。

스님께서 하루는 법좌에 올라 설법하던 차에 혜봉화상이 상당에 들어오니, 스님께서 돌아보며 말하기를 "이 맹호가 들어오는구나." 하였다. 혜봉화상이 그대로 따라 사자울음소리를 냈다. 스님께서 "자기 직분을 스스로 지키는구나!" 하셨다.
평-용호가 상박하니 조화는 무궁하다.

虛空亦老
허공 또한 늙다

師有年夏上京次, 與龍城和尚相面分座。龍城和尚曰:「滿空和尚以老矣。」 師應聲答曰:「虛空亦老, 色身豈不老乎?」

---
339) 仍 잉: 그대로 따르다. 기대다. 슬퍼하다.

[評] 問於形像, 答著太虛。

스님께서 어느 해 여름 서울에 올라가 용성화상을 만나 마주보고 자리하였다. 용성화상이 말씀하길 "만공화상이 늙었구려." 하였다. 스님께서 답하기를 "허공 또한 늙는데 색신이 어찌 늙지 않겠는가?" 하셨다.
평-형상을 물으니 답은 태허를 나타냈다.

迎新萬福
영신 만복

雪峰禪和在內藏寺時, 以年賀狀仍問曰:「百尺竿頭, 如何更進一步?」 師答書云:「喝一喝, 迎新萬福。」

[評] 珍重珍重。

설봉선화가 내장사에 있을 때 연하장으로 질문하기를 "백척간두에서 어떻게 다시 한 걸음 내 딛습니까?" 스님께서 답서를 하길 "꾸짖고 또 꾸짖어 새해를 맞이해 만복하라."
평-소중하고 소중하다.

舉一指示—雪峰鶴夢340)
한 손가락을 들어 보이다-설봉학몽

---

340) 법호 설봉. 속명 장지형. 1890-1869. 1890년 11월 25일 함북 부령(富寧)에서 장영교 선생의 둘째 아들로 태어났다. 1902년 한성중앙학교를 거쳐 공업전문학원에 들어가 신학문을 배우고, 1910년 스무 살 되던 해에 조선총독부 문관(文官)으로 취직했지만, 얼마 되지 않아 항일운동에 관련되어 검거되었다. 이후 조선총독부에서 파면된 후 한동안 투옥 또는 도피 생활을 하다 1915년 25세에 함경남도 안변의 석왕사(釋王寺)로 출가해 참선 공부에 전념한다. 1920년 만공(滿空) 스님 회상에 머물며 더욱 공부를 깊이 하고 만공 스님의 법을 이었다. 이어 1925년에는 도봉산 망월사 용성(龍城) 스님 문하에서 정진했다. 이후 20여 년간 오대산, 금강산, 설악산, 태백산 등에서 정진했다. 1945년 해방 이후 조선불교의 정통성을 계승하기 위해 선학원 등에 주석하면서 정화불사(淨化佛事)에 전력을 기울이다. 1955년 불교정화가 어느 정도 궤도에 진입한 뒤 남쪽으로 주석처를 옮겨 후학들을 제접했다. 부산 범어사와 대각사, 선암사 등에서 머물던 스님은 1969년 4월 17일 선암사에서 세수 80, 법랍 55세로 원적에 들었다. 경허-만공-설봉 법맥으로 이어짐. 저술로는 『선문촬요와 선관진책』, 『선문염송』 등의 주석서.

雪峰禪和一日詣金仙臺問師曰：「世尊拈花, 意旨如何？」 師舉一指而示之° 雪峰禮拜° 師云：「子見甚麼道理便禮拜？」 雪峰答云：「再犯不容°」 師便休去°

[評] 良馬不待鞭影°

설봉선화가 어느날 금선대에서 스님을 예방하고 묻기를 "세존염화의 뜻이 무엇입니까?" 하였다. 스님께서 한 손가락을 들어 그것을 보이셨다. 설봉이 예배하자 스님이 "그대는 이 도리가 무엇인지 알고 예배하는가?" 하고 물으셨다. 설봉이 답하기를 "다시 범하지 않겠습니다." 하자, 스님께서 멈추셨다.
평-좋은 말은 채찍 그림자를 기다리지 않는다.

雪裡桃花—龍雲法士[341]
눈 속에 복사꽃-용운법사

在京韓龍雲法士, 作悟道頌而送來云：「男兒到處是故鄕, 幾人長在客愁中, 一聲喝破三千界, 雪裏桃花片片飛°」 師反問云：「飛者落在什麼處？」 雲法士答云：「龜毛兎角°」 師大笑云：「更請大眾各下一轉語°」 法喜尼出眾云：「雪消一片地°」 師云：「只得一片地°」

[評] 道不得才智也°

서울에 있는 한용운 법사가 오도송을 지어 보냈다 : "남아가 이르는 곳이 다 고향인데, 몇 사람이 개의 수심 속에 있는가, 한 소리 고함(할)에 삼천세계가 부

---

341) 만해(萬海, 俗名 韓貞玉 1879년 8월 29일 ~ 1944년 6월 29일)는 일제 강점기의 시인, 승려, 독립운동가이다. 본관은 청주이다. 불교를 통한 언론, 교육 활동을 하였다. 종래의 무능한 불교를 개혁하고 불교의 현실참여를 주장하였으며, 그것에 대한 대안점으로 불교사회개혁론을 주장했다. 3·1 만세 운동 당시 민족대표 33인의 한사람이다. 독립선언서의 "공약 3장"을 추가보완하였다.[1]또한 옥중에서 '조선 독립의 서'(朝鮮獨立之書)를 지어 독립과 자유를 주장하였다. 1910년에 일본이 주장하는 한일불교동맹을 반대철폐하고 이회영, 박은식, 김동삼 등의 독립지사(志士)들을 만나 독립운동을 협의하였다. 1918년 11월부터는 불교 최초의 잡지인 《유심》을 발행하였고 1919년 3.1 만세 운동 당시 독립선언을 하여 체포당한 뒤 3년간 서대문 형무소에서 복역하다 풀려났다. 1920년대에는 대처승 운동을 주도하여 중에게도 결혼할 권리를 달라고 호소하기도 하였다. 1926년 시집 《님의 침묵》을 출판하여 저항문학에 앞장섰고, 불교를 통한 청년운동, 언론활동에 참여하였다. 1927년 2월부터는 신간회에 참여하여 중앙집행위원과 이듬해 신간회 경성지부장을 지냈다. 1918년에 《유심》에 시를 발표하였고, 1926년 〈님의 침묵〉 등의 시를 발표하였다. 님의 침묵에서는 기존의 시와, 시조의 형식을 깬 산문시 형태로 시를 썼다. 소설가로도 활동하여 1930년대부터는 장편소설 《흑풍》(黑風), 《후회》, 《박명》(薄命), 단편소설 《죽음》 등을 비롯한 몇편의 장편, 단편 소설들을 발표하였다. 1931년 김법린 등과 청년승려비밀결사체인 만당(卍黨)을 조직하고 당수가 되었으나 1937년 불교관계 항일단체를 적발하는 과정에서 만당사건(卍黨事件)의 배후로 체포되었다가 풀려났다. 저서로는 시집 《님의 침묵》을 비롯하여 《조선불교유신론》, 《불교대전》, 《십현담주해》, 《불교와 고려제왕》 등이 있다.

서지고, 눈 속에 복사꽃이 송이송이 날린다." 스님께서 반문하여 "나르는 것이 떨어지는 곳은 어디인가?"하고 물었다. 요운법사가 답하기를 "거북의 털이고 토끼의 뿔이다."고 하였다. 스님께서 크게 웃으시면 "다시 대중에게 청하니 각자가 한마디씩 하라."하였다. 법희 비구니가 대중에서 나와 "눈이 녹으니 한 조각 땅입니다."하였다. 스님께서 "다만 한 조각 땅만 얻었구나."하셨다.

평-도는 재주와 지혜로는 얻을 수 없다.

與三十棒—鶴鳴和尚342)
서른 방망이를 주다-학명화상

內藏寺鶴鳴和尚以五問頒布諸方禪院云： 一´ 雪滿窮巷, 為什麼孤松特立？ 二´ 盡大地是毘盧遮那全身, 向什麼處覓自己？ 三´ 川流入海, 向什麼處得淡味？ 四´ 如蟬子343)脫殼脫而未脫時, 喚作什麼？ 五´ 相識344)滿天下, 誰是最親者？ 師答云：「這箇閑葛藤, 多少閑葛藤, 好與三十棒° 且道：此棒更喚作什麼？」

[評] 猛虎出林, 眾獸潛跡°

내장사의 학명화상이 다섯 가지 질문을 제방의 선원에 반포하였다: "첫째, 눈이 궁항에 가득한데 왜 외로운 소나무만 서있는가? 둘째, 온 대지가 비로자나불의 全身이라면 어느 곳을 향해 자기를 찾아야 하는가? 셋째 냇물은 흘러 바다로 들어가는데 어느 곳에서 담박한 맛을 얻을 수 있는가? 넷째, 매미가 허물을 벗음에, 벗었지만 벗지 못했을 때는 무엇이라 부르는가?

다섯째, 아는 사람이 천하에 가득한데 누가 가장 친한 사람인가?" 스님께서 답하기를 "이 쓸데없는 잔소리, 전혀 쓸데없는 잔소리, 몽둥이 서른 방을 줌이 좋겠다. 또 말하라, 이 몽둥이를 무엇이라 부르는가?"하셨다.

평-맹호가 숲을 나오니 뭇 짐승이 숨는다.

三和尚 喝

---

342) 백학명선사, 1867-1929, 법명은 啓示, 법호 鶴鳴, 속성은 백, 1876년 전남 영광 불갑 방마리 방뫼마을에서 출생, 구암사 설두화상을 인연으로 출가, 불갑사 금화사상의 상좌가 됨, 내장사에서 오래 주석, 1929년 3월 27일 오후 2시 입적, 다비 후 70여과의 사리수습.
343) 蟬子 선자: 매미
344) 相識 : 서로 안면이 있음. 아는 사이.

세 분 화상의 할

師與慧月和尚受通度寺請狀而赴請。大眾齊會各就座, 將受供養時, 慧月和尚喝一喝。供養了, 將收鉢, 滿空和尚喝一喝。其後諸方禪客聞此驚疑：兩善知識喝意旨如何？諍論不斷, 遂問龍城和尚。龍城和尚曰：「老僧雖不欲容喙345)於其間, 不可不為諸人決疑去也。」 遂喝一喝。

[評] 三和尚家風, 自起自倒。

스님께서 혜월화상과 통도사에서 받은 초청장을 받아서 청에 나아갔다. 모인 대중이 각자 자리에 앉아 공양을 받으려 할 때, 혜월화상이 할을 일할 하였다. 공양을 마치고 발우를 거두려하자 만공화상을 할을 일할 하였다. 그 후 제방의 선객들이 이 할을 듣고 놀라고 의심스러웠다: 두 선지식의 할은 무슨 뜻입니까? 논쟁이 끊이지 않아 결국은 용성화상에게 물었다. 용성화상이 "노승이 비록 그 사이에서 말참견을 하고 싶지 않지만, 어쩔 수 없이 모든 사람들의 의심을 해결한다." 하면서, 따라서 할을 일할 하였다.
평- 세 분 화상의 가풍이 스스로 일어나 스스로 거꾸러진다.

上堂拈柱杖良久346)後 打三下云『古云「舊來不動如如佛347)」喚作如如 早是變了也.

법좌에 올라 주장자를 집어 들고 良久한 후에 세 번 치고 말하기를, 『고인이 이르되, 예로부터 흔들림 없이 如如한 것이 부처다.』라 했으나, 如如라 부르면 이미 이것은 변해버린 것이다.

如如宇宙之母 一切萬物 從此如如而出來也 生也 不知生母 死也 不知死母 與畜生 無異矣

如如는 우주의 근본이며, 일체만물이 이 如如를 좇아 생겨났음이라. 생겨났으나 생겨난 근본을 알지 못하고 죽었으나 죽는 근본을 알지 못하니 축생과 다르지 않도다.

---

345) 容喙 용훼: 입을 놀림. 옆에서 말참견을 함.
346) 良久 : ①꽤 오래 ②한참 지남. 불교에서는 최상의 참된 설법을 이른다.
347) CBETA T45 No. 1887A 《華嚴一乘法界圖》卷1.

所以者何？ 世人但以貪嗔痴三毒 而作日用事之故也. 欲出畜生類 「舊來不動如如佛」之一句 自證自悟 方爲去佛不遠矣.』

어찌된 까닭인가? 세상 사람들은 다만 탐·진·치 삼독으로 일상의 일을 짓기 때문이다. 축생의 무리를 벗어나고자 한다면, 「舊來不動如如佛」한 구절로 스스로 증득해 깨달으면 바야흐로 부처를 버리지 않고 멀어지지 않는다.

上堂云 『一切法不還 世間相 常住.』

법좌에 올라 이르기를, 『일체법은 도는 것이 아니어서 세간의 相은 항상 住한다.

竪起柱杖云 『看看 森羅萬像 只此一身常獨露 到這裏還一法爲生爲滅 爲有爲無. 雖然如是 不得說夢』 卓柱杖而下座.

주장자를 세우고 이르기를, 『看하고 看하라. 삼라만상이 다만 이 한 몸에 항상 홀로 드러나니, 이 안에 이르러 도리어 한 법이 나기도 하고 멸하기도 하며 있기도 하며 없기도 하다. 비록 이와 같으나 꿈에도 설할 수가 없느니라.』 주장자를 세우고 법좌에서 내려오다.

無上菩提
위없는 보리

上堂良久云 『無上菩提從此出 萬仞崖頭 獨足立. 莫問東西與南北. 達磨不識曹溪348)路. 有一訣 爲君說之.』 卓柱杖而下座.

법좌에 올라 良久하고 이르되, 『無上菩提는 이것을 좇아 나는 것이니 만 길 언덕 위에 외발로 서 있다. 東西와 南北을 묻지 마라. 달마는 조계의 길을 알지 못하느니라. 하나의 비결이 있으니 그대를 위하여 설하겠노라.』 주장자를 세우고

---

348) 曹溪 : 육조혜능(六祖慧能)의 별호. 중국 광동성 소주부 동남쪽 30리 쌍봉산 아래 있는 땅 이름. 그 곳에 조계라는 강이 있다. 677년(唐 의봉2) 혜능대사가 이곳에 보림사를 짓고, 선풍을 크게 드날렸다. 혜능의 유골을 이곳에 묻었다.

법좌에서 내려오다.

萬機349)休罷
萬機를 쉬어 마치다

上堂云『萬機休罷 千聖不攫 父母 非我親 諸佛 非是道. 本色衲僧 到這裏 有一條活路 直是生滅 不能移 差別 不能轉 背塵合覺 諸佛衆生 本來平等.

법좌에 올라 이르기를, 『일만 기틀을 쉬어 마치니 千聖들이 잡지 못하고 부모도 나의 친족이 아니며 諸佛도 바른 길이 아니로다. 본색납승이 이 안에 이르면 한 가닥 활로가 있으니, 곧 이 생멸이 미치지 못하며 차별에 전전하지 않으니 塵을 등지고 覺에 합하여 諸佛과 衆生이 본래 평등함이니라.

大衆旣是平等 爲甚麽諸佛 爲永得 衆生 爲未然 且道 誵訛 在甚麽處. 不許夜行 投明須到參』

대중이 이미 평등하건대 무엇 때문에 諸佛은 永得하였고, 衆生은 아직 그렇지 못한가? 또 일러라, 잘못됨이 어느 곳에 있는가? 夜行을 허락하지 않으니 明에 뛰어 들어 반드시 참구해 도달해야 한다.』

示衆 - 庚午年350)
冬安居 대중에 보이다, 경오년 동안거 법문

上堂拈拄杖三下云『不作一介物 名爲作道 不見一介物 名爲見道 不修一介物 名爲修道 不得一介物 名爲得道.』

법상에 올라 주장자를 세 번 치고 이르기를, 『한 개의 물건도 짖지 아니함을 이름하여 道를 지음이라 하고 한 개의 물건도 보지 아니함을 이름하여 道를 본 것이라 하고 한 개의 물건도 닦지 아니함을 이름하여 道를 닦는다 하고, 한 개의

---

349) 萬機 : ①정치(政治) 상(上)의 모든 중요(重要)한 기틀 ②임금이 보살피는 여러 가지 정무(政務). 천하(天下)의 정치(政治) ③많은 기밀(機密).
350) 庚午年 : 1930년.

물건도 얻지 못한 것을 이름하여 道를 얻은 것이라 하나니라.』

末後 拈柱杖云『大衆仔細看..』良久打柱杖一下云『諸法從本來 常自寂滅相 佛子行道已 來世得作佛351). 魚行水濁 鳥飛毛落』

끝으로 주장자를 잡고 이르되,『대중은 자세히 看하라.』良久하고 주장자를 들어 법상을 한 번 치고 이르기를,『諸法은 본래부터 항상 적멸한 相이니 佛子가 이 도리를 행하여 마치면 來世에 부처를 지을 것이니라. 고기가 헤엄치니 물이 탁해지고, 새가 나니 깃털이 떨어지느니라.』

如來相
여래의 相

上堂云『若見諸相 非相 卽見如來352). 千年竹萬年松 枝枝葉葉盡皆同』

법좌에 올라 이르기를,『만약 모든 相이 相이 아님을 본다면 곧 여래를 보는 것이니라. 천년의 대나무와 만년의 소나무여! 가지와 가지, 잎새와 잎새가 모두 다 같도다!』

千眼不看
천안으로 볼 수 없다

上堂云『千眼大悲不看透隨風化雨過前山. 聽法時 不須打眠. 然 打眠 卽是法門. 若謂打眠 卽是法門 宰相家之女息. 嫁拾屠家之格.

법좌에 올라 이르기를,『千眼의 大悲(관세음보살)도 꿰뚫어 보지 못하는 것이 바람을 따라 비로 화하여 앞산을 지나가도다. 법문을 들을 때에 반드시 졸지 마라. 그러나 조는 것이 곧 법문이니라. 만약 조는 것이 곧 법문이라 말한다면 재상가의 여식이 백정의 집으로 시집가는 격이라 하겠다.

---

351)『妙法蓮華經』,『大方廣佛華嚴經』,『妙法蓮華經玄義』 등등.
352)『金剛般若波羅蜜經』 등등.

千年竹萬年松 枝枝葉葉盡皆同 爲報四海玄學者 動手無非觸祖翁』

천년의 대나무와 만년의 소나무여! 가지와 가지, 잎새와 잎새가 모두 다 같도다! 四海의 현학자들에게 이르노니, 손을 움직임이 조사 어른들과의 접촉 아님이 없도다.』

善行惡行
선행과 악행

上堂拈柱杖云『善行 昇天堂 惡行 入地獄. 善惡兩俱空即往極樂國. 覺悟善惡之本因 不是善不是惡故 此是善惡俱空處也.

법좌에 올라 주장자를 잡고 이르기를,『善行은 천당에 올라가고, 惡行은 지옥에 들어가느니라. 善惡이 함께 空하였다면 곧 극락국에 갈 것이다. 선악의 근본원인을 깨달으면 善도 아니고 惡도 아니기 때문에 이것이 곧 善惡이 함께 空한 곳이니라.

過十萬億 有國土 名曰極樂 十萬億 即是十惡 飜十惡則即是十善 爲悟此善 今日大衆 來此做去.

십만억을 지나 어떤 국토가 있는데 이름하여 극락이니라. 십만억은 곧 十惡이며 十惡을 뒤집으면 곧 十善이니, 이 善을 깨닫기 위해 오늘 대중은 이곳에 와서 지어 가는 것이다.

若能覺悟此善 不離此土當生蓮花土. 行住處處 即是蓮花土 阿彌陀佛 不離當念.』
만약 이 善을 깨달았다면 이 땅을 여의지 않고 마땅히 연화토에 날 수 있으리라. 行하고 住하는 곳마다 곧 연화토요, 아미타불을 여의지 않는 것이 이 생각이니라.』

打柱杖一下云『今日大衆即此身時 即聞此聲 離此身時 聞此聲者誰? 肉身不聞 心也者 一

無形貌.

주장자로 법상을 한 번 치고 이르기를,『오늘 대중들아! 이제 이 몸일 때에는 곧 이 소리를 듣지만, 이 몸을 여윌 때에 이 소리를 듣는 자는 누구인가? 육신은 듣지 못하고 마음이란 것은 형상이 없음이로다.

此聲 非長非短 不靑不黃即聞此聲時 親見阿彌陀佛. 末後 云 諸法從本來 常自寂滅相 佛子行道已 來世得作佛. 魚行水濁 鳥飛毛落』卓柱杖下座.

이 소리는 길지도 않고 짧지도 않으며 청색도 아니고 황색도 아니니 곧 이 소리를 들을 때에 아미타불을 친견하리라. 끝으로 다시 이르노니, 제법은 본래부터 항상 스스로 적멸한 相이니 불자가 이 도리를 행하고 나면 내세에 부처를 지으리라. 고기가 헤엄치니 물이 탁해지고, 새가 나니 깃털이 떨어지느니라.』주장자를 세워들고 법좌에서 내려오다.

透不得
뚫을 수 없다

上堂 良久 拈柱杖三下云『這箇 有心 透不得 無心 透不得 如何透得耶? 若透此道理 參學事畢.

법좌에 올라 良久하고 주장자를 잡아 세 번 찍고 이르기를,『이것은 有心으로 꿰뚫을 수 없으며 無心으로도 꿰뚫을 수 없으니 어떻게 뚫을 수 있겠는가? 만약 이 도리를 꿰뚫었다면 參學하는 일을 마친 것이니라.

大衆 聞取時間 長遠吾今代擧而示之. 看看.』良久 打柱杖三下而便下座.

대중들이 시간을 길고 오래 들여 들어야하므로 내가 지금 대신하여 들어 보이겠다. 자세히 보아라.』良久 후에 주장자를 잡고 세 번 내리 친 후에 곧 법좌에서 내려오다.

安井病院尋訪可也
안정병원을 찾아 가는 것이 옳다

大衆 問祖室 『今番大衆願聞解制法門 和尙 適時不說法 古云「出則不爲人 不出則爲人」 據此道理 和尙 不說法否?』

대중이 조실스님께 묻기를, 『금번 대중이 해제법문 듣기를 원하였는데 화상께서 적당한 때에 법을 설하지 않으시니, 고인이 이르신「드러내는 것이 사람을 위하는 것이 아니요, 드러내지 않는 것이 사람을 위함이니라」하신 이 도리에 의거해서 화상께서 설법을 하지 않는 것입니까?』

師云 『感氣平復後 說與.』 又問 『生死大事 迅速 今日說與.』 師云 『聾漢 作麽?』 又問 『業識 茫茫 不聽 更爲詳示.』 師云 『恁麽 尋訪 洪城安井病院 可也.』

스님이 이르시길, 『감기가 회복된 후에 설해 주리라.』 또 묻기를, 『나고 죽는 일이 신속하오니, 오늘 설하여 주십시오.』 스님께서 이르시길, 『귀먹은 놈에게 무엇을 해?』 또 묻기를, 『業識이 아득하여 듣지를 못하오니 다시 자세히 보여주소서』 스님께서 이르시길, 『그렇다면 홍성 안정병원을 찾아가는 것이 옳을 것이니라.』

法中王
법 가운데 왕

上堂云 『法中王最高勝 河沙如來 同共證.』 拈柱杖云 『看看. 十方諸佛 總在山僧柱杖子頭上 異口同音 轉大法輪 諦聽.』 於是 卓柱杖子一下云 彈指圓成八萬門 刹那滅却三祇劫

법좌에 올라 이르기를, 『법 가운데 왕이시며 가장 높고 수승하여 항하의 모래수와 같은 여래가 다 함께 증득함이니라.』 주장자를 잡고 이르시길, 『자세히 보아라! 시방의 모든 부처가 다 산승의 주장자 꼭대기 위에 있어 異口同音으로 大法輪을 굴리시니 자세히 들어라.』 그 때 주장자를 세워 한 번 내리치고 이르시길 손가락 퉁기는 사이에 팔만법문을 원만히 성취하고, 찰나에 삼아승지겁의 업을 멸하느니라.

卓卓[353]妙存
뛰어나고 묘한 존재

上堂云 『身非塵聚 卓卓妙存 心非情緣 冥冥[354]觸覺 其體也出諸障碍 其用也得大自在 無去無來 非顯非晦 應色應聽亡對亡待. 饅頭胡餠觀世音 還我當行家賣買』

법좌에 올라 이르기를, 『몸은 티끌 덩어리가 아니라 뛰어나고 묘한 존재이며 마음은 情緣이 아니라 그윽하고 아득하여 닿으면 느끼는 것이 그 體이니 모든 장애를 뛰어넘고, 그 用은 大自在를 얻어 가는 것도 없고 오는 것도 없으며 드러나는 것도 없고 감춰지는 것도 없느니라. 色을 응하고 소리를 응함에 對할 것도 없고 기다릴 것도 없느니라. 만두 호떡 관세음! 도리어 내가 자기 집의 매매를 하는구나!』

石人斫額
石人의 이마가 깨지다

上堂云 『化外 路窮 石人斫額 劫前 風轉 玉女 搖頭. 箇中消息. 難通 直下 鋒鋩不露.

법좌에 올라 이르기를, 『교화 밖의 길이 다하니 石人의 이마가 쪼개지고, 劫前에 바람이 맴도니 옥녀가 머리를 흔든다. 이 가운데 소식을 통하기 어려워 곧바로 칼날 끝이 드러나지 않도다.

所以 道 動卽影現 覺卽塵生 正恁麽時 作麽生? 通箇消息.』 良久云 夜來木馬澤中過 驚起尼牛飜海潮

그러므로 말하니, 움직이면 곧 그림자가 나타나고 깨달으면 티끌 번뇌가 생긴다. 바로 이런 때를 당하여 어떻게 하겠는가? 이 소식을 통하라.』 良久하고 이르기

---
353) 卓卓 : (많은 가운데)뛰어나 우뚝함.
354) 冥冥 : 드러나지 않고 으슥함. 아득하고 그윽함. 나타나지 않아 알 수 없는 모양(模樣).

를, 밤에 목마가 와서 연못 가운데를 지나가니 놀라 일어나 진흙소가 바다의 조수를 뒤집도다.

輪廻之跡
윤회의 자취

上堂云『生生死死 輪廻之跡 無窮 寂寂惺惺 眞照之機不昧

법좌에 올라 이르기를 『나고 죽음에 윤회의 자취는 다함이 없고 寂寂하고 惺惺함에 진실로 비추는 이 기틀이 昧하지 않도다.

雲依山而是父箇中 功就於功 月在水而爲家 直下住無所住. 離見聞覺知而有智非分別心.

구름은 산을 의지하여 아비를 삼는지라, 이 가운데 공덕은 공덕에 나아가고, 달은 물에 있으면서 집으로 삼으니 바로 住하지만 住하는 바가 없음이라. 見聞覺知를 여의고 지혜가 있으니 분별의 마음이 아니니라.』

離地水火風而有身 非和合相. 所以 道 四大性自復如子得其母.

地水火風을 여의고 몸이 있는 것은 화합의 모습이 아니로다. 그러므로 말하거니, 四大의 성질이 스스로 회복함이 마치 아들이 그 어미를 얻은 것과 같도다.

諸禪德 作麼生? 行履得恁麼 相應去. 還會麼? 霜天月落夜將半 誰共澄潭照影寒』

여러 禪德은 어떻게 하겠는가? 行履로 이것을 증득하여 상응해 가는 것이니 도리어 알겠는가? 서리 찬 하늘에 달은 지고 밤은 깊었는데 누가 함께 맑은 못 찬 그림자를 비추겠는가?』

惟心
오직 마음

上堂云『三世 惟心 惟心 三世. 一切法空觀自在 處處光明處處身 這箇泡幻同無碍.

법좌에 올라 이르기를,『三世가 오직 마음이요, 惟心이 三世로다. 일체법에 空한 관자재시여! 곳곳마다 광명이며 곳곳마다 법신이라, 한 낱 물거품 환상과 같아 걸림이 없도다.

吐雲如山 呑川如海 了無毛髮居其外 森羅萬像盡我家. 只個虛空肚皮大.』

구름을 토한 것은 저 산이요, 냇물을 삼킨 것은 저 바다라, 마침내 모발이 없는 그 밖에 居함을 요달하니 삼라만상이 다 나의 집이로다. 다만 이 허공의 뱃가죽이 크도다.』

有無不得
有·無를 얻지 못하다

上堂云『不可得而有 不可得而無. 寂寂十方坐斷寥寥一境淸虛. 姸醜那能瞞淨鏡 靑黃莫染我明珠. 刹海不能關鎖月 夜來流影在珊瑚』

법좌에 올라 이르기를,『有라고도 할 수 없으며 無라고도 할 수 없다. 寂寂한 시방을 앉아서 끊으니 寥寥한 한 경계가 맑게 비었도다. 곱고 추한 것이 어찌 맑은 거울을 속일 수 있겠는가! 청색과 황색으로 나의 明珠를 더럽히지 말지니라. 刹海도 능히 달을 가둬 잠그지 못하니, 밤이 오자 흐르는 그림자가 산호에 麟龍 있구나.』

上堂云『麟龍 不爲瑞 珠璧 不爲貴 衲僧眼豁開 徹見生死蔕. 生死蔕 第一義諸佛心 祖師少林傳鼻燈 靈山授記隨高下.

법좌에 올라 이르기를,『기린과 용은 상서로움이 되지 못하고 진주와 구슬은 귀함이 되지 못하니 납승은 눈을 활연히 열어 生死의 꼭지를 사무쳐 보아라. 생사의 꼭지가 가장 으뜸 되는 모든 부처님의 마음이니라. 조사가 소림에서 첫 번째 (法)燈을 전하고 영산에서 수기하심은 高下를 따름이니라.』

何此何彼 假諸因緣神遊戲. 有時 五敎三乘 有時 三德六味 有時 屋裡主宰 有時 門頭了事.

어떤 것이 이것이며, 어떤 것이 저것인가? 모든 인연을 가상하여 신령하게 유희하도다. 어느 때는 五敎와 三乘이요, 어느 때는 三德과 六味요, 또 어느 때는 집안에서 주재하고 어느 때는 문머리에서 일을 마치도다.

處處淸白家風 人人現成活計355). 正恁麽時 且道. 作麽現成受用底 還體悉得麽?』 良久云 風行草偃 水到渠成

곳곳마다 淸白한 가풍이요, 사람마다 살아가는 방도가 갖추어졌도다. 이러한 때를 당하여 또한 말해보아라. 어떤 것이 現成의 수용인가, 도리어 체달하여 다 알 수 있겠는가?』 良久하고 이르기를, 바람이 부니 풀이 쓰러지고 물이 흐르니 개천을 이루는구나.

巍巍堂堂
높고 높아 당당하다

上堂云 『巍巍堂堂 萬像中獨露 明明歷歷 百草頭上相逢. 我不見分外底他 他不見分外之我 他不外我 卽聲色塵消 我不外他 卽見聞情脫

법좌에 올라 이르기를, 『높고 높아 堂堂하게 萬像 가운데 홀로 드러나 밝고 밝아 역력하니 百草頭上에서 서로 만나도다. 나는 분수 밖에 것을 보지 않고, 다른 것은 分外의 나를 보지 아니하여 저가 나를 멀리하지 아니하니 곧 聲色의 티끌이 소멸하고, 내가 저를 멀리 하지 아니하니 곧 보고 듣는 것이 해탈이로다.

所以 道 世界爾 重生爾 塵塵爾 念念爾 且道.』 如何行履得與麽相應去? 還會麽? 一機冥運 道樞情 萬像影流心鏡空』

그러므로 말하노니, 세계가 그러하고, 중생이 그러하고, 티끌마다 그러하고, 念

---

355) 活計 : 살아 나갈 방도.

念이 그러하니, 또 일러라.』 어떻게 行履해야 이렇게 서로 응함을 증득해 가는가? 한 기틀이 그윽하게 도의 근본 본성을 움직이는데, 萬像의 그림자가 마음 거울의 空함에 흐르는구나.

一心萬像
一心이 萬像이다

上堂云 『一心萬像 萬像一心. 不近不遠 極淺極深與乾坤 同其覆載 與日月 同其照臨 月在船而船船 皆月 金成器而器器皆金 明潔 若珊瑚云樹芳馨如蒼蔔之林.

법좌에 올라 이르기를, 『一心이 萬像이요, 萬像이 곧 一心이다. 가깝지도 않고 멀지도 않으며 지극히 얕고 지극히 깊어서 건곤과 더불어 같이 덮이고 실렸으며 일월과 더불어 같이 비추었으니 달을 배에 실어서 배마다 모두 달빛이요, 금으로 그릇을 만들었으니 그릇마다 다 금이니, 맑고 깨끗함은 산호와 같다고 이르며 나무의 향기는 담복의 숲과 같도다.』

大用 自在也 獲輪王之髻寶 正聲和合也 奏獅子之絃琴. 毛髮 不遺圓融 照像之鑑形殼 不碍虛空 度垣之音.

大用의 자재함은 전륜성왕의 상투 보배를 얻었고 바른 소리가 화합함은 사자가 거문고를 연주하는 것과 같다. 터럭만큼도 원용을 잃지 않았으니 像을 비추는 거울이요, 껍데기는 허공에 걸림이 없으니 담장을 넘는 소리이다.

能如是也 妙超曠古 了在如今. 諸仁者 且道. 如今了底 是什麽事? 還會得麽? 穩如大地能持物 廓如虛空不掛針』

능히 이와 같아야 妙가 먼 옛날을 초월하고 요달하여 지금에 있는 것이다. 모든 仁者들은 또한 일러라! 지금 요달한 것이 이 무슨 일인가? 도리어 알 수 있겠는가? 평온함이 대지와 같아서 능히 만물을 지니고 확연함은 허공과 같아서 바늘도 걸리지 않는다.』

如來藏
여래장

上堂云 『生滅去來 本如來藏 淸淨妙用 虛融通暢 六門 我絶攀緣 三界 渠無身上 無生路上底人識取 萬廻和尙參.』

법좌에 올라 이르기를, 『나고 죽고, 가고 오는 것이 본래 여래장이니라. 청정한 묘용은 六門에 비고 원융하며 통하고 막힘이 없어 나는 攀緣을 끊고 삼계의 도랑이 몸 위에 없는 남(生)이 없는 길 위의 사람을 알아 취하니 만회화상에게 참하라.』

*不一不異 같은 것도 아니고 다른 것도 아니다

上堂云 『不可得一 不可得異. 我如是彼如是. 兩莖眉現焰光身 百草頭上揚祖意 歸雲誰使就靑山 落花自得隨流水』

법좌에 올라 이르기를, 『같음으로도 없을 수 없고, 다름으로도 얻을 수 없다. 나도 이와 같고 저도 이와 같도다. 양 눈썹 줄기에 불빛 몸 나투고, 백초 끝에 조사의 뜻 드날리니, 돌아가는 구름을 누가 청산에 나아가게 할 것인가! 낙화는 스스로 흐르는 물을 따르는도다!』

密密住
밀밀히 주함

上堂 云 密密住其中 靈然空不空 一牛纔飮水 五馬不嘶風 位裏亡消息 機頭有變通 三千大千事 彈指入圓融

법좌에 올라 이르기를, 『밀밀하게 그 가운데 머물러 신령스럽게 空하였으나 空함이 아니로다. 한 마리 소가 겨우 물을 마시는데, 다섯 마리 말은 바람에 울지 못하네, 자리한 속에서 소식을 잊고 기틀 머리에 변통이 있어서 삼천대천의 일이 손가락 튕기는 사이 圓融에 들도다.』

明白自耀
명백하게 스스로 빛나다

上堂云『妙湛無痕 明白自耀. 合體也不空而有 非住而住. 雲無心而雨 谷有神而自空.

법좌에 올라 이르기를, 『묘하고 맑아 자취가 없으나 명백하게 스스로 빛이 난다. 體에 합하면 空하지 않으면서 있음이고, 住하지 않으면서 住하는도다. 구름은 無心이지만 비를 내리고 골짜기는 신령스러움이 있지만 스스로 空하다.』

衲僧家 能恁麽現成 能恁麽變轉 能恁麽受用 能恁麽方圓 始得一切處應用無虧. 委悉麽? 森羅萬像 一法一法 卽森羅萬像 裸許更無差別痕.』

납승의 가풍은 능히 이렇게 이루어지고, 능히 이렇게 變轉하며, 능히 이렇게 수용하고, 능히 이렇게 모나고 둥글어야 비로소 일체처의 응용에 이지러짐이 없음을 얻는다. 도리어 자세히 알겠는가? 삼라만상이 한 法이요, 한 法이 곧 삼라만상이니 그 본질에 다시 차별의 흔적이 없느니라.』

悉皆成佛
모두 다 부처를 이루다

上堂云『古云「有情無情悉皆成佛[356]」 大衆 且道.』大衆 無語 師 云『吾有一言 士夫之子 以爲庶子 亦不可 況 爲屠家之養子乎.』

법좌에 올라 이르기를, 『고인이 이르되, 「有情, 無情이 모두 다 성불하였다」고 하니 대중은 또한 일러보아라.』대중이 말이 없자, 스님께서 이르시길, 『나에게 한 말이 있으니, 사대부의 자제로써 서자를 삼는 것 또한 옳지 못하거늘, 하물며 백정의 집에 양자가 되겠는가.』

呑盡三世諸佛

---
[356] 『대반열반경』 등등.

三世諸佛을 삼켜버리다

上堂云『吞盡三世佛底人爲甚麼 開口不得 照破四天下底人 爲甚麼 合眼不得. 許多病痛 與爾一時 拈却了也.

법좌에 올라 이르기를, 『三世諸佛을 삼켜버린 사람이 무엇 때문에 입을 열지 못하며 사천하를 비춰 깨뜨린 사람이 무엇 때문에 눈을 감지 못하는가? 허다한 병통을 너와 함께 한 번에 잡아 물리쳐 버리겠다.』

且道. 作麼生得十成357)通暢去? 還會麼? 擘開華岳連天色 放出黃河到海聲』

또한 일러라. 어떻게 해서 사무쳐 막힘없음을 반드시 얻어낼 것인가? 도리어 알겠는가? 華岳을 쳐부숴 갈라놓으니 하늘빛을 연하고, 황하를 방출하여 바다에 이르는 소리로다』

妙明
묘하게 밝음

上堂云『性覺 妙明 本覺 明妙 與太虛 等量 與萬物同道. 應色應聲 隨聽隨眺 入三世而非去來 混萬緣而無正倒. 還會麼? 雲日低時一字雁橫 夜蟾落處孤猿叫』

법좌에 올라 이르기를, 『性覺이 묘하게 밝고 本覺이 묘하게 밝음이라, 太虛와 양이 같고 만물과 道가 같도다. 色을 응하고 소리를 응하며, 들음을 따르고 봄을 따라 三世에 들어가나, 가고 옴이 없으며 만 가지 緣에 섞였으나 바르고 거꾸러짐이 없도다. 도리어 알겠는가? 구름과 해가 낮을 때에 한 일자로 기러기가 가로지르고 밤두꺼비가 떨어지는 곳에 외로운 원숭이가 크게 부르짖는구나』

心不自心
마음에 自心이 없다

---

357) 十成 : 1. 10할. 100퍼센트. 2. 꼭. 반드시. 틀림없이.

上堂云 『心不自心 始是心 眼不自眼 始是眼. 堂堂形無跡 歷歷絶思惟 明滿環中 兎會夜月 翠橫海上 犀暈秋山.

법좌에 올라 이르기를, 『마음에 自心(내 마음이라는 相)이 없어야 비로소 이것이 마음이고 눈에 自眼(내 눈이라는 相)이 없어야 비로소 이것이 눈이다. 당당한 형상은 자취가 없고 역력하게 생각이 끊어져서 밝고 가득한 고리 가운데 토끼가 밤 달을 만났고 푸른 빛 바다 위를 질러 가을 산이 날카롭게 비치다.

直須及盡玄微 始解承當底事. 且道. 承當底事作麼生? 智不到處 切忌道着.』

곧 반드시 玄微함을 다하는데 이르면 비로소 마치는 일을 알게 될 것이다. 또 일러라. 마치는 일은 무엇인가? 지혜가 이르지 못 하는 곳에 다다르는 것을 절대 삼갈지어다.

本光
본래의 광명

上堂云 『法界無塵心月圓本光 還照未萌前 今日直下分明去. 住於德崇四十年 爲甚麼如此? 金糟雖貴 落眼成病.』

법좌에 올라 이르기를, 『법계에는 티끌조차 없으니 마음 달의 원만한 본래 광명은 도리어 시작되지 않았던 前을 비춤이라, 오늘 곧바로 분명하게 가라. 德崇에 住하기를 40년인데 무엇을 위해 이와 같이 했는가? 금가루가 비록 귀하지만 눈에 떨어지면 병이 되는구나.』

別無要法
달리 중요한 법이 없음

上堂云 『坐禪之法 別無要法 一切妄想寂寂 是坐 話頭疑情 惺惺 是禪 惺寂等持 不日成之. 惺寂 即且置 作麼生?』

법좌에 올라 이르기를, 『좌선하는 법에 달리 중요한 법이 없으니 일체 망상을 寂寂하게 함이 곧 坐이고, 화두에 대한 의심을 惺惺하게 하는 것이 바로 禪이다. 惺과 寂을 가지런히 지니면 하루도 되지 않아 그것을 이루리라. 惺과 寂을 버리고서 어찌 하려는가?』

良久云 端居寶殿我無爲 四海五湖王化裡 打柱杖而下座.

良久하고 이르기를, 단정하게 寶殿에 살면서 나는 함이 없으니 四海와 五湖가 왕의 化를 받는구나, 주장자를 치고 법좌에서 내려오다.

草深一丈
풀이 한 길이나 되다

上堂云『華嚴經 云「金剛山重香城法起菩薩 與萬二千菩薩 常住說法」 未審以下法 示衆?

법좌에 올라 이르기를, 『화엄경에 이르되, '금강산 중향성 법기보살이 만 이천 보살들과 더불어 상주하시며 법을 설함이라' 했으나 아래의 법을 살피지 못함이라, 대중에게 무엇을 보였는가?

「時 法起菩薩 召萬二千菩薩 菩薩 便應. 法起菩薩 云草深一丈」 大衆 且道. 若得 參學事 畢 若未得 有眼石人 齊下淚.』

'이 때 법기보살이 만 이천 보살을 부르니 보살들이 곧 대답했다. 법기보살이 이르기를, 풀이 한 길이나 되다' 하였으니 대중은 또한 일러라, 만약 깨닫는다면 참구하는 일을 마칠 것이며 만약 깨닫지 못한다면 눈 있는 石人이 눈물을 흘리리라.』

結制 示衆
결제 시중

上堂云『結時 結無結 解時 亦無解. 結解俱分明 行不知行 坐不知坐 處處眞無碍.』

법좌에 올라 이르기를, 『맺을 때에 맺었으나 맺음이 없고 풀 때 또한 푼 것이 없도다. 맺고 풀음을 모두 분명히 해서 행하여도 행함을 알지 못하고 앉아도 앉은 것을 알지 못하니 處處에 진실로 걸림이 없다.』

又云『世尊 昇忉利天 爲母說法而下來時 蓮華色比丘尼 以神通力 最先見佛 佛云 「岩上宴坐須菩提 最先見佛」 今此大衆 如何見佛? 各各答話去.』

또 이르기를, 『세존께서 도리천에 올라가시어 어머니를 위해 법을 설하시고 내려오실 때에 연화색 비구니가 신통력으로 가장 먼저 부처님을 친견하니, 부처님께서 이르시되, 「바위 위에 편안히 앉아 있는 수보리가 가장 먼저 부처를 보았느니라」하셨으니, 이제 대중들은 어떻게 부처님을 친견할 것인가? 각각 대답해 보아라.』

大衆 不答 師 良久 云『若有傍人 未免如來禪 不得祖師禪. 魚行水濁 鳥飛毛落』打柱杖三下而便下座.

대중이 대답을 못하자 스님께서 良久한 후에 이르시길, 『만약 곁에 사람이 있으면 여래선을 면치 못할 것이며, 조사선을 얻지 못할 것이다. 고기가 헤엄치니 물이 탁해지고, 새가 나니 깃털이 떨어지도다.』 주장자를 세 번 치고 곧 법좌에서 내리시다.

觀音石佛 -寶月禪和358)
관음 석불을 보시고 -보월 선화

師 一日於觀音石佛前便

---

358) 보월스님의 행장은 뚜렷한 기록이 남아있지 않다. 만공스님에게 선의 진수를 전해 받았고, 1913년 만공스님의 '첫번째 법제자'가 됐다. 당시 정혜사 방함록에도 보월스님의 자취가 남아있다. 전하는 바에 따르면 보월스님은 사리가 밝았으며, 점잖고 매우 신중했던 스님이었다고 한다. 한동안 정혜사에서 머물던 보월스님은 만공스님 권유로 예산 보덕사로 주석처를 옮겼다. 이곳에서 금오스님을 제자로 맞았다. 이때가 1923년이다. 따라서 스님은 1910년대 중반부터 10년 가까이 보덕사에 주석했던 것으로 보인다. 하지만 보월스님은 갑자기 입적하고 말았다. 이때 세수 40세에 불과했다. 만공스님은 애제자의 갑작스런 입적을 애통해 하며 3일간 공양을 끊었다고 한다.
만공의 법을 이은 첫 번째 제자. 그러나 보월은 건강이 나빠져 50세 이전에 이쪽 열반에 들어 제자를 앞세운 만공은 그의 부음을 듣고 크게 상심하여 한 달을 내내 울었다고 전한다.

問寶月 云『這石佛相好怎麽生?』
月 云『甚是奇偉.』
師 便休歸方丈.

問題不少

스님이 어느 날 관음 석불 앞에 섰다가 문득 보월에게 묻되,
『여보게! 이 석불님 상호(相好)가 어떠한가?』하니,
보월 선화가 대답하기를, 『참! 거룩하십니다.』하매,
스님이 말없이 방장실로 돌아가셨다.

[評] 자못 문제가 적지 않도다.

鍾聲薦取 - 性月禪和359)
종소리에 깨달은 도리 - 성월 선화

師 一日告衆 云
『古人道「鍾聲裏薦取 鼓聲則顚倒」360)
且道. 汝等大衆作麽生會?』
於時性月禪和進拜
  云『兎角 若是 羊角 不非.』
師復問云『六祖四句偈中有過一字 過在何字.』
性月禪和答云『祖父當年 不出門 今日 我孫 何也?』
師云『子正眼 我不見 我正眼 子不見 以此 直指於 佛佛相傳 祖祖相授 如是如是.』
鍾聲鼓音 同和亂振.

어느 날 스님이 대중에게 이르되,

---

359) 지리산 화엄사 선방에서 어느 해 겨울 통도사에 계신 박성월(朴性月)스님을 모셔 놓고 선객 20여명 모시고용맹정진을 하고 있었다. 지리산 천은사 삼일암(三日庵)이라는 선원에서 박성월(朴性月)스님을 모시고 선객 50여명이 모여 한철 정진을 하게 되었다. 그때 천은사 큰절에 나이 70여세 되는 호은(湖隱)스님이라는 노장이 있었다

360) 「선문염송 염송설화」본문 中 제28권...p.113페이지 월운 저 동국역경원 ,p.1311「初心 편」 "종소리에서 알아들으면 북 소리에는 뒤바뀌리라." 修山主가 偏云하되 初心未入道하면 不得關浩浩니라 鍾聲裏薦取하면 識聲에 卽顚倒 하리라 "취암종(誇嵓宗)이 염하였다. 토끼 뿔이 옳다면 염소 뿔은 그르지 않느니라."...

『고인361)이 이르기를,「종소리에 알아 차리면〔薦取〕북소리에 거꾸러진다.」하였으니,

이것이 무슨 도리(道理)인고? 모두 일러라.』

그 때 성월(性月) 선화가 나와 대답하기를,

『토끼뿔이 만약 옳을진대 어찌 염소뿔을 그르다 하오리까?』하였다.362)

스님이 다시 묻기를,

『六祖(六祖) 스님의 四句偈(四句偈)363)에 허물이 있는 글자가 있으니,

어디에 허물이 있느냐?』하였다.

성월 선화가 다시 답하기를,

『조상 때부터 문밖에 나오지 못한 것이어늘 오늘의 저희들이 어찌 하오리까?』

이에 스님이 이르기를,

『그대의 정안(正眼)은 내가 보지 못하고, 나의 정안은 그대가 보지 못함이로다.

이것을 똑바로 가리켜 불불(佛佛)이 상전(相傳)하고,

조조(祖祖)가 상수(相授)함이 여시여시(如是如是)함이니라.』

是하였다.

[評]종소리와 북소리의 얼켜진 화음, 어지럽게 진동하네.

揮毫一書 －龍吟禪和364)
한 글귀를 휘호해 주시다 －용음 선화

龍吟禪和 一日 持參玉鮮

紙一張而人室進拜 伏乞大

---

361) 수산주(修山主)－중국 법안종의 법안문익(法眼文益)선사의 제자인 용제소수(龍濟紹修)스님을 말한다.
362) "취암종(誇崙宗)이 염하였다. 토끼 뿔이 옳다면 염소 뿔은 그르지 않느니라."...
363) 凡所有相 皆是虛妄 若見諸相非相 卽見如來
　　若以色見我 以音聲求我 是人行邪道 不能見如來
364) 용음(龍吟)스님 1887~1950: 마곡사 조실.덕숭 법맥(德崇 法脈): 경허 성우(鏡虛 惺牛) 대선사(大禪師)로부터 시작(始作)해 흔히 '경허(鏡虛)의 세 달[삼월(三月)]과 말없는 학(鶴)'으로 불리는 수월(水月 : 1855~1928)·혜월(慧月 : 1862~1937)·만공 월면(滿空 月面) 스님과 말년(末年)의 제자(弟子) 한암 중원(漢巖 重遠 : 1876~1951) 스님을 거쳐, 다시 보월(寶月 : 1884~1924)·혜암 현문(慧庵 玄門 : 1885~1985)·용음(龍吟 : 1887~1950)·고봉 경욱(古峰 景昱 : 1890~1961)·춘성(春城 : 1891~1977)·태전 금오(太田 金烏 : 1896~1968)·전강 영신(田岡 永信 : 1898~1975)·벽초 경선(碧超 鏡禪 : 1899~1986)·서경(西耕)·원담 진성(圓潭 眞性 : 1926~2008) 스님과 비구니(比丘尼)로는 묘리 법희(妙理 法喜 : 1887~1975)·일엽 하엽(一葉 荷葉 : 1896~1971)·만성(萬性 : 1897~1975) 스님 등으로 이어지고 있음. 만공 선사께서 열반에 드신 후에 용음(龍吟) 선사께서 다섯 철을 수덕사 조실로 지냈다.

和尙 『手筆一句銘.』 師因

作揮毫 與之一筆 曰

此是了事漢境界

後夜猿啼在亂峰

龍吟 將此終身奉持後日

錦峰 見之云

『先師眼目與骨髓 盡在此書 一句銘.』

老益和童.

용음 선화가 어느 날 옥판선지365)를 한 장 가지고 조실에 들어와서
『글 한 귀를 써 주십시오.』하고 절을 하며 청했다.
스님이 붓을 들어 다음과 같은 간단한 글귀를 써 주었다.
"이것은 일 마친 사람의 경계라,
깊은 밤 원숭이 울음 산봉우리에 어지럽더라."
용음 선화는 이것을 종신토록 받들어 지녔는데
후일에 금봉(錦峰)366)선화가 이 글을 보고 말하기를
『큰스님의 안목과 골수가 모두 이 글귀에 있다.』고 하였다.

[評] 늙을수록 어린애 되네.

好殺人者 曉峰禪和367) 於摩訶衍

---

365) 중국 안후이성[安徽省] · 쉬안청[宣城] · 닝궈[寧國] · 징현[涇縣] · 타이핑[太平]은 옛날부터 종이의 산지로 알려졌는데, 이 지방에서 생산되는 종이를 통틀어 선지라고 하며 옥판(玉版)은 3장을 합쳐서 뜬 것으로 삼층지(三層紙)라고도 하고 선지 중 최고급품이다. 빛이 희고 결이 고우며 광택이 있어 서화(書畵)용으로 많이 사용된다. 제지원료는 짚 · 대[竹] · 닥나무껍질[楮皮] · 향나무[檀木] 등이 쓰인다.
366) 이칭별칭: 호 금봉(錦峰)(1869년 ~ 1915년) 성은 장씨(張氏), 호는 금봉(錦峰), 기림(基林)이라고도 한다. 전라남도 순천 출신. 14세에 영축산 통도사(通度寺)로 출가하여 화상 경담(鏡潭)의 제자가 되었고, 다음해 욕불일(浴佛日)에 삭발하고 사미십계(沙彌十戒)를 받았다. 그 뒤 13년 동안 불경의 연구에 몰두하면서 유명한 강백(講伯)들을 찾아 의심나는 점에 대해 가르침을 받았으며, 25세에 경운(擎雲)의 법맥을 이어받았다. 1895년 27세의 나이로 선암사(仙巖寺) 대승암(大乘庵)에서 건당(建幢)하니 많은 학자들이 운집하였다. 10여년 동안 후학들을 지도하다 외래의 문물이 날로 치성함을 보고 서울로 올라가서 서학(西學)을 배우는 한편 실사구시(實事求是)에 힘썼다. 1912년 본산(本山) 선암사의 주지가 되었고, 1914년 선암사가 대본산으로 승격하자 이때도 주지를 맡았으나 이듬해 9월 나이 47세로 입적하였다.
367) 스님은 1888년 5월 28일 평안남도(平安南道) 양덕군(陽德郡) 쌍용면 (雙龍面) 반성리(盤城里) 금성동(錦城洞)에서 수안(遂安) 이씨(李氏) 병억(炳億)을 아버지로 김씨(金氏)를 어머니로 오형제 중에서 삼남(三男)으로 태어났다. 이름은 찬형(燦亨).

사람 죽이기를 좋아하는 자-효봉선화와 마하연에서

曉峰禪和 問師云
『天下有好殺人者 是箇甚麽人?』
師云『今日方乃見之.』
峰曰『欲取和尙頭 還許也否?』
師 引頭就之峰便禮拜.
師 還問曰『「帝釋 但揷一莖草 梵刹建立已畢云 世尊微笑」意旨如何?』
峰云『和尙 多分嗜好建家.』師 便笑去.

欲取大望 所得一無.

효봉 선화가 스님에게 묻되,
『천하에 살인하기를 좋아하는 자가 있으니, 그게 누구입니까?』하니
스님이 답하기를,『오늘 여기서 보았노라.』하였다.
 효봉이 다시 이르되,
『화상의 머리를 취하고 싶사온데 허락하시겠습니까?』하자
스님이 목을 길게 빼어 내미니,효봉이 문득 예배드렸다.
다음은 스님이 도로 묻되,
『제석 천왕(帝釋天王)이 풀 한 줄기를 땅에 꽂고
 부처님께 여쭙기를, "범찰을 이미 지어 마쳤습니다" 고 하매,
세존께서 미소를 지었다.』고 하니 그 뜻이 무엇이겠는가?』
효봉이 말하되,
『스님은 참으로 절 짓기를 좋아하신다 하더니, 과연 그 말씀이 옳습니다.』하니,
 스님은 한바탕 웃어 버렸다.

[評] 크게 얻으려 했으나 소득은 하나도 없다.

拜告行脚 −古峰禪和368)
행각하기 위해 인사를 가서 −고봉 선화

古峰和尙 一日 入室 拜告行脚出發.
　師　云　『汝已意出山 應作一句出山偈而去.』
峰 便搖兩手 云『今日甚忙 不可得作.』
師 云『後日相見 善出發去之.』

고봉 선화가 어느 날 행각하려고 조실에 들어가 떠날 것을 말씀드렸더니,
스님의 말씀이,『자네가 이왕 떠날 테면 「출산게(出山偈)」 나 하나 지어 보게나.』하였다.
고봉이 문득 두 팔을 흔들며,『오늘은 바빠서 지을 수 없습니다.』하였더니,
스님이 이르기를,『후일에 또 만나세. 잘 가게.』하였다.

[評]동문 서답(東問西答)이 아쉽도다.

喫茶 獻茶 −古峰禪和
끽다 헌다 −고봉 선화

古峰禪和 有時 便入室 師適喫茶
顧 云『善來古峰 吾今喫茶.』
峰卽進獻椀茶 而合掌拜退.
師 便休去.

花笑鳥歌平和春.

어느 날 스님이 차를 마시다가 고봉 선화가 들어오는 것을 보고 이르되,
『여보게! 나 차 마시네.』하니

---

368) 본관은?순천(順天). 성은 박씨(朴氏), 호는 고봉(古峰). 경욱은 법명이다.?대구의 목골마을에서 태어났다. 생애 및 활동사항어려서 부모에게 사서삼경을 배우고, 18세에 혼인하였으나 19세에 방랑길에 올랐다. 방랑 도중 일하(一河)의 인도를 받아 통도사로 가서 1911년 혜봉(慧峰)의 제자가 되었다. 그 뒤 상주 남장사로 옮겨 은사에게서 사미계(沙彌戒)와 구족계(具足戒)를 받은 뒤,?전라도 석금산으로 옮겨서 정진하였다.
1915년 팔공산 파계사의 성전선원(聖殿禪院)에서 좌선하던 중 도를 깨달았다. 그 뒤 여러 선지식을 찾아 정진하다가 1922년 덕숭산 정혜사(定慧寺)의 만공(滿空)으로부터 법맥을 이어받고 고봉이라는 호를 받았다.

고봉이 말없이 앞에 나아가 차를 한 잔 따라 올리고 합장한 뒤 물러났다.
스님은 아무 말 없이 문득 쉬시다.

[評] 꽃 피고 새 노래하는 평화로운 봄이로다.

破頭知識 ―錦峰禪和
선지식의 머리 깨지는 대목 ―금봉 선화

錦峰禪和 與慧月和尙 對談次
峰問言 『見性之人 還有生死也否?』
月和尙 反問云 『汝看虛空 還有出入也否?』
峰 卽 無對而歸 而擧似和尙 師 曰
『何不答而歸之?』 峰 云 『以何言說 對答之?』
師 曰 『對答之而以何言哉!』
峰 暫時罔措便云 『和尙 如是如是.』
師 云 『此是善知識之破頭處.』 休去.

自起自倒.

금봉 선화가 혜월 스님과 같이 이야기하다가
금봉이 묻되, 『견성한 사람이 나고 죽음이 있습니까 없습니까?』 하였다.
혜월 스님이 반문하되,
『저 허공을 보라! 생하고 멸함이 있더냐 없더냐?』 하거늘,
금봉이 대답 없이 돌아와서 스님에게 이런 사실을 얘기하니
스님이, 『왜 대답을 않고 돌아왔느냐?』고 하였다.
이에 금봉이 『뭐라고 대답하여야 합니까?』 하니,
스님께서 이르되, 『대답이나 하라는데 무슨 잔소린고!』 하니,
금봉이 잠시 멍멍하다가
문득 말하기를, 『스님! 참 그렇겠습니다.』 라고 말했다.
스님이 이르기를, 『이것이 바로 선지식의 머리가 깨지는 대목이니라.』 하고
문득 쉬어 가다.

[評]스스로 일어났다 스스로 거꾸러짐.

進拜祖室 －田岡禪和369)
조실 진배 －전강 선화

田岡禪和 一日 進拜于祖
室 師 便問言
『九宵充滿明星中 那箇是 子所定星?』
岡 即曲躬俯伏 模地一場而了.
師 云 『善哉善哉.』
即乃與作偈云
佛祖未曾傳
我亦無所得
此日秋色暮
猿嘯在後峰

雪山乳香觸鼻新.

전강 선화가 어느 날 조실에 들어가 스님이 묻기를,
『저 하늘에 가득한 별들 가운데서 어느 것이 자네의 별인가?』하였다.
이에 전강이 곧 엎드려서 땅 더듬는 시늉을 하니,
스님이『착하고 착하다.』하며 곧 게송을 지어 주었다.

불조가 못 전한 것을
나 또한 얻은 바 없네.
가을 빛도 벌써 저문 이 날에
뒷산 봉우리에는 원숭이 휘파람만 킥킥.

---

369) 본관은 동래(東萊). 성은 정씨(鄭氏). 첫 법명은 영신(永信). 법명은 전강(田岡). 전라남도 곡성 출신. 아버지는 해룡(海龍)이며, 어머니는 황계수(黃桂秀)이다. 만공에서 이어지는 선종 제77대의 법맥을 전수하였고 용화사법보선원, 용주사중앙선원 등을 창설하여 활구참선(活句參禪)을 제창하였다

[評] 설산의 젖 향기가 코에 새롭네.

路傍石佛 －西畊禪和[370]
길 옆의 석불 －서경 선화

師 與西耕禪和 同行山野路
路傍叢中 見石佛.
畊 進問云
『如是佛像未審 何代造成?』
師 云『於威音王佛以前造成已畢』

作佛破佛同時了.

서경 선화가 스님을 모시고 산길을 동행하다가
길가의 숲 속에 석불(石佛)이 하나 서 있는 것을 보았다.
서경 선화가 스님에게 여쭙기를,
『스님! 이 부처님은 어느 때에 조성한 부처님입니까?』하였다.
스님이 이르되, 『저 위음왕불〔최초의 부처님〕이전에 조성했느니라.』하였다.

[評] 부처를 조성하고 파불(破佛)함이 어찌 그리 동시일런고?

만공은 경허의 한국전통 선불교의 법맥을 이어 오늘에까지 이르게 한 공로자로서 이는 특히 조선시대 불교의 고난시대와 일제시대의 왜색불교에 밀려 제자리를 잃어가고 있었던 한국 전통 선불교를 살리게 한 것은 오늘날 경허 가문의 만공의 출현 덕분이라고 말할 수 있을 것이다.

---

370) 서경스님(西耕.)- 만공스님의 제자.

(4) 스승 鏡虛와의 일화

경허가 주로 천장암에 머물 때 水月과 慧月이 같이 동고동락 했지만 水月은 주로 負木으로 땔나무를 했고, 慧月은 菜供으로 寺田을 가꾸는 소임에 전념했으므로 스승 경허의 수발은 거의 막내인 滿空의 몫이었다.

그리고, 水月과 慧月은 나이가 든 상태에서 사제의 인연을 맺고 법을 이은 것이지만, 滿空은 열네 살에 鏡虛와 만나 그림자처럼 붙어서 근접 시봉을 했으므로, 서열로는 세 번째 제자였다.

그러나 滿空이 경허의 사랑을 가장 많이 받으면서 온전하게 경허의 가르침을 통해 득도한 진정한 의미의 제자라고 할 수 있을 것이다. 이러한 두 사람의 각별한 인연이 처음 만난 것은 계룡산 동학사에서였다.

경허는 한동안 월면 사미승을 운수행각이나 탁발 시에도 데리고 다녔다. 따라서 경허는 영특했던 사미승 월면을 몹시 아꼈다는 반증이라고 볼 수 있을 것이다. 이러한 경허는 만공의 참선을 직접 지도해 주기도 하였다.

하루는 사미승 월면이 경허에게 묻는다. 이것은 경허가 만공에게 가르친 '自性佛'의 法門으로 법어집에는 따로 전하지 않고 일화로 전해온 禪旨法門이다.

"도라는 것이 대체 어떤 것이옵니까?"
"도가 대체 무엇이냐?"
"예, 스님?"
"도라는 것은 여기에도 있고, 저기에도 있고, 천지사방에 있는 것이다."
"천지사방에 도 아닌 것이 없다고요?"
"그래. 꽃피는 것도 도고, 꽃이 지는 것도 도다. 바람이 부는 것도, 불지 않는 것도 역시 도니라. 그 오묘한 도리를 알면 누구나 부처를 볼 것이니라."
"부처가 어디 있는데요?"
"벽에 걸려있는 저 거울을 들여다보아라. 거기에 부처가 있다."

거울을 향해 눈을 주었던 월면이 말한다.

"이 거울 속에는 제 얼굴밖에 보이지 않는데요?"

경허선사의 죽비가 사정없이 월면의 등을 내려쳤다.

월면은 기겁을 했다.

"아니 왜 때리십니까?"

"아직도 부처를 보지 못하였느냐?

"스님, 거울 속 어디에 부처가 있단 말씀이에요!"

다시 죽비가 작열한다.

"왜 자꾸 때리기만 하십니까!"

"거울을 다시 보아라."

"제 얼굴밖에 안보인다니까요!"

'잘 보아두어라. 그 얼굴이 바로 부처니라."

"예? 제 얼굴이 부처라고요?"

"그렇다. 그러니, 다른 곳에서 부처를 찾지 말거라."

경허는 한동안 월면 사미승을 운수행각이나 탁발 시에도 데리고 다녔다. 따라서 경허는 영특했던 사미승 월면을 몹시 아꼈다는 반증이라고 볼 수 있을 것이다. 이러한 경허는 만공의 참선을 직접 지도해 주기도 하였다. 하루는 사미승 월면이 경허에게 묻는다. 이것은 경허가 만공에게 가르친 '自性佛'의 法門으로 법어집에는 따로 전하지 않고 일화로 전해온 禪旨法門이다.

위에서 살펴본 것처럼 경허는 만공에게 직접적인 행동이나 말로 선을 지도하고 깨우치게 하는 여러 가지 일화를 많이 남기고 있는데 경허와 만공의 일화를 통하여 만공의 선사상에 접근해 보기로 한다.

① 물동이 處子

스승 경허는 어린 제자 만공을 사무치게 가르치기 위해 위험을 무릅쓰는 행동도 서슴지 않았다. 그렇지만 경허가 월면을 가르칠 때 굳이 경학과 염불을 강요하지는 않았다. 어린 제자를 데리고 운수행각이나 탁발을 다니면서 그저 흰 구름을 벗 삼아 흐르는 물소리 솔바람소리를 들으면서 거기에서 도를 구하고 부처를 찾도록 유도하였던 것이다.

경허의 가르침은 언제나 삶속에서 자연스럽게 흘러나와 말로 가르친 것이 아니라 직접 행동으로 보여줌으로써 제자가 저절로 깨우칠 수 있도록 한 것이 그의 牧龍家風이라고 말할 수 있을 것이다. 師資相承으로 이어지는 佛敎 禪宗史에 수많은 사제의 인연 중 鏡虛와 滿空堂 月面의 사제지연이 가장 돋보인다고 말할 수 있을 것이다.

경허가 있기에 만공이 깨달음이 있었고, 만공의 의지로 발간된 『鏡虛集』이 있었기에 오늘날 한국불교가 존재하는 기틀이 경허로부터 비롯되었음을 우리 후학들은 알게 되었던 것이다.

그리고 만고에 빛나는 경허의 법화와 행리가 고스란히 만공의 의지로 발간된 『鏡虛集』 속에서 살아있어 오늘날 수많은 수행자들이 자부심과 용기를 가지고 수행에 매진할 수 있는 꺼지지 않는 등불로 빛날 수 있는 것이라고 당당히 말할 수 있을 것이다.

이처럼 돈독한 두 師弟 간 인 만큼 세간에 전하는 그런 두 사람 사이의 逸話도 수 없이 많다.

월면의 나이 스물두 살이 된 어느 날 師弟는 함께 탁발을 나섰는데, 웬일인지 그날따라 시주를 많이 받았다. 두 사람의 바랑에는 곡식이 가득 찼다. 기분이 좋은 중에도 무거운 짐을 지고 걸으니 해질녘이 되자 어린 월면은 녹초가 될 수밖에 없었다. 참다못한 제자가 입을 연다.

"아이고, 스님~! 무거워 죽겠습니다. 좀 쉬었다 가요." "그게 뭐가 무겁다고 그리 엄살인고?"

"엄살이 아닙니다요. 다리도 아프고 어깻죽지가 떨어져 나갈 것 같습니다. 바랑이 너무 무겁습니다요." "그래, 그러면 한 가지를 버려라." "네에!"

"바랑을 버리던지 무겁다는 생각을 버리던지 둘 중 하나를 버리면 될 일을 왜 그리 끙끙거리느냐?" "참 스님도, 시주받은 것을 버리면 어떻게 해요?"

"그럼 할 수없이 무겁다는 생각을 버려야겠구나."
"하지만, 그거 버리기도 쉽지 않습니다요."
"그래, 그럼 내가 버리도록 도와주마."

마침, 두 師弟는 한 마을로 접어들어 우물가를 지나가게 되었다. 이때 물동이를 인 젊은 아낙을 만났다. 스승 경허가 그 젊은 아낙에게 다가가서 쪽 소리가 나도록 입을 맞추고는 냅다 달아나기 시작했다.

느닷없는 날벼락을 맞은 아낙은 엉겁결에 물동이를 땅에 떨어뜨리고 말았다. 줄행랑을 치고 있는 경허를 향해 소리를 질렀다. "저 놈 잡아라!" 앙칼진 여자의 비명소리를 들은 마을 사람들이 일하던 그대로 괭이나, 쇠스랑, 지게작대기 같은 것을 들고 달려왔다.

이때, 월면은 달아나고 있는 스승을 쫓아 덩달아 뛰기 시작했다. 잡히면 도매금에 맞아 죽을 것이라고 여겨졌기 때문이었다. 정신없이 줄행랑을 놓다가 뒤쫓는 일행이 없는 것을 확인 하고 그제사 정신을 차려보니 어느덧, 고개를 넘어 사위에는 어둠이 내리고 있었다.

잡혀서 치도곤을 당할 위기에서 벗어났다는 생각이 들자, 비로소 걸음을 늦추며, 어린 승 만공은 가뿐 숨을 몰아쉬었다. '도대체 우리 스승은 어째서 그런 짓을 한 것일까.' 월면은 슬그머니 부아가 치미는 것을 애써 누르고 있었다. 이때 어둠속에서 경허가 말끔히 모습을 드러냈다.

"하하하하, 용케 안 잡히고 도망쳐 왔구나!"
"스님 대체 이게 무슨 망측한 짓입니까!"
" 그래, 도망칠 때도 등에 진 바랑이 무겁더냐? "
" 무거운 것을 느낄 사이도 없었습니다요. "

두 사람은 어느새 천장암으로 오르는 연안산 기슭으로 접어들고 있었다. 소리없이 떠오른 달이 짙어지는 어둠을 밀쳐내는 가운데, 스승과 제자 사이에 짧은 침묵이 흘렀다.

이때 어린 만공은 어렴풋이 스승의 이러한 행동이 가슴에 닿았다. 월면은 어째서 바랑이 무겁게 느껴지지 않았는지 곰곰 생각에 잠겨 들었다. 순간, 깊은 적막을 깨는 스승의 목소리도 이미 만공에게는 들리지 않았다.

"다시 바랑이 무거워졌느냐?" "……"
"인석아, 바랑이 무거우냐고 물었다?"
"아닙니다요. 스님! 무겁다는 생각을 할 새가 없었습니다."
"생각을 하지 않으니까 무겁지도 않다?" "네, 스님!"
"무겁다고 하던 놈, 붙잡히면 죽는다. 도망치라고 하던 놈,
그 놈들이 하나던가 둘이던고?"

"모두 저에게서 나온 하나입니다."
"이제 무겁지 않다고 하는 놈은 어떤 놈인고?"
"그것도 한 놈입니다요."
" 대체 이놈들이 다 무엇인고? 그것이 무엇인지 내게 일러라?"
"모르겠습니다요. 스님. " 371)

원효가 당나라로 유학을 떠나다 해골에 고여 있던 썩은 물을 먹고 대오한 원효 이야기나 쌀자루 만공 이야기는 모두 '一切有心造'에 관한 이야기이라고 말 할 수 있을 것이라고 본다. 같은 물도 소가 마시면 젖을 만들고 뱀이 먹으면 독이 되기도 하는 이치와 마찬가지로 경허의 이러한 행동은 滿空과 鏡虛 사이에 오간 빛나는 逸話중 하나다.

 어느 날 무거운 시주 바랑을 짊어진 滿空이 鏡虛에게 "너무 무거워 쉬었다 가자"고 하자, 鏡虛는 "무겁지 않게 해 주겠다"며 지나가던 女人의 입을 맞추

---
371) 鏡虛 ,『鏡虛法語』, 인물연구소, 1981.p.598-602.

자, 女人의 悲鳴소리를 듣고 동네 사람들이 나와 그들을 쫓아오자 滿空은 精神 없이 山속 절까지 뛰었는데, 그때 鏡虛는 빙긋 웃으며 "아직도 그 바랑이 무겁더냐?"고 물었다고 이 짧은 이야기는 대중에게 깊은 감명을 주고 있다고 말할 수 있을 것 이다.

즉 , 마음 하나 열면 드넓은 우주를 덮을 수 있으나 닫으면 송곳구멍 하나도 어려운 모든 것은 이 모두가 마음먹기에 달렸다는 '一切唯心造' 를 그대로 펼쳐 보이는 어떤 상황 무슨 일에든지 생각을 어떻게 하느냐하는 마음먹기에 따라 그 것을 받아들이는데 큰 차이가 있어 세상 모든 일은 마음에서 비롯된다는 커다란 깨우침을 주고 있다고 말 할 수 있을 것이다.

경허가 입적한 지 30년이 지난 1942년에 만해 한용운은 만공의 부탁으로 『鏡虛集』 편찬에 일조하게 되는데 그는 "경허 스님은 육신을 초탈해 작은 일에 걸리지 않고 마음대로 자재하며 유유자적했다" 고 밝혔다.

이처럼, 鏡虛禪은 그의 家風대로 어록 속에 들어있는 話頭를 '死禪' 이 아닌 삶 속에서 살아 숨 쉬는 活禪'으로 승화시켜 실천하는 生活禪風을 크게 진작시키고 있다고 말 할 수 있을 것이다.

② 喪輿 행렬

어느 날 만공은 스승 경허와 동행하여 산길을 걷고 있었다. 첩첩 산중에 人家 하나 눈에 띄지 않았다. 굽이진 산길을 돌아 산마루턱에 당도하였을 때, 저 쪽에서 오색 깃발 휘날리며 상여 행렬이 오고 있었다. "잘되었다. 여기서 요기하고 가자."

고개 마루턱에서 상여가 쉬고 상여꾼들의 술판이 벌어졌다. 경허가 상여 앞에서 경건하게 합장을 한 다음 음식을 청했다. "시장하니 음식을 좀 청합니다."
"行喪 길이니 술밖에 없는데요."
한 상여꾼이 장난스럽게 대꾸를 하자, 이에 鏡虛가 태연히 말했다.

"술이 있으면 술을, 고기가 있으면 고기를 주시지요." 상주는 눈이 휘둥그레졌다.

"아따 참, 별 중들 다 보겠네." 한 弔客이 핀잔을 하듯 말했다.

"아니 大師가 어찌 술을 달라 하시오? 穀茶라 하지도 않고."
이에 경허가 덤덤히 대꾸했다. "시장한데 한 잔 하면 되지, 굳이 다른 말할 게 뭐 있겠소."

사람들은 어이가 없다는 듯 술 한 대접을 듬뿍 떠서 내놓았다. 경허는 술잔을 받지 않고, 손을 내저었다. "잔이 너무 작습니다. 차라리 바가지나 동이 채로 주시오."

기가 막히는 한편 기괴한 흥미를 느낀 상여꾼들 중의 한 사람이
"워디, 동이 째 내 줘 봐."

하고 술이 가득 담긴 동이를 들어 경허 앞에 내놓는 것이 아닌가.
순간, 경허는 그것을 쉬지 않고 꿀꺽꿀꺽 단숨에 비웠다. 처음부터 끝까지 이 상황을 말없이 지켜보고 있던 상주는 경허가 틀림없이 도가 높은 대사라는 생각이 들어 막대기를 짚고 경허에게 가서 공손히 물었다.

"無碍行을 하시는 도가 높은 스님들 같사온데, 청컨대 慈悲心으로 우리 아버님의 明堂을 하나 잡아 주실 수 없는지요?" 경허가 버럭 소리를 질렀.
"明堂은 해서 뭐에 써? 죽으면 다 썩은 고기 덩어리밖에 아무 것도 아닌 것을!"

禮를 차려 존대하여 청한 말에, 별안간 주정꾼의 酒邪처럼 돌변한 傑僧의 말투에 어이가 없어 울화가 치밀어 오른 喪主들의 기세가 한 순간에 험악했다. "아니, 워디서 떠돌던 중놈이……"

대막대기로 당장에 후려칠 기세였다. 이에 경허도 결코 물러서지 않았다.
"네 이놈들!" 하며 두 팔을 걷어 올리고 딱 버티고 섰다. 경허와 만공 둘 다 9척 장신에 우람한 체구로 위세가 매우 당당하여 압도적이었다.

순식간에 일어난 이 뜻밖의 사태를 조객과 상두꾼들은 그저 멍청히 지켜보고만 있었다. 그 때 맏상제가 흥분한 아우들을 헤치고, 다시 앞으로 나섰다.

"스님 말씀이 지당합니다. 장자의 《남화경》에도 있듯이 사람이 죽으면 까막까치나 구

더기의 밥이 되는 것이지요. 우리들이 미흡해서 알아 뵙지 못했습니다. 그러나 자손 된 도리가 그렇지 않습니까."

그리고 나서 喪主는 행상 길을 재촉해 서둘러 떠날 차비를 했다. 잠자코 있던 경허가 중얼거렸다.
"모든 것은 다 허망할 뿐이니, 죽고 사는 것 원래 그러하므로, 만약 모든 것이 참으로 허망한 줄 알면 그대들도 참모습을 볼 수 있을 것일세."

生滅의 實相을 설할 즈음에 喪輿 行列은 고개를 넘어갔다. 고개 너머로 구슬픈 喪輿소리가 바람결에 멀어져 가고 있었다.[372]

여기서 우리는 경허의 진면목을 확인해 볼 수 있는데 "아니 大師가 어찌 술을 달라 하시오? 穀茶라 하지도 않고."라는 표현은 眞墨의 穀茶를 염두에 두고 있는 내용으로 시비를 걸자, "시장한데 한 잔 하면 되지, 굳이 다른 말할 게 뭐 있겠소."라고 간단히 응수하고 있는 경허의 당당한 기지를 엿볼 수 있다고 본다.

그리고 "明堂은 해서 뭐에 써? 죽으면 다 썩은 고기 덩어리밖에 아무 것도 아닌 것을!" 하는 표현은 경허가 술값대신 전하는 大法門으로 이를 알아듣는 중생이 단 한명만 있었어도 수확은 크다고 말할 수 있을 것이다.

"아니, 워디서 떠돌던 중놈이……"라고 소리 지르며 대막대기로 당장에 후려칠 기세였던 상황에서 이에 경허도 결코 물러서지 않았다는 것은 경허의 기개를 한 쾌에 드러내 보이는 극적인 상황의 연출로 경허는 목숨도 두려워하지 않는 배짱이 있음은 이미 그가 悟道를 이룰 때 보여준 바 있다고 할 것이다.

그리고, 마지막으로 보여준 "모든 것은 다 허망할 뿐이니, 죽고 사는 것 원래 그러하므로, 만약 모든 것이 참으로 허망한 줄 알면 그대들도 참모습을 볼 수 있을 것일세." 라는 마무리는 金剛經의 四句偈로 장식하고 있는데 이 또한 禪師다운 面貌를 여실히 드러내고 있는 살아있는 生活禪으로 鏡虛禪의 眞髓를 만

---

372) 鏡虛, 『鏡虛法語』, 人物硏究所, 1981, pp.607-610.

공에게 몸으로 實現해 보이고 있다고 말 할 수 있을 것이다.

③ 밀씨와 파씨

靑陽 長谷寺에서의 어느 날이었다. 경허 스님이 곡차를 잘 드신다는 소문을 듣고 인근 마을 사람들이 곡차와 파적을 비롯한 안주 여러 가지를 정성껏 마련해 가지고 스님께 바쳤다. 마을 선비들과 술자리가 무르익은 뒤 옆에 앉아 있던 만공 스님이 큰스님의 법문을 듣고 자 넌지시 한 말씀 여쭈어 보았다. 『스님, 저는 혹 술이 있으면 들기도 하고, 없으면 안듭니다. 이런 파적도 굳이 먹을려고도 하지 않고, 또 생기면 굳이 안 먹으려고도 하지 않습니다. 스님께서는……..』할 때 경허 스님이 제자의 말을 끊으며 대꾸하기를

『허어, 자네는 벌써 그런 無碍 경계에 이르렀는가. 나는 그렇지를 못하여 술이 먹고 싶으면 제일 좋은 밀씨를 구하여 밀을 갈아 김을 매고 가꾸어 밀을 베어 떨어서 누룩을 만들어 술을 빚고 걸러 이렇게 먹을 테야. 또 파전이 먹고 싶으면 파씨를 구하여 밭을 일구어 파를 심고 거름을 주며 알뜰히 잘 가꾸어서 이처럼 파적을 부쳐 가지고 꼭 먹어야 하겠네.』하였다. 이 말씀에 만공 스님은 등에서 땀이 나면서도 오싹해지고, 정신이 아찔하며 자기의 견해가 너무 얕고, 스님의 경지는 하늘같이 높아서 상대가 아님을 알고 스님의 無碍逆行하시는 도리를 깊이 깨달았다.[373]

鏡虛가 청양 長谷寺에 잠시 주석하던 때 이야기로 鏡虛와 滿空은 얼근히 취하여 비틀비틀 절을 향하여 걸음을 옮겼다. 뒤따르던 滿空이 침묵을 깨고 鏡虛에게 이렇게 말했다. "스님, 저는 술이 있으면 먹기도 하고 혹은 안 먹기도 합니다. 파적이 있으면 먹고 없으면 별 생각이 없습니다만"

이 말을 듣던 鏡虛는 滿空의 말이 채 끝나기도 전에 滿空의 말꼬리를 끊으며 이렇게 말했다. "그래! 자네는 참 道가 높네 그려. 나 같으면 술이 먹고 싶으면 가장 좋은 밀씨를 구해다가 밀을 갈아서 김을 매고 가꾸어 밀을 베어서 누룩을 해서 술을 빚어서 먹고먹고 또 먹겠네.

또 파적이 먹고 싶으면 파씨를 구해다가 거름을 주고 잘 가꾸어 파적을 부쳐서

---
373) 鏡虛, 『鏡虛法語』, 人物硏究所, 1981, p.570-571.

먹고먹고 자꾸먹겠네" 이 말을 들은 滿空은 등골이 오싹해지는 것을 느꼈다고 전한다.

이러한 경허의 답변에 만공은 등에서 땀이 나면서도 오싹해지고, 정신이 아찔하며 자기의 견해가 너무 얕고, 경허의 경지는 감히 범접할 수 없음을 깨달은 만공은 스스로 스승의 상대가 아님을 알고 경허의 無碍逆行의 道理를 깊이 깨달았다고 하는 일화가 있다.

鏡虛禪은 어느 것에도 걸림 없이 '應無所住 而生其心'과 '隨處作主 立處皆眞'의 도리를 그대로 드러내 보이고 있는 .活禪.이라고 말 할 수 있을 것이라고 본다.

④ 他心通

天藏庵에 주석하실 때의 어느 날 일이었다. 만공 스님이 공부하다가 식識이 맑아지고, 他心通이 열려져 사람의 마음과 세상일을 보지 않고도 손바닥에 놓고 보듯 환하게 아는 경계에 이르렀다. (중략) 그러던 어느 날이었다. 스님을 시봉하던 경환이라는 아이가 스님한테 꾸지람을 듣고 밤중에 별안간 없어졌다.(중략) 만공 스님이 말씀 드리기를 『예. 지금 경환이가 있는 곳은 나무 꼭대기입니다. 거기에 앉아 있습니다. 그리 염려하지 않아도 곧 들어와 잘 겝니다.』하였다.(중략)그제서야, 스님은 『그러냐? 그럼 만공이 무얼 알기는 잘 아는 듯싶다.』하시고, 만공 스님을 불러 놓고 하시는 말씀이 『이 사람아. 西山대사의 말씀인즉 「설사 도인이 아무리 훌륭한 도가 있다 할지라도 術法을 행하면 그 사람은 절대로 믿지 말라.」하지 않았나?』하시고, 『설사 자네가 살고, 남도 살려 줄 수 있는 일이 있다 할지라도, 그러한 짓은 하지 말게.』하고 엄격한 말씀으로 술행하는 습관을 갖지 못하게 훈계하였다. 이에 만공 스님은 이 말씀을 깊이 새겨듣고, 그 후로부터는 절대로 아는 말을 하지 않았을 뿐만 아니라, 스님 자신이 아무리 어려운 곤경에 닥친다 하여도, 그 아는 신통의 靈感같은 것을 누구에게도 보이거나 생각조차 품지 않았다.[374]

이처럼, 경허는 만공을 불러 놓고 "만공 이 사람아, 西山대사의 말씀인즉 설사 도인이 아무리 훌륭한 도가 있다 할지라도 術法을 행하면 그 사람은 절대로 믿

---

374) 鏡虛, 『鏡虛法語』, 위의 책, p.570-571.

지 말라하지 않았는가?" 라고 말하며, 엄격하게 術行하는 습관을 버리도록 훈계를 하였다.

이에 만공은 그 후로는 절대로 아는 말을 하지 않을 뿐 아니라 자신이 아무리 어려운 곤경에 닥친다 해도 그 아는 신통의 영감 같은 것을 누구에게도 보이지 않고 생각조차 하지 않았다한다.

여기서 경허가 警戒하고 있는 것은 아직 수행의 단계에도 이르지 못한 만공이 人間 本分事를 해결하는 일에 방해되는 술수를 크게 경책하고 있는 것으로 本來面目의 자리는 신통에 있지 않으며 그것마저도 뛰어넘는 최상의 경지를 터득하는데 있다는 것을 철저하게 禁忌시키고 있음을 알 수 있는 것이다.

⑤ 커다란 뱀

천장사에 계실 때의 일이다. 어느 여름 밤이었다. 만공 스님이 큰 방에 볼 일이 있어 경허 스님이 누워 계시는 그 앞으로 불을 들고 지나가다 얼결에 보니, 스님의 배 위에 길고 시꺼먼 뱀이 척 걸쳐 있었다. 만공 스님이 깜짝 놀라 『스님 이게 무엇입니까?』하니, 경허 스님이 『가만히 두어라. 싫컨 놀다 가게.』하고는 놀라지도 않고, 쫓지도 않고, 그대로 태연히 누워 계실 뿐이었다. 얼마 후 선사의 법문이 있으셨다. 『이런 데에 마음이 조금도 동요됨이 없이 자기 공부에 정진해 가야 하느니라.』375)

어느 날 天藏庵에서 제자 만공이 큰방에 볼일이 있어 들어갔다가 깜짝 놀란다. 누워있는 경허의 배 위에 커다란 뱀 한마리가 똬리를 틀고 앉아 어깨 쪽으로 고개를 틀고 혀를 날름거리고 있었다. 만공이 순간 들었던 호롱불을 떨어뜨린다.

"스.......스님. 배 위에 뱀이 올라앉아 있습니다!" 鏡虛는 어둠속에서 태연히 누운 채 말한다. "뒤라, 뒤. 실컷 배 위에서 놀다 가도록." 숨을 죽이면서 滿空이 보고 있는 동안 鏡虛는 태연히 코를 골았고 잠시 후, 뱀은 스르르 똬리를 풀고 경허에게서 내려와 문지방을 타고 내려갔다.

---

375) 鏡虛, 『鏡虛法語』, 위의 책, ,p.570-571.

나중에 鏡虛는 滿空에게 이렇게 말했다. "이런 일을 당했을 때 적어도 마음에 조금도 동요됨이 없어야 공부가 되느니라."

이처럼 鏡虛는 滿空에게 어떠한 경계에도 조금도 흔들림이 없는 不動의 경계를 이루어야 비로소 최상의 絶對境地를 증득할 수 있음을 몸으로 現實에서 그대로 再現하고 있다고 말 할 수 있을 것이다. 이것이 바로 '鏡虛禪'의 실체로서 경허는 만공에게 따로 법문을 내리지 않고 體現하였던 것이라고 말 할 수 있을 것이다.

⑥ 벌 드나드는 콧구멍

하루는 스님이 큰 방에서 정진하고 계시는데 만공 스님이 스님에게 넌지시 『스님, 저는 콧구멍이 간질간질합니다.』하자 『왜 그런가?』하고 경허 스님이 되물은즉 만공 스님은 대답하였다. 『벌들이 저의 콧구멍 속으로 드나드느라고 그러합니다.』

『이 사람아, 벌이 드나드는 콧구멍은 간지럽지를 않아.』하고 나무랬다. 만공 스님은 한 마디 자기의 견처를 과시해 보려고 하였으나, 조작된 망상임을 뉘우치고 스님의 자연스러운 지적에 깊이 깨우친 바 있었다.[376]

하루는 鏡虛가 큰 방에서 정진하고 있는데 滿空이 스승에게 넌지시 물었다.
"스님, 저는 콧구멍이 간질간질합니다." 鏡虛가 물었다. "왜 그런가?"
鏡虛가 되물은 즉 滿空이 대답했다. "벌들이 저의 콧구멍 속으로 드나드느라고 그러합니다." 鏡虛는 滿空을 나무랬다. "이 사람아, 벌이 드나드는 콧구멍은 간지럽지를 않아."

滿空은 한 마디 자기의 見處를 과시해 보려고 했으나, 곧 조작된 妄想임을 뉘우쳤다. 이에 滿空은 스승 鏡虛의 자연스러운 지적에 깊이 깨우쳤다고 하니 가히 그 스승에 그 제자라고 말 할 수 있을 것이다.

---

376) 鏡虛, 『鏡虛法語』, 人物硏究所, 1981, pp.570-571.

⑦ "丹靑佛事 勸善文"

그리고 그 밑에다가 몇 자 적었다. 절에 단청을 해야 하는데 적선을 좀 해 달라는 그럴싸한 내용이었다. "만공아, 가서 동네 한 바퀴 돌고 오너라"
스승이 이렇게 말하자 만공이 그 글귀를 앞세우고 시주를 받기 위해 주막을 빠져나갔다. 그리고 한 시간쯤 후에 돌아왔다.

원래부터 술을 좋아하던 경허였기에 놀랄 일도 아니었다. '추운데 고생했구나. 어서 와서 한잔 하거라.' 경허는 만공에게 술을 딸아 주었다. 그들은 그렇게 두거니 받거니 하면서 주전자 몇 개를 비웠다. 그리고 술이 이마빡까지 달아오르자 두 사람은 일어났다.

주막을 빠져나와 동구 밖에 이르렀을 때 만공이 따지는 투로 말했다.
"스님, 단청불사에 쓸 돈을 그렇게 주막에서 다 날리면 어떻게 합니까?"
그말에 경허는 키득거리며 되물었다. "지금 내 얼굴이 어떤가?"

만공이 대답했다. "불그락 프르락합니다." 경허가 다시 말했다. "이보다 잘된 단청이 또 어디에 있단 말인고?" 경허의 말에 만공이 맞장구를 쳤다. "예. 단청불사 치고는 최고 걸작입니다." 두 사람은 어깨동무를 하고 다시 길을 가기 시작했다.

여기서 경허의 단청불사의 내용은 鏡虛禪의 '中道佛二'를 담고 있는 것으로 단청불사는 보통 사찰에서 행해지지만 경허는 자신의 얼굴에 丹靑佛事를 하려고 하는 것이다 경허의 '中道不二'에 있어서 사찰과 얼굴은 결코 다르지 않은 것이다.

여기에 동조하는 경허의 제자만공은 그 스승에 그 제자로 그들은 以心傳心의 마음 법으로 이미 眞如佛性의 자리를 터득하고 그들의 경계는 이미 本來面目의 絶對境地를 넘나들며 不二法을 증득한 자의 당당한 의지를 들러내 보이고 있는 心地法門을 이들의 행리를 통해 알 수 있다.

⑧ 너는 지금까지도 마음속에 담고 있느냐?

시냇가에서 아리따운 처녀가 장마 부러난 물 때문에 건너지 못해 발을 동동 구르고 있었다. 경허와 만공이 그곳을 지나가게 되었다. 처녀는 부끄러움을 참으며 젊은 만공스님에게 도움을 청했다. 그러자 만공은 처녀에게 정색을 하며 화를 냈다. "불가에서는 여자를 가까이 하면 파계라 합니다. 어찌 젊은 처자가 스님에게 업어달라는 부탁을 하시오!" 그러자 경허선사가 처녀에게 등을 내밀며 말했다."내가 도와드리지요. 자, 업히시오." 경허는 처녀를 업어다가 건너편에 내려주었다. 그리고 한참을 걸어가는데 뒤따르는 만공스님이 더 이상 참지 못하고 따졌다."스님, 수도하는 스님이 어떻게 젊은 여자를 업을 수 있습니까?" 그러자 경허가 말했다. "내려 놓아라!""네?" "나는 처자를 냇가에 내려놓고 왔는데, 너는 아직도 그 처자를 업고 있구나! "

경허는 처녀를 등에 업어다 건너편에 내려주고는 계속해서 갈 길을 갔다. 그러나 뒤따라가는 젊은 만공의 마음에는 갈수록 온갖 의심이 생겨나기 시작했다. 만공은 자기의 스승 경허에게 따지고 싶었지만 이를 꾹 참고 십리 길을 더 갔다.

마침내 만공은 더 이상 참지 못하고 "스님, 어찌 그럴 수 있단 말입니까? 수도하는 스님이 어떻게 젊은 여자를 업을 수 있습니까?"하고 따지며 대들고 말았다. 만공의 화난 목소리를 듣던 경허는 이렇게 말했다.

"에끼 이놈! 나는 벌써 그 처자를 냇가에 내려놓고 왔는데, 네놈은 아직도 그 처자를 업고 있느냐?" 하고 나무라는 경허는 '放下着'의 법거량과 '一切唯心造'를 동시에 거량하고 있다.

⑨ ' 母親을 위한 解脫法門 '

한편 세상 모든 현상이 오직 마음이 지어낸 것에 불과하다는 뜻의 一切唯心造. 간사한 사람의 마음, 세월에 따라 변해가는 인간의 마음을 설명하기 위해 일반대중과 자신의 어머니 앞에서 발가벗은 이야기는 '마음을 평안히 하고, 세상일이 좋으나 싫으나 한갓 꿈으로 알라'는 경허의 일갈 속에 '마음은 모든 진리의 원천' 즉 "一切有心造" 임을 알게 된다.377)

하루는 天藏寺에서 경허 스님이 그 모친을 위하여 法門을 한다고 대중을 모아 놓은 뒤 『우리 어머님을 모셔 오도록 하라.』하고 侍者에게 분부하였다. 시자는 그 뜻을 연만한 할머니께 전하며, 큰스님으로 존경받는 아드님의 法會에 가시기를 권하였고, 그 모친 되시는 할머니 또한 희색이 만면하여 옷을 갈아입고 대중이 모여 있는 큰 방에 들어가 향을 피우며 정성을 다하여 경의를 표하고, 자리에 앉으면서 『우리 경허가 나를 위해 법문을 설한다 하니, 이렇게 기쁠 수가 없구나.』하고 특별 법문을 청하였다. 그 때 스님은 잠자코 앉아 있다가 어찌된 셈인지 어머니를 맞이하여 부시럭 부시럭 옷을 벗고, 완전히 벌거벗은 알몸이 되자 『어머니, 저를 보십시오.』하고 그대로의 裸身을 보였다. 그 어머니는 무슨 심오한 說法을 자기를 위해 해줄 줄로만 알고 크게 기대하고 있다가 이 해괴한 것을 보고 크게 노하여 『대체 무슨 법문이 이럴 수가 있단 말이냐?』하고, 『별 발칙한 짓도 다하는구나!』하며 크게 노하여 法席을 박차고 나가 자기 방으로 들어가서 좀처럼 나오려 하지 않았다. 이에 스님이 『저래 가지고 어찌 남의 어머니 노릇을 한단 말인가. 내가 아주 어려서는 이 몸을 벌거벗겨 씻기며 안고 빨고 하시더니, 지금은 왜 그렇게 못하실까. 세상 풍속 참으로 한심한 일이로군.』하고 짐짓 쓴 웃음을 금치 못하였다. 그러나 스님의 모친은 노발대발하여 『그래, 나를 위해 법을 설한다고 하더니, 그게 무슨 짓이란 말이냐? 그럴 수가 있단 말인가?』하고 탄식하며 좀처럼 노기를 풀지 않았다. 대중이 전부 몰려가서 『할머니, 그게 바로 스님의 큰 법문이랍니다. 특별 설법이었어요. 그러니, 어서 노여움을 푸십시오.』하며 거듭 빌어야 했다.378)

경허는 동학사 조실방에서 1879년 11월 15일 大道를 성취하고 그해 겨울을 만화의 핀잔 속에 일없는 사람(無事人)으로 시간을 보내며 빈둥거리다가 1880년 이듬해 봄 경허는 바랑 속에 스스로가 누빈 솜 누비 한 벌을 가지고 母親과 私家兄 太虛가 住持로 있는 天藏菴으로 거처를 옮긴다.

거기서 경허는 1881년 이듬해 6월까지 1년 반 동안 〈圓成門〉의 쪽방에서 長坐不臥의 보임을 거친다.

---

377) 鏡虛, 『鏡虛法語』, 人物硏究所, 1981, pp.601-602.
378) 鏡虛, 『鏡虛法語』, 人物硏究所, 1981, pp.594-596.

이 무렵 그 모친은 당신의 아들이 대도를 성취하였음을 자랑하여 자신을 위하여 대중을 모아 法門을 해달라고 경허에게 간청한다. 경허는 마지못해 대중을 불러 모아 놓은 뒤 '우리 어머님을 모셔 오도록 하라' 하고 侍者에게 분부하였다.

아마도 경허의 이 〈裸體法門〉은 경허가 大道를 성취한 후 대중에게 보인 첫 번째 법문으로 우리에게 크나큰 울림으로 다가와 큰 반향을 일으키는 大法門이라고 할 수 있을 것이다.

侍子는 그 뜻을 연만한 할머니께 전하며, 큰스님으로 존경받는 아드님의 法會에 가시기를 권하였고, 그 모친 되시는 할머니 박 씨 부인은 또한 희색이 만면하여 옷을 갈아입었다. 사실 경허와 모친의 만남은 경허가 9세에 청계사에 동진 출가한 이후 24년 만의 해후이고 보니 그들 母子의 感懷 또한 각별하였을 것이다.

모친은 기쁜 마음으로 대중이 모여 있는 큰 방에 들어가 향을 피우며 정성을 다하여 경의를 표하고, 자리에 앉으면서 "우리 경허가 나를 위해 법문을 설한다 하니, 이렇게 기쁠 수가 없구나" 하고 特別 法門을 청하였다.

그 때 경허는 잠자코 앉아 있다가 어찌된 셈인지 어머니 앞에서 부시럭부시럭 옷을 벗고 완전히 벌거벗은 알몸이 되자 "어머니, 저를 보십시오." 하고 그대로의 裸身을 보였다.

이때 그 어머니는 무슨 심오한 說法을 자기를 위해 해줄 줄로만 알고 크게 기대하고 있다가 이 해괴한 것을 보고 크게 노하게 되는데 여기서 경허가 보여주었던 이 '裸體法門'은 우리에게 전해주는 불이법문의 극치라고 말 할 수 있을 것이다.

크게 노하여 法席을 박차고 나가는 모친에게 경허는 이렇게 외진다. "내가 아주 어려서는 이 몸을 벌거벗겨 씻기며 안고 빨고 하시더니, 지금은 왜 그렇게 못하실까?" 이것은 바로 分別心으로 세상을 바라보는 衆生心으로 어릴 때 알

몸으로 씻어주고 닦아주고 예쁘다고 물고 뜯던 경허와 지금의 경허는 둘이 아닌 바로 그 경허이다.

 이제 장성하여 성인이 된 경허의 알몸은 넘살스럽고 민망하고 상스러운 모습으로 추하다고 고개를 돌리니 이러한 고정관념과 차별심의 분상에서는 결코 '中道實相'의 본래자리에 접근할 수 없음을 경허는 실현으로 보여주고 온몸으로 깨우침을 노래를 부르고 있는 것이다.

아기의 알몸은 이쁘고 성인의 알몸은 고개 돌리는 識作用은 예의와 범절을 배운 우리의 고정관념에서 비롯된 잘못된 분상의 알음아리로 대 光明體의 本來面目의 자리에서는 원래부터 美醜는 없었고 원래부터 厚顏無恥는 없는 것으로 '中道不二'의 경계를 넘나드는 경허의 경지는 이미 不二法을 증득하였기에 그의 분상에서는 가능한 絶代法門 이었던 것이다.

 깨달음을 이룬 경허는 어쩌면 자신을 낳아준 母親을 제일 먼저 깨우쳐주고 싶은 간절한 마음이 人之常情으로 작용하였을지도 모른다.

그 뜻을 바로 알아차리지 못한 母親은 비록 대선사 경허를 품은 聖母이지만 시절 인연 따라 '雨寶益生滿虛空하나 衆生受器得利益' 의 길을 따라 갔을 것으로 보인다.

⑩ 숙박비와 식대

만공 스님과 여러 날 째 먼 여행을 하던 어느 날, 길을 가다 보니 그만 旅費가 똑 떨어졌다. 날이 저물어 어느 여관에서 하룻밤을 쉬게 되었는데, 그 다음 날 주인이 숙박비와 식대를 내라고 하였다. 그러자, 경허 스님이 『우리가 法堂을 重修하려고 化主를 나왔는데 주인께서도 施主를 하시지요?』하였다.
그 주인이 잠자코 있다가 『그러면, 그 화주 책을 한 번 봅시다.』하며 화주승의 眞否를 확인하려 들었다. 만공 스님이 곰곰이 생각해 보니, 화주 책이 있는 것도 아닌데 시주하라라고 말을 꺼냈으니 큰일이었다. 그래서 임기 응변으로 둘러치기를 『실은 이 주인댁에 우리가 화주를 하려고 왔으나, 지난 밤 너무 극진한 대접을 받아 고맙기 이를 데

없습니다. 그러니, 이 댁에서 이번 시주만은 그만 두셔도 괜찮소이다.』하며 책은 짐짓 내놓지 않았다. 얼떨떨해진 여관 주인은 대꾸를 못하고 있었다. 이 때 만공 스님이『그렇게까지 괘념하시어 우리에게 또 시주까지 고맙게 해 주신다면 책을 꺼내 보여 드리지요.』하며 걸망 속에 손을 쑥 집어 넣고 정작 있지도 않은 화주 책을 꺼낼 기세를 보였다. 그제서야 주인이『네, 알았습니다. 알았어요. 스님들.』하고 책 끄집어 내는 것을 간절히 만류하는 것이 아닌가. 그 주인으로서는 잘못하였다가는 여관비를 받으려다가 오히려 더 큰 돈을 뜯길 것만 같아 말리기를 거듭했다. 그래서 주인은 본래의 마음을 돌려 먹고『스님들, 그렇다면 제가 시주를 특별히 할 수는 없고, 어젯밤 두 분의 숙식비는 받지 않을테니, 그대로 가시지요.』하고 간말하기에 이르렀다. 그 집에서 무난히 빠져 나오자 경허 스님이『자네 수단이 나보다 훨씬 낫네 그려.』하고 한 마디 던졌다. 이처럼 아슬아슬한 고비를 만공 스님의 機智로 모면한 일이 한두 번이 아니었다. 그러나, 경허 스님은 어려운 난관을 겨우 넘길 만하면, 그보다 더 큰 난관을 안겨 주곤 하였다.379)

경허가 만공과 여러 날 째 멀리 여행을 하고 있었다. 두 걸승이 길을 가는데 그만 여비가 똑 떨어졌다. 날이 저물어 여관에 행장을 풀고 하룻밤을 쉬게 됐다. 다음날 여관주인이 경허·만공에게 숙박비와 식대를 내라고 했다.

그러자 경허는 "우리가 법당을 중수하려고 화주를 나왔습니다. 주인께서도 시주를 하시지요?" 客主에게 勸善을 요구하고 말했다. 여관주인이 잠자코 있다가 답했다. "그러면 그 화주 책을 한번 봅시다."

이때 만공이 곰곰이 생각해보니 경허에게 화주 책이 없었다. 화주 책도 없는데 시주하라고 말을 꺼냈으니 큰일이었다. 만공이 말했다.

"실은 이 주인댁에 우리가 화주를 하려고 왔으나 지난 밤 너무 극진한 대접을 받아 고맙기 이를 데 없습니다. 그러니 이 댁에서는 시주를 하지 않으셔도 괜찮습니다." 화주 책을 내놓지 않고 둘러대는 만공의 말에 얼떨떨해진 여관주인은 대꾸를 하지 못했다. 이때 만공이 덧붙인 한마디가 가관이었다.

"그렇게 까지 괘념하시어 우리에게 시주까지 고맙게 해 주신다면 책을 꺼내 보

---

379) 鏡虛,『鏡虛法語』, 人物硏究所, 1981, pp.570-571.

여드리지요." 만공은 걸망 속에 손을 쑥 집어넣었다. 정작 있지도 않은 화주 책을 꺼낼 기세였다.

그러자 여관주인이 "네, 알았습니다. 알았어요. 스님들" 하며 책 꺼내는 것을 만류하는 것이 아닌가. 주인으로서는 자칫 잘못하다가는 여관비를 받기는커녕 법당 중수 화주까지 하게 생겼다는 생각에 책 꺼내는 것을 극구 만류할 수밖에 없었던 것이다.

여관 주인은 "스님들, 그렇다면 제가 시주를 특별히 할 수는 없고 어젯밤 두 분의 숙식비는 받지 않을 테니 그냥 가시지요" 하고 정중히 말했다.

여관에서 나오자 경허 가 만공에게 말했다. "자네 수단이 나보다 훨씬 낫네 그려"

만공이 경허와 만행하며 겪은 고비는 한두 가지가 아니었지만 스승 경허가 무작정 벌려 놓은 일을 수습 하는데 그 고비 마다 만공은 기지를 發했던 것이다.

이것은 경허가 임제종풍의 '隨處作主 立處皆眞'의 경계를 여지없이 드러내고 있는 無位眞人의 경계에서 中道實相法門의 禪旨道理를 행하고 있는 것이다.

⑪ 주막집 주인에게 호령을 하다

어느 날 만공 스님이 경허 선사를 모시고 전주(全州) 지방을 지나게 되었다. 어느 식당에서 함께 점심을 자시고 구한국(한말)시대 쓰던 은백전을 내 주었다. 그러자 그 주인이 『이 돈은 전라도 도지사가 사용치 말라는 명령을 내려 받지 못하겠으니, 여기에서 쓰는 돈을 주시오.』하였다. 일본의 침략 정책에 의하여 우리나라에 화폐 개혁을 강요하여 실시하던 무렵이었다. 경허 스님이 큰 눈을 부릅뜨고『그 도지사란 놈을 당장 잡아 목을 벨 놈이로구나. 우리나라에서 내놓은 돈을 우리나라 사람이 사용을 못하다니, 그런 죽일 놈이 있단 말이냐? 이 돈을 썩 받아라.』하고 호통을 치는 바람에 그 주인은 엉겁결에 돈을 받았다. 그러나, 옆에 그 돈을 못 받게 감시하는 관원(官員)이 나와 있어 이 광경을 보고 조사를 하려고 하는 판인데, 이 스님이 원체 호되게 야단을 치는 바람에 그만 주춤했다. 그러자 이 틈을 타 두 주먹을 쥐고 맨발로 뛰기 시작하였다. 만공 스님은 난처했지만 태연한 채로 그 사람들에게 잘 이야기하고, 스님을 따라 뛰지는 않았지만, 뛰는 스님을 따르려니 자연 발길을 빨리 옮겨야 했다. 얼마를 가시다가 어느 산 모퉁이에서 쉬시면서 『내가 어지간하지, 그 바람에 길을 많이 걸어 왔다. 어떠냐, 내 재주가?』하고 어린애와 같이 자기 자랑을 하고 웃어 대며, 지루한 여행의 피로를 이렇게 잊고 가게도 하였다.[380]

어느 날 만공이 경허를 동행하여 전주 인근을 지날 때의 일이었다. 어느 식당에서 점심공양을 마친 두 걸승은 구한말 시대에 쓰던 은백전을 내주었다.

그러자 식당 주인이 "이 돈은 전라도 도지사가 사용치 말라는 명령을 내려 받을 수 없으니 여기서 쓰는 돈을 주시오"라고 말했다.

당시는 일제가 침략 정책에 의해 화폐개혁을 하고 새 화폐 사용을 강요하던 시기였다. 식당주인의 말이 끝나기 무섭게 경허가 큰 눈을 부릅뜨고 일갈했다.

"그 도지사란 놈은 당장 잡아 목을 벨 놈이로구나. 우리나라에서 내놓는 돈을 우리나라 사람이 사용 못하다니, 그런 죽일 놈이 있단 말이냐? 이 돈을 썩 받아라!" 스님의 호통에 주인은 얼떨결에 돈을 받을 수밖에 없었다.

마침 식당 주변에는 일제 관원이 나와 있었다. 관원이 이 광경을 보고 개입하려 했지만 서슬 퍼런 경허의 야단에 기가 죽은 관원조차 무어라 말 못하고 머뭇거리고 있었다.

이때, 경허는 이 틈을 타 식당을 나와 뛰기 시작했다. 만공은 태연한 척 마을 사람들에게 잘 이야기 하고는 부리나케 경허를 쫓아 식당을 빠져 나왔다.

얼마를 갔을까, 산모퉁이를 돌고나니 경허가 쉬며 만공을 기다리고 있었다.

"내가 어지간하지. 그 바람에 길을 많이 걸어왔다. 어떠냐. 내 재주가?"

---

[380] 鏡虛,『鏡虛法語』,人物研究所,1981,p.570-571.

스승 경허의 너털웃음에 두걸승은 만행의 피로를 잊고 다시 길을 떠났다.381)

⑫ 「안전한 바위가 가장 위험하다」

경허 스님을 모시고 만공 스님이 어느 산중 깊은 길을 가다 갑자기 비를 만났다. 두 스님은 큰 바위 동굴에 몸을 피했다. 조용한 가운데 경허 스님이 단단한 바위로 된 동굴 천장을 자꾸 올려다 보는 것이 아닌가. 만공 스님이 이런 경허 스님에게 의아해 말했다. "스님은 왜 그렇게 천장을 올려다 보십니까?" 경허 스님이 조용히 말했다. "이 바위가 내려 앉을까 염려되서 그러네." 만공 스님이 "스님 이 끄덕없는 바위가 내려 앉을 리가 있겠습니까?" 하고 다시 묻자 경허 스님이 조용히 웃으며 말했다. "이 사람아, 가장 안전한 곳이 가장 위험한 곳이네." 382)

안전한 곳이 가장 위험한 곳이란 생각의 깨달음만이 탈출을 성공할 수 있다.

바로 그때 삶의 시작과 활력이 춤을 추게 될 것이다. 그러나 지금 보니 그것이 아니다. 이글은 벌써 10년 전에 써 놓았기 때문이다.

사실은 이 이야기도 전봉준과 경허 스님에 얽힌 일화인데 그동안 우리는 너무도 몰랐다.

전주 근처의 한벽루를 지나다가 맞닥뜨린 일화로 동학꾼들을 모는 일본 헌병들을 만나면서 경허선사가 전봉준과의 인연을 숨긴 채 만공에게 김경천이라는 놈의 고발로 경허선사의 미부인 전봉준이 잡혀간 이야기를 빗대 말하고 있는 것이었다.

⑬ 癩女同宿

온 강산에 눈이 내린 어느 겨울날 볼일로 산 아래 내려갔다가 돌아오던 鏡虛는

---

381) 鏡虛, 『鏡虛法語』, 人物研究所, 1981, p 605-606.
382) 鏡虛, 『鏡虛法語』, 人物研究所, 1981, p.606-607.

눈 덮인 산길에서 눈발을 맞고 추위와 싸우다 지쳐 凍死 직전에 놓여 있던 女人을 업어 메고 산길을 올랐다고 전해지고 있다.

당시 경허가 머무르던 祖室은 오늘날에도 海印寺에 남아 있는 堆雪堂 이었다. 경허는 그 女人을 업고 堆雪堂 안으로 들어갔다고 전해지고 있다.

鏡虛가 죽어가는 여인을 어떻게 하였는지는 모르지만 어쨌든 그 여인은 죽음직전에서 살아났다. 아마도 빳빳하게 얼어붙어 버린 여인의 몸을 경허는 자신의 몸으로 녹이고 체온을 되살려주었을 것이다.

문제는 죽어가던 여인을 起死回生 시킨 것에 있지 않았다. 여인은 정상적이 아닌 미친 여인이었고 정신이 든 이 狂女는 자기가 좋아서 경허가 예뻐해 주는 줄만 알고 가지도 않고 그대로 방에서 자고 먹고 하였다.

난처해진 것은 그의 제자 만공은 이 놀라운 일을 사내의 대중들에게 알리지 않으려고 문밖에서 꼭 지키고 있다가 누가 祖室스님인 경허를 만나러 오면 '스님께선 지금 주무십니다.' 하고 막았으며 끼니때면 광녀분의 供養까지 방안에 들여놓곤 하였던 것이다.

자신의 방에 여인을 숨겨두고 열흘 가까이 머무르고 있다는 사실은 보통 일이 아니었기 때문에 만공은 때만 되면 문 밖에서 스승을 낮은 소리고 부르고 하였다. ' 스님, 스님.', '누구냐', '접니다. 만공입니다.' , '무슨 일로…..''드릴 말씀이 있습니다.' ' 가거라. 내가 들을 말이 없다. '

번번이 물러서던 만공은 열흘 이상 조실스님이 보이지 않아 사내 대중들이 의하하게 생각해서 병문안이라도 하려고 때를 지어 퇴설당으로 찾아들 만큼 긴박한 사태가 벌어지게 되었기 때문이었다.

하는 수 없이 만공은 다시 찾아가 조실 방문을 두드리며 말하였다. ' 스님, 스님' 그러나 안에서 대답소리가 없었다.

그래서 퇴설당 안으로 들어섰을 때 당우 안에는 뒤엉켜 있는 한 쌍의 남녀 모습이 보였다. 석양 무렵이라 어슴푸레한 저녁 빛으로 자세히 볼 수 없어 다가가 보았더니 경허는 광녀에게 자신의 팔을 베개 삼아 베도록 내주고 자신은 그 여인의 치마폭에 다리를 척 걸친 채 코를 골면서 잠을 자고 있었다.

만공은 그대로 스승의 잠이라도 깨울세라 발뒤꿈치를 들고 방을 나오려는데 새삼스레 방안을 진동하는 고약한 냄새에 신경이 쓰였다. 그래서 돌아서려던 발길을 멈추고 그 고약한 냄새가 나는 방향을 찾아 다가가기 시작했다.

그 냄새는 분명히 한데 엉킨 채 코를 골며 잠들어 있는 두 남녀의 몸에서부터 풍겨오고 있었다.

도대체 무슨 일인가. 어리둥절하여 행여 깰세라 조심스레 다가가 살피던 만공은 그 고약한 냄새가 바로 그 미친 여인의 몸에서부터 풍겨 나오는 사실을 깨닫게 되었으며 그 여인의 잠든 모습을 본 순간 하마터면 비명을 지를 만큼 크게 놀랐다.

그 여자의 얼굴은 코와 눈이 분간할 수 없을 만큼 썩어 있었으며 손가락도 떨어져나가고 없었다. 미친 여인은 한센병(나병)에 걸려 있었던 것이다.

코는 떨어져 나가 구멍만 뚫려 있었으며 걸친 옷은 고름에 절어 올이 안보일 정도인데다 머리카락도 모두 빠져 민 대머리의 괴물이었다.

살이 썩어가는 고약한 악취가 풍겨 나오고 있어서 만공은 도저히 코를 들고 서 있을 수가 없었다. 만약 조실스님인 경허가 미친 여인을 방안에 그것도 나병에 걸린 여인을 부둥켜안고 방안에서 열흘 동안 뒹굴고 있다는 소문이 번져나가게 되면 사내 대중들은 스승경허를 온전한 사람이라고 생각지 않을 것이다. '

조실스님을 모두 궁금하게 생각하고 있습니다. 그래서 떼를 지어 찾아와 문안 인사라도 드린다고 법석들입니다. 이제는 제발 거두시고 여자를 내쫓기 바랍니다." 정히 그러한가,' '정히 그러합니다.' " 만공 자네도.' '저도 그러합니다."그럼 할 수 없군. 만공 자네까지 정히 그러하다면 할 수 없는 일이로군. 그러나 오늘 밤이 아니라 내일 새벽이야. 만공 자네가 여인을 동구 밖까지 바래다주시게,' '알았습니다. 스님' 만공은 천천히 조실을 물러 나왔으나 그날 밤 한숨도 잠을 이루지 못하였다고 전해지고 있다. [383]

---

383) 鏡虛, 『鏡虛法語』, 人物研究所, 1981, pp.628-629.

여인을 쫓아내는데 급급해 간신히 승낙을 얻어내긴 하였지만 癩病에 걸린 여인과 마지막으로 작별을 나누며 살을 맞대고 있을 스승의 모습을 떠올리자 갑자기 만공은 도저히 스승의 法力을 따를 수 없구나하는 절망감을 느꼈었다고 생전에 한탄하면서 술회하였던 적이 있다.

'나도 경허 스님처럼 이 여인을 데리고 하룻밤만이라도 잠잘 수 있을까 생각하였다. 도저히 나는 그렇게는 못할 것 같다고 생각하였다. 그러자 나는 몹시 부끄러워졌으며 스승을 뛰어넘을 수 없다는 절망감을 느끼기도 하였다. '

해인사 시절 52세 무렵 이 이해할 수 없는 無碍行으로 경허는 여인으로 부터 고질적인 피부병을 옮았다고 전해지고 있다.

나병은 아니었지만 여인으로부터 치명적인 피부병을 옮았으므로 이를 고치기 위해 찾아간 의원으로부터 다음과 같은 처방법을 들었다고 전해지고 있다.

'닭똥으로 소주를 달여 개고기와 곁들여 먹으면 효과가 있을 것입니다.'

僧侶로서의 마지막 海印寺 시절 鏡虛의 주량과 육량은 무서운 속도로 늘어가 뒷날에는 술과 고기가 그에게 있어 몸의 일부분처럼 되어버린 것은 그 女人으로부터 옮은 피부병 때문이라는 것이 거의 定說로 알려지고 있는 것이다.

그리하여 이 무렵의 경허는 아예 바랑 속에 술병과 개다리를 넣고 다녔으며 생각나면 길거리에서도 개고기를 구워 먹기까지 하였다고 전해지고 있다.

⑭ 鏡虛의 인가

월면은 아산 봉곡사에서 일원상 진리를 깨쳤으나 수좌들의 웃음거리밖에 되지 않아 매우 낙담했다. 괜히 아는 소리해봤자 실성했다고 하니 월면을 입을 다물고 바랑을 싸고 길을 떠났다. 남쪽을 향했다.

어설피 깨쳐서는 방안풍수 노릇 밖에 안되겠다 싶어 지리산 깊은 데 들어가 완전히 대각할 때까지 나오지 말자고 다짐하였다.

전라도 장성쯤 갔을 때 한 노인이 월면의 소매를 잡았다.

"스님, 더 나가지 마시오. 장성에 기산림이라는 유생이 의병을 일으켜 진을 치고 보통 사람들은 잡아 의군으로 훈련시키고 중들은 잡아 부역을 시킨답디다."

그래서 되돌아서 공주 마곡사에 갔다. 보경이라는 중이 월면을 보더니 대뜸 물었다.

"토굴을 찾고 있구려. 날 따라 오시오."

"네! 스님! "

"잘 되었소. 내가 마침 떠나니 내가 있던 곳을 쓰시오."

그는 자기가 쓰던 토굴로 안내하였다. 월면이 그곳에서 2년째 토굴 생활을 하고 있던 어느 날이었다.

"하하하하, 그 토굴 속에 앉아 있는 게 월면 수좌가 분명하렸다?"

스승 경허의 목소리였다. 잘되었다, 월면은 일원상 본 것을 인가받아야겠다고 얼른 토굴 밖으로 나갔다.

"아이고 스님!"

너무 반가워 월면은 눈물을 펑펑 흘렸다.

"하하하하, 나를 버리고 야반도주한 지 3, 4년이 넘었거늘, 그동안 공부는 제대로 했느냐?"

"예, 스님. 사실은 제가 일원상을 보았습니다. 이걸 좀 보아주십시오."

품속에서 오도송을 적은 종이를 꺼내 내밀었다.

"이 글귀 정녕 네가 지은 것이렸다."

"그러하옵니다. 스님."

"화중생련火中生蓮이라더니…… 불속에서 연꽃이 피었구나!"

스승님이 인가한 걸로 알았다. 경허는 얼굴 가득 피어 있던 웃음기를 싹 거두면서 월면에게 물었다.

"내 너에게 한 가지 묻겠다."
"예, 스님."
경허는 복날에 바람이 잘 통하게 속에 입는 등토시와 부채를 보이며 물었다.
"내가 입고 있는 등토시와 여기 부채가 있다. 이 토시를 부채라고 해야 옳으냐, 아니면 부채를 토시라고 해야 옳으냐?"
"…… 거, 거야 토시를 부채라 해도 옳고, 부채를 토시라 해도 옳겠습니다."
경는 다시 물었다.

"다비문에 이런 글귀가 있다."
다비문은 고승의 입적하고 장례를 치를 적에 읊는 제문이었다.
"유안석인有眼石人 제하루齊下淚, 누깔 달린 돌사람이 눈물을 흘린다고 했는데, 이 무슨 뜻인고?"
"……"

경허는 사정없이 주장자를 내려쳤다. 월면은 어깨를 움찔했다. 매서운 통증이었다.
"누깔 달린 돌사람이 눈물 흘린다, 이 뜻도 모르면서 감히 어찌 토시를 부채라 하고, 부채를 토시라 할 수 있단 말인고?"

제대로 깨닫지도 못하면서 깨달은 척하지 말라는 꾸짖음이었다.
"그 동안 네가 참구한 만법귀일 일귀하처오는 더 이상 나갈 길이 없을 것인즉, 다시 조주선사의 무無 자 화두를 드는 것이 좋을 것이야."
"무자 화두를 들라구요?"

"일찍이 조주선사에게 제자가 물었느니라. '개에게도 불성이 있습니까' 이에 조주선사께서 '무라……' 답하셨어. 그 없을 無자 하나를 화두로 삼으란 말이다. 내 말 알아들었느냐?"
"예, 그렇게 하겠습니다."

경허는 그렇게 훌쩍 떠나고, 월면은 다시 토굴에 들어가 무자 화두를 들고 참구하기 시작했다. 무, 무, 무, 무…… 온통 무란 생각에, 앉으나 누우나 서나 또 걷다가 멈추어 밤낮 그 생각 뿐이었지만 아무런 진전이 없었다.

왜 스승님이 날 찾아왔고 무자를 화두를 주었는가? 아, 절대 나 혼자서 되는 것이 아니란 결론을 내렸다.

월면은 바랑을 챙겨 서산군 도비산 부석사 경허에게 갔다.

"스님, 스님 곁에 머물도록 허락하여 주십시오."
"머물거나 가거나, 나는 내쫓지도 아니할 것이요, 또한 붙잡지도 아니하니라."
"스님, 감사합니다."
"이것 봐라, 월면아!"
"네, 스님."
"네가 홀로 공부한 게 얼마이던고?"
"4년이 넘었습니다."
"그 말은 무슨 뜻인고?"
"그 동안 4년의 세월이 흘러갔다는 뜻입니다, 스님."
"세월이 흘러갔다?"
"예, 스님."
"세월이 어디로 와서 어디로 흘러가던고?"
"예에?"

"자세히 보고 제대로 말하거라. 세월이 도대체 어떻게 생겼더냐?"
"그, 그건 모양이 없습니다."
"그럼 오기는 또 어디서 어떻게 오던고?"
"……"
"가기는 어떻게 가더냐?"
"잘 모르겠습니다."
"세월이 오는 것을 본 적이 있더냐?"
"없습니다."
"그러면 세월이 가는 것을 본 적이 있느냐?"
"없습니다."
"그러면 너는 어찌하여 세월이 흘러갔다고 했는고?"
"……"

월면은 대답을 하지 못하였다.

"어리석은 세상 사람들은 세월이 오고 간다고 말한다. 하나 세월은 온 적도 없고 간 적도 없으니, 시작도 없고 끝도 없는 것, 흐를 것도 없고, 멈출 것도 없고, 있는 것도 아니요, 없는 것도 아닌 것, 산천초목이 오고 갈 뿐이요, 세상 만물이 오고 갈 뿐이요, 어리석은 중생이 오고 갈뿐…… 그렇지 아니하냐?"
"그렇습니다, 스님."
"그러면 세월이란 무엇이던고? 어디 한번 일러 보아라."
"예, 세월이라고 하는 것은 사람들이 제 마음대로 이름을 지어놓았을 뿐 그 실체가 없습니다."
"실체가 없다?"
"없습니다."
"그러면 한탄해야 할 것은 세월이 아니란 말이지?"
"예, 스님. 오지도 가지도 않는 세월을 무심하다 한탄할 일이 아니라, 게을렀던 자기 자신을 반성해야 할 줄 압니다."
딱, 딱, 딱, 주장자 내리치는 소리와 함께 경허의 웃음이 터져나왔다.
"하하하하, 이제 네 눈도 어지간히 밝아졌구나. 하하하하"
"월면아, 날 따라 오너라. 어디든 가자꾸나."

월면은 경허의 바랑을 지고 따라나섰다.

벌써 열흘 이상 여행을 하다 보니 여비가 똑 떨어졌다. 날이 저물어 어느 객주에서 하룻밤을 쉬게 되었는데, 다음 날 아침 주인이 식대를 내라고 하였다.

경허가 능청스럽게 말했다.

"우리가 법당을 중수하려고 화주를 나왔는데 주인께서도 시주를 좀 하시지요?"
속이 뻔히 들여다보이는 말인지라 눈치 빠른 주인이
"어디 화주 책을 한번 봅시다."

하며 화주승의 진위 여부를 확인하려 들었다.
월면이 가만히 생각해 보니, 화주 책이 있는 것도 아닌데 시주하라고 말을 꺼냈으니 큰일이었다. 경허는 임기응변으로 둘러치기를 한다.

"실은 우리가 화주를 나왔으나, 지난밤에 극진히 대접받아 이번 시주는 그만두셔도 괜찮소이다."

객주집 주인이 대꾸를 아니하자 월면이 나섰다.
"주인장이 시주까지 고맙게 해 주신다니 화주 책에 적어 드리지요"

월면이 걸망 속에 손을 집어넣고 정작 있지도 않은 화주 책을 꺼낼 기세를 보였다. 그제야 주인이 다급하게 손사래를 치며
"네, 알았습니다요. 알았어요, 스님."

화주책 끄집어내는 것을 만류했다. 주인은 얼마 안 되는 밥값을 받으려다가 오히려 더 큰 돈을 뜯기게 생겨 말리기를 거듭했다.

"스님, 제가 특별히 시주드릴 것은 없고, 어젯밤 두 분의 밥값은 받지 않을 테니, 그걸로 시주한 셈 잡고 그냥 가시지요."

그 집에서 무난히 빠져 나오자 경허가 한 마디 던졌다.

"자네 수단이 나보다 훨씬 낫네 그려."

이처럼 아슬아슬한 고비를 월면의 기지로 모면했다. 그런데 경허는 어려운 난관을 겨우 넘길 만하면, 그보다 더 큰 난관을 안겨 주곤 하였다.

⑮개심사 경환

경허가 개심사 조실로 주석할 때 일이다. 개심사 주지 동은東隱은 해마다 쌀을 모아 논을 사서 부자 절이라는 소리를 듣고 있었다. 그는 경허가 동학사 용맹정진시 '소가 되어도 고삐 뚫을 구멍이 없는 소가 되라'고 한 이 처사의 아들 원규로 학명 도일을 은사로 동은이라는 법호를 썼다.

경허는 시자 경환에게 "주지 방 두지의 쌀을 퍼 오너라."고 시켰다.

경환이 어리둥절하여 반문하였다.

"큰스님, 거 무슨 말씀이십니까?"

경허는 같은 말을 되풀이하였다.

"주지 방 두지의 쌀을 퍼내오라는 말이다."

"사중 물건을 몰래 가져오면 정직하지 못한 짓인데 어찌 그런 일을 큰스님께서 저에게 시킵니까?"

"이놈아, 너무 정직하기만 한 것도 못 쓰니라. 정직한 체, 청정한 체하는 것은 자기를 속이고 남을 속이는 무서운 도구가 되니라. 알겠느냐?"

계속하여 주지 방의 쌀을 퍼오너라 명하였다.

조실스님을 극진히 신신해 오던 시자는 무조건 복종하기로 결심하고 쌀을 몰래 퍼오려고 주지의 방에 갔다.

 주지 방안의 쌀 두지에는 큰 자물통이 채워져 있었다. 또 주지가 좀처럼 자리를 뜨지 않아 두지가 있는 근처에도 접근할 길이 없었다. 도무지 불가능한 일이어서 한나절 눈치만 살피다가 시자는 마침내 주지에게 실토했다.

"주지 스님, 실은 조실 스님께서……"

동은 주지는 그럴 줄 알았다며 쌀을 예상 외로 많이 퍼 주면서 시봉에게 투덜거렸다.

"조실스님의 농세弄世는 이제 이런 짓까지 서슴치 않으시니, 참 알 수 없는 일이구나. 어찌되었든 조실스님께 갖다 올려라."

경환 시자는 묵직한 쌀자루를 지고 와서 경허에게 바쳤다.

"애썼다. 어서 그 쌀을 지고 아래 동네에 내려가 그동안 밀린 외상값도 갚고 막걸리를 받아오너라."

⑯어장촌

개심사 조실 경허가 아무 말도 없이 혼자 출타하여 여러 날을 들어오지 않았다. 대중이 걱정하여 사방으로 찾아 나섰다. 달포 간이나 찾아도 도무지 종적이 묘연했다. 이때 경허는 태안반도의 해변 어장촌에서 막일꾼으로 일하고 있었다.

혼자 출타하여 어장을 구경하다가 문득 고향 생각이 났다. 오매불망 그리웠던 봉선이를 보았다. 시집가서 아들딸 낳고 살았으면 아마도 저 정도는 되었으리라 생각되었다.

경허의 고향은 본시 전주 자동리이나 어릴 적 그가 가장 행복했던 시절은 청계산 아래

울바자 없이 툭 터진 마당의 주막집이었다. 의지가지 없던 그를 아버지같이 돌봐주던 계허 스님, 어머니 같았던 주모 보살, 그는 어장 구경을 하다가 걸음을 멈추고 일가족과 어장 일꾼들이 샛거리 먹고 있던 모습을 넋을 놓고 지켜보았다.

"스님, 이리 오시우. 출출할 테니 한잔 하시요."

마침 배도 출출했고 술 생각이 났다.
어장 중에 생선 도매상을 크게 하는 집이었다. 막걸리 한 사발을 단숨에 들이킨 뒤 그는 어장 주인에게 청하였다. "제가 이곳을 지나다가 배도 고프고 오갈 데 없는 불쌍한 신세니 밥과 술만 주시오. 시키는 대로 일하리다."

보아하니 중 같이 생기긴 하였으나, 힘깨나 쓰게 생긴 장대한 체격이라 영감은 두 말없이 어장의 일꾼으로 받아들였다. 그날부터 경허는 일꾼 방에서 같이 자고, 서둘러 새벽부터 물도 길어 주고, 생선 배가 들어오면 무거운 생선짐도 운반하는 등 아무리 힘든 일이라도 주인이 하라는 대로 일을 잘하였다. 주인은 봉을 잡았다 생각하고 술밥을 후히 주며 그를 부려 썼다.

어느 날 주인마누라가 부엌에 밥을 짓고 경허는 아궁이에 불을 때고 있었다. 부엌을 나서며 그는 젊은 주인마누라 궁둥이를 철퍼덕 치며 한 마디 했다.

"에 고년 참 잘도 생겼다."

일꾼한테 봉변을 당하고 주인 마누라는 영감한테 일렀다.
주인 영감은 분기탱천하였다.

"오갈 데 없는 중놈을 불쌍해서 동정하였더니 이놈 아주 싸가지없는 놈일세."
그는 어촌 소악패들에게 술값을 주며 부탁하였다.

"저 중놈이 우리 마누라를 넘보고 있으니 아주 죽도록 패서 일어나 걸어가지 못하도록 혼찌검을 내게. 내가 책임질 터이니."
대여섯 명의 장정이 경허에게 무지막지 잔인한 폭행을 자행하였다. 기척이 없을 때까지 두드려 패고 섬거적에 둘둘 말아서 생선 창고 깊숙이 처박아 두었다.

이틀 뒤, 생선 도매 장수가 어물을 보려고 창고에 들어가 가져갈 물건을 고르던 중 어디서 끙끙 앓는 소리를 들었다.

소리 나는 곳을 찾아서 적재된 생선상자를 드러내고 길다란 섬거적을 제치자 전신에 피가 시커멓게 엉겨 붙은 사람의 모습이 드러났다.

상인은 눈이 휘둥그레져 부랴부랴 그 사람을 끄집어 내놓고 살펴보니 이 집의 일꾼이었다.
"이 보시오. 어찌 된 일이다요?"
"……"
머리를 박박 깎은 그 일꾼은 그를 물끄러미 쳐다 볼 뿐 말이 없었다. 덕대가 크고 힘도 좋아 일도 썩 잘하는 일꾼에게 어찌 이럴 수 있단 말인가. 상인은 어장 주인에게 그 연유를 따졌다. 주인은 분을 이기지 못하여 내뱉었다.

"그 싸가지 없는 중놈이 지 죽을 짓을 했기에 본때를 보여 준 것이오. 죽어도 싸요." 불교신자인 상인은 정색을 하고 인명을 경시하는 주인에게 으름장을 놓았다.

"아무리 잘못하였기로소니 어찌 이다지로 사람을 해칠 수 있소. 자기 체면만 생각하고 인명을 가볍게 여기는 이런 무도한 일을 나는 좌시할 수 없오. 관가에 발고하여 이런 무도한 행패를 바로 잡겠소."

관가에 얽혀 골치 아프겠다 싶은 주인은 상인을 붙잡고 구슬렸다.

"제발 고발만은 말아 주시오. 내가 잘못했소이다. 저 사람을 잘 치료하여 자기 본처로 보내겠으니, 내 말을 들어 주시오."
"그러면, 잘 치료해 상처가 완치될 때까지 당신이 책임지시오. 내가 다시 와서 확인하리다."
"글랑은 염려 마시오."
다짐을 받은 상인은 자기 물건을 싣고 길을 떠났다.

주인 마누라가 죽 한 사발을 내오고 갈아입을 옷을 가져왔다.
"박씨, 미안하오."
경허가 중얼거렸다.
주인 영감이 경허에게 말했다.
"살려 주는 것만으로 고맙게 생각하고, 속히 당신 갈 곳으로 가게."

경허는 아무 말 없이 그 집을 나와 개심사를 향하였다. 오는 도중에 혜월과 월면을 만났다.

"스님, 어디에 가셔서 그처럼 얼굴과 몸에 험한 상처가 나도록 다쳐셨습니까?" "해풍이 몹시 사납데. 포구에 구경 나갔다가 낙상하여 이리 되었네. 이만하길 다행이여. 자네들을 다시 보게 되었으니." 웃음을 지어 보일 뿐 다른 말이 없었다. 어장의 일이 개심사 대중에게 알려진 것은 그 상인이 절에 재를 지내러 온 뒤부터였다.

⑰법주사

속리산 법주사 강원 서진하徐震河 강백은 평소에 경허의 무애행을 좋지 않게 평하여 학인들과 같이 한 번 경허를 혼낼 작정을 하고 있었다.

제방을 편력하던 경허가 법주사에 왔다. 무지한 학인들이 경허에게 봉변줄 계획을 짜 놓고 형세가 자못 험악한데 경허는 큰방에 좌정하자마자 느닷없이 사자후를 질렀다.

"자고로 宗師가 禪師에게 이런 법이 없거든!"

이 한 마디에 당대의 강백 진하는 정신이 아찔하여 방바닥에 고개를 조아리고 엎어졌다. 그는 경허를 한번 보고 그 법력에 눌려 더할 수 없는 존경심이 나서 학인들을 어거하여 불량한 짓을 못하도록 막기에 바빴고, 시간이 나는 대로 선사를 모시고 청법하기에 여념이 없었다.

⑱ 鏡虛의 北行離別

다음은 경허가 天藏庵을 떠나기 전 만공과 이별하는 생생한 장면으로 경허와 만공은 진정한 스승과 제자로 그들의 혈육보다 더 진한 감동적인 모습이 고스란히 전해지는 의미 있는 장면으로 이후 이들은 살아생전 두 번 다시 만나지 못한다.

그렇지만 이 순간은 훗날 한국불교의 대선지식 경허의 위상을 되살리는데 커다란 역할을 하게 된다.

이후 만공은 자신을 부처로 이끌어준 스승의 위대함을 세상에 알리고 후학들의 공불르 위해 『鏡虛集』을 발간하여 세상에 배포하고 이로써 한국 禪佛敎의 指針書로서 그 책임을 다하고 스승의 은혜를 갚는다.

1904년 어느 날 밤, 깊은 잠에 들어간 滿空을 깨우는 소리가 들렸다.

"滿空 자는가, 날세." 鏡虛이었다. 滿空은 밖으로 나갔다. 鏡虛의 등에는 괴나리봇짐 하나만이 업혀 있었다. "스님, 이 밤중에 웬일이십니까?"
滿空의 의아해하는 물음에 鏡虛의 물기 젖은 음성이 섞였다.

" 滿空, 이런 저런 꼴 보기 싫어서 난 이 길로 三水甲山으로 가야겠어. 그곳에다 내 일생을 파묻을 생각이네. 非僧非俗으로 草野에 묻혀 一生을 마쳐야겠네. 오직 자네에게만 일러두는 것일세. 잘 있게, 내가 펴지 못한 뜻을 자네가 펴주기 바라네."

鏡虛는 어둠 속으로 총총히 사라졌다. 滿空은 부리나케 방으로 뛰어 들어와 대강 행장을 챙겼다. 스승의 뒤를 좇자는 一念뿐이었다.

그때 문득 단 한 분뿐인 老母의 얼굴이 滿空의 가슴에 들어왔다. 老母도 아들을 따라 머리를 깎고 尼僧이 되어 아들 주변에서 남은 生을 의지하며 살아가고 있는 몸이었다. 老母의 모습은 滿空을 잡고 놓지를 않았다.

滿空은 하는 수 없이 그대로 주저앉고 말았다. 滿空의 가슴에는 빈 허공만 남았다. 鏡虛가 떠난 滿空은 빈 허공뿐이었다. 이후로부터의 滿空은 스승의 못다 함을 펴기 위한 衆生濟度의 길이었다.[384]

이로써 경허는 자신의 의지로 三水甲山으로 행하는데 그것은 바로 자신이 '尋牛 法門'에서 깨친 자의 마지막 回向으로 이상향을 추구한 異類中行이요 和光同塵이요 入廛垂手의 길을 현실에서 실현하기 위해 선지식 경허는 사회적 실천명제를 몸으로 구현하였다.

⑲ 鏡虛 涅槃

얼마 후 스승 鏡虛가 열반했다는 소식을 사형 수월이 보낸 인편으로부터 전해 들은 滿空은 慧月, 雲峰 鐵牛등과 같이 甲山을 향하여 길을 떠났다.

三水甲山이라면 나라의 역적들을 귀양 보내는 곳으로 국방의 최전선 오지라고 할 수 있는 곳으로 최북단에 있는 그곳은 길이 험하고 교통이 불편하여 좀처럼 가기 힘든 곳이었다.

여러 날이 걸려 만공 일행은 경허가 묻혀있는 甲山에 도착하였다. 鏡虛는 그 곳에서는 마을 사람들로부터 박진사로 불리고 甲山에서는 선생님으로 통하고 있었다.

甲山以後의 鏡虛는 長髮에 儒官을 차리고 이름도 鏡虛가 아닌 蘭州로 둔갑하여 자신의 존재를 완전히 감춘 채 서당에서 아동들을 가르치며 훈장의 삶을 살고 있었던 것이다.

마을에서는 공동으로 경허를 성대히 장례를 치러주고 양지바른 곳에 묘를 세우고 '우리 선생님'으로 해마다 정성껏 제사를 지내고 있었다. 滿空이 찾아가자

---

384) 덕산은 당시 수덕사의 만공 문하에서 입승을 보고 있었다. 1976년 삼각산 우이동 화계사에서 덕산의 이야기. cafe.sayclub.com 03.10.18 16:50

그제서야 마을 사람들은 鏡虛가 대선사이었음을 알게 되었던 것이다.

경허의 墓는 滿空의 손에 의하여 파헤쳐졌다. 관을 뜯었다. 鏡虛의 법구는 생시의 그 모습이 아직 그대로 남아 있음을 본 滿空의 가슴에서는 장대 같은 눈물이 쏟아졌다.

그때 경허의 시신이 누런 황골이었음은 앞에서 밝힌바 있다.
滿空은 다음과 같은 詩를 읊으며 鏡虛를 茶毘하고 돌아왔다.

是非不動如如客	是非에 물들지 않는 如如한 客이
難得山止劫外歌	難得山 아래 劫外歌를 그쳤도다
驢馬燒盡是暮日	나그넷길 다하여 날은 저물고
不食杜鵑恨小鼎 [385]	먹지도 못하는 저 두견이 〈솥 적다〉한탄하네.

⑳ 스승의 제삿날

스승 경허의 제삿날 만공이 住錫하던 定慧禪院은 比丘僧房으로서 언제나 4, 50명의 衲者들이 끓고 있었다. 바로 지척 사이에 比丘尼禪房인 見性庵이 있는데 여기에도 언제나 6, 70명의 女僧衲子들이 모여 있었다.

이따금 큰 齋가 들거나 행사가 있으면 그날만은 見性庵의 比丘尼들도 모두 불러 같이 음식을 장만하기도 하며 하루를 즐겁게 보내곤 하는 일이 잦았다한다.

滿空의 會上에는 언제나 원만히 화합된 大家族의 집단이 조화를 이루어 서릿발 같은 僧院의 삼엄함보다는 오히려 훈훈한 부모의 슬하 같은 가족적인 분위기가 德崇山門의 가풍이었다.

鏡虛의 제사가 가까워오면 평소에 鏡虛가 몹시 술을 즐겼기 때문에 滿空은 스승을 사모하는 뜻에서 소주를 靈前에 헌향한 다음 당신이 손수 한잔 따라 먹고

---
385) 鏡虛, 『韓國佛敎全書』 권11, 동국대출판부, 1992, p.651c.

大衆들에게 돌아가며 골고루 한잔씩 권하는 관례가 있었다.

 이처럼, 스승의 제삿날을 맞이하여 스승이 즐기시던 술을 한잔 마시고 그 제자들에게도 골고루 나누어 주는 만공의 여유는 戒律로 무장된 僞善보다는 스승을 기리는 사모함이 넘치는 만공의 人間美를 엿볼 수 있는 대목이라고 말할 수 있을 것이다.

경허선사는 한동안 월면 사미승을 운수행각이나 탁발 시에도 데리고 다녔다. 경허선사께서 영특했던 사미승 월면을 몹시 아꼈다는 반증이다. 참선을 직접 지도해 주기도 하였다. 하루는 사미승 월면이 경허선사께 묻는다.

 "도라는 것이 대체 어떤 것이옵니까?"
 "도가 대체 무엇이냐?"
 "예, 스님?"
 "도라는 것은 여기에도 있고, 저기에도 있고, 천지사방에 있는 것이다."
 "천지사방에 도 아닌 것이 없다고요?"
 "그래. 꽃피는 것도 도고, 꽃이 지는 것도 도다. 바람이 부는 것도, 불지 않는 것도 역시 도니라. 그 오묘한 도리를 알면 누구나 부처를 볼 것이니라."
 "부처가 어디 있는데요?"
 "벽에 걸려있는 저 거울을 들여다보아라. 거기에 부처가 있다."
거울을 향해 눈을 주었던 월면이 말한다.
 "이 거울 속에는 제 얼굴밖에 보이지 않는데요?"

경허선사의 죽비가 사정없이 월면의 등을 내려쳤다.

월면은 기겁을 했다.

 "아니 왜 때리십니까요?"
 "아직도 부처를 보지 못하였느냐?"
 "스님, 거울 속 어디에 부처가 있단 말씀이에요!"
다시 죽비가 작열한다.
 "왜 자꾸 때리기만 하십니까요!"

"거울을 다시 보아라."
" 제 얼굴밖에 안보인다니까요!"
'잘 보아두어라. 그 얼굴이 바로 부처니라."
"예? 제 얼굴이 부처라고요?"
"그렇다. 그러니, 다른 곳에서 부처를 찾지 말거라."

스승은 만공을 사무치게 가르치기 위해 애정의 매를 드는 것도 서슴지 않았다. 그렇지만 경허가 월면을 가르칠 때 굳이 경학과 염불을 강요하지는 않았다.

 어린 제자를 데리고 운수 행각이나 탁발을 다니면서 그저 흰 구름, 피고 지는 꽃, 흐르는 물, 솔바람 소리를 들으면서 거기에서 도를 구하고 부처를 찾도록 유도하였다.

말로 가르친 것이 아니라 직접 행동으로 보여줌으로써 제자가 저절로 깨우칠 수 있도록 한 것이었다.

한국 불교사에 수많은 조사(祖師)가 있고, 제자가 존재하지만, 경허와 만공당 월면의 사제지연이 가장 돋보인다. 경허가 있기에 만공이 있고, 만공이 있기에 경허가 빛날 수 있는 것이다.

토굴암을 찾은 스승은 올 때처럼 또 홀연히 떠나갔다.

 월면수좌는 그로부터 무자 화두를 참구하는데, 좀처럼 진전을 이루지 못하자 날이 갈수록 경허선사를 경모(傾慕)하는 마음이 간절하여, 무술년(1898) 7월에 수소문 끝에 선사가 서산의 도비산 부석사에 계신 것을 알고 찾아와서, 날마다 법을 물어 현현(玄玄)한 묘리를 탁마(琢磨) 하였다.

그러던 중 부산의 동래 범어사 계명암 선원으로부터 경허선사를 범어사 선실의 조실로 추대하여 청하므로 원행하는데 따라나섰다가, 그곳 선원에서 하안거를 마치고, 스승과 헤어진 후 통도사 백운암으로 갔다. 마침 장마 때라 보름 동안을 갇혀 있던 중 새벽에 빗소리가 자자든다 싶더니 새벽 종소리를 듣게 되는데, 울려 퍼지는 종소리와 더불어 사방에서 현란한 광명이 쏴아~ 쏟아지는 것이었다.

두 번째로 깨닫는 순간이었다. 이로써 백천 삼매와 무량묘의(無量妙義)를 걸림 없이 통달하여 생사의 큰일을 마친 것이었다.

신축년 7월 말 월면은 스승을 찾아뵙기 위해 천장암으로 향했다. 8년 만에 돌아가는 것이고 열네 살에 머리를 깎아서 서른한 살이 되었으니, 17년 만에 요사장부(了事丈夫)가 된 것이었다. 스승은 어디론가 떠나고 없었다.

월면은 그곳에서 배고프면 밥 먹고, 졸리면 잠자면서 소요자재 하였다. 3년이 쏜살같이 지나갔다. 경허선사가 천장암에 모습을 나타낸 것은 그의 나이 서른네 살 때였다.

스승이 묻는다.
"그동안 어떻게 지냈던고?"
제자가 대답한다.
"배고프면 먹고 졸리면 자면서 지났습니다.
"월면의 깨달은 경계는 어떠한고?"
"도를 깨달음에 지혜가 명찰하여 일체법을 하나도 모를 것 없이 안다 하였으나, 월면의 아는 바는 그렇지 아니하고, 지혜가 없어 가히 한 가지 법도 아는 것이 없고, 또한 모를 것도 없사옵니다."
"생과 사는 어떠하던고?"
"도를 깨달으면 살고 죽는 것이 없다던데 월면의 아는 바는 그렇지 아니하여 살기도 하고 혹은 죽기도 합니다."
"얻은 것은 무엇이고 잃은 것은 무엇인고?"
"얻은 것도 없거니와 잃은 것도 없습니다."

더 이상 물을 것이 없는 제자에게 스승이 만공(滿空)이라는 법호(法號)와 더불어 전법게를 내린다.

雲月溪山處處同

叟山禪子大家風

慇懃分付無紋印

一段機權活眼中

구름 달 시냇물 산 곳곳마다 같은데

수산선자의 대가풍이여

은근히 무문인을 부촉하노니

한 조각 권세 기틀이 눈 속에 살았구나.

(5) 逸話를 통해 본 禪思想

①일본헌병의 실수

어느 때 만공은 茶를 들면서 그때의 에프소드 하나를 끄집어 냈다. 甲山을 향해 가던 중 비가 왔다. 비옷을 입고 말 위에 앉은 滿空의 모습을 멀리 본 일본 순사가 황급히 뛰어왔다. 일행은 약간 주춤거렸다. 당시의 일본 순사라면 山川草木도 떠는 판국이었다. 일본 순사는 滿空 앞에 오더니 「하이!」하고 경례를 붙였다. 이를 본 滿空은 묵묵히 그 경례를 받으며 가던 길을 계속하였다. 일본 순사는 자꾸 滿空의 뒷모습을 힐끔거리고 있었다. 일본 순사의 생각에는 자기의 대장인 줄 알고 경례를 붙이긴 했는데 아무래도 미심쩍었던 모양이었다.

만공의 말투에는 언제나 유우머가 넘치고 있었다. 심각하면 그럴수록 대수롭지 않은 유머로써 전달되는 말투야말로 만공의 넉넉한 도량을 엿보게 함이다.

② 「完山아, 밥 좀 짓고 상 좀 봐 오너라.

스님의 제자 중에 完山이라는 首座가 있었다. 어려서부터 스님의 손에서 뼈가 굵은 제자였기 때문에 스님에게는 누구보다도 만만한 사이였다. 外地에서 손님이 밀어닥쳤다. 마침 절에는 밥 짓는 사람이 없었다. 스님은 完山首座에게 가서 이렇게 말했다. 「完山아, 밥 좀 짓고 상 좀 봐 오너라. 그러나 完山首座는 귀찮다는 듯이 입을 꽉 다문 채 산만 바라보고 있었다. 얼마를 지나도 소식이 없자 재차 스님은 완산 수좌에게 갔다. 「이 사람아, 좀 수고스럽지만 상 좀 봐 오너라.」 그러나 完山의 태도에는 조금도 변함이 없었다. 얼마 후 다시 스님은 완산에게 가서 이렇게 타이르는 것이었다. 「보소, 완산 스님, 상 좀 차려 와야지 어떻게 해.」 반 웃음 섞인 이 말에 잔뜩 찌푸렸던 완산의 입은 그만 웃음보가 터져나왔다.

만공은 대기설법으로 사람의 역량에 따라 그 사람의 임무를 수행하도록 하는 힘이 있었다. 무대뽀인 鏡虛의 그것과는 좀 다른 각도에서 만공에게는 그대로의 룰이 있었다.

③ 作家 金八峰氏의 형님에 金復鎭이라는 이가 있었다.

作家 金八峰氏의 형님에 金復鎭이라는 이가 있었다. 復鎭은 나보다 한 살 위로서 佛像彫刻에 一生을 바친 사람이었다. 나와 한해 겨울을 淸州 龍華寺에서 佛像造成 관계로 같이 지나게 된 일이 있었다. 나와 만날 그때만 해도 復鎭에게는 無宗敎主義가 짙게 배어 있었다. 復鎭은 무슨 생각에서였던지 내 앞으로 削髮爲僧하겠다고 했다. 그때 나는 復鎭에게 이렇게 말했다. 「復鎭과 나는 서로 法형제가 되어야 하네. 滿空스님을 法師로 하고 法住寺의 石霜스님을 恩師로 하면 어떤가?」 그 후 金山寺 彌勒佛 造成落成式날이 되었다. 落成式에는 전국의 善知識(道가 높은 이)들이 다 모일 것으로 예상되었다. 당시의 彌勒佛像은 40여척이 넘는 것으로서 復鎭의 彫刻이었다. 그날 落成式이 끝난 그 자리에서 復鎭의 出家는 이루어지게 되리라. 우리는 계획을 짰다. 그 주관과 교섭을 내가 맡기로 했다. 金山寺 落成式이 시작되기 전 나는 滿空스님과 石霜스님(나의 恩師)에게 復鎭의 出家의 뜻을 전한 후 각각 法師와 恩師의 緣을 맺어 주도록 부탁했다. 石霜스님

은 원래가 默住漢이라 아무 말씀도 없으셨다. 그런데 滿空스님의 입에서 느닷없이 이런 말이 쏟아졌다. 「그거 안 되네. 부처님을 조상하는 佛母가 출가하다니 말도 안 되네. 佛母는 자꾸 부처님을 조성하여 많은 중생들에게 佛緣을 지어 주면 그것으로써 충분한 것인데 무슨 출가란 말인가. 말도 안 되네.」 이렇게 하여 復鎭의 出家는 단절되고 그 순간 復鎭에게는 佛像造成으로서의 一生이 책임지워진 것이다. 復鎭은 이 책임감을 다하기 위함이었던가 뒷날 法住寺의 彌勒佛像을 조성하다 떠나갔던 것이다.

④ 天下壯士 滿空

滿空은 스승 경허를 버금하는 九尺長身의 거구로 힘이 壯士였다고 한다. 修德寺에서 얼마 안 되는 곳에 갈미라는 마을이 있는데 갈미 金氏家라 하여 舊韓末 벼슬아치의 집안이요, 또 安東金氏의 집으로서 인근을 울리던 곳이다.

여기에 金佐鎭 將軍의 젊은 시절이 있었다. 젊었을 때의 金佐鎭은 修德寺의 滿空스님을 곧잘 찾아왔다고 한다. 서로가 30여 세의 비슷비슷한 나이요, 또 체격도 둘 다 9尺이 위아래인 비슷한 키였다고 한다.

佐鎭은 그 본성이 정열가요, 장군다움이 넉넉한 데가 있었다. 그가 말을 할 때는 그의 몸도 말의 강약에 따라 움직였다. 그래서 웬만한 시골방의 방구들은 佐鎭이 앉았다 가면 내려앉기 예사였다고 한다.

말의 강도에 따라 움직이는 동작 때문에 방구들은 그 몸의 압력을 감당하지 못하여 무너져 내리는 것이었다고 히니 가히 그의 괴력을 짐작할 만하다.

어느 때 佐鎭은 滿空에게 팔씨름을 걸어 왔다. 佐鎭의 생각에는 山中에서 풀만 먹은 중인데 설마 하는 생각에서였다. 그러나 막상 팔씨름에 들어가자 전연 엉뚱한 현상이 일어났다.

佐鎭쪽은 있는 힘을 다하여 이기고자 하므로 얼굴이 벌겋게 달아오르는데 滿空은 이기고 지는데 마음이 없는 듯 멍하니 佐鎭의 손만 잡고 있을 뿐이었다. 佐鎭은 갖은 애를 다 쓰다 끝내 제풀에 지쳐 滿空의 손을 놓아 버리는 일이 일쑤였다고 한다.

이것은 홍성에 구전되는 이야기로 팔씨름으로 힘을 겨뤘지만 오랜 시간이 흘렀지만 승부를 내지 못했다. 일어나 보니 방구들이 꺼져 있었다는 이야기도 함께 전한다. 설정은 "힘내기를 했다 라기 보다는 두 분이 친분을 나눴다는 의미일 것"이라고 나름의 의견을 피력하기도 했다.

이럴 때 滿空은 언제나 승부를 가리지 않기 위하여 부동자세로 있다가 그만두는 것이었는데 결국 滿空의 힘은 이기고 지는 마음이 없는 '無心境界'에서 벌인 일이니 勝者는 없고 다만 '無心道人'의 '無心境界'를 넘나드는 만공의 '無心道力'만이 있을 뿐이었다고 말할 수 있을 것이다.

⑤ 金氏의 사랑채

갈미 金氏宅에 佐鎭의 父親이 아직 살아 있을 때 이야기로 나라가 망하자 舊韓末 벼슬 줄에 올랐던 무리들이 이곳 갈미 金氏 사랑으로 모여들기 시작하여 金氏의 사랑채는 언제나 온통 벼슬아치였던 선비들로 붐비고 있었다한다.

바둑과 장기 그리고 골패 짝으로 소일하는 이들은 그 외엔 지난날 번영했던 양반의 영광을 지껄이며 해를 넘기는 것이 그들의 유일한 소일거리였다.

이럴 땐 으레 국수에 막걸리 정도의 중참도 곁들기 마련인데 金氏의 사랑채는 잔칫날이 끊이지 않고 이어지는 것 같았다. 마침 이곳을 지나던 滿空은 갈미 金氏댁을 두드렸다. 이 집 주인은 평소 滿空을 찾아와 法門을 듣던 일이 있는 信者였다.

마침, 사랑채에서 우글거리던 선비들은 道人인 滿空이 내방하였다는 말에 바둑판과 골패짝을 집어 던지고 너도 나도 滿空을 한가운데로 빙 둘러앉았다.
사랑채는 잠시 긴장이 감돌았다. 滿空은 둘러싼 儒生들의 눈은 저마다 새로운 것에 대한 호기심으로 그윽했다.

이윽고 滿空의 法門이 시작되었다. 이때, 滿空의 음성은 찌렁찌렁 대들보를 흔들며 그들의 머리 위에 떨어졌다.

'이 세상에는 제일 큰 도둑놈이 있소. 어떤 者가 제일 큰 도둑놈이냐 하면 담을 넘어서 남의 집 물건 훔쳐가는 놈은 좀도둑에 불과하고 아무것도 하지 않고 밤낮으로 골패나 치며 놀고먹는 놈들이야말로 제일 큰 도둑놈이요. 보시오. 農夫들은 일 년 내내 온 가족이 피땀을 흘려 가며 農事를 지어도 이듬해 봄이 되면 양식이 없어 나무뿌리를 캐 먹거든 하물며 아무 것도 않고 게다가 놀고 막는 이 양반부스러기야말로 도둑 중에서도 제일 큰 도둑이오."

만고의 이 청천벽력 같은 호통에 座中은 마치 물을 끼얹은 것 같았다.

이 말에 누구 하나 감히 입을 벌리는 자가 없었다고 하니 滿空의 法門은 그들에게 폐부를 지르는 禪旨法門으로 경허가 일상의 삶에서 보여준 長廣舌의 법문을 滿空 역시 몸으로 再現해보이고 있는 '活禪'의 境地였다고 말할 수 있다.

⑥ 朝鮮總督府 第一會議室의 '一喝'

여기는 朝鮮總督府 第一會議室로 日人總督 南次郎의 주재하에 열리는 31本山 住持會議 장소다. 이때, 당시 佛敎界를 좌우하던 31本山 주지들이 모여 있는 앞에서 總督 南次郎은 前總督이었던 寺內正毅의 佛敎界에 세운 業績에 대하여 극구 칭찬을 하기 시작하였다.

本山의 住持들은 모두 고개를 끄덕거리기도 하고, 혹은 감동 어린 눈빛으로 前總督 寺內正毅에 대한 존경의 뜻을 표하고 있었다.

場內는 삽시간에 다소 삼엄하고 엄숙한 분위기에 휩싸였다. 總督 南次郎의 열띤 어조만이 이 분위기를 헤치며 퍼져 나갔다.

마지막으로 南次郞은 日本佛敎와 韓國佛敎를 합병할 것을 주장하고 끝을 맺었다. 그러나 누구 하나 감히 입 벌리는 자가 없었다.

이때 滿空은 벽력같은 소리를 질러 會議場의 분위기를 산산조각 부숴 버렸다. 滿空은 웅성거리는 會議場을 가다듬으며 南次郞의 佛敎倂合論의 그 不可함을 역설하기 시작했다.

"淸淨本然커니 云何忽生 山河大地인고 밝고 밝은 빈자리인데 어찌 山河大地가 생겨났는고? 前總督 寺內正毅야 말로 우리 朝鮮僧侶로 하여금 日本僧侶를 본받아 戒律을 파하고 帶妻하게 한 장본인입니다. 그런 자를 朝鮮佛敎界의 공로자로 내세우다니 이런 者는 지옥이 백 개가 있어도 모자라는 者입니다. 따라서 現總督 南次郞이야말로 몸은 비록 여기 있지만 벌써 無間地獄에 떨어진 者입니다. 또한 政治와 宗敎는 엄연히 분리되어야 합니다. 政治가 그 도구로써 宗敎를 갉아 먹을 때 그 民族의 정신은 이미 썩어 들어가고 있다는 증거입니다"

滿空의 長廣舌은 끝났다. 滿空은 소매를 떨치며 유유히 法座를 내려왔다. 이날 밤 韓龍雲이 만공을 찾아왔다. 韓龍雲은 어린아이같이 그 얼굴에 퍼지는 미소를 감추지 못하면서 이렇게 말하는 것이었다.

"참 장하도다. 獅子吼여! 한번 喝을 하매 여우새끼들의 간담이 써늘하도다. 그러나 비록 '一喝'도 좋았지만 한 방망이 후려침이 더 낫지 않았겠는가?" 가만히 듣고 있던 滿空은 크게 웃으면서 말했다.

"이 좀스러운 사람아! 어리석은 곰은 방망이를 쓰지마는 獅子는 一喝을 쓴다네"

여기서 살펴볼 수 있는 滿空의 기개는 스승 경허가 어떠한 상황에서도 결코 굴하지 않는 당당함으로 좌중을 제압하고 자신의 의지를 드러내는 사자의 모습과 흡사하다고 말할 수 있을 것이라고 본다.

⑦ 無心之境의 道人

만공은 公과 私를 분명하게 가르는데 철두철미하였다. 한번은 修德寺에 큰 齋가 들었다.

으레 큰 齋가 들면 대중 누구나에게 골고루 얼마간의 돈을 나누어 주는 것이 절 집안의 法이다. 이날 역시 대중들에게 골고루 돈이 분배되었다.

그러나 滿空에게는 차례가 오지 않았다. 首座는 祖室에게 이 하찮은 금액을 준다는 것도 우스울 뿐 아니라 또한 예의가 아닌 것 같은 때문이었다. 그 모습을 물끄러미 보고 있던 만공은 보시를 분배하는 首座에게 말했다.

"이 사람아, 내 보시는 왜 안 주느냐? "스님께서는 이 하찮은 돈이 뭐 필요가 있습니까?" "아, 이 사람아, 그렇지 않은 법이네. 보시라면 누구나가 다 골고루 나누어 가져야 하네" 보시를 나누던 首座는 웃으며 滿空 몫으로 一金 1圓짜리 지폐 한 장을 마지 못해 주었다. 순간 滿空은 행여 누가 빼앗아 갈까 번개같이 가로채어 조끼 호주머니에 쑤셔 넣어 버리는 것이었다. 얼마 후 만공의 옷을 빨래하던 首座가 조기 주머니에 1圓짜리 지폐가 그대로였다. 이미 지폐는 방망이질로 갈기갈기 찢어져 못 쓰게 되어 버렸다. "스님 조끼에 돈이 있으면 있다고 일러 주셔야지요." 그 말을 듣던 滿空은 깜짝 놀라며 "응! 무슨 돈이 있더냐?" 이렇게 되물어 오는 것이었다.

이런 일이 종종 無心境界 속에서 일어나는 일로 公과 私의 구분을 이미 벗어난 '중도불이'의 본래면목의 자리에서 도인의 경지를 실현해 보이고 있는 境地로 鏡虛가 滿空에게 보여준 '無心活禪'의 法門이라고 말할 수 있을 것이다.

⑧ '恭愍王 거문고'

거구에 九尺長身으로 힘이 壯士였던 滿空은 白冶 金佐鎭(1889-1930) 將軍과 팔씨름을 하면 만공이 佐鎭을 이길 때가 많았다는 이야기는 이미 앞에서 밝힌 바 있다.

또, 風流를 즐길 줄 알았기에 滿空 周圍에는 南農 許楗(1907-1987)·毅齋 許百鍊(1891-1977) 등 畵家들을 비롯해 글을 쓰고, 그림을 그리고, 소리하는 藝人들이 恒常 모여들었다고 한다.

그런데 그럴 때면 滿空은 늘 옆에 끼고 있던 '恭愍王 거문고'를 타며 함께 風流를 즐겼다고 하는 일화가 전한다.

滿空의 거처였던 德崇山 小林艸堂 앞의 작은 다리 갱진교는 달빛을 벗 삼아 滿空이 거문고를 타던 곳으로 有名하다. '

 그 거문고는 義親王 李堈(1877~1955) 公에게서 信標로 받은 것으로 恭愍王이 直接 만들어 탄 以後, 代代로 朝鮮王朝에 傳해온 王家의 家寶였다고 하는데, 現在는 修德寺 聖寶博物館에 保管돼 있으며, 거문고의 뒤판에는 滿空이 지었다는 「거문고 法門」이 씌어 있다. 다음은 거문고 법문의 詩 한 首다.

'한번 퉁기고 이르노니 이 무슨 곡조인고? 이것은 體 가운데 현현한 곡이로다. 한번 퉁기고 이르노니 이 무슨 곡조인고? 이것은 一句 가운데 현현한 곡이로다. 한번 퉁기고 이르노니 이 무슨 곡조인고? 이것은 현현한 가운데 현현한 곡이로다. 한번 퉁기고 이르노니 이 무슨 곡조인고? 이것은 돌장승 마음 가운데 겁 밖의 노래로다. 아차!'

이 거문고 이야기는 경허의 이야기를 소설로 쓴 최인호의 『길 없는 길』에서도 등장하는 유명한 거문고로 만공의 이야기에 중심소재가 되고 있다.

수덕사 聖寶博物館에는 이 거문고와 함께 滿空이 日本 敗亡을 傳해 듣고 기뻐하며 無窮花 꽃봉오리를 붓 삼아 썼다는 '世界一花'의 扁額도 걸려 있다.

여기서 우리는 만공이 스승 경허와 정신적으로 많은 부분이 교류하고 있음을 알 수 있는 데 경허 역시도 詩·書·禮에 밝아 경허가 남긴 북방의 詩에는 경허의 風流詩가 상당히 많음을 알 수 있다.

또한, 만공의 시봉이었던 圓潭眞性은 "만해 한용운 스님과 김좌진 장군은 자주 修德寺로 놀러 오시곤 했다"고 언급하면서 "만공스님은 한용운을 가리켜 '내 애인'이라고 종종 말씀하셨다" 고 당시를 회상했다.

이러한 점에서 滿空은 인간적인 면에서 상당히 호탕하고 개방적이며 情이 많은 따뜻한 感性의 소유자로 이 또한 여러 면에서 鏡虛의 정서와 맞닿아 있다고 말할 수 있을 것이라도 본다.

거구(巨軀)에 육척장신(六尺長身)으로 힘이 장사(壯士)였던 만공(滿空)은 백야 김좌진(白冶 金佐鎭 : 1889~1930) 장군(將軍)과 팔씨름을 하면 이길 때가 많았다고 한다.

또 풍류(風流)를 즐길 줄 알았기에 만공(滿空) 주위(周圍)에는 남농 허건(南農 許楗 : 1907~1987)·의재 허백련(毅齋 許百鍊 : 1891~1977) 등 화가(畵家)들을 비롯해 글 쓰고 그림 그리고, 소리하는 예인(藝人)들이 항상(恒常) 모여들었다고 하는데, 그럴 때면 만공(滿空)은 늘 옆에 끼고 있던 '공민왕(恭愍王) 거문고'를 타며 함께 풍류(風流)를 즐겼다고 한다.

만공(滿空)의 거처(居處)였던 덕숭산(德崇山) 소림초당(小林艸堂) 앞의 작은 다리 갱진교(更進橋)는 달빛을 벗삼아 만공(滿空)이 거문고를 타던 곳으로 유명(有名)하며, 그 거문고는 의친왕 이강(義親王 李堈 : 1877~1955) 공(公)에게 신표(信標)로 받은 것으로 공민왕(恭愍王)이 직접(直接) 만들어 탄 이후(以後),

대대(代代)로 조선왕조(朝鮮王朝)에 전(傳)해온 왕가(王家)의 가보(家寶)였다고 하는데, 현재(現在)는 수덕사(修德寺) 성보박물관(聖寶博物館)에 보관(保管)돼 있으며, 거문고의 뒤판(板)에는 만공(滿空)이 지었다는 「거문고 법문(法文)」이 씌어 있다.

또한 성보박물관(聖寶博物館)에는 이 거문고와 함께 만공(滿空)이 일본 패망(日本敗亡)을 전(傳)해 듣고 기뻐하며 무궁화(無窮花) 꽃봉오리를 붓삼아 썼다는 '세계일화(世界一花 : '세계(世界)는 한 송이 꽃'이라는 뜻임)'라는 편액(扁額)도 걸려 있다.

⑨간월암 복원 불사로 독립 염원

안면도 간월암은 무학대사와 인연 있던 도량이다.

하지만 권세 있는 집안에서 절을 없애고 조상의 묘를 썼다. 간월암 복원불사 원력을 만공이 세운 것은 조선 개국도량이라는 상징성에 착안해 독립을 발원하고, 피폐해진 조선인의 마음을 위로하기 위해서였다.

총독부는 이장 비용을 만공이 부담하는 조건으로 복원을 허용했다. 벽초에게 소임을 맡기고 복원에 들어갔다.

수덕사를 오가며 복원 불사를 지도했던 만공이 불사를 회향하는 날 지은 게송은 독립을 염원했던 간절한 마음이 잘 드러나 있다.

佛祖不友客(불조불우객)
何事碧波親(하사벽파친)
我本半島人(아본반도인)
自然如是止(자연여시지)

"부처님과 조사와도 친하지 않은 내가 / 무엇 때문에 푸른 물결과 친했단 말인가 / 나는 본래 반도인 이다 / 자연히 이럴 수밖에 없지 않은가"

한편 만공스님은 벽초스님과 원담스님에게 조국광복을 위한 1000일 기도를 간월암에서 거행하도록 했다.

"기도가 끝나는 날 해방 될 것"이라는 스님의 예언처럼 해방의 낭보가 전해졌다. 만공스님과의 인연으로 결제 회향일이면 수덕사 스님들은 간월암을 순례하고 기도를 올렸다.

⑩ "불교 망친 총독 지옥에 있다"

총독부 주최로 열린 전국주지대회에서 만공은

"조선불교를 망친 데라우치 총독 이하 공범자들은 아비지옥의 고통을 받고 있다. 여기는 파사현정하는 공석인데, 이런 정당한 말을 못하고 어디서 할 것인가"

라며 미나미 총독과 친일 주지들에게 직격탄을 날렸다. 소식을 들은 만해가 "봉(棒)을 하지, 왜 할(喝)을 하셨냐"며 반기자, "사자는 할을 한다"며 웃었다. 만공의 독립 열망은 강했다. 수덕사에서 단 한명도 창씨개명을 하지 않은 것이 그 증거이다.

한편 만공은 절친했던 만해에게 "중요한 것은 해방 이후"라고 염려했다.

"해방 되고 나서 잘 해야 되는데, 걱정입니다. 잘못되면 분열되어 고통이 따를 수 있습니다. "애를 낳는 것 보다 어떻게 키우느냐가 중요하다"

면서 조선의 미래를 걱정했다. 해방 후 좌우대립, 분단, 외세 간섭, 전쟁 등 스님의 염려는 현실로 나타났다.

⑪ "절대 세상에 나서지 말라"

만공이 원적에 든 1946년은 해방 직후로 적지 않은 지식인들이 좌익 활동을 했다. 일본 예술대학을 나온 상좌인 중은도 그러했다. "어떤 일이 있어도 절대 세상에 나서지 말라"는 의미로 거듭 중(重)과 숨을 은(隱)을 넣은 법명을 지어 주었다. '거듭거듭 숨으라'는 의미였다.

이 같은 당부에도 은사스님 입적 후 세상에 나온 중은은 한국전쟁 당시 목숨을 잃었다. 정혜사 앞 만공탑을 디자인 한 인물이 바로 중은이다. 당시로는 획기적이고 파격적인 디자인이 눈길을 끌었다.

한글로 '만공탑'이란 쓴 글씨, 천지인(天地人)을 상징하는 조각, '만공월면'을 표현한 구(球), 세계일화(世界一花)라는 글씨도 넣었다.

좌우 대립의 희생양이 된 상좌가 디자인한 만공탑에 들어 있는 세계일화는 생전에 무궁화를 이용한 근화필(槿花筆)을 즐겨 쓴 만공 친필이다. 설정은 "모든 생명은 차별 없이 하나임을 꽃에 비유한 것"이라며 세계일화 의미를 설명했다.

⑫홍성까지 들렸던 정혜사 종

정혜사 범종은 홍성까지 소리가 들렸을 정도로 웅장했다. 전쟁을 치르던 일제는 "종을 내놓으라"고 강요했다. 만공은 "절대 안 된다"며 거절했다.

"중생의 무명과 번뇌를 걷어주는 성물(聖物)인 범종은 법기(法器)인데, 그것으로 무기를 만드는 것은 죄악이다." 일제는 집요했다. 주지 정동산을 압박했지만 요구를 수용하지 않자, "만공을 잡아갈 수밖에 없다"고 엄포를 놓았다.

수시로 협박을 일삼자, 동산은 만공의 안위를 걱정 않을 수 없었다. 만공은 "저 사람들이 오래가지 않을 것"이라고 매우 안타까워했다. 결국 정혜사 종은 덕숭산 상봉으로 옮겨져 한티고개(광천리) 쪽으로 던져졌다.

⑬ 麻谷寺서 계시는 慧峰스님이 金仙臺로 스님을 찾아왔다.

麻谷寺서 계시는 慧峰스님이 金仙臺로 스님을 찾아왔다. 慧峰스님은 滿空스님에게 물었다.

"옛사람이 말하기를 티끌만한 차이라도 나면 하늘과 땅의 차이가 난다(一毫有差 天地懸隔:일호유차천지현격)하니 형님은 어떻게 이 도리를 말하겠습니까?"

스님은 대답했다.

"티끌만큼이라도 틀림이 없어도 하늘과 땅의 차이가 나느니라."

⑭ 효봉이 어느 날 덕숭산에 있는 만공에게 찾아와 이렇게 물었다.

세상에 이보다 더 확실한 불법(佛法)이 어디에 있겠는가. 이 오도송이야말로 그
"천하에 살인하기를 좋아하는 자가 있으니, 그게 누구입니까?"
효봉이 어느 날 덕숭산에 있는 만공에게 찾아와 이렇게 물었다. 이에 만공이 즉시 답했다.

"오늘 여기서 보았노라."
효봉이 다시 물었다.
"화상의 머리를 취하고 싶사온데 허락하시겠습니까?"
그 말이 끝나기가 무섭게 만공이 목을 길게 빼어 내미니, 효봉이 문득 예배를 드렸다.

다음은 만공이 물었다.

"제석천왕이 풀 한 줄기를 땅에 꽂고 부처님께 여쭙기를 '범찰을 이미 지어 마쳤습니다.' 함에 부처님께서 미소를 지었다고 하니, 그 뜻이 무엇이겠는가?"

효봉이 말했다.
"스님은 참으로 절 짓기를 좋아하신다 하더니, 과연 그 말씀이 옳습니다."
이에 만공은 그냥 한바탕 웃어 버렸다.

⑮ 마지막까지 시봉한 진성 원담

만공의 마지막은 전월사에 주석할 때 원담(덕숭총림 2대방장)이 시봉했다. 정진 잘하는 원담을 기특하게 여겼다. 수시로 점검하고 안목이 열리도록 지도했다.

"진성이는 과거에 많은 정진을 했던 선근이 있어, 앞으로 선가(禪家)에 큰일을 할 것이

야."

입적을 예감한 만공은 전월사에서 둥근 거울을 보고 "너와 나의 오늘, 마지막 이별이다"라고 한 후 산내 암자를 순례했다.

시자 원담의 부축을 받으며 부처님과 역대 조사들에게 마지막 인사를 올렸다. 정혜사로 돌아온 만공은 "너희들은 정진을 잘 하라"고 당부했다.

원적처를 정혜사로 삼은 것은 전월사에서 입적하면 대중을 번거롭게 할 수 있기 때문이었다. 만공은 조용히 열반에 들었다. 초당(草堂) 옆 솔밭에서 다비를 모셨다.

설정은 "덕숭산 가풍은 경허.만공선사도 그렇지만 사리를 수습하지 않는 것"이라면서 "공연히 상 내고 요란 떨지 말라는 것이 어른들의 교훈"이라고 말했다.

이상에서 살펴본 바와 같이 만공의 생애를 간단히 정리해보면 만공은 1871년 3월 7일 전북 태인(정읍) 출생하여 세속 이름은 송도암(宋道巖). 13세에 김제 금산사, 전주 봉서사, 논산 쌍계사를 거쳐 계룡산 동학사에서 진암(眞巖) 문하서 행자로 생활했다. 이듬해인 1884년 10월 스승 경허의 권유로 서산 천장암 태허(泰虛)을 은사로 모셨다.

1895년 여름 아산 봉곡사에서 새벽 범종을 치며 '응관법계성(應觀法界性) 일체유심조(一切唯心造)'라는 게송을 읊다가 짧은 깨달음을 맛보았다. 그 뒤 그것이 진정한 깨달음의 경지가 아님을 경책받고 스승을 따라 공주 마곡사, 서산 부석사, 부산 범어사에서 정진했다.

1901년 양산 통도사 백운암에서 또다시 새벽 범종소리에 크게 깨달음을 이뤘다.

1904년 입전수수(入廛垂手)하기 위해 북녘으로 향하던 경허스님을 서산 천장암에서 만나 전법게와 법호 만공(滿空)을 받았다.

1905년 수덕사에 금선대(金仙臺)를 짓고 수행하며 수좌들을 맞이했다. 1933년부터 유점사 금강선원과 마하연 선원 조실을 지냈으며, 1935년 5월 마곡사 주지로 추대됐다.

만공스님은 수덕사,정혜사,견성암,간월암을 중창 또는 복원했다. 1920년대 초에는 선학원 설립 운동에 참여하고, 1930년대 중반 '조선불교선학원종무원' 종정을 지내는 등 일본불교에 맞서 조선 불교의 정체성 확립에 앞장섰다.

말년에는 덕숭산 상봉 근처 전월사에 머물며 선풍을 일으켰다. 1946년 10월 20일 원적에 들었다. 세수 75세, 법납 62세로 천화 하였다.

제자로는 비구 보월(寶月).용음(龍吟).고봉(高峰).금봉(錦峰).서경(西耕).혜암(惠庵).전강(田岡).금오(金烏).춘성(春城).벽초(碧超).원담(圓潭)과 비구니 법희(法喜).만성(萬性).일엽(一葉) 등이 있다.

진영은 정혜사 금선대와 동학사 조사전 등에 모셔져 있다. 금선대에는 경허스님과 혜월 진영도 봉안돼 있으며, 수월스님 진영도 곧 모셔질 예정이라고 한다.

경허대선사 관련 사진자료

경허대선사 진영

서산 천장암

열반 100주년 기념 천장암 경허탑

경허대선사 열반 다례제 (수덕사)

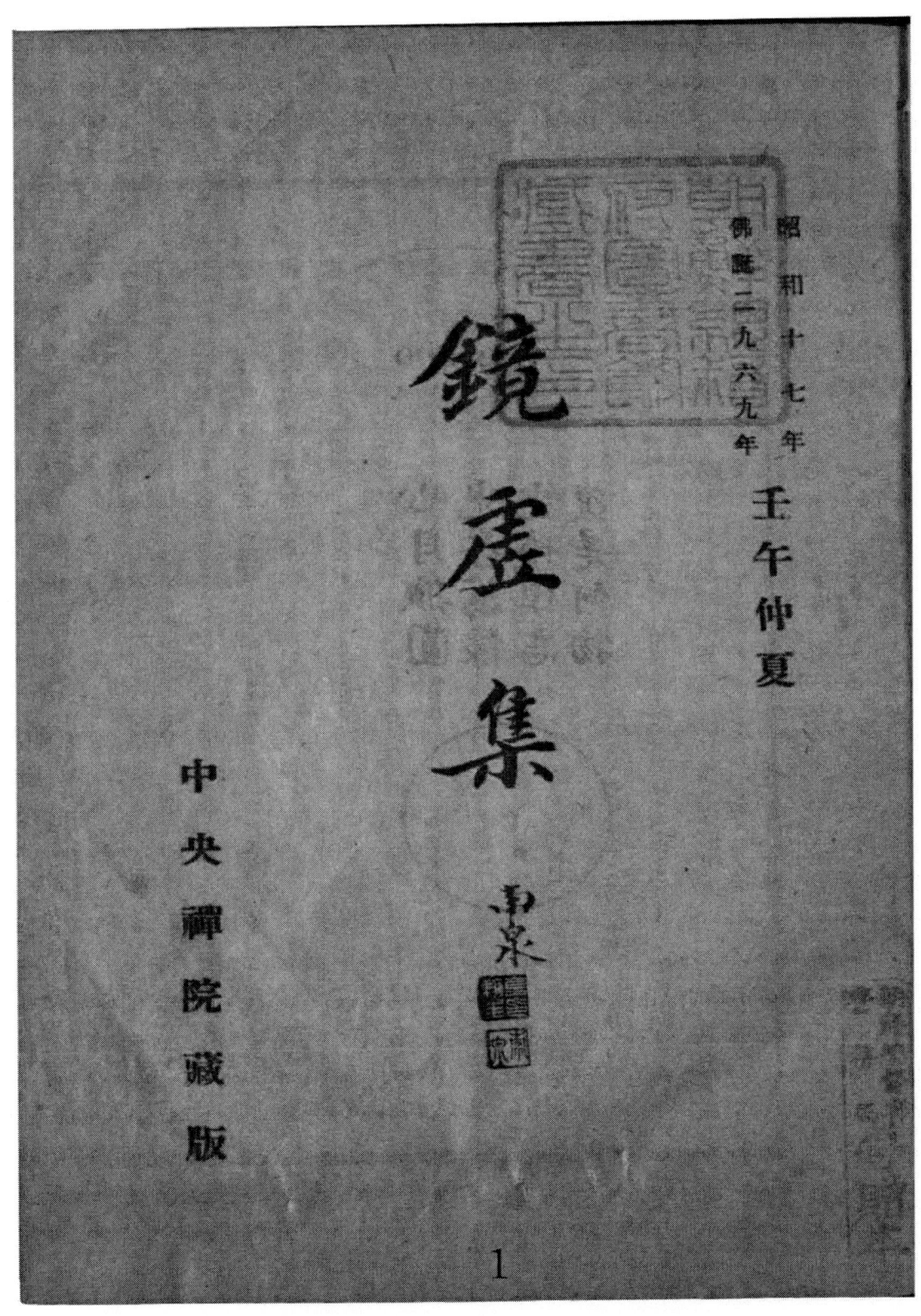

선학원 1942년본 경허집 표지

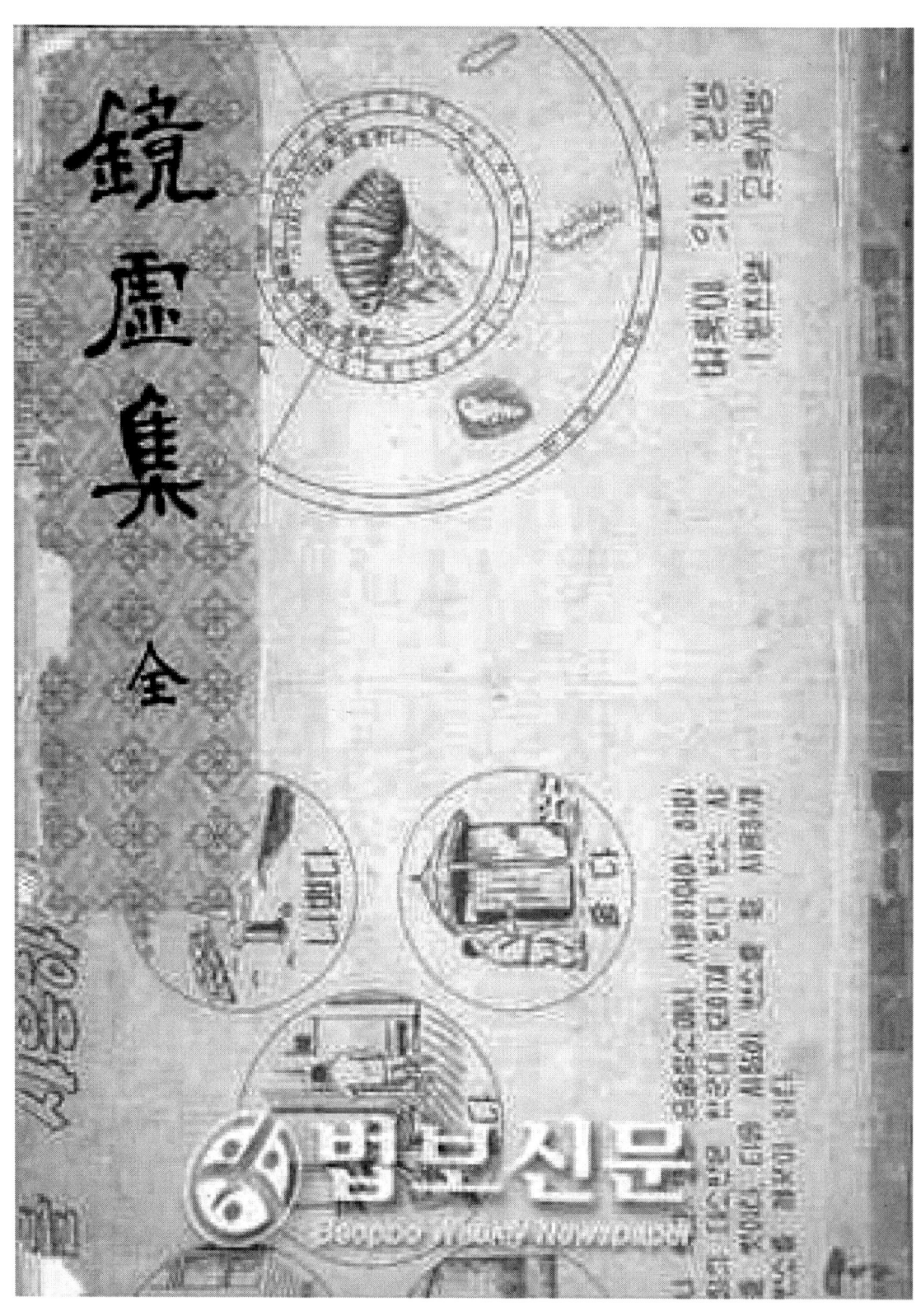

1931년본 방한암 경허집 표지

수월 음관

혜월 혜명

만공 월면

만공 월면

만공 월면

만공 월면

천장암 혜월굴

경허 대선사 다례제(수덕사)

수덕사 견성암 만공스님

선학원 유교법회와 만공스님

만공 스님

견성암 만공스님

세계일화 (만공스님 글씨)

경허선사 후학들   " 조선불교여! 무궁하라"

만공탑 (수덕사)

한암 중원

한암 중원

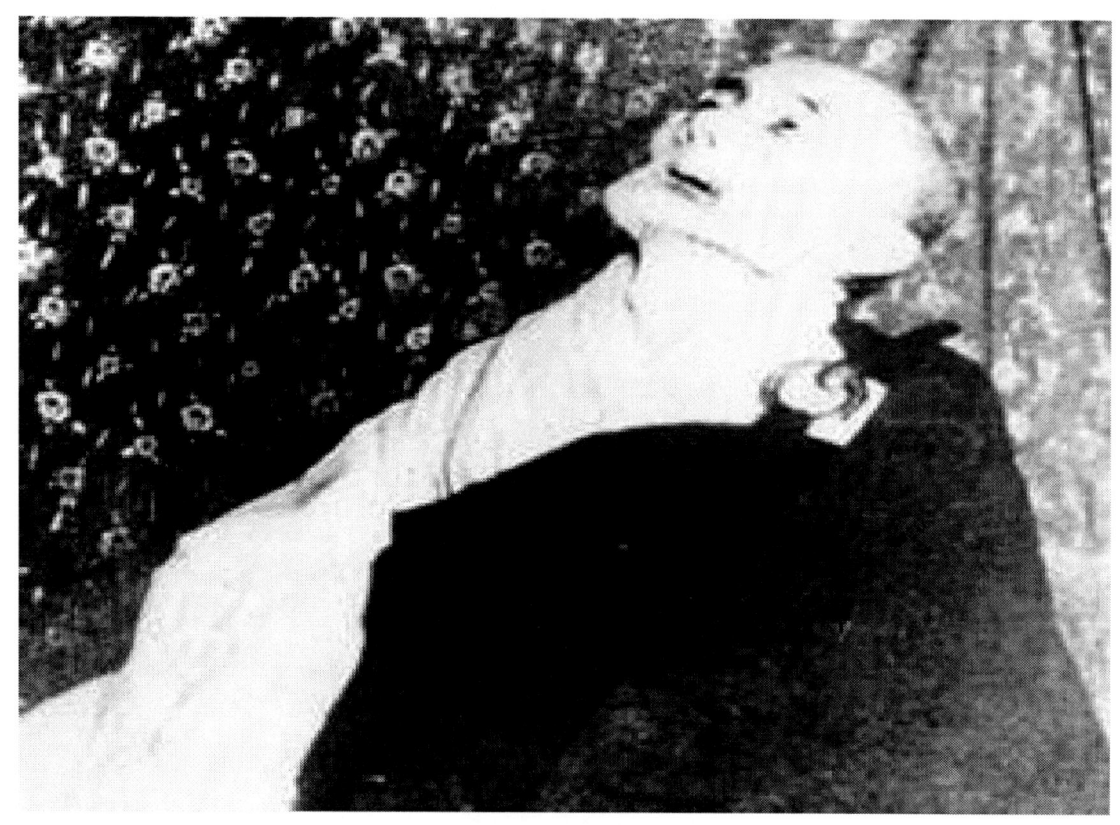

한암 중원 열반

한암 중원

한암 스님

철우 스님

덕숭총림 초대 방장 혜암 현문

덕숭총림 2대 방장 벽초 경선

덕숭총림 3대 방장 진성 원담

덕숭총림 4대 방장 송원 설정

제 7차 만공대선사 학술대회

일제강점기 천장암 만공선사

제1차 경허선사 어록 경허집 강설(비구)

제1차 경허선사 어록 경허집 강설(비구니)

한글 소설 「안녕경허」 21권

영문 소설 「Hello Gyeong Heo」 21권

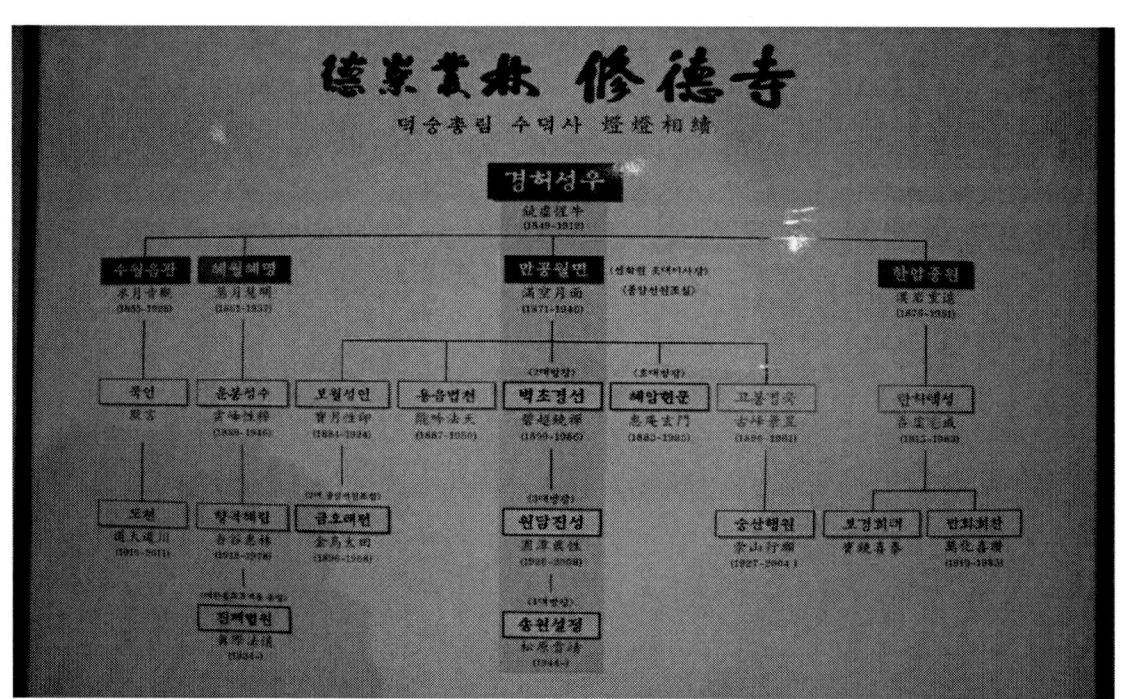

덕숭총림 등등상속

한국불교중흥조 경허성우대선사 열반 100주년 기념 선서화전

경허기념관 개관 2023년 2월 6일

경허기념관 개관식 2023년 2월 6일(조계사 역사기념관)

경허기념관 개관 2023년 2월 6일

경허기념관 개관 2023년 2월 6일

제3차 경허집 강좌개설 2023년 2월 6일

경허기념관 개관 2023년 2월 6일

경허대선사 & 전봉준 장군 처남매부 관계

경허기념관 개관 2023년 2월 6일

경허기념관 개관 2023년 2월 6일

경허기념관 개관 2023년 2월 6일

鏡虛 惺牛 禪師 年譜

* 一八四九 (佛二三九三) 己酉 憲宗15

八月 二十四일, 全州 子東里에서 礪山 宋斗玉씨와 密陽朴氏 부인 사이에서 次男으로 出生. 初名 東旭, 法號 鏡虛, 法名 惺牛. 먼저 出家하여 公州 麻谷寺에서 得道한 伯氏는 泰虛性圓 스님.

* 一八五五 [7세] (佛二三九九)乙卯 哲宗6

이 무렵 어른들의 만류에도 불구하고 짚신을 썩 잘 삼아 뒷날 너무 큰 발에 맞는 신발을 구하지 못할 예비 대책을 세움.

* 一八五七 [9세] (佛二四0一)丁巳

父親喪당해 慈堂을 따라 始興 冠岳山 淸溪寺에 入山, 桂虛大師 法下에서 祝髮受戒 후 沙彌의 行者修業.

* 一八六二 [14세] (佛二四0六) 壬戌

절에서 朴處士로부터 글을 배우며 才童으로 칭송이 자자하던 중 가을에 桂虛 스님의 천거로 鷄龍山 東鶴寺 萬化和尙을 찾아가 一大四敎를 섭렵하여 弱冠에 拔群의 실력을 공인받음.

* 一八七一 [23세] (佛二四一五) 辛未 高宗8

東鶴寺講院에서 講師의 敎理를 傳受받아 諸方學人을 指導하며 三十세 전후 젊은 講伯으로 크게 名望을 떨침.

* 一八七九 〔31세〕 (佛二四二三) 乙卯

여름철 上京 도중 天安 인근에서 모진 風雨를 만나 民家에 머물러 피하려 했으나, 악성 호열자가 만연되어 屍身이 널려 있는 참혹한 現場에서 生死의 절박함을 깨닫고 비로소 發心, 東鶴寺에 되돌아와 學人들을 해산하며 講院을 철폐하고, 용맹 정진하던 중 十一日 보름 한 사미승이 전하는 『소가 되어도 고삐 뚫을 구멍이 없다』 言下에 割然大悟.

* 一八八0 〔32세〕 (佛二四二四) 庚辰

봄에 湖西 燕巖山 天藏寺로 옮겨 한 자리에서 保任.

* 一八八一 〔33세〕 (佛二四二五) 辛巳

천장사에서 保任 중 옷 한 벌로 一大事를 마치고 六월 주장자를 꺾어 던지며 「悟道歌」를 읊은 뒤 傳燈淵源을 밝힘.

* 一八八二 〔34세〕 (佛二四二六) 壬午

이로부터 二十년간 연암산 天藏寺와 德崇山 修德寺·定慧寺를 비롯한 象王山 開心寺·文殊寺, 都飛山 浮石寺, 泰華山 麻谷寺, 天庇山 中庵 妙覺寺·七甲山 長谷寺, 禮山 大蓮寺, 牙山 鳳谷寺, 錦山·寶石寺·太古寺, 白馬江邊 靈隱寺, 沔川 靈塔寺, 鷄龍山 甲寺·東鶴寺·新元寺, 俗離山 法住寺 등 湖西 일대에 禪風을 大振.

곧 염불 呪力만을 크게 일삼던 僧侶들의 고식적 修行方便을 改善하여 參禪을 고취, 開悟見性을 지도함으로써 禪을 中興. 이 무렵의 湖西 禪頌으로 德崇山 관계 七言律詩에 「避雨隱身」·「伽倻山」·「定慧寺」, 四六言詩에 「定慧寺 杜鵑吟」, 鷄龍山 관계 五言絶 「太平春」 七言律 「漸修頓悟」, 연암산 관계 五言律 「高樓上」, 七言絶 「題天藏庵」, 泰華山 관계 七言絶 「題麻谷寺」·「泰華山」, 七言絶 「熊津」, 과 기타 七言絶 「湖西客」 등을 作詩.

* 一八八四 〔36세〕 (佛二四二八) 甲申

十月. 東鶴寺에서 眞岩和尙을 통해 十四세의 道岩 行者이던 滿空 스님 만나 「火中生蓮」일 수 있다고 일컬으며 天藏寺로 보냄.

* 一八九0 〔42세〕 (佛二四三四) 庚寅

봄에 慧月 慧明 스님에 傳法頌.

* 一八九八 〔50세〕 (佛二四四二) 戊戌 高宗 光武2

都飛山 浮石寺에서 金井山 梵魚寺의 招請을 받아 侍奉 滿空 스님과 함께 金陵 靑岩寺 거쳐 범어사行, 嶺南 최초의 禪院을 범어사에 開設하고, 師佐 夏安居.

* 一八九九 〔51세〕 (佛二四四三) 己亥 光武 3

봄, 伽倻山 海印寺 祖室로 招待받고, 가을에 國王의 勅命으로 추진하는 「藏經」刊行佛事 證明 및 海印寺 修禪社 創設의 法主에 추대.

四月 「海印寺 修禪社 芳啣錄序」에 이어 「陜川郡 伽倻山 海印寺 修禪社 創建記」, 겨울에 「喪布稧序」씀. 海印寺 조실 시절 七言絶 「海印寺 九光樓」·「伽倻山 紅流洞」·「與南泉堂翰奎」 등 作詩와 「結同修定慧同生兜率同佛果稧社文」記文. 이 해 한때 靑岩寺에서 祖室 萬愚堂, 衲子 漢巖과 접촉, 七言律詩 「上靑岩寺 修道庵」·「訪修道庵」·「靑岩寺祖室 與萬愚堂話別」을 지음.

* 一九00 〔52세〕 (佛二四四四) 庚子 光武 4

一月 하순 曹溪山 松廣寺에 주석하여 「取隱和尙行狀」을 쓰고, 佛事點眼 證明. 이로부터 한두 해에 걸쳐 松廣寺를 비롯한 智異山 華嚴寺·泉隱寺·白丈庵·實相寺·靈源寺·碧松寺·雙溪寺, 桐裏山 泰安寺, 德裕山 松溪庵 등 湖南 일대에 禪院 創設. 특히 화엄사 말사

천은사 山內 修道庵에서 三개월간 震應 스님을 당대의 講伯으로 지도.

七言絶「題智異山 靈源寺」. 仲春, 實相寺에서「百丈庵 回祿成造序」쓰고, 南行하여「德裕山 松溪庵 回祿後成造 勸善文」과 이 무렵 태안사에 머물 때「泰安寺 萬日會 梵鍾 檀那 芳卿記」씀. 松廣寺 관계 七言絶詩에「題松廣寺 六鑑亭」, 「映湖堂」·「和松廣寺錦溟堂」·「松廣寺 月和講伯 同行 華嚴路中 口號」등 씀.

여름에 嶺南 지방으로 옮겨 靈鷲山 通度寺·內院寺·白雲庵·表忠寺 등 巡歷하며 禪風을 크게 떨치는 가운데 七월 통도사에서 追慕頌「謹次 喚惺先師韻」에 이어 七言絶「通度寺 白雲庵」씀.

그 얼마 뒤 四佛山 大聖寺, 佛明山 潤筆庵, 八公山 桐華寺. 把溪寺·聖殿에도 禪房을 창설하며 海印寺 조실로 慶尙南北道 일원의 諸方衲子 지도.

* 一九0二 〔54세〕 (佛二四四六) 壬寅

梵魚寺에서「禪門撮要」편찬 佛事.
七월 一五일,「梵魚寺 解夏日」·「上元曉庵」作詩.
가을, 梵魚寺 金剛庵과 麻詞寺의 羅漢殿 改粉佛事 證明.

* 一九0三 〔55세〕 (佛二四四七) 癸卯

이 무렵「東萊郡 梵魚寺 鷄鳴庵 創設 禪社記」·「梵魚寺 鷄鳴庵 創建記」·「鷄鳴庵 修禪社 芳卿淸規文」·「梵魚寺 金剛庵 七星閣 創建記」·「梵魚寺 設禪社契誼序」등 序文·記文과「題梵魚寺 普濟樓」등 行狀·詩文에 이어 가을, 「瑞龍和尙行狀」·七言絶「自梵魚寺向海印寺 道中口號」를 쓰며 海印寺에 도착, 겨울에 漢巖 스님과 헤어지면서「與法子漢巖」과 七言絶「不忘頌」을 남김. 海印寺 祖室로 學明道一·卞雪醐 스님에게「參禪曲」을 써 주고,「可歌可吟」·「法門曲」·중 노릇하는 법」등 대중 법문을 설호 스님이 정리하게 함.

- 572 -

* 一九0四 〔56세〕 (佛二四四八) 甲辰

海印寺에서 印經佛事를 매듭짓고, 二월에 접어들어 湖西 天藏庵 도착. 二月 十一일 弟子 滿空 스님에게 傳法頌으로 後來佛法을 부촉하고 자취를 감춤.봄철에 五臺山 月精寺에서「大方廣佛華嚴經」法會에서 法門

作詩 후 金剛山을 巡禮하며 一七五篇의 連作雄篇「金剛山遊山歌」作詩 비롯,
「金剛山名句」·「題歇惺樓」各二篇도 읊조림.

釋王寺에서 五百羅漢 改粉佛事 證明. 七言絕「題釋王寺 映月樓」, 七言律「東海絕景」·「杜門洞 和姜鳳軒」·「過寧邊 新市場」등 作詩하며 北界 流浪, 종적이 묘연해짐.

* 一九0五 〔57세〕 (佛二四四九) 乙巳

三水·甲山·長津에 떠돌다가 江界郡 終南面 閑田洞 淡如 金鐸의 집에 머물며 선비 朴蘭洲, 또는 有髮居士 朴進士로 訓蒙 生活.

이후로 關西와 關北 일대는 물론 國境을 넘어 滿洲 지방을 非僧非俗 차림으로 떠돌기 八, 九년, 乙巳五條約에서 庚戌 韓·日合邦 〔62세〕의 悲報에 亡國恨을 달래며 詩情酒話에 젖어 無何鄕 道人行.

甲山·江界·長津 일대 특히 熙川 頭疊寺, 子北寺·午南寺·牙得浦·龍浦·興有村·野鶴村·長津江·龍汀江·九重山·烏首山·東門樓·南門樓·北門樓·仁風樓·六三亭·居然亭·昳柯亭·小山園亭·望美亭·奉天臺·一海精舍·錦川館 또는 雲坡 별장에서 ,七言律「上院庵與吳荷川叙舊」金淡如·金有根·金水長·李汝盛·諸益·海岩·朴上舍·林麟奎·金駱胃·金馳胃·李教師·朴亭觀·崔文華·吳荷川·朴利淳·金日連·金小山·金應三·劉震九·宋儀徵·李澤龍·張士允·金泊彦·金英抗·宋南河들과 一九一一(佛二四五五) 辛亥年까지 어울려 생활하며 禪詩 珠玉篇을 써 남김.

* 一九一二 〔64세〕 (佛二四五六) 壬子

四月 二十五일, 甲山 熊耳坊 道下洞에서 法臘 五六세, 世壽 六四세로 示寂. 그 직전에 마지막으로 一圓相을 그리며 ○ 바로 위에 써놓은 涅槃偈頌 四行이

마음달 홀로 둥글어	心月孤圓
그 빛 만상을 삼켰어라	光吞萬像
빛과 경계 다 공한데	光境俱忘
다시 이 무슨 물건이리오	復是何物

여름에 遷化 소식을 듣고 受法弟子 滿空·慧月禪師가 열반지 갑산에 가서 法軀를 모셔다 難德山에서 茶毘, 奉行. 法弟子에 宋滿空(一八七一~一九四六)·申慧月(一八六一~一九三七)·田水月(一八五五~一九二八)·慧峰·方漢巖(一八七六~一九五0)·枕雲 스님이 있고, 法下에서 白學明·金南泉·陳震應·朴太平·齋山 스님 등이 禪學修業.

* 一九三0 〔열반 18년〕 (佛二四七四) 庚午

금강산 유점사 선원 滿空 조실을 중심으로 法弟子들이 「鏡虛集」 출판 불사 추진.

* 一九三一 〔열반 19년〕 (佛二四七五) 辛未

三월 十五일, 오대산 월정사 漢岩 스님, 「先呼鏡虛和尙行狀」 謹述.

* 一九三六 〔열반 24년〕 (佛二四八0)丙子

납월 八일, 雪山 崔光益 寫, 受法弟子 滿空月面 敬賛의 鏡虛堂大禪師 惺牛眞影을 德崇山 金仙臺 眞影閣에 奉安.

* 一九四二〔열반 30년〕(佛二四八六) 壬午

法語錄「鏡虛集」刊行을 위하여 선사의 後學 金靈雲(慧鏡)·尹燈岩 등이 자료 수집차 甲山·江界와 만주 일대를 다녀오는 가운데 滿空 선사 주재, 韓龍雲 선사 편찬으로 이 해 가을 十二년 만에 南泉翰奎 題字, 中央禪院版本으로「鏡虛集」(B五判 一二0面)上梓.

* 一九八0 〔열반 68년〕(佛二五二四) 庚申

누락된 자료 채집과 增補完譯本「鏡虛法語」刊行을 위하여 五년 전부터 譯者 眞惺圓潭 스님이 각처에 답사하며 出版佛事 준비를 해 옴에 三月, 德崇山 定慧寺 能仁禪院에서 鏡虛惺牛 禪師 法語集刊行會 발기, 人物硏究所와 實務 추진.

* 一九八一〔열반 69년〕(佛二五二五)辛酉

음력 十월 二0일에 즈음하여 양력 十一월 二0일자로 鏡虛惺牛禪師法語集 刊行會(證明 惠菴玄文, 會長 碧超鏡禪, 副會長 月山聖林)편, 人物硏究所刊으로 增補 完譯 初版「鏡虛法語」(크라운判 七五0面) 발행, 修德寺에서 廻向法會. (任 重 彬 謹記)

사단법인 경허연구소 활동보고

1. 사단법인 경허연구소 창립 : 2015년 11월 29일

2. 사단법인 경허연구소 설립인가 : 2016년 2월 2일 제1차 이사진 출범 이사장
   : 설정 큰스님 이사: 옹산큰 스님,정묵스님, 주경스님, 우봉스님, 성륜스님,
   이평래교수 , 고영섭교수, 강만홍교수, 홍현지
   감사: 금산스님, 박성수

3. 제1회 경허연극제 '경허' 총감독: 동국대 이해랑 예술극장
   (2016년 4월 20일 ~5월 10일)

4. 경허선사 발자취 선찰 순례 1차~28차 인솔자: 매회차 2시간씩
   (차량 이동중 경허집 강의)

제1차 경허선사 발자취 선찰 순례 : 청계사 (2016.3.16)

제2차 경허선사 발자취 선찰 순례 : 천장암 (2016.4.16)

제3차 경허선사 발자취 선찰 순례 : 정혜사 (2016.5.31)

제4차 경허선사 발자취 선찰 순례 : 부석사 (2016.6.25)

제5차 경허선사 발자취 선찰 순례 : 개심사 (2016.7.23)

제6차 경허선사 발자취 선찰 순례 : 장곡사 (2016.8.20)

제7차 경허선사 발자취 선찰 순례 : 공림사 (2016.9.24)

제8차 경허선사 발자취 선찰 순례 : 수덕사 (2016.10.22)

제9차 경허선사 발자취 선찰 순례 : 법주사 (2016.11.12)

제10차 경허선사 발자취 선찰 순례 : 동학사 (2016.12.24)

제11차 경허선사 발자취 선찰 순례 : 보석사 · 태고사 (2017.3.23)

제12차 경허선사 발자취 선찰 순례 : 신원사 · 중암사 (2017.4.20)

제13차 경허선사 발자취 선찰 순례 : 순천 송광사 (2017.5.25.)

제14차 경허선사 발자취 선찰 순례 : 관음사 ·태안사 (2017.6.22)

제15차 경허선사 발자취 선찰 순례 : 덕유산 송계암 (2017.7.20)

제16차 경허선사 발자취 선찰 순례 : 화엄사 ·천은사 (2017.8.24)

제17차 경허선사 발자취 선찰 순례 : 벽송사 ·백장암 (2017.9.21)

제18차 경허선사 발자취 선찰 순례 : 실상사·영원사(2017.10.26)

제19차 경허선사 발자취 선찰 순례 : 남해 용문사(208.3.24)

제20차 경허선사 발자취 선찰 순례 : 해남 대흥사(2018. 4.21)

제21차 경허선사 발자취 선찰 순례 : 범어사 · 계명암(2018.5.26)

제22차 경허선사 발자취 선찰 순례 : 통도사백운암(2018. 6.23)

제23차 경허선사 발자취 선찰 순례 : 밀양 표충사(2018. 7.21)

제24차 경허선사 발자취 선찰 순례 : 팔공산 동화사(2018. 8.18)

제25차 경허선사 발자취 선찰 순례 : 가야산 해인사(2018.9.22)

제26차 경허선사 발자취 선찰 순례 : 청암사·윤필암(2018.10.27)

제27차 경허선사 발자취 선찰 순례 : 광릉 봉선사 (2018.11.24)

제28차 경허선사 발자취 선찰 순례 : 월정사·백담사(2018.12.22)

5. 경허선사 관련 기자회견

   1) 경허선사 사진 공개 기자회견 : 일시 : 2016년 9월 26일
                                           장소 : 남산 충정사

   2) 경허선사 친필공개 기자회견 : 일시 :2017년 2월 23일
                                        장소 : 조계사 전통문화 기념관

   3) 경허선사 & 전봉준장군 사돈관계 기자회견 :
                               일시 : 2017년 5월 20일
                               장소 : 조계사 전통문화 기념관

   4) 경허선사 서간문 공개 발표 : 일시 : 2018년 12월 20일
                                    장소 : 조계사 전통문화 기념관

6. 한국불교학회 자유발표:1) "경허선사 친필 출현에 따른 경허집 제고"
                        장소 : 조계사 국제회의장
                        일시 : 2018년 11월 19일

2) "경허가 삼수갑산으로 간 까닭은
전봉준 때문이었다!"
장소 : 조계사 국제회의장
일시 : 2019년 5월 12일

3) "경허친필서간문 출현에
따른 삼수갑산행 진실 규명의 필요성 "
장소 : 조계사 국제회의장
일시 : 2020년 3월 27일

7.경허선사 바로알리기 세미나 :1) "경허선사 탄생년도 1849년생"
장소: 서산 천장암
일시 : 2016년 10월 29일

2) "경허선사 삼수갑산행
진실과 오해 "
장소 : 조계사 국제회의장
일시 : 2016년 10월 29일

3) "경허선사 삼수갑산 북녘 선시 "
일시 : 2016년 10월 29일
장소 : 조계사 국제회의장

8. 전봉준장군 관련 행사 참여 : 1) 전봉준장군 순국 123주년 기념 행사 단소참석
장소 : 정읍 전봉준 장군 단소
일시 : 2017년 5월 12일

2) 전봉준장군 동상건립위원회 참여
장소 : 영풍문고 전봉준 동상건립

일시 : 2018년 5월 12일

  3) 전봉준 장군 동상 건립 1주년
   기념식 참가
   장소 : 광화문 광장
   일시 : 2019년 5월12일

  4) 전봉준 장군 동상건립 1주년기념
   세미나 참석
   장소 : 국회의사당
   일시 : 2019년 5월 12일

9. 사단법인경허연구소 주최 제1회 : 동물천도위령제
   장소 : 인왕산 선바위
   일시 : 2017년 3월 3일

  제2회 :동물천도위령제
   장소 : 인왕산 선바위
   일시 : 2018년 4월 25일

10. 경허선사 열반제·탄신제 동참 : 매년 동참
   장소 : 수덕사
   일시 : (음력 8월 24일, 4월 25일)

11. 사단법인 경허 연구소 송년의 밤 : 2016년 12월 26일
     (조계사 전통기념관)

12. 도서출판 경허 출판 기념회 : 제1차 ,제2차

   장소 : 조계사 전통기념관

일시: 2017년 12월 23일

장소 : 조계사 전통기념관
일시: 2018년 12월 26일

13. 경허 선사 친필 모음 123편 전시회:
    장소 : 조계사 전통기념관
    일시 : 2018년 12월 21일~12월 28일

14. '부처님오신날' 기념행사참가:매년 '전통놀이마당'
    나눔마당행사
    장소 : 조계사 앞 문화마당 거리
    일시: 매년 '부처님오신날'

15. 경허선사 & 전봉준장군 추적 관련 방문 답사

    1) 경허선사 생가터 추적 제15차례 방문

    2) 전봉준 장군 시체 추적 3차례 방문

    3) 전봉준 장군 둘째 딸 후손 이현우님 전주 방문

    4) 경허선사 은거 추정 무안 약사사 방문 2차례

    5) 경허선사 은거지 군산 비안도 3차 방문

    6) 동학농민혁명 전적지 공주 우금치 2차 방문

    7) 전봉준 장군 시체무덤 추적 천장암 3차례 방문 (연암산 등반)

8) 경허선사 승복추적 조계사 지하 박물관소장 (무진장스님 소장)

9) 경허선사 53세 사진 진영 인천 금상선사 3차례 답사

10) 경허선사 50세 사진 진영 범어사 3차례 답사

11) 전주 정혜사 경허선사 친필 신건기 추적 3차례 답사
12) 경허선사 동학농민혁명 관련지 최종답사

전주 자만동외 15차례 방문, 전주 정혜사 7차례방문, 경허선사 생가터 완주군 봉동 9차례 방문, 비안도 8차례, 고금당 4차례, 금당사 5 차례 방문, 무안 약사사 4차례 등.

16. 사단법인 경허 연구소 제 2기 이사진 출범 : 2020년 2월 5일
    이사장:일법, 이사:수현,육문 , 홍현지. 김태준, 리홍재, 전세환,
    감사:김경숙

17. 경허집 강좌 개설 :
    제1기 경허선시 :2016년 6월 7일부터~(충정사)

    제1기 경허집; 2017년

    7월19일부터~2018년 12월 30일 (봉은사)
    제2기 경허선시 :2019년 1월 25일부터~ 2020년 2월 21일
                            (여성개발원)

    제2기 경허집 : 2020년 3월 6일부터~진행 중 (경허연구소)

    제3기 경허집 : 2023년 3월 6일부터~회향 (경허기념관)

18. 경허선사 탄신 169주년 경허선사사진 출현 기념법회:
         장소 : 인천 금상선사
         일시 : 2019년 8월 24일

19. 상월선원 자비순례 걷기 회향 : 장소: 대구동화사~서울 봉은사
         일시 : 2020년 10월 7일~10월 27일(21일간)

20. 제1차 동학농민혁명 희생자 위령 천도제
         장소 : 공주 우금치 동학농민혁명 위령탑
         일시 : 2020년 11월 11일(음력) 09시~15시

    제2차 동학농민혁명 희생자 위령 천도제
         장소 : 공주 우금치 동학농민혁명 위령탑
         일시 : 2021년 11월 11일(음력) 09시~15시

21. 청계사 五代(오대)선사 다례제 : 일시 : 매년 10월 ,
         장소 : 청계사

22. 월산대선사 사상의 재조명 학술세미나 : 일시: 2021.9.9
         장소: 불국사

민족공동체 추진본부 불교지도자 활동 :   2015년 9월~현재
1. '민족공동체 불교지도자 과정과의 만남행사 : 2015년 12월 12일

2. '평화통일기원 연천 민통선순례행사 : 2016년 1월 7일
         장소:조계사출발, 민통선

3. 전쟁반대 한반도평화기원법회 일시 :2017년 11월6일
         장소:광화문 KT사옥 앞

4. 금강산 평화누리길 두타연 금강산 길 순례 : 2018년 6월 2일

6. '부산에서신의주까지-달려라평화열차' :2019년 06월 08일

6. 한반도 전쟁종식평화기원법회: 일시; 2020년 6월23일,

　　　　　　　　　장소:우정총국시민광장

7 .한반도전쟁종식발원 릴레이기도입제: 일시:2020년 6월 23일

　　　　　　　　　장소:조계사극락전

8. 경허선사 발자취 삼수갑산 답사를 위한 민추본 활동

9. 동국대학교 대학원 북한학과입학, '북한 정권수립과정에서의 허헌의 역할 '
　　　2021년 박사학위 취득

10. 경허기념관 개관 :　2023년 2월 6일

『도서출판경허』 출판물

75. 경허대선사평전(하)979-11-89682-21-7 2021/09/03 홍현지 저

74. 경허대선사평전(상)979-11-89682-20-0 2021/09/03 홍현지 저

73. Hello Gyeong Heo 979-11-89682-65-1(04220)
    2023/01/09 홍현지 저

72. Hello Gyeong Heo 979-11-89682-64-4(04220)
    2023/01/09 홍현지 저

71. Hello Gyeong Heo 979-11-89682-63-7(04220)
    2023/01/09 홍현지 저

70. Hello Gyeong Heo 979-11-89682-62-0(04220)
    2023/01/09 홍현지 저

69. Hello Gyeong Heo 979-11-89682-61-3(04220)
    2023/01/09 홍현지 저

68. Hello Gyeong Heo 979-11-89682-60-6(04220)
    2023/01/09 홍현지 저

67. Hello Gyeong Heo 979-11-89682-59-0(04220)
    2023/01/09 홍현지 저

66. Hello Gyeong Heo 979-11-89682-58-3(04220)
    2023/01/09 홍현지 저

65. Hello Gyeong Heo 979-11-89682-57-6(04220)
    2023/01/09 홍현지 저

64. Hello Gyeong Heo 979-11-89682-56-9(04220)
    2023/01/09 홍현지 저

63. Hello Gyeong Heo 979-11-89682-55-2(04220)
    2023/01/09 홍현지 저

62. Hello Gyeong Heo 979-11-89682-54-5(04220)
          2023/01/09   홍현지 저

61. Hello Gyeong Heo 979-11-89682-53-8(04220)
          2023/01/09   홍현지 저

60. Hello Gyeong Heo 979-11-89682-52-1(04220)
          2023/01/09   홍현지 저

59. Hello Gyeong Heo 979-11-89682-51-4(04220)
          2023/01/09   홍현지 저

58. Hello Gyeong Heo 979-11-89682-50-7(04220)
          2023/01/09   홍현지 저

57. Hello Gyeong Heo 979-11-89682-49-1(04220)
          2023/01/09   홍현지 저

56. Hello Gyeong Heo 979-11-89682-48-4(04220)
          2023/01/09   홍현지 저

55. Hello Gyeong Heo 979-11-89682-47-7(04220)
          2023/01/09   홍현지 저

54. Hello Gyeong Heo 979-11-89682-46-0(04220)
          2023/01/09   홍현지 저

53. Hello Gyeong Heo 979-11-89682-45-3(04220)
          2023/01/09   홍현지 저

52. Hello Gyeong Heo 979-11-89682-44-6(21)
          2023/01/09   홍현지 저

51. 안녕경허 979-11-89682-43-9(04220)
          2023/01/09   홍현지 저

50. 안녕경허 979-11-89682-42-2(04220)
          2023/01/09   홍현지 저

49. 안녕경허 979-11-89682-41-5(04220)
          2023/01/09   홍현지 저

48. 안녕경허 979-11-89682-40-8(04220)
          2023/01/09   홍현지 저

47. 안녕경허 979-11-89682-39-2(04220)
2023/01/09 홍현지 저

46. 안녕경허 979-11-89682-38-5(04220)
2023/01/09 홍현지 저

45. 안녕경허 979-11-89682-37-8(04220)
2023/01/09 홍현지 저

44. 안녕경허 979-11-89682-36-1(04220)
2023/01/09 홍현지 저

43. 안녕경허 979-11-89682-35-4(04220)
2023/01/09 홍현지 저

42. 안녕경허 979-11-89682-34-7(04220)
2023/01/09 홍현지 저

41. 안녕경허 979-11-89682-33-0(04220)
2023/01/09 홍현지 저

40. 안녕경허 979-11-89682-32-3(04220)
2023/01/09 홍현지 저

39. 안녕경허 979-11-89682-31-6(04220)
2023/01/09 홍현지 저

38. 안녕경허 979-11-89682-30-9(04220)
2023/01/09 홍현지 저

37. 안녕경허 979-11-89682-29-3(04220)
2023/01/09 홍현지 저

36. 안녕경허 979-11-89682-28-6(04220)
2023/01/09 홍현지 저

35. 안녕경허 979-11-89682-27-9(04220)
2023/01/09 홍현지 저

34. 안녕경허 979-11-89682-26-2(04220)
2023/01/09 홍현지 저

33. 안녕경허 979-11-89682-25-5(04220)
2023/01/09 홍현지 저

32.안녕경허 979-11-89682-24-8(04220)

2023/01/09 홍현지 저

31.안녕경허 979-11-89682-23-1(04220)

2023/01/09 홍현지 저

30.안녕경허 세트 979-11-89682-22-4

2023/01/09 홍현지 저

29. '경허대선사 평전' (하) 979-11-89682-21-7

2021/09/03 홍현지 저

28. '경허대선사 평전 (상) 979-11-89682-20-0

2021/09/03 홍현지 저

27. 연극 '경허 (2) 979-11-89682-13-2   2021/07/08 홍현지 저

26. 연극 '경허 (1) 979-11-89682-12-520 21/07/08 홍현지 저

25.경허선사 발자취 선찰순례 (3) 979-11-89682-11-8

2021/07/08홍현지 저

24.경허선사 발자취 선찰순례(2) 979-11-89682-10

2021/07/08 홍현지 저

23.경허선사 발자취 선찰순례(1) 979-11-89682-09-5

2021/07/08 홍현지 저

22.경허집(下) 979-11-89682-08-8   2021/07/08 홍현지 저

21.경허집(上) 979-11-89682-07-1   2021/07/08 홍현지 저

20. Gyeong Heo Seon poem Research(2) 979-11-89682-15-6

2021/07/08 홍현지 저

19. Gyeong Heo Seon poem Research(1) 979-11-89682-14-9

2021/07/08 홍현지 저

18. Gyeong Heo A Collection of Seonproses(1)
   979-11-89682-16-3   2021/07/08 홍현지 저
17. Gyeong Heo A Collection of Seon proses(2)
   979-11-89682-17-0   2021/07/08 홍현지 저
16. Gyeong Heo A Collection of Seon proses(3)
   979-11-89682-18-7   2021/07/08 홍현지 저
15. Gyeong Heo A Collection of Seon proses(4)
   979-11-89682-19-4 2021/07/08   홍현지 저

14. 경허집 중앙선원본 979-11-89682-06-4 2021/07/06 홍현지 저

13. 경허선사 친필모음 979-11-89682-00-2 2018/11/14   홍현지 저

12. 경허선사 바로알기 979-11-962009-3-0 2018/11/12 홍현지 저
11. 투명인간 경허 979-11-962009-5-4
                              2018/11/12   홍현지 저

10. 경허선사연구논문 979-11-962009-4-7   2018/11/12 홍현지 저

9. 경허가 삼수갑산으로 간 까닭은 ? 979-11-962009-9-2
                              2018/11/09 홍현지 저

8. 경허성우 중도불이 선사상 연구(下) 979-11-962009-8-5
                              2017/09/29 홍현지 저

7. 경허성우 중도불이 선사상 연구(上) 979-11-962009-7-8
                              2017/09/29 홍현지 저

6. 경허성우 중도불이 선사상연구(上),(下) 979-11-962009-6-1
   2017/09/29 홍현지 저

5. 경허선시 연구 979-11-962009-2-3   2017/09/27 홍현지 저

4. 경허선시 감상 979-11-962009-1-6   2017/09/27 홍현지 저

3. 인간경허 연구 979-11-962009-0-9   2017/09/26 홍현지 저

2. 경허집 '경허집' 비매품   2017/09/26 홍현지 저

1. 경허선시 '염궁문' 비매품   2016/09/26 홍현지 저

사단법인 경허연구소

편집 후기(상)

경허의 법맥은 '청허 下 13세손 환성 下 9세 손'으로 경허가 1902년(임인년) 2월 하순에 '水虎中春下澣日 萬化門人 鏡虛說' 혜월 혜명에게 부치노니,,, 법제자 慧月에게 내린 「傳法偈」와 「燈燈相續」에서 그 연원을 찾을 수 있다. 「燈燈相續」은 영월봉률과 만화보선의 입지를 더욱 확고히 해주는 동시에 경허 법맥을 한 순간에 정리하고 있다.

경허 친필인 鏡虛-慧月 간의 전법 사실을 쓴 「燈燈相續」은 명확히 13세손을 보이고 있다. 혜월에게 傳法偈를 내리고 경허가 친필로 태고 하 13세손의 법계를 쓰고 있다. 그 법계를 보면 다음과 같다.

태고보우- 환암혼수- 구곡각운- 벽계정심- 벽송지엄- 부용영관- 청허휴정- 편양언기- 풍담의심- 월담설제- 환성지안- 호암체정- 청봉거안- 율봉청고- 금허법첨- 용암혜언- 영월봉율- 만화보선- 경허성우

불조 이래 看話禪의 명맥을 이어온 한국불교의 역사 속에서 근대 韓國禪의 그 정점은 鏡虛다. 그리고 그의 제자로서는 綺羅星같은 水月, 慧月, 滿空, 漢菴 등이 있다. 이들은 모두 근대 한국불교를 대표하는 禪僧들로 오늘날 한국불교의 중심축인 한국 간화선을 중흥시켰다.

이들은 1920년대부터 일제에 대항하여 선불교를 지키기 위한 노력으로 선학원설립에 앞장서게 되는데, 그들 대부분 역시 경허의 제자들이다. 해방 이후 한국 불교 정화와 함께 大韓佛敎曹溪宗이 출범하여 조계종의 종지를 받들어 오늘날의 韓國禪은 그 위상이 바로 서게 되는데 그 주역들 역시 경허의 문손들이다.

바로 이러한 시점에서 후학들은 경허에 대한 열려있는 시각을 가지고 좀 더 지각 있는 안목으로 경허의 業績을 비롯한 그의 禪思想과 法脈傳承 등 위대한 스승 경허 성우 대선사를 선양하는 계기가 되기를 진심으로 바란다.

"경허의 법맥과 그 제자들 (상)"

불기 2569년 (2025)년 011월 30일 초판 1쇄 인쇄
불기 2569년 (2025)년 011월 30일 초판 1쇄 발행

저자 * 청정심 홍현지
발행인 * 청정심 홍현지
발행처 * 사단법인 경허연구소

제작 * 도서출판 경허
　　　서울시 강남구 청담동 학동로 59길 35-9
　　　010) 7979-8530

등록 번호 : 제2016-000308호
ISBN : 979-11-89682-66-8(07220)
정가 : 70,000원